评价科学研究与应用丛书

世界一流大学 和 一流学科评价研究报告

（2022—2023）

邱均平　张蕊　舒非　赵蓉英　王姗姗　等　编著

武汉大学出版社

图书在版编目（CIP）数据

世界一流大学和一流学科评价研究报告.2022-2023/邱均平等编著 . —武汉:武汉大学出版社,2023.10
评价科学研究与应用丛书
ISBN 978-7-307-23863-3

Ⅰ.世…　Ⅱ.邱…　Ⅲ.①高等学校—学校教育—研究报告—世界—2022-2023　②高等学校—学科建设—研究报告—世界—2022-2023　Ⅳ.①G649.1　②G642.3

中国国家版本馆 CIP 数据核字(2023)第 131617 号

责任编辑:黄河清　　　责任校对:李孟潇　　　版式设计:韩闻锦

出版发行:**武汉大学出版社**　　(430072　武昌　珞珈山)
　　　　　(电子邮箱:cbs22@whu.edu.cn 网址:www.wdp.com.cn)
印刷:武汉邮科印务有限公司
开本:880×1230　1/16　印张:21.5　字数:739 千字　　插页:1
版次:2023 年 10 月第 1 版　　　2023 年 10 月第 1 次印刷
ISBN 978-7-307-23863-3　　　定价:98.00 元

世界一流大学和一流学科评价研究报告（2022—2023）编委会

主　编　邱均平　张　蕊（常务）

副主编　舒　非　赵蓉英　陈肖纯　王姗姗
　　　　董西露　周　洋

编　委　邱均平　张　蕊（常务）　舒　非　赵蓉英
　　　　陈肖纯　王姗姗　董西露　周　洋　杨思洛
　　　　付裕添　潘冰月　赵智超　张廷勇　郭亚楠
　　　　姚飞飞　刘亚飞　胡　博　谭志民　魏开洋
　　　　刘思辰　汪孝健

研发单位　中国科教评价研究院（杭电，CASEE）
　　　　　中国科学评价研究中心（武大，RCCSE）
　　　　　浙江高等教育研究院（ZAHE）
　　　　　高教强省发展战略与评价研究中心（浙江智库）
　　　　　"金平果"评价网（www.nseac.com）

合作单位　科睿唯安信息服务（北京）有限公司
　　　　　武汉金平果科教开发服务有限公司

支持单位　世界大学校长联合会
　　　　　亚太大学校长联合会

前 言

　　创建世界一流大学，是一个国家在世界舞台上全面崛起的重要标志之一。如果没有世界一流的大学，虽然一个大国可以在某个方面取得突破，一个小国也可以达到全国富裕，但是综观近代世界历史，没有任何一个大国，可以在高等教育落后的情况下，真正成为全面领先的世界强国。世界一流大学不仅是科学、技术和教育的摇篮，而且还是现代人类文化、思想的最主要源泉；世界一流大学是尖端科学研究和技术发展的主要力量，也是创造知识的重要源泉；世界一流大学吸引了全世界的优秀人才和领军人才；世界一流大学对建立民族自信心和自豪感意义重大。

　　我们对高等教育的需要比以往任何时候都更加迫切，对科学知识和卓越人才的渴求比以往任何时候都更加强烈。创建世界一流大学已经成为高等教育领域的一股潮流，各国或地区相继出台政策来增强大学的研究实力，提升学校的国际排名。2017 年 9 月 20 日，根据国务院《统筹推进世界一流大学和一流学科建设总体方案》以及教育部等三部委《统筹推进世界一流大学和一流学科建设实施办法（暂行）》，经专家委员会遴选认定，教育部、财政部、国家发展改革委公布了世界一流大学和一流学科名单，它标志着世界一流大学和一流学科建设正式进入实施操作阶段。由于世界一流大学和一流学科名单是周期性动态调整的，社会各界对于世界一流大学和一流学科建设的研究比以往投入更多精力，在一定时期内的大学与学科在世界水平上的变更成为院校和学科发展的动力。我们在成功研发 2006 年、2007 年、2009 年、2011 年、2012 年、2013 年、2014 年、2015 年、2016 年、2017 年、2018 年、2019 年、2020 年和 2021 年世界一流大学及学科竞争力评价的基础上，研发和撰著了《世界一流大学和一流学科评价研究报告 2022—2023》。本书是目前国内唯一一本对世界一流大学和一流学科竞争力进行评价的有说服力的专著。它拥有最为全面的世界一流大学和一流学科的评价排行榜，对于准确把握我国大学的世界定位，促进我国高等教育的国际化，提高我国高等教育质量和科研水平，推动其健康、快速发展具有重要的理论意义和现实作用。

　　本书对美国基本科学指标（Essential Science Indicators，ESI）数据库中收录两个学科及以上的 1701 所大学进行了全面、系统、深入的评价与分析，得出了许多鲜为人知的评价结果。本书内容丰富、资料翔实、数据可靠，具有较强的权威性。其主要特点有以下四个方面。

　　第一，内容全面、体系完整、信息丰富。本书是国内最为全面的世界一流大学和一流学科评价研究基础上的进一步升华，公布了 2022 年世界一流大学和一流学科排行榜，并创新性地将科研情况与网络排名结合起来，公布了以教学水平、科研能力、影响力为一级指标的世界一流大学和一流学科分指标排行榜，分 22 个学科的排行榜及国内一流学科（分 105 个学科）与 ESI 学科匹配排行榜，它们从不同角度反映了世界一流大学和一流学科的建设与发展状况。

　　第二，理念新颖、指标科学、数据权威。本书以科睿唯安科技信息服务有限公司研发的 ESI 数据库和德温特专利数据库（Derwent Innovations Index，DII）为工具，这两种数据库在全世界有着极其广泛的影响力，保证了数据来源的权威性和可信度。在本次评价中，我们继续引入了网络影响力指标。这一指标进一步反映了各学校的声誉情况、科研成果的开放获取程度，可作为 Web 环境下的科研影响力评价的补充，以达到从科研产出到学术影响再到网络影响的综合实力评价。影响力指标与原有的师资力量、教学水平和科研能力三个指标构成了世界一流大学评价指标体系，再次得到了科学、合理、客观、公正的评价结论。

　　第三，在 2018 年，我们创造性地进行了国外与国内学科分类的匹配研究，更加符合我国一流学科建设的需要，有利于国内、外学科的比较研究。在 ESI 中只划分了 22 个学科大类，而我国的一流学科有 108 个，两者无法比较，实际意义不大。这是 ESI 数据库在国内应用的最大障碍。为此，我们采取映射等多种方法相结合，将 22 个大类学科的数据细分和对应到 108 个学科中去，从而使国外的学科数据能够在国内一流学科评价中应用,从根本上解决了国内外学科比较和评价中的难题。这是学科评价中的重大突破。

第四,立足中国,放眼世界。本书对我国进入 ESI 排行的大学和学科进行了详尽的比较分析,深入讨论了我国进入 ESI 排行的大学和学科近年的变化情况;还对中国一流大学和一流学科进行了评价,为我们了解和把握中国高等教育在世界坐标系中的定位以及世界一流大学和一流学科的发展态势提供了有力的数据支撑。

《世界一流大学和一流学科评价研究报告 2022—2023》是"金平果"排行榜("中评榜")评价品牌的"四大评价报告"之一,由杭州电子科技大学中国科教评价研究院、武汉大学中国科学评价研究中心等单位共同研发和撰著,科睿唯安信息服务(北京)有限公司作为合作单位为本书提供了大量的数据支持,特别是北京办公室吕宁主任、王琳(女)博士等的倾力支持为我们完成此项浩大工程提供了强有力的帮助。在此一并表示诚挚的谢意!

武汉大学中国科学评价研究中心创始人和首届主任(12 年)
金平果"四大评价报告"品牌创立者和知识产权人
杭州电子科技大学资深教授、博士生导师
中国科教评价研究院 院长
浙江高等教育研究院 院长
数据科学与信息计量研究院 院长
高教强省发展战略与评价研究中心(浙江智库)主任
Data Science and Informetrics 杂志主编之一

邱均平

2022 年 9 月 26 日于杭州

目录

第一章　理论研究

第二章　评价结果

第三章　数据分析

第四章　评价引发的思考与建议

第一章

理论研究

第一节　世界一流大学和一流学科评价研究的意义

对世界一流大学和一流学科进行评价研究主要是为了清楚地认识我国大学与学科目前在世界上所处的位置，用国际化的视角来观察我国高等教育的发展状况、存在的不足，为逐步、有重点地培养一批具有国际影响力的大学提供详细而准确的数据参考，以促进我国大学和学科的国际化，最终推动我国高等教育的健康、快速发展。因此，该评价研究具有重要的现实意义。

第一，贯彻落实有关文件精神，为我国大学管理和促进科技创新与进步提供有力保障。江泽民同志1998年在庆祝北京大学建校一百周年大会的讲话中提出"为了实现现代化，我国要有若干所具有世界先进水平的一流大学"，并第一次从教育质量的角度全面提出了一流大学办学的目标和评价标准：①培养一流的人才；②创造一流的科研成果；③提供一流的社会服务。1998年12月24日，教育部制定了《面向21世纪教育振兴行动计划》，明确提出要"创建若干所具有世界先进水平的一流大学和一批一流学科"。2006年发布的《国家中长期科学和技术发展规划纲要（2006—2020年）》明确指出要"深化管理体制改革，加快建设'职责明确、评价科学、开放有序、管理规范'的现代科研院所制度"，并且指出"加快建设一批高水平大学，特别是一批世界知名的高水平研究型大学，是我国加速科技创新、建设国家创新体系的需要"。尤其是把"建成若干世界一流的科研院所和大学以及具有国际竞争力的企业研究开发机构，形成比较完善的中国特色国家创新体系"作为要在今后15年实现的八大目标之一，并且要在2020年达到"本国人发明专利年度授权量和国际科学论文被引用数均进入世界前5位"的最终目标要求。在2010年发布的《国家中长期教育改革和发展规划纲要（2010—2020年）》中，也明确提出要"改革教育质量评价和人才评价制度。改进教育教学评价。根据培养目标和人才理念，建立科学、多样的评价标准。开展由政府、学校、家长及社会各方面共同参与的教育质量评价活动"，以及"推进专业评价。鼓励专门机构和社会中介机构对大学学科、专业、课程等水平和质量进行评估。建立科学、规范的评估制度。探索与国际高水平教育评价机构合作，形成中国特色学校评价模式。建立高等学校质量年度报告发布制度"等重要任务。根据党中央、国务院做出的重大战略决策，国务院于2015年11月5日公布《统筹推进世界一流大学和一流学科建设总体方案》，该方案"坚持以中国特色、世界一流为核心，以立德树人为根本，以支撑创新驱动发展战略、服务经济社会发展为导向，加快建成一批世界一流大学和一流学科，提升我国高等教育综合实力和国际竞争力"。2017年9月20日，教育部、财政部、国家发展改革委公布世界一流大学和一流学科名单，它标志着世界一流大学和一流学科建设正式进入实施操作阶段。入选高校使命光荣，也责任重大。世界一流大学和一流学科建设高校也不是只在国内竞争，而是在国际舞台上与名校进行比拼，应该意识到建设与建成虽只有一字之差，但不是一码事。世界一流大学和一流学科着力于建设一流师资队伍，培养拔尖创新人才，提升科学研究水平，传承创新优秀文化，着力推进成果转化。参考国际一流名校，国内大学要完成每一项任务都不容易。本次评价着重从论文被引次数、专利数和网络排名等不同角度综合评价世界大学和学科竞争力，切实地为实现国家中长期科技发展规划和教育规划提供决策依据和数据支持。

第二，为政府管理部门的科学管理和决策提供定量依据。政府管理部门在建设世界一流大学过程中起着重要的宏观管理和调控作用。要建成世界一流大学和一流学科，必然要有大量资金的投入和分配、学科资源的重新整合和调节，这就要求我国高等教育管理部门对各科研院所在世界科研机构范围内的相对位置心中有数，从而制定相关资助政策和管理政策。而要做到这些，必然需要详细而准确的定量数据支持。

第三，为国内大学的世界竞争和发展提供定位信息。近年来，国内很多大学都在朝着世界一流大学的目标前进，却无法清楚地认知：到底距世界一流大学还有多远？哪些学科已经达到国际水平？哪些学科还有较大的差距？我们现在所做的评价就是要使我国的一些大学明确在世界上的相对位置，从而发挥比较优势，找出问题和差距，寻找合作和学习的伙伴单位，明确改革方向，制定相应对策，从而提高国际竞争力和影响力，吸引世界上的杰出人才来我国学习、交流和工作，为将来持久发展提供人才保障。

第四，为青年学子提供详细、深入的出国留学咨询报告。《关于建立海外高层次留学人才回国工作绿色通道的意见》提出："积极引进海外高层次留学人才回国工作，是应对国际人才竞争，提高我国自主创新能力，加强人才队伍建设的需要。"从中可见，国家对留学人员的高度重视。国外有着一流的大学和科研院所，它们引领着科技发展的方向，掌握着绝大多数核心技术，在长期实践中又开创了许多著名的学术理论，我们要吸收它们的先进理念和技术，就需要广泛交流。现在不少学子都积极出国深造，但是并不是国外的所有大学都是优秀的，一定要对国外大学及其专业有一个大概的了解，绝不能盲目出国。我们提供的报告无疑在一定程度上满足了广大学子准确选择一流大学和专业的迫切需求，为他们出国留学提供了权威、可信的咨询报告。

第五，为世界其他国家或地区的大学竞争发展提供数据参考。我们这次的评价对象包含全世界1701所大学，按照统一的数据来源和统一的统计标准进行评价排名。从对比中可以分析出各个大学及学科所处优势与劣势、挑战与机遇，这对于任何一所大学的长远发展都是有益的。另外，从我们提供的数据中可分析出世界一流大学的国家或地区分布，使每个国家或地区在整体上对自己的科研竞争力有所了解，从而在国民经济预算分配上进行适当的调节，并制定切实可行的、促进本国或地区科技进步和发展的政策。

第二节　世界一流大学评价的研究现状

一、国外研究现状

目前，国外对世界一流大学研究的侧重点各不相同，影响力比较大的有以下几个。

(一)美国《美国新闻与世界报道》(US News & World Report)世界大学排行榜

早在1983年，《美国新闻与世界报道》(*US News & World Report*)率先推出全美大学排名，每两年对全美本科院校评选一次。该排名的最初目的主要是为了给学生和家长在选择大学时提供一些参考数据。1987年，《美国新闻与世界报道》开始面向研究生教育，改为每年评选一次，并在每年的春季公布最新的"全球大学排行榜"(Global Universities Ranking)，以供秋季新生入学参考。《美国新闻与世界报道》对大学进行排行是依据卡内基教学促进基金会公布的高等学校分类法，先将大学进行分类，然后在同类之间进行评比，由于它的调查过程科学严谨，所以具有权威性。

《美国新闻与世界报道》全球最佳大学排名指标体系由《美国新闻与世界报道》推出，其评价主要基于两项原则展开，一是根据专家确定的标志学术质量的定量指标，二是根据他们作为局外人对有关教育质量的认识。因此，其数据来源广泛，精准度较高，为公正合理的大学评价奠定了基础。《美国新闻与世界报道》全球最佳大学排名的评价指标由全球研究声誉(12.5%)、区域研究声誉(12.5%)、学术论文发表(10%)、专著(2.5%)、学术会议(2.5%)、标准化引用影响力(10%)、总被引次数(7.5%)、前10%高被引文献(12.5%)、前10%高被引文献占比(10%)、国际合作(5%)、国际合作论文占比(5%)、前1%高被引论文数量(5%)、前1%高被引论文占比(5%)等13个指标构成[①]。《美国新闻与世界报道》的学科排名与其大学排名类似，今年增加了国际合作论文占比(5%)，并调整了国际合作指标的权重。少了前1%高被引论文数量、论文总量2个指标。总体来看，《美国新闻与世界报道》的评价指标分类较细，科学研究在评价中占绝对主导地位。

(二)英国《泰晤士报高等教育》(THE)世界大学排行榜

英国《泰晤士报高等教育》(*Times Higher Education*，THE)是由TSL Education Ltd. 出版的周刊，在世界

---

① How U. S. News Calculated the Best Global Universities Rankings[EB/OL]. [2021-10-12]. https://www.usnews.com/education/best-global-universities/articles/methodology.

范围内都有较大影响。从 2010 年起,《泰晤士报高等教育》与世界首屈一指的数据公司—汤森路透科技信息集团合作,由汤森路透科技信息集团负责收集和分析所有的与排名相关的数据。《泰晤士报高等教育》还将采用新的评价标准和方法。在新的世界大学排名标准中,《泰晤士报高等教育》保留了"同行评议"这一指标,由民意调查公司 Ipsos Mori 接手声望调查工作,并采用一种更为谨慎的抽样调查方式,在公信力方面有较大的改善①。

2010 年的评价方法新增了经济活动/创新这一级指标,二级指标也由 2009 年的 6 个增加为 13 个,改变了往年一个二级指标代理一个一级指标的较为单一的评价方式。舍弃了雇主调查这一定性指标,并且在学术声誉调查这一部分做了较大变动,声誉调查的规模更为扩大,更具严密性和代表性;使其从一级指标降为两个二级指标,将教学相关和研究相关调查结果分列在教学指标和研究指标中,成为教学指标和研究指标的支撑,降低了其独立性;从比重上来看,同行评议的比例由之前的 40% 下降到 20%,使世界大学排行榜的主观指标降低了至少 20%,大大增加了量化指标的比重②。总体而言,2010 年新的指标体系设置一级指标 5 个:工业收入(industry income),所占权重为 2.5%;国际化(international outlook),所占权重为 7.5%;教学(teaching),所占权重为 30%;研究(research),所占权重为 30%;论文引用影响(citations),所占权重为 30%③。

(三) Quacquarelli Symonds(QS)世界大学排行榜

Quacquarelli Symonds 公司在与泰晤士报高等教育解散后,先后与美国新闻与世界报道和朝鲜日报等机构合作发布世界大学排名,目前的合作机构为荷兰出版商 ELSEVIER。除了全球的大学排名,QS 还发布了亚洲大学排名、拉丁美洲大学排名、金砖国家大学排名等区域性大学排名。QS 自发布以来备受学术界的争议,其根本原因在于,该排行榜指标体系虽然只有 6 个二级指标—师生比、国际教师比例、国际学生比例、学术同行评价、全球雇主评价和单位教师论文引用数,但是同行评价和雇主评价两个主观性指标所占比重竟高达 50%。尽管如此,它是唯一一个获得联合国教科文组织成立的大学排名国际专家组(International Ranking Expert Group,IREG)认证的世界大学排行榜。QS 发布的排行榜主要是为学生提供选择大学的资讯和一定程度的就业指导。其 6 个二级指标及其权重分别为:学术领域的同行评价(academic peer review),占 40%;全球雇主评价(global employer review),占 10%;单位教职的论文引用数(citations per faculty),占 20%;教师/学生比例(faculty student ratio),占 20%;国际学生比例(international student ratio),占 5%;国际教师比例(international faculty ratio),占 5%。

二、国内研究现状

目前,国内对世界一流大学进行研究比较有名的机构如下。

(一) 杭州电子科技大学中国科教评价研究院/武汉大学中国科学评价研究中心

武汉大学中国科学评价研究中心在连续三年做中国大学评价的基础上,于 2006 年开始做世界大学科研竞争力评价。2017 年 3 月,杭州电子科技大学专门成立了中国科教评价研究院(又称"中国评价科学研究院"),聘请著名计量学家、评价管理权威专家邱均平教授担任院长,开展中国与世界大学的评价工作。邱均平教授创立了"金平果排行榜"("中评榜")评价品牌,在国内外具有很大影响力。到 2022 年,邱均平团队已进行了 14 次世界大学和学科竞争力评价,得到政府管理部门、高等院校和教育界、学术界的普遍认可;各媒体大量转载等等。随着时代和大学评价需求的变化,其对世界大学科研竞争力的指标也在不断改进,其中主要经历了三次比较大的调整:2014 年起评价的二级指标改为科研生产力、科研影响力、

① Phil Baty. 世界大学排名的历史、方法和影响 [EB/OL]. [2021-10-05]. http://www.nseac.com/html/135/214384.html.

② Methodology [EB/OL]. [2021-10-05]. https://www.timeshighereducation.com/world-university-rankings/world-university-rankings-2020-methodo-logy? site=cn.

③ Phil Baty. Global rankings system methodology reflects universities' core missions [EB/OL]. [2021-10-05]. http://www.timeshighereducation.co.uk/story.asp? sectioncode=26&storycode=413382&c=1.

科研创新力和网络影响力 4 个部分;从 2016 年开始以世界一流大学和一流学科为对象进行评价;2019 年一级指标改为师资力量、教学水平、科研能力、影响力;2020 年一级指标改为教学水平、科研能力、影响力。

1. 2006—2013 年世界一流大学与科研机构学科竞争力评价

2006—2013 年,世界一流大学及世界科研机构竞争力评价指标由科研生产力、科研影响力、科研创新力和科研发展力 4 个部分构成,其具体指标体系如表 1-1 所示。

表 1-1   2006—2013 年世界一流大学科研竞争力评价指标体系

一级指标	二级指标
科研生产力	论文发表数
科研影响力	论文被引次数
	高被引论文数
	进入 ESI 学科数
科研创新力	专利数
	热点论文数
科研发展力	高被引论文占有率

(1)科研生产力

用近 10 年来发表论文数(被 ESI 收录的论文数量)这一指标来衡量,反映该机构或学科对世界学术交流的贡献,而且被 ESI 收录的论文都是经过同行评议的论文,各论文发表的期刊也在该学科有着显著影响。

(2)科研影响力

用近 10 年发表论文总被引次数,高被引论文和进入排行的学科数这 3 个指标来衡量。被引次数是反映论文质量的一个重要指标。另外,进入排行的学科数越多,说明该单位的影响面积越大,学术辐射范围越广泛,引起的关注就越多。

(3)科研创新力

用热点论文和专利这两个指标来衡量。热点论文的产生必然说明该论文是适应学科和社会发展的要求,具有很强的创新性,这是一个单位或学科富有朝气的原动力。专利本身的特点之一是有新颖性,这是科技进步的重要体现,也是转化为生产力最宝贵的知识财富之一。

(4)科研发展力

用高被引论文占有率这一指标来衡量。其中,高被引论文占有率=高被引论文/论文发表数。这一比例越高说明该单位在以后发展中越有可能生产出更多的优秀论文,有能力持久保持该学科的核心地位。对于专业评价和机构评价应该有着不同的指标体系和权重,权重的大小是在征求多方面专家意见基础上根据科学方法计算出来的。

2. 2014—2015 年世界一流大学与科研机构竞争力评价

随着互联网技术的发展,从 2014 年起对世界一流大学及科研机构评价加入网络影响力指标,将一级指标改为科研生产力、科研影响力、科研创新力和网络影响力 4 个部分,具体指标体系如表 1-2 所示。

其中网络影响力用网络排名这一指标来衡量,网络排名可以告知各大学的学术知识与资料在网络上公开出版的程度,若大学本身认为其实力排名与此网络计量排名相关甚远,则可借此促进科研成果出版的开放获取,进而提升其影响力。数据来源于西班牙人文与社会科学研究中心网络计量实验室发布的"世界大学网络计量排名"和中国科学评价研究中心发布的"中国重点大学网络影响力排名"。

表 1-2 　2014—2015 年世界一流大学竞争力评价指标体系

一级指标	二级指标
科研生产力	论文发表数
科研影响力	论文被引次数
	高被引论文数
	进入 ESI 学科数
科研创新力	专利数
	热点论文数
网络影响力	国内外网络排名

3. 2016—2018 年世界一流大学和一流学科评价研究报告

从 2016 年开始以世界一流大学和一流学科为对象进行评价，评价指标打破以往只注重科研评价的惯例，转向对大学的综合评价，其评价一级指标由师资力量、教学水平、科研能力、声誉影响力 4 个部分构成。具体指标体系如表 1-3 所示。

表 1-3 　2016—2018 年世界一流大学和一流学科评价指标体系

一级指标	二级指标
师资力量	专职教师数
	高被引科学家数
教学水平	杰出校友数
	进入 ESI 学科数
科研能力	发表论文数
	篇均被引次数
	国际合作论文数
	发明专利数
声誉影响力	网络排名
	高被引论文数

（1）师资力量

师资力量代表一流大学的人才储备，是衡量一流大学的重要指标，专职教师是一流大学的骨干力量，对一流大学的意义十分重大。而高被引科学家则是师资力量的最高表现形式，是高质量人才的象征。

（2）教学水平

通过杰出校友数和进入 ESI 学科数来反映教学水平。杰出校友数也是教学质量的重要体现形式之一，是从教学水平的深度对其进行衡量的。进入 ESI 学科数是从教学水平的广度对其进行衡量的。

（3）科研能力

科研能力用近 10 年发表论文数（被 ESI 收录的论文数量）及其篇均被引次数、国际合作论文数和发明专利数 4 个指标来衡量。近 10 年来发表论文数反映该机构或学科对世界学术交流量的贡献，被 ESI 收录的论文都是经过同行评议的论文，都是较高质量的论文，各论文发表的期刊也在该学科有着显著影响。被引次数是反映论文质量的一个重要指标，而篇均被引次数则反映出某一单位、团体的总体论文质量，比总被引次数更能反映机构的科研能力。国际合作论文数能够有效地反映机构的国际化程度。专利是科技进步的重要体现，是体现科研能力的知识财富之一。

（4）声誉影响力

声誉影响力用网络排名和高被引论文这两个指标来衡量。以网络排名这一指标为衡量标准，网络排名可以告知各大学的学术知识与资料在网络上公开的程度，网络排名越靠前说明该单位的影响面越大，学术辐射范围越广泛，引起的关注就越多。高被引论文是体现其声誉影响力的主要手段之一。

4. 2019年世界一流大学和一流学科评价研究报告

2019年在原有一级指标师资力量、教学水平、科研能力、影响力四个部分构成的基础上进行了二级指标的微调，更加突出质量和国际影响力。具体指标体系如表1-4所示。

表1-4　2019年世界一流大学和一流学科评价指标体系

一级指标	二级指标
师资力量	专职教师数
	高被引科学家数
教学水平	杰出校友数
	国际合作论文数
科研能力	ESI收录论文数
	篇均被引次数
	高被引论文数
	德温特专利数
影响力	网络排名
	进入ESI排名学科数

（1）师资力量

一所大学的师资水平通过专职教师和高被引科学家来体现，代表了一流大学的人才储备，是衡量一流大学的重要指标。其中专职教师是一流大学的骨干力量，而高被引科学家则是师资力量的最高表现形式，是高质量人才的象征。

（2）教学水平

通过杰出校友数和国际论文合作数来反映教学水平。从教学水平的深度来说，杰出校友数是教学质量的重要体现形式之一；而国际论文合作数恰好体现了大学教学水平的广度。

（3）科研能力

学校的科研能力用近10年发表论文数(被ESI收录的论文数量)及其篇均被引次数、高被引论文数和德温特专利数4个指标来衡量。近10年来发表论文数反映该机构或学科对世界学术交流量的贡献，被ESI收录的论文都是经过同行评议的论文，都是较高质量的论文，各论文发表的期刊也在该学科有着显著影响。高被引论文数是反映论文质量的一个重要指标，而篇均被引次数则反映出某一单位、团体的总体论文质量，比总被引次数更能反映机构的科研能力。德温特专利是科技进步的重要体现，是体现科研能力的知识财富之一。

（4）影响力

影响力用网络排名和进入ESI排名学科数这两个指标来衡量。以网络排名这一指标为衡量标准，网络排名可以告知各大学的学术知识与资料在网络上公开出版的程度，网络排名越靠前说明该单位的影响面越大，学术辐射范围越广泛，引起的关注就越多。进入ESI排名学科数体现了大学的国际影响力，代表了声誉的影响力。

5. 2020年世界一流大学和一流学科评价研究报告

2020年在2019年原有一级指标基础上进行了微调，更加突出质量和国际影响力。具体指标体系如表

1-5 所示。

表 1-5 　2020 年世界一流大学和一流学科评价指标体系

一级指标	二级指标
教学水平	杰出校友数
	高被引科学家数
科研能力	ESI 收录论文数
	篇均被引次数
	高被引论文数
	德温特专利数
影响力	网络排名
	进入 ESI 排名学科数
	国际合作论文数

2022 年世界一流大学及学科的评价，得到了 7 类共 150 个排行榜，它们分别是"世界各国或地区科研竞争力排行榜（2022）""世界一流大学综合竞争力排行榜（2022）""世界一流大学分学科排行榜（"2022"）（分 22 个学科）""世界一流大学一级指标排行榜（2022）（分 3 个指标）""世界一流大学基本指标排行榜（2022）（分 9 个指标）""世界一流学科排行榜（2022）（分 105 个学科）""世界一流大学各大洲排行榜（2022）"。世界一流大学和一流学科评价采用了目前最权威的、高水平的数据来源工具——ESI，数据准确可靠，并且以新颖的评价理念设置了科学合理的评价体系，提供了国内目前最详尽的世界大学评价报告，不仅针对国家、高等学校，而且评价学科专业。

（二）上海软科世界大学排行榜（ARWU）

软科世界大学学术排名（ShanghaiRanking's Academic Ranking of World Universities，ARWU）于 2003 年由上海交通大学高等教育研究院（前身为高等教育研究所）世界一流大学研究中心首次发布，是世界范围内首个综合性的全球大学排名。2009 年开始，ARWU 改由上海软科教育信息咨询有限公司（即"上海软科"）发布并保留所有权利。

2001 年，上海交通大学世界一流大学研究中心刘念才等向教育部科技委员会提交了《我国名牌大学离世界一流大学有多远》[①]的研究报告，指出学术声誉通过诺贝尔奖、《自然》和《科学》论文、SCI 论文等可量化的国际可比性指标表达；教师质量通过诺贝尔奖、博士学位教师比例等表达。

上海交通大学世界一流大学研究中心于 2003 年夏天首次在国际互联网上发布了"世界大学学术排行"（Academic Ranking of World Universities，ARWU），之后每年 8 月中旬进行更新。2020 年上海交通大学高等教育研究所的世界大学学术排行指标体系如下[②]。

世界大学学术排名选择获诺贝尔奖和菲尔兹奖的校友折合数（简称"校友获奖"）、获诺贝尔奖和菲尔兹奖的教师折合数（简称"教师获奖"）、各学科领域被引用次数最高的学者数（简称"高被引科学家"）、在《自然》（Nature）和《科学》（Science）上发表论文的折合数（简称"N&S 论文"）、被科学引文索引（SCIE）和社会科学引文索引（SSCI）收录的论文数（简称"国际论文"）、上述五项指标得分的师均值（简称"师均表现"）等六个指标对世界大学的学术表现进行排名，如表 1-6 所示。

---

① 刘念才，程莹，刘莉，等 . 我国名牌大学离世界一流有多远 . 高等教育研究［J］. 2002（2）：19-24.
② 上海交通大学 . ARWU2020 世界大学排名［EB/OL］.［2021-09-21］. http://www. shanghairanking. cn/methodology/arwu/2020. html.

表1-6 软科世界大学学术排行指标体系

指标	权重(%)
校友获奖	10
教师获奖	20
高被引科学家	20
N&S 论文	20
国际论文	20
师均表现	10

上海交通大学的大学排名主要根据研究成绩来对研究型大学进行评价,所用的数据具有国际可比性,但在奖项方面仅仅考虑了诺贝尔奖和菲尔兹奖的获奖情况,在发文方面,仅仅考虑了在《自然》和《科学》两大著名期刊上发表的论文情况,并赋予很高的权重,其他奖项、重要杂志没有纳入其中,这使得其对文科实力较强的学校的评价不够全面和公平。

三、国内外比较研究

通过对目前国内外关于世界一流大学评价的现状进行分析,我们发现不同的评价机构运用不同的评价指标,且各有特色。

《美国新闻与世界报道》、英国《泰晤士报高等教育》和 QS《世界大学排行榜》都是评教分离的典范,而上海交通大学和浙江大学本身既是教育机构,又参与了评价工作,目的是以评促建。

《美国新闻与世界报道》、英国《泰晤士报高等教育》(2008 年以前的指标体系)注重主观数据的收集和利用,为评价大学声誉而开展同行评议,分别赋予25%和50%的权重。2010 年开始,英国《泰晤士报高等教育》采取新的标准进行评价,将声誉调查分为教学与研究两个方面,并削减了主观数据所占据的比重,分别占15%和19.5%,但总体权重仍然是整个指标体系中最大的一部分。但在"隔行如隔山"的条件下,"同行专家"的选择不易,在实际操作中要仔细甄别,避免出现外行评价内行的情况。

上海软科世界大学排行榜的评价注重客观数据的收集和分析,保证了数据的国际可比性,在评价自然科学方面比较公正,而且都侧重于对大学科研方面的评价,虽然采取了对纯文科大学,不考虑 N&S 论文指标,其权重按比例分解到其他指标中,但因为人文科学方面的研究发文量没有自然科学多,对于人文科学方面较强的大学有失公平。而且,单纯的客观数据分析无法评价大学的学术氛围、校园文化等,而这些对于世界一流大学来说也是非常重要的。

总的来说,《美国新闻与世界报道》的大学评价比较全面,为学生和家长择校提供了参考性意见。英国《泰晤士报高等教育》引入了评价有关国际化程度的指标,鲜明地体现了现代世界一流大学的时代特征。QS 对于新兴的大学则更加适用,用户应参考排行榜发布的具体操作方法和指标定义,根据个性化的需求自由地挑选指标和分配权重,而不要简单地看待排名的结果。上海交通大学注重对大学科研产出进行评价。每个评价体系都有自身的特色和侧重点,因此,它们的评价结果也各有不同,但都为我们对世界一流大学的研究提供了很好的素材,有很多值得我们借鉴和学习的地方。

第三节 世界一流大学的基本特征与评价标准

对于世界一流大学的特征和评价,目前没有统一的范式,各个国家、各个学派都有着不同的见解。但是世界一流大学在学术大师汇聚、科研经费充裕、科研成果卓著、培养优秀学生、办学特色鲜明等方面显示出共同的特征。建立良好的工作氛围,提供一流的教学和研究设施,为教师确定合理的工作量以使教师有充分的自主和更多的时间从事科研工作,被认为是建设一流教师队伍的最重要的三个方面。

李岚清认为世界一流大学有以下几个共同点：第一，有杰出的教育家，特别是有出色的校领导。他们有教育家的战略思想，有国际视野；第二，培养出大批优秀的人才；第三，提倡学术自由，鼓励理论创新，多用启发式、讨论式的教学方式；第四，拥有一批具有一流学术水平的优势学科；第五，非常重视研究生教育，尤其重视培养博士生；第六，是发表一流研究论文和学术著作的主力军；第七，有深厚的文化积淀；第八，以多种形式服务社会①。

美国大学联合会常务副主席约翰·冯（John Vaughn）在接受访问谈到世界一流大学的建设时提到，"一所世界一流大学要有足够广泛的学科领域，基本应当涵盖所有主要的学术和人文领域""严格一点来评价，就不仅要关注科研方面的数量和科研方面的广度，也要考虑质量，以及教师们在相关学科做了多少前沿性重要研究，在世界范围内是否处于领先地位等"②。

上海交通大学原校长张杰院士提出"以'世界一流大学'为建设目标的研究型大学应紧紧围绕世界一流大学的基本特征来构建核心竞争力"，他认为世界一流大学一般具有以下十项基本特征：追求卓越目标，服务国家战略；办学理念清晰，发展定位明确；学科门类齐全，学术声誉卓著；教师素质超群，学术大师汇聚；教学资源丰富，教学水平先进；生源质量优良，创新人才辈出；科研经费充裕，科研成果斐然；国际交流广泛，学术氛围浓厚；促进文化繁荣，引领社会进步；杰出校长掌舵，管理科学规范③。

北京大学原校长、中国科学院院士许智宏认为，世界一流大学主要有三个标准：一是有从事一流研究工作的国际知名教授；二是有一大批影响人类文明和社会经济发展的成果；三是培养出一大批为人类文明作出很大贡献的优秀学生④。

南京大学原校长陈骏指出世界一流大学主要具备三大功能：第一，作为培养与造就高素质创新人才的教学机构，帮助学生形成科学的世界观和价值观，掌握分析问题和解决问题的基本方法和技能，让他们养成终身追求真理和正义的习惯，引领社会的健康发展；第二，作为生产、传承各种知识、理论和观念的学术机构，让人类创造的优秀文化能够历久弥新，生生不息；第三，作为服务国家宏大目标和促进区域发展的社会机构，成为国家核心竞争力的重要组成部分⑤。

中国人民大学教育学院的周光礼教授通过抽取关键要素的方式，归纳出世界一流大学共同的特质：第一，具有一流的国际声誉；第二，具有世界一流的师资队伍；第三，具有世界一流的优势学科；第四，培养出大批的精英人才；第五，具有充足而灵活的办学资源；第六，具有完善的管理构架；第七，具有较高的国际化水平。只有以先进的建设世界一流大学办学理念为指导，以大学文化建设和体制机制创新为基础，才能找到一条行之有效的建设世界一流大学的路径，最终形成具有"中国特色、世界水平"的一流大学发展模式和先进文化⑥。

将一批国内大学建设成世界一流大学是我国大学发展的远景目标，总结国内外世界一流大学的特征，我们可以得出以下结论。

1）世界一流大学绝大多数是研究型大学，无论是美国的麻省理工学院、哈佛大学，还是英国的剑桥大学、牛津大学，加拿大的多伦多大学，以及日本的东京大学、早稻田大学，国内的北京大学、清华大学，这些占据各国大学排名前列的世界一流大学实际上都是研究型大学。

2）世界一流大学的分类标准参照美国研究型大学模式。在卡内基教学促进基金会克拉克·克尔博士的主持下，美国高等院校的分类经过了多次修改。第七次修改的 2010 年版《分类法》共有七种分类模式，即基本分类、选择性分类和五种独立（平行）分类。基本分类是按照所授学位的层次及数量，将高等院校分为副学士学位授予学院、研究型大学、博士学位授予大学、硕士学位授予学院/大学、学士学位授予学

① 李岚清．李岚清教育访谈录［M］．北京：人民教育出版社．2003：149-153.
② 王晓阳，刘宝存，李婧．世界一流大学的定义、评价与研究—美国大学联合会常务副主席约翰·冯（John Vaughn）访谈录［J］．比较教育研究，2010（1）：13-19.
③ 张杰．世界一流大学一般具有 10 项基本特征［EB/OL］．［2021-06-05］．http：//edu. people. com. cn/GB/145827/145949/145955/145962/9173610. html.
④ 许智宏．中国目前没有世界一流大学 建设急功近利［EB/OL］．［2021-06-05］．https：//news. seu. edu. cn/yldx/2014/0506/c8380a72459/page. htm.
⑤ 陈骏．推进开放办学战略建设世界一流大学［J］．中国高等教育，2010(15)：20-23.
⑥ 周光礼．世界一流大学的特质［J］．中国高等教育，2010(12)：44-47.

院、专业主导机构、部落学院七种基本类型。其他几种分类体系则分别是从本专科培养项目、研究生培养项目、学生类型、学制和机构规模五个层面进行分类的①。表1-7是卡内基教学促进基金会2010年关于博士学位授予机构、硕士学位授予机构和学士学位授予机构的划分标准。

表1-7 卡内基教学促进基金会2010年高等教育机构分类标准—基础分类

院校大类	院校类别	定 义		
博士型	研究型,非常高	年授予博士学位数不少于20个	在7项科研指标*的总得分和师均得分上的综合表现很好	
	研究型,高		在7项科研指标的总得分和师均得分上的综合表现比较好	
	博士/研究型		在7项科研指标的总得分和师均得分上的综合表现一般	
硕士型	硕士型,大规模	年授予硕士学位不少于50个,且年授予博士学位不到20个	年授予硕士学位数不少于200个	
	硕士型,中等规模		年授予硕士学位数为100~199个	
	硕士型,小规模		年授予硕士学位数为50~99个	
学士型	学士型,文理	学士学位授予量占所有本科学位授予量的比例不低于10%,且年授予硕士学位不到50个	学士学位授予量占所有本科学位授予量的比例不低于50%	文理学科的学士学位授予量占所有学士学位授予量的比例不低于50%
	学士型,多学科			文理学科的学士学位授予量占所有学士学位授予量的比例不到50%
	学士/副学士型		学士学位授予量占所有本科学位授予量的比例不到50%	

*7项科研指标分别是:①理工学科的R&D经费;②其他学科的R&D经费;③博士后数量;④研究人员(非教师)数;⑤人文学科博士学位授予量;⑥社会科学领域博士学位授予量;⑦理工学科以外的博士学位授予量

资料来源:The Carnegie Classification of Institutions of Higher Education,2010 Edition。

一流大学是一个动态发展的比较性概念,它可以是高等教育机构各类型的比较,也可以是地理范围之内大学间的比较,也可能是在学科层面上的比较。欧洲古典大学、英式大学、德国模式大学曾经都是世界一流大学,美国研究型大学则是目前世界一流大学的主体。这提示我们,必须动态地看待一流大学的建设问题。

3)实现世界一流大学目标的主要途径是建设研究型大学。国内高等教育界已经把研究型大学作为实现世界一流大学的首选大学模式②。《国家中长期科学和技术发展规划纲要(2006—2020年)》明确提出:"加快建设一批高水平大学,特别是一批世界知名的高水平研究型大学,是我国加速科技创新、建设国家创新体系的需要。"以科学研究见长的研究型大学是保持我国国际竞争力的重要战略资源。为贯彻落实该纲要及其配套政策,加快研究型大学建设,增强高等学校自主创新能力,教育部在2007年7月10日发布了《教育部关于加快研究型大学建设增强高等学校自主创新能力的若干意见》。该文件指出③,研究型大学是国家创新体系的重要组成部分,加快建设一批研究型大学,对于加强人才培养与科学研究,提高高等教育质量,建设创新型国家具有重要意义。要努力加大投入、深化改革,优化研究型大学发展环境,同时加强领导,协同配合,促进研究型大学健康发展。《国务院关于印发统筹推进世界一流大学和一流学科建设总体方案的通知》的总体目标是,到2020年,若干所大学和一批学科进入世界一流行列,若干学科进入世界一流学科前列;到2030年,更多的大学和学科进入世界一流行列,若干所大学进入世界一流大

① Standard Listings[EB/OL].[2021-06-05].http://classifications. carnegiefoundation. org/lookup_listings/standard. php.

② 马陆亭. 当今"世界一流大学"建设基本模式与经验[J]. 中国教育报,2007-01-08(5).

③ 教育部关于加快研究型大学建设 增强高等学校自主创新能力的若干意见[EB/OL].[2021-10-05]. http:// www. gov. cn/zwgk/2007-07/18/content_688826. htm.

学前列,一批学科进入世界一流学科前列;到21世纪中叶,一流大学和一流学科的数量和实力进入世界前列,基本建成高等教育强国。

我国创建世界一流大学计划实施十多年来取得了伟大成绩。教育部原副部长郝平总结指出,这主要体现在三点:一是自主创新能力快速提升,产生了一大批具有国家标志的科研成果;二是汇聚了一大批具有国际水准的中青年学者,促进了人文社会科学的繁荣;三是学科建设有了重大突破①。这个成绩是党中央、国务院的战略指导和精心部署的结果,也是社会各界特别是高等学校努力奋斗和艰辛探索的结果。2010年7月发布的《国家中长期教育改革和发展规划纲要(2010—2020年)》明确提出,要"加快创建世界一流大学和高水平大学的步伐,培养一批拔尖创新人才,形成一批世界一流学科,产生一批国际领先的原创性成果,为提升我国综合国力贡献力量"。这就为我国大学提出了更高的要求,大学要以科学发展观为指导,以落实《国家中长期教育改革和发展规划纲要(2010—2020年)》为动力,在认真总结基本经验的基础上,科学地评估自身世界一流大学建设的战略趋势和战略规划,进一步明确未来的战略重点。这不仅对加速推进"中国特色、世界水平"大学建设事业,而且对我们构建高等教育强国的战略实现,都具有重大的理论和现实意义。

世界一流大学的评价标准是什么,目前还没有一个统一的答案。它是动态的,而非静态的。世界一流大学没有约定俗成的固定标准,各国对大学的评价体系差异很大。但是,世界一流大学的评价体系的核心是多元的,没有任何一个机构可以垄断整个评价过程。同时,评价标准和评价机构本身也处于不断地被评价之中,没有任何一方可以拒绝被评价。评价机构还必须向公众说明使用评价标准的选取原则和资料来源,不能暗箱操作,不能被权力和商业利益随意操纵,否则,就会遭到公开的质疑。

世界一流大学的评价指标无疑包括定性标准和定量标准两个关键指标。定性标准是对各大学教育教学情况的主体进行描述,包括授予学位的层次、学科分布情况、学校声誉等;定量标准是对各大学授予不同层次的学位数量、一流的师资(如诺贝尔奖获得者、院士等)、高水平的论文数量、学科分布情况和专利发明做量化规定。但因为有些评价指标难以量化,或是数据来源不足、评价标准无法统一,而某些定性的指标在评价的过程中,又难免因为评价主体的复杂多变性和评价者的主观差异而导致评价的结果难如人意。尽管如此,有一些公认的评价指标可以用来衡量世界一流大学的办学水准,如高水平论文数量、一流的师资、专利发明等。

清华大学教育研究所的李越等②研究认为,世界一流大学的学术基准是科研经费、SCI(含SSCI)论文数量、在《自然》和《科学》上发表的论文数量、教师中的院士人数、诺贝尔奖获得者人数、学术声誉。大学学术成就的高低大小要做精细的评价很难,不过可以从国际学术界公认的权威机构及学术刊物,如《自然》、《科学》、SCI中找到公认的指标。大学的学术水准在根本上就是教师的学术水准,而教师的学术水准同样可以通过国际学术界公认的成就标志来衡量,如诺贝尔奖获得者、院士等。一所大学如果在以上这些方面长期都有突出的稳定表现,就会在国际学术界乃至民众心里留下深刻的良好印象,这就形成了一所大学的学术声誉。学术声誉看似无形,似乎是一种主观判断,实际上却是对一所大学综合实力及其影响的最深刻的反映。

台湾"清华大学"原校长徐遐生③认为,建立世界一流大学需要杰出的教师、卓越的学术名声和工作环境、崇高的学术标准,以及优良的基础运作设施或系统。香港大学原校长徐立之认为,要发展成国际大学,首先是一个"国家的大学",并且需要具备以下四个条件:第一是教师的国际名气和教学态度;第二是学生的质量;第三是大学的设备;第四是社会的支持。

世界大学的评价应该以"提升高等教育质量"为主要导向,这是教育评价存在的意义和最终目标;同时,世界大学评价应更加注重应用价值,排名结果将会与政府、大学的决策和管理者,以及广大学生及

---

① 佚名.中国"创建世界一流大学"计划实施十年成绩显著[EB/OL].[2021-06-05].http://www.chinanews.com.cn/edu/edu-zcdt/news/2009/09-28/1890813.shtml.

② 李越,叶赋桂,蓝劲松.跻身世界一流大学的学术基准[J].教育发展与研究,2002,22(12):50-53.

③ 徐遐生.如何建立世界一流研究型大学[EB/OL].[2021-06-05].http://hotnews.cc.nthu.edu.tw/view.asp?ID=783.

家长的需要紧密结合，真正达到以人为本、价值导向的目的①。世界一流大学的评价应兼顾量性和质性指标，其中，量性指标主要包括科研经费、授予博士的数量、教师获奖情况、研究成果发表和引用情况，而质性指标主要用于了解一个机构的整体状况，并主要依赖大学校长的判断力，能更好地洞察量性指标反映不到的情况，二者适当结合运用，共同达到世界一流大学建设的引导作用。

第四节　世界一流大学和一流学科评价的具体做法

一、评价对象和范围

本次进入"世界一流大学和一流学科排行榜"的大学为美国 ESI 数据库中包含两个学科及以上的 1701 所大学。另外，ESI 数据库根据学科发展的特点等因素设置了 22 个学科，其中包括一个交叉学科，分学科将大学和科研院所接近 10 年来论文总被引次数排列，只有排在前 1%的学科方可进入 ESI 学科排行，2022 年共 7261 所大学和科研院所进入 ESI 学科排行，经筛选满足本次评价要求的大学有 1701 所。总的来说，这些大学可以满足我们评价的需要，其数量和代表性都可以得到较好的保证。

此次评价中我们彻查了所有评价对象，把同一个学校的不同名称进行了合并，当然学科数要根据情况另定。我们今年只涉及了名称合并，不涉及数据合并，对同一所高校的不同名称，选取它各项指标较高的为我们的评价对象，合并的大学有迈阿密大学(UNIV MIAMI 和 MIAMI UNIV)、坦佩雷大学(UNIV TAMPERE 和 TAMPERE UNIV)等。

二、数据来源

关于论文指标，我们使用的是美国 ESI 数据库 2022 年 3 月 11 日的数据；关于专利指标，我们使用的是美国 DII 2017—2022 年的数据，专利数据下载于 2022 年 4 月；网络排名指标由西班牙国家研究理事会人文与社会科学研究中心网络计量实验室发布的"世界大学网络计量排名"获得，数据下载于 2022 年 3 月 16 日。

其中有几个指标的概念解释如下：①高被引论文：是 ESI 根据论文在相应学科领域和年代中的总被引次数排在前 1%以内的论文。②高被引科学家：数据来源于汤森路透科技信息集团公布的全球 2019 年高被引科学家名单(Highly Cited Researchers 2019)。③国际合作论文数：某一国家与其他国家间合作所产出的论文数量。④杰出校友数：即《时代周刊》近 10 年来每年评选的全球 100 位最具影响力人物和毕业生中诺贝尔奖、菲尔兹奖和图灵奖获得者数量。⑤ESI 划分的 22 个学科：按名称的英文字母排列，依次为农业科学、生物学与生物化学、化学、临床医学、计算机科学、经济学与商学、工程学、环境科学与生态学、地球科学、免疫学、材料科学、数学、微生物学、分子生物学与遗传学、综合交叉学科、神经科学与行为科学、药理学与毒物学、物理学、植物学与动物学、精神病学与行为科学、社会科学、空间科学。

三、指标体系的构建

我们认为，世界一流大学和一流学科的评价指标主要由师资力量、教学水平、科研能力、影响力四个部分组成。其中针对大学科研竞争力评价，我们在此次评价中以网络排名指标来进一步考察各学校的声誉情况、高被引论文数作为 Web 环境下的科研影响力评价的补充，以达到从科研产出到现实影响再到网络影响的综合实力评价。网络影响力主要以网络排名这一指标为衡量，之所以在此次评价中加入影响力这一指标，是因为网络排名与其他排名一个很大的不同在于网络排名覆盖的学校范围广，排名数据均来自网上，这使得那些欠发达地区的大学能够在学术网站排名上有一席之地，也让那些不是传统一流大

---

① 大学评价进入历史新阶段——《光明网》记者对邱均平教授的采访[EB/OL].[2021-10-05]. http://www.nseac.com/html/136/215879.html.

学的学校有机会在另一方面展示自己，获得提升。而传统大学评价则未能做到这一点，因为传统大学评价指标对于那些历史积累较多、学术能力较强、社会地位和影响力较大的学校来说更具优势，使得欠发达地区的学校难以超越。

此次世界一流大学与一流学科评价所采用的网络排名是综合西班牙人文与社会科学研究中心网络计量实验室发布的"世界大学网络计量排名"和中国科学评价研究中心发布的"中国重点大学网络影响力排名"而得出的。排名的指标分为五大项：①网站规模：统计各大搜索引擎如 Google、Yahoo!、Alta Vista、All the Web 和 Bing 等所收录的各大学网站的页面数；②学术文件数：由 Google Scholar 所搜集到的大学网站中的学术文章、报告及其他相关学术研究文档的数量；③文档丰富度：统计搜索引擎如 Google、Yahoo!、Alta Vista、All the Web 和 Bing 收录的各大学网站中多种类型文档数量，包括 Adobe Acrobat（pdf）、Adobe Postscript（ps）、Microsoft Word（doc）、Microsoft Powerpoint（ppt）和 Microsoft Rich Text Format（rtf）等格式的文档；④被链接数：统计搜索引擎如 Yahoo! 收录的各大学网页被链接数；⑤显示度：由百度搜索到的与大学相关的结果页面数和大学词条浏览数按比例合并计算得到。各个大学的网络排名由这五个指标的排名按比例计算所得。

对于大学和学科的评价有不同的评价体系，这些思想也在本次评价中得到体现，具体指标体系如表1-5 所示。

四、世界一流大学和一流学科的界定

在给出和解释我们的评价结果之前，我们有必要界定什么是世界一流大学。我们评价的世界大学为1701 所，我们将前 800 名定义为世界高水平大学，但是我们结合国内一些大学对自己的定位与规划，又将世界高水平大学分为三个档次：前 100 名（含第 100 名）为世界顶尖大学；101～300 名（含第 300 名）为世界高水平著名大学；301～600 名（含第 600 名）为世界高水平知名大学；601～800 名（含第 800 名）为世界一般大学。其中世界顶尖大学和世界高水平著名大学被称为"世界一流大学"。

同界定什么是世界一流大学一样，我们有必要界定什么是世界一流学科。对于学科，我们主要根据所评价的 22 个学科的不同评价单位来划定世界一流学科数量的，其标准为某学科排名前 10%内的科研单位为该学科世界一流学科，世界一流学科也划分为三个档次：某学科前 1%（含 1%）的科研单位的学科为世界顶尖学科；某学科前 1%～5%（含 5%）的科研单位的学科为世界高水平著名学科；某学科前 5%～10%（含 10%）的科研单位的学科为世界高水平知名学科。

第二章

评价结果

第一节　世界各国或地区科研竞争力排行榜（2022）

表 2-1　世界各国或地区科研竞争力排行榜（30 强）

排名	国家/地区	发表论文得分	论文被引得分	专利得分	高被引论文得分	国际合作论文得分	总分
1	美国	100.00	76.72	71.97	100.00	100.00	100.00
2	中国	90.51	67.32	100.00	79.69	87.58	94.03
3	英国	71.82	75.11	62.13	72.59	82.24	88.10
4	法国	69.81	75.39	44.87	64.93	72.96	83.70
5	德国	68.20	76.16	68.47	64.64	74.68	84.23
6	加拿大	62.78	72.79	39.66	59.41	68.90	80.25
7	意大利	62.34	75.54	58.56	58.35	68.23	81.16
8	澳大利亚	62.31	74.21	48.27	59.61	70.16	81.04
9	日本	60.05	70.34	63.80	49.75	57.95	76.77
10	韩国	58.86	68.62	64.73	48.20	55.95	76.12
11	西班牙	56.66	71.67	55.34	50.94	62.36	76.90
12	荷兰	54.94	77.97	60.57	54.15	61.03	78.71
13	巴西	54.06	65.19	44.02	41.36	55.69	71.69
14	瑞士	51.56	79.46	33.00	51.62	55.22	76.60
15	瑞典	49.30	74.30	33.98	47.05	55.81	73.95
16	伊朗	49.04	68.82	28.35	40.78	51.37	71.34
17	中国台湾	47.66	66.00	39.45	37.73	48.72	69.29
18	比利时	45.76	79.05	28.80	44.37	53.15	74.68
19	丹麦	44.33	75.24	22.11	42.62	50.06	72.02
20	印度	43.66	69.36	49.55	35.85	46.08	70.03
21	波兰	43.09	66.73	34.97	36.68	47.23	68.49
22	新加坡	42.54	77.54	46.84	43.24	48.47	73.74
23	土耳其	42.04	67.42	44.09	35.89	43.28	68.48
24	中国香港	41.91	73.21	24.11	40.53	43.88	70.85
25	葡萄牙	41.41	72.69	33.09	36.17	46.47	69.52
26	芬兰	40.31	75.35	43.59	37.59	46.28	71.11
27	以色列	39.60	72.38	37.32	35.17	41.87	69.31
28	挪威	39.53	70.75	42.75	37.45	45.96	69.55
29	奥地利	39.18	77.57	40.97	37.60	46.58	71.40
30	南非	38.73	69.97	26.22	36.05	46.24	69.02

第二节　世界一流大学综合竞争力排行榜（2022）

表2-2　世界一流大学综合竞争力排行榜（1200强与中国大学）

排名	英文名称	中文全称	国家/地区	国家/地区排名	所在洲排名	总得分
1	HARVARD UNIVERSITY	哈佛大学	美国	1	1	100.00
2	STANFORD UNIVERSITY	斯坦福大学	美国	2	2	88.71
3	MASSACHUSETTS INSTITUTE OF TECHNOLOGY	麻省理工学院	美国	3	3	87.41
4	PRINCETON UNIVERSITY	普林斯顿大学	美国	4	4	87.15
5	UNIVERSITY OF OXFORD	牛津大学	英国	1	1	85.31
6	JOHNS HOPKINS UNIVERSITY	约翰·霍普金斯大学	美国	5	5	84.35
7	UNIVERSITY OF CAMBRIDGE	剑桥大学	英国	2	2	83.51
8	UNIVERSITY OF TORONTO	多伦多大学	加拿大	1	6	88.23
9	UNIVERSITY OF CALIFORNIA LOS ANGELES	加利福尼亚大学洛杉矶分校	美国	6	7	85.84
10	COLUMBIA UNIVERSITY	哥伦比亚大学	美国	7	8	83.76
11	TSINGHUA UNIVERSITY	清华大学	中国	1	1	83.07
12	PEKING UNIVERSITY	北京大学	中国	2	2	80.67
13	UNIVERSITY COLLEGE LONDON	伦敦大学学院	英国	3	3	88.31
14	UNIVERSITY OF CALIFORNIA BERKELEY	加利福尼亚大学伯克利分校	美国	8	9	83.45
15	UNIVERSITY OF TOKYO	东京大学	日本	1	3	82.69
16	UNIVERSITY OF PENNSYLVANIA	宾夕法尼亚大学	美国	9	10	82.63
17	UNIVERSITY OF WASHINGTON SEATTLE	华盛顿大学(西雅图)	美国	10	11	82.43
18	IMPERIAL COLLEGE LONDON	伦敦帝国学院	英国	4	4	82.38
19	UNIVERSITY OF MICHIGAN	密歇根大学	美国	11	12	82.29
20	ZHEJIANG UNIVERSITY	浙江大学	中国	3	4	81.55
21	UNIVERSITY OF CALIFORNIA SAN DIEGO	加利福尼亚大学圣迭戈分校	美国	12	13	82.27
22	UNIVERSITY OF WASHINGTON	华盛顿大学	美国	13	14	82.06
23	YALE UNIVERSITY	耶鲁大学	美国	14	15	81.78
24	UNIVERSITE PARIS SACLAY	巴黎萨克雷大学	法国	1	5	81.55
25	CORNELL UNIVERSITY	康奈尔大学	美国	15	16	81.40
26	NANYANG TECHNOLOGICAL UNIVERSITY	南洋理工大学	新加坡	1	5	81.29
27	UNIVERSITY OF SYDNEY	悉尼大学	澳大利亚	1	1	81.00
28	UNIVERSITY OF NORTH CAROLINA	北卡罗来纳大学	美国	16	17	80.97
29	UNIVERSITY OF MELBOURNE	墨尔本大学	澳大利亚	2	2	80.91

排名	英文名称	中文全称	国家/地区	国家/地区排名	所在洲排名	总得分
30	NATIONAL UNIVERSITY OF SINGAPORE	新加坡国立大学	新加坡	2	6	80.81
31	UNIVERSITE DE PARIS	巴黎大学	法国	2	6	80.69
32	UNIVERSITY OF BRITISH COLUMBIA	英属哥伦比亚大学	加拿大	2	18	80.61
33	DUKE UNIVERSITY	杜克大学	美国	17	19	80.57
34	SORBONNE UNIVERSITE	索邦大学	法国	3	7	80.47
35	UNIVERSITY OF QUEENSLAND	昆士兰大学	澳大利亚	3	3	80.44
36	SHANGHAI JIAO TONG UNIVERSITY	上海交通大学	中国	4	7	80.42
37	UNIVERSITY OF COPENHAGEN	哥本哈根大学	丹麦	1	8	80.41
38	UNIVERSITY OF HAMBURG	汉堡大学	德国	1	9	80.29
39	UNIVERSITY OF CHINESE ACADEMY OF SCIENCES, CAS	中国科学院大学	中国	5	8	80.25
40	SAPIENZA UNIVERSITY ROME	罗马大学	意大利	1	10	80.18
41	FREE UNIVERSITY OF BERLIN	柏林自由大学	德国	2	11	80.15
42	UNIVERSITY OF CHICAGO	芝加哥大学	美国	18	20	80.14
43	LEIDEN UNIVERSITY	莱顿大学	荷兰	1	12	83.04
44	UNIVERSITY OF CALIFORNIA SAN FRANCISCO	加利福尼亚大学旧金山分校	美国	19	21	79.88
45	UNIVERSITY OF WESTERN AUSTRALIA	西澳大学	澳大利亚	4	4	79.84
46	UNIVERSITY OF NEW SOUTH WALES SYDNEY	新南威尔斯大学悉尼分校	澳大利亚	5	5	79.66
47	NORTHWESTERN UNIVERSITY	美国西北大学	美国	20	22	79.64
48	SWISS FEDERAL INSTITUTES OF TECHNOLOGY DOMAIN	瑞士联邦理工学院	瑞士	1	13	79.61
49	UNIVERSITY OF GLASGOW	格拉斯哥大学	英国	5	14	79.58
50	WASHINGTON UNIVERSITY	圣路易斯华盛顿大学	美国	21	23	79.42
51	UNIVERSITY OF BONN	德国波恩大学	德国	3	15	79.35
52	UNIVERSITY OF EDINBURGH	爱丁堡大学	英国	6	16	79.32
53	KU LEUVEN	鲁汶大学	比利时	1	17	79.26
54	UTRECHT UNIVERSITY	乌得勒支大学	荷兰	2	18	79.16
55	KING'S COLLEGE LONDON	伦敦国王学院	英国	7	19	79.14
56	MONASH UNIVERSITY	莫纳什大学	澳大利亚	6	6	79.13
57	UNIVERSITY OF MANCHESTER	曼彻斯特大学	英国	8	20	79.09
58	UNIVERSITY OF NORTH CAROLINA CHAPEL HILL	北卡罗来纳大学教堂山分校	美国	22	24	78.97
59	UNIVERSITY OF AMSTERDAM	阿姆斯特丹大学	荷兰	3	21	78.91
60	UNIVERSITY OF MINNESOTA TWIN CITIES	明尼苏达大学双城分校	美国	23	25	78.88
61	ETH ZURICH	苏黎世联邦理工学院	瑞士	2	22	78.76
62	UNIVERSITY OF HELSINKI	赫尔辛基大学	芬兰	1	23	78.64

排名	英文名称	中文全称	国家/地区	国家/地区排名	所在洲排名	总得分
63	UNIVERSITY OF PITTSBURGH	匹兹堡大学	美国	24	26	78.55
64	FUDAN UNIVERSITY	复旦大学	中国	6	9	78.37
65	UNIVERSITY OF FLORIDA	佛罗里达大学	美国	25	27	78.36
66	MCGILL UNIVERSITY	麦吉尔大学	加拿大	3	28	78.29
67	UNIVERSITY OF MUNICH	慕尼黑大学	德国	4	24	78.29
68	OHIO STATE UNIVERSITY	俄亥俄州立大学	美国	26	29	78.16
69	NEW YORK UNIVERSITY	纽约大学	美国	27	30	78.16
70	BROWN UNIVERSITY	布朗大学	美国	28	31	78.13
71	WUHAN UNIVERSITY	武汉大学	中国	7	10	75.51
72	HUAZHONG UNIVERSITY OF SCIENCE & TECHNOLOGY	华中科技大学	中国	8	11	78.06
73	GHENT UNIVERSITY	根特大学	比利时	2	25	78.06
74	SUN YAT SEN UNIVERSITY	中山大学	中国	9	12	78.01
75	UNIVERSITY OF WISCONSIN MADISON	威斯康星大学麦迪逊分校	美国	29	32	77.88
76	KING ABDULAZIZ UNIVERSITY	阿卜杜勒阿齐兹国王大学	沙特阿拉伯	1	13	77.80
77	SEOUL NATIONAL UNIVERSITY	首尔大学	韩国	1	14	77.71
78	UNIVERSITY OF TEXAS AUSTIN	得克萨斯大学奥斯汀分校	美国	30	33	77.64
79	UNIVERSITY OF CALIFORNIA DAVIS	加利福尼亚大学戴维斯分校	美国	31	34	77.51
80	UNIVERSITY OF MARYLAND COLLEGE PARK	马里兰大学帕克分校帕克分校	美国	32	35	77.43
81	UNIVERSITY OF ZURICH	苏黎世大学	瑞士	3	26	77.35
82	UNIVERSITY OF GRONINGEN	格罗宁根大学	荷兰	4	27	77.30
83	UNIVERSITY OF PADUA	帕多瓦大学	意大利	2	28	77.26
84	UNIVERSITY OF SOUTHERN CALIFORNIA	南加利福尼亚大学	美国	33	36	77.09
85	VRIJE UNIVERSITEIT AMSTERDAM	阿姆斯特丹自由大学	荷兰	5	29	77.07
86	UNIVERSITY OF BARCELONA	巴塞罗那大学	西班牙	1	30	77.03
87	KAROLINSKA INSTITUTET	卡罗林斯卡医学院	瑞典	1	31	77.02
88	UNIVERSITY OF HONG KONG	香港大学	中国香港	1	15	77.01
89	AARHUS UNIVERSITY	奥尔胡斯大学	丹麦	2	32	76.99
90	KING SAUD UNIVERSITY	沙特国王大学	沙特阿拉伯	2	16	76.96
91	TECHNICAL UNIVERSITY OF MUNICH	慕尼黑理工大学	德国	5	33	76.79
92	HUMBOLDT UNIVERSITY OF BERLIN	柏林洪堡大学	德国	6	34	76.79
93	PENNSYLVANIA STATE UNIVERSITY	宾夕法尼亚州立大学	美国	34	37	76.71
94	RUPRECHT KARLS UNIVERSITY HEIDELBERG	海德堡大学	德国	7	35	76.70
95	UNIVERSITY OF ALBERTA	阿尔伯塔大学	加拿大	4	38	76.61
96	UNIVERSITY OF OSLO	奥斯陆大学	挪威	1	36	76.56

排名	英文名称	中文全称	国家/地区	国家/地区排名	所在洲排名	总得分
97	SICHUAN UNIVERSITY	四川大学	中国	10	17	76.56
98	CALIFORNIA INSTITUTE OF TECHNOLOGY	加州理工学院	美国	35	39	76.50
99	UNIVERSITY OF BRISTOL	布里斯托尔大学	英国	9	37	76.46
100	AIX-MARSEILLE UNIVERSITE	艾克斯-马赛大学	法国	4	38	76.43
101	MCMASTER UNIVERSITY	麦克马斯特大学	加拿大	5	40	76.31
102	UNIVERSITY OF ILLINOIS URBANA-CHAMPAIGN	伊利诺伊大学厄巴纳-香槟分校	美国	36	41	76.20
103	UNIVERSITY OF BOLOGNA	博洛尼亚大学	意大利	3	39	76.09
104	RADBOUD UNIVERSITY NIJMEGEN	内梅亨大学	荷兰	6	40	76.08
105	UNIVERSITY OF ARIZONA	亚利桑那大学	美国	37	42	76.07
106	UNIVERSITY OF CALIFORNIA IRVINE	加利福尼亚大学尔湾分校	美国	38	43	76.07
107	KYOTO UNIVERSITY	京都大学	日本	2	18	76.05
108	TEXAS A&M UNIVERSITY COLLEGE STATION	德州农工大学	美国	39	44	76.04
109	UNIVERSITY OF NOTTINGHAM	诺丁汉大学	英国	10	41	76.00
110	LUND UNIVERSITY	隆德大学	瑞典	2	42	75.97
111	CENTRAL SOUTH UNIVERSITY	中南大学	中国	11	19	75.90
112	UNIVERSIDADE DE SAO PAULO	圣保罗大学	巴西	1	1	75.80
113	VANDERBILT UNIVERSITY	范德比尔特大学	美国	40	45	75.79
114	BOSTON UNIVERSITY	波士顿大学	美国	41	46	75.77
115	UPPSALA UNIVERSITY	乌普萨拉大学	瑞典	3	43	75.76
116	NANJING UNIVERSITY	南京大学	中国	12	20	75.70
117	SHANDONG UNIVERSITY	山东大学	中国	13	21	75.68
118	UNIVERSITY OF COLORADO BOULDER	科罗拉多大学博尔德分校	美国	42	47	75.68
119	WAGENINGEN UNIVERSITY & RESEARCH	瓦格宁根大学	荷兰	7	44	75.56
120	UNIVERSITY OF ADELAIDE	阿德莱德大学	澳大利亚	7	7	75.51
121	UNIVERSITY OF BIRMINGHAM	伯明翰大学	英国	11	45	75.49
122	UNIVERSITY OF MILAN	米兰比可卡大学	意大利	4	46	75.48
123	EMORY UNIVERSITY	埃默里大学	美国	43	48	75.46
124	UNIVERSITE GRENOBLE ALPES	格勒诺布尔-阿尔卑斯大学	法国	5	47	75.46
125	XI'AN JIAOTONG UNIVERSITY	西安交通大学	中国	14	22	75.43
126	UNIVERSITE DE MONTPELLIER	蒙彼利埃大学	法国	6	48	75.43
127	PENNSYLVANIA STATE UNIVERSITY-UNIVERSITY PARK	宾夕法尼亚州立大学帕克分校	美国	44	49	75.39
128	UNIVERSIDAD DE CHILE	智利大学	智利	1	2	75.33
129	PURDUE UNIVERSITY	普渡大学	美国	45	50	75.33
130	MICHIGAN STATE UNIVERSITY	密歇根州立大学	美国	46	51	75.32

排名	英文名称	中文全称	国家/地区	国家/地区排名	所在洲排名	总得分
131	RUTGERS STATE UNIVERSITY NEW BRUNSWICK	罗格斯大学新不斯维克分校	美国	47	52	75.28
132	UNIV LYON COMUE	里昂大学	法国	7	49	75.27
133	UNIVERSITY OF SOUTHAMPTON	南安普敦大学	英国	12	50	75.26
134	AUSTRALIAN NATIONAL UNIVERSITY	澳大利亚国立大学	澳大利亚	8	8	75.25
135	UNIVERSITY OF CALGARY	卡尔加里大学	加拿大	6	53	75.18
136	CHINESE UNIVERSITY OF HONG KONG	香港中文大学	中国香港	2	23	75.16
137	UNIVERSITE DE MONTREAL	蒙特利尔大学	加拿大	7	54	75.11
138	YONSEI UNIVERSITY	延世大学	韩国	2	24	75.08
139	UNIVERSITY OF TEHRAN	德黑兰大学	伊朗	1	25	75.06
140	TEL AVIV UNIVERSITY	特拉维夫大学	以色列	1	26	75.05
141	UNIVERSITY OF LEEDS	利兹大学	英国	13	51	75.01
142	JILIN UNIVERSITY	吉林大学	中国	15	27	74.96
143	UNIVERSITY OF UTAH	犹他大学	美国	48	55	74.96
144	ERASMUS UNIVERSITY ROTTERDAM	鹿特丹大学	荷兰	8	52	74.95
145	UNIVERSITY OF SCIENCE & TECHNOLOGY OF CHINA, CAS	中国科学技术大学	中国	16	28	74.93
146	ECOLE POLYTECHNIQUE FEDERALE DE LAUSANNE	洛桑联邦理工学院	瑞士	4	53	74.92
147	UNIVERSITY OF GENEVA	日内瓦大学	瑞士	5	54	74.90
148	UNIVERSITE DE TOULOUSE	图卢兹大学	法国	8	55	74.82
149	UNIVERSITY OF BERN	伯尔尼大学	瑞士	6	56	74.76
150	UNIVERSIDADE DE LISBOA	里斯本大学	葡萄牙	1	57	74.72
151	UNIVERSITY OF OTTAWA	渥太华大学	加拿大	8	56	74.70
152	UNIV BRETAGNE LOIRE	布列塔尼-卢瓦尔大学	法国	9	58	74.69
153	UNIVERSITY OF LIVERPOOL	利物浦大学	英国	14	59	74.67
154	ICAHN SCHOOL OF MEDICINE AT MOUNT SINAI	西奈山伊坎医学院	美国	49	57	74.62
155	SUNGKYUNKWAN UNIVERSITY	成均馆大学	韩国	3	29	74.56
156	UNIVERSITY OF SHEFFIELD	谢菲尔德大学	英国	15	60	74.55
157	ARIZONA STATE UNIVERSITY	亚利桑那州立大学	美国	50	58	74.54
158	INDIANA UNIVERSITY BLOOMINGTON	第安纳大学伯明顿分校	美国	51	59	74.52
159	GEORGIA INSTITUTE OF TECHNOLOGY	佐治亚理工学院	美国	52	60	74.51
160	TAIWAN UNIVERSITY	台湾大学	中国台湾	1	30	74.51
161	AUTONOMOUS UNIVERSITY OF BARCELONA	巴塞罗那自治大学	西班牙	2	61	74.46
162	UNIVERSITY OF BASEL	巴塞尔大学	瑞士	7	62	74.27
163	UNIVERSITY OF EXETER	埃克塞特大学	英国	16	63	74.25
164	UNIVERSITY OF WARWICK	华威大学	英国	17	64	74.19

排名	英文名称	中文全称	国家/地区	国家/地区排名	所在洲排名	总得分
165	EBERHARD KARLS UNIVERSITY OF TUBINGEN	图宾根大学	德国	8	65	74.18
166	UNIVERSITY OF FREIBURG	弗赖堡大学	德国	9	66	74.16
167	UNIVERSITY OF AUCKLAND	奥克兰大学	新西兰	1	9	74.10
168	UNIVERSITY OF VIRGINIA	弗吉尼亚大学	美国	53	61	74.08
169	UNIVERSITY OF ERLANGEN NUREMBERG	埃尔兰根-纽伦堡大学	德国	10	67	74.07
170	UNIVERSITY OF GOTTINGEN	德国哥廷根大学	德国	11	68	74.07
171	CARDIFF UNIVERSITY	卡迪夫大学	英国	18	69	74.03
172	UNIVERSITE CATHOLIQUE LOUVAIN	鲁汶大学	比利时	3	70	74.01
173	UNIVERSITY OF TURIN	都灵大学	意大利	5	71	74.00
174	SOUTHEAST UNIVERSITY-CHINA	东南大学	中国	17	31	73.91
175	TECHNICAL UNIVERSITY OF DENMARK	丹麦科技大学	丹麦	3	72	73.88
176	XIAMEN UNIVERSITY	厦门大学	中国	18	32	73.88
177	UNIVERSITY OF VIENNA	维也纳大学	奥地利	1	73	73.86
178	UNIVERSITY OF NAPLES FEDERICO II	那不勒斯费德里克二世大学	意大利	6	74	73.83
179	CHARLES UNIVERSITY PRAGUE	布拉格查理大学	捷克共和国	1	75	73.77
180	TONGJI UNIVERSITY	同济大学	中国	19	33	73.75
181	TECHNISCHE UNIVERSITAT DRESDEN	德累斯顿工业大学	德国	12	76	73.73
182	HARBIN INSTITUTE OF TECHNOLOGY	哈尔滨工业大学	中国	20	34	73.72
183	TIANJIN UNIVERSITY	天津大学	中国	21	35	73.69
184	NEWCASTLE UNIVERSITY-UK	纽卡斯尔大学	英国	19	77	73.66
185	UNIVERSITE DE BORDEAUX	波尔多大学	法国	10	78	73.59
186	UNIVERSIDADE DO PORTO	波尔图大学	葡萄牙	2	79	73.54
187	UNIVERSITY OF BERGEN	卑尔根大学	挪威	2	80	73.51
188	UNIVERSITY OF GOTHENBURG	哥德堡大学	瑞典	4	81	73.49
189	UNIVERSITY COLLEGE DUBLIN	都柏林大学学院	爱尔兰	1	82	73.48
190	NORWEGIAN UNIVERSITY OF SCIENCE & TECHNOLOGY	挪威科技大学	挪威	3	83	73.48
191	UNIVERSITY OF WATERLOO	滑铁卢大学	加拿大	9	62	73.47
192	HEBREW UNIVERSITY OF JERUSALEM	耶路撒冷希伯来大学	以色列	2	36	73.45
193	QUEEN MARY UNIVERSITY LONDON	伦敦玛丽王后大学	英国	20	84	73.44
194	UNIVERSITY OF ELECTRONIC SCIENCE & TECHNOLOGY OF CHINA	电子科技大学	中国	22	37	73.44
195	UNIVERSITY OF IOWA	艾奥瓦大学	美国	54	63	73.42
196	WESTERN UNIVERSITY (UNIVERSITY OF WESTERN ONTARIO)	西安大略大学	加拿大	10	64	73.41
197	ARIZONA STATE UNIVERSITY-TEMPE	亚利桑那州立大学	美国	55	65	73.40

续表

排名	英文名称	中文全称	国家/地区	国家/地区排名	所在洲排名	总得分
198	CASE WESTERN RESERVE UNIVERSITY	凯斯西储大学	美国	56	66	73.39
199	VIRGINIA POLYTECHNIC INSTITUTE & STATE UNIVERSITY	弗吉尼亚理工学院暨州立大学	美国	57	67	73.39
200	UNIVERSITY OF PISA	比萨大学	意大利	7	85	73.38
201	NORTHEASTERN UNIVERSITY	美国东北大学	美国	58	68	73.38
202	TRINITY COLLEGE DUBLIN	都柏林大学圣三一学院	爱尔兰	2	86	73.38
203	UNIVERSITY OF CALIFORNIA SANTA BARBARA	加利福尼亚大学圣塔芭芭拉分校	美国	59	69	73.36
204	UNIVERSITE CLAUDE BERNARD LYON 1	里昂第一大学	法国	11	87	73.34
205	UNIVERSITY OF MASSACHUSETTS AMHERST	马萨诸塞大学阿默斯特分校	美国	60	70	73.30
206	UNIVERSITY OF COLOGNE	科隆大学	德国	13	88	73.26
207	TOHOKU UNIVERSITY	日本东北大学	日本	3	38	73.24
208	UNIVERSITE TOULOUSE III-PAUL SABATIER	图卢兹第三大学	法国	12	89	73.24
209	UNIVERSITY OF FLORENCE	佛罗伦萨大学	意大利	8	90	73.23
210	UNIVERSITY OF VALENCIA	瓦伦西亚大学	西班牙	3	91	73.20
211	OSAKA UNIVERSITY	大阪大学	日本	4	39	73.18
212	UNIVERSITY OF CONNECTICUT	康涅狄格大学	美国	61	71	73.13
213	NATIONAL & KAPODISTRIAN UNIVERSITY OF ATHENS	雅典大学	希腊	1	92	73.13
214	NORTH CAROLINA STATE UNIVERSITY	北卡罗来纳州立大学	美国	62	72	73.12
215	UNIVERSITY OF MUNSTER	明斯特大学	德国	14	93	73.11
216	UNIVERSIDAD NACIONAL AUTONOMA DE MEXICO	墨西哥国立自治大学	墨西哥	1	73	73.11
217	AUTONOMOUS UNIVERSITY OF MADRID	马德里自治大学	西班牙	4	94	73.09
218	RWTH AACHEN UNIVERSITY	亚琛工业大学	德国	15	95	73.07
219	UNIVERSITY OF ILLINOIS CHICAGO	伊利诺伊大学	美国	63	74	73.05
220	KOREA UNIVERSITY	高丽大学	韩国	4	40	73.04
221	UNIVERSITY OF ANTWERP	安特卫普大学	比利时	4	96	73.03
222	STOCKHOLM UNIVERSITY	斯德哥尔摩大学	瑞典	5	97	72.93
223	HEINRICH HEINE UNIVERSITY DUSSELDORF	杜塞尔多夫海因里希海涅大学	德国	16	98	72.93
224	SOUTH CHINA UNIVERSITY OF TECHNOLOGY	华南理工大学	中国	23	41	72.91
225	UNIVERSITY OF GRANADA	格拉纳达大学	西班牙	5	99	72.87
226	COMPLUTENSE UNIVERSITY OF MADRID	马德里大学	西班牙	6	100	72.80
227	UNIVERSITY OF LAUSANNE	洛桑大学	瑞士	8	101	72.78
228	LAVAL UNIVERSITY	拉瓦尔大学	加拿大	11	75	72.75
229	TECHNION ISRAEL INSTITUTE OF TECHNOLOGY	以色列理工大学	以色列	3	42	72.70

续表

排名	英文名称	中文全称	国家/地区	国家/地区排名	所在洲排名	总得分
230	UNIVERSITY OF CALIFORNIA SANTA CRUZ	加利福尼亚大学圣克鲁兹分校	美国	64	76	72.68
231	NANYANG TECHNOLOGICAL UNIVERSITY & NATIONAL INSTITUTE OF EDUCATION SINGAPORE	新加坡国立教育学院	新加坡	3	43	72.68
232	UNIVERSITY OF ROCHESTER	罗切斯特大学	美国	65	77	72.61
233	HONG KONG POLYTECHNIC UNIVERSITY	香港理工大学	中国香港	3	44	72.61
234	QUEENSLAND UNIVERSITY OF TECHNOLOGY	昆士兰科技大学	澳大利亚	9	10	72.60
235	UNIVERSITY OF SOUTH FLORIDA	南佛罗里达大学	美国	66	78	72.60
236	UNIVERSITY OF GEORGIA	佐治亚大学	美国	67	79	72.58
237	UNIVERSITY OF PAVIA	帕维亚大学	意大利	9	102	72.58
238	UNIVERSITE DE LILLE	里尔大学	法国	13	103	72.56
239	UNIVERSITY OF CINCINNATI	辛辛那提大学	美国	68	80	72.55
240	RICE UNIVERSITY	莱斯大学	美国	69	81	72.55
241	UNIVERSITY OF TECHNOLOGY SYDNEY	悉尼科技大学	澳大利亚	10	11	72.54
242	UNIVERSITY OF MIAMI	迈阿密大学	美国	70	82	72.54
243	QUEENS UNIVERSITY BELFAST	贝尔法斯特皇后大学	英国	21	104	72.48
244	CHARITE UNIVERSITATSMEDIZIN BERLIN	柏林查理特大学医学院	德国	17	105	72.44
245	NANKAI UNIVERSITY	南开大学	中国	24	45	72.42
246	COLORADO STATE UNIVERSITY	科罗拉多州立大学	美国	71	83	72.41
247	UNIVERSITY COLLEGE CORK	科克大学学院	爱尔兰	3	106	72.40
248	UNIVERSITY OF ROME TOR VERGATA	罗马第二大学	意大利	10	107	72.40
249	CURTIN UNIVERSITY	科廷大学	澳大利亚	11	12	72.39
250	UNIVERSITY OF KIEL	德国基尔大学	德国	18	108	72.38
251	UNIVERSITY OF YORK-UK	约克大学-英国	英国	22	109	72.38
252	LONDON SCHOOL OF HYGIENE & TROPICAL MEDICINE	伦敦卫生与热带医学学院	英国	23	110	72.37
253	UNIVERSITY OF MANITOBA	曼尼托巴大学	加拿大	12	84	72.35
254	UNIVERSITY OF SOUTHERN DENMARK	南丹麦大学	丹麦	4	111	72.34
255	JOHANNES GUTENBERG UNIVERSITY OF MAINZ	美因茨大学	德国	19	112	72.32
256	GRIFFITH UNIVERSITY	格里菲斯大学	澳大利亚	12	13	72.32
257	UNIVERSITY OF WURZBURG	维尔茨堡大学	德国	20	113	72.29
258	IOWA STATE UNIVERSITY	艾奥瓦州立大学	美国	72	85	72.29
259	UNIVERSITY OF SEVILLA	塞维利亚大学	西班牙	7	114	72.26
260	UNIVERSITE LIBRE DE BRUXELLES	布鲁克斯莱斯大学	比利时	5	115	72.25
261	STATE UNIVERSITY OF NEW YORK BUFFALO	纽约州立大学布法罗分校	美国	73	86	72.22
262	BAYLOR COLLEGE OF MEDICINE	贝勒医学院	美国	74	87	72.20
263	WASHINGTON STATE UNIVERSITY	华盛顿州立大学	美国	75	88	72.18

续表

排名	英文名称	中文全称	国家/地区	国家/地区排名	所在洲排名	总得分
264	TUFTS UNIVERSITY	塔夫茨大学	美国	76	89	72.18
265	DELFT UNIVERSITY OF TECHNOLOGY	代尔夫特理工大学	荷兰	9	116	72.16
266	KYUSHU UNIVERSITY	九州大学	日本	5	46	72.16
267	UNIVERSITE DE LORRAINE	法国洛林大学	法国	14	117	72.12
268	UNIVERSITY OF ST ANDREWS	圣·安驻斯大学	英国	24	118	72.12
269	UNIVERSITY OF KENTUCKY	肯塔基大学	美国	77	90	72.11
270	MAASTRICHT UNIVERSITY	马斯特里赫特大学	荷兰	10	119	72.11
271	UNIVERSITI MALAYA	马来亚大学	马来西亚	1	47	72.06
272	ZHENGZHOU UNIVERSITY	郑州大学	中国	25	48	72.05
273	UNIVERSIDADE ESTADUAL DE CAMPINAS	坎皮纳斯州立大学	巴西	2	3	72.04
274	UNIVERSITY OF CAPE TOWN	开普敦大学	南非	1	1	72.02
275	UNIVERSITY OF GENOA	热那亚大学	意大利	11	120	72.00
276	STATE UNIVERSITY OF NEW YORK STONY BROOK	纽约州立大学石溪分校	美国	78	91	72.00
277	UNIVERSITY OF KANSAS	勘萨斯大学	美国	79	92	71.99
278	KING ABDULLAH UNIVERSITY OF SCIENCE & TECHNOLOGY	阿卜杜拉国王理工大学	沙特阿拉伯	3	49	71.97
279	UNIVERSITY OF BELGRADE	贝尔格莱德大学	塞尔维亚	1	121	71.95
280	UNIVERSITY OF CALIFORNIA RIVERSIDE	加利福尼亚大学河滨分校	美国	80	93	71.92
281	VRIJE UNIVERSITEIT BRUSSEL	布鲁塞尔自由大学	比利时	6	122	71.92
282	UNIVERSITY OF NEBRASKA LINCOLN	内布拉斯加大学林肯分校	美国	81	94	71.91
283	UNIVERSITY OF NEW MEXICO	新墨西哥大学	美国	82	95	71.88
284	HANYANG UNIVERSITY	汉阳大学	韩国	5	50	71.87
285	CARNEGIE MELLON UNIVERSITY	卡内基梅隆大学	美国	83	96	71.86
286	NAGOYA UNIVERSITY	名古屋大学	日本	6	51	71.86
287	SOOCHOW UNIVERSITY-CHINA	苏州大学	中国	26	52	71.83
288	DEAKIN UNIVERSITY	迪肯大学	澳大利亚	13	14	71.77
289	UNIVERSITE DE STRASBOURG	斯特拉斯堡大学	法国	15	123	71.77
290	UNIVERSITY OF TENNESSEE KNOXVILLE	田纳西大学诺克斯维尔分校	美国	84	97	71.74
291	UNIVERSITY OF NEWCASTLE	澳大利亚纽卡索大学	澳大利亚	14	15	71.72
292	HUNAN UNIVERSITY	湖南大学	中国	27	53	71.69
293	UNIVERSIDADE DE COIMBRA	科英布拉大学	葡萄牙	3	124	71.66
294	BEIJING INSTITUTE OF TECHNOLOGY	北京理工大学	中国	28	54	71.61
295	UNIVERSITY OF DUISBURG ESSEN	杜伊斯堡-埃森大学	德国	21	125	71.61
296	UNIVERSITY OF LJUBLJANA	卢布尔雅那大学	斯洛文尼亚	1	126	71.60
297	OREGON STATE UNIVERSITY	俄勒冈州立大学	美国	85	98	71.58

排名	英文名称	中文全称	国家/地区	国家/地区排名	所在洲排名	总得分
298	MACQUARIE UNIVERSITY	麦考瑞大学	澳大利亚	15	16	71.55
299	FRIEDRICH SCHILLER UNIVERSITY OF JENA	弗里德里希席勒耶那大学	德国	22	127	71.55
300	UNIVERSITY OF SOUTH CAROLINA COLUMBIA	南卡罗来纳大学哥伦比亚分校	美国	86	99	71.55
301	HOKKAIDO UNIVERSITY	北海道大学	日本	7	55	71.53
302	UNIVERSITY OF LEICESTER	莱斯特大学	英国	25	128	71.51
303	UNIVERSITY OF NAVARRA	纳瓦拉大学	西班牙	8	129	71.50
304	UNIVERSIDADE FEDERAL DO RIO DE JANEIRO	里约热内卢联邦大学	巴西	3	4	71.50
305	DALHOUSIE UNIVERSITY	达尔豪西大学	加拿大	13	100	71.48
306	FLORIDA STATE UNIVERSITY	佛罗里达州立大学	美国	87	101	71.48
307	GOETHE UNIVERSITY FRANKFURT	法兰克福大学	德国	23	130	71.47
308	UNIVERSITY OF MILANO-BICOCCA	米兰-比科卡大学	意大利	12	131	71.47
309	DARTMOUTH COLLEGE	达特茅斯学院	美国	88	102	71.45
310	GEORGE WASHINGTON UNIVERSITY	乔治·华盛顿大学	美国	89	103	71.45
311	UNIVERSITY OF ABERDEEN	阿伯丁大学	英国	26	132	71.44
312	UNIVERSITY OF MISSOURI COLUMBIA	密苏里大学哥伦比亚分校	美国	90	104	71.44
313	LOMONOSOV MOSCOW STATE UNIVERSITY	洛蒙诺索夫莫斯科大学	俄罗斯	1	133	71.43
314	ULM UNIVERSITY	乌尔姆大学	德国	24	134	71.42
315	CHINA AGRICULTURAL UNIVERSITY	中国农业大学	中国	29	56	71.41
316	UNIVERSITY OF BASQUE COUNTRY	巴斯克自治区大学	西班牙	9	135	71.39
317	DALIAN UNIVERSITY OF TECHNOLOGY	大连理工大学	中国	30	57	71.38
318	KARLSRUHE INSTITUTE OF TECHNOLOGY	卡尔斯鲁厄理工学院	德国	25	136	71.38
319	SHENZHEN UNIVERSITY	深圳大学	中国	31	58	71.38
320	KYUNG HEE UNIVERSITY	庆熙大学	韩国	6	59	71.36
321	BEIHANG UNIVERSITY	北京航空航天大学	中国	32	60	71.34
322	LINKOPING UNIVERSITY	林雪平大学	瑞典	6	137	71.33
323	UNIVERSITY OF EAST ANGLIA	东安格利亚大学	英国	27	138	71.31
324	RUHR UNIVERSITY BOCHUM	波鸿鲁尔大学	德国	26	139	71.30
325	MARTIN LUTHER UNIVERSITY HALLE WITTENBERG	马丁卢瑟大学哈勒维滕贝格分校	德国	27	140	71.29
326	UNIVERSITY OF ALABAMA BIRMINGHAM	亚拉巴马大学伯明翰分校	美国	91	105	71.27
327	BEIJING NORMAL UNIVERSITY	北京师范大学	中国	33	61	71.26
328	ARISTOTLE UNIVERSITY OF THESSALONIKI	塞萨洛尼基亚里士多德大学	希腊	2	141	71.25
329	UNIVERSIDADE ESTADUAL PAULISTA	圣保罗州立大学	巴西	4	5	71.25
330	LEIPZIG UNIVERSITY	莱比锡大学	德国	28	142	71.20
331	CHONGQING UNIVERSITY	重庆大学	中国	34	62	71.15

排名	英文名称	中文全称	国家/地区	国家/地区排名	所在洲排名	总得分
332	ISLAMIC AZAD UNIVERSITY	伊斯兰阿扎德大学	伊朗	2	63	71.15
333	CAIRO UNIVERSITY	开罗大学	埃及	1	64	71.08
334	SOUTHWEST UNIVERSITY-CHINA	西南大学	中国	35	65	71.06
335	UNIVERSITY OF MARYLAND BALTIMORE	马里兰大学巴尔的摩分校	美国	92	106	71.05
336	UNIVERSITY OF SUSSEX	瑟赛克斯大学	英国	28	143	70.99
337	MEDICAL UNIVERSITY OF VIENNA	维也纳医科大学	奥地利	2	144	70.99
338	UNIVERSITY OF WOLLONGONG	伍伦贡大学	澳大利亚	16	17	70.96
339	UNIVERSITY OF LIEGE	列日大学	比利时	7	145	70.90
340	JAGIELLONIAN UNIVERSITY	克拉科夫雅盖隆大学	波兰	1	146	70.89
341	UNIVERSITY OF OTAGO	奥塔哥大学	新西兰	2	18	70.88
342	UNIVERSITY OF PERUGIA	佩鲁贾大学	意大利	13	147	70.88
343	VIRGINIA COMMONWEALTH UNIVERSITY	弗吉尼亚州立联邦大学	美国	93	107	70.86
344	CHINA MEDICAL UNIVERSITY TAIWAN	台湾医药大学	中国台湾	2	66	70.85
345	UNIVERSITY OF DELAWARE	特拉华大学	美国	94	108	70.85
346	QUEENS UNIVERSITY-CANADA	皇后大学-加拿大	加拿大	14	109	70.84
347	UNIVERSITY OF SANTIAGO DE COMPOSTELA	圣地亚哥-德孔孔波斯特拉大学	西班牙	10	148	70.84
348	TAIWAN CHENG KUNG UNIVERSITY	台湾成功大学	中国台湾	3	67	70.83
349	NANTES UNIVERSITE	南特大学	法国	16	149	70.80
350	WAYNE STATE UNIVERSITY	韦恩州立大学	美国	95	110	70.80
351	UNIVERSITA DEGLI STUDI DI BARI ALDO MORO	巴里大学	意大利	14	150	70.80
352	UNIVERSITE CONFEDERALE LEONARD DE VINCI	莱奥纳多达芬奇联合大学	法国	17	151	70.80
353	EAST CHINA NORMAL UNIVERSITY	华东师范大学	中国	36	68	70.78
354	KOREA ADVANCED INSTITUTE OF SCIENCE & TECHNOLOGY	韩国科学技术院	韩国	7	69	70.74
355	LANZHOU UNIVERSITY	兰州大学	中国	37	70	70.74
356	TEMPLE UNIVERSITY	天普大学	美国	96	111	70.74
357	STELLENBOSCH UNIVERSITY	斯坦陵布什大学	南非	2	2	70.72
358	JUSTUS LIEBIG UNIVERSITY GIESSEN	吉森大学	德国	29	152	70.71
359	UNIVERSITY OF QUEBEC	魁北克大学	加拿大	15	112	70.70
360	UNIVERSIDADE FEDERAL DE MINAS GERAIS	米纳斯吉拉斯联邦大学	巴西	5	6	70.70
361	SIMON FRASER UNIVERSITY	西蒙·弗雷泽大学	加拿大	16	113	70.67
362	UNIVERSITY OF BUENOS AIRES	布宜诺斯艾利斯大学	阿根廷	1	7	70.66
363	UNIVERSITY OF PARMA	帕尔马大学	意大利	15	153	70.66
364	UNIV PARIS EST COMUE	巴黎东大学	法国	18	154	70.62
365	UNIVERSITY OF SURREY	塞瑞大学	英国	29	155	70.60
366	UNIVERSITY OF SASKATCHEWAN	萨省大学	加拿大	17	114	70.59

排名	英文名称	中文全称	国家/地区	国家/地区排名	所在洲排名	总得分
367	SCUOLA NORMALE SUPERIORE DI PISA	比萨高等师范学校	意大利	16	156	70.58
368	UNIVERSITY OF TURKU	图尔库大学	芬兰	2	157	70.52
369	NORTHWESTERN POLYTECHNICAL UNIVERSITY	西北工业大学	中国	38	71	70.51
370	UNIVERSITY OF HOUSTON	休斯敦大学	美国	97	115	70.50
371	UNIVERSITE COTE D'AZUR	蓝色海岸大学	法国	19	158	70.46
372	ST PETERSBURG ACADEMIC UNIVERSITY	圣彼得堡学术大学	俄罗斯	2	159	70.44
373	UNIV BOURGOGNE FRANCHE-COMTE COMUE	勃艮第大学	法国	20	160	70.42
374	LOUISIANA STATE UNIVERSITY	路易斯安那州立大学	美国	98	116	70.41
375	POLYTECHNIC UNIVERSITY OF MILAN	米兰大学理工学院	意大利	17	161	70.39
376	ROYAL MELBOURNE INSTITUTE OF TECHNOLOGY	皇家墨尔本理工大学	澳大利亚	17	19	70.37
377	OREGON HEALTH & SCIENCE UNIVERSITY	俄勒冈健康与科学大学	美国	99	117	70.35
378	BEN GURION UNIVERSITY	本古里安大学	以色列	4	72	70.35
379	UNIVERSITY OF TASMANIA	塔斯马尼亚大学	澳大利亚	18	20	70.34
380	LANCASTER UNIVERSITY	兰卡斯特大学	英国	30	162	70.34
381	HONG KONG UNIVERSITY OF SCIENCE & TECHNOLOGY	香港科技大学	中国香港	4	73	70.34
382	UNIVERSITY OF INNSBRUCK	因斯布鲁克大学	奥地利	3	163	70.32
383	UNIVERSITY OF TWENTE	屯特大学	荷兰	11	164	70.32
384	TEHRAN UNIVERSITY OF MEDICAL SCIENCES	德黑兰医科大学	伊朗	3	74	70.31
385	ROYAL INSTITUTE OF TECHNOLOGY	瑞典皇家理工学院	瑞典	7	165	70.28
386	UNIVERSIDADE FEDERAL DO RIO GRANDE DO SUL	南大河联邦大学	巴西	6	8	70.27
387	DREXEL UNIVERSITY	德雷塞尔大学	美国	100	118	70.21
388	UMEA UNIVERSITY	于默奥大学	瑞典	8	166	70.21
389	UNIVERSIDADE NOVA DE LISBOA	里斯本新星大学	葡萄牙	4	167	70.21
390	UNIVERSITA DI MODENA E REGGIO EMILIA	摩德纳雷焦艾米利亚大学	意大利	18	168	70.21
391	UNIVERSITY OF SIENA	锡耶纳大学	意大利	19	169	70.19
392	AALTO UNIVERSITY	阿尔托大学	芬兰	3	170	70.19
393	DURHAM UNIVERSITY	杜伦大学	英国	31	171	70.17
394	SWANSEA UNIVERSITY	斯旺西大学	英国	32	172	70.15
395	PONTIFICIA UNIVERSIDAD CATOLICA DE CHILE	智利天主教大学	智利	2	9	70.14
396	NAGASAKI UNIVERSITY	长崎大学	日本	8	75	70.13
397	UNIVERSITY OF WITWATERSRAND	金山大学	南非	3	3	70.11
398	HIROSHIMA UNIVERSITY	广岛大学	日本	9	76	70.10
399	TEXAS TECH UNIVERSITY	得克萨斯理工大学	美国	101	119	70.10
400	UNIVERSITE PARIS-EST-CRETEIL-VAL-DE-MARNE	巴黎第十二大学	法国	21	173	70.08

续表

排名	英文名称	中文全称	国家/地区	国家/地区排名	所在洲排名	总得分
401	UNIVERSITY OF SOUTH AUSTRALIA	南澳大利亚大学	澳大利亚	19	21	70.08
402	UNIVERSITY OF NOTRE DAME	圣母大学	美国	102	120	70.08
403	TEXAS TECH UNIVERSITY SYSTEM	德州理工大学	美国	103	121	70.06
404	KYUNGPOOK NATIONAL UNIVERSITY	庆北国立大学	韩国	8	77	70.05
405	UNIVERSITY OF TARTU	塔尔图大学	爱沙尼亚	1	174	70.05
406	TECHNICAL UNIVERSITY OF BERLIN	柏林工业大学	德国	30	175	70.04
407	SWINBURNE UNIVERSITY OF TECHNOLOGY	斯文本科技大学	澳大利亚	20	22	70.03
408	FLINDERS UNIVERSITY SOUTH AUSTRALIA	南澳大利亚佛林德斯大学	澳大利亚	21	23	70.03
409	UNIVERSITY OF TSUKUBA	筑波大学	日本	10	78	70.03
410	YANGZHOU UNIVERSITY	扬州大学	中国	39	79	68.40
411	JIANGSU UNIVERSITY	江苏大学	中国	40	80	70.00
412	UNIVERSIDADE DO MINHO	米尼奥大学	葡萄牙	5	176	69.97
413	UNIV NANTES ANGERS LE MANS	勒芒大学	法国	22	177	69.94
414	UNIVERSITY OF DUNDEE	邓迪大学	英国	33	178	69.93
415	UNIVERSITY OF READING	雷丁大学	英国	34	179	69.93
416	UNIVERSITY OF VICTORIA	维多利亚大学	加拿大	18	122	69.90
417	UNIVERSITY OF PALERMO	巴勒莫大学-意大利	意大利	20	180	69.87
418	UNIVERSITY OF SALERNO	萨勒诺大学	意大利	21	181	69.84
419	UNIVERSITY OF ZAGREB	萨格勒布大学	克罗地亚	1	182	69.84
420	NATIONAL UNIVERSITY OF LA PLATA	拉普拉塔国立大学	阿根廷	2	10	69.81
421	UNIVERSITY OF ZARAGOZA	萨拉戈萨大学	西班牙	11	183	69.80
422	TAIWAN YANG MING CHIAO TUNG UNIVERSITY	台湾阳明交通大学	中国台湾	4	81	69.78
423	LA TROBE UNIVERSITY	拉特巴大学	澳大利亚	22	24	69.76
424	UNIVERSITY OF KWAZULU NATAL	夸祖鲁纳塔尔大学	南非	4	4	69.74
425	CAPITAL MEDICAL UNIVERSITY	首都医科大学	中国	41	82	69.71
426	UNIVERSITE DE RENNES 1	雷恩第一大学	法国	23	184	69.70
427	TAIWAN TSING HUA UNIVERSITY	台湾"清华大学"	中国台湾	5	83	69.67
428	UNIVERSITY OF SOUTH CAROLINA	南卡罗来纳大学	美国	104	123	69.66
429	QINGDAO UNIVERSITY	青岛大学	中国	42	84	69.66
430	UNIVERSITY OF OKLAHOMA-NORMAN	俄克拉何马大学-诺尔曼	美国	105	124	69.61
431	FLORIDA INTERNATIONAL UNIVERSITY	佛罗里达国际大学	美国	106	125	69.60
432	WEST VIRGINIA UNIVERSITY	西弗吉尼亚大学	美国	107	126	69.57
433	UNIVERSITY OF TRENTO	特伦托大学	意大利	22	185	69.56
434	UNIVERSITY OF LOUISVILLE	路易斯威尔大学	美国	108	127	69.56
435	JINAN UNIVERSITY	暨南大学	中国	43	85	69.54
436	JAMES COOK UNIVERSITY	詹姆斯库克大学	澳大利亚	23	25	69.51
437	PUSAN NATIONAL UNIVERSITY	釜山国立大学	韩国	9	86	69.50

排名	英文名称	中文全称	国家/地区	国家/地区排名	所在洲排名	总得分
438	UNIVERSITY OF CATANIA	卡塔尼亚大学	意大利	23	186	69.48
439	UNIVERSITY OF REGENSBURG	雷根斯堡大学	德国	31	187	69.47
440	CITY UNIVERSITY OF HONG KONG	香港城市大学	中国香港	5	87	69.47
441	CHINESE ACADEMY OF MEDICAL SCIENCES-PEKING UNION MEDICAL COLLEGE	中国医学科学院-中国协和医学院	中国	44	88	69.47
442	UNIVERSITE CLERMONT AUVERGNE & ASSOCIES	克莱蒙奥弗涅大学	法国	24	188	69.46
443	YORK UNIVERSITY-CANADA	加拿大约克大学	加拿大	19	128	69.46
444	NATIONAL UNIVERSITY OF IRELAND GALWAY	爱尔兰国立大学(NUI)	爱尔兰	4	189	69.44
445	UNIVERSITY OF BATH	巴斯大学	英国	35	190	69.44
446	PHILIPPS UNIVERSITY MARBURG	菲利普斯大学马尔堡分校	德国	32	191	69.42
447	SHANGHAI UNIVERSITY	上海大学	中国	45	89	69.42
448	UIT THE ARCTIC UNIVERSITY OF TROMSO	特罗姆瑟大学北极分校	挪威	4	192	69.39
449	WAKE FOREST UNIVERSITY	维克森林大学	美国	109	129	69.39
450	UNIVERSITY OF OULU	奥卢大学	芬兰	4	193	69.38
451	POLYTECHNIC UNIVERSITY OF CATALONIA	加泰罗尼亚理工大学	西班牙	12	194	69.36
452	OKLAHOMA STATE UNIVERSITY-STILLWATER	美国俄克拉荷马州立大学-斯蒂尔沃特	美国	110	130	69.31
453	UNIVERSITY OF MISSISSIPPI	密西西比大学	美国	111	131	69.25
454	AUBURN UNIVERSITY	奥本大学	美国	112	132	69.24
455	AALBORG UNIVERSITY	奥尔堡大学	丹麦	5	195	69.22
456	PRES EUROPEAN UNIV BRETAGNE	欧洲布雷塔尼大学	法国	25	196	69.22
457	UNIVERSITY OF PRETORIA	比勒陀利亚大学	南非	5	5	69.21
458	UNIVERSITY OF CENTRAL FLORIDA	中佛罗里达大学	美国	113	133	69.21
459	POMPEU FABRA UNIVERSITY	庞贝法拉大学	西班牙	13	197	69.19
460	WESTERN SYDNEY UNIVERSITY	西悉尼大学	澳大利亚	24	26	69.17
461	COMSATS UNIVERSITY ISLAMABAD	伊斯兰堡通信卫星大学	巴基斯坦	1	90	69.17
462	UNIVERSITY OF EASTERN FINLAND	东芬兰大学	芬兰	5	198	69.16
463	CHULALONGKORN UNIVERSITY	朱拉隆功大学	泰国	1	91	69.13
464	UNIVERSITY OF OREGON	俄勒冈大学	美国	114	134	69.13
465	UNIVERSITY OF WARSAW	华沙大学	波兰	2	199	69.10
466	TULANE UNIVERSITY	杜兰大学	美国	115	135	69.09
467	UNIVERSITY OF HANNOVER	汉诺威大学	德国	33	200	69.08
468	UNIVERSIDAD POLITECNICA DE MADRID	马德里理工大学	西班牙	14	201	69.05
469	KANSAS STATE UNIVERSITY	堪萨斯州立大学	美国	116	136	69.01
470	CHINA UNIVERSITY OF GEOSCIENCES	中国地质大学	中国	46	92	68.99
471	TAMPERE UNIVERSITY	坦佩雷大学	芬兰	6	202	68.96
472	UNIVERSITY OF CALABRIA	卡拉布里亚大学	意大利	24	203	68.92

续表

排名	英文名称	中文全称	国家/地区	国家/地区排名	所在洲排名	总得分
473	UNIVERSITE CLERMONT AUVERGNE	克莱蒙·奥弗涅大学	法国	26	204	68.92
474	MASSEY UNIVERSITY	梅西大学	新西兰	3	27	68.91
475	HANGZHOU DIANZI UNIVERSITY	杭州电子科技大学	中国	47	93	64.92
476	CHALMERS UNIVERSITY OF TECHNOLOGY	查尔姆斯理工大学	瑞典	9	205	68.90
477	UNIVERSIDADE DE AVEIRO	阿维罗大学	葡萄牙	6	206	68.90
478	HUAZHONG AGRICULTURAL UNIVERSITY	华中农业大学	中国	48	94	68.88
479	UNIVERSITY OF PATRAS	佩特雷大学	希腊	3	207	68.88
480	KEIO UNIVERSITY	庆应义塾大学	日本	11	95	68.86
481	UNIVERSITY OF ICELAND	冰岛大学	冰岛	1	208	68.85
482	YESHIVA UNIVERSITY	耶希华大学	美国	117	137	68.84
483	SAARLAND UNIVERSITY	萨尔大学	德国	34	209	68.84
484	UNIVERSITY OF FERRARA	费拉拉大学	意大利	25	210	68.83
485	WUHAN UNIVERSITY OF TECHNOLOGY	武汉理工大学	中国	49	96	68.83
486	MAHIDOL UNIVERSITY	国立玛希隆大学	泰国	2	97	68.82
487	ECOLE NORMALE SUPERIEURE	巴黎高等师范学院	法国	27	211	68.80
488	EINDHOVEN UNIVERSITY OF TECHNOLOGY	荷兰埃因霍温科技大学	荷兰	12	212	68.79
489	GEORGETOWN UNIVERSITY	乔治城大学	美国	118	138	68.78
490	UNIVERSITA DELLA CAMPANIA VANVITELLI	坎帕尼亚大学	意大利	26	213	68.77
491	UNIVERSITY OF GUELPH	圭尔夫大学	加拿大	20	139	68.74
492	UNIVERSITY OF TRIESTE	里亚斯特大学	意大利	27	214	68.71
493	UNIVERSITE DE VERSAILLES SAINT-QUENTIN-EN-YVELINES	凡尔赛大学	法国	28	215	68.71
494	SWEDISH UNIVERSITY OF AGRICULTURAL SCIENCES	瑞典农业科学大学	瑞典	10	216	68.70
495	UNIVERSITY OF OVIEDO	国立奥维尔多大学	西班牙	15	217	68.67
496	KONKUK UNIVERSITY	韩国康都大学	韩国	10	98	68.66
497	UNIVERSITI PUTRA MALAYSIA	马来西亚布特拉大学	马来西亚	2	99	68.64
498	UNIVERSITAT POLITECNICA DE VALENCIA	瓦伦西亚理工大学	西班牙	16	218	68.64
499	UNIVERSITY OF VERONA	维罗纳大学	意大利	28	219	68.62
500	MEDICAL COLLEGE OF WISCONSIN	威斯康星医学院	美国	119	140	68.61
501	UNIVERSITY OF ARKANSAS FAYETTEVILLE	费耶特维尔阿肯色大学	美国	120	141	68.61
502	NANJING MEDICAL UNIVERSITY	南京医科大学	中国	50	100	68.60
503	ROCKEFELLER UNIVERSITY	洛克菲勒大学	美国	121	142	68.59
504	UNIV LILLE NORD FRANCE COMUE	法国北部里尔大学	法国	29	220	68.59
505	UNIVERSITY OF SHERBROOKE	舍布鲁克大学	加拿大	21	143	68.57
506	KOBE UNIVERSITY	神户大学	日本	12	101	68.57
507	MEMORIAL UNIVERSITY NEWFOUNDLAND	纽芬兰岛纪念大学	加拿大	22	144	68.55

续表

排名	英文名称	中文全称	国家/地区	国家/地区排名	所在洲排名	总得分
508	BAR ILAN UNIVERSITY	巴伊兰大学	以色列	5	102	68.55
509	UNIVERSITY OF VERMONT	佛蒙特大学	美国	122	145	68.49
510	UNIVERSITY OF WISCONSIN MILWAUKEE	密尔沃基威斯康星大学	美国	123	146	68.48
511	CHINA UNIVERSITY OF PETROLEUM	中国石油大学	中国	51	103	68.47
512	UNIVERSITY OF TEXAS DALLAS	得克萨斯大学达拉斯分校	美国	124	147	68.46
513	MASARYK UNIVERSITY BRNO	马萨里克大学	捷克共和国	2	221	68.42
514	UNIVERSITI SAINS MALAYSIA	马来西亚大学	马来西亚	3	104	68.41
515	UNIVERSIDADE FEDERAL DE SAO PAULO	圣保罗联邦大学	巴西	7	11	68.40
516	UNIVERSITY OF FRIBOURG	福里堡大学	瑞士	9	222	68.37
517	HONG KONG BAPTIST UNIVERSITY	香港浸会大学	中国香港	6	105	68.36
518	BRIGHAM YOUNG UNIVERSITY	杨伯翰大学	美国	125	148	68.35
519	CHINA UNIVERSITY OF MINING & TECHNOLOGY	中国矿业大学	中国	52	106	68.33
520	CLEMSON UNIVERSITY	克莱姆森大学	美国	126	149	68.30
521	COMMUNAUTE UNIVERSITE GRENOBLE ALPES	格勒诺布尔阿尔卑斯公社大学	法国	30	223	68.29
522	UNIVERSITI KEBANGSAAN MALAYSIA	马来西亚国民大学	马来西亚	4	107	68.27
523	EAST CHINA UNIVERSITY OF SCIENCE & TECHNOLOGY	华东理工大学	中国	53	108	68.27
524	UNIVERSITY OF POTSDAM	波茨坦大学	德国	35	224	68.26
525	BARCELONA INSTITUTE OF SCIENCE & TECHNOLOGY	巴塞罗那科技学院	西班牙	17	225	68.26
526	JIANGNAN UNIVERSITY	江南大学	中国	54	109	68.26
527	UNIVERSITAT ROVIRA I VIRGILI	维吉利大学洛维拉分校	西班牙	18	226	68.26
528	UNIVERSITY OF BREMEN	不来梅大学	德国	36	227	68.25
529	UNIVERSITY OF ALABAMA TUSCALOOSA	亚拉巴马大学塔斯卡卢萨分校	美国	127	150	68.25
530	AIN SHAMS UNIVERSITY	艾因·夏姆斯大学	埃及	2	110	68.25
531	NANJING UNIVERSITY OF AERONAUTICS & ASTRONAUTICS	南京航空航天大学	中国	55	111	68.22
532	UNIVERSITY OF STRATHCLYDE	斯凯莱德大学	英国	36	228	68.19
533	UNIVERSITE DE BOURGOGNE	第戎大学	法国	31	229	68.18
534	UNIVERSITY OF CANTERBURY	坎特伯雷大学	新西兰	4	28	68.18
535	INDIANA UNIVERSITY-PURDUE UNIVERSITY INDIANAPOLIS	印第安纳大学-普渡大学印第安纳波利斯联合分校	美国	128	151	68.17
536	CATHOLIC UNIVERSITY OF THE SACRED HEART	圣心天主教大学	意大利	29	230	68.17
537	UNIVERSITY OF CAGLIARI	卡利亚里大学	意大利	30	231	68.16
538	TARBIAT MODARES UNIVERSITY	塔比阿特莫达勒斯大学	伊朗	4	112	68.13
539	UNIVERSITY OF MASSACHUSETTS WORCESTER	马萨诸塞大学沃斯特分校	美国	129	152	68.11

续表

排名	英文名称	中文全称	国家/地区	国家/地区排名	所在洲排名	总得分
540	UNIV LYON	里昂大学	法国	32	232	68.11
541	CHONNAM NATIONAL UNIVERSITY	全南国立大学	韩国	11	113	68.10
542	GEORGIA STATE UNIVERSITY	佐治亚州立大学	美国	130	153	68.09
543	OKAYAMA UNIVERSITY	冈山大学	日本	13	114	68.07
544	LOUGHBOROUGH UNIVERSITY	拉夫堡大学	英国	37	233	68.07
545	UNIVERSITY OF ULSAN	蔚山大学	韩国	12	115	68.05
546	ZHEJIANG UNIVERSITY OF TECHNOLOGY	浙江工业大学	中国	56	116	68.01
547	PALACKY UNIVERSITY OLOMOUC	捷克帕拉斯基大学	捷克共和国	3	234	68.01
548	PEKING UNION MEDICAL COLLEGE	北京协和医学院	中国	57	117	67.98
549	UNIVERSITY OF MESSINA	墨西拿大学	意大利	31	235	67.96
550	UNIVERSITY OF GRAZ	格拉茨大学	奥地利	4	236	67.95
551	UNIVERSITY OF BRESCIA	布雷西亚大学	意大利	32	237	67.93
552	UNIVERSIDADE FEDERAL DE SANTA CATARINA	圣卡塔琳娜联邦大学（UFSC）	巴西	8	12	67.92
553	TECHNISCHE UNIVERSITAT WIEN	维也纳技术大学	奥地利	5	238	67.92
554	UNIVERSITY OF SCIENCE & TECHNOLOGY BEIJING	北京科技大学	中国	58	118	67.88
555	GEORGE MASON UNIVERSITY	乔治梅森大学	美国	131	154	67.87
556	MEDICAL UNIVERSITY OF SOUTH CAROLINA	南卡罗来纳医科大学	美国	132	155	67.87
557	CARLETON UNIVERSITY	卡尔顿大学	加拿大	23	156	67.87
558	UNIVERSITY OF ROSTOCK	罗斯托大学	德国	37	239	67.86
559	NANJING AGRICULTURAL UNIVERSITY	南京农业大学	中国	59	119	67.86
560	UNIVERSITY OF MACAU	澳门大学	中国澳门	1	120	67.83
561	UTAH STATE UNIVERSITY	犹他州立大学	美国	133	157	67.83
562	YANSHAN UNIVERSITY	燕山大学	中国	60	121	64.18
563	POLYTECHNIC UNIVERSITY OF TURIN	都灵大学理工学院	意大利	33	240	67.79
564	OTTO VON GUERICKE UNIVERSITY	奥尔登冯古里克大学	德国	38	241	67.83
565	CONCORDIA UNIVERSITY-CANADA	肯高迪亚大学	加拿大	24	158	67.79
566	HOHAI UNIVERSITY	河海大学	中国	61	122	67.78
567	OCEAN UNIVERSITY OF CHINA	中国海洋大学	中国	62	123	67.77
568	UNIVERSITY OF SALAMANCA	萨拉曼卡大学	西班牙	19	242	67.77
569	UNIVERSITY OF TEXAS ARLINGTON	得克萨斯大学阿灵顿分校	美国	134	159	67.77
570	HANNOVER MEDICAL SCHOOL	汉诺威医学院	德国	39	243	67.76
571	INSTITUT POLYTECHNIQUE DE PARIS	巴黎理工学院	法国	33	244	67.76
572	BRUNEL UNIVERSITY	布鲁内尔大学	英国	38	245	67.75
573	NANCHANG UNIVERSITY	南昌大学	中国	63	124	67.73
574	UNIVERSITY OF HAWAII MANOA	夏威夷大学马诺阿分校	美国	135	160	67.69

续表

排名	英文名称	中文全称	国家/地区	国家/地区排名	所在洲排名	总得分
575	MISSISSIPPI STATE UNIVERSITY	密西西比州立大学	美国	136	161	67.68
576	EOTVOS LORAND UNIVERSITY	罗兰大学	匈牙利	1	246	67.67
577	UNIVERSITI TEKNOLOGI MALAYSIA	马来西亚理工大学	马来西亚	5	125	67.66
578	MARCHE POLYTECHNIC UNIVERSITY	马尔凯理工大学	意大利	34	247	67.66
579	BEIJING UNIVERSITY OF CHEMICAL TECHNOLOGY	北京化工大学	中国	64	126	67.65
580	STATE UNIVERSITY OF NEW YORK ALBANY	纽约州立大学奥尔巴尼分校	美国	137	162	67.65
581	POHANG UNIVERSITY OF SCIENCE & TECHNOLOGY	浦项科技大学	韩国	13	127	67.64
582	SOUTH CHINA AGRICULTURAL UNIVERSITY	华南农业大学	中国	65	128	67.63
583	UNIVERSITY OF QUEBEC MONTREAL	魁北克大学蒙特利尔分校	加拿大	25	163	67.60
584	NORTHWEST UNIVERSITY XI'AN	西北大学	中国	66	129	67.57
585	ISTANBUL UNIVERSITY	伊斯坦布尔大学	土耳其	1	130	67.56
586	UNIVERSITY OF STUTTGART	斯图加特大学	德国	40	248	67.55
587	NATIONAL TECHNICAL UNIVERSITY OF ATHENS	雅典国家技术大学	希腊	4	249	67.54
588	EWHA WOMANS UNIVERSITY	梨花女子大学	韩国	14	131	67.53
589	SOUTHERN UNIVERSITY OF SCIENCE & TECHNOLOGY	南方科技大学	中国	67	132	67.49
590	SAINT LOUIS UNIVERSITY	圣路易斯大学	美国	138	164	67.49
591	CHANG GUNG UNIVERSITY	长庚大学	中国台湾	6	133	67.48
592	FUZHOU UNIVERSITY	福州大学	中国	68	134	67.48
593	SAN DIEGO STATE UNIVERSITY	圣地亚哥州立大学	美国	139	165	67.47
594	INSTITUT NATIONAL POLYTECHNIQUE DE GRENOBLE	格勒诺布尔理工学院	法国	34	250	67.46
595	MONTANA STATE UNIVERSITY BOZEMAN	蒙大拿州立大学波兹曼分校	美国	140	166	67.46
596	UNIVERSITY OF CRETE	克里特大学	希腊	5	251	67.45
597	NANJING UNIVERSITY OF SCIENCE & TECHNOLOGY	南京理工大学	中国	69	135	67.40
598	NINGBO UNIVERSITY	宁波大学	中国	70	136	65.85
599	ERNST MORITZ ARNDT UNIVERSITAT GREIFSWALD	格赖夫斯瓦尔德大学	德国	41	252	67.40
600	TECHNICAL UNIVERSITY OF DARMSTADT	达姆施塔特科技大学	德国	42	253	67.40
601	UNIVERSITY OF KENT	肯特大学	英国	39	254	67.39
602	NANJING NORMAL UNIVERSITY	南京师范大学	中国	71	137	67.38
603	CHUNG ANG UNIVERSITY	韩国中央大学	韩国	15	138	67.37
604	DORTMUND UNIVERSITY OF TECHNOLOGY	多特蒙德科技大学	德国	43	255	67.36
605	YEUNGNAM UNIVERSITY	韩国岭南大学	韩国	16	139	67.35

排名	英文名称	中文全称	国家/地区	国家/地区排名	所在洲排名	总得分
606	SHANDONG UNIVERSITY OF SCIENCE & TECHNOLOGY	山东科技大学	中国	72	140	67.35
607	HACETTEPE UNIVERSITY	土耳其哈斯特帕大学	土耳其	2	141	67.34
608	UNIVERSITY OF DELHI	德里大学	印度	1	142	67.33
609	UNIVERSITY OF JYVASKYLA	尤瓦斯吉拉大学	芬兰	7	256	67.32
610	CHIBA UNIVERSITY	千叶大学	日本	14	143	67.31
611	UNIVERSITY OF COLORADO DENVER	科罗拉多大学丹佛分校	美国	141	167	67.30
612	UNIVERSITY OF BIELEFELD	比勒费尔德大学	德国	44	257	67.30
613	TAIYUAN UNIVERSITY OF TECHNOLOGY	太原理工大学	中国	73	144	63.84
614	UNIVERSIDAD DE CANTABRIA	坎塔布里亚大学	西班牙	20	258	67.28
615	UNIVERSITY OF WYOMING	怀俄明大学	美国	142	168	67.28
616	HEFEI UNIVERSITY OF TECHNOLOGY	合肥工业大学	中国	74	145	67.28
617	UNIVERSITY OF TEXAS AT SAN ANTONIO	得克萨斯大学圣安东尼奥分校	美国	143	169	67.25
618	SEJONG UNIVERSITY	世宗大学	韩国	17	146	67.23
619	UNIVERSITY OF MANNHEIM	曼海姆大学	德国	45	259	67.23
620	QUAID I AZAM UNIVERSITY	喀伊德阿萨姆大学	巴基斯坦	2	147	67.22
621	UNIVERSITY OF JOHANNESBURG	约翰内斯堡大学	南非	6	6	67.21
622	UNIVERSITY OF PLYMOUTH	普利茅斯大学	英国	40	260	67.21
623	NANJING UNIVERSITY OF INFORMATION SCIENCE & TECHNOLOGY	南京信息工程大学	中国	75	148	67.21
624	UNIVERSIDADE FEDERAL DO PARANA	巴拉那联邦大学	巴西	9	13	67.20
625	UNIVERSITY OF DEBRECEN	德布勒森大学	匈牙利	2	261	67.19
626	AGROPARISTECH	巴黎高科环境与生命科学工程学院	法国	35	262	67.17
627	JEFFERSON UNIVERSITY	托马斯杰斐逊大学	美国	144	170	67.15
628	NANJING FORESTRY UNIVERSITY	南京林业大学	中国	76	149	67.15
629	VICTORIA UNIVERSITY WELLINGTON	惠灵顿瑞士维多利亚大学	新西兰	5	29	67.15
630	UNIVERSITY OF KONSTANZ	康士坦茨大学	德国	46	263	67.15
631	XIDIAN UNIVERSITY	西安电子科技大学	中国	77	150	67.11
632	SOUTH CHINA NORMAL UNIVERSITY	华南师范大学	中国	78	151	67.10
633	NORMANDIE UNIVERSITE	诺曼底大学	法国	36	264	67.09
634	UNIVERSITY OF TOLEDO	托莱多大学	美国	145	171	67.05
635	JEONBUK NATIONAL UNIVERSITY	全北国立大学	韩国	18	152	67.05
636	RUTGERS STATE UNIVERSITY NEWARK	罗格斯州立大学纽瓦克分校	美国	146	172	67.05
637	UNIVERSIDAD DE LA LAGUNA	拉古纳大学	西班牙	21	265	67.04
638	SAINT PETERSBURG STATE UNIVERSITY	圣彼得堡国立大学	俄罗斯	3	266	67.04

续表

排名	英文名称	中文全称	国家/地区	国家/地区排名	所在洲排名	总得分
639	TOKYO INSTITUTE OF TECHNOLOGY	东京工业大学	日本	15	153	67.03
640	MEDICAL UNIVERSITY OF INNSBRUCK	因斯布鲁克医科大学	奥地利	6	267	67.02
641	NORTHEASTERN UNIVERSITY-CHINA	中国东北大学	中国	79	154	67.00
642	BAYLOR UNIVERSITY	贝勒大学	美国	147	173	67.00
643	UNIVERSITY OF PORTSMOUTH	普茨茅斯大学	英国	41	268	66.97
644	SHAHID BEHESHTI UNIVERSITY MEDICAL SCIENCES	沙希德贝赫什迪医科大学	伊朗	5	155	66.93
645	UNIVERSITY OF UDINE	乌迪内大学	意大利	35	269	66.91
646	UNIVERSITE DE CAEN NORMANDIE	诺曼底卡昂大学	法国	37	270	66.88
647	LIVERPOOL JOHN MOORES UNIVERSITY	利物浦约翰莫斯大学	英国	42	271	66.88
648	TAIPEI MEDICAL UNIVERSITY	台北医学大学	中国台湾	7	156	66.85
649	SOUTHERN MEDICAL UNIVERSITY-CHINA	南方医科大学	中国	80	157	66.84
650	COMENIUS UNIVERSITY BRATISLAVA	考门斯基大学	斯洛伐克	1	272	66.83
651	KING FAHD UNIVERSITY OF PETROLEUM & MINERALS	法赫德国王石油矿产大学	沙特阿拉伯	4	158	66.83
652	UNIVERSIDAD DE MALAGA	马拉加大学	西班牙	22	273	66.81
653	LOYOLA UNIVERSITY CHICAGO	芝加哥洛约拉大学	美国	148	174	66.80
654	UNIVERSITY OF TEXAS MEDICAL BRANCH GALVESTON	得克萨斯大学医学院加尔维斯顿分校	美国	149	175	66.78
655	AJOU UNIVERSITY	亚洲大学(韩国)	韩国	19	159	66.77
656	UNIVERSITY OF NEVADA RENO	内华达大学里诺分校	美国	150	176	66.77
657	HERIOT WATT UNIVERSITY	赫里奥特瓦特大学	英国	43	274	66.75
658	MIDDLE EAST TECHNICAL UNIVERSITY	中东技术大学	土耳其	3	160	66.75
659	PARTHENOPE UNIVERSITY NAPLES	那不勒斯帕斯诺普大学	意大利	36	275	66.74
660	UNIVERSITY OF NAIROBI	内罗毕大学	肯尼亚	1	7	66.73
661	UNIVERSITY OF MURCIA	穆尔西亚大学	西班牙	23	276	66.72
662	MEDICAL UNIVERSITY OF GRAZ	格拉茨医科大学	奥地利	7	277	66.69
663	SYRACUSE UNIVERSITY	雪城大学	美国	151	177	66.67
664	CATHOLIC UNIVERSITY OF KOREA	韩国天主教大学	韩国	20	161	66.67
665	UNIVERSIDADE FEDERAL DO CEARA	塞阿拉联邦大学	巴西	10	14	66.67
666	TAIWAN SUN YAT SEN UNIVERSITY	台湾"中山大学"	中国台湾	8	162	66.66
667	VITA-SALUTE SAN RAFFAELE UNIVERSITY	圣拉斐尔生命健康大学	意大利	37	278	66.66
668	BRANDEIS UNIVERSITY	布兰迪斯大学	美国	152	178	66.65
669	GUANGXI UNIVERSITY	广西大学	中国	81	163	66.63
670	BABES BOLYAI UNIVERSITY FROM CLUJ	巴比什-波雅依大学	罗马尼亚	1	279	66.61
671	UNIVERSITY OF BAYREUTH	拜罗伊特大学	德国	47	280	66.61
672	UNIVERSITY OF NORTH TEXAS DENTON	北得克萨斯州丹顿大学	美国	153	179	66.61

排名	英文名称	中文全称	国家/地区	国家/地区排名	所在洲排名	总得分
673	RENSSELAER POLYTECHNIC INSTITUTE	伦斯勒理工学院	美国	154	180	66.61
674	CENTRAL CHINA NORMAL UNIVERSITY	华中师范大学	中国	82	164	66.60
675	CHIANG MAI UNIVERSITY	泰国清迈大学	泰国	3	165	66.58
676	UNIVERSITY OF CYPRUS	塞浦路斯大学	塞浦路斯	1	281	66.58
677	TAIWAN CENTRAL UNIVERSITY	台湾"中央"大学	中国台湾	9	166	66.58
678	MURDOCH UNIVERSITY	莫道克大学	澳大利亚	25	30	66.57
679	INDIAN INSTITUTE OF TECHNOLOGY-BOMBAY	印度理工学院孟买校区	印度	2	167	66.56
680	GUANGDONG UNIVERSITY OF TECHNOLOGY	广东工业大学	中国	83	168	66.56
681	PLA SECOND MILITARY MEDICAL UNIVERSITY	海军军医大学	中国	84	169	66.55
682	BEIJING UNIVERSITY OF TECHNOLOGY	北京工业大学	中国	85	170	66.54
683	GRAZ UNIVERSITY OF TECHNOLOGY	格拉茨科技大学	奥地利	8	282	66.53
684	UNIVERSITY OF NEW HAMPSHIRE	新罕布什尔大学	美国	155	181	66.53
685	AMIRKABIR UNIVERSITY OF TECHNOLOGY	阿米尔卡比尔理工大学	伊朗	6	171	66.52
686	UNIVERSITAT JAUME I	海梅一世大学	西班牙	24	283	66.51
687	SEMMELWEIS UNIVERSITY	赛梅维什医科大学	匈牙利	3	284	66.51
688	UNIVERSIDADE DE BRASILIA	巴西利亚大学	巴西	11	15	66.50
689	UNIVERSIDAD DE CORDOBA	科尔多瓦大学	西班牙	25	285	66.50
690	TAIWAN CHUNG HSING UNIVERSITY	台湾中兴大学	中国台湾	10	172	66.49
691	OLD DOMINION UNIVERSITY	欧道明大学	美国	156	182	66.49
692	BANARAS HINDU UNIVERSITY	巴纳拉斯印度教大学	印度	3	173	66.48
693	NORTH DAKOTA STATE UNIVERSITY FARGO	北达科他州立大学	美国	157	183	66.48
694	ULSTER UNIVERSITY	阿尔斯特大学	英国	44	286	66.47
695	BANGOR UNIVERSITY	班戈大学	英国	45	287	66.47
696	KANGWON NATIONAL UNIVERSITY	国立江原大学	韩国	21	174	66.46
697	KANAZAWA UNIVERSITY	金泽大学	日本	16	175	66.46
698	UNIVERSIDADE DO ESTADO DO RIO DE JANEIRO	里约热内卢天主教大学	巴西	12	16	66.45
699	ALEXANDRIA UNIVERSITY	亚历山大大学	埃及	3	176	66.44
700	UNIVERSITY OF RHODE ISLAND	罗德岛大学	美国	158	184	66.44
701	COLLEGE DE FRANCE	法兰西学院	法国	38	288	66.43
702	WASEDA UNIVERSITY	早稻田大学	日本	17	177	66.42
703	UNIVERSIDADE DE VIGO	维戈大学	西班牙	26	289	66.41
704	G D'ANNUNZIO UNIVERSITY OF CHIETI-PESCARA	基耶地-佩斯卡拉大学	意大利	38	290	66.40
705	QATAR UNIVERSITY	卡塔尔大学	卡塔尔	1	178	66.40
706	SOUTHWEST JIAOTONG UNIVERSITY	西南交通大学	中国	86	179	66.37
707	UNIVERSITY OF IDAHO	爱达荷大学	美国	159	185	66.37
708	UNIVERSIDADE FEDERAL DE SAO CARLOS	巴西圣保罗联邦大学	巴西	13	17	66.35
709	UNIVERSITY OF PUERTO RICO	波多黎各大学	美国	160	186	66.34

排名	英文名称	中文全称	国家/地区	国家/地区排名	所在洲排名	总得分
710	OHIO UNIVERSITY	俄亥俄大学	美国	161	187	66.33
711	ST GEORGES UNIVERSITY LONDON	伦敦圣乔治大学	英国	46	291	66.32
712	HASSELT UNIVERSITY	哈塞尔特大学	比利时	8	292	66.30
713	UNIVERSIDADE FEDERAL DE PERNAMBUCO	贝南博古联邦大学	巴西	14	18	66.29
714	ZHEJIANG SCI-TECH UNIVERSITY	浙江理工大学	中国	87	180	63.58
715	INDIAN INSTITUTE OF TECHNOLOGY-KHARAGPUR	印度理工学院孟买校区卡拉格普尔分校	印度	4	181	66.26
716	UNIVERSITY OF IOANNINA	艾奥尼纳大学	希腊	6	293	66.27
717	EDITH COWAN UNIVERSITY	埃迪科文大学	澳大利亚	26	31	66.24
718	ISTANBUL TECHNICAL UNIVERSITY	伊斯坦布尔科技大学	土耳其	4	182	66.24
719	SHAANXI NORMAL UNIVERSITY	陕西师范大学	中国	88	183	66.23
720	AUGUSTA UNIVERSITY	奥古斯塔大学	美国	162	188	66.21
721	INDIAN INSTITUTE OF TECHNOLOGY-DELHI	德里印度理工学院孟买校区	印度	5	184	66.19
722	UNIVERSITY OF ESSEX	埃塞克斯大学	英国	47	294	66.18
723	SHANXI UNIVERSITY	山西大学	中国	89	185	66.18
724	NANJING TECH UNIVERSITY	南京工业大学	中国	90	186	66.18
725	ZHEJIANG NORMAL UNIVERSITY	浙江师范大学	中国	91	187	65.07
726	UNIVERSITE DE SAVOIE	萨瓦大学	法国	39	295	66.17
727	UNIVERSIDAD DE CASTILLA-LA MANCHA	卡斯蒂利亚-拉曼奇大学	西班牙	27	296	66.16
728	NORTHERN ARIZONA UNIVERSITY	北亚利桑那大学	美国	163	189	66.18
729	UNIVERSITY OF HULL	赫尔大学	英国	48	297	66.15
730	NORWEGIAN UNIVERSITY OF LIFE SCIENCES	挪威生命科学大学	挪威	5	298	66.14
731	UNIVERSITAT D'ALACANT	阿利坎特大学	西班牙	28	299	66.13
732	ANKARA UNIVERSITY	安卡拉大学	土耳其	5	188	66.13
733	UNIVERSITY OF LUXEMBOURG	卢森堡大学	卢森堡	1	300	66.13
734	GAZI UNIVERSITY	加齐大学	土耳其	6	189	66.13
735	ROLLINS SCHOOL PUBLIC HEALTH	罗林斯公共卫生学院	美国	164	190	66.06
736	UNIVERSITAT DE LES ILLES BALEARS	巴利阿里群岛大学	西班牙	29	301	66.06
737	BOSTON COLLEGE	波士顿学院	美国	165	191	66.06
738	INHA UNIVERSITY	仁荷大学	韩国	22	190	66.04
739	MANSOURA UNIVERSITY	曼苏尔大学	埃及	4	191	66.04
740	UNIVERSITY OF ARKANSAS MEDICAL SCIENCES	阿肯色医科大学	美国	166	192	66.04
741	DONGHUA UNIVERSITY	东华大学	中国	92	192	66.04
742	UNIVERSIDAD MIGUEL HERNANDEZ DE ELCHE	米格尔·埃尔南德斯·德埃尔切大学	西班牙	30	302	66.02

续表

排名	英文名称	中文全称	国家/地区	国家/地区排名	所在洲排名	总得分
743	NATIONAL UNIVERSITY OF DEFENSE TECHNOLOGY-CHINA	国防科学技术大学	中国	93	193	66.02
744	NORTHUMBRIA UNIVERSITY	诺森比亚大学	英国	49	303	66.00
745	ASTON UNIVERSITY	阿斯顿大学	英国	50	304	66.00
746	UNIVERSITY OF MISSOURI KANSAS CITY	密苏里大学堪萨斯城分校	美国	167	193	65.98
747	UNIVERSITY OF EASTERN PIEDMONT AMEDEO AVOGADRO	东皮埃蒙特阿伏伽德罗大学	意大利	39	305	65.98
748	UNIVERSITY OF SASSARI	萨萨里大学	意大利	40	306	65.98
749	UNIVERSITY OF SALENTO	萨兰托大学	意大利	41	307	65.93
750	UNIVERSITY OF INSUBRIA	英苏布里亚大学	意大利	42	308	65.91
751	EGE UNIVERSITY	伊葛大学	土耳其	7	194	65.89
752	UNIVERSIDAD DE EXTREMADURA	埃斯特雷马杜拉大学	西班牙	31	309	65.89
753	UNIVERSITE DE POITIERS	普瓦提埃大学	法国	40	310	65.87
754	CHONGQING MEDICAL UNIVERSITY	重庆医科大学	中国	94	195	65.85
755	UNIVERSITY OF LUBECK	吕贝克大学	德国	48	311	65.85
756	BEIJING FORESTRY UNIVERSITY	北京林业大学	中国	95	196	65.84
757	BRAUNSCHWEIG UNIVERSITY OF TECHNOLOGY	布伦瑞克工业大学	德国	49	312	65.81
758	ABO AKADEMI UNIVERSITY	埃博学术大学	芬兰	8	313	65.81
759	UNIVERSITY OF TEXAS EL PASO	得克萨斯大学埃尔帕索分校	美国	168	194	65.79
760	SHINSHU UNIVERSITY	信州大学	日本	18	197	65.77
761	HENAN UNIVERSITY	河南大学	中国	96	198	65.77
762	UNIVERSIDAD DE CONCEPCION	康塞普森大学	智利	3	19	65.77
763	ROYAL HOLLOWAY UNIVERSITY LONDON	伦敦大学皇家霍洛威学院	英国	51	314	65.76
764	UNIVERSITY OF LIMERICK	利默里克大学	爱尔兰	5	315	65.75
765	TON DUC THANG UNIVERSITY	孙德盛大学	越南	1	199	65.75
766	SZEGED UNIVERSITY	赛格德大学	匈牙利	4	316	65.73
767	AGH UNIVERSITY OF SCIENCE & TECHNOLOGY	波兰矿业冶金学院	波兰	3	317	65.73
768	PANJAB UNIVERSITY	旁遮普大学	印度	6	200	65.72
769	CARL VON OSSIETZKY UNIVERSITAT OLDENBURG	奥登堡大学	德国	50	318	65.72
770	SALZBURG UNIVERSITY	萨尔茨堡大学	奥地利	9	319	65.72
771	KAOHSIUNG MEDICAL UNIVERSITY	高雄医科大学	中国台湾	11	201	65.72
772	UNIVERSITY OF NEW BRUNSWICK	新不伦瑞克大学	加拿大	26	195	65.70
773	GUANGZHOU UNIVERSITY	广州大学	中国	97	202	65.69
774	COLORADO SCHOOL OF MINES	科罗拉多州矿业大学	美国	169	196	65.68
775	UNIVERSITY OF THESSALY	塞萨利大学	希腊	7	320	65.67

续表

排名	英文名称	中文全称	国家/地区	国家/地区排名	所在洲排名	总得分
776	UNIVERSITY OF CALIFORNIA MERCED	加利福尼亚大学美熹德分校	美国	170	197	65.67
777	CRANFIELD UNIVERSITY	克兰菲尔德大学	英国	52	321	65.66
778	MANCHESTER METROPOLITAN UNIVERSITY	曼彻斯特城市大学	英国	53	322	65.66
779	WENZHOU MEDICAL UNIVERSITY	温州医科大学	中国	98	203	65.65
780	AMERICAN UNIVERSITY OF BEIRUT	贝鲁特美国大学	黎巴嫩	1	204	65.65
781	RYERSON UNIVERSITY	瑞尔森大学	加拿大	27	198	65.63
782	UNIVERSITAT KASSEL	德国卡塞尔大学	德国	51	323	65.62
783	RENMIN UNIVERSITY OF CHINA	中国人民大学	中国	99	205	65.61
784	NORTH WEST UNIVERSITY-SOUTH AFRICA	南非西北大学	南非	7	8	65.61
785	KENT STATE UNIVERSITY	肯特州立大学	美国	171	199	65.60
786	GACHON UNIVERSITY	嘉泉大学	韩国	23	206	65.59
787	TOKYO UNIVERSITY OF SCIENCE	东京理科大学	日本	19	207	65.59
788	UNIVERSITY OF WAIKATO	怀卡托大学	新西兰	6	32	65.59
789	ASSIUT UNIVERSITY	艾斯尤特大学	埃及	5	208	65.59
790	ULSAN NATIONAL INSTITUTE OF SCIENCE & TECHNOLOGY	蔚山科学技术大学校	韩国	24	209	65.58
791	BEIJING JIAOTONG UNIVERSITY	北京交通大学	中国	100	210	65.58
792	NORTH CHINA ELECTRIC POWER UNIVERSITY	华北电力大学	中国	101	211	65.58
793	UNIVERSIDAD DE JAEN	哈恩大学	西班牙	32	324	65.57
794	CITY COLLEGE OF NEW YORK	纽约城市大学城市学院	美国	172	200	65.54
795	TIANJIN MEDICAL UNIVERSITY	天津医科大学	中国	102	212	65.54
796	UNIVERSITY OF JINAN	济南大学	中国	103	213	65.54
797	ISFAHAN UNIVERSITY OF TECHNOLOGY	伊斯法罕理工大学	伊朗	7	214	65.52
798	UNIVERSITY OF NEVADA LAS VEGAS	内华达大学拉斯维加斯分校	美国	173	201	65.52
799	LONDON SCHOOL ECONOMICS & POLITICAL SCIENCE	伦敦政治经济学院	英国	54	325	65.52
800	XI'AN UNIVERSITY OF ARCHITECTURE & TECHNOLOGY	西安建筑科技大学	中国	104	215	62.81
801	GYEONGSANG NATIONAL UNIVERSITY	国立庆尚大学	韩国	25	216	65.50
802	UNIVERSITY HOHENHEIM	霍恩海姆大学	德国	52	326	65.48
803	UNIVERSITY OF NORTH CAROLINA CHARLOTTE	北卡罗来纳大学夏洛特分校	美国	174	202	65.51
804	SHARIF UNIVERSITY OF TECHNOLOGY	谢里夫理工大学	伊朗	8	217	65.48
805	CHINA MEDICAL UNIVERSITY	中国医科大学	中国	105	218	65.46
806	UNIVERSITY OF MARYLAND BALTIMORE COUNTY	马里兰大学巴尔的摩分校	美国	175	203	65.45
807	ROYAL COLLEGE OF SURGEONS-IRELAND	爱尔兰皇家外科医学院	爱尔兰	6	327	65.45

排名	英文名称	中文全称	国家/地区	国家/地区排名	所在洲排名	总得分
808	NANJING UNIVERSITY OF POSTS & TELECOMMUNICATIONS	南京邮电大学	中国	106	219	65.44
809	SOUTHERN METHODIST UNIVERSITY	南卫理公会大学	美国	176	204	65.44
810	CHINA JILIANG UNIVERSITY	中国计量大学	中国	107	220	62.50
811	VILNIUS UNIVERSITY	维尔纽斯大学	立陶宛	1	328	65.41
812	KUMAMOTO UNIVERSITY	熊本大学	日本	20	221	65.41
813	JACKSON STATE UNIVERSITY	杰克逊州立大学	美国	177	205	65.41
814	DUY TAN UNIVERSITY	位于岘港，暂无可靠中文译名	越南	2	222	65.44
815	ADAM MICKIEWICZ UNIVERSITY	波兹南密茨凯维奇大学	波兰	4	329	65.40
816	UNIVERSIDADE FEDERAL FLUMINENSE	弗鲁米嫩塞联邦大学	巴西	15	20	65.39
817	INDIAN INSTITUTE OF TECHNOLOGY-MADRAS	印度马德拉斯技术学院	印度	7	223	65.38
818	UNIVERSITY OF MASSACHUSETTS BOSTON	马萨诸塞大学波士顿分校	美国	178	206	65.37
819	UNIVERSITY OF SOUTHERN QUEENSLAND	南昆士兰大学	澳大利亚	27	33	65.37
820	UNIVERSITY OF HAIFA	海法大学	以色列	6	224	65.37
821	UNIV LOUVAIN	鲁汶大学	比利时	9	330	65.33
822	DONGGUK UNIVERSITY	东国大学	韩国	26	225	65.32
823	HAMBURG UNIVERSITY OF TECHNOLOGY	汉堡工业大学	德国	53	331	65.31
824	NATIONAL UNIVERSITY OF ROSARIO	罗萨里奥国立大学	阿根廷	3	21	65.31
825	PORTLAND STATE UNIVERSITY	波特兰州立大学	美国	179	207	65.31
826	UNIVERSITY OF L'AQUILA	拉奎拉大学	意大利	43	332	65.30
827	UNIVERSITY OF TABRIZ	大不里士大学	伊朗	9	226	65.30
828	ROMA TRE UNIVERSITY	罗马特雷大学	意大利	44	333	65.30
829	HANGZHOU NORMAL UNIVERSITY	杭州师范大学	中国	108	227	65.28
830	KUNMING UNIVERSITY OF SCIENCE & TECHNOLOGY	昆明理工大学	中国	109	228	65.28
831	UNIVERSITE D'ANGERS	法国国立昂热大学	法国	41	334	65.28
832	POLYTECHNIQUE MONTREAL	蒙特利尔综合理工学校	加拿大	28	208	65.27
833	WILLIAM & MARY	威廉玛丽学院	美国	180	209	65.27
834	LULEA UNIVERSITY OF TECHNOLOGY	吕勒奥理工大学	瑞典	11	335	65.26
835	INSTITUT NATIONAL POLYTECHNIQUE DE TOULOUSE	国立图卢兹综合理工学院	法国	42	336	65.25
836	UNIVERSITY OF BRIGHTON	布莱顿大学	英国	55	337	65.24
837	MIAMI UNIVERSITY	迈阿密大学	美国	181	210	65.23
838	NAGOYA CITY UNIVERSITY	名古屋市立大学	日本	21	229	65.21
839	UNIVERSIDADE FEDERAL DA BAHIA	巴伊亚州联邦大学	巴西	16	22	65.21
840	FERDOWSI UNIVERSITY MASHHAD	马什哈德菲尔多西大学	伊朗	10	230	65.18

续表

排名	英文名称	中文全称	国家/地区	国家/地区排名	所在洲排名	总得分
841	MACAU UNIVERSITY OF SCIENCE & TECHNOLOGY	澳门科技大学	中国澳门	2	231	65.18
842	RUSH UNIVERSITY	拉什大学	美国	182	211	65.18
843	UNIVERSIDADE FEDERAL DE GOIAS	戈亚斯联邦大学	巴西	17	23	65.17
844	UNIVERSIDADE FEDERAL DE SANTA MARIA	圣玛丽亚联邦大学	巴西	18	24	65.17
845	UNIVERSITY OF THE ANDES COLOMBIA	哥伦比亚安第斯大学	哥伦比亚	1	25	65.17
846	UNIVERSIDADE FEDERAL DO RIO GRANDE DO NORTE	北里奥格兰德联邦大学	巴西	19	26	65.16
847	UNIVERSITY OF BASILICATA	意大利巴西利卡塔大学	意大利	45	338	65.16
848	NANTONG UNIVERSITY	南通大学	中国	110	232	65.16
849	UNIVERSITY OF ALASKA FAIRBANKS	阿拉斯加费尔班克斯大学	美国	183	212	65.13
850	SHIRAZ UNIVERSITY	设拉子大学	伊朗	11	233	65.12
851	BOGAZICI UNIVERSITY	博阿齐奇大学	土耳其	8	234	65.12
852	PUKYONG NATIONAL UNIVERSITY	釜庆国立大学	韩国	27	235	65.11
853	ACAD BORDEAUX	波尔多学院	法国	43	339	65.10
854	UNIVERSITY OF HERTFORDSHIRE	赫特福德大学	英国	56	340	65.08
855	ANGLIA RUSKIN UNIVERSITY	剑桥安格利亚鲁斯金大学	英国	57	341	65.07
856	MICHIGAN TECHNOLOGICAL UNIVERSITY	密歇根理工大学	美国	184	213	65.07
857	UNIVERSIDAD NACIONAL DE COLOMBIA	哥伦比亚国立大学	哥伦比亚	2	27	65.06
858	DANKOOK UNIVERSITY	檀国大学	韩国	28	236	65.06
859	UNIVERSIDAD DE ALCALA	阿尔卡拉大学	西班牙	33	342	65.05
860	MOSCOW INSTITUTE OF PHYSICS & TECHNOLOGY	莫斯科物理技术学院	俄罗斯	4	343	65.05
861	UNIVERSITAT DE GIRONA	赫罗纳大学	西班牙	34	344	65.04
862	BOURNEMOUTH UNIVERSITY	伯恩茅斯大学	英国	58	345	65.04
863	UNIVERSITY OF STIRLING	斯特灵大学	英国	59	346	65.03
864	NORTHEAST NORMAL UNIVERSITY-CHINA	东北师范大学	中国	111	237	65.02
865	PICARDIE UNIVERSITES	皮卡第大学	法国	44	347	65.02
866	OREBRO UNIVERSITY	厄勒布鲁大学	瑞典	12	348	65.02
867	VICTORIA UNIVERSITY	维多利亚大学	澳大利亚	28	34	65.02
868	YOKOHAMA CITY UNIVERSITY	横滨市立大学	日本	22	238	65.01
869	UNIVERSIDAD DE CADIZ	卡迪兹大学	西班牙	35	349	65.01
870	CZECH TECHNICAL UNIVERSITY PRAGUE	布拉格捷克理工大学	捷克共和国	4	350	65.00
871	UNIVERSIDAD DE VALLADOLID	巴利亚多利德大学	西班牙	36	351	65.00
872	FUJIAN AGRICULTURE & FORESTRY UNIVERSITY	福建农林大学	中国	112	239	64.99
873	UNIVERSITY OF GREENWICH	格林威治大学	英国	60	352	64.99
874	CHUNGBUK NATIONAL UNIVERSITY	忠北国立大学	韩国	29	240	64.98
875	UNIVERSIDADE DA CORUNA	拉科鲁尼亚大学	西班牙	37	353	64.98

排名	英文名称	中文全称	国家/地区	国家/地区排名	所在洲排名	总得分
876	TAIWAN UNIVERSITY OF SCIENCE & TECHNOLOGY	台湾科技大学	中国台湾	12	241	64.97
877	HARBIN ENGINEERING UNIVERSITY	哈尔滨工程大学	中国	113	242	64.97
878	KHON KAEN UNIVERSITY	孔敬大学	泰国	4	243	64.97
879	SOUTH DAKOTA STATE UNIVERSITY	南达科他大学	美国	185	214	64.95
880	ILLINOIS INSTITUTE OF TECHNOLOGY	伊利诺伊理工大学	美国	186	215	64.95
881	TOKYO MEDICAL & DENTAL UNIVERSITY	东京医科齿科大学	日本	23	244	64.94
882	LEHIGH UNIVERSITY	理海大学	美国	187	216	64.93
883	CHARLES STURT UNIVERSITY	查尔斯特大学	澳大利亚	29	35	64.92
884	HARBIN MEDICAL UNIVERSITY	哈尔滨医科大学	中国	114	245	64.92
885	UNIVERSITY OF WEST ENGLAND	西英格兰大学	英国	61	354	64.91
886	UNIVERSIDAD CARLOS III DE MADRID	马德里卡洛斯三世大学	西班牙	38	355	64.89
887	ALIGARH MUSLIM UNIVERSITY	阿里格尔穆斯林大学	印度	8	246	64.88
888	AUCKLAND UNIVERSITY OF TECHNOLOGY	奥克兰理工大学	新西兰	7	36	64.88
889	LAPPEENRANTA UNIVERSITY OF TECHNOLOGY	拉普兰塔理工大学	芬兰	9	356	64.87
890	NEW MEXICO STATE UNIVERSITY	新墨西哥州立大学	美国	188	217	64.87
891	UNIVERSIDADE FEDERAL DA PARAIBA	帕拉伊巴联邦大学	巴西	20	28	64.87
892	UNIVERSITY OF SEOUL	首尔市立大学	韩国	30	247	64.87
893	ABERYSTWYTH UNIVERSITY	亚伯大学	英国	62	357	64.86
894	UNIVERSITY OF MAINE ORONO	缅因大学奥罗诺分校	美国	189	218	64.85
895	STATE UNIVERSITY OF NEW YORK BINGHAMTON	纽约州立大学宾汉姆顿分校	美国	190	219	64.84
896	KASETSART UNIVERSITY	泰国农业大学	泰国	5	248	64.83
897	JOHANNES KEPLER UNIVERSITY LINZ	约翰尼斯·开普勒林茨大学	奥地利	10	358	64.83
898	SOUTHERN CROSS UNIVERSITY	南十字星大学	澳大利亚	30	37	64.82
899	FLORIDA ATLANTIC UNIVERSITY	佛罗里达亚特兰大大学	美国	191	220	64.82
900	TOKYO METROPOLITAN UNIVERSITY	东京都立大学	日本	24	249	64.82
901	ANHUI MEDICAL UNIVERSITY	安徽医科大学	中国	115	250	64.81
902	UNIVERSIDAD REY JUAN CARLOS	胡安卡洛斯国王大学	西班牙	39	359	64.80
903	UNIVERSITA DELLA SVIZZERA ITALIANA	意大利语区大学	瑞士	10	360	64.80
904	TABRIZ UNIVERSITY OF MEDICAL SCIENCE	大不里士医科大学	伊朗	12	251	64.79
905	BEIJING UNIVERSITY OF POSTS & TELECOMMUNICATIONS	北京邮电大学	中国	116	252	64.79
906	NIIGATA UNIVERSITY	新潟大学	日本	25	253	64.79
907	TOMSK STATE UNIVERSITY	托木斯克国立大学	俄罗斯	5	361	64.79
908	UNIVERSITE JEAN MONNET	圣太田大学	法国	45	362	64.78

续表

排名	英文名称	中文全称	国家/地区	国家/地区排名	所在洲排名	总得分
909	UNIVERSITE DE TOURS	图尔大学	法国	46	363	64.77
910	OPEN UNIVERSITY-UK	英国开放大学	英国	63	364	64.77
911	EAST CAROLINA UNIVERSITY	东卡罗来纳州立大学	美国	192	221	64.76
912	CHANGSHA UNIVERSITY OF SCIENCE & TECHNOLOGY	长沙理工大学	中国	117	254	64.76
913	UNIVERSITE GUSTAVE-EIFFEL	古斯塔夫·埃菲尔大学	法国	47	365	64.75
914	SHANDONG NORMAL UNIVERSITY	山东师范大学	中国	118	255	64.72
915	ASIA UNIVERSITY TAIWAN	亚洲大学(中国台湾)	中国台湾	13	256	64.71
916	UNIVERSITY OF AGRICULTURE FAISALABAD	费萨拉巴德农业大学	巴基斯坦	3	257	64.71
917	UNIVERSITY OF WINDSOR	温莎大学	加拿大	29	222	64.69
918	SOUTHERN ILLINOIS UNIVERSITY	南伊利诺伊大学	美国	193	223	64.69
919	INDIAN INSTITUTE OF TECHNOLOGY-ROORKEE	印度理工学院孟买校区鲁尔基分校	印度	9	258	64.69
920	UNIVERSITY OF WUPPERTAL	伍珀塔尔大学	德国	54	366	64.68
921	NOVOSIBIRSK STATE UNIVERSITY	新西伯利亚国立大学	俄罗斯	6	367	64.68
922	UNIVERSITY OF NEW ENGLAND	新英格兰大学	澳大利亚	31	38	64.67
923	ZAGAZIG UNIVERSITY	扎加齐克大学	埃及	6	259	64.67
924	UNIVERSITY OF KAISERSLAUTERN	凯泽斯劳滕大学	德国	55	368	64.67
925	CITY UNIVERSITY LONDON	城市大学	英国	64	369	64.65
926	KHALIFA UNIVERSITY OF SCIENCE & TECHNOLOGY	哈里发理工大学	阿拉伯联合酋长国	1	260	64.64
927	UNIVERSITI TEKNOLOGI MARA	玛拉工艺大学	马来西亚	6	261	64.62
928	ANHUI UNIVERSITY	安徽大学	中国	119	262	64.62
929	UNIFORMED SERVICES UNIVERSITY OF THE HEALTH SCIENCES-USA	健康科学统一服务大学	美国	194	224	64.62
930	PRINCE OF SONGKLA UNIVERSITY	宋卡王子大学	泰国	6	263	64.61
931	GUANGZHOU MEDICAL UNIVERSITY	广州医科大学	中国	120	264	64.60
932	SULTAN QABOOS UNIVERSITY	卡布斯苏丹大学	阿曼	1	265	64.58
933	UNIVERSITE DE SFAX	斯法克斯大学	突尼斯	1	9	64.57
934	CHINA PHARMACEUTICAL UNIVERSITY	中国药科大学	中国	121	266	64.57
935	VELLORE INSTITUTE OF TECHNOLOGY	印度韦洛尔技术大学	印度	10	267	64.57
936	CHANG'AN UNIVERSITY	长安大学	中国	122	268	64.56
937	DUBLIN CITY UNIVERSITY	都柏林城市大学	爱尔兰	7	370	64.55
938	CHU GRENOBLE ALPES	格勒诺布尔大学	法国	48	371	64.55
939	UNIVERSITY OF VETERINARY MEDICINE VIENNA	维也纳兽医大学	奥地利	11	372	64.55
940	AUSTRALIAN CATHOLIC UNIVERSITY	澳大利亚天主教大学	澳大利亚	32	39	64.55
941	WARSAW UNIVERSITY OF TECHNOLOGY	华沙工业大学	波兰	5	373	64.54

排名	英文名称	中文全称	国家/地区	国家/地区排名	所在洲排名	总得分
942	UNIVERSIDAD PABLO DE OLAVIDE	巴勃罗·德·奥拉维德大学	西班牙	40	374	64.50
943	ANNA UNIVERSITY	印度安那大学	印度	11	269	64.50
944	NATIONAL UNIVERSITY OF CORDOBA	国立科尔多瓦大学	阿根廷	4	29	64.49
945	GOVERNMENT COLLEGE UNIVERSITY FAISALABAD	巴基斯坦政府学院大学	巴基斯坦	4	270	64.47
946	UNIVERSIDAD DE LAS PALMAS DE GRAN CANARIA	加那利群岛拉斯帕尔马斯大学	西班牙	41	375	64.47
947	ATATURK UNIVERSITY	阿塔图尔克大学	土耳其	9	271	64.47
948	UNIVERSITY OF NOVI SAD	诺维萨德大学	塞尔维亚	2	376	64.46
949	SHANGHAITECH UNIVERSITY	上海科技大学	中国	123	272	64.45
950	MEDICAL UNIVERSITY OF WARSAW	华沙医科大学	波兰	6	377	64.44
951	UNITED ARAB EMIRATES UNIVERSITY	阿联酋大学	阿拉伯联合酋长国	2	273	64.43
952	UNIVERSITE DE ORLEANS	奥尔良大学	法国	49	378	64.43
953	KINDAI UNIVERSITY	近畿大学	日本	26	274	64.43
954	JUNTENDO UNIVERSITY	顺天堂大学	日本	27	275	64.43
955	ADDIS ABABA UNIVERSITY	亚的斯亚贝巴大学	埃塞俄比亚	1	10	64.42
956	COVENTRY UNIVERSITY	考文垂大学	英国	65	379	64.40
957	SHIRAZ UNIVERSITY OF MEDICAL SCIENCE	西拉医科大学	伊朗	13	276	64.40
958	CLARK UNIVERSITY	克拉克大学	美国	195	225	64.39
959	UNIVERSITY OF SPLIT	斯普利特大学	克罗地亚	2	380	64.37
960	UNIVERSITY OF REGINA	里贾纳大学	加拿大	30	226	64.37
961	UNIVERSITY OF MONS	蒙斯大学	比利时	10	381	64.34
962	NORTHEAST FORESTRY UNIVERSITY-CHINA	东北林业大学	中国	124	277	64.32
963	UNIVERSITE DE PICARDIE JULES VERNE	亚眠大学	法国	50	382	64.32
964	TECNOLOGICO DE MONTERREY	蒙特雷科技大学	墨西哥	2	227	64.31
965	AL AZHAR UNIVERSITY	爱资哈尔大学	埃及	7	278	64.30
966	UNIVERSITY OF AKRON	阿克伦大学	美国	196	228	64.30
967	UNIVERSITY OF DENVER	丹佛大学	美国	197	229	64.30
968	UNIVERSITY OF JORDAN	约旦大学	约旦	1	279	64.29
969	UNIVERSIDADE FEDERAL DE PELOTAS	佩洛塔斯联邦大学	巴西	21	30	64.28
970	CREIGHTON UNIVERSITY	克瑞顿大学	美国	198	230	64.28
971	LINNAEUS UNIVERSITY	林奈大学	瑞典	13	383	64.26
972	MAKERERE UNIVERSITY	麦克雷雷大学	乌干达	1	11	64.26
973	UNIVERSITY OF LOUISIANA LAFAYETTE	路易斯安那拉斐特大学	美国	199	231	64.25
974	GWANGJU INSTITUTE OF SCIENCE & TECHNOLOGY	光州科学技术院	韩国	31	280	64.24

排名	英文名称	中文全称	国家/地区	国家/地区排名	所在洲排名	总得分
975	LINCOLN UNIVERSITY	林肯大学(新西兰)	新西兰	8	40	64.23
976	UNIVERSITY TORONTO MISSISSAUGA	多伦多大学米西索加分校	加拿大	31	232	64.23
977	TILBURG UNIVERSITY	蒂尔堡大学	荷兰	13	384	64.23
978	UNIVERSIDAD DE ANTIOQUIA	安蒂奥基亚大学	哥伦比亚	3	31	64.22
979	UNIVERSIDAD DE ALMERIA	阿尔梅里亚大学	西班牙	42	385	64.21
980	BIRKBECK UNIVERSITY LONDON	伦敦大学伯贝克学院	英国	66	386	64.21
981	SUEZ CANAL UNIVERSITY	苏伊士运河大学	埃及	8	281	64.20
982	UNIVERSITAT SIEGEN	锡根大学	德国	56	387	64.19
983	IHSAN DOGRAMACI BILKENT UNIVERSITY	比尔肯大学	土耳其	10	282	64.17
984	UNIVERSITY OF THE FREE STATE	自由州大学	南非	8	12	64.17
985	JAWAHARLAL NEHRU UNIVERSITY, NEW DELHI	尼赫鲁大学	印度	12	283	64.16
986	YUNNAN UNIVERSITY	云南大学	中国	125	284	64.16
987	MONTCLAIR STATE UNIVERSITY	蒙特克莱尔州立大学	美国	200	233	64.15
988	TOKYO UNIVERSITY OF AGRICULTURE & TECHNOLOGY	东京农工大学	日本	28	285	64.13
989	NORTHEAST AGRICULTURAL UNIVERSITY-CHINA	东北农业大学	中国	126	286	64.12
990	NOTTINGHAM TRENT UNIVERSITY	诺丁汉特伦特大学	英国	67	388	64.11
991	GIFU UNIVERSITY	岐阜大学	日本	29	287	64.11
992	BOISE STATE UNIVERSITY	博伊西州立大学	美国	201	234	64.11
993	UNIVERSITY OF MEMPHIS	孟菲斯大学	美国	202	235	64.09
994	QUFU NORMAL UNIVERSITY	曲阜师范大学	中国	127	288	64.08
995	NEW JERSEY INSTITUTE OF TECHNOLOGY	新泽西理工学院	美国	203	236	64.08
996	UNIVERSIDADE FEDERAL DO ESPIRITO SANTO	圣埃斯皮里图联邦大学	巴西	22	32	64.06
997	UNIVERSIDAD DE LA REPUBLICA, URUGUAY	乌拉圭共和国大学	乌拉圭	1	33	64.06
998	MIDDLESEX UNIVERSITY	密德萨斯大学	英国	68	389	64.05
999	EHIME UNIVERSITY	爱媛大学	日本	30	289	64.05
1000	YANGTZE UNIVERSITY	长江大学	中国	128	290	61.60
1001	UNIVERSITY OF TOYAMA	富山大学	日本	31	291	64.04
1002	IRAN UNIVERSITY SCIENCE & TECHNOLOGY	伊朗科技大学	伊朗	14	292	64.03
1003	CHARLES DARWIN UNIVERSITY	查尔斯·达尔文大学	澳大利亚	33	41	64.04
1004	TAIWAN TAIWAN NORMAL UNIVERSITY	台湾师范大学	中国台湾	14	293	64.03
1005	HSE UNIVERSITY (NATIONAL RESEARCH UNIVERSITY HIGHER SCHOOL OF ECONOMICS)	俄罗斯国立高等经济大学	俄罗斯	7	390	64.00
1006	SOUTHWEST PETROLEUM UNIVERSITY	西南石油大学	中国	129	294	63.99
1007	INDIAN INSTITUTE OF TECHNOLOGY-KANPUR	印度理工学院孟买校区坎普尔分校	印度	13	295	63.97
1008	UNIVERSITY OF NORTH DAKOTA GRAND FORKS	北达科他大学	美国	204	237	63.96

续表

排名	英文名称	中文全称	国家/地区	国家/地区排名	所在洲排名	总得分
1009	AMERICAN UNIVERSITY	美利坚大学	美国	205	238	63.96
1010	HANOI MEDICAL UNIVERSITY	河内医科大学	越南	3	296	63.95
1011	CALIFORNIA STATE UNIVERSITY FULLERTON	加州州立大学富尔顿分校	美国	206	239	63.95
1012	INDIAN INSTITUTE OF TECHNOLOGY-GUWAHATI	印度古瓦哈提理工学院	印度	14	297	63.95
1013	UNIVERSITY OF SHANGHAI FOR SCIENCE & TECHNOLOGY	上海理工大学	中国	130	298	63.95
1014	MISSOURI UNIVERSITY OF SCIENCE & TECHNOLOGY	密苏里科技大学	美国	207	240	63.94
1015	MASHHAD UNIVERSITY MEDICAL SCIENCE	马什哈德医科大学	伊朗	15	299	63.94
1016	TECHNISCHE UNIVERSITAT CHEMNITZ	开姆尼茨工业大学	德国	57	391	63.94
1017	NIHON UNIVERSITY	日本大学	日本	32	300	63.93
1018	FUJIAN NORMAL UNIVERSITY	福建师范大学	中国	131	301	63.92
1019	UNIVERSITY OF MISSOURI SAINT LOUIS	密苏里大学圣路易斯分校	美国	208	241	63.91
1020	UNIVERSITY OF SALFORD	索尔福德大学	英国	69	392	63.91
1021	UNIVERSITY OF CHEMISTRY & TECHNOLOGY, PRAGUE	布拉格化工大学	捷克共和国	5	393	63.91
1022	UNIVERSIDADE DO ALGARVE	葡萄牙埃尔加夫大学	葡萄牙	7	394	63.90
1023	NOVA SOUTHEASTERN UNIVERSITY	诺瓦东南大学	美国	209	242	63.90
1024	UNIVERSITY OF CANBERRA	堪培拉大学	澳大利亚	34	42	63.90
1025	OAKLAND UNIVERSITY	美国奥克兰大学	美国	210	243	63.90
1026	UNIVERSITY OF TRAS-OS-MONTES & ALTO DOURO	蒙特斯与奥拓杜罗大学	葡萄牙	8	395	63.89
1027	VILLANOVA UNIVERSITY	维拉诺瓦大学	美国	211	244	63.88
1028	WRIGHT STATE UNIVERSITY DAYTON	莱特州立大学	美国	212	245	63.88
1029	UNIVERSITY OF CAMERINO	卡美日诺大学	意大利	46	396	63.88
1030	ROCHESTER INSTITUTE OF TECHNOLOGY	罗彻斯特理工学院	美国	213	246	63.86
1031	LEUPHANA UNIVERSITY LUNEBURG	吕讷堡大学	德国	58	397	63.86
1032	LAKEHEAD UNIVERSITY	湖首大学	加拿大	32	247	63.85
1033	IRAN UNIVERSITY OF MEDICAL SCIENCES	伊朗医科大学	伊朗	16	302	63.85
1034	UNIVERSITY OF CENTRAL LANCASHIRE	中央兰开夏大学	英国	70	398	63.84
1035	INSTITUT NATIONAL DES SCIENCES APPLIQUEES DE TOULOUSE	国立图卢兹应用科学学院	法国	51	399	63.83
1036	SHANTOU UNIVERSITY	汕头大学	中国	132	303	63.83
1037	CUKUROVA UNIVERSITY	库库罗瓦大学	土耳其	11	304	63.82
1038	ANNA UNIVERSITY CHENNAI	印度安那大学	印度	15	305	63.82
1039	UNIVERSITE PARIS 13	巴黎第十三大学	法国	52	400	63.81
1040	NICOLAUS COPERNICUS UNIVERSITY	托伦哥白尼大学	波兰	7	401	63.80
1041	LIVERPOOL SCHOOL OF TROPICAL MEDICINE	利物浦热带医学院	英国	71	402	63.79

排名	英文名称	中文全称	国家/地区	国家/地区排名	所在洲排名	总得分
1042	HOWARD UNIVERSITY	霍华德大学	美国	214	248	63.77
1043	UNIVERSITY OF THE PHILIPPINES MANILA	菲律宾马尼拉大学	菲律宾	1	306	63.76
1044	UNIVERSITY OF GHANA	加纳大学	加纳	1	13	63.76
1045	UNIVERSITY OF PECS	佩奇大学	匈牙利	5	403	63.75
1046	GDANSK UNIVERSITY OF TECHNOLOGY	哥但斯克工业大学	波兰	8	404	63.75
1047	NORTHERN ILLINOIS UNIVERSITY	北伊利诺伊大学	美国	215	249	63.74
1048	GRADUATE UNIVERSITY FOR ADVANCED STUDIES-JAPAN	高等研究生院	日本	33	307	63.74
1049	QINGDAO UNIVERSITY OF SCIENCE & TECHNOLOGY	青岛科技大学	中国	133	308	63.73
1050	XIANGTAN UNIVERSITY	湘潭大学	中国	134	309	63.72
1051	UNIVERSITY OF SOUTH BOHEMIA CESKE BUDEJOVICE	捷克布杰约维采南波西米亚大学	捷克共和国	6	405	63.70
1052	UNIVERSITE DE FRANCHE-COMTE	贝桑松大学	法国	53	406	63.70
1053	KEELE UNIVERSITY	英国基尔大学	英国	72	407	63.69
1054	HAROKOPIO UNIVERSITY ATHENS	希腊哈睿寇蓓大学	希腊	8	408	63.68
1055	UNIVERSITY OSNABRUCK	奥斯纳布吕克大学	德国	59	409	63.67
1056	OSAKA PREFECTURE UNIVERSITY	大阪府立大学	日本	34	310	63.66
1057	WENZHOU UNIVERSITY	温州大学	中国	135	311	63.66
1058	RITSUMEIKAN UNIVERSITY	立命馆大学	日本	35	312	63.66
1059	UNIVERSITY OF SOUTH AFRICA	南非大学	南非	9	14	63.66
1060	DEMOCRITUS UNIVERSITY OF THRACE	塞萨斯德谟克里特大学	希腊	9	410	63.66
1061	HOFSTRA UNIVERSITY	霍夫斯特拉大学	美国	216	250	63.65
1062	UNIVERSITY OF NORTH CAROLINA GREENSBORO	北卡罗来纳大学格林斯伯勒分校	美国	217	251	63.65
1063	ITMO UNIVERSITY	圣光机大学	俄罗斯	8	411	63.64
1064	HUNAN NORMAL UNIVERSITY	湖南师范大学	中国	136	313	63.64
1065	UNIVERSITY OF MONTANA	蒙大拿大学	美国	218	252	63.63
1066	UNIVERSITY OF PADERBORN	帕德博恩大学	德国	60	412	63.62
1067	FLORIDA INSTITUTE OF TECHNOLOGY	佛罗里达科技大学	美国	219	253	63.61
1068	SHANGHAI NORMAL UNIVERSITY	上海师范大学	中国	137	314	63.61
1069	WUHAN UNIVERSITY OF SCIENCE & TECHNOLOGY	武汉科技大学	中国	138	315	63.60
1070	HUAQIAO UNIVERSITY	华侨大学	中国	139	316	63.60
1071	UNIVERSITE DE TUNIS-EL-MANAR	突尼斯玛纳尔大学	突尼斯	2	15	63.59
1072	SCUOLA SUPERIORE SANT'ANNA	比萨圣安娜高等学校	意大利	47	413	63.58
1073	UNIVERSIDADE FEDERAL DO PARA	帕拉联邦大学	巴西	23	34	63.58
1074	HESAM UNIVERSITE	HESAM 大学	法国	54	414	63.57

排名	英文名称	中文全称	国家/地区	国家/地区排名	所在洲排名	总得分
1075	UNIVERSITY OF MASSACHUSETTS LOWELL	马萨诸塞大学卢维尔分校	美国	220	254	63.57
1076	TUSCIA UNIVERSITY	图西亚大学	意大利	48	415	63.56
1077	KING KHALID UNIVERSITY	哈立德国王大学	沙特阿拉伯	5	317	63.56
1078	UNIVERSITY OF PUNJAB	旁遮普大学	巴基斯坦	5	318	63.56
1079	TOKUSHIMA UNIVERSITY	德岛大学	日本	36	319	63.54
1080	HUNAN AGRICULTURAL UNIVERSITY	湖南农业大学	中国	140	320	63.54
1081	JORDAN UNIVERSITY OF SCIENCE & TECHNOLOGY	约旦科技大学	约旦	2	321	63.53
1082	SAN FRANCISCO STATE UNIVERSITY	旧金山州立大学	美国	221	255	63.53
1083	ZHEJIANG A&F UNIVERSITY	浙江农林大学	中国	141	322	63.53
1084	ISFAHAN UNIVERSITY MEDICAL SCIENCE	伊斯法罕大学医学院	伊朗	17	323	63.53
1085	UNIVERSIDAD PUBLICA DE NAVARRA	纳瓦拉公立大学	西班牙	43	416	63.52
1086	UNIVERSIDAD AUTONOMA METROPOLITANA-MEXICO	大都会自治大学	墨西哥	3	256	63.52
1087	GUNMA UNIVERSITY	群马大学	日本	37	324	63.52
1088	UNIVERSITY OF CALCUTTA	卡尔卡塔大学	印度	16	325	63.51
1089	UNIV TAMPERE	坦佩雷大学	芬兰	10	417	63.51
1090	UNIVERSITE DE HAUTE-ALSACE	上阿尔萨斯大学	法国	55	418	63.48
1091	POLYTECHNIC UNIVERSITY OF BUCHAREST	布加勒斯特理工大学	罗马尼亚	2	419	63.47
1092	UNIVERSITY OF LINCOLN	林肯大学(英国)	英国	73	420	63.47
1093	GUIZHOU UNIVERSITY	贵州大学	中国	142	326	63.47
1094	UNIVERSITY OF MOLISE	莫里斯大学	意大利	49	421	63.46
1095	HENAN UNIVERSITY OF SCIENCE & TECHNOLOGY	河南科技大学	中国	143	327	63.45
1096	UNIVERSITE DE REIMS CHAMPAGNE-ARDENNE	法国兰斯大学	法国	56	422	63.45
1097	NORTHWEST A&F UNIVERSITY-CHINA	西北农林科技大学	中国	144	328	63.44
1098	AGA KHAN UNIVERSITY	阿迦汗大学	巴基斯坦	6	329	63.44
1099	KITASATO UNIVERSITY	北里大学	日本	38	330	63.43
1100	XI'AN UNIVERSITY OF TECHNOLOGY	西安理工大学	中国	145	331	63.43
1101	ERCIYES UNIVERSITY	埃尔吉耶斯大学	土耳其	12	332	63.43
1102	COLORADO SCHOOL OF PUBLIC HEALTH	科罗拉多公共卫生学院	美国	222	257	63.42
1103	KOC UNIVERSITY	土耳其KOC大学	土耳其	13	333	63.42
1104	OXFORD BROOKES UNIVERSITY	牛津布鲁克斯大学	英国	74	423	63.41
1105	UNIVERSIDADE ESTADUAL DE MARINGA	马林加州立大学	巴西	24	35	63.41
1106	SINGAPORE MANAGEMENT UNIVERSITY	新加坡管理大学	新加坡	4	334	63.41
1107	TANTA UNIVERSITY	坦塔大学	埃及	9	335	63.40
1108	UNIVERSITY OF EVORA	埃武拉大学	葡萄牙	9	424	63.39

续表

排名	英文名称	中文全称	国家/地区	国家/地区排名	所在洲排名	总得分
1109	SINGAPORE UNIVERSITY OF TECHNOLOGY & DESIGN	新加坡技术与设计大学	新加坡	5	336	63.39
1110	UNIVERSITY OF THE SUNSHINE COAST	阳光海岸大学	澳大利亚	35	43	63.39
1111	MARQUETTE UNIVERSITY	马凯特大学	美国	223	258	63.38
1112	BUDAPEST UNIVERSITY OF TECHNOLOGY & ECONOMICS	布达佩斯技术与经济大学	匈牙利	6	425	63.37
1113	BROCK UNIVERSITY	布鲁克大学	加拿大	33	259	63.35
1114	UNIVERSITY OF SOUTH WALES	南威尔士大学	英国	75	426	63.35
1115	UNIVERSITE DE BRETAGNE OCCIDENTALE	西布列塔尼大学	法国	57	427	63.34
1116	UNIVERSITY OF INDONESIA	印度尼西亚大学	印度尼西亚	1	337	63.34
1117	HENAN POLYTECHNIC UNIVERSITY	河南理工大学	中国	146	338	63.33
1118	JEJU NATIONAL UNIVERSITY	济州国立大学	韩国	32	339	63.33
1119	SILESIAN UNIVERSITY OF TECHNOLOGY	西里西亚技术大学	波兰	9	428	63.32
1120	UNIVERSIDADE FEDERAL DE VICOSA	维索萨联邦大学	巴西	25	36	63.32
1121	GLASGOW CALEDONIAN UNIVERSITY	格拉斯哥卡利多尼亚大学	英国	76	429	63.31
1122	SICHUAN AGRICULTURAL UNIVERSITY	四川农业大学	中国	147	340	63.30
1123	HEBEI UNIVERSITY OF TECHNOLOGY	河北工业大学	中国	148	341	63.30
1124	UNIVERSITY OF NEW ORLEANS	新奥尔良大学	美国	224	260	63.29
1125	AGRICULTURAL UNIVERSITY OF ATHENS	雅典农业大学	希腊	10	430	63.28
1126	UNIVERSITY OF IBADAN	伊巴丹大学	尼日利亚	1	16	63.28
1127	HAINAN UNIVERSITY	海南大学	中国	149	342	63.28
1128	UNIVERSITY OF PUERTO RICO MEDICAL SCIENCES CAMPUS	波多黎各大学医学科学校区	美国	225	261	63.27
1129	SHAHID BEHESHTI UNIVERSITY	沙希德贝赫什迪大学	伊朗	18	343	63.27
1130	DALIAN MARITIME UNIVERSITY	大连海事大学	中国	150	344	63.27
1131	MARMARA UNIVERSITY	马尔马拉大学	土耳其	14	345	63.27
1132	WILFRID LAURIER UNIVERSITY	加拿大劳瑞尔大学	加拿大	34	262	63.26
1133	FREE UNIVERSITY OF BOZEN-BOLZANO	博尔扎诺自由大学	意大利	50	431	63.24
1134	UNIVERSITY OF TEXAS RIO GRANDE VALLEY	得克萨斯大学里奥格兰德谷	美国	226	263	63.23
1135	UNIVERSITY OF BRADFORD	布拉德福德大学	英国	77	432	63.23
1136	DOKUZ EYLUL UNIVERSITY	度库兹埃路尔大学	土耳其	15	346	63.22
1137	UNIVERSITE PAUL-VALERY	蒙彼利埃第三大学	法国	58	433	63.21
1138	UNIVERSITY OF SOUTH ALABAMA	南亚拉巴马大学	美国	227	264	63.20
1139	POLITECNICO DI BARI	巴里理工大学	意大利	51	434	63.20
1140	SHANDONG AGRICULTURAL UNIVERSITY	山东农业大学	中国	151	347	63.19
1141	UNIVERSITAT DE LLEIDA	莱里达大学	西班牙	44	435	63.19

排名	英文名称	中文全称	国家/地区	国家/地区排名	所在洲排名	总得分
1142	UNIVERSIDADE DA BEIRA INTERIOR	贝拉室内大学	葡萄牙	10	436	63.18
1143	CAPITAL NORMAL UNIVERSITY	首都师范大学	中国	152	348	63.18
1144	FORDHAM UNIVERSITY	福坦莫大学	美国	228	265	63.17
1145	DE MONTFORT UNIVERSITY	德蒙福特大学	英国	78	437	63.16
1146	FUJITA HEALTH UNIVERSITY	藤田保健卫生大学	日本	39	349	63.15
1147	SOGANG UNIVERSITY	西江大学	韩国	33	350	63.14
1148	UNIVERSITY OF WEST SCOTLAND	西苏格兰大学	英国	79	438	63.13
1149	TALLINN UNIVERSITY OF TECHNOLOGY	塔林理工大学	爱沙尼亚	2	439	63.13
1150	MONASH UNIVERSITY SUNWAY	莫纳什大学(桑威)	马来西亚	7	351	63.12
1151	UNIVERSITY OF SOFIA	索非亚大学	保加利亚	1	440	63.12
1152	UNIVERSITY OF MARIBOR	马里博尔大学	斯洛文尼亚	2	441	63.12
1153	SELCUK UNIVERSITY	塞尔库克大学	土耳其	16	352	63.12
1154	ZHEJIANG GONGSHANG UNIVERSITY	浙江工商大学	中国	153	353	63.11
1155	YILDIZ TECHNICAL UNIVERSITY	伊尔迪斯技术大学	土耳其	17	354	63.10
1156	UNIVERSITY OF URBINO	乌尔比诺大学	意大利	52	442	63.10
1157	UNIVERSITY OF SILESIA IN KATOWICE	卡托维兹西里西亚大学	波兰	10	443	63.10
1158	LOMA LINDA UNIVERSITY	洛马琳达大学	美国	229	266	63.10
1159	KAGOSHIMA UNIVERSITY	鹿儿岛大学	日本	40	355	63.10
1160	RHODES UNIVERSITY	罗得斯大学	南非	10	17	63.08
1161	JACOBS UNIVERSITY	不来梅雅各布大学	德国	61	444	63.07
1162	DANUBE UNIVERSITY KREMS	克雷姆斯多瑙河大学	奥地利	12	445	63.06
1163	UNIVERSITY OF LONDON ROYAL VETERINARY COLLEGE	英国皇家兽医学院	英国	80	446	63.06
1164	INDIAN INSTITUTE OF TECHNOLOGY (INDIAN SCHOOL OF MINES) DHANBAD	印度理工学院(印度矿业学院)丹巴德分校	印度	17	356	63.05
1165	BELARUSIAN STATE UNIVERSITY	白俄罗斯国立大学	白俄罗斯	1	447	63.05
1166	UNIVERSIDADE FEDERAL DE UBERLANDIA	乌贝兰迪亚联邦大学	巴西	26	37	63.04
1167	UNIVERSITY OF WROCLAW	弗罗茨瓦夫大学	波兰	11	448	63.04
1168	UNIVERSITY OF THE WESTERN CAPE	南非西开普大学	南非	11	18	63.01
1169	WROCLAW UNIVERSITY OF SCIENCE & TECHNOLOGY	弗罗茨瓦夫理工大学	波兰	12	449	62.99
1170	HALLYM UNIVERSITY	翰林大学	韩国	34	357	62.99
1171	UNIVERSIDADE CATOLICA PORTUGUESA	葡萄牙天主教大学	葡萄牙	11	450	62.99
1172	PETER THE GREAT ST. PETERSBURG POLYTECHNIC UNIVERSITY	圣彼得堡彼得大帝理工大学	俄罗斯	9	451	62.98
1173	JICHI MEDICAL UNIVERSITY	自治医科大学	日本	41	358	62.98
1174	SHAANXI UNIVERSITY OF SCIENCE & TECHNOLOGY	陕西科技大学	中国	154	359	62.97

排名	英文名称	中文全称	国家/地区	国家/地区排名	所在洲排名	总得分
1175	UNIVERSITY OF LODZ	罗兹大学	波兰	13	452	62.97
1176	SAINT JOHN'S UNIVERSITY	圣约翰大学	美国	230	267	62.97
1177	CHOSUN UNIVERSITY	朝鲜大学	韩国	35	360	62.96
1178	AMRITA VISHWA VIDYAPEETHAM	阿姆里塔大学	印度	18	361	62.96
1179	TECHNICAL UNIVERSITY FREIBERG	弗莱贝格工业大学	德国	62	453	62.94
1180	ARMY MEDICAL UNIVERSITY	中国人民解放军陆军军医大学	中国	155	362	62.94
1181	UNIVERSITY OF HUDDERSFIELD	哈德斯菲尔德大学	英国	81	454	62.94
1182	TOMSK POLYTECHNIC UNIVERSITY	托木斯克理工大学	俄罗斯	10	455	62.93
1183	JIANGSU NORMAL UNIVERSITY	江苏师范大学	中国	156	363	62.93
1184	UNIVERSITY OF BEDFORDSHIRE	贝德福特大学	英国	82	456	62.93
1185	PONTIFICIA UNIVERSIDAD JAVERIANA	哈维里亚天主教大学	哥伦比亚	4	38	62.92
1186	TRENT UNIVERSITY	特伦特大学	加拿大	35	268	62.92
1187	HUNTER COLLEGE	亨特学院	美国	231	269	62.92
1188	UNIVERSIDADE FEDERAL DE JUIZ DE FORA	茹伊斯迪福拉联邦大学	巴西	27	39	62.92
1189	JAMES MADISON UNIVERSITY	詹姆斯麦迪逊大学	美国	232	270	62.92
1190	JIANGXI NORMAL UNIVERSITY	江西师范大学	中国	157	364	62.41
1191	UNIVERSITY OF QUEBEC TROIS RIVIERES	魁北克大学三河校区	加拿大	36	271	62.90
1192	CHINA THREE GORGES UNIVERSITY	三峡大学	中国	158	365	62.90
1193	FUJIAN MEDICAL UNIVERSITY	福建医科大学	中国	159	366	62.89
1194	MAGNA GRAECIA UNIVERSITY OF CATANZARO	卡坦扎罗大学	意大利	53	457	62.90
1195	MEDICAL UNIVERSITY LODZ	罗兹医学院	波兰	14	458	62.89
1196	NARA INSTITUTE OF SCIENCE & TECHNOLOGY	奈良先端科学技术大学院大学	日本	42	367	62.88
1197	CALIFORNIA STATE UNIVERSITY NORTHRIDGE	加州州立大学北岭分校	美国	233	272	62.87
1198	CENTRAL QUEENSLAND UNIVERSITY	中央昆士兰大学	澳大利亚	36	44	62.87
1199	REYKJAVIK UNIVERSITY	雷克雅未克大学	冰岛	2	459	62.86
1200	TEXAS STATE UNIVERSITY SAN MARCOS	得克萨斯州立大学圣马科斯分校	美国	234	273	62.85

其他中国机构: 1211. 台北科技大学; 1220. 常州大学; 1230. 西南财经大学; 1232. 齐鲁工业大学; 1234. 成都理工大学; 1245. 西南科技大学; 1252. 重庆邮电大学; 1253. 武汉工程大学; 1260. 湖北大学; 1261. 香港教育大学; 1262. 天津科技大学; 1263. 上海海事大学; 1276. 安徽工业大学; 1278. 台湾海洋大学; 1281. 天津工业大学; 1299. 淡江大学; 1315. 桂林电子科技大学; 1316. 西交利物浦大学; 1333. 山东理工大学; 1335. 台湾中原大学; 1346. 安徽农业大学; 1355. 上海海洋大学; 1358. 聊城大学; 1365. 逢甲大学; 1383. 烟台大学; 1385. 黑龙江大学; 1390. 南华大学; 1398. 河南师范大学; 1399. 湖南科技大学; 1406. 河北大学; 1411. 广西医科大学; 1413. 元智大学; 1415. 上海工程技术大学; 1416. 高雄科技大学; 1422. 中央财经大学; 1423. 对外经济贸易大学; 1425. 宁波诺丁汉大学; 1429. 内蒙古大学; 1431. 山东第一医科大学; 1445. 天津理工大学; 1447. 辅仁大学; 1461. 郑州轻工业大学; 1463. 安徽师范大学; 1468. 台湾"东华大学"; 1474. 中北大学; 1476. 河南农业大学; 1479. 岭南大学; 1480. 南昌航空大学; 1481. 湖北工业大学; 1486. 台湾政治大学; 1491. 东莞理工学院; 1495. 广西师范大学; 1500. 大连医科大学; 1505. 河南工业大学; 1512. 北京工商大学; 1515. 哈尔滨理工大学; 1523. 石河子大学; 1525. 河北医科大学;

排名	英文名称	中文全称	国家/地区	国家/地区排名	所在洲排名	总得分
1528. 上海财经大学；1529. 沈阳药科大学；1531. 兰州理工大学；1539. 台湾中正大学；1540. 新疆大学；1543. 西北师范大学；1550. 台湾云林科技大学；1553. 四川师范大学；1557. 重庆工商大学；1560. 中山医学大学；1574. 辽宁大学；1576. 中南民族大学；1577. 渤海大学；1580. 西华师范大学；1591. 南京中医药大学；1593. 青岛农业大学；1600. 武汉纺织大学；1607. 上海中医药大学；1617. 中南林业科技大学；1622. 华北理工大学；1623. 桂林工业大学；1624. 天津师范大学；1634. 江西财经大学；1635. 义守大学；1649. 山西医科大学；1651. 河北农业大学；1652. 苏州科技大学；1654. 北京中医药大学；1656. 广州中医药大学；1657. 广东药科大学；1658. 辽宁工业大学；1666. 上海电力大学；1671. 浙江海洋大学；1672. 台湾屏东科技大学；1683. 上海应用技术大学；1684. 湖州学院；1686. 兰州交通大学；1691. 集美大学；1693. 大连工业大学；1695. 长春工业大学；1696. 河北师范大学；1697. 重庆理工大学；1699. 江西科技学院；1700. 山东财经大学；1706. 彰化师范大学；1708. 湖南工业大学；1714. 盐城工学院；1716. 哈尔滨师范大学；1721. 宁夏大学；1725. 台湾嘉义大学；1726. 云南师范大学；1728. 徐州医科大学；1731. 浙江财经大学；1733. 沈阳农业大学；1736. 吉林农业大学；1737. 江西农业大学；1739. 河北科技大学；1745. 西安工业大学；1747. 沈阳工业大学；1748. 闽江学院；1749. 成都中医药大学；1750. 南台科技大学；1753. 明志科技大学；1754. 天津中医药大学；1755. 延边大学；1756. 吉林师范大学；1757. 滨州医学院；1760. 浙江中医药大学；1761. 甘肃农业大学；1763. 山西农业大学；1768. 昆明医科大学；1769. 南京财经大学；1772. 辽宁石油化工大学；1773. 宁夏医科大学；1775. 内蒙古农业大学；1782. 东华理工大学；1785. 广东医科大学；1786. 河南科技学院；1792. 黑龙江中医药大学；1793. 锦州医科大学；1794. 遵义医科大学；1795. 湖南中医药大学；1798. 长庚科技大学；1801. 江苏科技大学；1805. 台湾南开科技大学；1814. 长春科技大学；1815. 台湾医学院；1820. 西南医科大学；1821. 北京农林科学院；1822. 贵州医科大学；1825. 中国人民解放军陆军工程大学						

第三节 世界一流大学分学科排行榜（2022）（分 22 个学科）

一、农业科学

表2-3 农业科学（AGRICULTURAL SCIENCE）（共 707 个）（10 强与中国大学）

排名	英文名称	中文名称	国家/地区
1	WAGENINGEN UNIVERSITY & RESEARCH	瓦格宁根大学	荷兰
2	SOUTH CHINA UNIVERSITY OF TECHNOLOGY	华南理工大学	中国
3	CHINA AGRICULTURAL UNIVERSITY	中国农业大学	中国
4	KING SAUD UNIVERSITY	沙特国王大学	沙特阿拉伯
5	NANJING AGRICULTURAL UNIVERSITY	南京农业大学	中国
6	UNIVERSITY OF MASSACHUSETTS AMHERST	马萨诸塞大学阿默斯特分校	美国
7	CORNELL UNIVERSITY	康奈尔大学	美国
8	NANCHANG UNIVERSITY	南昌大学	中国
9	ZHEJIANG UNIVERSITY	浙江大学	中国
10	JIANGNAN UNIVERSITY	江南大学	中国

其他中国机构：11. 西北农林科技大学；17. 华中农业大学；33. 江苏大学；34. 中国科学院大学；51. 东北农业大学；70. 北京工商大学；94. 中山大学；110. 华南农业大学；124. 香港中文大学；127. 香港大学；129. 西南大学；131. 山东农业大学；132. 天津科技大学；155. 北京大学；185. 上海交通大学；189. 福建农林大学；190. 扬州大学；194. 四川农业大学；198. 河南科技大学；199. 江西农业大学；220. 南京大学；237. 渤海大学；251. 台湾大学；252. 北京师范大学；257. 吉林大学；268. 安徽农业大学；274. 中国海洋大学；279. 北京林业大学；287. 合肥工业大学；291. 沈阳农业大学；296. 兰州大学；298. 湖南农业大学；309. 暨南大学；315. 青岛农业大学；321. 浙江工商大学；323. 四川大学；325. 台湾医药大学；332. 浙江农林大学；343. 大连工业大学；348. 南京林业大学；350. 武汉大学；357. 东北林业大学；370. 广西大学；371. 陕西师范大学；372. 台湾中兴大学；380. 河南工业大学；397. 浙江工业大学；401. 宁波大学；403. 河南农业大学；404. 甘肃农业大学；405. 南京财经大学；407. 海南大学；414. 南京师范大学；417. 上海海洋大学；418. 天津大学；421. 清华大学；422. 武汉轻工大学；427. 山西农业大学；437. 华中科技大学；438. 中南大学；450. 河北农业大学；451. 福州大学；465. 石河子大学；466. 吉林农业大学；469. 长江大学；472. 贵州大学；477. 澳门大学；485. 中南林业科技大学；489. 河海大学；501. 内蒙古农业大学；502. 哈尔滨工业大学；503. 中国医学科学院-中国协和医学院；514. 西北大学；518. 齐鲁工业大学；520. 复旦大学；527. 苏州大学；533. 南开大学；534. 台北医学大学；538. 亚洲大学(中国台湾)；542. 湖北工业大学；551. 中山医学大学；556. 山东大学；561. 厦门大学；578. 香港浸会大学；612. 广东药科大学；621. 浙江海洋大学；638. 华东理工大学；649. 深圳大学；653. 南京信息工程大学；657. 高雄医科大学；661. 北京协和医学院；663. 河南科技学院；666. 江西师范大学；667. 昆明理工大学；673. 山西大学；692. 上海应用技术大学；701. 中国药科大学；705. 北京化工大学；707. 高雄科技大学

二、生物学与生物化学

表2-4 生物学与生物化学（BIOLOGY & BIOCHEMISTRY）（共 790 个）（10 强与中国大学）

排名	英文名称	中文名称	国家/地区
1	HARVARD UNIVERSITY	哈佛大学	美国

排名	英文名称	中文名称	国家/地区
2	MASSACHUSETTS INSTITUTE OF TECHNOLOGY	麻省理工学院	美国
3	STANFORD UNIVERSITY	斯坦福大学	美国
4	UNIVERSITY OF CALIFORNIA SAN DIEGO	加利福尼亚大学圣迭戈分校	美国
5	UNIVERSITY OF CAMBRIDGE	剑桥大学	英国
6	UNIVERSITY OF CALIFORNIA SAN FRANCISCO	加利福尼亚大学旧金山分校	美国
7	UNIVERSITY OF CALIFORNIA BERKELEY	加利福尼亚大学伯克利分校	美国
8	UNIVERSITY OF OXFORD	牛津大学	英国
9	UNIVERSITY OF TORONTO	多伦多大学	加拿大
10	UNIVERSITY COLLEGE LONDON	伦敦大学学院	英国

其他中国机构：29. 清华大学；30. 上海交通大学；34. 中国科学院大学；40. 浙江大学；62. 北京大学；65. 复旦大学；77. 中国医学科学院-中国协和医学院；90. 中山大学；92. 香港大学；119. 华中科技大学；122. 北京协和医学院；129. 四川大学；146. 山东大学；147. 南京医科大学；148. 天津大学；159. 南开大学；163. 同济大学；179. 中国农业大学；183. 台湾大学；192. 电子科技大学；205. 南方医科大学；206. 西安交通大学；210. 中南大学；212. 中国科学技术大学；215. 吉林大学；217. 南京大学；218. 哈尔滨医科大学；221. 南京农业大学；225. 南京林业大学；234. 澳门大学；235. 江南大学；236. 香港中文大学；237. 武汉大学；242. 台湾阳明交通大学；253. 台湾成功大学；265. 山东第一医科大学；278. 首都医科大学；295. 郑州大学；298. 苏州大学；318. 湖南大学；326. 上海科技大学；339. 哈尔滨工业大学；344. 重庆大学；348. 南京中医药大学；349. 华南理工大学；361. 暨南大学；362. 华中农业大学；364. 西北农林科技大学；365. 厦门大学；381. 华东理工大学；382. 香港浸会大学；386. 中国医科大学；392. 东南大学；394. 温州医科大学；395. 广西大学；398. 空军军医大学；401. 天津医科大学；404. 西北大学；413. 海军军医大学；420. 澳门科技大学；424. 中国人民解放军陆军军医大学；435. 南昌大学；441. 广州医科大学；445. 青岛大学；449. 长庚大学；456. 重庆医科大学；467. 中国海洋大学；470. 大连理工大学；476. 台湾医药大学；479. 江苏大学；482. 安徽医科大学；485. 深圳大学；493. 中国药科大学；499. 台北医学大学；510. 兰州大学；511. 西南大学；512. 华南农业大学；520. 东北农业大学；542. 四川农业大学；547. 北京化工大学；553. 台湾中兴大学；555. 天津科技大学；557. 南京工业大学；558. 浙江工业大学；564. 华东师范大学；565. 大连医科大学；575. 台湾"清华大学"；579. 上海中医药大学；587. 高雄医科大学；589. 南通大学；593. 扬州大学；599. 广西医科大学；604. 河北医科大学；605. 香港科技大学；606. 北京林业大学；607. 香港理工大学；615. 北京师范大学；637. 上海大学；653. 香港城市大学；666. 华北理工大学；682. 福建农林大学；690. 汕头大学；718. 北京工业大学；738. 东华大学；750. 济南大学；760. 湖南农业大学；762. 台湾科技大学；763. 中山医学大学；766. 杭州师范大学

三、化学

表2-5　化学（CHEMISTRY）（共 1149 个）（10 强与中国大学）

排名	英文名称	中文名称	国家/地区
1	TSINGHUA UNIVERSITY	清华大学	中国
2	UNIVERSITY OF CHINESE ACADEMY OF SCIENCES, CAS	中国科学院大学	中国
3	STANFORD UNIVERSITY	斯坦福大学	美国
4	MASSACHUSETTS INSTITUTE OF TECHNOLOGY	麻省理工学院	美国
5	UNIVERSITY OF CHICAGO	芝加哥大学	美国
6	HARVARD UNIVERSITY	哈佛大学	美国
7	ZHEJIANG UNIVERSITY	浙江大学	中国

续表

排名	英文名称	中文名称	国家/地区
8	UNIVERSITY OF CALIFORNIA BERKELEY	加利福尼亚大学伯克利分校	美国
9	SWISS FEDERAL INSTITUTES OF TECHNOLOGY DOMAIN	瑞士联邦工学院	瑞士
10	UNIVERSITY OF SCIENCE & TECHNOLOGY OF CHINA, CAS	中国科学技术大学	中国

其他中国机构：12. 郑州大学；14. 天津大学；15. 北京大学；18. 南开大学；20. 南京大学；22. 华南理工大学；24. 复旦大学；26. 中山大学；27. 福州大学；28. 上海交通大学；30. 北京化工大学；32. 华东理工大学；33. 湖南大学；34. 电子科技大学；36. 厦门大学；37. 吉林大学；38. 武汉理工大学；39. 四川大学；40. 苏州大学；42. 北京理工大学；53. 山东大学；54. 武汉大学；57. 大连理工大学；59. 南京工业大学；61. 香港城市大学；63. 江苏大学；64. 香港科技大学；67. 华中科技大学；68. 中南大学；69. 哈尔滨工业大学；71. 西安交通大学；79. 兰州大学；89. 南方科技大学；90. 重庆大学；104. 台湾大学；105. 深圳大学；108. 南京林业大学；109. 华东师范大学；111. 北京航空航天大学；112. 中国石油大学；113. 华中师范大学；121. 扬州大学；122. 中国地质大学；124. 上海大学；128. 浙江师范大学；132. 北京科技大学；136. 南京师范大学；148. 华南师范大学；149. 青岛大学；152. 东南大学；160. 同济大学；161. 西北大学；163. 南京理工大学；168. 浙江工业大学；169. 青岛科技大学；171. 南昌大学；173. 北京工业大学；179. 香港中文大学；180. 北京师范大学；181. 香港理工大学；186. 天津理工大学；194. 山东科技大学；196. 安徽大学；200. 东北师范大学；206. 西北工业大学；209. 长沙理工大学；210. 西南大学；215. 东华大学；218. 陕西师范大学；233. 温州大学；234. 香港大学；237. 台湾"清华大学"；244. 江苏科技大学；251. 太原理工大学；263. 江南大学；271. 聊城大学；283. 黑龙江大学；291. 济南大学；298. 暨南大学；303. 广东工业大学；310. 山东师范大学；311. 河南大学；312. 中国医学科学院-中国协和医学院；323. 福建师范大学；324. 烟台大学；328. 华南农业大学；332. 山西大学；333. 南华大学；335. 湖北大学；336. 淮北师范大学；340. 西南石油大学；342. 台湾阳明交通大学；344. 杭州电子科技大学；347. 西南科技大学；359. 上海理工大学；361. 中国矿业大学；364. 华北电力大学；376. 中国药科大学；378. 淡江大学；381. 北京林业大学；385. 天津科技大学；390. 广西师范大学；392. 中南民族大学；397. 上海科技大学；401. 曲阜师范大学；406. 台湾科技大学；408. 哈尔滨工程大学；409. 燕山大学；422. 中国东北大学；425. 哈尔滨师范大学；429. 重庆工商大学；430. 河南师范大学；431. 江苏师范大学；433. 浙江理工大学；434. 北京协和医学院；435. 广西大学；437. 南京邮电大学；444. 常州大学；448. 昆明理工大学；451. 湘潭大学；453. 江西师范大学；455. 江西科技学院；467. 华中农业大学；468. 中国农业大学；470. 河北工业大学；475. 合肥工业大学；476. 郑州轻工业大学；486. 中国海洋大学；488. 广州大学；489. 台湾中原大学；490. 内蒙古大学；496. 河北大学；507. 云南大学；510. 台湾成功大学；513. 安徽师范大学；514. 上海师范大学；522. 中北大学；525. 西北师范大学；526. 宁波大学；542. 天津工业大学；548. 台湾医药大学；551. 齐鲁工业大学；557. 南京航空航天大学；577. 香港浸会大学；580. 华北理工大学；582. 台湾中兴大学；587. 南昌航空大学；588. 台北科技大学；591. 陕西科技大学；595. 嘉兴学院；597. 武汉工程大学；601. 辽宁大学；615. 北京工商大学；618. 西北农林科技大学；620. 北京交通大学；624. 宁夏大学；630. 杭州师范大学；636. 贵州大学；640. 东北林业大学；642. 台州学院；649. 湖南师范大学；653. 湖南科技大学；654. 河海大学；661. 兰州交通大学；663. 苏州科技大学；664. 浙江农林大学；670. 高雄医科大学；673. 长春工业大学；674. 台湾"中央"大学；675. 汕头大学；679. 辽宁石油化工大学；683. 洛阳师范学院；684. 华侨大学；689. 沈阳药科大学；694. 临沂大学；695. 首都医科大学；696. 赣南师范大学；697. 河南科技大学；725. 台湾"中山大学"；728. 浙江工商大学；735. 海南大学；740. 首都师范大学；749. 中国人民大学；753. 新疆大学；766. 长庚大学；767. 南京农业大学；770. 澳门大学；776. 天津师范大学；785. 西南交通大学；787. 山东理工大学；788. 三峡大学；789. 河南理工大学；790. 上海应用技术大学；809. 长春科技大学；821. 石河子大学；822. 青岛农业大学；825. 南京信息工程大学；834. 西华师范大学；835. 南京医科大学；838. 武汉科技大学；845. 兰州理工大学；848. 四川师范大学；858. 安徽工业大学；867. 中国计量大学；868. 湖南农业大学；872. 吉林师范大学；889. 桂林工业大学；890. 福建农林大学；891. 温州医科大学；898. 海军军医大学；901. 台湾师范大学；909. 南京中医药大学；910. 南方医科大学；916. 河南工业大学；918. 东华理工大学；922. 江西科技师范学院；928. 山东农业大学；936. 河北师范大学；958. 哈尔滨理工大学；971. 信阳师范学院；980. 南通大学；983. 广东药科大学；985. 中国人民解放军陆军军医大学；988. 山西师范大学；993. 武汉纺织大学；996. 盐城工学院；1000. 辽宁师范大学；1011. 渤海大学；1017. 河北科技大学；1028. 台北医学大学；1030. 安阳师范学院；1037. 国防科学技术大学；1052. 天津医科大学；1053. 大连工业大学；1064. 沈阳化工大学；1066. 福建医科大学；1074. 上海工程技术大学；1075. 云南师范大学；1089. 重庆医科大学；1105. 山东第一医科大学；1116. 四川农业大学；1134. 河北农业大学；1148. 台湾"东华大学"

四、临床医学

表2-6 临床医学（CLINICAL MEDICINE）（共1456个）（10强与中国大学）

排名	英文名称	中文名称	国家/地区
1	HARVARD UNIVERSITY	哈佛大学	美国
2	JOHNS HOPKINS UNIVERSITY	约翰·霍普金斯大学	美国
3	UNIVERSITY OF TORONTO	多伦多大学	加拿大
4	BOSTON UNIVERSITY	波士顿大学	美国
5	UNIVERSITY COLLEGE LONDON	伦敦大学学院	英国
6	IMPERIAL COLLEGE LONDON	伦敦帝国学院	英国
7	UNIVERSITY OF PENNSYLVANIA	宾夕法尼亚大学	美国
8	UNIVERSITY OF OXFORD	牛津大学	英国
9	UNIVERSITY OF WASHINGTON	华盛顿大学	美国
10	UNIVERSITY OF WASHINGTON SEATTLE	华盛顿大学(西雅图)	美国

其他中国机构：69. 中国医学科学院-中国协和医学院；71. 上海交通大学；72. 香港中文大学；83. 华中科技大学；103. 复旦大学；107. 中山大学；109. 首都医科大学；116. 香港大学；123. 北京大学；127. 北京协和医学院；129. 台湾大学；155. 武汉大学；157. 浙江大学；185. 四川大学；206. 南京医科大学；210. 中南大学；237. 广州医科大学；248. 西安交通大学；250. 南方医科大学；254. 台湾阳明交通大学；267. 温州医科大学；272. 山东大学；285. 天津医科大学；288. 清华大学；292. 郑州大学；299. 台湾医药大学；318. 长庚大学；323. 中国医科大学；324. 南京大学；325. 台北医学大学；338. 山东第一医科大学；353. 哈尔滨医科大学；363. 同济大学；372. 海军军医大学；382. 吉林大学；392. 中国人民解放军陆军军医大学；396. 重庆医科大学；403. 苏州大学；404. 安徽医科大学；422. 空军军医大学；433. 南昌大学；471. 高雄医科大学；473. 广西医科大学；487. 东南大学；492. 福建医科大学；499. 青岛大学；508. 台湾成功大学；511. 湖北医药学院；543. 香港理工大学；549. 河北医科大学；551. 暨南大学；555. 大连医科大学；562. 北京中医药大学；576. 南京中医药大学；591. 南方科技大学；598. 兰州大学；622. 武汉科技大学；625. 澳门大学；643. 新疆医科大学；648. 中山医学大学；663. 深圳大学；664. 广州中医药大学；669. 昆山杜克大学；670. 厦门大学；680. 中国科学院大学；702. 辅仁大学；750. 汕头大学；762. 山西医科大学；766. 南通大学；770. 滨州医学院；788. 上海中医药大学；815. 徐州医科大学；817. 华南理工大学；819. 义守大学；831. 昆明医科大学；838. 中国科学技术大学；839. 亚洲大学(中国台湾)；857. 慈济大学；874. 香港科技大学；877. 宁波大学；879. 湖北理工学院；889. 扬州大学；894. 江苏大学；901. 西安医科大学；911. 宁夏医科大学；923. 浙江中医药大学；924. 电子科技大学；927. 贵州医科大学；935. 广东医科大学；945. 内蒙古医科大学；950. 河南大学；953. 西南医科大学；983. 香港浸会大学；993. 重庆大学；994. 南开大学；1001. 济南大学；1011. 江南大学；1014. 天津大学；1024. 台湾中兴大学；1031. 南华大学；1040. 河南科技大学；1047. 上海大学；1049. 北京师范大学；1053. 中国药科大学；1087. 湖北文理大学；1089. 新乡医学院；1111. 长庚科技大学；1115. 成都中医药大学；1116. 台湾"中山大学"；1133. 遵义医科大学；1137. 山东中医药大学；1149. 川北医学院；1153. 海南医学院；1158. 锦州医科大学；1160. 潍坊医学院；1165. 天津中医药大学；1174. 台湾"清华大学"；1182. 北京航空航天大学；1199. 台北护理健康大学；1201. 济宁医学院；1205. 桂林医学院；1207. 广东药科大学；1210. 福建中医药大学；1212. 华东师范大学；1213. 湖南师范大学；1220. 弘光科技大学；1224. 嘉南药理科技大学；1229. 华北理工大学；1236. 杭州师范大学；1247. 延边大学；1277. 三峡大学；1281. 石河子大学；1293. 哈尔滨工业大学；1295. 湖州学院；1300. 西北大学；1304. 中台科技大学；1309. 大连大学；1324. 西安电子科技大学；1326. 深圳香港大学；1327. 湖南中医药大学；1329. 香港城市大学；1342. 上海体育大学；1357. 黑龙江中医药大学；1359. 中国农业大学；1360. 河南中医学院；1367. 澳门科技大学；1375. 湖北中医药大学；1377. 西南大学；1381. 台湾师范大学；1384. 沈阳药科大学；1395. 南台科技大学；1397. 大连理工大学；1408. 台湾"中央"大学

五、计算机科学

表 2-7　计算机科学（COMPUTER SCIENCE）（共 504 个）（10 强与中国大学）

排名	英文名称	中文名称	国家/地区
1	NANYANG TECHNOLOGICAL UNIVERSITY	南洋理工大学	新加坡
2	NATIONAL UNIVERSITY OF SINGAPORE	新加坡国立大学	新加坡
3	UNIVERSITY OF ELECTRONIC SCIENCE & TECHNOLOGY OF CHINA	电子科技大学	中国
4	TSINGHUA UNIVERSITY	清华大学	中国
5	SOUTHEAST UNIVERSITY–CHINA	东南大学	中国
6	NANYANG TECHNOLOGICAL UNIVERSITY & NATIONAL INSTITUTE OF EDUCATION SINGAPORE	新加坡国立教育学院	新加坡
7	KING ABDULAZIZ UNIVERSITY	阿卜杜勒阿齐兹国王大学	沙特阿拉伯
8	SWINBURNE UNIVERSITY OF TECHNOLOGY	斯文本科技大学	澳大利亚
9	UNIVERSITY OF TORONTO	多伦多大学	加拿大
10	XIDIAN UNIVERSITY	西安电子科技大学	中国

其他中国机构：11. 华中科技大学；13. 浙江大学；14. 北京邮电大学；18. 武汉大学；20. 四川大学；22. 南京信息工程大学；24. 深圳大学；25. 香港理工大学；27. 上海交通大学；29. 香港城市大学；31. 大连理工大学；32. 哈尔滨工业大学；33. 辽宁工业大学；35. 温州大学；36. 天津大学；38. 华南理工大学；42. 中南大学；43. 北京航空航天大学；48. 广州大学；50. 香港中文大学；52. 中国科学院大学；54. 澳门大学；56. 西北工业大学；57. 西安交通大学；61. 香港大学；64. 中山大学；65. 湖南大学；69. 中国东北大学；71. 香港科技大学；72. 中国科学技术大学；74. 北京大学；75. 北京交通大学；76. 同济大学；78. 广东工业大学；79. 国防科学技术大学；81. 南京邮电大学；83. 大连海事大学；86. 北京理工大学；89. 北京科技大学；92. 南京理工大学；93. 重庆邮电大学；94. 青岛大学；99. 曲阜师范大学；102. 南京大学；117. 重庆大学；126. 南京航空航天大学；127. 杭州电子科技大学；140. 厦门大学；141. 中国地质大学；143. 山东大学；145. 亚洲大学(中国台湾)；151. 西南交通大学；154. 台湾大学；158. 上海大学；177. 渤海大学；180. 台湾科技大学；181. 合肥工业大学；184. 河海大学；189. 安徽大学；192. 中国矿业大学；198. 台湾阳明交通大学；199. 复旦大学；210. 北京工业大学；214. 福州大学；217. 吉林大学；220. 中国人民解放军陆军工程大学；223. 台湾成功大学；232. 扬州大学；251. 西南大学；252. 长沙理工大学；253. 山东科技大学；254. 武汉理工大学；255. 台湾"清华大学"；267. 华东师范大学；274. 哈尔滨工程大学；275. 华理工大学；277. 浙江工业大学；279. 南开大学；292. 暨南大学；293. 华侨大学；299. 福建师范大学；308. 山东师范大学；325. 苏州大学；336. 台湾"中山大学"；337. 兰州大学；341. 桂林电子科技大学；344. 中国石油大学；347. 东华大学；359. 澳门科技大学；363. 华北电力大学；365. 台湾"中央"大学；371. 陕西师范大学；373. 香港浸会大学；381. 江南大学；394. 北京师范大学；402. 上海理工大学；405. 郑州大学；414. 浙江工商大学；421. 燕山大学；441. 上海海事大学；450. 西交利物浦大学；455. 山东财经大学；460. 逢甲大学；461. 南京师范大学；462. 湖南科技大学；467. 聊城大学；471. 南昌大学；478. 山西大学；483. 江苏大学；484. 中国农业大学

六、经济学与商学

表 2-8　经济学与商学（ECONOMICS & BUSINESS）（共 349 个）（10 强与中国大学）

排名	英文名称	中文名称	国家/地区
1	HARVARD UNIVERSITY	哈佛大学	美国
2	MASSACHUSETTS INSTITUTE OF TECHNOLOGY	麻省理工学院	美国

排名	英文名称	中文名称	国家/地区
3	UNIVERSITY OF CALIFORNIA BERKELEY	加利福尼亚大学伯克利分校	美国
4	UNIVERSITY OF CHICAGO	芝加哥大学	美国
5	STANFORD UNIVERSITY	斯坦福大学	美国
6	NORTHWESTERN UNIVERSITY	美国西北大学	美国
7	UNIVERSITY OF MINNESOTA TWIN CITIES	明尼苏达大学双城分校	美国
8	UNIVERSITY OF CAMBRIDGE	剑桥大学	英国
9	UNIVERSITY OF PENNSYLVANIA	宾夕法尼亚大学	美国
10	LONDON SCHOOL ECONOMICS & POLITICAL SCIENCE	伦敦政治经济学院	英国

其他中国机构：28. 北京大学；30. 香港城市大学；36. 香港理工大学；39. 复旦大学；61. 香港中文大学；65. 清华大学；73. 香港大学；90. 华中科技大学；94. 浙江大学；101. 西南财经大学；121. 中山大学；128. 台湾大学；132. 西安交通大学；146. 香港科技大学；159. 厦门大学；163. 上海交通大学；191. 中国人民大学；214. 湖南大学；243. 上海财经大学；265. 香港浸会大学；267. 台湾"中山大学"；275. 中央财经大学；282. 对外经济贸易大学；301. 台湾政治大学；311. 南京大学；343. 岭南大学

七、工程学

表 2-9　工程学（ENGINEERING）（共 1455 个）（10 强与中国大学）

排名	英文名称	中文名称	国家/地区
1	TSINGHUA UNIVERSITY	清华大学	中国
2	XI'AN JIAOTONG UNIVERSITY	西安交通大学	中国
3	HARBIN INSTITUTE OF TECHNOLOGY	哈尔滨工业大学	中国
4	SOUTHEAST UNIVERSITY-CHINA	东南大学	中国
5	ZHEJIANG UNIVERSITY	浙江大学	中国
6	HUAZHONG UNIVERSITY OF SCIENCE & TECHNOLOGY	华中科技大学	中国
7	ISLAMIC AZAD UNIVERSITY	伊斯兰阿扎德大学	伊朗
8	ETH ZURICH	苏黎世联邦理工学院	瑞士
9	KING ABDULAZIZ UNIVERSITY	阿卜杜勒阿齐兹国王大学	沙特阿拉伯
10	SHANGHAI JIAO TONG UNIVERSITY	上海交通大学	中国

其他中国机构：11. 华南理工大学；12. 香港理工大学；13. 北京理工大学；15. 重庆大学；17. 香港城市大学；20. 北京航空航天大学；21. 天津大学；26. 同济大学；29. 电子科技大学；30. 西北工业大学；31. 中国科学院大学；32. 江苏大学；35. 中国科学技术大学；36. 大连理工大学；37. 中南大学；40. 湖南大学；41. 郑州大学；44. 北京科技大学；46. 南京航空航天大学；47. 山东科技大学；50. 武汉理工大学；52. 山东大学；56. 中国东北大学；59. 武汉大学；60. 深圳大学；61. 上海大学；65. 复旦大学；67. 广东工业大学；68. 香港大学；69. 北京大学；73. 四川大学；78. 中国农业大学；79. 福州大学；80. 中山大学；82. 香港科技大学；87. 中国矿业大学；88. 华北电力大学；90. 南京理工大学；92. 中国石油大学；95. 西南交通大学；96. 中国地质大学；98. 华东师范大学；112. 吉林大学；117. 澳门大学；120. 香港中文大学；123. 青岛大学；124. 河海大学；128. 西安电子科技大学；133. 辽宁工业大学；141. 北京师范大学；145. 台湾成功大学；149. 北京交通大学；150. 国防科学技术大学；154. 南开大学；155. 南京大学；157. 南京林业大学；158. 南方科技大学；159. 安徽工业大学；161. 苏州大学；166. 广西大学；167. 台湾医药大学；177. 厦门大学；179. 浙江工业大学；180. 长沙理工大学；182. 渤海大学；186. 杭州电子科技大学；195. 曲阜师范大学；196. 扬州

续表

排名	英文名称	中文名称	国家/地区

大学；198. 长安大学；200. 华中农业大学；209. 华东理工大学；212. 青岛理工大学；221. 台湾大学；222. 北京工业大学；224. 西南石油大学；225. 北京邮电大学；231. 北京化工大学；233. 南京工业大学；238. 哈尔滨工程大学；242. 聊城大学；252. 亚洲大学(中国台湾)；253. 东北电力大学；272. 新疆大学；282. 成都大学；286. 江苏科技大学；289. 陕西科技大学；292. 中国海洋大学；297. 温州大学；301. 合肥工业大学；305. 青岛科技大学；323. 暨南大学；325. 上海理工大学；328. 香港浸会大学；331. 大连海事大学；344. 台湾阳明交通大学；345. 南京邮电大学；352. 台湾"清华大学"；357. 中国民航大学；366. 四川师范大学；378. 西安建筑科技大学；380. 江南大学；384. 浙江师范大学；393. 兰州大学；399. 河南大学；405. 陕西师范大学；415. 东华大学；418. 台湾"中山大学"；423. 广州大学；424. 湖南师范大学；426. 河北工业大学；428. 华侨大学；432. 浙江农林大学；434. 佛山大学；437. 宁波大学；455. 太原理工大学；457. 南京信息工程大学；462. 台湾科技大学；463. 南京农业大学；479. 昆明理工大学；485. 台湾云林科技大学；487. 天津工业大学；489. 澳门科技大学；495. 西南大学；497. 大连工业大学；506. 华东交通大学；513. 三峡大学；516. 上海海事大学；521. 哈尔滨理工大学；524. 南通大学；527. 东北石油大学；535. 河南理工大学；546. 长庚大学；551. 贵州大学；553. 南昌大学；560. 河南科技大学；572. 烟台大学；577. 安徽大学；586. 燕山大学；590. 湖南工业大学；592. 河南农业大学；596. 中南林业科技大学；601. 淡江大学；616. 济南大学；617. 云南大学；619. 重庆邮电大学；632. 武汉科技大学；637. 华北理工大学；639. 山东师范大学；640. 河北科技大学；644. 西安工业大学；654. 上海海洋大学；655. 西安理工大学；657. 西安科技大学；658. 台湾中兴大学；659. 湘潭大学；661. 台北科技大学；662. 江西师范大学；664. 桂林电子科技大学；665. 华南师范大学；669. 西南科技大学；674. 宁波诺丁汉大学；682. 湖南科技大学；683. 齐鲁工业大学；687. 上海工程技术大学；691. 南京师范大学；695. 北京林业大学；698. 东北财经大学；706. 南昌航空大学；708. 重庆工商大学；709. 湖北工业大学；712. 华南农业大学；714. 上海电力大学；723. 西北农林科技大学；724. 中国人民解放军陆军工程大学；729. 山东理工大学；741. 东北师范大学；748. 河南工业大学；750. 郑州轻工业大学；755. 勤益科技大学；763. 湖南农业大学；765. 长江大学；766. 安徽理工大学；773. 湖州学院；774. 高雄科技大学；782. 台湾"中央"大学；787. 太原科技大学；798. 山东财经大学；803. 重庆师范大学；806. 南华大学；808. 河北工程大学；816. 解放军信息工程大学；820. 安徽工程大学；821. 辽宁石油化工大学；822. 长春科技大学；823. 盐城工学院；827. 东海大学；828. 逢甲大学；832. 天津科技大学；834. 大连交通大学；856. 对外经济贸易大学；860. 上海应用技术大学；863. 浙江理工大学；865. 兰州理工大学；875. 中国计量大学；880. 中北大学；883. 中国人民解放军空军工程大学；885. 西北大学；903. 台湾中原大学；905. 武汉工程大学；909. 西南财经大学；912. 山西大学；915. 常州大学；918. 重庆交通大学；921. 北京建筑大学；932. 沈阳航空航天大学；934. 福建师范大学；939. 元智大学；953. 天津理工大学；961. 东莞理工学院；968. 汕头大学；969. 河南师范大学；971. 台湾海洋大学；978. 江苏师范大学；981. 台湾中正大学；984. 山东建筑大学；991. 浙江工商大学；992. 苏州科技大学；1003. 中国人民大学；1008. 中国人民解放军海军工程大学；1014. 成都理工大学；1035. 江西财经大学；1037. 东北林业大学；1053. 绍兴文理学院；1064. 北方工业大学；1071. 闽江学院；1076. 上海财经大学；1077. 江西科技学院；1081. 华北水利电力大学；1085. 东北农业大学；1099. 重庆理工大学；1104. 西交利物浦大学；1107. 鲁东学院；1108. 华中师范大学；1113. 黑龙江大学；1114. 兰州交通大学；1117. 南京工程学院；1121. 浙江财经大学；1122. 西华大学；1124. 厦门理工学院；1125. 沈阳工业大学；1128. 深圳香港大学；1131. 福建农林大学；1137. 广西师范大学；1158. 海南大学；1169. 广东石油化工大学；1173. 湖北大学；1174. 台湾虎尾科技大学；1180. 沈阳建筑大学；1182. 中南民族大学；1192. 台南大学；1204. 西北师范大学；1211. 武汉纺织大学；1213. 上海师范大学；1217. 上海科技大学；1220. 南京财经大学；1222. 淮阴工学院；1230. 中南财经大学大学；1235. 西安邮电大学；1236. 北京信息科技大学；1244. 明志科技大学；1245. 宜兰大学；1251. 石家庄铁道学院；1254. 台湾师范大学；1269. 杭州师范大学；1280. 天津城建学院；1283. 云南师范大学；1285. 朝阳科技大学；1293. 东华理工大学；1294. 宁夏大学；1299. 浙江科技学院；1314. 西华师范大学；1317. 西安石油大学；1335. 长春工业大学；1339. 内蒙古大学；1346. 福建工程学院；1360. 内蒙古工业大学；1367. 集美大学；1369. 义守大学；1377. 河北大学；1383. 屏东科技大学；1384. 辽宁大学；1393. 彰化师范大学；1395. 台湾"东华大学"；1406. 中央财经大学；1411. 台湾联合大学；1421. 南台科技大学；1424. 高雄大学；1432. 正修科技大学；1434. 台湾昆山科技大学；1440. 中华大学；1452. 台湾南开科技大学

八、环境科学与生态学

表2-10　环境科学与生态学（ENVIRONM & ENT ECOLOGY）（共957个）（10强与中国大学）

排名	英文名称	中文名称	国家/地区
1	TSINGHUA UNIVERSITY	清华大学	中国
2	SWISS FEDERAL INSTITUTES OF TECHNOLOGY DOMAIN	瑞士联邦理工学院	瑞士
3	UNIVERSITY OF MINNESOTA TWIN CITIES	明尼苏达大学双城分校	美国
4	UNIVERSITY OF QUEENSLAND	昆士兰大学	澳大利亚
5	WAGENINGEN UNIVERSITY & RESEARCH	瓦格宁根大学	荷兰
6	UNIVERSITY OF CALIFORNIA DAVIS	加利福尼亚大学戴维斯分校	美国
7	UNIVERSITY OF CHINESE ACADEMY OF SCIENCES, CAS	中国科学院大学	中国
8	STANFORD UNIVERSITY	斯坦福大学	美国
9	ETH ZURICH	苏黎世联邦理工学院	瑞士
10	UNIVERSITY OF BRITISH COLUMBIA	英属哥伦比亚大学	加拿大

其他中国机构：18. 北京大学；22. 浙江大学；47. 华东师范大学；50. 北京师范大学；51. 青岛大学；52. 香港理工大学；60. 中南大学；62. 南京大学；69. 华北电力大学；77. 哈尔滨工业大学；82. 江苏大学；87. 香港大学；94. 西北农林科技大学；97. 湖南大学；99. 上海交通大学；119. 复旦大学；125. 同济大学；127. 中国农业大学；134. 大连理工大学；138. 华南理工大学；146. 浙江师范大学；151. 中国科学技术大学；152. 南开大学；153. 中山大学；154. 北京理工大学；161. 长安大学；177. 南京信息工程大学；189. 武汉大学；191. 中国石油大学；200. 郑州大学；209. 重庆大学；212. 山东大学；213. 天津大学；222. 香港中文大学；228. 中国地质大学；229. 南京农业大学；235. 中国海洋大学；249. 东北农业大学；254. 厦门大学；261. 深圳大学；262. 暨南大学；263. 湖南农业大学；264. 河海大学；269. 中国矿业大学；285. 华中农业大学；287. 四川大学；303. 台湾大学；322. 华中科技大学；334. 香港科技大学；335. 兰州大学；354. 苏州大学；355. 上海大学；360. 南方科技大学；366. 台湾成功大学；374. 东北师范大学；390. 北京林业大学；391. 香港城市大学；396. 台湾医药大学；397. 广州大学；403. 北京工业大学；411. 南京林业大学；418. 香港教育大学；419. 四川农业大学；433. 北京航空航天大学；445. 东华大学；452. 华中师范大学；463. 山西大学；471. 西安交通大学；472. 汕头大学；473. 南京理工大学；485. 电子科技大学；488. 广东工业大学；489. 浙江工业大学；535. 东南大学；540. 南京师范大学；544. 吉林大学；558. 华南农业大学；560. 浙江农林大学；571. 西南大学；573. 香港浸会大学；579. 武汉理工大学；580. 北京科技大学；584. 华东理工大学；605. 北京化工大学；624. 西安建筑科技大学；653. 陕西师范大学；655. 华南师范大学；679. 福建农林大学；684. 河南大学；702. 昆明理工大学；704. 云南大学；706. 广西大学；719. 福州大学；723. 山东科技大学；737. 台湾中兴大学；738. 合肥工业大学；739. 台湾"清华大学"；742. 中国人民大学；752. 福建师范大学；758. 台湾阳明交通大学；769. 上海海洋大学；778. 河南师范大学；780. 中南林业科技大学；782. 台湾"中山大学"；789. 扬州大学；790. 西安理工大学；795. 南京工业大学；796. 山东农业大学；802. 成都理工大学；809. 北京交通大学；831. 东北林业大学；833. 宁波大学；835. 江南大学；836. 西北大学；843. 内蒙古大学；844. 台湾"中央"大学；856. 济南大学；872. 浙江工商大学；878. 杭州师范大学；922. 中国医学科学院–中国协和医学院；923. 安徽农业大学；937. 北京建筑大学

九、地球科学

表2-11　地球科学（GEOSCIENCE）（共552个）（10强与中国大学）

排名	英文名称	中文名称	国家/地区
1	ETH ZURICH	苏黎世联邦理工学院	瑞士
2	CALIFORNIA INSTITUTE OF TECHNOLOGY	加利福尼亚理工学院	美国

排名	英文名称	中文名称	国家/地区
3	SWISS FEDERAL INSTITUTES OF TECHNOLOGY DOMAIN	瑞士联邦理工学院	瑞士
4	CHINA UNIVERSITY OF GEOSCIENCES	中国地质大学	中国
5	SORBONNE UNIVERSITE	索邦大学	法国
6	UNIVERSITY OF COLORADO BOULDER	科罗拉多大学博尔德分校	美国
7	UTRECHT UNIVERSITY	乌得勒支大学	荷兰
8	TSINGHUA UNIVERSITY	清华大学	中国
9	UNIVERSITY OF MARYLAND COLLEGE PARK	马里兰大学帕克分校帕克分校	美国
10	PEKING UNIVERSITY	北京大学	中国

其他中国机构：15. 中国科学院大学；27. 武汉大学；32. 中国矿业大学；33. 香港大学；41. 南京信息工程大学；47. 南京大学；51. 北京师范大学；52. 中山大学；53. 西北工业大学；69. 西安交通大学；70. 中国海洋大学；73. 中国石油大学；112. 湖南大学；115. 天津大学；123. 兰州大学；134. 中南大学；145. 中国科学技术大学；153. 同济大学；161. 山东科技大学；169. 吉林大学；180. 台湾大学；184. 成都理工大学；187. 河海大学；191. 西北大学；197. 浙江大学；215. 华东师范大学；220. 四川大学；224. 复旦大学；239. 香港理工大学；260. 重庆大学；282. 南京师范大学；284. 厦门大学；301. 山东大学；314. 长安大学；325. 香港中文大学；336. 西安电子科技大学；340. 北京航空航天大学；347. 电子科技大学；349. 香港城市大学；370. 台湾"中央"大学；377. 哈尔滨工业大学；387. 国防科学技术大学；390. 西南石油大学；407. 香港科技大学；417. 上海交通大学；428. 合肥工业大学；442. 中国东北大学；444. 中国农业大学；450. 西南交通大学；457. 首都师范大学；458. 台湾成功大学；473. 华中科技大学；474. 西北农林科技大学；507. 大连理工大学

十、免疫学

表2-12　免疫学（IMMUNOLOGY）（共471个）（10强与中国大学）

排名	英文名称	中文名称	国家/地区
1	HARVARD UNIVERSITY	哈佛大学	美国
2	UNIVERSITY OF CALIFORNIA SAN FRANCISCO	加利福尼亚大学旧金山分校	美国
3	UNIVERSITY OF MELBOURNE	墨尔本大学	澳大利亚
4	UNIVERSITE DE PARIS	巴黎大学	法国
5	WASHINGTON UNIVERSITY	圣路易斯华盛顿大学	美国
6	ICAHN SCHOOL OF MEDICINE AT MOUNT SINAI	西奈山伊坎医学院	美国
7	JOHNS HOPKINS UNIVERSITY	约翰·霍普金斯大学	美国
8	GHENT UNIVERSITY	根特大学	比利时
9	UNIVERSITY COLLEGE LONDON	伦敦大学学院	英国
10	CORNELL UNIVERSITY	康奈尔大学	美国

其他中国机构：16. 香港大学；65. 华中科技大学；98. 复旦大学；101. 浙江大学；124. 武汉大学；125. 长庚大学；142. 中国医学科学院-中国协和医学院；152. 上海交通大学；160. 中山大学；164. 清华大学；173. 首都医科大学；192. 郑州大学；195. 北京大学；197. 厦门大学；204. 西安交通大学；205. 北京协和医学院；220. 台湾大学；235. 中南大学；249. 山东大学；251. 香港中文大学；262. 南京医科大学；270. 四川大学；273. 广州医科大学；276. 中国科学院大学；279. 吉林大学；290. 南方医科大学；291. 安徽医科大学；296. 中国人民解放军陆军军医大学；297. 台湾阳明交通大学；298. 海军军医大学；306. 苏州大学；315. 重庆医科大学；338. 同济大学；339. 中国科学技术大学；

排名	英文名称	中文名称	国家/地区
343. 南京大学；353. 台北医学大学；356. 天津医科大学；363. 台湾医药大学；368. 中国医科大学；396. 温州医科大学；409. 台湾成功大学；410. 华中农业大学；411. 中国农业大学；426. 空军军医大学；428. 山东第一医科大学；444. 哈尔滨医科大学；466. 华南农业大学			

十一、材料科学

表 2-13　材料科学（MATERIALS SCIENCE）（共 827 个）（10 强与中国大学）

排名	英文名称	中文名称	国家/地区
1	TSINGHUA UNIVERSITY	清华大学	中国
2	MASSACHUSETTS INSTITUTE OF TECHNOLOGY	麻省理工学院	美国
3	NANYANG TECHNOLOGICAL UNIVERSITY	南洋理工大学	新加坡
4	UNIVERSITY OF CHINESE ACADEMY OF SCIENCES, CAS	中国科学院大学	中国
5	NANYANG TECHNOLOGICAL UNIVERSITY & NATIONAL INSTITUTE OF EDUCATION SINGAPORE	新加坡国立教育学院	新加坡
6	PEKING UNIVERSITY	北京大学	中国
7	SWISS FEDERAL INSTITUTES OF TECHNOLOGY DOMAIN	瑞士联邦理工学院	瑞士
8	CITY UNIVERSITY OF HONG KONG	香港城市大学	中国香港
9	GEORGIA INSTITUTE OF TECHNOLOGY	佐治亚理工学院	美国
10	ZHEJIANG UNIVERSITY	浙江大学	中国
其他中国机构：11. 复旦大学；12. 郑州大学；14. 中国科学技术大学；15. 上海交通大学；17. 哈尔滨工业大学；18. 西北工业大学；19. 中南大学；23. 西安交通大学；25. 苏州大学；26. 华中科技大学；28. 武汉理工大学；30. 天津大学；31. 北京理工大学；33. 华南理工大学；34. 吉林大学；35. 湖南大学；36. 北京科技大学；40. 中山大学；42. 南开大学；44. 深圳大学；45. 山东大学；47. 同济大学；49. 北京化工大学；54. 北京航空航天大学；55. 四川大学；57. 南京大学；58. 南京工业大学；60. 电子科技大学；61. 武汉大学；65. 重庆大学；66. 香港科技大学；71. 南京理工大学；73. 东华大学；74. 东南大学；75. 中国东北大学；77. 大连理工大学；84. 青岛大学；86. 上海大学；87. 厦门大学；99. 南京航空航天大学；104. 香港理工大学；105. 南方科技大学；107. 台湾大学；111. 华东理工大学；124. 中国地质大学；125. 陕西科技大学；128. 香港大学；131. 台湾"清华大学"；135. 北京交通大学；139. 江苏大学；143. 香港中文大学；144. 暨南大学；148. 浙江工业大学；149. 兰州大学；152. 中国石油大学；153. 广东工业大学；154. 河南科技大学；157. 兰州理工大学；158. 江西理工大学；159. 西南科技大学；166. 桂林电子科技大学；168. 西南交通大学；172. 青岛科技大学；173. 燕山大学；174. 西南大学；176. 陕西师范大学；177. 福州大学；182. 江苏师范大学；184. 北京师范大学；192. 南京林业大学；195. 上海科技大学；197. 华东师范大学；198. 合肥工业大学；199. 太原理工大学；201. 台湾阳明交通大学；207. 北京工业大学；211. 济南大学；212. 哈尔滨工程大学；213. 南京邮电大学；214. 西南石油大学；216. 西北大学；219. 山东科技大学；229. 中北大学；230. 长沙理工大学；231. 广西大学；232. 武汉科技大学；233. 河南师范大学；234. 扬州大学；236. 江南大学；238. 台湾成功大学；239. 西安建筑科技大学；241. 华南师范大学；247. 湖北大学；249. 宁波大学；252. 中国矿业大学；253. 西安理工大学；259. 华南农业大学；261. 山西大学；263. 河南大学；270. 昆明理工大学；276. 上海理工大学；280. 哈尔滨理工大学；291. 聊城大学；307. 华北电力大学；310. 杭州电子科技大学；318. 南京师范大学；321. 浙江师范大学；322. 长安大学；324. 湘潭大学；334. 南昌大学；337. 黑龙江大学；341. 河北工业大学；344. 浙江理工大学；352. 西安电子科技大学；353. 南昌航空大学；364. 广州大学；374. 澳门大学；376. 台湾科技大学；386. 山东师范大学；391. 天津工业大学；392. 安徽大学；400. 东北师范大学；401. 东莞理工学院；404. 河海大学；408. 安徽工业大学；409. 上海工程技术大学；412. 常州大学；417. 国防科学			

续表

排名	英文名称	中文名称	国家/地区

技术大学；419. 空军军医大学；420. 天津理工大学；422. 中国海洋大学；427. 武汉工程大学；429. 温州医科大学；430. 华中师范大学；434. 齐鲁工业大学；435. 南京信息工程大学；446. 烟台大学；450. 中国人民大学；454. 上海应用技术大学；460. 天津师范大学；465. 三峡大学；475. 杭州师范大学；483. 温州大学；485. 台北科技大学；493. 东北林业大学；497. 中国计量大学；509. 河北大学；513. 河南理工大学；516. 北京林业大学；517. 台湾"中央"大学；529. 台湾中兴大学；533. 上海师范大学；548. 长庚大学；552. 桂林工业大学；553. 香港浸会大学；555. 海南大学；561. 华侨大学；563. 西安工业大学；564. 长春科技大学；565. 武汉纺织大学；571. 台湾"中山大学"；584. 中国医学科学院-中国协和医学院；597. 湖南工业大学；600. 福建师范大学；608. 中国药科大学；618. 哈尔滨师范大学；624. 西北师范大学；629. 南方医科大学；636. 江西师范大学；638. 逢甲大学；645. 北京邮电大学；647. 新疆大学；653. 曲阜师范大学；654. 山东理工大学；656. 沈阳工业大学；680. 首都师范大学；682. 台湾医药大学；683. 吉林师范大学；684. 上海电力大学；691. 明志科技大学；692. 北京协和医学院；697. 安徽师范大学；699. 盐城工学院；700. 南京医科大学；702. 云南大学；706. 台湾中原大学；709. 湖南师范大学；710. 南通大学；733. 江苏师范大学；734. 天津医科大学；740. 华中农业大学；749. 重庆理工大学；750. 长春工业大学；754. 中国人民解放军陆军军医大学；758. 郑州轻工业大学；772. 中南民族大学；775. 海军军医大学；777. 台湾海洋大学；792. 重庆工商大学；798. 元智大学；802. 沈阳药科大学；813. 重庆医科大学；815. 西华师范大学；823. 首都医科大学

十二、数学

表2-14　数学（MATHEMATICS）（共254个）（10强与中国大学）

排名	英文名称	中文名称	国家/地区
1	CHINA MEDICAL UNIVERSITY TAIWAN	台湾医药大学	中国台湾
2	KING ABDULAZIZ UNIVERSITY	阿卜杜勒阿齐兹国王大学	沙特阿拉伯
3	STANFORD UNIVERSITY	斯坦福大学	美国
4	UNIVERSITY OF BONN	德国波恩大学	德国
5	SHANDONG UNIVERSITY OF SCIENCE & TECHNOLOGY	山东科技大学	中国
6	UNIVERSITE DE PARIS	巴黎大学	法国
7	SORBONNE UNIVERSITE	索邦大学	法国
8	RICE UNIVERSITY	莱斯大学	美国
9	SWISS FEDERAL INSTITUTES OF TECHNOLOGY DOMAIN	瑞士联邦理工学院	瑞士
10	MASSACHUSETTS INSTITUTE OF TECHNOLOGY	麻省理工学院	美国

其他中国机构：12. 长沙理工大学；18. 湖州学院；26. 东南大学；27. 电子科技大学；29. 曲阜师范大学；33. 哈尔滨工业大学；34. 浙江师范大学；39. 上海交通大学；47. 武汉大学；49. 山东大学；50. 复旦大学；53. 北京大学；55. 中南大学；60. 厦门大学；61. 湖南大学；62. 河南理工大学；64. 北京师范大学；67. 南开大学；68. 上海大学；69. 香港中文大学；72. 苏州大学；84. 华东师范大学；85. 中国矿业大学；87. 中山大学；88. 浙江大学；91. 西安交通大学；92. 四川大学；94. 清华大学；96. 南京大学；102. 中国科学技术大学；106. 大连理工大学；107. 香港理工大学；108. 华中科技大学；111. 南京师范大学；115. 兰州大学；118. 河海大学；131. 香港城市大学；134. 东北师范大学；140. 湘潭大学；141. 北京航空航天大学；143. 香港浸会大学；144. 吉林大学；148. 华中师范大学；149. 西北工业大学；153. 华南师范大学；167. 西南大学；175. 同济大学；178. 重庆大学；184. 北京理工大学；190. 南京航空航天大学；198. 上海师范大学；203. 天津工业大学；227. 东华大学；229. 天津大学；239. 安徽大学

十三、微生物学

表2-15　微生物学（MICROBIOLOGY）（共 365 个）（10 强与中国大学）

排名	英文名称	中文名称	国家/地区
1	HARVARD UNIVERSITY	哈佛大学	美国
2	WASHINGTON UNIVERSITY	圣路易斯华盛顿大学	美国
3	UNIVERSITY OF OXFORD	牛津大学	英国
4	UNIVERSITY OF CALIFORNIA SAN DIEGO	加利福尼亚大学圣迭戈分校	美国
5	UNIVERSITY OF HONG KONG	香港大学	中国香港
6	UNIVERSITY OF WASHINGTON SEATTLE	华盛顿大学(西雅图)	美国
7	ROCKEFELLER UNIVERSITY	洛克菲勒大学	美国
8	UNIVERSITY OF WASHINGTON	华盛顿大学	美国
9	UNIVERSITY OF MICHIGAN	密歇根大学	美国
10	UNIVERSITY OF CAMBRIDGE	剑桥大学	英国

其他中国机构：43. 中国科学院大学；50. 中国医学科学院-中国协和医学院；52. 北京协和医学院；55. 复旦大学；57. 上海交通大学；74. 中山大学；75. 武汉大学；77. 浙江大学；85. 华中农业大学；113. 北京大学；116. 中国农业大学；120. 清华大学；125. 南京农业大学；136. 华中科技大学；143. 台湾大学；149. 华南农业大学；160. 广州医科大学；167. 山东大学；209. 四川大学；214. 吉林大学；218. 厦门大学；230. 西北农林科技大学；252. 扬州大学；268. 首都医科大学；275. 南方医科大学；286. 中国海洋大学；309. 福建农林大学；321. 南开大学；350. 香港中文大学

十四、分子生物学与遗传学

表2-16　分子生物学与遗传学（MOLECULAR BIOLOGY & GENETICS）
（共 526 个）（10 强与中国大学）

排名	英文名称	中文名称	国家/地区
1	HARVARD UNIVERSITY	哈佛大学	美国
2	MASSACHUSETTS INSTITUTE OF TECHNOLOGY	麻省理工学院	美国
3	STANFORD UNIVERSITY	斯坦福大学	美国
4	UNIVERSITY OF CALIFORNIA SAN DIEGO	加利福尼亚大学圣迭戈分校	美国
5	UNIVERSITY OF WASHINGTON SEATTLE	华盛顿大学(西雅图)	美国
6	UNIVERSITY OF CALIFORNIA SAN FRANCISCO	加利福尼亚大学旧金山分校	美国
7	UNIVERSITY OF CAMBRIDGE	剑桥大学	英国
8	UNIVERSITY OF OXFORD	牛津大学	英国
9	UNIVERSITY OF WASHINGTON	华盛顿大学	美国
10	CORNELL UNIVERSITY	康奈尔大学	美国

其他中国机构：45. 上海交通大学；64. 复旦大学；66. 中国科学院大学；69. 北京大学；73. 中山大学；80. 中国医学科学院-中国协和医学院；84. 清华大学；85. 浙江大学；92. 北京协和医学院；93. 香港大学；118. 四川大学；124. 南京医科大学；132. 华中科技大学；141. 广州医科大学；153. 香港中文大学；155. 中南大学；161. 首都医科大学；165. 南方医科大学；167. 重庆医科大学；172. 吉林大学；174. 西安交通大学；182. 山东大学；186. 温州医科大学；194. 天津

续表

排名	英文名称	中文名称	国家/地区
医科大学；198. 同济大学；202. 空军军医大学；204. 郑州大学；209. 武汉大学；227. 哈尔滨医科大学；230. 中国科学技术大学；233. 苏州大学；236. 海军军医大学；241. 澳门科技大学；256. 华中农业大学；262. 中国农业大学；270. 上海科技大学；275. 中国人民解放军陆军军医大学；289. 南京大学；310. 南京农业大学；314. 西北农林科技大学；329. 暨南大学；332. 台湾阳明交通大学；335. 厦门大学；342. 山东第一医科大学；345. 东南大学；346. 中国医科大学；351. 长庚大学；352. 青岛大学；360. 南开大学；362. 台湾大学；366. 大连医科大学；378. 台湾成功大学；379. 台北医学大学；381. 广西医科大学；398. 江苏大学；401. 徐州医科大学；416. 高雄医科大学；436. 香港科技大学；452. 台湾医药大学；472. 安徽医科大学；477. 南昌大学		

十五、综合交叉学科

表2-17　综合交叉学科（MULTIDISCIPLINARY）（共98个）（10强与中国大学）

排名	英文名称	中文名称	国家/地区
1	HARVARD UNIVERSITY	哈佛大学	美国
2	MASSACHUSETTS INSTITUTE OF TECHNOLOGY	麻省理工学院	美国
3	UNIVERSITY OF OXFORD	牛津大学	英国
4	STANFORD UNIVERSITY	斯坦福大学	美国
5	COLUMBIA UNIVERSITY	哥伦比亚大学	美国
6	IMPERIAL COLLEGE LONDON	伦敦帝国学院	英国
7	YALE UNIVERSITY	耶鲁大学	美国
8	UNIVERSITY OF CAMBRIDGE	剑桥大学	英国
9	UNIVERSITY OF CALIFORNIA SAN DIEGO	加利福尼亚大学圣迭戈分校	美国
10	UNIVERSITY OF HONG KONG	香港大学	中国香港
其他中国机构：12. 清华大学；36. 北京大学；47. 浙江大学；48. 复旦大学；63. 中国科学院大学；70. 上海交通大学；92. 中国科学技术大学			

十六、神经科学与行为科学

表2-18　神经科学与行为科学（NEUROSCIENCE & BEHAVIOR）（共596个）（10强与中国大学）

排名	英文名称	中文名称	国家/地区
1	HARVARD UNIVERSITY	哈佛大学	美国
2	UNIVERSITY COLLEGE LONDON	伦敦大学学院	英国
3	UNIVERSITY OF OXFORD	牛津大学	英国
4	UNIVERSITY OF CALIFORNIA SAN FRANCISCO	加利福尼亚大学旧金山分校	美国
5	WASHINGTON UNIVERSITY	圣路易斯华盛顿大学	美国
6	JOHNS HOPKINS UNIVERSITY	约翰·霍普金斯大学	美国
7	UNIVERSITY OF PENNSYLVANIA	宾夕法尼亚大学	美国
8	UNIVERSITY OF TORONTO	多伦多大学	加拿大

续表

排名	英文名称	中文名称	国家/地区
9	STANFORD UNIVERSITY	斯坦福大学	美国
10	MCGILL UNIVERSITY	麦吉尔大学	加拿大

其他中国机构：82. 首都医科大学；94. 北京师范大学；109. 浙江大学；111. 香港中文大学；116. 北京大学；129. 复旦大学；132. 中国人民解放军陆军军医大学；140. 华中科技大学；147. 武汉大学；149. 南京医科大学；161. 上海交通大学；171. 郑州大学；175. 青岛大学；195. 重庆医科大学；202. 西安交通大学；213. 中山大学；224. 吉林大学；239. 台北医学大学；257. 安徽医科大学；259. 山东第一医科大学；260. 香港大学；276. 台湾阳明交通大学；279. 深圳大学；283. 天津医科大学；284. 山东大学；292. 南京大学；295. 中国医科大学；308. 苏州大学；311. 四川大学；312. 电子科技大学；315. 南通大学；319. 中南大学；353. 暨南大学；356. 台湾医药大学；363. 广州医科大学；368. 哈尔滨医科大学；390. 徐州医科大学；391. 福建医科大学；392. 厦门大学；401. 中国科学院大学；405. 空军军医大学；407. 台湾大学；411. 中国医学科学院-中国协和医学院；424. 南方医科大学；431. 长庚大学；444. 清华大学；457. 温州医科大学；465. 同济大学；467. 北京协和医学院；474. 东南大学；477. 西南大学；481. 海军军医大学；503. 河北医科大学；507. 台湾成功大学；508. 杭州师范大学；524. 南昌大学；536. 华东师范大学；548. 大连医科大学；581. 香港科技大学

十七、药理学与毒物学

表2-19　药理学与毒物学（PHARMACOLOGY & TOXICOLOGY）（共712个）
（10强与中国大学）

排名	英文名称	中文名称	国家/地区
1	HARVARD UNIVERSITY	哈佛大学	美国
2	UNIVERSITY OF EDINBURGH	爱丁堡大学	英国
3	MASSACHUSETTS INSTITUTE OF TECHNOLOGY	麻省理工学院	美国
4	UNIVERSITY COLLEGE LONDON	伦敦大学学院	英国
5	UTRECHT UNIVERSITY	乌得勒支大学	荷兰
6	MONASH UNIVERSITY	莫纳什大学	澳大利亚
7	UNIVERSITY OF COPENHAGEN	哥本哈根大学	丹麦
8	UNIVERSITY OF QUEENSLAND	昆士兰大学	澳大利亚
9	UNIVERSITY OF NOTTINGHAM	诺丁汉大学	英国
10	UNIVERSITY OF CALIFORNIA LOS ANGELES	加利福尼亚大学洛杉矶分校	美国

其他中国机构：17. 浙江大学；27. 复旦大学；32. 上海交通大学；41. 中国药科大学；42. 中山大学；45. 中国医学科学院-中国协和医学院；46. 北京大学；57. 四川大学；58. 沈阳药科大学；68. 北京协和医学院；70. 山东大学；72. 华中科技大学；73. 台湾大学；77. 吉林大学；80. 中国科学院大学；86. 首都医科大学；95. 南京医科大学；100. 香港大学；102. 上海中医药大学；112. 南方医科大学；116. 西安交通大学；136. 北京中医药大学；139. 南昌大学；141. 南京大学；142. 武汉大学；147. 中南大学；157. 中国医科大学；160. 台湾医药大学；164. 台湾成功大学；166. 苏州大学；170. 南京中医药大学；172. 温州医科大学；175. 安徽医科大学；185. 郑州大学；186. 香港中文大学；189. 澳门大学；191. 海军军医大学；192. 暨南大学；195. 广州医科大学；201. 浙江中医药大学；203. 香港科技大学；212. 天津中医药大学；248. 南开大学；251. 广州中医药大学；279. 台北医学大学；283. 华中农业大学；287. 长庚大学；290. 重庆医科大学；292. 哈尔滨医科大学；293. 山东第一医科大学；301. 中国科学技术大学；302. 空军军医大学；308. 高雄医科大学；309. 深圳大学；313. 香港理工大学；316. 大连医科大学；319. 安徽中医药大学；320. 同济大学；325. 东南大学；326. 青岛大学；330. 成都中医药大学；337. 台湾阳明交通大学；349. 天津医科大学；359. 兰州大学；375. 中国人民解放军陆军军医大学；387. 清华大学；405. 江苏大学；408. 中国海洋大学；423. 南通大学；427. 徐州医科大学；

排名	英文名称	中文名称	国家/地区
429. 厦门大学；447. 河北医科大学；471. 西南大学；472. 广东药科大学；473. 福建医科大学；474. 香港浸会大学；475. 广西医科大学；477. 中国农业大学；495. 江西中医药大学；502. 中山医学大学；504. 华东理工大学；507. 亚洲大学(中国台湾)；512. 澳门科技大学；514. 台湾中兴大学；520. 西南医科大学；523. 河南大学；542. 西北农林科技大学；544. 贵州医科大学；546. 江南大学；552. 台湾"中山大学"；553. 西北大学；560. 天津大学；563. 广东医科大学；573. 烟台大学；579. 扬州大学；582. 宁夏医科大学；593. 山西医科大学；599. 南京农业大学；603. 昆明医科大学；605. 长庚科技大学；607. 浙江工业大学；634. 遵义医学院；637. 黑龙江中医药大学；643. 华南理工大学；649. 湖南中医药大学；661. 华南农业大学；662. 锦州医科大学；673. 延边大学；674. 滨州医学院；679. 大连理工大学；694. 东北农业大学；700. 台湾"清华大学"			

十八、物理学

表 2-20 物理学（PHYSICS）（共 569 个）（10 强与中国大学）

排名	英文名称	中文名称	国家/地区
1	UNIVERSITY OF TOKYO	东京大学	日本
2	MASSACHUSETTS INSTITUTE OF TECHNOLOGY（MIT）	麻省理工学院	美国
3	UNIVERSITE PARIS SACLAY	巴黎萨克雷大学	法国
4	UNIVERSITY OF CHICAGO	芝加哥大学	美国
5	STANFORD UNIVERSITY	斯坦福大学	美国
6	UNIVERSITY OF CALIFORNIA BERKELEY	加州大学伯克利分校	美国
7	TSINGHUA UNIVERSITY	清华大学	中国
8	SAPIENZA UNIVERSITY ROME	罗马大学	意大利
9	SWISS FEDERAL INSTITUTES OF TECHNOLOGY DOMAIN	瑞士联邦理工学院	瑞士
10	PRINCETON UNIVERSITY	普林斯顿大学	美国
其他中国机构：19. 中国科学技术大学；22. 中国科学院大学；25. 北京大学；38. 上海交通大学；66. 南京大学；73. 华中科技大学；81. 浙江大学；110. 北京航空航天大学；111. 复旦大学；112. 台湾"清华大学"；113. 山东大学；133. 香港大学；142. 北京邮电大学；146. 香港中文大学；148. 哈尔滨工业大学；156. 中山大学；167. 东南大学；168. 西安交通大学；169. 吉林大学；170. 台湾大学；187. 电子科技大学；201. 深圳大学；215. 南开大学；230. 湖南大学；232. 天津大学；234. 香港科技大学；243. 北京理工大学；259. 武汉大学；276. 西北工业大学；278. 苏州大学；295. 华中师范大学；301. 兰州大学；304. 中南大学；332. 郑州大学；335. 北京师范大学；344. 南方科技大学；350. 华南理工大学；353. 四川大学；363. 南京邮电大学；372. 台湾成功大学；379. 台湾"中央"大学；382. 香港城市大学；383. 大连理工大学；387. 台湾阳明交通大学；402. 南京航空航天大学；413. 山西大学；418. 同济大学；419. 华东师范大学；421. 重庆大学；422. 华南师范大学；428. 上海大学；430. 国防科学技术大学；457. 北京科技大学；471. 厦门大学；521. 香港理工大学；527. 南京理工大学；530. 西安电子科技大学；555. 武汉理工大学			

十九、植物学与动物学

表 2-21 植物学与动物学（PLANT & ANIMAL SCIENCE）（共 933 个）（10 强与中国大学）

排名	英文名称	中文名称	国家/地区
1	WAGENINGEN UNIVERSITY & RESEARCH	瓦格宁根大学	荷兰

排名	英文名称	中文名称	国家/地区
2	GHENT UNIVERSITY	根特大学	比利时
3	UNIVERSITY OF CALIFORNIA DAVIS	加利福尼亚大学戴维斯分校	美国
4	KING SAUD UNIVERSITY	沙特国王大学	沙特阿拉伯
5	UNIVERSITY OF FLORIDA	佛罗里达大学	美国
6	CHINA AGRICULTURAL UNIVERSITY	中国农业大学	中国
7	CORNELL UNIVERSITY	康奈尔大学	美国
8	UNIVERSITY OF CHINESE ACADEMY OF SCIENCES, CAS	中国科学院大学	中国
9	UNIVERSITY OF CALIFORNIA BERKELEY	加利福尼亚大学伯克利分校	美国
10	HUAZHONG AGRICULTURAL UNIVERSITY	华中农业大学	中国

其他中国机构：11. 南京农业大学；41. 浙江大学；50. 西北农林科技大学；65. 上海交通大学；85. 电子科技大学；92. 华南农业大学；101. 北京林业大学；120. 北京大学；143. 河南大学；145. 清华大学；160. 贵州大学；171. 山东农业大学；186. 台湾大学；193. 福建农林大学；197. 中山大学；198. 四川农业大学；233. 云南大学；235. 东北农业大学；252. 中国海洋大学；253. 深圳大学；277. 台湾中兴大学；296. 山东师范大学；300. 昆明理工大学；301. 扬州大学；302. 西南大学；304. 安徽农业大学；314. 河南农业大学；321. 湖南农业大学；323. 嘉义大学；332. 香港浸会大学；344. 山西农业大学；353. 兰州大学；356. 浙江农林大学；374. 海南大学；394. 山东大学；395. 复旦大学；399. 南京林业大学；403. 广西大学；407. 东北林业大学；409. 大理大学；419. 南京大学；423. 上海海洋大学；425. 沈阳农业大学；427. 吉林农业大学；445. 首都师范大学；446. 云南农业大学；448. 广东海洋大学；450. 上海师范大学；457. 长江大学；461. 华东师范大学；464. 江西农业大学；468. 杭州师范大学；487. 厦门大学；489. 香港中文大学；499. 武汉大学；500. 青岛农业大学；526. 甘肃农业大学；546. 香港大学；548. 台湾海洋大学；550. 四川大学；568. 华南师范大学；575. 西北大学；629. 吉林大学；631. 中国医学科学院–中国协和医学院；635. 河北农业大学；648. 宁波大学；654. 河南科技大学；655. 南京师范大学；666. 北京协和医学院；667. 北京师范大学；680. 东北师范大学；702. 南开大学；761. 中国科学技术大学；762. 集美大学；778. 大连海洋大学；788. 台湾"中山大学"；789. 石河子大学；798. 内蒙古农业大学；807. 华中科技大学；808. 海军军医大学；825. 北京农学院；831. 暨南大学；835. 重庆大学；855. 浙江海洋大学；859. 河南科技学院；860. 陕西师范大学；863. 台湾成功大学；867. 华中师范大学；868. 河北师范大学；869. 山西大学；878. 台湾屏东科技大学；893. 香港城市大学

二十、精神病学与行为科学

表2-22　精神病学与行为科学（PSYCHIATRY & PSYCHOLOGY）（共626个）
（10强与中国大学）

排名	英文名称	中文名称	国家/地区
1	KING'S COLLEGE LONDON	伦敦国王学院	英国
2	HARVARD UNIVERSITY	哈佛大学	美国
3	UNIVERSITY COLLEGE LONDON	伦敦大学学院	英国
4	YALE UNIVERSITY	耶鲁大学	美国
5	COLUMBIA UNIVERSITY	哥伦比亚大学	美国
6	UNIVERSITY OF TORONTO	多伦多大学	加拿大
7	UNIVERSITY OF OXFORD	牛津大学	英国
8	STANFORD UNIVERSITY	斯坦福大学	美国
9	UNIVERSITY OF CALIFORNIA LOS ANGELES	加利福尼亚大学洛杉矶分校	美国

排名	英文名称	中文名称	国家/地区
10	UNIVERSITY OF AMSTERDAM	阿姆斯特丹大学	荷兰

其他中国机构：87. 北京大学；125. 上海交通大学；127. 香港大学；164. 北京师范大学；167. 香港理工大学；168. 澳门大学；172. 香港中文大学；269. 华中科技大学；270. 四川大学；272. 中山大学；289. 西南大学；297. 首都医科大学；311. 中国人民大学；313. 复旦大学；334. 山东大学；344. 台湾大学；365. 中南大学；401. 浙江大学；409. 中国科学院大学；430. 台湾阳明交通大学；440. 香港城市大学；447. 香港教育大学；449. 华南师范大学；492. 华东师范大学；497. 台湾成功大学；519. 清华大学；541. 长庚大学；545. 台湾师范大学；581. 电子科技大学；612. 高雄医科大学；617. 台北医学大学

二十一、社会科学

表2-23 社会科学（SOCIAL SCIENCES， GENERAL）（共1198个）（10强与中国大学）

排名	英文名称	中文名称	国家/地区
1	HARVARD UNIVERSITY	哈佛大学	美国
2	UNIVERSITY COLLEGE LONDON	伦敦大学学院	英国
3	JOHNS HOPKINS UNIVERSITY	约翰·霍普金斯大学	美国
4	UNIVERSITY OF CAMBRIDGE	剑桥大学	英国
5	UNIVERSITY OF NORTH CAROLINA	北卡罗来纳大学	美国
6	UNIVERSITY OF OXFORD	牛津大学	英国
7	UNIVERSITY OF PENNSYLVANIA	宾夕法尼亚大学	美国
8	YALE UNIVERSITY	耶鲁大学	美国
9	UNIVERSITY OF TORONTO	多伦多大学	加拿大
10	LONDON SCHOOL OF HYGIENE & TROPICAL MEDICINE	伦敦卫生与热带医学学院	英国

其他中国机构：39. 北京理工大学；53. 香港理工大学；63. 青岛大学；86. 香港大学；94. 北京大学；95. 中山大学；100. 大连理工大学；105. 香港中文大学；107. 清华大学；153. 深圳大学；157. 北京师范大学；169. 澳门大学；188. 华中科技大学；196. 对外经济贸易大学；202. 武汉大学；205. 南京大学；215. 华东师范大学；218. 复旦大学；230. 香港城市大学；247. 上海交通大学；252. 同济大学；270. 亚洲大学(中国台湾)；271. 台湾医药大学；274. 厦门大学；278. 台湾成功大学；311. 台湾大学；335. 浙江大学；370. 中国人民大学；378. 宁波诺丁汉大学；388. 中国科学院大学；392. 中国石油大学；396. 四川大学；398. 东南大学；466. 南开大学；486. 香港教育大学；487. 中国地质大学；507. 上海大学；514. 重庆大学；524. 中国矿业大学；530. 南京师范大学；541. 首都医科大学；544. 郑州大学；545. 香港浸会大学；561. 西南交通大学；573. 中南大学；581. 澳门科技大学；596. 台湾阳明交通大学；610. 西安交通大学；618. 台湾师范大学；654. 山东大学；668. 台湾科技大学；677. 中国科学技术大学；679. 西南财经大学；691. 哈尔滨工业大学；692. 北京航空航天大学；734. 香港科技大学；758. 暨南大学；771. 台湾"中山大学"；776. 中国农业大学；777. 台湾政治大学；781. 中国医学科学院-中国协和医学院；785. 上海财经大学；806. 天津大学；812. 台湾"中央"大学；814. 华南理工大学；823. 台北医学大学；835. 兰州大学；853. 南京航空航天大学；861. 广东外语外贸大学；868. 湖南大学；871. 华中师范大学；898. 南京医科大学；910. 陕西师范大学；911. 北京交通大学；913. 岭南大学；915. 吉林大学；920. 西南大学；945. 广州大学；948. 高雄医科大学；950. 华南师范大学；961. 河海大学；973. 台湾"清华大学"；983. 苏州大学；987. 合肥工业大学；992. 铭传大学；1000. 台湾中正大学；1003. 浙江财经大学；1004. 彰化师范大学；1013. 西交利物浦大学；1016. 台湾中兴大学；1021. 华北电力大学；1026. 长庚大学；1032. 淡江大学；1034. 台湾嘉义大学；1045. 台湾云林科技大学；1052. 高雄科技大学；1054. 台北大学；1061. 辅仁大学；1067. 武汉理工大学；1078. 江西财经大学；1088. 中央财经大学；1093. 北京协和医学院；1105. 闽江学院；1124. 安徽医科大学；1129. 大连海事大学；1147. 上海海事大学；1148. 台湾海洋大学；1171. 中国医科大学；1175. 南京农业大学；1176. 北京林业大学；1177. 台湾"东华大学"；1190. 海军军医大学；1193. 台湾南开科技大学；1194. 元智大学；1196. 东吴大学

二十二、空间科学

表2-24 空间科学（SPACE SCIENCE）（共116个）（10强与中国大学）

排名	英文名称	中文名称	国家/地区
1	UNIVERSITY OF CALIFORNIA BERKELEY	加利福尼亚大学伯克利分校	美国
2	CALIFORNIA INSTITUTE OF TECHNOLOGY	加利福尼亚理工学院	美国
3	HARVARD UNIVERSITY	哈佛大学	美国
4	SORBONNE UNIVERSITE	索邦大学	法国
5	PSL RESEARCH UNIVERSITY PARIS	巴黎文理研究大学	法国
6	UNIVERSITE PARIS SACLAY	巴黎萨克雷大学	法国
7	UNIVERSITE DE PARIS	巴黎大学	法国
8	LEIDEN UNIVERSITY	莱顿大学	荷兰
9	UNIVERSITY OF TOKYO	东京大学	日本
10	UNIVERSITY OF CAMBRIDGE	剑桥大学	英国
其他中国机构：82. 北京大学			

第四节　世界一流学科排行榜（2022）（分 105 个学科）

一、安全科学与工程学科

表 2-25　安全科学与工程学科（5 强与中国大学）

排名	英文名称	中文名称	国家/地区	总得分
1	HARVARD UNIVERSITY	哈佛大学	美国	100.00
2	CHINESE CENTER FOR DISEASE CONTROL AND PREVENTION	中国疾病预防控制中心	中国	74.90
3	NORTH CAROLINA STATE UNIVERSITY	北卡罗来纳大学	美国	64.40
4	UNIVERSITY OF WASHINGTON	华盛顿大学	美国	62.40
5	UNIV-CALIF-SAN-FRANCISCO	加利福尼亚大学旧金山分校	美国	56.70

其他中国机构：117. 香港大学；124. 北京大学；149. 复旦大学；152. 中国科学院；199. 香港中文大学；268. 上海交通大学；278. 中山大学；338. 中南大学；352. 华中科技大学；354. 中国医学科学院-中国协和医学院；355. 山东大学；372. 四川大学；388. 浙江大学；395. 清华大学；406. 香港理工大学；453. 首都医科大学；485. 武汉大学；510. 西安交通大学；530. 同济大学；534. 南京医科大学；561. 中国医科大学；585. 东南大学；607. 中国科学院大学；625. 安徽医科大学；629. 南京大学；638. 北京师范大学；665. 重庆医科大学；666. 香港城市大学；799. 海军军医大学；801. 郑州大学；802. 哈尔滨医科大学；821. 南方医科大学；890. 吉林大学；891. 苏州大学；1026. 陆军军医大学；1046. 天津医科大学；1157. 广西医科大学；1191. 空军军医大学；1245. 汕头大学；1251. 兰州大学；1287. 中国科学技术大学；1312. 广州医科大学；1350. 暨南大学；1352. 香港浸会大学；1365. 福建医科大学；1386. 北京交通大学；1424. 澳门大学；1438. 中国人民大学；1442. 昆明医科大学；1444. 青岛大学；1485. 南通大学；1501. 温州医科大学；1502. 中国农业大学；1515. 哈尔滨工业大学；1518. 河北医科大学；1551. 陕西师范大学；1563. 厦门大学；1573. 中国农业大学；1624. 重庆大学；1626. 南昌大学；1662. 山西医科大学；1674. 天津大学；1703. 长安大学；1713. 香港科技大学；1716. 湖南大学；1731. 大连医科大学；1735. 河海大学；1743. 河南大学；1750. 中国矿业大学；1805. 新疆医科大学；1820. 宁夏医科大学；1914. 深圳大学；1982. 南京信息工程大学；2000. 四川农业大学；2017. 海南医学院；2131. 武汉理工大学；2134. 中国地质大学；2147. 南开大学；2186. 江南大学；2221. 华东师范大学；2282. 大连理工大学；2320. 上海大学；2363. 北京工业大学；2401. 东北师范大学；2409. 广东药科大学；2431. 华南理工大学；2443. 石河子大学；2498. 宁波大学；2563. 江苏大学；2586. 湖北医药学院；2597. 北京航空航天大学；2626. 海南医学院；2628. 南京农业大学；2726. 上海体育学院；2736. 浙江工业大学；2776. 华北理工大学

二、材料科学与工程(可授工学、理学学位)学科

表 2-26　材料科学与工程（可授工学、 理学学位）学科（5 强与中国大学）

排名	英文名称	中文名称	国家/地区	总得分
1	CHINESE ACADEMY OF SCIENCES	中国科学院	中国	100.00
2	TSINGHUA UNIVERSITY	清华大学	中国	25.30
3	NANYANG-TECHNOL-UNIV	南洋理工大学	新加坡	21.40
4	UNIVERSITY OF CHINESE ACADEMY OF SCIENCES	中国科学院大学	中国	19.10

排名	英文名称	中文名称	国家/地区	总得分
5	MASSACHUSETTS INSTITUTE OF TECHNOLOGY	麻省理工学院	美国	17.70

其他中国机构：6. 哈尔滨工业大学；7. 上海交通大学；8. 浙江大学；9. 中国科学技术大学；10. 北京大学；15. 吉林大学；17. 华南理工大学；20. 复旦大学；21. 华中科技大学；23. 北京科技大学；26. 苏州大学；27. 西安交通大学；28. 天津大学；29. 中南大学；31. 西北工业大学；32. 南京大学；33. 四川大学；39. 北京航空航天大学；42. 大连理工大学；43. 山东大学；45. 武汉理工大学；49. 东南大学；57. 香港城市大学；58. 重庆大学；60. 武汉大学；63. 同济大学；65. 北京理工大学；66. 中山大学；70. 厦门大学；71. 北京化工大学；72. 上海大学；76. 南开大学；82. 南京工业大学；84. 东华大学；88. 中国东北大学；90. 香港理工大学；94. 湖南大学；99. 南京航空航天大学；101. 电子科技大学；105. 香港科技大学；109. 南京理工大学；112. 兰州大学；132. 江苏大学；139. 太原理工大学；153. 北京工业大学；155. 华东理工大学；157. 福州大学；161. 郑州大学；177. 深圳大学；178. 香港大学；188. 哈尔滨工程大学；191. 燕山大学；200. 西南交通大学；202. 中国科学院；203. 合肥工业大学；209. 香港中文大学；212. 中国地质大学；224. 华东师范大学；227. 中国石油大学；249. 湘潭大学；250. 暨南大学；265. 西南大学；268. 中国矿业大学；274. 昆明理工大学；285. 浙江工业大学；287. 暨南大学；291. 江南大学；297. 南京邮电大学；298. 陕西师范大学；313. 广东工业大学；316. 安徽大学；317. 国防科技大学；323. 陕西科技大学；334. 东北师范大学；336. 南昌大学；342. 湖北大学；345. 武汉科技大学；346. 河南大学；348. 北京交通大学；350. 河北工业大学；353. 华南师范大学；355. 常州大学；357. 北京师范大学；358. 青岛大学；363. 浙江理工大学；370. 宁波大学；373. 广西大学；383. 天津工业大学；386. 青岛科技大学；388. 河海大学；389. 西北大学；410. 西安工业大学；421. 浙江师范大学；432. 安徽工业大学；433. 扬州大学；442. 华东理工大学；449. 西南科技大学；460. 华北电力大学；462. 兰州理工大学；470. 上海理工大学；475. 北京林业大学；476. 南京师范大学；480. 华中师范大学；495. 江苏科技大学；500. 南京林业大学；501. 杭州电子科技大学；502. 南昌航空大学；507. 黑龙江大学；509. 中国计量大学；510. 天津科技大学；519. 东北林业大学；522. 中国海洋大学；527. 中北大学

注：表格中如果多次出现"中国科学院"，那么第一处为中国科学院．其他为中国科学院下属机构，下同。

三、测绘科学与技术学科

表 2-27　测绘科学与技术学科（5 强与中国大学）

排名	英文名称	中文名称	国家/地区	总得分
1	CHINESE ACADEMY OF SCIENCES	中国科学院	中国	100.00
2	WUHAN UNIVERSITY	武汉大学	中国	58.30
3	NATIONAL AERONAUTICS AND SPACE ADMINISTRATION	美国航空航天局	美国	42.60
4	UNIVERSITY OF CHINESE ACADEMY OF SCIENCES	中国科学院大学	中国	27.90
5	BEIJING NORMAL UNIVERSITY	北京师范大学	中国	27.80

其他中国机构：11. 西安电子科技大学；15. 清华大学；16. 国防科技大学；18. 南京大学；22. 北京大学；24. 香港理工大学；29. 中国地质大学；31. 北京航空航天大学；41. 南京信息工程大学；44. 电子科技大学；45. 中国矿业大学；50. 西北工业大学；53. 同济大学；54. 香港中文大学；57. 哈尔滨工业大学；60. 中山大学；66. 浙江大学；75. 中南大学；83. 中国农业大学；85. 河海大学；112. 复旦大学；119. 华东师范大学；122. 华中科技大学；136. 厦门大学；137. 北京理工大学；146. 深圳大学；152. 湖南大学；165. 南京师范大学；174. 首都师范大学；188. 中国科学院；191. 吉林大学；196. 西南交通大学；204. 中国科学院；208. 中国农业大学；211. 北京化工大学；218. 浙江农林大学；228. 南京理工大学；229. 中国海洋大学；231. 中国石油大学；240. 长安大学；255. 上海交通大学；283. 山东科技大学；289. 西安交通大学；306. 江西师范大学；313. 哈尔滨工程大学；316. 兰州大学；350. 南京航空航天大学；379. 中国科学院；381. 上海海洋大学；386. 西安科技大学；400. 华中师范大学；410. 湖北大学；414. 福州大学；425. 南京林业大学；430. 天津大学；438. 北京林业大学；456. 澳门大学；492. 西北大学；497. 大连海事大学；499. 东北师范大学；507. 重庆大学；509. 东南大学；513. 中国科学技术大学；517. 西南林业大学；541. 南京农业大学；544. 香港大学；545. 合肥工业大学；553. 华南师范大学；558. 河南大学；562. 安徽大学；576. 中国科学院；579. 桂林理工大学；591. 辽宁工程

续表

排名	英文名称	中文名称	国家/地区	总得分
技术大学；592. 中国人民解放军空军工程大学；608. 大连理工大学；628. 成都理工大学；649. 宁波大学；655. 华南理工大学；658. 华中农业大学；659. 南京邮电大学；660. 陕西师范大学；671. 西南大学；679. 河南理工大学；704. 香港科技大学；725. 广州大学；730. 武汉理工大学；743. 新疆大学；747. 天津师范大学；755. 山东大学；774. 香港城市大学；775. 江苏师范大学				

四、城乡规划学学科

表 2-28　城乡规划学学科（5 强与中国大学）

排名	英文名称	中文名称	国家/地区	总得分
1	WORLD BANK	世界银行	美国	100.00
2	UNIVERSITY OF MANCHESTER	曼彻斯特大学	英国	91.90
3	UNIVERSITY OF SUSSEX	萨塞克斯大学	英国	83.10
4	UNIVERSITY OF OXFORD	牛津大学	英国	77.40
5	UTRECHT UNIVERSITY	乌得勒支大学	荷兰	72.10

其他中国机构：6. 中国科学院；17. 香港大学；19. 香港理工大学；34. 北京大学；44. 清华大学；49. 浙江大学；58. 香港城市大学；60. 北京师范大学；98. 香港中文大学；100. 中山大学；108. 南京大学；115. 中国农业大学；116. 中国科学院大学；128. 同济大学；139. 华东师范大学；142. 中国人民大学；156. 武汉大学；191. 复旦大学；249. 重庆大学；280. 中央财经大学；308. 香港浸会大学；315. 东南大学；336. 北京林业大学；359. 上海财经大学；366. 西南财经大学；440. 上海交通大学；447. 南京农业大学；464. 北京理工大学；468. 哈尔滨工业大学；474. 暨南大学；476. 对外经济贸易大学；478. 湖南大学；510. 华南理工大学；518. 厦门大学；568. 大连理工大学；569. 华中科技大学；611. 浙江财经大学；617. 陕西师范大学；626. 宁波诺丁汉大学；636. 中国科学院；641. 香港科技大学；647. 西交利物浦大学；663. 西安交通大学；698. 山东大学；708. 广州大学；722. 江西财经大学；741. 西北大学；744. 中国地质大学；745. 深圳大学；747. 华中农业大学；750. 南开大学；754. 北京交通大学；779. 澳门大学；783. 上海大学；785. 东北师范大学；824. 四川大学；843. 天津大学；855. 浙江农林大学；882. 西南大学；889. 北京航空航天大学；923. 南京师范大学；929. 西北农林科技大学；969. 华南师范大学；982. 中央民族大学；992. 浙江工业大学；1021. 合肥工业大学；1025. 江苏师范大学；1040. 中南财经政法大学；1046. 河海大学；1084. 西北师范大学；1099. 中国海洋大学；1108. 兰州大学；1133. 河南大学；1170. 中国科学技术大学；1179. 中国矿业大学；1194. 吉林大学；1195. 山东建筑大学；1199. 南京信息工程大学；1229. 长安大学；1251. 华侨大学；1255. 安徽财经大学；1271. 电子科技大学；1285. 西南交通大学；1292. 浙江工商大学；1350. 云南财经大学；1368. 南京财经大学；1384. 中国农业大学；1397. 恒生管理学院；1415. 中山大学；1455. 首都经济贸易大学；1537. 香港教育大学；1543. 浙江科技学院；1574. 上海海洋大学；1635. 武汉理工大学；1639. 南京林业大学；1660. 上海师范大学；1679. 上海财经大学；1691. 华南农业大学；1692. 首都师范大学；1696. 中南大学；1700. 沈阳农业大学；1706. 中国东北大学；1713. 江西师范大学；1722. 北京科技大学；1742. 内蒙古大学；1761. 太原理工大学；1763. 青岛大学；1769. 福州大学；1796. 重庆交通大学；1800. 福建农林大学；1811. 上海金融学院

五、畜牧学学科

表 2-29　畜牧学学科（5 强与中国大学）

排名	英文名称	中文名称	国家/地区	总得分
1	THE NATIONAL INSTITUTE FOR AGRICULTURAL RESEARCH	法国国家农业科学研究院	法国	100.00
2	AGRICULTURE AND AGRI-FOOD CANADA	加拿大农业与农产食品部	加拿大	67.80

排名	英文名称	中文名称	国家/地区	总得分
3	WAGENINGEN UNIVERSITY & RESEARCH	瓦格宁根大学	荷兰	64.00
4	AGRICULTURAL RESEARCH SERVICE	美国农业科学研究院	美国	62.10
5	AARHUS-UNIV	奥胡斯大学	丹麦	57.30

其他中国机构：7. 中国农业大学；11. 中国农业大学；21. 南京农业大学；39. 西北农林科技大学；44. 中国科学院；54. 四川农业大学；58. 浙江大学；66. 华中农业大学；111. 华南农业大学；114. 东北农业大学；131. 山东农业大学；133. 扬州大学；176. 内蒙古农业大学；182. 江南大学；251. 吉林大学；253. 西南大学；287. 河南农业大学；317. 上海交通大学；320. 山西农业大学；327. 甘肃农业大学；340. 中国科学院大学；351. 兰州大学；352. 湖南农业大学；365. 江西农业大学；368. 安徽农业大学；386. 南昌大学；425. 沈阳农业大学；455. 吉林农业大学；476. 河南科技大学；494. 西南民族大学；520. 浙江农林大学；536. 香港大学；547. 中山大学；548. 广西大学；562. 安徽科技学院；616. 武汉轻工大学；632. 山东农业大学；652. 北京大学；660. 中国科学院；695. 黑龙江八一农垦大学；728. 河北农业大学；730. 南京师范大学；739. 石河子大学；750. 云南农业大学；764. 青岛农业大学；778. 福建农林大学；884. 金陵科技学院；917. 河南科技学院；969. 宁波大学；999. 广东海洋大学；1004. 四川大学；1028. 复旦大学；1039. 内蒙古大学；1071. 天津农业大学；1077. 河北农业大学；1084. 河北科技师范学院；1121. 西南科技大学；1139. 北京林业大学；1148. 延边大学；1155. 吉林农业科技学院；1183. 湖南师范大学；1204. 大连医科大学；1210. 中国科学院；1214. 塔里木大学；1225. 哈尔滨医科大学；1242. 清华大学；1261. 南京医科大学；1286. 新疆农业大学；1289. 香港中文大学；1293. 中国医学科学院-中国协和医学院；1305. 深圳大学；1356. 商丘师范学院；1357. 苏州大学；1365. 中国海洋大学；1378. 山东大学；1405. 同济大学；1413. 北京农学院；1436. 厦门大学；1456. 南京林业大学；1457. 宁夏大学；1465. 青海大学；1476. 武汉大学；1490. 长江大学；1492. 北京工商大学；1498. 郑州大学；1534. 华南理工大学；1539. 江苏师范大学；1546. 海南大学；1580. 河北工程大学；1664. 华中科技大学；1684. 河南工业大学；1692. 浙江工商大学；1701. 陕西师范大学；1727. 哈尔滨工业大学；1732. 合肥工业大学；1734. 上海海洋大学；1785. 江苏大学

六、船舶与海洋工程学科

表 2-30 船舶与海洋工程学科（5 强与中国大学）

排名	英文名称	中文名称	国家/地区	总得分
1	SHANGHAI JIAO TONG UNIVERSITY	上海交通大学	中国	100.00
2	DALIAN UNIVERSITY OF TECHNOLOGY	大连理工大学	中国	72.50
3	HARBIN ENGINEERING UNIVERSITY	哈尔滨工程大学	中国	56.00
4	DELFT-UNIV-TECHNOL	代尔夫特大学	荷兰	53.90
5	NORWEGIAN-UNIV-SCI-&-TECHNOL	挪威科技大学	挪威	51.10

其他中国机构：7. 浙江大学；8. 中国科学院；12. 河海大学；16. 天津大学；20. 中国海洋大学；33. 武汉理工大学；47. 中国石油大学；48. 大连海事大学；53. 江苏科技大学；54. 华中科技大学；62. 清华大学；69. 同济大学；73. 武汉大学；87. 东南大学；89. 上海海事大学；93. 西北工业大学；101. 国防科技大学；110. 哈尔滨工业大学；118. 香港理工大学；125. 中国科学院大学；127. 西南石油大学；138. 四川大学；145. 香港科技大学；168. 北京航空航天大学；171. 南京信息工程大学；180. 中国人民解放军海军工程大学；189. 浙江海洋大学；199. 中国人民解放军陆军工程大学；214. 中山大学；222. 上海海洋大学；237. 北京理工大学；243. 中国矿业大学；252. 华南理工大学；256. 南京航空航天大学；258. 南京大学；272. 中南大学；282. 山东科技大学；296. 复旦大学；302. 香港城市大学；304. 北京工业大学；340. 浙江工业大学；349. 华东师范大学；351. 山东大学；352. 湖南大学；362. 中国科学院；363. 杭州电子科技大学；364. 西南交通大学；369. 厦门大学；402. 重庆交通大学；406. 北京交通大学；411. 江苏大学；414. 中国东北大学；419. 集美大学；422. 长沙理工大学；439. 上海大学；465. 重庆大学；471. 温州大学；472. 福州大学；475. 香港中文大学；479. 中国地质大学；486. 青岛理工大学；508. 中国科学技术大学；532. 大连海洋大学；535. 北京大学；538. 南京工业大学；565. 南京理工大学；571. 昆明理工大学；577. 南开大学；645. 北京科技大学；668. 烟台大学；

排名	英文名称	中文名称	国家/地区	总得分
671. 中国计量大学；681. 香港大学；685. 盐城工学院；692. 深圳大学；713. 广西大学；719. 宁波大学；727. 天津城建大学；736. 常州大学；752. 中国科学院；767. 澳门大学；771. 吉林大学；777. 电子科技大学；789. 北京师范大学；824. 广西民族大学；851. 合肥工业大学				

七、大气科学学科

表2-31 大气科学学科（5强与中国大学）

排名	英文名称	中文名称	国家/地区	总得分
1	CHINESE ACADEMY OF SCIENCES	中国科学院	中国	100.00
2	NATIONAL OCEANIC AND ATMOSPHERIC ADMINISTRATION	美国国家海洋和大气管理局	美国	79.40
3	NATIONAL AERONAUTICS AND SPACE ADMINISTRATION	美国航空航天局	美国	67.50
4	NATIONAL CENTER FOR ATMOSPHERIC RESEARCH	美国国家大气研究中心	美国	64.60
5	UNIVERSITY OF COLORADO	科罗拉多大学	美国	58.60
其他中国机构：13. 南京信息工程大学；17. 中国科学院大学；19. 北京大学；36. 北京师范大学；44. 清华大学；48. 中国科学院；58. 南京大学；114. 中国海洋大学；128. 武汉大学；131. 兰州大学；135. 中山大学；158. 中国科学技术大学；202. 复旦大学；203. 香港理工大学；222. 中国地质大学；229. 香港中文大学；239. 西安交通大学；252. 河海大学；254. 香港城市大学；256. 香港科技大学；268. 山东大学；269. 浙江大学；367. 成都信息工程大学；377. 西北农林科技大学；384. 北京航空航天大学；392. 华东师范大学；393. 中国矿业大学；407. 中国农业大学；420. 同济大学；442. 中国人民解放军陆军工程大学；455. 厦门大学；513. 上海交通大学；515. 香港大学；523. 北京理工大学；545. 国防科技大学；593. 哈尔滨工业大学；601. 华南理工大学；603. 天津大学；621. 中国农业大学；624. 华中科技大学；659. 上海大学；671. 暨南大学；673. 北京林业大学；679. 南开大学；700. 云南大学；709. 南京农业大学；714. 中国科学院；748. 南京师范大学；807. 大连理工大学；824. 南昌大学；825. 华北电力大学；846. 东南大学；859. 四川大学；873. 中南大学；884. 南京航空航天大学；913. 成都理工大学；922. 湖南大学；928. 中国石油大学；948. 中国科学院；1041. 吉林大学；1042. 西南大学；1054. 东北师范大学；1068. 长安大学；1110. 中国科学院；1154. 南京林业大学；1188. 西安工业大学；1209. 华中农业大学；1233. 长沙理工大学；1239. 首都师范大学；1243. 浙江农林大学；1257. 中国医学科学院-中国协和医学院；1287. 东北林业大学；1298. 北京工业大学；1312. 山西大学；1313. 山东科技大学；1330. 中国人民大学；1334. 北京科技大学；1336. 湖北大学；1338. 重庆大学；1351. 西北师范大学；1422. 香港浸会大学；1465. 西北工业大学；1497. 电子科技大学；1499. 西安电子科技大学；1506. 上海海洋大学				

八、地理学学科

表2-32 地理学学科（5强与中国大学）

排名	英文名称	中文名称	国家/地区	总得分
1	CHINESE ACADEMY OF SCIENCES	中国科学院	中国	100.00
2	UNIVERSITY OF OXFORD	牛津大学	英国	32.20
3	UTRECHT UNIVERSITY	乌得勒支大学	荷兰	30.10
4	DURHAM UNIVERSITY	杜伦大学	英国	23.20
5	UNIVERSITY COLLEGE LONDON	伦敦大学学院	英国	23.00
其他中国机构：9. 武汉大学；11. 中国科学院大学；20. 北京师范大学；41. 北京大学；43. 南京大学；44. 兰州大学；50. 中国地质大学；72. 香港大学；98. 中山大学；107. 华东师范大学；181. 香港中文大学；191. 同济大学；197. 浙江				

续表

排名	英文名称	中文名称	国家/地区	总得分

大学；219. 香港理工大学；224. 南京师范大学；226. 清华大学；236. 西安交通大学；284. 河海大学；351. 中国科学院；354. 南京信息工程大学；377. 西安电子科技大学；390. 复旦大学；402. 陕西师范大学；450. 中国海洋大学；463. 西北师范大学；468. 香港城市大学；498. 香港浸会大学；501. 中南大学；509. 中国人民大学；513. 哈尔滨工业大学；528. 中国农业大学；545. 中国矿业大学；558. 中国农业大学；565. 西北农林科技大学；576. 吉林大学；584. 厦门大学；590. 深圳大学；593. 西南交通大学；610. 首都师范大学；624. 华南师范大学；628. 北京林业大学；651. 上海交通大学；654. 西北大学；655. 成都理工大学；680. 国防科技大学；709. 内蒙古大学；722. 北京航空航天大学；736. 中国科学技术大学；745. 香港科技大学；769. 新疆大学；770. 河北师范大学；773. 中国科学院；775. 四川大学；795. 电子科技大学；803. 福建师范大学；815. 中国科学院；821. 江西师范大学；837. 澳门大学；853. 天津大学；861. 广州大学；868. 西北工业大学；878. 西南大学；891. 山东科技大学；912. 云南大学；1004. 浙江农林大学；1017. 长安大学；1022. 中国科学院；1031. 上海海洋大学；1032. 华中农业大学；1034. 上海师范大学；1040. 东北师范大学；1046. 暨南大学；1064. 上海大学；1082. 华中科技大学；1083. 大连理工大学；1102. 云南财经大学；1104. 山东师范大学；1116. 山西大学；1119. 中国石油大学；1135. 西交利物浦大学；1139. 青海师范大学；1149. 山东大学；1161. 云南师范大学；1163. 安徽师范大学；1164. 哈尔滨工程大学；1188. 南京农业大学；1195. 河南大学；1210. 福州大学；1219. 闽江学院；1272. 中国科学院；1289. 武汉理工大学；1293. 北京理工大学；1296. 大连海事大学；1318. 南京理工大学；1339. 湖南大学；1341. 上海海事大学；1362. 长江大学；1363. 华中师范大学

九、地球物理学学科

表 2-33　地球物理学学科（5 强与中国大学）

排名	英文名称	中文名称	国家/地区	总得分
1	CHINESE ACADEMY OF SCIENCES	中国科学院	中国	100.00
2	CHINA UNIVERSITY OF GEOSCIENCES	中国地质大学	中国	38.20
3	RUSSIAN ACADEMY OF SCIENCES	俄罗斯科学院	俄罗斯	36.30
4	NATIONAL AERONAUTICS AND SPACE ADMINISTRATION	美国航空航天局	美国	31.20
5	UNITED STATES GEOLOGICAL SURVEY	美国地质勘探局	美国	29.60

其他中国机构：12. 中国科学院大学；18. 中国科学院；23. 北京大学；33. 中国石油大学；34. 南京大学；36. 武汉大学；60. 北京师范大学；68. 中国矿业大学；73. 香港大学；74. 中国科学技术大学；76. 同济大学；92. 吉林大学；112. 兰州大学；125. 西北大学；139. 清华大学；145. 中国海洋大学；163. 河海大学；167. 浙江大学；184. 南京信息工程大学；193. 中山大学；207. 成都理工大学；219. 西安交通大学；256. 中南大学；297. 长安大学；319. 华东师范大学；331. 香港科技大学；354. 西安电子科技大学；361. 山东科技大学；362. 西南石油大学；377. 厦门大学；382. 香港理工大学；407. 西北农林科技大学；428. 北京航空航天大学；442. 哈尔滨工业大学；446. 大连理工大学；448. 上海交通大学；473. 中国地质大学；486. 中国科学院；488. 四川大学；496. 南京师范大学；505. 国防科技大学；539. 山东大学；542. 重庆大学；551. 合肥工业大学；579. 香港中文大学；588. 天津大学；601. 西南交通大学；616. 长江大学；621. 华中科技大学；693. 中国农业大学；709. 香港城市大学；718. 西北工业大学；728. 湖南大学；731. 复旦大学；749. 东南大学；779. 中国东北大学；782. 北京理工大学；786. 桂林理工大学；796. 南昌大学；815. 电子科技大学；821. 北京林业大学；830. 法国原子能和替代能源委员会；877. 华中农业大学；912. 北京科技大学；914. 西安科技大学；918. 西南大学；928. 西安工业大学；935. 首都师范大学；936. 云南大学；948. 陕西师范大学；955. 河南理工大学；972. 太原理工大学；1000. 东北石油大学；1015. 北京工业大学；1040. 贵州大学；1122. 华北电力大学；1143. 中国人民解放军陆军工程大学；1152. 新疆大学；1156. 长沙理工大学；1162. 西北师范大学；1183. 上海海洋大学；1186. 中国科学院；1190. 中国农业大学；1200. 福建师范大学；1224. 安徽科技学院；1270. 北京交通大学；1304. 福州大学；1305. 西安石油大学

十、地质学学科

表2-34 地质学学科（5强与中国大学）

排名	英文名称	中文名称	国家/地区	总得分
1	CHINESE ACADEMY OF SCIENCES	中国科学院	中国	100.00
2	CHINA UNIVERSITY OF GEOSCIENCES	中国地质大学	中国	58.90
3	RUSSIAN ACADEMY OF SCIENCES	俄罗斯科学院	俄罗斯	38.90
4	CHINESE ACADEMY OF SCIENCES	中国科学院	中国	36.50
5	UNIVERSITY OF CHINESE ACADEMY OF SCIENCES	中国科学院大学	中国	20.90

其他中国机构：7. 北京大学；10. 南京大学；27. 香港大学；32. 中南大学；45. 吉林大学；47. 西北大学；50. 兰州大学；57. 中国科学技术大学；123. 成都理工大学；137. 中国矿业大学；143. 同济大学；146. 中山大学；173. 合肥工业大学；189. 长安大学；232. 中国东北大学；235. 首都师范大学；240. 中国石油大学；251. 北京科技大学；263. 浙江大学；294. 西安交通大学；298. 华东师范大学；317. 北京师范大学；328. 武汉大学；341. 中国海洋大学；355. 昆明理工大学；381. 山东科技大学；416. 武汉理工大学；435. 中国地质大学；474. 清华大学；477. 云南大学；489. 浙江工业大学；513. 桂林理工大学；518. 河海大学；533. 南京师范大学；557. 东南大学；563. 贵州大学；597. 陕西师范大学；603. 四川大学；610. 西南科技大学；614. 香港科技大学；640. 西南石油大学；647. 新疆大学；656. 上海交通大学；660. 华东理工大学；664. 重庆大学；696. 广西大学；729. 太原理工大学；733. 长江大学；746. 西北师范大学；818. 哈尔滨工业大学；828. 河北师范大学；846. 华南理工大学；849. 上海大学；850. 河南理工大学；851. 南京信息工程大学；887. 沈阳师范大学；909. 西北农林科技大学；910. 华东理工大学；914. 华中农业大学；928. 中国农业大学；929. 福州大学；949. 暨南大学；972. 香港城市大学；985. 武汉科技大学；995. 山东大学；998. 河北地质大学；1001. 湘潭大学；1005. 广州大学；1021. 西安科技大学；1042. 江西科技学院；1044. 西南交通大学；1056. 厦门大学；1058. 临沂大学；1059. 西南大学；1073. 南昌大学；1079. 福建师范大学；1121. 常州大学；1131. 河北地质大学；1144. 大连理工大学；1156. 天津大学

十一、地质资源与地质工程学科

表2-35 地质资源与地质工程学科（5强与中国大学）

排名	英文名称	中文名称	国家/地区	总得分
1	CHINESE ACADEMY OF SCIENCES	中国科学院	中国	100.00
2	TONGJI UNIVERSITY	同济大学	中国	99.50
3	CHINA UNIVERSITY OF MINING & TECHNOLOGY	中国矿业大学	中国	84.80
4	UNIVERSITY OF WESTERN AUSTRALIA	西澳大学	澳大利亚	62.50
5	HONG KONG UNIVERSITY OF SCIENCE & TECHNOLOGY	香港科技大学	中国	56.40

其他中国机构：6. 河海大学；7. 中南大学；10. 浙江大学；11. 武汉大学；14. 上海交通大学；17. 大连理工大学；18. 中国地质大学；19. 清华大学；22. 重庆大学；28. 中国石油大学；30. 成都理工大学；31. 香港大学；33. 四川大学；36. 香港城市大学；41. 东南大学；56. 山东科技大学；60. 天津大学；67. 香港理工大学；73. 西南交通大学；77. 山东大学；79. 中国东北大学；88. 哈尔滨工业大学；98. 长安大学；104. 中国科学院大学；108. 北京工业大学；118. 南京大学；123. 华中科技大学；131. 温州大学；137. 南昌大学；139. 北京科技大学；157. 吉林大学；158. 湖南大学；163. 北京交通大学；167. 南京工业大学；172. 中国科学院；195. 太原理工大学；201. 上海大学；218. 西南石油大学；225. 合肥工业大学；235. 澳门大学；241. 河南理工大学；243. 三峡大学；262. 中国人民解放军陆军工程大学；284. 兰州大学；303. 福州大学；310. 北京航空航天大学；312. 广西大学；328. 浙江工业大学；333. 武汉理工大学；349. 重庆交通大学；350. 上海理工大学；371. 西安建筑科技大学；378. 西安工业大学；385. 华南理工大学；387. 绍兴文理学院；

续表

排名	英文名称	中文名称	国家/地区	总得分
	420. 湖南科技大学；433. 安徽科技学院；441. 中国海洋大学；467. 西安交通大学；481. 中山大学；482. 湖北工业大学；484. 北京建筑大学；488. 深圳大学；501. 青岛理工大学；502. 西安科技大学；506. 广州大学；508. 长沙理工大学；514. 西北工业大学；538. 中国科学技术大学；542. 南京工程学院；545. 宁波大学；548. 中国人民解放军空军工程大学；578. 石家庄铁道大学；588. 华东交通大学；589. 昆明理工大学；591. 华北水利水电大学；612. 法国原子能和替代能源委员会；626. 北京理工大学；627. 苏州大学；634. 河北工业大学；642. 青岛理工大学；674. 南华大学；680. 西南科技大学；698. 宁波诺丁汉大学；702. 江苏大学；724. 兰州理工大学；737. 兰州交通大学；749. 华北电力大学			

十二、电气工程学科

表2-36　电气工程学科（5强与中国大学）

排名	英文名称	中文名称	国家/地区	总得分
1	CHINESE ACADEMY OF SCIENCES	中国科学院	中国	100.00
2	TSINGHUA UNIVERSITY	清华大学	中国	73.00
3	NANYANG-TECHNOL-UNIV	南洋理工大学	新加坡	56.40
4	UNIVERSITY OF ELECTRONIC SCIENCE & TECHNOLOGY OF CHINA	电子科技大学	中国	55.00
5	XIDIAN UNIVERSITY	西安电子科技大学	中国	53.30
	其他中国机构：6. 浙江大学；7. 东南大学；8. 哈尔滨工业大学；9. 华中科技大学；10. 上海交通大学；13. 香港城市大学；14. 西安交通大学；15. 北京航空航天大学；17. 香港理工大学；20. 北京邮电大学；22. 北京大学；25. 武汉大学；28. 南京理工大学；29. 国防科技大学；31. 北京理工大学；32. 天津大学；34. 南京航空航天大学；36. 重庆大学；37. 华南理工大学；40. 香港科技大学；44. 香港中文大学；45. 西北工业大学；46. 北京交通大学；48. 中国科学技术大学；54. 香港大学；57. 大连理工大学；63. 中国东北大学；64. 中国科学院大学；66. 吉林大学；69. 西南交通大学；73. 山东大学；74. 中山大学；77. 湖南大学；84. 南京大学；87. 深圳大学；91. 南京邮电大学；96. 复旦大学；101. 同济大学；109. 中南大学；115. 华北电力大学；122. 澳门大学；125. 厦门大学；128. 南京信息工程大学；129. 上海大学；142. 四川大学；148. 哈尔滨工程大学；153. 合肥工业大学；158. 广东工业大学；160. 杭州电子科技大学；185. 北京科技大学；192. 中国人民解放军陆军工程大学；204. 江南大学；229. 西南大学；241. 武汉理工大学；248. 江苏大学；259. 南开大学；272. 中国矿业大学；279. 渤海大学；282. 燕山大学；286. 苏州大学；307. 河海大学；309. 大连海事大学；310. 中国地质大学；311. 中国人民解放军空军工程大学；314. 北京工业大学；315. 北京化工大学；322. 浙江工业大学；338. 重庆邮电大学；343. 桂林电子科技大学；348. 暨南大学；357. 安徽大学；359. 华东师范大学；371. 东华大学；382. 北京师范大学；390. 郑州大学；396. 宁波大学；404. 南京师范大学；412. 辽宁工业大学；414. 青岛大学；420. 山西大学；422. 福州大学；426. 山东科技大学；434. 曲阜师范大学；437. 中国石油大学；458. 兰州大学；461. 暨南大学；469. 香港浸会大学；472. 南通大学；476. 上海理工大学；481. 广州大学；482. 华南师范大学；485. 西北大学；489. 中国计量大学；502. 西安工业大学；503. 天津工业大学；508. 扬州大学；513. 陕西师范大学；519. 南昌大学；523. 华东理工大学；529. 山东师范大学；558. 哈尔滨理工大学；560. 南京工业大学；597. 青岛科技大学；614. 太原理工大学；631. 天津科技大学；633. 广西大学；644. 上海海事大学；655. 浙江师范大学；658. 湘潭大学；660. 首都师范大学；661. 福建师范大学；662. 河北工业大学			

十三、电子科学与技术(可授工学、理学学位)学科

表2-37　电子科学与技术（可授工学、理学学位）学科（5强与中国大学）

排名	英文名称	中文名称	国家/地区	总得分
1	CHINESE ACADEMY OF SCIENCES	中国科学院	中国	100.00
2	TSINGHUA UNIVERSITY	清华大学	中国	73.00

续表

排名	英文名称	中文名称	国家/地区	总得分
3	NANYANG-TECHNOL-UNIV	南洋理工大学	新加坡	56.40
4	UNIVERSITY OF ELECTRONIC SCIENCE & TECHNOLOGY OF CHINA	电子科技大学	中国	55.00
5	XIDIAN UNIVERSITY	西安电子科技大学	中国	53.30

其他中国机构：6. 浙江大学；7. 东南大学；8. 哈尔滨工业大学；9. 华中科技大学；10. 上海交通大学；13. 香港城市大学；14. 西安交通大学；15. 北京航空航天大学；17. 香港理工大学；20. 北京邮电大学；22. 北京大学；25. 武汉大学；28. 南京理工大学；29. 国防科技大学；31. 北京理工大学；32. 天津大学；34. 南京航空航天大学；36. 重庆大学；37. 华南理工大学；40. 香港科技大学；44. 香港中文大学；45. 西北工业大学；46. 北京交通大学；48. 中国科学技术大学；54. 香港大学；57. 大连理工大学；63. 中国东北大学；64. 中国科学院大学；66. 吉林大学；69. 西南交通大学；73. 山东大学；74. 中山大学；76. 湖南大学；85. 南京大学；88. 深圳大学；91. 南京邮电大学；96. 复旦大学；104. 同济大学；109. 中南大学；114. 华北电力大学；122. 澳门大学；123. 厦门大学；128. 南京信息工程大学；129. 上海大学；143. 四川大学；148. 哈尔滨工程大学；153. 合肥工业大学；159. 杭州电子科技大学；161. 广东工业大学；184. 北京科技大学；191. 中国人民解放军陆军工程大学；200. 江南大学；228. 西南大学；245. 江苏大学；247. 武汉理工大学；260. 南开大学；265. 中国矿业大学；280. 渤海大学；283. 燕山大学；290. 苏州大学；301. 河海大学；309. 北京工业大学；311. 大连海事大学；312. 中国地质大学；313. 中国人民解放军空军工程大学；315. 北京化工大学；320. 浙江工业大学；336. 重庆邮电大学；348. 桂林电子科技大学；352. 暨南大学；354. 华东师范大学；355. 安徽大学；370. 东华大学；384. 北京师范大学；390. 郑州大学；394. 宁波大学；404. 南京师范大学；412. 山西大学；416. 青岛大学；420. 辽宁工业大学；423. 福州大学；427. 山东科技大学；430. 曲阜师范大学；431. 中国石油大学；458. 兰州大学；459. 暨南大学；469. 上海理工大学；477. 香港浸会大学；479. 南通大学；481. 西北大学；483. 中国计量大学；486. 广州大学；487. 华南师范大学；503. 西安工业大学；504. 天津工业大学；508. 扬州大学；515. 陕西师范大学；523. 华东理工大学；528. 南昌大学；529. 山东师范大学；560. 哈尔滨理工大学；566. 南京工业大学；590. 青岛科技大学；608. 太原理工大学；618. 广西大学；640. 天津科技大学；641. 首都师范大学；649. 河北工业大学；650. 上海海事大学；651. 福建师范大学；655. 浙江师范大学；659. 湘潭大学

十四、动力工程及工程热物理学科

表2-38　动力工程及工程热物理学科（5强与中国大学）

排名	英文名称	中文名称	国家/地区	总得分
1	XI'AN JIAOTONG UNIVERSITY	西安交通大学	中国	100.00
2	CHINESE ACADEMY OF SCIENCES	中国科学院	中国	87.30
3	TSINGHUA UNIVERSITY	清华大学	中国	79.60
4	ISLAMIC AZAD UNIVERSITY	伊斯兰阿扎德大学	伊朗	74.20
5	SHANGHAI JIAO TONG UNIVERSITY	上海交通大学	中国	63.60

其他中国机构：7. 天津大学；9. 华中科技大学；10. 中国科学技术大学；13. 华北电力大学；14. 浙江大学；15. 哈尔滨工业大学；16. 华南理工大学；17. 大连理工大学；21. 重庆大学；22. 中国科学院大学；23. 北京理工大学；27. 东南大学；28. 北京航空航天大学；33. 中国石油大学；36. 中国矿业大学；50. 香港理工大学；57. 中南大学；59. 北京工业大学；61. 西北工业大学；64. 湖南大学；68. 北京科技大学；69. 江苏大学；73. 北京化工大学；79. 山东大学；85. 北京大学；96. 南京理工大学；101. 南京航空航天大学；102. 同济大学；103. 香港城市大学；105. 南京工业大学；119. 北京交通大学；124. 厦门大学；125. 上海理工大学；126. 四川大学；134. 武汉理工大学；143. 吉林大学；150. 中国东北大学；167. 苏州大学；169. 哈尔滨工程大学；196. 中山大学；215. 武汉大学；219. 扬州大学；223. 华东理工大学；230. 广东工业大学；243. 西南石油大学；247. 郑州大学；258. 河海大学；261. 合肥工业大学；278. 中国人民解放军海军工程大学；300. 中国地质大学；303. 香港科技大学；304. 兰州大学；306. 青岛科技大学；310. 上海大学；322. 太原

排名	英文名称	中文名称	国家/地区	总得分
理工大学；336. 国防科技大学；337. 北京建筑大学；345. 山东科技大学；356. 南京大学；359. 江南大学；365. 东华大学；370. 昆明理工大学；373. 西南交通大学；400. 浙江工业大学；415. 河北工业大学；424. 广西大学；454. 天津理工大学；457. 武汉科技大学；464. 成都理工大学；468. 香港大学；478. 电子科技大学；479. 西北大学；481. 中国计量大学；514. 北京师范大学；519. 大连海事大学；530. 华侨大学；533. 燕山大学；539. 长安大学；576. 中国科学院；589. 长沙理工大学；594. 福州大学；602. 闽江学院；603. 兰州理工大学；612. 西安建筑科技大学；616. 宁波大学；623. 内蒙古工业大学；626. 河南理工大学；633. 兰州交通大学；639. 华东理工大学；650. 中原工学院；654. 湘潭大学；656. 南昌大学；658. 天津工业大学；679. 新疆大学；688. 辽宁大学；705. 常州大学；708. 天津商业大学；714. 桂林电子科技大学；716. 东北财经大学；720. 中国海洋大学；725. 江苏科技大学；728. 河北科技大学；732. 中北大学；736. 上海电力学院；738. 暨南大学；749. 河南师范大学；752. 安徽工业大学；756. 浙江理工大学；784. 青岛大学；787. 云南师范大学				

十五、法学学科

表2-39 法学学科（5强与中国大学）

排名	英文名称	中文名称	国家/地区	总得分
1	HARVARD UNIVERSITY	哈佛大学	美国	100.00
2	NEW YORK UNIVERSITY	纽约大学	美国	73.10
3	UNIVERSITY OF CAMBRIDGE	剑桥大学	英国	71.70
4	UNIVERSITY OF CHICAGO	芝加哥大学	美国	70.80
5	ARIZONA STATE UNIVERSITY	亚利桑那州立大学	美国	68.70
其他中国机构：109. 香港大学；140. 香港城市大学；149. 四川大学；192. 中山大学；213. 复旦大学；238. 中国政法大学；301. 中国科学院；303. 华中科技大学；307. 香港中文大学；321. 澳门大学；358. 上海交通大学；363. 中国医科大学；384. 西安交通大学；454. 山东大学；466. 北京大学；483. 苏州大学；501. 清华大学；521. 中南大学；536. 南方医科大学；551. 武汉大学；581. 浙江大学；640. 重庆医科大学；704. 厦门大学；734. 汕头大学；799. 山西医科大学；834. 中国人民大学；858. 北京师范大学；890. 中国人民警察大学；925. 四川大学华西医学中心；946. 香港理工大学；1005. 中国药科大学；1080. 昆明医科大学；1109. 华东师范大学；1128. 南京医科大学；1160. 南京大学；1229. 暨南大学；1241. 吉林大学；1276. 中国人民公安大学；1307. 对外经济贸易大学；1336. 中国人民公安大学；1338. 空军军医大学；1356. 中国农业大学；1382. 华中农业大学；1463. 中国医学科学院-中国协和医学院；1476. 长沙理工大学；1520. 中国科学院大学；1547. 中国刑事警察学院；1548. 陆军军医大学；1634. 郑州大学；1703. 南开大学；1734. 中国刑事警察学院；1806. 遵义医科大学；1820. 西南财经大学；1832. 西南政法大学；1862. 中国农业大学；1936. 中国政法大学；2000. 新疆医科大学；2014. 温州医科大学；2016. 华东政法大学；2041. 华中师范大学；2064. 烟台大学；2101. 青岛大学；2123. 上海中医药大学；2208. 天津医科大学；2243. 湖南大学；2252. 沈阳药科大学；2278. 北京化工大学；2313. 北京理工大学；2315. 首都医科大学；2425. 南通大学；2426. 山东政法学院；2450. 四川警察学院；2451. 华南农业大学；2454. 大理大学；2518. 东北师范大学；2598. 海军军医大学；2635. 电子科技大学；2646. 南京中医药大学；2712. 川北医学院；2888. 天津大学；2889. 哈尔滨工业大学；3027. 成都医学院；3067. 中国科学院；3087. 同济大学				

十六、纺织科学与工程学科

表2-40 纺织科学与工程学科（5强与中国大学）

排名	英文名称	中文名称	国家/地区	总得分
1	DONGHUA UNIVERSITY	东华大学	中国	100.00

排名	英文名称	中文名称	国家/地区	总得分
2	CHINESE ACADEMY OF SCIENCES	中国科学院	中国	74.20
3	JIANGNAN UNIVERSITY	江南大学	中国	56.90
4	SOUTH CHINA UNIVERSITY OF TECHNOLOGY	华南理工大学	中国	48.50
5	ISLAMIC AZAD UNIVERSITY	伊斯兰阿扎德大学	伊朗	44.30

其他中国机构：6. 香港理工大学；9. 苏州大学；12. 浙江理工大学；13. 四川大学；15. 吉林大学；17. 武汉纺织大学；21. 天津工业大学；24. 大连理工大学；27. 华东理工大学；29. 南京工业大学；30. 武汉大学；31. 南京大学；40. 山东大学；43. 兰州大学；45. 中国科学院大学；46. 安徽大学；47. 太原理工大学；49. 东北师范大学；52. 天津大学；54. 东北林业大学；55. 浙江大学；60. 湘潭大学；62. 南京林业大学；76. 中山大学；77. 哈尔滨工业大学；78. 江西科技师范大学；79. 北京林业大学；84. 西南大学；86. 华中师范大学；92. 华东理工大学；93. 西北大学；96. 陕西科技大学；102. 福建农林大学；108. 山西大学；117. 青岛科技大学；118. 天津理工大学；124. 西安工程大学；125. 北京理工大学；132. 中国科学技术大学；144. 西北师范大学；147. 清华大学；157. 江苏大学；160. 青岛大学；162. 香港浸会大学；167. 上海交通大学；169. 南京邮电大学；177. 南开大学；178. 上海大学；180. 上海工程技术大学；181. 郑州大学；184. 东南大学；185. 北京化工大学；187. 杭州师范大学；191. 南京理工大学；193. 北京科技大学；194. 华中科技大学；195. 天津科技大学；200. 绍兴文理学院；202. 福州大学；206. 中原工学院；214. 河南大学；218. 齐鲁工业大学；220. 香港科技大学；224. 广西大学；226. 电子科技大学；235. 北京大学；236. 南京信息工程大学；237. 北京师范大学；238. 福建师范大学；239. 大连工业大学；242. 中南大学；254. 暨南大学；263. 盐城工学院；268. 上海师范大学；269. 嘉兴学院；274. 浙江工业大学；276. 杭州电子科技大学；278. 河北大学；288. 南通大学；292. 安徽工程大学；298. 复旦大学；300. 黑龙江大学；315. 上海理工大学；319. 南昌大学；320. 南京师范大学；328. 新疆大学；336. 香港城市大学；338. 中国科学院；343. 常州大学；351. 中国矿业大学；355. 华南师范大学；358. 湖南大学；361. 温州大学；367. 深圳大学；368. 闽江学院；376. 山东师范大学；378. 武汉理工大学；381. 中国地质大学；386. 西安电子科技大学；389. 广东工业大学；393. 同济大学；405. 华东师范大学；413. 北京航空航天大学；427. 西安交通大学；429. 南京航空航天大学；431. 山西大同大学；451. 淮阴师范学院；455. 中国农业大学；458. 中国科学院

十七、工商管理学科

表2-41 工商管理学科（5强与中国大学）

排名	英文名称	中文名称	国家/地区	总得分
1	NATIONAL BUREAU OF ECONOMIC RESEARCH	全国经济研究所	美国	100.00
2	HONG KONG POLYTECHNIC UNIVERSITY	香港理工大学	中国	98.20
3	HARVARD UNIVERSITY	哈佛大学	美国	83.50
4	UNIVERSITY OF PENNSYLVANIA	宾夕法尼亚大学	美国	82.80
5	PENNSYLVANIA STATE UNIVERSITY	宾夕法尼亚州立大学	美国	82.20

其他中国机构：25. 香港城市大学；56. 香港中文大学；79. 中山大学；84. 香港大学；86. 北京大学；98. 香港科技大学；111. 中国人民大学；124. 上海交通大学；149. 清华大学；159. 浙江大学；172. 复旦大学；181. 西南财经大学；189. 香港浸会大学；207. 厦门大学；219. 上海财经大学；231. 澳门大学；263. 西安交通大学；277. 对外经济贸易大学；301. 南京大学；330. 中央财经大学；362. 中山大学；365. 华中科技大学；382. 武汉大学；404. 哈尔滨工业大学；407. 南开大学；433. 湖南大学；441. 暨南大学；483. 中国科学院；536. 宁波诺丁汉大学；566. 同济大学；580. 中国科学技术大学；590. 华南理工大学；614. 北京师范大学；617. 澳门科技大学；624. 上海大学；665. 中南财经政法大学；672. 江西财经大学；692. 上海体育学院；713. 四川大学；715. 山东大学；747. 西交利物浦大学；798. 中南大学；808. 北京航空航天大学；813. 北京理工大学；829. 华东师范大学；842. 东北财经大学；862. 大连理工大学；876. 西南交通

续表

排名	英文名称	中文名称	国家/地区	总得分

大学；883. 中国科学院大学；919. 深圳大学；944. 华东理工大学；1001. 天津大学；1005. 浙江工商大学；1010. 华东理工大学；1015. 重庆大学；1028. 电子科技大学；1033. 东南大学；1052. 吉林大学；1061. 澳门城市大学；1073. 北京交通大学；1075. 北京第二外国语学院；1096. 浙江财经大学；1108. 中国矿业大学；1121. 南京审计大学；1151. 苏州大学；1171. 西北工业大学；1189. 上海对外经贸大学；1194. 广东外语外贸大学；1216. 华侨大学；1227. 西安电子科技大学；1249. 香港公开大学；1252. 恒生管理学院；1260. 北京联合大学；1261. 中国科学院；1298. 北京科技大学；1336. 北京邮电大学；1406. 首都经济贸易大学；1434. 华南师范大学；1445. 南京财经大学；1454. 中国东北大学；1463. 东华大学；1464. 安徽财经大学；1480. 华南农业大学；1481. 香港理工大学；1505. 上海立信会计金融学院；1525. 广州大学；1547. 河海大学；1564. 海南大学；1569. 陕西师范大学；1575. 山西大学；1608. 香港树仁大学；1615. 中国海洋大学；1658. 浙江工业大学；1661. 华中农业大学；1678. 安徽师范大学；1762. 上海外国语大学；1764. 北京体育大学；1769. 河南大学；1783. 合肥工业大学；1835. 北京工商大学；1843. 南京航空航天大学；1847. 南京理工大学；1864. 上海立信会计金融学院；1870. 上海师范大学；1885. 宁波诺丁汉大学；1893. 东北师范大学；1940. 华中师范大学；1963. 西南大学；1978. 中国地质大学；2008. 北京林业大学

十八、公共管理学科

表 2-42　公共管理学科（5 强与中国大学）

排名	英文名称	中文名称	国家/地区	总得分
1	HARVARD UNIVERSITY	哈佛大学	美国	100.00
2	UNIVERSITY OF TORONTO	多伦多大学	加拿大	79.40
3	UNIVERSITY OF WASHINGTON	华盛顿大学	美国	64.70
4	UNIV-CALIF-SAN-FRANCISCO	加利福尼亚大学旧金山分校	美国	61.90
5	UNIVERSITY OF MICHIGAN	密歇根大学	美国	59.60

其他中国机构：165. 香港大学；248. 北京大学；268. 香港中文大学；277. 复旦大学；324. 浙江大学；350. 华中科技大学；359. 香港理工大学；360. 中山大学；386. 香港城市大学；397. 上海交通大学；431. 四川大学；466. 清华大学；543. 山东大学；606. 武汉大学；610. 中国疾病预防控制中心；616. 西安交通大学；634. 中南大学；687. 首都医科大学；702. 中国科学院；747. 南京医科大学；760. 中国人民大学；771. 香港浸会大学；774. 海军军医大学；894. 中国医学科学院-中国协和医学院；914. 哈尔滨工业大学；919. 北京师范大学；947. 同济大学；994. 澳门大学；1093. 重庆医科大学；1118. 天津医科大学；1121. 中国医科大学；1186. 南方医科大学；1203. 哈尔滨医科大学；1213. 安徽医科大学；1293. 吉林大学；1313. 苏州大学；1456. 东南大学；1468. 兰州大学；1479. 北京航空航天大学；1535. 郑州大学；1576. 厦门大学；1614. 南京大学；1665. 广州医科大学；1708. 河南大学；1729. 陆军军医大学；1764. 暨南大学；1822. 广州中医药大学；1837. 深圳大学；1899. 中国东北大学；1904. 福建医科大学；1914. 上海财经大学；1915. 大连理工大学；2038. 北京理工大学；2040. 河北医科大学；2088. 空军军医大学；2122. 西安电子科技大学；2127. 中山大学；2253. 华南理工大学；2257. 江南大学；2259. 中国科学院大学；2279. 电子科技大学；2292. 昆明医科大学；2334. 中国药科大学；2358. 南昌大学；2433. 重庆大学；2453. 北京工业大学；2507. 广西医科大学；2607. 北京邮电大学；2608. 浙江工商大学；2649. 西南财经大学；2651. 天津大学；2663. 山西医科大学；2711. 南开大学；2740. 南通大学；2783. 香港科技大学；2856. 香港教育大学；2863. 温州医科大学；2891. 上海大学；3001. 中国科学院；3016. 青岛大学；3019. 中央财经大学；3079. 宁夏医科大学；3366. 北京中医药大学；3480. 华南师范大学；3515. 广州大学；3540. 上海中医药大学；3591. 西南大学；3609. 北京交通大学；3651. 南京师范大学；3668. 云南大学；3883. 武汉理工大学；3902. 浙江中医药大学；3955. 江西财经大学；3985. 中南财经政法大学；3991. 华侨大学；4006. 大连医科大学；4056. 陕西师范大学；4059. 杭州师范大学

十九、公共卫生与预防医学(可授医学、理学学位)学科

表2-43 公共卫生与预防医学（可授医学、理学学位）学科（5强与中国大学）

排名	英文名称	中文名称	国家/地区	总得分
1	HARVARD UNIVERSITY	哈佛大学	美国	100.00
2	CHINESE CENTER FOR DISEASE CONTROL AND PREVENTION	中国疾病预防控制中心	美国	89.10
3	UNIVERSITY OF WASHINGTON	华盛顿大学	美国	70.00
4	UNIV-CALIF-SAN-FRANCISCO	加利福尼亚大学旧金山分校	美国	64.60
5	NORTH CAROLINA STATE UNIVERSITY	北卡罗来纳大学	美国	62.80

其他中国机构：92. 中国疾病预防控制中心；98. 中国科学院；119. 香港大学；137. 北京大学；151. 复旦大学；161. 浙江大学；199. 香港中文大学；215. 中山大学；225. 上海交通大学；312. 中国医学科学院-中国协和医学院；320. 首都医科大学；337. 中国农业大学；352. 中国农业大学；360. 四川大学；363. 中南大学；372. 山东大学；378. 华中科技大学；436. 江南大学；457. 武汉大学；491. 中国医科大学；497. 南京医科大学；527. 西安交通大学；544. 重庆医科大学；547. 香港理工大学；571. 吉林大学；5767. 苏州大学；597. 南京大学；605. 同济大学；608. 清华大学；609. 南方医科大学；611. 中国科学院大学；626. 华南理工大学；635. 南京农业大学；668. 哈尔滨医科大学；693. 南昌大学；701. 安徽医科大学；738. 海军军医大学；741. 华中农业大学；749. 东南大学；793. 华南农业大学；848. 郑州大学；864. 天津医科大学；888. 陆军军医大学；923. 西北农林科技大学；934. 东北农业大学；945. 广州医科大学；946. 四川农业大学；971. 北京师范大学；1039. 暨南大学；1053. 空军军医大学；1066. 广西医科大学；1071. 温州医科大学；1102. 香港城市大学；1163. 江苏大学；1183. 青岛大学；1205. 厦门大学；1276. 扬州大学；1286. 兰州大学；1316. 哈尔滨工业大学；1376. 澳门大学；1387. 汕头大学；1489. 中国海洋大学；1490. 西南大学；1493. 福建医科大学；1555. 陕西师范大学；1568. 浙江工商大学；1576. 昆明医科大学；1586. 新疆医科大学；1604. 河北医科大学；1609. 香港浸会大学；1617. 南通大学；1722. 中国科学技术大学；1735. 福建农林大学；1799. 山东农业大学；1836. 大连医科大学；1847. 深圳大学；1886. 中国药科大学；1901. 天津大学；1921. 宁波大学；1927. 南开大学；1928. 合肥工业大学；1937. 天津理工大学；1938. 吉林农业大学；1945. 北京航空航天大学；1998. 国防科技大学；2012. 安徽农业大学；2026. 华东师范大学；2030. 山西医科大学；2040. 宁夏医科大学；2173. 湖南农业大学；2178. 东北林业大学；2239. 青岛农业大学；2267. 南华大学；2330. 石河子大学；2351. 北京工商大学；2393. 河南工业大学

二十、管理科学与工程(可授管理学、工学学位)学科

表2-44 管理科学与工程（可授管理学、工学学位）学科（5强与中国大学）

排名	英文名称	中文名称	国家/地区	总得分
1	HONG KONG POLYTECHNIC UNIVERSITY	香港理工大学	中国	100.00
2	CITY UNIVERSITY OF HONG KONG	香港城市大学	中国	65.20
3	NATIONAL UNIVERSITY OF SINGAPORE	新加坡国立大学	新加坡	60.50
4	ARIZONA STATE UNIVERSITY	亚利桑那州立大学	美国	59.50
5	PENNSYLVANIA STATE UNIVERSITY	宾夕法尼亚州立大学	美国	58.00

其他中国机构：6. 上海交通大学；10. 清华大学；19. 华中科技大学；21. 中国科学院；31. 香港科技大学；39. 北京航空航天大学；40. 香港大学；41. 哈尔滨工业大学；43. 浙江大学；47. 西安交通大学；50. 同济大学；59. 中国科学技术大学；62. 大连理工大学；72. 东南大学；76. 香港中文大学；85. 天津大学；87. 北京交通大学；93. 中山大学；95. 中国东北大学；98. 北京大学；104. 电子科技大学；120. 华南理工大学；126. 西北工业大学；135. 中南大学；142. 重庆大学；154. 南京大学；166. 北京理工大学；173. 上海大学；177. 复旦大学；188. 南京航空航天大学；191. 武汉大学；

续表

排名	英文名称	中文名称	国家/地区	总得分
211. 四川大学；215. 北京科技大学；217. 湖南大学；224. 中国人民大学；229. 合肥工业大学；244. 香港浸会大学；250. 西南财经大学；252. 厦门大学；255. 西安电子科技大学；260. 南开大学；269. 国防科技大学；286. 南京理工大学；318. 山东大学；319. 西南交通大学；321. 上海财经大学；338. 深圳大学；364. 武汉理工大学；400. 对外经济贸易大学；402. 澳门大学；411. 中国科学院大学；414. 宁波诺丁汉大学；444. 中国矿业大学；446. 吉林大学；457. 浙江工业大学；458. 广东工业大学；478. 东华大学；483. 华东理工大学；499. 暨南大学；522. 中山大学；528. 沈阳航空航天大学；536. 福州大学；537. 河海大学；572. 大连海事大学；590. 北京工业大学；593. 华北电力大学；594. 浙江财经大学；599. 东北财经大学；619. 苏州大学；624. 西南大学；625. 燕山大学；627. 上海海事大学；639. 杭州电子科技大学；652. 北京邮电大学；655. 江南大学；671. 江西财经大学；680. 北京师范大学；682. 中国石油大学；691. 华东师范大学；708. 郑州大学；722. 浙江工商大学；730. 浙江师范大学；732. 兰州大学；742. 中国地质大学；756. 重庆师范大学；761. 安徽大学；764. 哈尔滨工程大学；766. 上海理工大学；767. 天津工业大学；789. 中央财经大学；808. 澳门科技大学；810. 南京邮电大学；811. 曲阜师范大学；822. 重庆交通大学；847. 南京师范大学；861. 广西大学；863. 南京信息工程大学；870. 长沙理工大学；878. 北京化工大学；879. 南昌大学；883. 聊城大学；898. 华东理工大学；912. 西交利物浦大学；918. 中国人民解放军陆军工程大学；923. 西安工业大学；933. 昆明理工大学；952. 山东科技大学；953. 江苏大学；959. 南京财经大学；968. 武汉科技大学；985. 中国人民解放军空军工程大学；1003. 华南师范大学；1015. 南京审计大学；1031. 天津科技大学；1045. 山西大学；1050. 兰州理工大学				

二十一、光学工程学科

表2-45　光学工程学科（5强与中国大学）

排名	英文名称	中文名称	国家/地区	总得分
1	CHINESE ACADEMY OF SCIENCES	中国科学院	中国	100.00
2	HUAZHONG UNIVERSITY OF SCIENCE & TECHNOLOGY	华中科技大学	中国	29.70
3	RUSSIAN ACADEMY OF SCIENCES	俄罗斯科学院	俄罗斯	28.60
4	ZHEJIANG UNIVERSITY	浙江大学	中国	24.90
5	TSINGHUA UNIVERSITY	清华大学	中国	24.50
其他中国机构：8. 哈尔滨工业大学；9. 中国科学技术大学；11. 中国科学院大学；12. 上海交通大学；17. 北京邮电大学；20. 山东大学；21. 北京大学；22. 电子科技大学；25. 国防科技大学；27. 天津大学；32. 南京大学；33. 复旦大学；34. 吉林大学；36. 深圳大学；37. 东南大学；38. 南开大学；43. 北京理工大学；52. 华南理工大学；54. 华南师范大学；56. 西安交通大学；60. 北京航空航天大学；66. 西安电子科技大学；73. 湖南大学；77. 上海大学；78. 香港理工大学；79. 苏州大学；80. 南京理工大学；83. 四川大学；94. 中山大学；107. 香港城市大学；109. 华东师范大学；110. 大连理工大学；121. 北京交通大学；123. 中国科学院；125. 山西大学；126. 厦门大学；141. 重庆大学；145. 中国计量大学；154. 香港中文大学；164. 南京航空航天大学；165. 暨南大学；168. 长春理工大学；170. 南京邮电大学；172. 同济大学；173. 武汉大学；174. 上海理工大学；180. 西北工业大学；190. 北京工业大学；193. 哈尔滨工程大学；213. 香港大学；245. 香港科技大学；246. 西南交通大学；247. 北京师范大学；257. 兰州大学；259. 广东工业大学；263. 宁波大学；269. 山东师范大学；273. 中国东北大学；285. 福州大学；286. 中南大学；290. 江苏师范大学；303. 首都师范大学；306. 西北大学；307. 武汉理工大学；314. 浙江师范大学；315. 武汉工程大学；331. 安徽大学；335. 太原理工大学；336. 江苏大学；372. 福建师范大学；383. 武汉东湖学院；384. 合肥工业大学；394. 杭州电子科技大学；396. 中国地质大学；403. 南京信息工程大学；406. 南昌大学；423. 江南大学；424. 陕西师范大学；431. 东北师范大学；448. 燕山大学；460. 天津科技大学；461. 浙江工业大学；462. 北京科技大学；508. 浙江农林大学；528. 湖南师范大学；536. 郑州大学；549. 中国矿业大学；555. 中国人民解放军空军工程大学；559. 青岛大学；563. 南京师范大学；570. 桂林电子科技大学；577. 天津工业大学；585. 华中师范大学；586. 江西师范大学；589. 西安工业大学；606. 西南大学；608. 中北大学；614. 清华大学；629. 重庆邮电大学；637. 南昌航空大学；646. 西北师范大学；671. 曲阜师范大学；676. 华东交通大学；685. 哈尔滨理工大学；690. 河北工业大学；701. 华东理工大学；723. 延边大学；737. 杭州师范大学；739. 南京工业大学；744. 西安理工大学；745. 华侨大学				

二十二、海洋科学学科

表 2-46　海洋科学学科（5 强与中国大学）

排名	英文名称	中文名称	国家/地区	总得分
1	CHINESE ACADEMY OF SCIENCES	中国科学院	中国	100.00
2	NATIONAL OCEANIC AND ATMOSPHERIC ADMINISTRATION	美国国家海洋和大气管理局	美国	92.60
3	NATIONAL AERONAUTICS AND SPACE ADMINISTRATION	美国航空航天局	美国	77.60
4	UNIVERSITY OF COLORADO	科罗拉多大学	美国	64.50
5	UNIVERSITY OF WASHINGTON	华盛顿大学	美国	62.50

其他中国机构：10. 中国海洋大学；36. 中国科学院大学；57. 北京大学；67. 厦门大学；93. 南京信息工程大学；103. 中国科学技术大学；112. 南京大学；115. 武汉大学；116. 浙江大学；119. 北京师范大学；129. 上海交通大学；130. 华东师范大学；174. 大连理工大学；177. 河海大学；219. 中国地质大学；224. 中山大学；232. 中国科学院；234. 同济大学；247. 清华大学；248. 哈尔滨工程大学；257. 上海海洋大学；284. 中国科学院；305. 天津大学；307. 香港科技大学；312. 北京航空航天大学；338. 兰州大学；357. 山东大学；387. 中国石油大学；476. 香港中文大学；492. 香港理工大学；527. 香港大学；535. 复旦大学；544. 大连海事大学；579. 天津理工大学；590. 武汉理工大学；596. 哈尔滨工业大学；634. 华中科技大学；636. 国防科技大学；641. 南昌大学；648. 中国科学院；713. 中国人民解放军陆军工程大学；757. 暨南大学；770. 江苏科技大学；771. 长沙理工大学；777. 浙江海洋大学；780. 西安交通大学；806. 西北工业大学；817. 香港城市大学；826. 东南大学；837. 广东海洋大学；855. 山东科技大学；867. 上海海事大学；874. 中国矿业大学；885. 西南石油大学；898. 集美大学；1069. 大连海洋大学；1070. 中南大学；1121. 宁波大学；1139. 华南理工大学；1181. 南京师范大学；1242. 北京理工大学；1287. 南京航空航天大学；1293. 中国人民解放军海军工程大学；1296. 四川大学；1297. 成都信息工程大学；1347. 吉林大学；1381. 澳门科技大学；1421. 上海大学；1513. 青岛农业大学；1574. 西南交通大学；1578. 南方科技大学；1583. 青岛大学；1635. 山东大学；1673. 杭州电子科技大学；1674. 香港浸会大学；1676. 西北大学；1685. 福州大学；1728. 福建师范大学；1741. 深圳大学；1780. 云南大学

二十三、航空宇航科学与技术学科

表 2-47　航空宇航科学与技术学科（5 强与中国大学）

排名	英文名称	中文名称	国家/地区	总得分
1	BEIHANG UNIVERSITY	北京航空航天大学	中国	100.00
2	NATIONAL AERONAUTICS AND SPACE ADMINISTRATION	美国航空航天局	美国	65.80
3	NATIONAL UNIVERSITY OF DEFENSE TECHNOLOGY-CHINA	国防科技大学	中国	61.70
4	HARBIN INSTITUTE OF TECHNOLOGY	哈尔滨工业大学	中国	52.30
5	NORTHWESTERN POLYTECHNICAL UNIVERSITY	西北工业大学	中国	45.30

其他中国机构：6. 南京航空航天大学；7. 中国科学院；8. 清华大学；12. 北京理工大学；32. 西安电子科技大学；36. 上海交通大学；49. 武汉大学；58. 西安交通大学；67. 中国科学院大学；70. 大连理工大学；73. 东南大学；75. 浙江大学；79. 电子科技大学；88. 北京大学；91. 南京理工大学；92. 中国人民解放军空军工程大学；112. 香港理工大学；130. 天津大学；134. 华中科技大学；142. 中国科学院；148. 哈尔滨工程大学；161. 中国人民解放军海军航空大学；182. 中南大学；184. 中国东北大学；187. 中国科学技术大学；199. 同济大学；227. 中国科学院；246. 重庆大学；256. 湖南大学；262. 南京大学；266. 沈阳航空航天大学；292. 中国地质大学；293. 香港科技大学；315. 中国民航大学；335. 河海大学；356. 深圳大学；358. 中国矿业大学；365. 复旦大学；380. 长安大学；399. 四川大学；403. 厦门大学；

排名	英文名称	中文名称	国家/地区	总得分
413. 山东大学；428. 香港城市大学；438. 武汉科技大学；439. 北京工业大学；445. 香港大学；466. 上海大学；478. 中国人民解放军海军工程大学；484. 南京信息工程大学；499. 大连海事大学；521. 苏州大学；531. 中国人民解放军陆军工程大学；541. 西安工业大学；542. 西南交通大学；545. 山东科技大学；548. 香港中文大学；550. 华南理工大学；556. 合肥工业大学；572. 燕山大学；594. 中国石油大学；605. 北京科技大学；612. 吉林大学；620. 渤海大学；626. 北京师范大学；686. 华东师范大学；708. 杭州电子科技大学；795. 中山大学；797. 南开大学；802. 中国科学院；820. 法国原子能和替代能源委员会；829. 北京交通大学；834. 华北电力大学；835. 上海理工大学；844. 清华大学；880. 武汉理工大学；895. 中北大学；911. 香港浸会大学				

二十四、核科学与技术学科

表2-48　核科学与技术学科（5强与中国大学）

排名	英文名称	中文名称	国家/地区	总得分
1	CHINESE ACADEMY OF SCIENCES	中国科学院	中国	100.00
2	JAPAN ATOMIC ENERGY AGENCY	日本原子能科学研究院	日本	83.10
3	OAK RIDGE NATIONAL LABORATORY	美国橡树岭国家实验室	美国	62.70
4	THE FRENCH ATOMIC ENERGY COMMISSION	法国原子能和替代能源委员会	法国	61.70
5	KOREA ATOMIC ENERGY RESEARCH INSTITUTE	韩国原子能科学研究院	韩国	60.40
其他中国机构：11. 清华大学；18. 中国科学技术大学；21. 西安交通大学；45. 中国科学院大学；47. 上海交通大学；51. 中国科学院；61. 北京大学；87. 哈尔滨工程大学；97. 北京科技大学；115. 兰州大学；128. 四川大学；135. 大连理工大学；171. 华北电力大学；181. 北京航空航天大学；220. 华中科技大学；223. 南华大学；253. 北京师范大学；277. 复旦大学；286. 南京航空航天大学；327. 哈尔滨工业大学；332. 西南科技大学；341. 山东大学；361. 武汉大学；363. 中山大学；369. 合肥工业大学；384. 重庆大学；390. 天津大学；391. 上海大学；417. 香港城市大学；429. 苏州大学；442. 华东理工大学；467. 电子科技大学；482. 同济大学；525. 成都理工大学；527. 厦门大学；534. 西北工业大学；576. 中国人民解放军海军工程大学；578. 中南大学；599. 中国东北大学；611. 中国地质大学；640. 国防科技大学；641. 浙江大学；695. 南京大学；705. 江苏大学；759. 山东理工大学；764. 湖南大学；777. 中国科学院；803. 深圳大学；819. 郑州大学；880. 香港大学；908. 西南交通大学；909. 华东理工大学；913. 南开大学；919. 中国石油大学；925. 华东理工大学；936. 河海大学；938. 广西大学；974. 华南理工大学；1032. 绍兴文理学院；1038. 华中师范大学；1043. 吉林大学；1045. 香港理工大学；1058. 陕西师范大学；1070. 河西学院；1101. 山西大学；1108. 武汉理工大学；1116. 安徽医科大学；1141. 湘潭大学；1196. 北京化工大学；1202. 大连海事大学；1220. 香港中文大学；1240. 中国疾病预防控制中心；1242. 北京工业大学；1283. 衡阳师范学院；1289. 西南大学；1296. 安徽建筑大学；1325. 上海科技大学；1350. 中国矿业大学；1352. 南京工业大学；1380. 燕山大学；1451. 东南大学；1474. 北京理工大学；1498. 广东工业大学；1649. 江南大学；1671. 东华大学；1711. 河南师范大学；1785. 东北林业大学；1805. 河南理工大学				

二十五、护理学(可授医学、理学学位)学科

表2-49　护理学（可授医学、理学学位）学科（5强与中国大学）

排名	英文名称	中文名称	国家/地区	总得分
1	NORTH CAROLINA STATE UNIVERSITY	北卡罗来纳大学	美国	100.00
2	UNIVERSIDADE DE SAO PAULO	圣保罗大学	巴西	91.70
3	UNIV-CALIF-SAN-FRANCISCO	加利福尼亚大学旧金山分校	美国	91.20

续表

排名	英文名称	中文名称	国家/地区	总得分
4	UNIVERSITY OF PENNSYLVANIA	宾夕法尼亚大学	美国	91.10
5	UNIVERSITY OF SYDNEY	悉尼大学	澳大利亚	75.00

其他中国机构：88. 香港理工大学；99. 香港中文大学；131. 香港大学；215. 中南大学；248. 中山大学；282. 四川大学；355. 北京大学；372. 复旦大学；386. 山东大学；403. 武汉大学；435. 海军军医大学；471. 上海交通大学；489. 中国医学科学院-中国协和医学院；541. 首都医科大学；564. 西安交通大学；592. 重庆医科大学；632. 天津医科大学；667. 中国医科大学；712. 浙江大学；845. 南京医科大学；856. 郑州大学；872. 哈尔滨医科大学；878. 华中科技大学；920. 中国疾病预防控制中心；924. 苏州大学；944. 同济大学；1001. 安徽医科大学；1051. 江南大学；1106. 广州医科大学；1108. 天津中医药大学；1125. 南通大学；1167. 南方医科大学；1200. 澳门大学；1274. 南京中医药大学；1381. 吉林大学；1457. 香港公开大学；1541. 杭州师范大学；1669. 福建医科大学；1753. 广州中医药大学；1760. 福建中医药大学；1973. 广西医科大学；1982. 厦门大学；1993. 昆明医科大学；2017. 温州医科大学；2073. 香港城市大学；2104. 泰山医学院；2222. 陆军军医大学；2226. 南京大学；2473. 北京中医药大学；2479. 川北医学院；2587. 空军军医大学；2633. 河南科技大学；2651. 兰州大学；2652. 香港浸会大学；2669. 东南大学；2807. 大连医科大学；2894. 湖北医药学院；2931. 中国科学院；2994. 浙江中医药大学；3017. 香港教育大学；3093. 上海中医药大学；3112. 青岛大学；3141. 复旦大学；3237. 湖南师范大学；3409. 深圳大学；3465. 湖南中医药大学；3629. 石河子大学；3685. 北京师范大学；3695. 延边大学；3698. 清华大学；3829. 天津医科大学；3904. 河南大学；4131. 宁夏医科大学；4324. 暨南大学

二十六、化学学科

表2-50 化学学科（5强与中国大学）

排名	英文名称	中文名称	国家/地区	总得分
1	CHINESE ACADEMY OF SCIENCES	中国科学院	中国	100.00
2	RUSSIAN ACADEMY OF SCIENCES	俄罗斯科学院	俄罗斯	24.70
3	UNIVERSITY OF CHINESE ACADEMY OF SCIENCES	中国科学院大学	中国	19.40
4	TSINGHUA UNIVERSITY	清华大学	中国	17.40
5	ZHEJIANG UNIVERSITY	浙江大学	中国	17.40

其他中国机构：7. 吉林大学；8. 中国科学技术大学；9. 北京大学；12. 南京大学；14. 四川大学；15. 复旦大学；17. 华南理工大学；20. 南开大学；22. 苏州大学；23. 天津大学；24. 上海交通大学；30. 山东大学；33. 大连理工大学；35. 厦门大学；37. 哈尔滨工业大学；38. 武汉大学；39. 中山大学；40. 北京化工大学；43. 华中科技大学；48. 华东理工大学；49. 兰州大学；53. 西安交通大学；57. 中南大学；58. 湖南大学；69. 北京理工大学；70. 南京工业大学；82. 福州大学；84. 武汉理工大学；88. 东南大学；93. 北京科技大学；100. 华东师范大学；102. 江南大学；105. 北京航空航天大学；106. 上海大学；107. 同济大学；113. 郑州大学；116. 江苏大学；117. 香港科技大学；124. 重庆大学；125. 东北师范大学；126. 香港城市大学；127. 西南大学；131. 南京理工大学；134. 东华大学；144. 浙江工业大学；163. 西北大学；177. 西北工业大学；182. 香港理工大学；195. 香港中文大学；203. 暨南大学；204. 北京师范大学；213. 中国药科大学；218. 青岛科技大学；224. 中国石油大学；225. 南昌大学；227. 陕西师范大学；235. 华中师范大学；246. 湘潭大学；254. 中国农业大学；257. 暨南大学；263. 合肥工业大学；265. 华东理工大学；267. 香港大学；281. 太原理工大学；289. 中国地质大学；296. 华南师范大学；300. 电子科技大学；305. 中国医学科学院-中国协和医学院；306. 扬州大学；309. 中国海洋大学；317. 南京航空航天大学；320. 哈尔滨工程大学；337. 常州大学；338. 河南大学；349. 中国东北大学；353. 深圳大学；356. 北京工业大学；367. 中国科学院；369. 河南师范大学；371. 南京师范大学；372. 浙江师范大学；382. 中国农业大学；384. 黑龙江大学；385. 南京邮电大学；387. 安徽大学；389. 山西大学；394. 浙江理工大学；406. 香港浸会大学；407. 沈阳药科大学；408. 青岛大学；415. 西北师范大学；417. 江西师范大学；425. 中国矿业大学；428. 宁波大学；437. 西北农林科技大学；452. 湖北大学；

续表

排名	英文名称	中文名称	国家/地区	总得分
471. 昆明理工大学；479. 安徽师范大学；480. 山东师范大学；504. 华中农业大学；506. 天津工业大学；508. 河北大学；517. 燕山大学；546. 杭州师范大学；551. 广东工业大学；553. 温州大学；554. 南京农业大学；579. 华南农业大学；582. 河北工业大学；583. 广西大学；591. 东北林业大学；594. 天津科技大学				

二十七、化学工程与技术学科

表2-51　化学工程与技术学科（5强与中国大学）

排名	英文名称	中文名称	国家/地区	总得分
1	CHINESE ACADEMY OF SCIENCES	中国科学院	中国	100.00
2	TSINGHUA UNIVERSITY	清华大学	中国	39.30
3	TIANJIN UNIVERSITY	天津大学	中国	32.90
4	ZHEJIANG UNIVERSITY	浙江大学	中国	29.20
5	CHINA UNIVERSITY OF PETROLEUM	中国石油大学	中国	25.60
其他中国机构：6. 中国科学院大学；8. 华南理工大学；11. 大连理工大学；13. 北京化工大学；14. 上海交通大学；15. 中国科学技术大学；16. 华东理工大学；17. 哈尔滨工业大学；18. 西安交通大学；20. 中国矿业大学；21. 华中科技大学；25. 南京工业大学；27. 四川大学；31. 东南大学；35. 同济大学；37. 江苏大学；38. 中南大学；42. 山东大学；46. 南京大学；47. 北京理工大学；48. 湖南大学；56. 华北电力大学；59. 厦门大学；62. 武汉理工大学；65. 重庆大学；66. 中国地质大学；69. 北京大学；78. 吉林大学；82. 太原理工大学；84. 福州大学；88. 中山大学；91. 华东理工大学；93. 浙江工业大学；94. 武汉大学；95. 西南石油大学；101. 江南大学；102. 香港理工大学；109. 复旦大学；113. 南京理工大学；122. 北京科技大学；124. 苏州大学；127. 南开大学；133. 兰州大学；137. 香港科技大学；138. 中国石油大学；144. 北京工业大学；158. 香港城市大学；160. 天津工业大学；168. 郑州大学；177. 中国东北大学；185. 东华大学；190. 昆明理工大学；200. 青岛科技大学；202. 合肥工业大学；210. 北京航空航天大学；221. 上海大学；246. 河北工业大学；251. 香港大学；254. 北京林业大学；258. 浙江理工大学；275. 山东科技大学；278. 常州大学；281. 中国海洋大学；292. 广西大学；302. 北京师范大学；307. 西北大学；328. 广东工业大学；331. 西北工业大学；353. 湘潭大学；361. 浙江师范大学；367. 暨南大学；372. 南京航空航天大学；378. 天津理工大学；380. 上海理工大学；387. 中国农业大学；393. 河南理工大学；396. 陕西师范大学；414. 扬州大学；416. 东北林业大学；427. 华东师范大学；432. 西安建筑科技大学；434. 哈尔滨工程大学；435. 南京师范大学；447. 河海大学；450. 东北师范大学；451. 青岛大学；452. 南昌大学；455. 中南民族大学；459. 华南师范大学；468. 香港中文大学；476. 南京林业大学；479. 安徽工业大学；499. 中国科学院；502. 中国石油大学；505. 暨南大学；517. 河南大学；524. 深圳大学；531. 武汉工程大学；535. 江苏科技大学；544. 西北农林科技大学；551. 安徽大学；555. 黑龙江大学；560. 中北大学；567. 上海师范大学；568. 西南大学；569. 上海电力学院；577. 北京交通大学；591. 成都理工大学；594. 辽宁石油化工大学；604. 华侨大学				

二十八、环境科学与工程(可授工学、理学、农学学位)学科

表2-52　环境科学与工程（可授工学、理学、农学学位）学科（5强与中国大学）

排名	英文名称	中文名称	国家/地区	总得分
1	CHINESE ACADEMY OF SCIENCES	中国科学院	中国	100.00
2	TSINGHUA UNIVERSITY	清华大学	中国	22.90
3	UNIVERSITY OF CHINESE ACADEMY OF SCIENCES	中国科学院大学	中国	22.00

续表

排名	英文名称	中文名称	国家/地区	总得分
4	UNIV-CALIF-BERKELEY	加利福尼亚大学伯克利分校	美国	17.10
5	UNIVERSITY OF QUEENSLAND	昆士兰大学	澳大利亚	16.20

其他中国机构：8. 浙江大学；9. 南京大学；10. 北京大学；11. 北京师范大学；16. 同济大学；23. 哈尔滨工业大学；49. 上海交通大学；55. 中山大学；61. 香港理工大学；68. 天津大学；71. 复旦大学；76. 华南理工大学；80. 中国地质大学；82. 大连理工大学；83. 武汉大学；87. 山东大学；100. 南开大学；101. 香港大学；102. 华中科技大学；111. 中国科学技术大学；112. 湖南大学；117. 河海大学；126. 中国农业大学；128. 香港城市大学；130. 厦门大学；139. 西北农林科技大学；142. 南京农业大学；143. 中南大学；147. 香港科技大学；152. 华北电力大学；158. 西安交通大学；162. 中国海洋大学；169. 兰州大学；172. 四川大学；177. 重庆大学；183. 中国矿业大学；194. 华东师范大学；200. 吉林大学；210. 南京信息工程大学；228. 暨南大学；231. 东南大学；243. 中国农业大学；244. 北京林业大学；247. 江苏大学；249. 武汉理工大学；265. 华中农业大学；268. 香港中文大学；269. 上海大学；276. 北京理工大学；278. 北京科技大学；280. 中国石油大学；292. 苏州大学；306. 浙江工业大学；307. 香港浸会大学；310. 北京化工大学；311. 华东理工大学；330. 福州大学；341. 中国科学院；351. 北京工业大学；396. 广东工业大学；397. 南京师范大学；403. 南京工业大学；412. 北京航空航天大学；420. 东华大学；438. 华南师范大学；449. 合肥工业大学；458. 中国疾病预防控制中心；479. 西安建筑科技大学；481. 华南农业大学；504. 中国人民大学；515. 南京理工大学；522. 西南大学；530. 东北师范大学；544. 昆明理工大学；564. 陕西师范大学；590. 深圳大学；591. 长安大学；603. 郑州大学；604. 浙江农林大学；616. 江南大学；634. 暨南大学；639. 太原理工大学；671. 山西大学；680. 广西大学；688. 华东理工大学；691. 四川农业大学；694. 福建师范大学；710. 浙江师范大学；714. 东北农业大学；716. 南京林业大学；726. 河南师范大学；732. 广州大学；740. 湖南农业大学；742. 青岛科技大学；748. 扬州大学；760. 浙江工商大学；792. 上海理工大学；803. 河南大学；813. 中国东北大学；837. 华中师范大学；841. 中国科学院；852. 北京交通大学；864. 西北大学；870. 山东农业大学；880. 东北林业大学；899. 福建农林大学；902. 西北工业大学；909. 成都理工大学

二十九、会计与金融学科

表2-53 会计与金融学科（5强与中国大学）

排名	英文名称	中文名称	国家/地区	总得分
1	NATIONAL BUREAU OF ECONOMIC RESEARCH	全国经济研究所	美国	100.00
2	NEW YORK UNIVERSITY	纽约大学	美国	51.20
3	UNIVERSITY OF PENNSYLVANIA	宾夕法尼亚大学	美国	42.00
4	UNIVERSITY OF CHICAGO	芝加哥大学	美国	41.60
5	TILBURG-UNIV	蒂尔堡大学	荷兰	33.00

其他中国机构：18. 香港中文大学；29. 香港城市大学；44. 香港大学；46. 香港理工大学；49. 香港科技大学；74. 中国人民大学；82. 清华大学；83. 北京大学；85. 上海财经大学；96. 上海交通大学；103. 西南财经大学；110. 中央财经大学；135. 厦门大学；136. 复旦大学；185. 对外经济贸易大学；207. 中山大学；220. 浙江大学；231. 中山大学；240. 香港浸会大学；264. 澳门大学；293. 湖南大学；295. 南开大学；310. 西安交通大学；330. 南京大学；335. 暨南大学；369. 中南财经政法大学；412. 江西财经大学；473. 武汉大学；489. 西交利物浦大学；527. 中国科学院；565. 宁波诺丁汉大学；593. 北京航空航天大学；616. 华南理工大学；639. 北京师范大学；657. 西南交通大学；658. 华中科技大学；685. 重庆大学；697. 南京审计大学；724. 同济大学；758. 山东大学；820. 东北财经大学；829. 中国科学技术大学；833. 华东师范大学；839. 华东理工大学；848. 上海对外经贸大学；869. 上海立信会计金融学院；883. 中国科学院大学；884. 北京理工大学；900. 电子科技大学；903. 天津大学；982. 首都经济贸易大学；990. 北京交通大学；1003. 恒生管理学院；1016. 北京工商大学；1065. 深圳大学；1073. 上海立信会计金融学院；1076. 苏州大学；1086. 哈尔滨工业大学；1087. 中国海洋大学；1165. 中国科学院；1166. 中南大学；1178. 山西大学；1179. 广东外语外贸大学；1202. 华东理工大学；1214. 山东财经大学；1224. 西安电子科技大学；1231. 河南大学；1245. 上海大学；1257. 东南大学；1264. 四川大学；1271. 澳门科技大学；1305. 南京理工大学；1313. 中国矿业大学；1316. 南京财经大学；1339. 香港树

排名	英文名称	中文名称	国家/地区	总得分
仁大学；1363. 香港公开大学；1366. 广州大学；1403. 浙江财经大学；1446. 浙江工商大学；1463. 华南农业大学；1465. 华东政法大学；1495. 南方科技大学；1527. 吉林大学；1534. 宁波诺丁汉大学；1575. 南方科技大学；1609. 北京外国语大学；1708. 山西财经大学；1740. 云南财经大学；1763. 南京航空航天大学；1764. 南阳理工学院；1775. 中国东北大学；1792. 湖南师范大学；1802. 北京师范大学；1811. 上海外国语大学；1824. 天津财经大学；1857. 广西大学；1917. 长沙理工大学；1932. 河海大学；1987. 上海纽约大学；2001. 江西师范大学				

三十、机械工程学科

表2-54 机械工程学科（5强与中国大学）

排名	英文名称	中文名称	国家/地区	总得分
1	XI'AN JIAOTONG UNIVERSITY	西安交通大学	中国	100.00
2	SHANGHAI JIAO TONG UNIVERSITY	上海交通大学	中国	90.60
3	TSINGHUA UNIVERSITY	清华大学	中国	83.70
4	CHINESE ACADEMY OF SCIENCES	中国科学院	中国	77.40
5	INDIAN INSTITUTE OF TECHNOLOGY	印度理工学院	印度	68.70
其他中国机构：6. 哈尔滨工业大学；7. 北京航空航天大学；8. 大连理工大学；9. 华中科技大学；11. 浙江大学；12. 天津大学；13. 西北工业大学；15. 重庆大学；19. 中国科学技术大学；20. 东南大学；22. 同济大学；23. 南京航空航天大学；24. 北京理工大学；30. 华南理工大学；33. 西南交通大学；34. 香港理工大学；38. 湖南大学；47. 香港城市大学；53. 中国矿业大学；54. 北京交通大学；56. 中国东北大学；59. 南京理工大学；62. 中南大学；63. 北京工业大学；65. 华北电力大学；67. 中国科学院大学；68. 北京科技大学；71. 山东大学；78. 哈尔滨工程大学；81. 江苏大学；90. 吉林大学；96. 武汉理工大学；100. 北京大学；102. 中国石油大学；103. 国防科技大学；115. 河海大学；125. 合肥工业大学；126. 上海大学；136. 燕山大学；148. 电子科技大学；156. 四川大学；160. 江南大学；165. 香港科技大学；188. 上海理工大学；206. 武汉大学；218. 厦门大学；235. 西南石油大学；250. 太原理工大学；254. 华东理工大学；260. 香港大学；266. 南京工业大学；271. 浙江工业大学；282. 中山大学；320. 西安电子科技大学；327. 山东科技大学；328. 广东工业大学；332. 中国地质大学；350. 兰州理工大学；357. 浙江理工大学；360. 大连海事大学；365. 中国科学院；370. 宁波大学；373. 北京化工大学；376. 澳门大学；392. 郑州大学；406. 香港中文大学；412. 东华大学；417. 南京师范大学；418. 中国人民解放军海军工程大学；420. 河南科技大学；428. 北京邮电大学；440. 华侨大学；443. 上海海事大学；447. 南开大学；457. 昆明理工大学；471. 杭州电子科技大学；481. 武汉科技大学；483. 西安工业大学；493. 中国计量大学；495. 深圳大学；496. 中国农业大学；497. 复旦大学；503. 北京建筑大学；510. 中国人民解放军陆军工程大学；511. 苏州大学；539. 中国海洋大学；541. 西北农林科技大学；546. 湘潭大学；560. 江苏科技大学；565. 长安大学；570. 兰州交通大学；574. 安徽工业大学；588. 青岛大学；591. 青岛科技大学；592. 常州大学；596. 桂林电子科技大学；598. 华东理工大学；634. 湖南科技大学；642. 青岛理工大学；652. 西南大学；653. 河南理工大学；658. 扬州大学；663. 南京邮电大学；666. 太原科技大学；670. 哈尔滨理工大学；680. 西华大学；683. 福州大学；684. 长沙理工大学；686. 浙江农林大学；692. 沈阳航空航天大学；696. 中北大学；699. 上海工程技术大学				

三十一、机械及航空航天和制造工程学科

表2-55 机械及航空航天和制造工程学科（5强与中国大学）

排名	英文名称	中文名称	国家/地区	总得分
1	SHANGHAI JIAO TONG UNIVERSITY	上海交通大学	中国	100.00
2	XI'AN JIAOTONG UNIVERSITY	西安交通大学	中国	98.20

续表

排名	英文名称	中文名称	国家/地区	总得分
3	TSINGHUA UNIVERSITY	清华大学	中国	90.70
4	BEIHANG UNIVERSITY	北京航空航天大学	中国	87.80
5	CHINESE ACADEMY OF SCIENCES	中国科学院	中国	86.50

其他中国机构：6. 哈尔滨工业大学；8. 华中科技大学；9. 西北工业大学；10. 大连理工大学；13. 南京航空航天大学；14. 浙江大学；17. 天津大学；18. 香港理工大学；19. 重庆大学；22. 北京理工大学；25. 中国科学技术大学；28. 东南大学；30. 华南理工大学；33. 同济大学；36. 国防科技大学；42. 山东大学；45. 湖南大学；49. 中国东北大学；51. 西南交通大学；54. 香港城市大学；72. 中南大学；73. 中国科学院大学；74. 南京理工大学；75. 北京交通大学；79. 北京科技大学；80. 中国矿业大学；83. 北京工业大学；92. 华北电力大学；94. 吉林大学；98. 武汉理工大学；99. 北京大学；103. 哈尔滨工程大学；109. 江苏大学；117. 上海大学；133. 电子科技大学；135. 中国石油大学；139. 合肥工业大学；143. 香港科技大学；149. 四川大学；155. 河海大学；166. 武汉大学；173. 香港大学；175. 燕山大学；203. 西安电子科技大学；208. 厦门大学；211. 江南大学；218. 广东工业大学；230. 上海理工大学；265. 浙江工业大学；273. 中山大学；296. 香港中文大学；299. 华东理工大学；307. 太原理工大学；322. 南京工业大学；325. 西南石油大学；332. 东华大学；353. 兰州理工大学；358. 深圳大学；366. 山东科技大学；367. 中国地质大学；380. 复旦大学；385. 中国科学院；401. 郑州大学；404. 南开大学；406. 北京化工大学；411. 宁波大学；421. 大连海事大学；430. 浙江理工大学；435. 澳门大学；441. 沈阳航空航天大学；442. 西安工业大学；449. 武汉科技大学；472. 苏州大学；478. 昆明理工大学；481. 北京邮电大学；498. 哈尔滨理工大学；499. 河南科技大学；501. 杭州电子科技大学；503. 华侨大学；506. 上海海事大学；537. 江苏科技大学；538. 中国人民解放军海军工程大学；548. 南京师范大学；550. 南京大学；561. 中国石油大学；576. 长安大学；594. 中国人民解放军空军工程大学；597. 中国人民解放军陆军工程大学；611. 湘潭大学；615. 安徽工业大学；617. 青岛大学；618. 福州大学；623. 长沙理工大学；626. 湖南科技大学；634. 中国农业大学；640. 暨南大学；641. 中国计量大学；647. 青岛理工大学；659. 北京建筑大学；665. 华东理工大学；666. 西北农林科技大学；670. 桂林电子科技大学；678. 河南理工大学；684. 上海工程技术大学；686. 常州大学；691. 西南大学；692. 中国海洋大学；698. 兰州交通大学；703. 南昌大学；707. 中国科学院；718. 山东理工大学

三十二、基础医学(可授医学、理学学位)学科

表2-56 基础医学（可授医学、理学学位）学科（5强与中国大学）

排名	英文名称	中文名称	国家/地区	总得分
1	HARVARD UNIVERSITY	哈佛大学	美国	100.00
2	UNIV-CALIF-SAN-FRANCISCO	加利福尼亚大学旧金山分校	美国	56.50
3	UNIVERSITY COLLEGE LONDON	伦敦大学学院	英国	53.60
4	JOHNS HOPKINS UNIVERSITY	约翰·霍普金斯大学	美国	52.50
5	UNIVERSITY OF PENNSYLVANIA	宾夕法尼亚大学	美国	51.00

其他中国机构：13. 中国科学院；26. 上海交通大学；35. 复旦大学；45. 中山大学；46. 浙江大学；56. 首都医科大学；67. 山东大学；68. 北京大学；71. 南京医科大学；76. 华中科技大学；77. 中南大学；87. 四川大学；107. 吉林大学；124. 中国医科大学；125. 南方医科大学；139. 苏州大学；141. 中国医学科学院-中国协和医学院；147. 西安交通大学；150. 重庆医科大学；155. 武汉大学；156. 同济大学；161. 空军军医大学；173. 南京大学；182. 香港大学；187. 陆军军医大学；189. 郑州大学；192. 温州医科大学；202. 哈尔滨医科大学；215. 海军军医大学；234. 天津医科大学；239. 香港中文大学；240. 中国科学院大学；242. 安徽医科大学；245. 东南大学；281. 青岛大学；293. 广州医科大学；314. 厦门大学；315. 南通大学；323. 暨南大学；328. 清华大学；331. 河北医科大学；335. 北京师范大学；355. 中国农业大学；392. 中国疾病预防控制中心；393. 南昌大学；400. 大连医科大学；417. 广西医科大学；427. 福建医科大学；502. 江苏大学；519. 华中农业大学；520. 中国药科大学；528. 中国农业大学；532. 西南大学；542. 电子科技大学；

排名	英文名称	中文名称	国家/地区	总得分

554. 深圳大学；560. 中国科学技术大学；582. 昆明医科大学；609. 南开大学；624. 扬州大学；628. 新疆医科大学；656. 南京农业大学；658. 上海中医药大学；667. 兰州大学；668. 南京中医药大学；677. 中国海洋大学；696. 宁波大学；699. 山西医科大学；705. 汕头大学；712. 新乡医学院；714. 西北农林科技大学；755. 中国科学院；766. 徐州医科大学；779. 香港理工大学；801. 华东师范大学；816. 杭州师范大学；827. 华南理工大学；835. 华南农业大学；841. 哈尔滨工业大学；905. 广州中医药大学；915. 华南师范大学；919. 北京中医药大学；924. 宁夏医科大学；926. 大连理工大学；928. 香港城市大学；931. 江南大学；944. 四川农业大学；955. 河南大学；978. 南京师范大学；981. 上海大学；985. 天津大学；994. 南华大学；1016. 浙江中医药大学；1024. 徐州医科大学；1066. 湖北医药学院；1067. 蚌埠医学院；1070. 沈阳药科大学；1078. 澳门大学；1111. 西安电子科技大学；1122. 河南科技大学；1146. 滨州医学院；1151. 济宁医学院；1167. 石河子大学；1170. 东北农业大学；1218. 重庆大学；1220. 北京航空航天大学；1222. 泰山医学院；1229. 中国东北大学；1234. 湖南师范大学；1245. 香港科技大学；1261. 香港浸会大学；1292. 南京理工大学

三十三、计算机科学与技术(可授工学、理学学位)学科

表2-57　计算机科学与技术（可授工学、理学学位）学科（5强与中国大学）

排名	英文名称	中文名称	国家/地区	总得分
1	CHINESE ACADEMY OF SCIENCES	中国科学院	中国	100.00
2	TSINGHUA UNIVERSITY	清华大学	中国	57.80
3	NANYANG-TECHNOL-UNIV	南洋理工大学	新加坡	52.00
4	HUAZHONG UNIVERSITY OF SCIENCE & TECHNOLOGY	华中科技大学	中国	42.90
5	SHANGHAI JIAO TONG UNIVERSITY	上海交通大学	中国	42.10

其他中国机构：6. 浙江大学；7. 哈尔滨工业大学；8. 西安电子科技大学；9. 香港城市大学；10. 东南大学；12. 香港理工大学；14. 电子科技大学；16. 北京航空航天大学；17. 大连理工大学；19. 西安交通大学；23. 北京大学；24. 北京邮电大学；27. 中国科学技术大学；30. 武汉大学；32. 中国东北大学；36. 香港中文大学；37. 同济大学；38. 中南大学；42. 南京理工大学；43. 国防科技大学；52. 中山大学；54. 西北工业大学；55. 华南理工大学；56. 南京信息工程大学；59. 北京理工大学；61. 天津大学；62. 北京交通大学；64. 湖南大学；70. 四川大学；74. 香港科技大学；78. 南京大学；93. 中国科学院大学；96. 深圳大学；98. 重庆大学；99. 南京航空航天大学；102. 香港大学；117. 合肥工业大学；118. 澳门大学；125. 山东大学；126. 上海大学；128. 厦门大学；136. 西南交通大学；138. 南京邮电大学；139. 复旦大学；164. 中国地质大学；165. 广东工业大学；168. 河海大学；172. 北京科技大学；175. 吉林大学；199. 苏州大学；202. 杭州电子科技大学；208. 中国矿业大学；209. 西南大学；213. 华东师范大学；217. 香港浸会大学；238. 北京工业大学；239. 辽宁工业大学；243. 南开大学；259. 安徽大学；260. 哈尔滨工程大学；268. 中国人民解放军陆军工程大学；270. 广州大学；271. 浙江工业大学；276. 渤海大学；277. 大连海事大学；281. 北京师范大学；316. 江南大学；337. 重庆邮电大学；340. 燕山大学；341. 华东理工大学；343. 华北电力大学；361. 东华大学；370. 扬州大学；375. 福州大学；386. 中国人民大学；388. 武汉理工大学；396. 山东科技大学；399. 中国石油大学；414. 南京师范大学；448. 兰州大学；450. 福建师范大学；462. 青岛大学；488. 江苏大学；490. 陕西师范大学；497. 山西大学；501. 暨南大学；502. 中国农业大学；505. 上海理工大学；513. 浙江师范大学；531. 澳门科技大学；546. 上海海事大学；554. 山东师范大学；586. 江西财经大学；592. 郑州大学；596. 西安工业大学；601. 桂林电子科技大学；603. 浙江工商大学；605. 南昌大学；610. 华南师范大学；618. 湘潭大学；626. 北京化工大学；646. 华侨大学；659. 宁波大学；667. 东北师范大学；674. 山东财经大学；677. 聊城大学；678. 华中师范大学；698. 西北大学；704. 华南农业大学；708. 华东理工大学；710. 西交利物浦大学；713. 河北大学；719. 曲阜师范大学；722. 中国海洋大学

三十四、建筑学学科

表2-58　建筑学学科（5强与中国大学）

排名	英文名称	中文名称	国家/地区	总得分
1	UNIVERSIDADE DO MINHO	米尼奥大学	葡萄牙	100.00
2	TONGJI UNIVERSITY	同济大学	中国	64.20
3	KYUNG HEE UNIVERSITY	庆熙大学	韩国	62.20
4	POLITECN-MILAN	米兰理工大学	意大利	61.90
5	HANYANG UNIVERSITY	汉阳大学	韩国	54.80

其他中国机构：28. 东南大学；49. 香港大学；71. 浙江大学；79. 清华大学；84. 北京大学；88. 哈尔滨工业大学；107. 华南理工大学；128. 南京林业大学；133. 香港城市大学；139. 香港理工大学；151. 西安建筑科技大学；165. 上海交通大学；170. 兰州理工大学；214. 南京航空航天大学；228. 宁波大学；229. 天津大学；255. 西南交通大学；265. 武汉大学；266. 北京工业大学；272. 厦门大学；288. 华中科技大学；291. 大连理工大学；295. 郑州大学；296. 长沙理工大学；297. 合肥工业大学；308. 香港中文大学；311. 湖北工业大学；330. 中南大学；352. 沈阳农业大学；366. 深圳大学；368. 河北大学；375. 复旦大学；447. 郑州大学；474. 香港浸会大学；503. 北京航空航天大学；512. 上海财经大学；520. 山东财经大学；532. 电子科技大学；596. 广西大学；597. 华东政法大学；661. 宁波诺丁汉大学

三十五、交通运输工程学科

表2-59　交通运输工程学科（5强与中国大学）

排名	英文名称	中文名称	国家/地区	总得分
1	DELFT-UNIV-TECHNOL	代尔夫特大学	荷兰	100.00
2	BEIJING JIAOTONG UNIVERSITY	北京交通大学	中国	92.10
3	TSINGHUA UNIVERSITY	清华大学	中国	81.90
4	SOUTHEAST UNIVERSITY-CHINA	东南大学	中国	74.90
5	UNIV-CALIF-BERKELEY	加利福尼亚大学伯克利分校	美国	69.20

其他中国机构：6. 同济大学；9. 香港理工大学；10. 上海交通大学；24. 中国科学院；30. 北京航空航天大学；31. 香港大学；33. 西南交通大学；34. 香港科技大学；44. 浙江大学；48. 大连理工大学；51. 西安电子科技大学；53. 华中科技大学；58. 哈尔滨工业大学；63. 北京大学；64. 北京理工大学；65. 中南大学；68. 北京邮电大学；73. 香港城市大学；82. 电子科技大学；100. 大连海事大学；110. 中山大学；125. 国防科技大学；127. 吉林大学；135. 中国科学技术大学；141. 武汉大学；145. 上海海事大学；149. 华南理工大学；150. 重庆大学；151. 天津大学；152. 西安交通大学；164. 武汉理工大学；177. 南京航空航天大学；178. 湖南大学；179. 深圳大学；193. 南京邮电大学；197. 长安大学；201. 山东大学；203. 北京工业大学；217. 南京大学；225. 西北工业大学；241. 合肥工业大学；243. 香港中文大学；248. 上海大学；261. 中国人民解放军陆军工程大学；280. 中国科学院大学；282. 厦门大学；324. 南京理工大学；354. 北京化工大学；358. 江苏大学；395. 香港浸会大学；396. 澳门大学；399. 内蒙古大学；401. 复旦大学；415. 广东工业大学；419. 重庆邮电大学；442. 华北理工大学；448. 中国东北大学；470. 上海理工大学；472. 北京科技大学；474. 对外经济贸易大学；497. 四川大学；499. 宁波大学；519. 桂林电子科技大学；524. 中国矿业大学；532. 华东师范大学；536. 暨南大学；574. 福州大学；578. 陕西师范大学；602. 郑州大学；603. 河海大学；607. 杭州电子科技大学；608. 浙江工业大学；612. 南通大学；617. 燕山大学；619. 兰州交通大学；629. 苏州大学；642. 长沙理工大学；649. 昆明理工大学；654. 南开大学；691. 北京师范大学；695. 西交利物浦大学；716. 澳门科技大学；733. 哈尔滨工程大学；737. 西南大学；749. 南京信息工程大学；774. 西南财经大学；787. 重庆交通大学；792. 浙江工商大学；794. 中国地质大学；802. 曲阜师范大学；828. 华北电力大学；829. 宁波诺丁汉大学；863. 南京财经大学；869. 中山大学；874. 内蒙古农业大

排名	英文名称	中文名称	国家/地区	总得分
学；952. 中国科学院；975. 首都经济贸易大学；979. 东北财经大学；981. 南京师范大学；992. 江南大学；1046. 上海财经大学；1061. 重庆理工大学；1073. 中国人民大学；1094. 中南林业科技大学；1096. 安徽师范大学；1110. 华东交通大学				

三十六、教育学学科

表2-60 教育学学科（5强与中国大学）

排名	英文名称	中文名称	国家/地区	总得分
1	NORTH CAROLINA STATE UNIVERSITY	北卡罗来纳大学	美国	100.00
2	UNIVERSITY OF ILLINOIS CHICAGO	伊利诺伊大学	美国	92.10
3	UNIVERSITY OF TORONTO	多伦多大学	加拿大	91.90
4	UNIVERSITY OF MICHIGAN	密歇根大学	美国	86.20
5	VANDERBILT UNIVERSITY	范德比尔特大学	美国	83.10
其他中国机构：30. 香港大学；88. 香港中文大学；144. 北京师范大学；248. 香港理工大学；271. 香港教育大学；276. 澳门大学；332. 华东师范大学；366. 香港城市大学；439. 香港浸会大学；467. 北京大学；534. 中国科学院；557. 浙江大学；623. 清华大学；652. 华中师范大学；743. 中山大学；749. 复旦大学；752. 华南师范大学；766. 广东外语外贸大学；793. 四川大学；911. 上海交通大学；922. 西南大学；969. 陕西师范大学；1028. 首都师范大学；1038. 南京大学；1048. 中国人民大学；1062. 华中科技大学；1088. 同济大学；1148. 南京师范大学；1178. 香港树仁大学；1286. 西安交通大学；1312. 山东大学；1323. 中南大学；1329. 武汉大学；1346. 东北师范大学；1351. 天津大学；1369. 哈尔滨工业大学；1385. 北京外国语大学；1407. 中国科学院大学；1411. 浙江师范大学；1450. 杭州师范大学；1453. 吉林大学；1460. 中山大学；1477. 上海师范大学；1488. 东南大学；1527. 北京航空航天大学；1531. 北京邮电大学；1549. 上海外国语大学；1579. 重庆大学；1611. 中国科学技术大学；1613. 西北大学；1637. 北京理工大学；1645. 河南大学；1702. 上海体育学院；1706. 中国医科大学；1723. 陆军军医大学；1779. 对外经济贸易大学；1828. 西交利物浦大学；1958. 曲阜师范大学；1983. 重庆医科大学；2003. 厦门大学；2017. 南方医科大学；2023. 上海财经大学；2024. 江苏师范大学；2047. 香港公开大学；2066. 中央财经大学；2090. 北京联合大学；2110. 浙江工商大学；2137. 海军军医大学；2144. 河海大学；2195. 山东师范大学；2206. 暨南大学；2257. 中国海洋大学；2270. 四川师范大学；2284. 广州大学；2291. 临沂大学；2310. 郑州大学；2318. 福建师范大学；2386. 西南财经大学；2432. 首都医科大学；2436. 苏州大学；2484. 香港科技大学；2507. 北京交通大学；2516. 汕头大学；2679. 青岛大学；2724. 哈尔滨医科大学；2803. 南通大学；2855. 中国医学科学院-中国协和医学院；2907. 南京医科大学；2926. 宁波大学；2959. 中央民族大学；3041. 中国农业大学；3078. 江南大学；3085. 中国东北大学；3158. 沈阳师范大学；3184. 南开大学；3221. 首都经济贸易大学；3257. 兰州大学；3336. 安徽医科大学；3367. 西安外国语大学；3373. 电子科技大学；3457. 天津师范大学；3466. 江西师范大学；3478. 宁波诺丁汉大学；3479. 北京科技大学；3513. 长安大学；3522. 深圳大学；3535. 上海海事大学；3542. 西北农林科技大学；3645. 中国疾病预防控制中心；3649. 空军军医大学；3652. 湖南大学				

三十七、经济学与计量经济学学科

表2-61 经济学与计量经济学学科（5强与中国大学）

排名	英文名称	中文名称	国家/地区	总得分
1	NATIONAL BUREAU OF ECONOMIC RESEARCH	全国经济研究所	美国	100.00
2	HARVARD UNIVERSITY	哈佛大学	美国	57.20

续表

排名	英文名称	中文名称	国家/地区	总得分
3	UNIV-CALIF-BERKELEY	加利福尼亚大学伯克利分校	美国	43.40
4	UNIVERSITY OF OXFORD	牛津大学	英国	39.60
5	STANFORD UNIVERSITY	斯坦福大学	美国	39.20

其他中国机构：45. 北京大学；49. 清华大学；67. 中国人民大学；74. 中国科学院；79. 香港大学；89. 厦门大学；97. 香港科技大学；98. 上海财经大学；103. 香港中文大学；106. 中央财经大学；139. 浙江大学；141. 上海交通大学；145. 香港理工大学；147. 西南财经大学；158. 香港城市大学；176. 复旦大学；178. 对外经济贸易大学；273. 北京师范大学；282. 中山大学；283. 南京大学；309. 暨南大学；311. 武汉大学；315. 湖南大学；324. 北京理工大学；359. 北京航空航天大学；376. 南开大学；379. 北京交通大学；414. 华中科技大学；421. 香港浸会大学；438. 同济大学；449. 山东大学；450. 中国科学院；478. 西安交通大学；481. 天津大学；487. 中国农业大学；525. 澳门大学；527. 南京航空航天大学；533. 东南大学；542. 中南财经政法大学；544. 华北电力大学；556. 江西财经大学；572. 华南理工大学；577. 首都经济贸易大学；595. 西南交通大学；596. 中山大学；613. 中国科学技术大学；621. 中国科学院大学；633. 南京农业大学；676. 大连理工大学；679. 华东师范大学；683. 哈尔滨工业大学；698. 上海大学；715. 苏州大学；729. 中国海洋大学；732. 闽江学院；748. 四川大学；780. 西交利物浦大学；794. 重庆大学；812. 中国石油大学；820. 宁波诺丁汉大学；832. 中南大学；833. 中国矿业大学；843. 河南大学；851. 南京审计大学；874. 大连海事大学；875. 深圳大学；961. 西北农林科技大学；1038. 浙江财经大学；1043. 陕西师范大学；1102. 中国地质大学；1110. 电子科技大学；1115. 南京财经大学；1121. 华中农业大学；1141. 广东外语外贸大学；1173. 华南师范大学；1204. 华南农业大学；1218. 兰州大学；1241. 北京化工大学；1250. 西北大学；1308. 南京信息工程大学；1326. 上海海事大学；1367. 浙江工商大学；1388. 安徽财经大学；1393. 东北财经大学；1401. 中国农业大学；1432. 南京理工大学；1440. 合肥工业大学；1472. 吉林大学；1499. 浙江理工大学；1516. 北京林业大学；1532. 北京科技大学；1548. 河海大学；1571. 福州大学；1575. 湖南师范大学；1602. 北京工商大学；1618. 云南财经大学；1621. 上海立信会计金融学院；1663. 华东理工大学；1712. 北京工业大学；1751. 江南大学；1763. 华侨大学；1774. 浙江工业大学；1803. 上海立信会计金融学院；1810. 山东财经大学；1812. 中国东北大学；1816. 西安电子科技大学；1847. 内蒙古大学；1856. 南京师范大学；1866. 广东工业大学；1887. 上海对外经贸大学；1952. 华东理工大学；1972. 东北师范大学

三十八、考古学学科

表 2-62 考古学学科（5 强与中国大学）

排名	英文名称	中文名称	国家/地区	总得分
1	UNIVERSITY COLLEGE LONDON	伦敦大学学院	英国	100.00
2	UNIVERSITY OF OXFORD	牛津大学	英国	94.00
3	UNIVERSITY OF CAMBRIDGE	剑桥大学	英国	64.90
4	THE FRENCH NATIONAL CENTRE FOR SCIENTIFIC RESEARCH	法国国家科学研究中心	法国	63.90
5	DURHAM UNIVERSITY	杜伦大学	英国	57.30

其他中国机构：11. 中国科学院；70. 北京大学；105. 中国科学院大学；120. 中国科学院；230. 浙江大学；265. 中国科学技术大学；309. 北京科技大学；324. 吉林大学；332. 西北大学；360. 兰州大学；439. 山东大学；571. 四川大学；578. 南京大学；638. 中山大学；653. 中国地质大学；657. 厦门大学；685. 北京师范大学；706. 西安交通大学；769. 陕西师范大学；803. 香港大学；868. 复旦大学；891. 浙江工业大学；915. 郑州大学；948. 中国农业大学；952. 云南大学；1075. 华侨大学；1100. 浙江理工大学；1148. 武汉大学；1190. 河北师范大学；1241. 中国农业大学；1283. 山西大学；1333. 中国人民大学；1405. 清华大学；1424. 北京工商大学；1453. 中国科学院；1629. 同济大学；1794. 华中科技大学；1883. 北京化工大学；1895. 重庆大学；2029. 北京建筑大学；2078. 安徽大学；2209. 中国矿业大学；2332. 北京科技大学；2387. 河南大学；2476. 广东工业大学；2483. 首都师范大学；2525. 北京工业大学；2639. 电子科技大学；

续表

排名	英文名称	中文名称	国家/地区	总得分
2663. 南京工业大学；2683. 香港中文大学；2687. 南京农业大学；2716. 重庆科技学院；2721. 成都理工大学；2796. 中央民族大学；2814. 宁波诺丁汉大学；2845. 香港城市大学					

三十九、科学技术史(分学科，可授理学、工学、农学、医学学位)学科

表 2-63　科学技术史（分学科，可授理学、工学、农学、医学学位）学科（5 强与中国大学）

排名	英文名称	中文名称	国家/地区	总得分
1	HARVARD UNIVERSITY	哈佛大学	美国	100.00
2	UNIVERSITY OF OXFORD	牛津大学	英国	89.40
3	UNIVERSITY COLLEGE LONDON	伦敦大学学院	英国	73.80
4	UNIVERSITY OF PENNSYLVANIA	宾夕法尼亚大学	美国	68.60
5	UNIVERSITY OF CAMBRIDGE	剑桥大学	英国	68.50
其他中国机构：286. 北京师范大学；291. 香港大学；350. 复旦大学；361. 北京大学；378. 清华大学；420. 澳门大学；458. 中山大学；475. 中国科学院；480. 厦门大学；514. 浙江大学；578. 南京农业大学；622. 西安交通大学；623. 郑州工业应用技术学院；674. 中国医学科学院-中国协和医学院；713. 中南大学；731. 天津医科大学；743. 香港理工大学；745. 香港中文大学；754. 中国人民大学；807. 华北理工大学；844. 中山大学；866. 海军军医大学；904. 同济大学；939. 浙江中医药大学；1044. 福建农林大学；1055. 四川大学；1060. 山东大学；1127. 重庆大学；1208. 中国科学院大学；1263. 华东师范大学；1300. 香港浸会大学；1329. 香港城市大学；1470. 陆军军医大学；1487. 华中科技大学；1574. 上海交通大学；1609. 石河子大学；1615. 南昌大学；1671. 湖北科技学院；1732. 中国科学技术大学；1765. 温州医科大学；1808. 西北农林科技大学；1809. 广东外语外贸大学；1828. 南京医科大学；1862. 中国农业大学；1905. 中国医科大学；2000. 国际食品政策研究所；2327. 辽宁中医药大学；2469. 山西大学；2507. 天津大学；2546. 苏州大学；2993. 临沂大学；3010. 中国科学院；3033. 福建中医药大学；3044. 广东药科大学；3048. 重庆医科大学；3054. 首都医科大学；3153. 暨南大学；3190. 天津财经大学；3193. 宁波诺丁汉大学；3209. 湖南大学；3275. 广东工业大学；3360. 中国农业大学；3528. 广西医科大学；3538. 宁夏医科大学；3573. 江南大学；3708. 辽宁石油化工大学；3807. 中国科学院；3894. 河北医科大学；3919. 南京信息工程大学；3963. 华南师范大学；3986. 澳门大学；4013. 广西中医药大学；4050. 东北林业大学；4074. 上海应用技术大学；4094. 中国东北大学；4184. 内蒙古师范大学；4232. 深圳大学；4413. 昆明理工大学；4437. 中国科学院；4438. 上海纽约大学；4442. 西南大学；4521. 东北师范大学；4586. 锦州医科大学；4681. 恒生管理学院；4749. 广东海洋大学；4786. 大连理工大学					

四十、控制科学与工程学科

表 2-64　控制科学与工程学科（5 强与中国大学）

排名	英文名称	中文名称	国家/地区	总得分
1	HARBIN INSTITUTE OF TECHNOLOGY	哈尔滨工业大学	中国	100.00
2	CHINESE ACADEMY OF SCIENCES	中国科学院	中国	65.20
3	BEIHANG UNIVERSITY	北京航空航天大学	中国	60.40
4	ZHEJIANG UNIVERSITY	浙江大学	中国	56.00
5	SOUTHEAST UNIVERSITY-CHINA	东南大学	中国	52.70
其他中国机构：6. 上海交通大学；7. 中国东北大学；8. 清华大学；9. 华中科技大学；11. 北京理工大学；12. 香港城市大学；13. 南京航空航天大学；15. 南京理工大学；16. 山东大学；18. 西北工业大学；19. 电子科技大学；23. 天津大学；					

续表

排名	英文名称	中文名称	国家/地区	总得分
24. 华南理工大学；25. 大连理工大学；31. 北京大学；32. 西安交通大学；35. 中南大学；36. 香港理工大学；37. 西安电子科技大学；38. 中国科学技术大学；42. 香港大学；43. 同济大学；44. 重庆大学；45. 渤海大学；52. 广东工业大学；54. 北京科技大学；56. 江南大学；58. 燕山大学；60. 北京交通大学；62. 曲阜师范大学；64. 哈尔滨工程大学；68. 澳门大学；72. 杭州电子科技大学；74. 国防科技大学；76. 湖南大学；77. 吉林大学；80. 香港中文大学；81. 上海大学；83. 浙江工业大学；89. 东华大学；96. 山东科技大学；100. 合肥工业大学；105. 香港科技大学；120. 大连海事大学；124. 辽宁工业大学；127. 华东理工大学；131. 西南交通大学；141. 南京邮电大学；151. 中山大学；154. 华北电力大学；158. 江苏大学；166. 武汉大学；167. 厦门大学；172. 中国石油大学；175. 中国科学院大学；181. 南开大学；187. 上海理工大学；191. 北京化工大学；193. 南京师范大学；204. 中国地质大学；205. 中国矿业大学；214. 山东师范大学；215. 青岛大学；216. 河海大学；219. 北京邮电大学；220. 深圳大学；222. 四川大学；229. 武汉理工大学；233. 北京工业大学；235. 华东理工大学；245. 哈尔滨理工大学；255. 澳门科技大学；268. 扬州大学；271. 西南大学；272. 南京信息工程大学；277. 天津工业大学；278. 复旦大学；302. 安徽工业大学；313. 上海海事大学；323. 河南理工大学；333. 暨南大学；335. 中国人民解放军空军工程大学；361. 安徽大学；364. 青岛科技大学；379. 上海工程技术大学；383. 苏州大学；400. 浙江师范大学；403. 昆明理工大学；408. 黑龙江大学；413. 福州大学；420. 武汉科技大学；423. 华侨大学；425. 聊城大学；431. 山西大学；433. 郑州大学；434. 南昌大学；437. 西安工业大学；441. 沈阳航空航天大学；445. 湖南工业大学；447. 三峡大学；458. 浙江理工大学；459. 哈尔滨工业大学；478. 南京大学；483. 江苏科技大学；489. 南通大学；490. 重庆邮电大学；492. 中国海洋大学；503. 长沙理工大学；511. 广西大学；512. 宁波大学；523. 辽宁石油化工大学；526. 湖南科技大学			

四十一、口腔医学学科

表2-65 口腔医学学科（5强与中国大学）

排名	英文名称	中文名称	国家/地区	总得分
1	UNIVERSIDADE DE SAO PAULO	圣保罗大学	巴西	100.00
2	UNIVERSITY OF BERN	伯尔尼大学	瑞士	64.10
3	UNIVERSITY OF ZURICH	苏黎世大学	瑞士	55.90
4	UNIVERSITY OF MICHIGAN	密歇根大学	美国	55.50
5	UNIVERSIDADE ESTADUAL DE CAMPINAS	坎皮纳斯州立大学	巴西	47.40
其他中国机构：8. 香港大学；12. 四川大学；24. 北京大学；26. 上海交通大学；39. 武汉大学；53. 中山大学；60. 空军军医大学；126. 首都医科大学；235. 山东大学；236. 南京医科大学；268. 浙江大学；279. 华中科技大学；281. 中国医科大学；317. 重庆医科大学；360. 南方医科大学；367. 复旦大学；395. 中国科学院；407. 南京大学；411. 福建医科大学；416. 西安交通大学；417. 同济大学；431. 中南大学；514. 北京大学；517. 广州医科大学；522. 温州医科大学；531. 吉林大学；543. 郑州大学；549. 安徽医科大学；575. 哈尔滨医科大学；576. 哈尔滨工程大学；582. 天津医科大学；621. 中国医学科学院-中国协和医学院；654. 广西医科大学；655. 青岛大学；716. 香港大学；758. 昆明医科大学；805. 暨南大学；810. 兰州大学；811. 大连医科大学；830. 华南理工大学；862. 香港中文大学；874. 河北医科大学；885. 清华大学；895. 南开大学；1073. 浙江中医药大学；1095. 南京中医药大学；1222. 北京化工大学；1231. 陆军军医大学；1365. 新疆医科大学；1441. 湖北医药学院；1478. 福建中医药大学；1600. 苏州大学；1615. 海军军医大学；1769. 杭州师范大学；1883. 上海交通大学；1926. 北京大学；2011. 南通大学；2060. 滨州医学院；2080. 北京航空航天大学；2135. 南昌大学；2161. 广东药科大学；2176. 宁夏医科大学；2275. 潍坊医学院；2364. 福建师范大学；2372. 东南大学；2630. 遵义医科大学；2691. 南华大学；2800. 川北医学院			

四十二、矿业工程学科

表 2-66　矿业工程学科（5 强与中国大学）

排名	英文名称	中文名称	国家/地区	总得分
1	CHINESE ACADEMY OF SCIENCES	中国科学院	中国	100.00
2	CHINA UNIVERSITY OF MINING & TECHNOLOGY	中国矿业大学	中国	68.70
3	CHINA UNIVERSITY OF GEOSCIENCES	中国地质大学	中国	65.50
4	UNIVERSITY OF SCIENCE & TECHNOLOGY BEIJING	北京科技大学	中国	55.20
5	OAK RIDGE NATIONAL LABORATORY	美国橡树岭国家实验室	美国	53.30

其他中国机构：7. 中南大学；10. 中国科学院；14. 中国东北大学；26. 北京大学；30. 中国科学院大学；37. 中国石油大学；53. 南京大学；54. 清华大学；61. 大连理工大学；67. 中国科学技术大学；69. 四川大学；70. 昆明理工大学；74. 吉林大学；77. 重庆大学；94. 山东科技大学；95. 武汉理工大学；102. 北京航空航天大学；104. 太原理工大学；107. 中国科学院；118. 上海交通大学；126. 武汉大学；128. 西南科技大学；145. 西安交通大学；147. 浙江大学；150. 香港大学；152. 同济大学；157. 武汉科技大学；169. 中山大学；170. 合肥工业大学；171. 河海大学；172. 成都理工大学；178. 山东大学；190. 上海大学；194. 中国地质大学；220. 河南理工大学；245. 华中科技大学；246. 中国石油大学；256. 天津大学；269. 安徽科技学院；272. 广西大学；275. 长安大学；279. 西北大学；285. 哈尔滨工业大学；287. 香港城市大学；290. 西北工业大学；292. 东南大学；343. 江西科技学院；350. 北京工业大学；366. 西安科技大学；375. 香港理工大学；380. 中国石油大学；383. 西南交通大学；385. 燕山大学；419. 湖南大学；423. 兰州大学；430. 福州大学；440. 武汉工程大学；476. 暨南大学；493. 江苏大学；494. 电子科技大学；538. 西南石油大学；544. 厦门大学；567. 西安建筑科技大学；582. 华南理工大学；599. 郑州大学；607. 山西大学；608. 新疆大学；624. 安徽工业大学；625. 桂林理工大学；644. 哈尔滨工程大学；655. 河北工业大学；667. 华东理工大学；672. 南京航空航天大学；678. 中国人民解放军陆军工程大学；692. 中国海洋大学；697. 广州大学；698. 复旦大学；731. 华北电力大学；748. 大连海事大学

四十三、理论经济学科

表 2-67　理论经济学学科（5 强与中国大学）

排名	英文名称	中文名称	国家/地区	总得分
1	NATIONAL BUREAU OF ECONOMIC RESEARCH	全国经济研究所	美国	100.00
2	HARVARD UNIVERSITY	哈佛大学	美国	57.20
3	UNIV-CALIF-BERKELEY	加利福尼亚大学伯克利分校	美国	43.40
4	UNIVERSITY OF OXFORD	牛津大学	英国	39.60
5	STANFORD UNIVERSITY	斯坦福大学	美国	39.20

其他中国机构：45. 北京大学；49. 清华大学；67. 中国人民大学；73. 中国科学院；79. 香港大学；88. 厦门大学；97. 香港科技大学；98. 上海财经大学；102. 香港中文大学；106. 中央财经大学；139. 浙江大学；141. 上海交通大学；146. 香港理工大学；147. 西南财经大学；160. 香港城市大学；176. 对外经济贸易大学；177. 复旦大学；272. 北京师范大学；280. 中山大学；285. 南京大学；309. 暨南大学；311. 武汉大学；313. 湖南大学；326. 北京理工大学；358. 北京航空航天大学；371. 南开大学；379. 北京交通大学；407. 华中科技大学；424. 香港浸会大学；444. 山东大学；445. 中国科学院；448. 同济大学；473. 西安交通大学；485. 天津大学；490. 中国农业大学；523. 澳门大学；526. 南京航空航天大学；532. 中南财经政法大学；536. 华北电力大学；538. 东南大学；552. 江西财经大学；567. 首都经济贸易大学；571. 华南理工大学；588. 西南交通大学；594. 中山大学；610. 中国科学技术大学；630. 中国科学院大学；645. 南京农

排名	英文名称	中文名称	国家/地区	总得分
业大学；662. 华东师范大学；670. 大连理工大学；692. 上海大学；696. 哈尔滨工业大学；712. 中国海洋大学；713. 苏州大学；752. 闽江学院；756. 四川大学；776. 西交利物浦大学；795. 重庆大学；801. 中南大学；815. 中国石油大学；831. 中国矿业大学；835. 宁波诺丁汉大学；862. 深圳大学；873. 大连海事大学；886. 南京审计大学；892. 河南大学；978. 西北农林科技大学；986. 浙江财经大学；1004. 陕西师范大学；1057. 南京财经大学；1064. 电子科技大学；1109. 中国地质大学；1144. 广东外语外贸大学；1150. 华南师范大学；1153. 华中农业大学；1245. 华南农业大学；1251. 北京化工大学；1254. 兰州大学；1280. 西北大学；1316. 东北财经大学；1348. 南京信息工程大学；1368. 浙江工商大学；1384. 上海海事大学；1394. 安徽财经大学；1406. 浙江理工大学；1407. 北京科技大学；1432. 河海大学；1450. 北京林业大学；1454. 南京理工大学；1473. 合肥工业大学；1500. 吉林大学；1504. 中国农业大学；1589. 北京工业大学；1610. 华东理工大学；1614. 福州大学；1620. 北京工商大学；1629. 湖南师范大学；1662. 上海立信会计金融学院；1681. 云南财经大学；1739. 华东理工大学；1750. 江南大学；1777. 南京师范大学；1800. 华侨大学；1831. 西安电子科技大学；1848. 广东工业大学；1858. 上海对外经贸大学；1859. 上海立信会计金融学院；1918. 山东财经大学；1920. 浙江工业大学；1928. 东北师范大学；1943. 内蒙古大学；1963. 中国东北大学				

四十四、力学(可授工学、理学学位)学科

表2-68　力学（可授工学、理学学位）学科（5强与中国大学）

排名	英文名称	中文名称	国家/地区	总得分
1	XI'AN JIAOTONG UNIVERSITY	西安交通大学	中国	100.00
2	SHANGHAI JIAO TONG UNIVERSITY	上海交通大学	中国	81.10
3	TSINGHUA UNIVERSITY	清华大学	中国	81.00
4	ISLAMIC AZAD UNIVERSITY	伊斯兰阿扎德大学	伊朗	77.70
5	CHINESE ACADEMY OF SCIENCES	中国科学院	中国	77.50
其他中国机构: 8. 大连理工大学；9. 哈尔滨工业大学；10. 华中科技大学；12. 浙江大学；14. 北京航空航天大学；19. 西北工业大学；21. 天津大学；22. 同济大学；24. 湖南大学；28. 中国科学技术大学；32. 重庆大学；37. 香港城市大学；41. 华南理工大学；42. 东南大学；44. 北京理工大学；45. 南京航空航天大学；46. 香港理工大学；49. 北京大学；52. 华北电力大学；53. 北京交通大学；60. 上海大学；73. 中南大学；75. 北京工业大学；83. 河海大学；89. 中国矿业大学；90. 西南交通大学；93. 哈尔滨工程大学；101. 中国东北大学；107. 北京科技大学；117. 南京理工大学；124. 中国科学院大学；125. 香港科技大学；129. 山东大学；144. 武汉大学；145. 江苏大学；161. 中国石油大学；169. 四川大学；175. 香港大学；178. 国防科技大学；193. 电子科技大学；208. 合肥工业大学；209. 武汉理工大学；222. 厦门大学；228. 中山大学；232. 上海理工大学；257. 吉林大学；269. 宁波大学；270. 华东理工大学；289. 太原理工大学；299. 湘潭大学；300. 郑州大学；309. 江南大学；315. 兰州理工大学；336. 中国科学院；345. 复旦大学；355. 香港中文大学；365. 南京工业大学；368. 兰州大学；394. 西安电子科技大学；395. 北京邮电大学；398. 燕山大学；401. 沈阳航空航天大学；406. 西南石油大学；408. 东华大学；410. 广东工业大学；420. 山东科技大学；425. 昆明理工大学；436. 中国地质大学；441. 石家庄铁道大学；447. 中国人民解放军海军工程大学；465. 浙江工业大学；474. 西北农林科技大学；475. 长沙理工大学；484. 南京大学；487. 中国计量大学；515. 浙江农林大学；529. 新疆大学；534. 西南大学；538. 华侨大学；551. 中国人民解放军陆军工程大学；559. 浙江理工大学；563. 长安大学；580. 广西大学；589. 深圳大学；599. 兰州交通大学；601. 中国农业大学；602. 南京师范大学；606. 浙江师范大学；615. 北京建筑大学；623. 华东理工大学；632. 北京师范大学；633. 西安工业大学；641. 常州大学；648. 中国海洋大学；657. 北京化工大学；677. 山西大学；678. 香港浸会大学；680. 江苏科技大学；682. 重庆邮电大学；687. 扬州大学；707. 苏州大学；710. 杭州电子科技大学；718. 华东师范大学；722. 中北大学；729. 上海海洋大学；742. 南昌大学；749. 武汉科技大学；753. 暨南大学；755. 南开大学；757. 大连海事大学；772. 安徽大学				

四十五、林学学科

表2-69 林学学科（5强与中国大学）

排名	英文名称	中文名称	国家/地区	总得分
1	UNITED STATES FOREST SERVICE	美国森林服务局	美国	100.00
2	CHINESE ACADEMY OF SCIENCES	中国科学院	中国	64.50
3	SWEDISH UNIVERSITY OF AGRICULTURAL SCIENCES	瑞典农业科技大学	瑞典	48.90
4	OREGON STATE UNIVERSITY	俄勒冈州立大学	美国	37.30
5	THE NATIONAL INSTITUTE FOR AGRICULTURAL RESEARCH	法国国家农业科学研究院	法国	35.80

其他中国机构：14. 北京林业大学；15. 中国科学院；30. 中国科学院大学；32. 东北林业大学；57. 南京林业大学；59. 西北农林科技大学；107. 北京师范大学；135. 浙江农林大学；151. 中国农业大学；169. 北京大学；192. 兰州大学；212. 福建农林大学；240. 华南理工大学；259. 清华大学；264. 浙江大学；267. 中国农业大学；313. 中南林业科技大学；344. 四川农业大学；347. 南京农业大学；358. 华南农业大学；375. 广西大学；379. 华东师范大学；395. 华中农业大学；421. 南京大学；445. 中山大学；528. 沈阳农业大学；535. 江西农业大学；543. 上海交通大学；556. 南京信息工程大学；562. 天津理工大学；563. 西南林业大学；575. 复旦大学；583. 东北师范大学；590. 香港大学；597. 中国科学院；614. 安徽农业大学；657. 厦门大学；664. 福建师范大学；768. 山东农业大学；775. 西北大学；776. 西南大学；792. 河南科技大学；815. 云南大学；821. 陕西师范大学；864. 河南大学；873. 武汉大学；890. 四川大学；905. 东南大学；909. 江南大学；955. 内蒙古农业大学；969. 吉林大学；979. 中国人民大学；982. 江西师范大学；1004. 哈尔滨工业大学；1007. 天津师范大学；1011. 山东大学；1013. 江苏大学；1019. 同济大学；1020. 苏州大学；1055. 北京化工大学；1060. 海南大学；1076. 石河子大学；1086. 青岛农业大学；1101. 甘肃农业大学；1107. 香港中文大学；1130. 河南农业大学；1135. 西安交通大学；1182. 河海大学；1197. 中国科学院；1224. 北华大学；1262. 扬州大学；1263. 华中科技大学；1267. 南昌大学；1298. 新疆大学；1304. 西华师范大学；1310. 华南师范大学；1325. 东北农业大学；1346. 云南农业大学；1385. 浙江师范大学；1386. 绵阳师范学院；1398. 南京师范大学；1424. 香港城市大学；1515. 贵州大学；1524. 河北农业大学；1532. 中国矿业大学；1586. 新疆农业大学；1596. 大连工业大学；1641. 合肥工业大学；1656. 华中师范大学；1658. 华东理工大学；1669. 山东农业大学；1689. 中国科学技术大学；1713. 郑州大学；1741. 聊城大学；1800. 杭州师范大学；1804. 江苏师范大学；1808. 西南科技大学

四十六、林业工程学科

表2-70 林业工程学科（5强与中国大学）

排名	英文名称	中文名称	国家/地区	总得分
1	UNITED STATES FOREST SERVICE	美国森林服务局	美国	100.00
2	CHINESE ACADEMY OF SCIENCES	中国科学院	中国	64.50
3	SWEDISH UNIVERSITY OF AGRICULTURAL SCIENCES	瑞典农业科技大学	瑞典	48.90
4	OREGON STATE UNIVERSITY	俄勒冈州立大学	美国	37.30
5	THE NATIONAL INSTITUTE FOR AGRICULTURAL RESEARCH	法国国家农业科学研究院	法国	35.80

其他中国机构：14. 北京林业大学；15. 中国科学院；30. 中国科学院大学；32. 东北林业大学；57. 南京林业大学；58. 西北农林科技大学；107. 北京师范大学；136. 浙江农林大学；152. 中国农业大学；168. 北京大学；193. 兰州大学；211. 福建农林大学；240. 华南理工大学；256. 清华大学；264. 浙江大学；270. 中国农业大学；313. 中南林业科技大

排名	英文名称	中文名称	国家/地区	总得分
学；344. 四川农业大学；354. 南京农业大学；365. 华南农业大学；370. 广西大学；371. 华东师范大学；392. 华中农业大学；413. 南京大学；452. 中山大学；533. 江西农业大学；544. 南京信息工程大学；547. 上海交通大学；557. 沈阳农业大学；559. 西南林业大学；563. 天津理工大学；573. 中国科学院；583. 东北师范大学；586. 复旦大学；593. 香港大学；610. 安徽农业大学；634. 厦门大学；642. 福建师范大学；765. 西南大学；778. 山东农业大学；790. 西北大学；802. 河南科技大学；810. 河南大学；818. 武汉大学；845. 陕西师范大学；872. 云南大学；898. 四川大学；905. 江南大学；916. 东南大学；952. 中国人民大学；960. 江西师范大学；964. 哈尔滨工业大学；978. 内蒙古农业大学；985. 江苏大学；992. 同济大学；997. 苏州大学；1015. 吉林大学；1023. 山东大学；1024. 天津师范大学；1044. 西安交通大学；1058. 青岛农业大学；1072. 北京化工大学；1095. 河南农业大学；1144. 海南大学；1154. 石河子大学；1155. 香港中文大学；1172. 甘肃农业大学；1180. 华南师范大学；1198. 河海大学；1207. 扬州大学；1239. 北华大学；1242. 新疆大学；1261. 西华师范大学；1277. 南昌大学；1286. 中国科学院；1289. 华中科技大学；1323. 河北农业大学；1374. 中国矿业大学；1377. 浙江师范大学；1447. 贵州大学；1453. 东北农业大学；1462. 香港城市大学；1479. 云南农业大学；1482. 绵阳师范学院；1490. 南京师范大学；1589. 西南科技大学；1598. 江苏师范大学；1603. 山西农业大学；1652. 杭州师范大学；1702. 郑州大学；1721. 新疆农业大学；1730. 山东农业大学；1754. 天津大学；1762. 山西大学；1766. 合肥工业大学；1791. 聊城大学；1795. 华东理工大学；1801. 中国科学技术大学				

四十七、临床医学学科

表2-71 临床医学学科（5强与中国大学）

排名	英文名称	中文名称	国家/地区	总得分
1	HARVARD UNIVERSITY	哈佛大学	美国	100.00
2	MAYO CLINIC	梅奥医学中心	美国	71.20
3	UNIV-CALIF-SAN-FRANCISCO	加利福尼亚大学旧金山分校	美国	62.00
4	UNIVERSITY OF TORONTO	多伦多大学	加拿大	57.90
5	UNIVERSITY OF WASHINGTON	华盛顿大学	美国	56.60
其他中国机构：39. 上海交通大学；60. 复旦大学；66. 中山大学；80. 首都医科大学；88. 北京大学；117. 浙江大学；118. 中国医学科学院-中国协和医学院；120. 四川大学；124. 香港中文大学；139. 香港大学；142. 南京医科大学；155. 山东大学；157. 中南大学；184. 华中科技大学；211. 中国科学院；222. 南方医科大学；237. 中国医科大学；241. 海军军医大学；279. 重庆医科大学；281. 苏州大学；286. 同济大学；289. 吉林大学；305. 南京大学；307. 天津医科大学；314. 西安交通大学；315. 哈尔滨医科大学；318. 空军军医大学；329. 温州医科大学；333. 郑州大学；334. 武汉大学；343. 陆军军医大学；385. 广州医科大学；433. 安徽医科大学；518. 福建医科大学；557. 广西医科大学；563. 青岛大学；596. 河北医科大学；646. 暨南大学；648. 东南大学；702. 南昌大学；710. 大连医科大学；711. 厦门大学；723. 香港理工大学；764. 中国疾病预防控制中心；768. 南通大学；808. 上海中医药大学；835. 北京中医药大学；863. 清华大学；912. 南京中医药大学；952. 江苏大学；960. 昆明医科大学；961. 兰州大学；1031. 中国药科大学；1057. 中国科学院大学；1081. 新疆医科大学；1129. 汕头大学；1184. 山西医科大学；1287. 广州中医药大学；1336. 浙江中医药大学；1432. 扬州大学；1480. 澳门大学；1494. 深圳大学；1506. 新乡医学院；1530. 北京师范大学；1538. 南开大学；1624. 徐州医科大学；1674. 天津中医药大学；1675. 南华大学；1699. 湖北医药学院；1732. 天津医科大学；1784. 宁夏医科大学；1852. 蚌埠医学院；1932. 宁波大学；1963. 香港浸会大学；1994. 华东师范大学；2027. 徐州医科大学；2062. 福建中医药大学；2106. 中国科学技术大学；2109. 电子科技大学；2175. 河南大学；2192. 中国农业大学；2250. 成都中医药大学；2280. 西南大学；2325. 山东中医药大学；2394. 沈阳药科大学；2402. 济宁医学院；2454. 中国农业大学；2471. 潍坊医学院；2472. 河南科技大学；2547. 杭州师范大学；2557. 广东药科大学				

四十八、美术学学科

表2-72 美术学学科（5强与中国大学）

排名	英文名称	中文名称	国家/地区	总得分
1	UNIVERSITY OF BOLOGNA	博洛尼亚大学	意大利	100.00
2	CONSIGLIO NAZIONALE DELLE RICERCHE	意大利国家研究委员会	意大利	98.30
3	DELFT-UNIV-TECHNOL	代尔夫特大学	荷兰	83.50
4	UNIVERSITY OF FLORENCE	佛罗伦萨大学	意大利	62.30
5	UNIVERSITY COLLEGE LONDON	伦敦大学学院	英国	58.10

其他中国机构：26. 浙江大学；27. 中国科学院；112. 中国科学技术大学；140. 香港理工大学；192. 北京大学；197. 西北大学；239. 南京大学；243. 浙江工业大学；249. 中国科学院大学；261. 西安交通大学；268. 北京工商大学；279. 清华大学；327. 中国地质大学；330. 复旦大学；332. 同济大学；333. 中国矿业大学；352. 四川大学；405. 北京化工大学；407. 兰州大学；435. 重庆大学；440. 湖南大学；489. 华中科技大学；522. 北京建筑大学；578. 广东工业大学；604. 南京工业大学；656. 香港城市大学；673. 武汉大学；687. 重庆科技学院；761. 北京科技大学；882. 浙江理工大学；933. 陕西师范大学；952. 云南师范大学；962. 中国科学院；1001. 北京农学院；1028. 中国人民大学；1036. 南京林业大学；1108. 北京工业大学；1131. 徐州广播电视大学；1139. 北京体育大学；1147. 福州大学；1167. 吉林大学；1180. 中国东北大学；1182. 闽江学院；1255. 河南理工大学；1339. 菏泽学院；1394. 南开大学；1535. 河南大学

四十九、民族学学科

表2-73 民族学学科（5强与中国大学）

排名	英文名称	中文名称	国家/地区	总得分
1	UNIV-CALIF-LOS-ANGELES	加利福尼亚大学洛杉矶分校	美国	100.00
2	HARVARD UNIVERSITY	哈佛大学	美国	84.80
3	UNIVERSITY OF MICHIGAN	密歇根大学	美国	76.60
4	UNIV-TEXAS-AUSTIN	得克萨斯大学奥斯汀分校	美国	73.80
5	UNIVERSITY OF AMSTERDAM	阿姆斯特丹大学	荷兰	70.20

其他中国大学：253. 香港中文大学；403. 香港城市大学；459. 香港科技大学；470. 东南大学；477. 中山大学；534. 北京师范大学；565. 香港浸会大学；654. 香港教育大学；667. 中国科学院；673. 湖南师范大学；709. 上海交通大学；818. 香港大学；829. 西安交通大学；892. 澳门大学；959. 复旦大学；980. 新疆医科大学；1055. 华中师范大学；1222. 上海体育学院；1365. 福州大学；1375. 北京科技大学；1446. 浙江师范大学；1546. 中国科学院；1579. 浙江海洋大学；1639. 香港浸会大学；1682. 广东外语外贸大学；1694. 华东师范大学

五十、农林经济管理学科

表2-74 农林经济管理学科（5强与中国大学）

排名	英文名称	中文名称	国家/地区	总得分
1	INTERNATIONAL FOOD POLICY RESEARCH INSTITUTE	国际食品政策研究所	美国	100.00
2	MICHIGAN STATE UNIVERSITY	密歇根州立大学	美国	95.40
3	CORNELL UNIVERSITY	康奈尔大学	美国	94.30

续表

排名	英文名称	中文名称	国家/地区	总得分
4	UNIVERSITY OF ILLINOIS CHICAGO	伊利诺伊大学	美国	88.50
5	UNIV-CALIF-DAVIS	加利福尼亚大学戴维斯分校	美国	82.00

其他中国机构：45. 中国科学院；53. 中国农业大学；67. 南京农业大学；69. 中国人民大学；86. 浙江大学；144. 北京大学；199. 华中农业大学；225. 中国农业大学；254. 中央财经大学；277. 西南财经大学；284. 西北农林科技大学；350. 江南大学；358. 清华大学；366. 澳门大学；447. 上海财经大学；450. 上海交通大学；467. 暨南大学；469. 苏州大学；496. 西安交通大学；497. 中国科学院；509. 北京师范大学；532. 华南农业大学；540. 香港中文大学；567. 国际食品政策研究所；568. 陕西师范大学；574. 兰州大学；601. 中国医学科学院-中国协和医学院；632. 西北大学；640. 吉林农业大学；648. 天津医科大学；654. 中南大学；669. 福建农林大学；692. 北京理工大学；716. 华北理工大学；730. 江西财经大学；752. 浙江中医药大学；768. 武汉大学；774. 香港大学；842. 四川大学；873. 对外经济贸易大学；891. 复旦大学；896. 海军军医大学；915. 重庆大学；927. 山东大学；951. 曲阜师范大学；953. 北京航空航天大学；960. 四川大学；1044. 中国海洋大学；1070. 浙江财经大学；1136. 华中科技大学；1145. 中山大学；1183. 南京大学；1234. 华南理工大学；1251. 福州大学；1318. 北京工商大学；1338. 广东外语外贸大学；1382. 香港浸会大学；1383. 闽江学院；1422. 湖南大学；1461. 中南财经政法大学；1462. 陆军军医大学；1468. 辽宁中医药大学；1497. 河南农业大学；1531. 南昌大学；1532. 安徽财经大学；1561. 石河子大学；1573. 沈阳农业大学；1582. 首都经济贸易大学；1598. 西南大学；1634. 东北师范大学；1635. 天津大学；1666. 南京信息工程大学；1670. 南开大学；1692. 东北农业大学；1717. 中国疾病预防控制中心；1738. 华东师范大学；1754. 杭州电子科技大学；1793. 中国地质大学；1884. 温州大学；1908. 南京师范大学；1969. 郑州大学；2076. 山东师范大学；2088. 东北财经大学；2104. 普渡大学；2134. 广东金融学院；2151. 中国科学院；2162. 中国东北大学；2196. 中山大学；2210. 中国人民大学；2247. 厦门大学；2250. 同济大学；2256. 南京财经大学；2286. 浙江农林大学；2295. 香港理工大学；2303. 中国科学院大学；2480. 中国矿业大学；2589. 浙江工商大学；2590. 安徽农业大学；2625. 广东工业大学；2736. 新疆大学；2794. 重庆医科大学；2927. 福建中医药大学；2934. 哈尔滨工业大学；2949. 沈阳农业大学；3014. 东南大学

五十一、农业工程学科

表2-75 农业工程学科（5强与中国大学）

排名	英文名称	中文名称	国家/地区	总得分
1	CHINESE ACADEMY OF SCIENCES	中国科学院	中国	100.00
2	HARBIN INSTITUTE OF TECHNOLOGY	哈尔滨工业大学	中国	42.20
3	ZHEJIANG UNIVERSITY	浙江大学	中国	39.90
4	UNITED STATES DEPARTMENT OF AGRICULTURE	美国农业部	美国	37.30
5	SOUTH CHINA UNIVERSITY OF TECHNOLOGY	华南理工大学	中国	30.70

其他中国机构：6. 中国农业大学；8. 清华大学；11. 中国科学院大学；12. 西北农林科技大学；13. 北京林业大学；17. 山东大学；20. 同济大学；31. 上海交通大学；35. 大连理工大学；36. 江南大学；40. 天津大学；42. 湖南大学；43. 中国科学技术大学；50. 北京工业大学；51. 北京化工大学；52. 南京林业大学；56. 华东理工大学；59. 华中科技大学；61. 中国农业大学；64. 江苏大学；65. 南京工业大学；66. 华南农业大学；81. 南京农业大学；82. 重庆大学；93. 东北林业大学；95. 华中农业大学；98. 东南大学；100. 东北农业大学；101. 中国海洋大学；106. 北京大学；107. 北京师范大学；111. 天津理工大学；122. 南开大学；125. 复旦大学；132. 南京大学；142. 广西大学；152. 香港浸会大学；153. 南昌大学；154. 武汉大学；161. 四川大学；162. 中国科学院；164. 西安建筑科技大学；165. 厦门大学；176. 中南大学；185. 浙江工业大学；196. 东华大学；199. 福建农林大学；200. 中国石油大学；208. 吉林大学；213. 浙江工商大学；214. 中山大学；215. 齐鲁工业大学；220. 河海大学；221. 天津工业大学；225. 上海大学；235. 浙江农林大学；238. 中国地质大学；243. 北京科技大学；252. 杭州师范大学；267. 河南农业大学；272. 华东理工大学；273. 暨南大学；288. 浙江师范大学；293. 香港理工大学；295. 山东理工大学；296. 中国人民大学；299. 暨南大学；313. 湖南农业大学；334. 合肥工业大学；342. 广东工业大学；345. 四川农业大学；361. 常州大学；372. 西南大学；383. 香港大学；

续表

排名	英文名称	中文名称	国家/地区	总得分
384. 西安交通大学；386. 江西农业大学；392. 中国矿业大学；405. 大连工业大学；411. 香港城市大学；422. 武汉理工大学；428. 青岛农业大学；430. 太原理工大学；436. 北京航空航天大学；438. 浙江理工大学；453. 天津城建大学；464. 福州大学；479. 中南林业科技大学；484. 华东师范大学；494. 石河子大学；500. 兰州大学；502. 湖北工业大学；506. 昆明理工大学；516. 沈阳农业大学；523. 南京师范大学；531. 郑州大学；533. 华北电力大学；556. 辽宁科技大学；561. 北京理工大学；576. 北京交通大学；577. 淮阴师范学院；578. 河南工业大学；579. 河南师范大学；582. 南京理工大学；587. 上海理工大学；600. 浙江科技学院；601. 江苏科技大学；602. 浙江海洋大学				

五十二、农业资源与环境学科

表2-76　农业资源与环境学科（5强与中国大学）

排名	英文名称	中文名称	国家/地区	总得分
1	CHINESE ACADEMY OF SCIENCES	中国科学院	中国	100.00
2	UNIVERSITY OF CHINESE ACADEMY OF SCIENCES	中国科学院大学	中国	22.20
3	NORTHWEST A&F UNIVERSITY-CHINA	西北农林科技大学	中国	19.50
4	UNITED STATES DEPARTMENT OF AGRICULTURE	美国农业部	美国	17.80
5	THE NATIONAL INSTITUTE FOR AGRICULTURAL RESEARCH	法国国家农业科学研究院	法国	16.80
其他中国机构：8. 中国农业大学；9. 南京农业大学；15. 中国农业大学；19. 浙江大学；33. 北京师范大学；38. 华中农业大学；71. 兰州大学；74. 南京师范大学；91. 南京大学；101. 西南大学；118. 浙江农林大学；123. 中山大学；143. 沈阳农业大学；154. 中国科学院；156. 北京林业大学；159. 华南农业大学；161. 四川农业大学；190. 北京大学；191. 福建农林大学；197. 南京信息工程大学；198. 河海大学；219. 中国地质大学；237. 山东农业大学；244. 东北农业大学；246. 清华大学；254. 湖南农业大学；279. 福建师范大学；289. 东北师范大学；292. 南京林业大学；300. 扬州大学；347. 东北林业大学；368. 武汉大学；375. 江西农业大学；385. 西安工业大学；394. 内蒙古农业大学；412. 山西农业大学；414. 香港浸会大学；437. 海南大学；439. 河南大学；461. 天津大学；471. 吉林农业科技学院；473. 安徽农业大学；491. 贵州大学；493. 青岛农业大学；498. 石河子大学；501. 复旦大学；504. 华东师范大学；532. 河南农业大学；534. 广西大学；543. 宁夏大学；568. 厦门大学；570. 四川大学；577. 临沂大学；603. 西北大学；605. 湖南大学；607. 中国科学院；613. 山西大学；618. 杭州师范大学；619. 南开大学；630. 云南农业大学；635. 甘肃农业大学；649. 陕西师范大学；650. 吉林农业大学；660. 长江大学；701. 上海交通大学；705. 内蒙古大学；736. 中南大学；739. 香港科技大学；744. 新疆大学；751. 云南大学；774. 中国科学院；781. 山东大学；784. 同济大学；785. 沈阳大学；792. 香港城市大学；794. 青海大学；804. 吉林大学；808. 中国海洋大学；832. 中南林业科技大学；868. 香港理工大学；889. 天津师范大学；900. 华南理工大学；913. 华南师范大学；967. 河北农业大学；971. 中国科学院大学；977. 暨南大学				

五十三、轻工技术与工程学科

表2-77　轻工技术与工程学科（5强与中国大学）

排名	英文名称	中文名称	国家/地区	总得分
1	SOUTH CHINA UNIVERSITY OF TECHNOLOGY	华南理工大学	中国	100.00
2	BEIJING FORESTRY UNIVERSITY	北京林业大学	中国	88.60
3	AALTO UNIVERSITY	阿尔托大学	芬兰	82.90
4	NANJING FORESTRY UNIVERSITY	南京林业大学	中国	81.60

续表

排名	英文名称	中文名称	国家/地区	总得分
5	NORTHEAST FORESTRY UNIVERSITY-CHINA	东北林业大学	中国	63.90

其他中国机构：11. 中国科学院；19. 中国科学院；24. 天津理工大学；27. 福建农林大学；39. 齐鲁工业大学；54. 广西大学；56. 东华大学；63. 江南大学；66. 武汉大学；69. 陕西科技大学；73. 浙江理工大学；92. 中南林业科技大学；100. 浙江农林大学；101. 华南农业大学；119. 武汉纺织大学；122. 浙江大学；127. 西南林业大学；136. 江苏大学；142. 四川大学；152. 中国科学院大学；153. 中国科学技术大学；155. 西北农林科技大学；168. 南京农业大学；173. 香港理工大学；187. 昆明理工大学；197. 安徽农业大学；215. 西南大学；227. 东南大学；236. 齐鲁工业大学；244. 天津大学；251. 青岛科技大学；253. 苏州大学；255. 华东理工大学；257. 天津工业大学；265. 清华大学；266. 南京大学；267. 青岛大学；270. 北京理工大学；276. 南京工业大学；277. 四川农业大学；278. 内蒙古农业大学；284. 浙江科技学院；292. 华北电力大学；295. 盐城工学院；298. 厦门大学；300. 中国农业大学；313. 哈尔滨工业大学；322. 上海交通大学；323. 南京理工大学；332. 华中科技大学；347. 南京信息工程大学；351. 大连工业大学；353. 北华大学；357. 郑州大学；360. 山东农业大学；368. 河南农业大学；373. 北京化工大学；375. 南开大学；378. 武汉理工大学；381. 华中农业大学；395. 西南林业大学；423. 湖北工业大学；430. 福建师范大学；435. 山东大学；448. 中南民族大学；450. 河南工业大学；455. 上海理工大学；467. 泰山学院；469. 南昌大学；480. 中国东北大学；481. 复旦大学；485. 暨南大学；511. 海南大学；517. 宁夏大学；527. 长沙理工大学；531. 北京科技大学；532. 湖南师范大学；535. 福州大学；573. 北京工商大学；578. 同济大学；581. 北京大学；584. 东北农业大学；613. 上海师范大学；618. 齐齐哈尔大学；632. 大连理工大学；636. 中国农业大学；647. 西南科技大学；680. 武汉工程大学；681. 重庆大学；697. 四川轻化工大学；721. 淮阴师范学院；722. 合肥工业大学

五十四、软件工程学科

表2-78　软件工程学科（5强与中国大学）

排名	英文名称	中文名称	国家/地区	总得分
1	CHINESE ACADEMY OF SCIENCES	中国科学院	中国	100.00
2	TSINGHUA UNIVERSITY	清华大学	中国	66.60
3	ZHEJIANG UNIVERSITY	浙江大学	中国	53.30
4	NANYANG-TECHNOL-UNIV	南洋理工大学	新加坡	51.40
5	NATIONAL UNIVERSITY OF SINGAPORE	新加坡国立大学	新加坡	37.70

其他中国机构：7. 北京航空航天大学；8. 北京大学；9. 西安电子科技大学；11. 香港中文大学；12. 香港理工大学；13. 香港城市大学；15. 上海交通大学；17. 中国科学技术大学；18. 电子科技大学；21. 华中科技大学；22. 西安交通大学；23. 大连理工大学；26. 国防科技大学；27. 哈尔滨工业大学；30. 武汉大学；36. 南京大学；43. 中国科学院大学；46. 天津大学；47. 北京邮电大学；48. 合肥工业大学；54. 南京理工大学；57. 西北工业大学；58. 香港科技大学；60. 中山大学；71. 北京理工大学；79. 南京信息工程大学；80. 北京交通大学；88. 香港大学；89. 山东大学；94. 华南理工大学；96. 厦门大学；100. 东南大学；105. 上海大学；107. 同济大学；109. 深圳大学；116. 湖南大学；135. 香港浸会大学；138. 杭州电子科技大学；143. 澳门大学；148. 重庆大学；152. 中南大学；168. 河海大学；174. 华东师范大学；176. 复旦大学；177. 中国东北大学；192. 南京邮电大学；199. 南京航空航天大学；212. 北京工业大学；246. 四川大学；248. 吉林大学；250. 中国地质大学；272. 北京科技大学；294. 中国矿业大学；308. 西南交通大学；326. 苏州大学；366. 北京师范大学；369. 杭州师范大学；376. 福建师范大学；384. 宁波大学；404. 广州大学；406. 重庆邮电大学；408. 南开大学；438. 安徽大学；439. 南京师范大学；454. 江西财经大学；470. 武汉理工大学；481. 浙江工业大学；491. 中国人民大学；506. 广东工业大学；524. 浙江工商大学；530. 兰州大学；548. 哈尔滨工程大学；552. 桂林电子科技大学；565. 中国石油大学；578. 中国人民解放军陆军工程大学；587. 江苏大学；607. 辽宁师范大学；614. 上海理工大学；621. 湖南科技大学；627. 清华大学；645. 河南大学；651. 华侨大学；652. 温州大学；657. 暨南大学；663. 扬州大学；664. 西安工业大学；674. 江南大学；683. 广西师范大学；686. 西南大学；689. 上海科技大学；692. 华南师

排名	英文名称	中文名称	国家/地区	总得分
	范大学；702. 福州大学；716. 中国海洋大学；740. 大连海事大学；741. 华南农业大学；759. 西北大学；762. 南昌大学；771. 武汉科技大学；789. 陕西师范大学；799. 首都师范大学；807. 郑州大学；827. 长沙理工大学；835. 西交利物浦大学；845. 山东财经大学；853. 昆明理工大学；859. 西安邮电大学；863. 山东师范大学；890. 东华大学；897. 天津科技大学；899. 云南大学；904. 浙江师范大学			

五十五、商业与管理学科

表 2-79　商业与管理学科（5 强与中国大学）

排名	英文名称	中文名称	国家/地区	总得分
1	ERASMUS UNIVERSITY ROTTERDAM	鹿特丹大学	荷兰	100.00
2	MICHIGAN STATE UNIVERSITY	密歇根州立大学	美国	84.90
3	ARIZONA STATE UNIVERSITY	亚利桑那州立大学	美国	84.20
4	PENNSYLVANIA STATE UNIVERSITY	宾夕法尼亚州立大学	美国	82.80
5	HARVARD UNIVERSITY	哈佛大学	美国	78.30
其他中国机构：12. 香港城市大学；59. 香港科技大学；68. 香港中文大学；84. 清华大学；90. 北京大学；96. 上海交通大学；104. 中山大学；105. 香港大学；119. 中国人民大学；120. 浙江大学；126. 西安交通大学；148. 复旦大学；176. 华中科技大学；186. 香港浸会大学；196. 西南财经大学；211. 南京大学；219. 中国科学技术大学；255. 厦门大学；271. 同济大学；283. 对外经济贸易大学；303. 中国科学院；316. 澳门大学；319. 上海财经大学；323. 武汉大学；343. 华南理工大学；348. 哈尔滨工业大学；369. 中山大学；380. 天津大学；393. 南开大学；417. 上海大学；425. 宁波诺丁汉大学；444. 四川大学；448. 湖南大学；457. 大连理工大学；460. 北京理工大学；464. 北京交通大学；488. 北京航空航天大学；490. 东南大学；495. 电子科技大学；511. 暨南大学；576. 北京师范大学；581. 中南大学；587. 吉林大学；616. 合肥工业大学；642. 北京科技大学；643. 中国科学院大学；650. 中国东北大学；652. 江西财经大学；664. 重庆大学；669. 东北财经大学；670. 中央财经大学；681. 深圳大学；685. 西交利物浦大学；711. 西北工业大学；746. 华东理工大学；772. 澳门科技大学；780. 山东大学；803. 西南交通大学；805. 浙江财经大学；841. 华东师范大学；846. 苏州大学；855. 南京航空航天大学；881. 浙江工商大学；939. 中南财经政法大学；946. 南京审计大学；997. 华东理工大学；1074. 香港公开大学；1083. 西安电子科技大学；1090. 北京邮电大学；1098. 东华大学；1121. 河海大学；1131. 武汉理工大学；1143. 中国科学院；1189. 恒生管理学院；1194. 中国矿业大学；1197. 广东外语外贸大学；1208. 南京财经大学；1218. 安徽财经大学；1233. 浙江工业大学；1240. 安徽大学；1262. 兰州大学；1267. 香港树仁大学；1269. 南京理工大学；1283. 福州大学；1352. 大连海事大学；1361. 华侨大学；1387. 华北电力大学；1421. 华南师范大学；1452. 陕西师范大学；1465. 上海对外经贸大学；1468. 华南农业大学；1495. 汕头大学；1515. 广西大学；1517. 浙江理工大学；1521. 山东财经大学；1534. 广东工业大学；1536. 杭州电子科技大学；1544. 北京联合大学；1563. 天津科技大学；1583. 北京第二外国语学院；1584. 上海海事大学；1604. 澳门城市大学；1619. 江南大学；1641. 广州大学；1648. 华中农业大学；1654. 上海外国语大学；1655. 云南财经大学；1665. 南京信息工程大学；1745. 西南大学；1753. 中国海洋大学；1756. 西南民族大学；1757. 华中师范大学；1781. 浙江师范大学			

五十六、社会学学科

表 2-80　社会学学科（5 强与中国大学）

排名	英文名称	中文名称	国家/地区	总得分
1	UNIVERSITY OF MICHIGAN	密歇根大学	美国	100.00
2	HARVARD UNIVERSITY	哈佛大学	美国	87.30

续表

排名	英文名称	中文名称	国家/地区	总得分
3	NORTH CAROLINA STATE UNIVERSITY	北卡罗来纳大学	美国	80.90
4	UNIVERSITY OF TORONTO	多伦多大学	加拿大	78.70
5	UNIVERSITY OF OXFORD	牛津大学	英国	78.30

其他中国机构：137. 香港大学；158. 香港中文大学；169. 香港理工大学；183. 香港城市大学；205. 中国科学院；242. 北京大学；341. 北京师范大学；350. 中国人民大学；415. 中山大学；418. 复旦大学；433. 清华大学；458. 中南大学；472. 香港浸会大学；482. 东南大学；487. 南京大学；489. 浙江大学；501. 中国农业大学；538. 澳门大学；548. 同济大学；583. 西安交通大学；603. 中国科学院；655. 香港科技大学；683. 中山大学；709. 西南大学；744. 中国科学院大学；777. 四川大学；806. 武汉大学；812. 华东师范大学；850. 上海交通大学；870. 山东大学；909. 厦门大学；950. 吉林大学；979. 陕西师范大学；985. 北京交通大学；1008. 华南师范大学；1076. 华中科技大学；1087. 上海大学；1134. 香港教育大学；1140. 中央财经大学；1196. 哈尔滨工业大学；1274. 上海财经大学；1277. 北京航空航天大学；1280. 浙江工商大学；1385. 西北大学；1446. 山东师范大学；1456. 武汉理工大学；1512. 暨南大学；1587. 安徽大学；1592. 湖南大学；1599. 中国科学技术大学；1624. 南开大学；1681. 首都师范大学；1725. 空军军医大学；1753. 北京工业大学；1771. 深圳大学；1788. 西南财经大学；1831. 南京师范大学；1897. 中国政法大学；1904. 华中师范大学；1907. 天津大学；1946. 兰州大学；2003. 广州大学；2008. 中国疾病预防控制中心；2020. 西北农林科技大学；2042. 西南交通大学；2056. 天津师范大学；2062. 南京农业大学；2065. 上海师范大学；2122. 苏州大学；2145. 浙江师范大学；2161. 重庆大学；2198. 长安大学；2387. 华理工大学；2392. 华南理工大学；2447. 河海大学；2477. 广东外语外贸大学；2534. 华侨大学；2561. 中央民族大学；2562. 北京理工大学；2575. 北京科技大学；2586. 浙江财经大学；2604. 对外经济贸易大学；2645. 安徽医科大学；2740. 北京林业大学；2860. 郑州大学；2862. 江西财经大学；2871. 宁波诺丁汉大学；2883. 南京航空航天大学；2912. 澳门科技大学；2936. 上海外国语大学；2951. 上海海事大学；2999. 中国地质大学；3035. 中南财经政法大学；3042. 上海纽约大学；3120. 福建师范大学；3128. 河南大学；3141. 天津医科大学；3284. 云南大学；3295. 湖南师范大学；3379. 中国医学科学院-中国协和医学院；3383. 川北医学院；3407. 江苏师范大学；3410. 香港树仁大学；3439. 广西医科大学

五十七、社会政策与管理学科

表2-81　社会政策与管理学科（5强与中国大学）

排名	英文名称	中文名称	国家/地区	总得分
1	ERASMUS UNIVERSITY ROTTERDAM	鹿特丹大学	荷兰	100.00
2	UTRECHT UNIVERSITY	乌得勒支大学	荷兰	81.60
3	UNIVERSITY OF GEORGIA	佐治亚大学	美国	78.50
4	AARHUS-UNIV	奥胡斯大学	丹麦	72.90
5	INDIANA UNIVERSITY	印第安纳大学	美国	71.50

其他中国机构：15. 香港城市大学；59. 清华大学；86. 香港大学；130. 上海交通大学；131. 中国人民大学；180. 复旦大学；194. 香港理工大学；261. 中山大学；263. 北京大学；274. 浙江大学；280. 香港中文大学；345. 上海财经大学；360. 哈尔滨工业大学；376. 中山大学；381. 西安交通大学；433. 大连理工大学；448. 中国科学院；548. 武汉大学；553. 北京师范大学；638. 暨南大学；651. 华中科技大学；676. 中央财经大学；690. 同济大学；694. 南京大学；712. 中国科学院；723. 香港浸会大学；748. 香港科技大学；768. 澳门大学；784. 北京航空航天大学；790. 西南财经大学；809. 厦门大学；880. 南开大学；884. 电子科技大学；970. 四川大学；1023. 兰州大学；1075. 三峡大学；1078. 中南财经政法大学；1097. 香港教育大学；1167. 天津大学；1185. 浙江工商大学；1197. 重庆大学；1213. 山东财经大学；1225. 江西财经大学；1259. 对外经济贸易大学；1277. 南京财经大学；1286. 宁波诺丁汉大学；1296. 北京建筑大学；1302. 西交利物浦大学；1309. 浙江财经大学；1393. 华南师范大学；1401. 浙江师范大学；1457. 深圳大学；1513. 北京工业大学；1522. 西北工业大学；1547. 西北大学；1600. 华南理工大学；1640. 首都经济贸易大学；1729. 西南交通大学；1735. 中国农业大学；1772. 华东理工大学；1790. 中国海洋大学；1866. 中国东北大学；1922. 广东外语外贸大学

续表

排名	英文名称	中文名称	国家/地区	总得分
1979. 南京师范大学；1992. 中国科学院大学；2043. 曲阜师范大学；2083. 云南民族大学；2094. 大连海事大学；2103. 长沙理工大学；2132. 中国科学院；2227. 陕西师范大学；2248. 香港城市大学；2284. 南方科技大学；2294. 天津财经大学；2299. 西安石油大学；2305. 香港公开大学；2400. 湘潭大学；2449. 湖北经济学院；2479. 河南工业大学；2512. 上海外国语大学；2588. 贵州大学；2591. 中南民族大学；2604. 江南大学；2632. 广西财经学院；2658. 北京理工大学；2664. 浙江师范大学；2723. 首都师范大学；2734. 湖南大学；2765. 河海大学；2774. 华侨大学；2790. 杭州师范大学；2911. 南昌大学；2920. 广西大学；3024. 安徽大学；3142. 中国科学技术大学；3209. 河池学院				

五十八、生态学学科

表2-82 生态学学科（5强与中国大学）

排名	英文名称	中文名称	国家/地区	总得分
1	CHINESE ACADEMY OF SCIENCES	中国科学院	中国	100.00
2	UNITED STATES GEOLOGICAL SURVEY	美国地质勘探局	美国	57.30
3	SPANISH NATIONAL RESEARCH COUNCIL	国家科研委员会	西班牙	56.00
4	UNIV-CALIF-DAVIS	加利福尼亚大学戴维斯分校	美国	50.20
5	UNIV-CALIF-BERKELEY	加利福尼亚大学伯克利分校	美国	49.60
其他中国机构：74. 中国科学院大学；148. 北京师范大学；161. 北京大学；265. 中国科学院；275. 香港大学；281. 浙江大学；296. 西北农林科技大学；312. 中国农业大学；338. 中国农业大学；340. 南京农业大学；365. 北京林业大学；366. 中山大学；367. 兰州大学；371. 南京大学；374. 清华大学；406. 华东师范大学；439. 复旦大学；452. 厦门大学；507. 武汉大学；514. 中国海洋大学；565. 上海交通大学；582. 华中农业大学；712. 四川大学；738. 东北师范大学；741. 中国地质大学；750. 同济大学；755. 南京师范大学；790. 东北林业大学；796. 华南农业大学；802. 云南大学；810. 河海大学；847. 内蒙古大学；849. 西南大学；880. 香港科技大学；895. 四川农业大学；904. 浙江农林大学；906. 上海海洋大学；911. 福建农林大学；929. 香港中文大学；955. 西北大学；958. 南京林业大学；965. 南京信息工程大学；1016. 山东大学；1052. 杭州师范大学；1086. 广西大学；1092. 北京航空航天大学；1140. 暨南大学；1165. 河南大学；1170. 哈尔滨工业大学；1199. 陕西师范大学；1245. 南开大学；1253. 国防科技大学；1272. 中南林业科技大学；1291. 华南师范大学；1292. 西华师范大学；1364. 香港城市大学；1401. 扬州大学；1425. 中国医学科学院-中国协和医学院；1440. 海南师范大学；1441. 南昌大学；1442. 沈阳农业大学；1452. 天津大学；1455. 内蒙古农业大学；1501. 重庆大学；1517. 中国矿业大学；1538. 台州学院；1539. 华中师范大学；1548. 安徽师范大学；1559. 湖北大学；1583. 海南大学；1587. 西安交通大学；1596. 江西农业大学；1616. 香港理工大学；1643. 浙江海洋大学；1657. 湖南农业大学；1659. 昆明理工大学；1679. 青岛农业大学；1686. 南京航空航天大学；1699. 中国人民大学；1741. 上海财经大学；1758. 西南林业大学；1759. 吉林大学；1768. 中南大学；1820. 安徽农业大学；1829. 山东农业大学；1853. 华北电力大学；1875. 福建师范大学；1886. 湖南大学；1889. 中国科学技术大学；1902. 华中科技大学；1905. 江西师范大学；1953. 云南农业大学；1983. 西北工业大学；2008. 中央民族大学；2024. 山西大学；2026. 大连理工大学；2030. 首都师范大学；2044. 中国科学院；2129. 香港浸会大学；2139. 云南师范大学；2158. 新疆大学；2173. 绵阳师范学院；2175. 河南科技大学；2199. 宁夏大学				

五十九、生物学学科

表2-83 生物学学科（5强与中国大学）

排名	英文名称	中文名称	国家/地区	总得分
1	HARVARD UNIVERSITY	哈佛大学	美国	100.00

续表

排名	英文名称	中文名称	国家/地区	总得分
2	CHINESE ACADEMY OF SCIENCES	中国科学院	中国	98.40
3	UNIVERSITY OF WASHINGTON	华盛顿大学	美国	49.10
4	UNIVERSITY OF OXFORD	牛津大学	英国	49.00
5	UNIVERSITY OF CAMBRIDGE	剑桥大学	英国	45.90

其他中国机构：41. 上海交通大学；42. 浙江大学；51. 复旦大学；58. 中山大学；61. 北京大学；73. 中国科学院大学；86. 中国农业大学；108. 山东大学；115. 中国医学科学院-中国协和医学院；120. 中国农业大学；125. 四川大学；137. 香港大学；146. 华中科技大学；147. 南京医科大学；155. 南京农业大学；166. 华中农业大学；169. 吉林大学；175. 清华大学；182. 武汉大学；193. 中南大学；206. 西北农林科技大学；225. 首都医科大学；232. 香港中文大学；250. 南京大学；258. 同济大学；274. 苏州大学；282. 西安交通大学；291. 厦门大学；292. 南方医科大学；302. 海军军医大学；304. 空军军医大学；308. 哈尔滨医科大学；319. 重庆医科大学；324. 中国医科大学；330. 中国科学院；334. 陆军军医大学；335. 南开大学；348. 中国海洋大学；371. 温州医科大学；378. 华南农业大学；400. 西南大学；416. 暨南大学；417. 郑州大学；449. 中国科学技术大学；451. 天津医科大学；477. 广州医科大学；479. 四川农业大学；487. 安徽医科大学；491. 东南大学；500. 中国药科大学；517. 中国疾病预防控制中心；527. 北京师范大学；556. 兰州大学；567. 扬州大学；581. 江南大学；586. 山东农业大学；597. 华东师范大学；598. 南昌大学；618. 江苏大学；675. 大连医科大学；679. 华南理工大学；681. 南通大学；688. 青岛大学；695. 福建农林大学；701. 北京林业大学；706. 东北农业大学；708. 上海海洋大学；733. 哈尔滨工业大学；734. 天津大学；783. 香港科技大学；788. 河北医科大学；789. 南京师范大学；792. 广西医科大学；801. 沈阳药科大学；813. 深圳大学；824. 汕头大学；836. 香港理工大学；841. 云南大学；850. 华南师范大学；863. 福建医科大学；866. 大连理工大学；893. 华东理工大学；907. 宁波大学；913. 杭州师范大学；914. 香港城市大学；925. 上海中医药大学；953. 香港浸会大学；955. 南京中医药大学；972. 西北大学；976. 重庆大学；982. 电子科技大学；991. 上海大学；1007. 东北林业大学；1032. 湖南农业大学；1043. 昆明医科大学；1050. 河南农业大学；1052. 华中师范大学；1074. 首都师范大学；1081. 安徽农业大学；1109. 青岛农业大学；1110. 广西大学；1120. 澳门大学；1131. 陕西师范大学；1133. 贵州大学；1144. 河北大学；1152. 湖南大学

六十、生物医学工程(可授工学、理学、医学学位)学科

表 2-84　生物医学工程（可授工学、 理学、 医学学位）学科（5 强与中国大学）

排名	英文名称	中文名称	国家/地区	总得分
1	HARVARD UNIVERSITY	哈佛大学	美国	100.00
2	CHINESE ACADEMY OF SCIENCES	中国科学院	中国	98.20
3	STANFORD UNIVERSITY	斯坦福大学	美国	64.40
4	SHANGHAI JIAO TONG UNIVERSITY	上海交通大学	中国	64.00
5	UNIVERSITY OF PITTSBURGH	匹兹堡大学	美国	55.10

其他中国机构：14. 四川大学；17. 复旦大学；24. 北京大学；27. 浙江大学；30. 清华大学；39. 苏州大学；64. 香港大学；69. 中山大学；85. 空军军医大学；100. 华中科技大学；106. 中国医学科学院-中国协和医学院；110. 同济大学；112. 西安交通大学；114. 吉林大学；118. 中国科学院大学；120. 武汉大学；123. 南方医科大学；128. 首都医科大学；139. 香港中文大学；156. 天津大学；157. 北京航空航天大学；160. 山东大学；168. 南京大学；176. 陆军军医大学；188. 东南大学；193. 香港城市大学；197. 中国科学技术大学；227. 暨南大学；228. 华南理工大学；231. 南京医科大学；234. 东华大学；235. 中南大学；254. 重庆大学；258. 香港理工大学；274. 厦门大学；275. 南开大学；298. 海军军医大学；300. 哈尔滨工业大学；321. 西南交通大学；324. 重庆医科大学；337. 天津医科大学；350. 北京理工大学；369. 温州医科大学；387. 郑州大学；389. 华东理工大学；394. 北京工业大学；403. 深圳大学；404. 哈尔滨医科大学；

排名	英文名称	中文名称	国家/地区	总得分
427. 中国药科大学；429. 中国医科大学；436. 华东师范大学；440. 上海大学；455. 大连理工大学；498. 南通大学；509. 中国东北大学；513. 广州医科大学；515. 大连医科大学；571. 江苏大学；573. 香港科技大学；583. 西北工业大学；592. 青岛大学；605. 电子科技大学；606. 北京师范大学；618. 北京化工大学；628. 安徽医科大学；669. 湖南大学；675. 澳门大学；685. 沈阳药科大学；704. 南昌大学；714. 南京航空航天大学；730. 上海理工大学；737. 华南师范大学；763. 武汉理工大学；764. 福建医科大学；771. 兰州大学；807. 南京理工大学；879. 西南大学；885. 汕头大学；892. 西北大学；926. 北京科技大学；957. 哈尔滨工程大学；959. 华东理工大学；994. 国防科技大学；1023. 宁波大学；1053. 湖北大学；1058. 南京师范大学；1059. 西安电子科技大学；1072. 广西医科大学；1082. 上海师范大学；1129. 北京交通大学；1161. 西北农林科技大学；1174. 太原理工大学；1178. 福州大学；1195. 河北医科大学；1205. 合肥工业大学；1231. 江南大学；1238. 昆明医科大学；1277. 中国海洋大学；1306. 上海中医药大学；1316. 武汉科技大学；1319. 杭州师范大学；1328. 安徽大学；1335. 南京工业大学；1370. 浙江工业大学；1378. 广西大学；1380. 宁夏医科大学；1383. 河北大学				

六十一、石油与天然气工程学科

表2-85　石油与天然气工程学科（5强与中国大学）

排名	英文名称	中文名称	国家/地区	总得分
1	CHINESE ACADEMY OF SCIENCES	中国科学院	中国	100.00
2	TSINGHUA UNIVERSITY	清华大学	中国	40.30
3	CHINA UNIVERSITY OF PETROLEUM	中国石油大学	中国	27.80
4	UNIVERSITY OF CHINESE ACADEMY OF SCIENCES	中国科学院大学	中国	24.80
5	TIANJIN UNIVERSITY	天津大学	中国	24.70
其他中国机构：6. 浙江大学；7. 西安交通大学；8. 上海交通大学；9. 华中科技大学；10. 中国科学技术大学；11. 哈尔滨工业大学；13. 华南理工大学；16. 中国矿业大学；18. 华北电力大学；23. 大连理工大学；25. 北京理工大学；28. 北京大学；30. 重庆大学；33. 山东大学；34. 东南大学；38. 中国地质大学；40. 同济大学；46. 吉林大学；47. 北京化工大学；48. 香港理工大学；50. 中南大学；51. 复旦大学；53. 厦门大学；58. 湖南大学；59. 南开大学；66. 武汉大学；72. 武汉理工大学；73. 苏州大学；75. 华东理工大学；76. 北京航空航天大学；78. 香港城市大学；79. 中山大学；82. 北京科技大学；84. 南京工业大学；86. 西南石油大学；89. 南京大学；91. 四川大学；104. 中国石油大学；108. 太原理工大学；111. 香港科技大学；112. 江苏大学；113. 北京工业大学；148. 南京航空航天大学；155. 南京理工大学；159. 上海大学；177. 合肥工业大学；187. 兰州大学；200. 福州大学；205. 哈尔滨工程大学；207. 北京交通大学；210. 中国石油大学；227. 北京师范大学；228. 东华大学；237. 华东理工大学；242. 香港大学；247. 北京林业大学；248. 西北工业大学；260. 中国东北大学；265. 中国农业大学；269. 广东工业大学；270. 电子科技大学；277. 中国海洋大学；284. 郑州大学；290. 湘潭大学；295. 上海理工大学；297. 浙江工业大学；301. 香港中文大学；313. 西北农林科技大学；314. 深圳大学；320. 江南大学；328. 青岛科技大学；333. 安徽工业大学；343. 广西大学；346. 华东师范大学；354. 暨南大学；360. 河南理工大学；368. 山东科技大学；369. 浙江师范大学；377. 西北大学；378. 南昌大学；395. 暨南大学；400. 昆明理工大学；402. 天津工业大学；409. 河海大学；413. 中国科学院；416. 西南大学；418. 南京师范大学；420. 陕西师范大学；423. 燕山大学；428. 青岛大学；431. 华南师范大学；437. 东北师范大学；438. 宁波大学；450. 南京林业大学；458. 西南交通大学；468. 湖北大学；470. 华南农业大学；472. 扬州大学；478. 常州大学；482. 兰州理工大学；483. 东北石油大学；491. 黑龙江大学；500. 华侨大学；504. 西安建筑科技大学；505. 上海电力学院；510. 香港浸会大学；522. 中国人民大学；529. 华中农业大学				

六十二、食品科学与工程(可授工学、农学学位)学科

表2-86　食品科学与工程（可授工学、 农学学位）学科（5强与中国大学）

排名	英文名称	中文名称	国家/地区	总得分
1	JIANGNAN UNIVERSITY	江南大学	中国	100.00
2	SPANISH NATIONAL RESEARCH COUNCIL	国家科研委员会	西班牙	87.60
3	AGRICULTURAL RESEARCH SERVICE	美国农业科学研究院	美国	84.40
4	CHINA AGRICULTURAL UNIVERSITY	中国农业大学	中国	82.70
5	CHINESE ACADEMY OF SCIENCES	中国科学院	中国	80.60

其他中国机构：7. 华南理工大学；9. 浙江大学；15. 中国农业大学；16. 南京农业大学；23. 西北农林科技大学；25. 南昌大学；51. 华中农业大学；65. 上海交通大学；72. 江苏大学；82. 天津理工大学；84. 吉林大学；100. 中国海洋大学；103. 暨南大学；123. 东北农业大学；127. 中国科学院大学；136. 西南大学；145. 四川大学；147. 华南农业大学；152. 武汉大学；159. 浙江工商大学；176. 北京工商大学；179. 陕西师范大学；199. 合肥工业大学；201. 中山大学；202. 福建农林大学；203. 扬州大学；205. 河南工业大学；214. 山东农业大学；220. 哈尔滨工业大学；234. 香港大学；239. 北京大学；251. 天津大学；259. 华中科技大学；285. 香港中文大学；291. 南开大学；294. 上海海洋大学；312. 中南大学；315. 北京林业大学；322. 青岛农业大学；325. 浙江工业大学；326. 大连工业大学；330. 苏州大学；332. 安徽农业大学；337. 厦门大学；344. 山东大学；348. 宁波大学；357. 兰州大学；359. 中国药科大学；366. 湖北工业大学；372. 福州大学；375. 南京财经大学；379. 湖南大学；380. 华东理工大学；382. 四川农业大学；389. 湖南农业大学；395. 中国医学科学院-中国协和医学院；396. 东北林业大学；399. 复旦大学；410. 清华大学；416. 沈阳农业大学；431. 渤海大学；453. 沈阳药科大学；454. 西北大学；455. 南京师范大学；489. 北京化工大学；493. 昆明理工大学；497. 武汉轻工大学；499. 澳门大学；502. 中国科学院；520. 中国疾病预防控制中心；524. 上海应用技术大学；526. 河南科技学院；529. 南京大学；538. 郑州大学；539. 集美大学；543. 西安交通大学；547. 广西大学；550. 河北大学；556. 浙江海洋大学；557. 河北农业大学；576. 中国科学院；588. 中国科学院；602. 内蒙古农业大学；606. 山西大学；608. 香港浸会大学；614. 北京师范大学；618. 香港理工大学；647. 海南大学；648. 上海师范大学；650. 深圳大学；657. 广东药科大学；673. 石河子大学；682. 浙江农林大学；685. 江西师范大学；700. 东南大学；701. 吉林农业大学；704. 江西农业大学；707. 南京中医药大学；710. 河南农业大学；732. 南方医科大学；735. 重庆大学；758. 南京工业大学；761. 大连医科大学；776. 华中师范大学；777. 河南科技大学；787. 大连理工大学；797. 上海大学；808. 烟台大学；811. 同济大学；818. 杭州师范大学

六十三、世界史学科

表2-87　世界史学科（5强与中国大学）

排名	英文名称	中文名称	国家/地区	总得分
1	UNIVERSITY OF OXFORD	牛津大学	英国	100.00
2	UNIVERSITY OF CAMBRIDGE	剑桥大学	英国	87.20
3	HARVARD UNIVERSITY	哈佛大学	美国	83.50
4	UTRECHT UNIVERSITY	乌得勒支大学	荷兰	75.10
5	UNIVERSITY OF LONDON	伦敦大学	英国	52.70

其他中国机构：319. 香港大学；360. 香港科技大学；403. 北京大学；525. 香港中文大学；569. 香港城市大学；624. 中国科学院；630. 中山大学；667. 华东师范大学；668. 江西师范大学；685. 香港浸会大学；700. 上海交通大学；842. 复旦大学；970. 华南师范大学；982. 暨南大学；985. 清华大学；1004. 北京体育大学；1017. 上海大学；1072. 中国人民大学；1093. 苏州大学；1134. 山东大学；1353. 西南大学；1409. 东南大学；1414. 湖北工业大学；1455. 西交利物浦大学；1472. 上海理工大学；1477. 韩国岭南大学；1485. 厦门大学；1492. 西华师范大学；1626. 广东外语外贸大学；1790. 洛阳师范学院；1913. 电子科技大学；2013. 成都体育学院

六十四、兽医学学科

表2-88　兽医学学科（5强与中国大学）

排名	英文名称	中文名称	国家/地区	总得分
1	UNIV-CALIF-DAVIS	加利福尼亚大学戴维斯分校	美国	100.00
2	GHENT UNIVERSITY	根特大学	比利时	76.40
3	UNIVERSITY OF GUELPH	圭尔夫大学	加拿大	65.70
4	UNIVERSIDADE DE SAO PAULO	圣保罗大学	巴西	62.40
5	COLORADO STATE UNIVERSITY	科罗拉多州立大学	美国	61.10

其他中国机构：16. 中国科学院；37. 中国农业大学；60. 南京农业大学；68. 中国农业大学；72. 中国科学院；86. 华中农业大学；90. 西北农林科技大学；96. 华南农业大学；114. 四川农业大学；118. 中山大学；152. 中国科学院大学；160. 扬州大学；182. 中国海洋大学；206. 浙江大学；228. 吉林大学；237. 山东农业大学；246. 东北农业大学；256. 上海海洋大学；265. 宁波大学；315. 厦门大学；347. 中国疾病预防控制中心；356. 香港大学；370. 青岛农业大学；384. 大连海洋大学；435. 河南农业大学；438. 吉林农业大学；443. 广东海洋大学；449. 浙江海洋大学；457. 南京师范大学；459. 山东大学；466. 广西大学；478. 黑龙江八一农垦大学；511. 河南科技大学；516. 西南大学；537. 中国医学科学院-中国协和医学院；553. 集美大学；589. 安徽农业大学；606. 华东师范大学；608. 北京大学；615. 山东师范大学；617. 复旦大学；628. 湖南农业大学；636. 内蒙古农业大学；665. 上海交通大学；671. 华东理工大学；684. 首都医科大学；696. 甘肃农业大学；704. 山东农业大学；736. 四川大学；747. 华南师范大学；775. 江西农业大学；788. 山西农业大学；797. 石河子大学；801. 海南大学；816. 云南农业大学；821. 南昌大学；841. 福建农林大学；870. 香港中文大学；871. 天津师范大学；966. 河南师范大学；971. 东北林业大学；1009. 汕头大学；1053. 西南民族大学；1073. 华南理工大学；1112. 苏州大学；1123. 南方医科大学；1210. 兰州大学；1231. 沈阳农业大学；1242. 仲恺农业工程学院；1261. 长江大学；1280. 湖南师范大学；1291. 河北农业大学；1381. 河南科技学院；1386. 重庆医科大学；1412. 江苏大学；1425. 暨南大学；1426. 内蒙古大学；1433. 淮海工学院；1449. 郑州大学；1479. 中南大学；1495. 锦州医科大学；1573. 盐城工学院；1587. 陆军军医大学；1591. 浙江农林大学；1623. 海军军医大学；1624. 武汉大学；1635. 香港城市大学；1644. 延边大学；1657. 电子科技大学；1710. 西安交通大学；1727. 香港理工大学；1745. 中国药科大学；1766. 浙江工业大学；1775. 东南大学；1809. 清华大学。

六十五、数学学科

表2-89　数学学科（5强与中国大学）

排名	英文名称	中文名称	国家/地区	总得分
1	CHINESE ACADEMY OF SCIENCES	中国科学院	中国	100.00
2	KING ABDULAZIZ UNIVERSITY	阿卜杜勒阿齐兹国王大学	沙特阿拉伯王国	83.70
3	RUSSIAN ACADEMY OF SCIENCES	俄罗斯科学院	俄罗斯	75.10
4	THE FRENCH NATIONAL CENTRE FOR SCIENTIFIC RESEARCH	法国国家科学研究中心	法国	71.00
5	UNIVERSITY OF OXFORD	牛津大学	英国	70.50

其他中国机构：13. 哈尔滨工业大学；21. 东南大学；24. 上海交通大学；25. 清华大学；26. 浙江大学；27. 北京大学；30. 大连理工大学；38. 中南大学；42. 复旦大学；43. 华中科技大学；44. 香港城市大学；45. 山东大学；51. 西安交通大学；52. 上海大学；60. 南开大学；64. 厦门大学；66. 北京师范大学；68. 中国科学技术大学；72. 同济大学；73. 中山大学；75. 电子科技大学；78. 北京航空航天大学；80. 香港中文大学；84. 湖南大学；85. 武汉大学；91. 南京大学；

排名	英文名称	中文名称	国家/地区	总得分
99. 兰州大学；106. 香港理工大学；107. 华东师范大学；109. 重庆大学；116. 天津大学；118. 西北工业大学；119. 四川大学；127. 曲阜师范大学；128. 中国矿业大学；130. 吉林大学；131. 香港大学；132. 华南师范大学；135. 北京理工大学；139. 南京航空航天大学；140. 南京师范大学；149. 中国东北大学；150. 浙江师范大学；156. 北京交通大学；163. 河海大学；166. 华南理工大学；169. 山东科技大学；178. 南京理工大学；189. 西南大学；194. 香港浸会大学；200. 华中师范大学；209. 湘潭大学；214. 苏州大学；216. 东北师范大学；226. 上海师范大学；246. 西安电子科技大学；257. 东华大学；300. 新疆大学；311. 河南理工大学；312. 北京工业大学；313. 香港科技大学；321. 河南师范大学；322. 郑州大学；332. 江南大学；342. 安徽大学；348. 中国科学院大学；350. 北京科技大学；355. 杭州电子科技大学；357. 山西大学；361. 华北电力大学；369. 首都师范大学；377. 天津工业大学；379. 湖南师范大学；384. 西南交通大学；386. 国防科技大学；388. 哈尔滨工程大学；392. 南京信息工程大学；400. 上海理工大学；407. 西北师范大学；415. 澳门大学；416. 江苏师范大学；421. 云南大学；424. 江苏大学；429. 北京邮电大学；432. 陕西师范大学；434. 贵州大学；435. 浙江工业大学；437. 华东理工大学；441. 山东师范大学；445. 福州大学；449. 重庆师范大学；468. 中国石油大学；483. 深圳大学；486. 中国人民大学；489. 江西师范大学；491. 广州大学；494. 扬州大学；499. 太原理工大学；519. 南昌大学；522. 上海财经大学；524. 西南财经大学；534. 中国地质大学；548. 宁波大学；555. 福建师范大学；572. 西北大学；579. 长沙理工大学；595. 河南大学；597. 合肥工业大学；602. 暨南大学；617. 暨南大学；623. 南京邮电大学；625. 温州大学；635. 青岛大学；638. 淮阴师范学院；640. 兰州理工大学；644. 中国海洋大学；665. 南通大学				

六十六、水产学科

表2-90　水产学科（5强与中国大学）

排名	英文名称	中文名称	国家/地区	总得分
1	CHINESE ACADEMY OF SCIENCES	中国科学院	中国	100.00
2	CHINESE ACADEMY OF SCIENCES	中国科学院	中国	75.60
3	NATIONAL OCEANIC AND ATMOSPHERIC ADMINISTRATION	美国国家海洋和大气管理局	美国	62.20
4	FISHERIES AND OCEANS CANADA	加拿大渔业及海洋部	加拿大	55.70
5	UNIVERSITY OF WASHINGTON	华盛顿大学	美国	50.00
其他中国机构：6. 中国海洋大学；10. 上海海洋大学；14. 中国科学院大学；18. 中山大学；21. 华中农业大学；29. 宁波大学；33. 南京农业大学；38. 大连海洋大学；50. 四川农业大学；63. 浙江海洋大学；69. 厦门大学；70. 西北农林科技大学；77. 广东海洋大学；87. 浙江大学；91. 集美大学；95. 华东师范大学；104. 华南农业大学；116. 南京师范大学；164. 青岛农业大学；165. 山东大学；183. 华南师范大学；197. 中国农业大学；214. 海南大学；225. 汕头大学；241. 西南大学；330. 河南师范大学；351. 苏州大学；413. 南昌大学；426. 天津师范大学；438. 淮海工学院；469. 暨南大学；486. 香港大学；514. 东北农业大学；516. 华南理工大学；520. 盐城工学院；537. 大连理工大学；549. 安徽农业大学；583. 湖南师范大学；594. 长江大学；621. 天津农业大学；629. 上海交通大学；659. 华东理工大学；673. 上海大学；682. 山东师范大学；706. 仲恺农业工程学院；707. 扬州大学；768. 吉林农业大学；771. 广西大学；775. 电子科技大学；823. 鲁东大学；831. 江苏大学；868. 辽宁师范大学；873. 云南农业大学；890. 福建农林大学；905. 香港中文大学；907. 湖南农业大学；920. 中国农业大学；925. 湖州师范学院；942. 大连工业大学；957. 沈阳农业大学；975. 武汉轻工大学；976. 香港城市大学；982. 盐城师范学院；1018. 山东大学；1019. 同济大学；1039. 浙江工业大学；1053. 南京大学；1097. 华中师范大学；1099. 三峡大学；1119. 清华大学；1123. 浙江万里学院；1135. 四川大学；1162. 复旦大学；1163. 大连医科大学；1180. 江南大学；1181. 北京师范大学；1197. 长沙学院；1219. 东北林业大学；1220. 武汉大学；1226. 深圳大学；1235. 内江师范学院；1238. 杭州师范大学；1255. 北京大学；1292. 天津理工大学；1321. 温州医科大学；1324. 山东农业大学				

六十七、水利工程学科

表2-91　水利工程学科（5强与中国大学）

排名	英文名称	中文名称	国家/地区	总得分
1	CHINESE ACADEMY OF SCIENCES	中国科学院	中国	100.00
2	DELFT-UNIV-TECHNOL	代尔夫特大学	荷兰	32.20
3	UNITED STATES GEOLOGICAL SURVEY	美国地质勘探局	美国	29.60
4	HOHAI UNIVERSITY	河海大学	中国	23.90
5	BEIJING NORMAL UNIVERSITY	北京师范大学	中国	22.00

其他中国机构：7. 中国科学院大学；8. 清华大学；15. 同济大学；19. 武汉大学；20. 中国地质大学；25. 哈尔滨工业大学；28. 南京大学；30. 西北农林科技大学；32. 浙江大学；41. 大连理工大学；52. 中山大学；54. 中国农业大学；58. 上海交通大学；71. 天津大学；76. 北京大学；89. 中国矿业大学；113. 香港科技大学；120. 四川大学；137. 香港大学；154. 华中科技大学；157. 北京林业大学；158. 中国海洋大学；207. 中国科学技术大学；215. 湖南大学；218. 长安大学；220. 华北电力大学；223. 西安工业大学；224. 吉林大学；242. 兰州大学；247. 山东大学；253. 华南理工大学；255. 香港理工大学；265. 南京信息工程大学；270. 哈尔滨工程大学；271. 华东师范大学；275. 南开大学；278. 北京工业大学；279. 重庆大学；313. 华中农业大学；332. 中南大学；350. 中国农业大学；370. 郑州大学；373. 南京农业大学；375. 复旦大学；383. 西安建筑科技大学；411. 天津工业大学；414. 合肥工业大学；418. 西南大学；423. 中国科学院；429. 东南大学；445. 武汉理工大学；447. 香港中文大学；452. 中国科学院；482. 北京理工大学；483. 东北农业大学；488. 南京师范大学；504. 浙江工业大学；513. 成都理工大学；516. 西安交通大学；526. 中国石油大学；533. 华北水利水电大学；535. 北京科技大学；541. 香港城市大学；549. 厦门大学；550. 暨南大学；561. 南京工业大学；569. 陕西师范大学；582. 东华大学；610. 广西大学；617. 广东工业大学；620. 福建师范大学；624. 山东科技大学；628. 江苏大学；629. 南京林业大学；662. 内蒙古农业大学；670. 上海大学；704. 太原理工大学；707. 华南师范大学；708. 北京化工大学；711. 长江大学；721. 天津师范大学；724. 山西大学；729. 西北大学；731. 南京理工大学；748. 四川农业大学；771. 中国人民大学；775. 西南石油大学；793. 暨南大学；796. 江苏科技大学；798. 大连海事大学；806. 青岛科技大学；809. 新疆大学；815. 西安科技大学；833. 华东理工大学；838. 北京建筑大学；853. 东北师范大学；858. 扬州大学；867. 浙江师范大学；898. 南昌大学

六十八、体育学学科

表2-92　体育学学科（5强与中国大学）

排名	英文名称	中文名称	国家/地区	总得分
1	UNIVERSITY OF QUEENSLAND	昆士兰大学	澳大利亚	100.00
2	UNIVERSIDADE DE SAO PAULO	圣保罗大学	巴西	89.10
3	UNIVERSITY OF PITTSBURGH	匹兹堡大学	美国	81.70
4	MCMASTER UNIVERSITY	麦克马斯特大学	加拿大	80.80
5	NORTH CAROLINA STATE UNIVERSITY	北卡罗来纳大学	美国	79.80

其他中国机构：142. 香港理工大学；232. 香港大学；250. 香港中文大学；308. 上海交通大学；343. 上海体育学院；506. 北京大学；546. 四川大学；650. 北京体育大学；721. 南京医科大学；749. 复旦大学；790. 香港浸会大学；957. 中南大学；970. 河北医科大学；995. 福建医科大学；1061. 同济大学；1087. 浙江大学；1090. 中国科学院；1151. 首都医科大学；1169. 温州医科大学；1233. 陆军军医大学；1248. 中山大学；1255. 南方医科大学；1259. 天津体育学院；

排名	英文名称	中文名称	国家/地区	总得分
1264. 空军军医大学；1393. 苏州大学；1493. 宁波大学；1502. 中国医科大学；1505. 重庆医科大学；1508. 西安交通大学；1562. 吉林大学；1593. 深圳大学；1630. 青岛大学；1639. 清华大学；1666. 武汉大学；1726. 香港教育大学；1783. 华中科技大学；1824. 首都体育学院；1883. 山东体育学院；1913. 海军军医大学；1985. 天津医科大学；1996. 山东大学；2012. 华东师范大学；2100. 陕西师范大学；2158. 北京航空航天大学；2188. 南京大学；2201. 青海大学；2228. 成都体育学院；2391. 北京师范大学；2560. 厦门大学；2564. 东南大学；2581. 兰州大学；2672. 中国科学技术大学；2855. 华南师范大学；3209. 扬州大学；3327. 广西医科大学；3334. 暨南大学；3344. 华中农业大学；3357. 中国医学科学院-中国协和医学院；3398. 郑州大学；3517. 辽宁师范大学；3519. 山东师范大学；3578. 福建中医药大学；3588. 武汉体育学院；3628. 南京中医药大学；3770. 湖南师范大学；3881. 上海中医药大学；3910. 武汉体育学院；3914. 南通大学；4219. 河北师范大学；4253. 广州中医药大学；4310. 徐州医科大学；4329. 哈尔滨医科大学；4391. 华北理工大学；4402. 沈阳体育学院；4707. 昆明医科大学；4738. 滨州医学院；4761. 安徽医科大学；4767. 澳门大学；4858. 成都体育学院；4884. 北京中医药大学；4923. 贵州大学；4945. 福建师范大学；5110. 新疆医科大学；5192. 上海大学；5420. 山西医科大学；5431. 南昌大学；5512. 忻州师范学院；5592. 香港城市大学；5595. 徐州医科大学				

六十九、天文学学科

表2-93　天文学学科（5强与中国大学）

排名	英文名称	中文名称	国家/地区	总得分
1	CALTECH	加利福尼亚理工学院	美国	100.00
2	NATIONAL AERONAUTICS AND SPACE ADMINISTRATION	美国航空航天局	美国	78.20
3	CHINESE ACADEMY OF SCIENCES	中国科学院	中国	73.70
4	UNIV-CALIF-BERKELEY	加利福尼亚大学伯克利分校	美国	67.10
5	HARVARD-SMITHSONIAN CENTER FOR ASTROPHYSICS	哈佛史密森尼天文学和天体物理学研究中心	美国	65.60
其他中国机构：48. 北京大学；96. 中国科学技术大学；109. 南京大学；119. 中国科学院大学；175. 清华大学；257. 山东大学；313. 中山大学；324. 北京师范大学；333. 上海交通大学；464. 香港大学；467. 北京航空航天大学；481. 武汉大学；484. 华中师范大学；583. 兰州大学；646. 香港中文大学；779. 浙江大学；791. 香港科技大学；793. 南京信息工程大学；796. 南开大学；802. 南京师范大学；842. 广西大学；863. 复旦大学；900. 华中科技大学；909. 河南师范大学；911. 厦门大学；986. 四川大学；1010. 云南大学；1088. 郑州大学；1100. 广西师范大学；1117. 湖南师范大学；1119. 上海师范大学；1163. 山西大学；1165. 南昌大学；1166. 中国海洋大学；1170. 中国地质大学；1191. 湖南大学；1219. 广州大学；1223. 杭州师范大学；1224. 苏州大学；1225. 辽宁大学；1245. 河南科技大学；1250. 黄山学院；1265. 南华大学；1267. 哈尔滨工业大学；1269. 中国科学院；1286. 重庆大学；1335. 澳门科技大学；1427. 国防科技大学；1445. 云南师范大学；1460. 河北师范大学；1492. 天津师范大学；1528. 东南大学；1561. 浙江工业大学；1587. 西安交通大学；1612. 重庆邮电大学；1708. 辽宁科技大学；1724. 北京石油化工学院；1742. 大连理工大学；1797. 山东大学；1809. 北京理工大学；1831. 宁波大学；1849. 南京航空航天大学；1853. 昆明理工大学；1854. 西华师范大学；1930. 电子科技大学；1936. 辽宁师范大学；1958. 吉林大学；1960. 香港理工大学；1973. 贵州大学；1981. 西南交通大学；1983. 新疆大学；1984. 河海大学；1991. 中国科学院；2077. 上海大学；2142. 扬州大学；2149. 烟台大学；2184. 中国东北大学；2190. 同济大学；2200. 中国石油大学；2205. 华东师范大学；2246. 西南大学；2261. 华北电力大学；2279. 信阳师范学院；2280. 西安电子科技大学；2332. 天津大学；2346. 西藏大学；2445. 安徽师范大学；2502. 北京工业大学；2527. 曲阜师范大学；2528. 河北大学；2536. 湘潭大学；2558. 长沙理工大学；2583. 中国人民解放军陆军工程大学；2604. 中国矿业大学				

七十、统计学(可授理学、经济学学位)学科

表2-94 统计学（可授理学、 经济学学位）学科（5强与中国大学）

排名	英文名称	中文名称	国家/地区	总得分
1	HARVARD UNIVERSITY	哈佛大学	美国	100.00
2	UNIVERSITY OF MICHIGAN	密歇根大学	美国	86.80
3	UNIVERSITY OF WISCONSIN-MADISON	威斯康星大学	美国	83.10
4	NORTH CAROLINA STATE UNIVERSITY	北卡罗来纳大学	美国	75.20
5	UNIVERSITY OF WASHINGTON	华盛顿大学	美国	74.20

其他中国机构：16. 中国科学院；35. 香港大学；71. 北京大学；83. 华东师范大学；86. 南开大学；93. 香港中文大学；95. 北京师范大学；96. 浙江大学；103. 上海财经大学；104. 复旦大学；112. 香港城市大学；120. 香港浸会大学；128. 清华大学；132. 中南大学；134. 武汉大学；138. 厦门大学；151. 上海交通大学；159. 中国人民大学；161. 山东大学；162. 香港科技大学；173. 中国科学技术大学；178. 同济大学；192. 中山大学；214. 哈尔滨工业大学；226. 东北师范大学；235. 东南大学；240. 华中科技大学；247. 北京工业大学；262. 苏州大学；264. 香港理工大学；284. 安徽大学；287. 北京理工大学；297. 湖南大学；316. 华中师范大学；319. 吉林大学；327. 西南财经大学；333. 电子科技大学；335. 大连理工大学；336. 重庆大学；337. 中央财经大学；338. 云南大学；378. 天津大学；382. 四川大学；385. 西安交通大学；406. 深圳大学；416. 中国东北大学；418. 华南理工大学；428. 南京审计大学；429. 中国科学院大学；450. 兰州大学；451. 西北工业大学；462. 南京大学；469. 华东理工大学；480. 澳门大学；483. 河海大学；485. 西南大学；487. 北京交通大学；498. 东华大学；510. 北京航空航天大学；521. 安徽师范大学；525. 南京理工大学；526. 曲阜师范大学；527. 江苏师范大学；528. 上海大学；553. 暨南大学；554. 华北电力大学；576. 南京师范大学；595. 国防科技大学；623. 首都师范大学；646. 浙江工商大学；655. 中国矿业大学；663. 上海师范大学；675. 南京信息工程大学；688. 云南财经大学；734. 南京航空航天大学；742. 西安电子科技大学；762. 首都经济贸易大学；769. 江西财经大学；777. 对外经济贸易大学；778. 浙江财经大学；781. 湖南师范大学；788. 南通大学；793. 中国农业大学；805. 杭州电子科技大学；814. 河南师范大学；815. 南京农业大学；838. 嘉兴学院；840. 中南财经政法大学；841. 武汉理工大学；845. 哈尔滨医科大学；847. 西北大学；861. 广西师范大学；872. 合肥工业大学；893. 辽宁工业大学；905. 广州大学；922. 浙江工业大学；929. 西南交通大学；942. 河南大学；951. 苏州科技大学；954. 陕西师范大学；955. 山西大同大学；981. 南京林业大学；1007. 重庆工商大学；1008. 重庆文理学院；1018. 南昌大学；1033. 上海对外经贸大学；1034. 温州大学；1045. 华北理工大学；1060. 福建师范大学；1065. 郑州大学；1077. 华南师范大学；1085. 中国地质大学；1098. 杭州师范大学；1105. 大连海事大学；1114. 华侨大学；1118. 山西大学；1121. 北京科技大学；1130. 上海海事大学

七十一、统计学与运筹学学科

表2-95 统计学与运筹学学科（5强与中国大学）

排名	英文名称	中文名称	国家/地区	总得分
1	UNIVERSITY OF MICHIGAN	密歇根大学	美国	100.00
2	HONG KONG POLYTECHNIC UNIVERSITY	香港理工大学	中国	97.70
3	HARVARD UNIVERSITY	哈佛大学	美国	94.50
4	UNIVERSITY OF WISCONSIN-MADISON	威斯康星大学	美国	91.00
5	NATIONAL UNIVERSITY OF SINGAPORE	新加坡国立大学	新加坡	86.40

其他中国机构：6. 中国科学院；16. 香港城市大学；18. 清华大学；20. 上海交通大学；23. 香港大学；35. 华中科技大学；52. 浙江大学；53. 同济大学；57. 中国科学技术大学；59. 北京航空航天大学；61. 香港科技大学；63. 大连理工大学；70. 香港中文大学；76. 哈尔滨工业大学；77. 电子科技大学；78. 东南大学；80. 北京大学；85. 中国东北大学；

排名	英文名称	中文名称	国家/地区	总得分
87. 西安交通大学；91. 中南大学；101. 北京交通大学；109. 南开大学；114. 武汉大学；118. 中山大学；124. 天津大学；125. 复旦大学；139. 西北工业大学；140. 重庆大学；141. 北京理工大学；145. 厦门大学；148. 华南理工大学；164. 上海财经大学；170. 上海大学；174. 华东师范大学；177. 湖南大学；180. 四川大学；182. 香港浸会大学；192. 南京大学；193. 国防科技大学；196. 北京师范大学；197. 南京航空航天大学；205. 南京理工大学；210. 山东大学；219. 西安电子科技大学；221. 合肥工业大学；227. 中国人民大学；232. 西南财经大学；253. 北京科技大学；297. 深圳大学；312. 北京工业大学；314. 西南交通大学；319. 苏州大学；326. 中国科学院大学；327. 吉林大学；353. 华东理工大学；369. 东北师范大学；375. 中国矿业大学；383. 河海大学；384. 东华大学；390. 安徽大学；406. 西南大学；416. 武汉理工大学；430. 兰州大学；446. 暨南大学；456. 华北电力大学；468. 沈阳航空航天大学；482. 中央财经大学；489. 曲阜师范大学；496. 云南大学；498. 大连海事大学；504. 广东工业大学；522. 福州大学；526. 南京师范大学；531. 澳门大学；534. 浙江工业大学；543. 华中师范大学；552. 南京审计大学；577. 郑州大学；594. 对外经济贸易大学；595. 杭州电子科技大学；599. 浙江财经大学；607. 江南大学；635. 南京信息工程大学；637. 北京邮电大学；638. 中国石油大学；642. 重庆师范大学；645. 江西财经大学；657. 燕山大学；666. 浙江工商大学；667. 中国地质大学；668. 江苏师范大学；674. 天津工业大学；677. 上海海事大学；699. 浙江师范大学；718. 南昌大学；723. 东北财经大学；727. 上海理工大学；750. 哈尔滨工程大学；782. 长沙理工大学；787. 安徽师范大学；789. 广西大学；791. 宁波诺丁汉大学；795. 聊城大学；826. 上海师范大学；827. 重庆交通大学；835. 北京化工大学；837. 昆明理工大学；838. 重庆文理学院；840. 河南师范大学；841. 山西大学；844. 南京邮电大学；854. 南京农业大学；866. 中国农业大学；871. 华南师范大学；885. 南京财经大学；891. 中国人民解放军空军工程大学；900. 南通大学；902. 中南财经政法大学			

七十二、图书情报与档案管理学科

表2-96　图书情报与档案管理学科（5强与中国大学）

排名	英文名称	中文名称	国家/地区	总得分
1	INDIANA UNIVERSITY	印第安纳大学	美国	100.00
2	HARVARD UNIVERSITY	哈佛大学	美国	95.90
3	WUHAN UNIVERSITY	武汉大学	中国	89.50
4	UNIVERSITY OF WISCONSIN-MADISON	威斯康星大学	美国	81.80
5	UNIVERSITY OF ILLINOIS CHICAGO	伊利诺伊大学	美国	81.70
其他中国机构：6. 香港城市大学；14. 中国科学院；43. 香港理工大学；56. 香港科技大学；63. 香港大学；69. 南京大学；79. 北京大学；86. 中国科学技术大学；88. 中山大学；89. 浙江大学；91. 复旦大学；93. 清华大学；115. 大连理工大学；121. 华中科技大学；151. 哈尔滨工业大学；161. 香港中文大学；181. 中国科学院大学；190. 香港浸会大学；200. 北京航空航天大学；216. 上海交通大学；224. 同济大学；275. 北京理工大学；281. 北京师范大学；291. 西南财经大学；304. 中国人民大学；354. 天津大学；356. 西安交通大学；382. 华南理工大学；383. 上海财经大学；423. 吉林大学；428. 华东师范大学；429. 深圳大学；448. 四川大学；451. 武汉科技大学；452. 北京邮电大学；454. 对外经济贸易大学；463. 北京交通大学；497. 合肥工业大学；500. 上海大学；509. 西南交通大学；510. 南京理工大学；524. 华中师范大学；525. 南京师范大学；538. 南开大学；575. 宁波诺丁汉大学；597. 厦门大学；598. 电子科技大学；625. 中国地质大学；626. 南京农业大学；627. 西交利物浦大学；630. 中南大学；645. 中国医学科学院-中国协和医学院；666. 广州大学；719. 东南大学；759. 苏州大学；779. 广东工业大学；780. 浙江财经大学；797. 南京医科大学；808. 武汉理工大学；812. 华南师范大学；820. 暨南大学；847. 澳门科技大学；857. 重庆大学；869. 汕头大学；902. 安徽大学；903. 华中农业大学；915. 山东大学；936. 浙江工业大学；947. 国防科技大学；970. 西安电子科技大学；978. 中国科学院；993. 陕西师范大学；1000. 中山大学；1003. 山西大学；1006. 澳门大学；1007. 河海大学；1028. 东北林业大学；1041. 华东理工大学；1078. 哈尔滨医科大学；1126. 福州大学；1130. 西南大学；1155. 中国矿业大学；1175. 南京财经大学；1188. 浙江工商大学；1197. 北京科技大学；1209. 华南农业大学；1219. 湖南大学；1230. 南京信息工程大学；1232. 中央财经大学；1261. 北京工业大学；1274. 天津师范大学；1276. 山西医科大学；1287. 南京邮电大学；1295. 南京航空			

续表

排名	英文名称	中文名称	国家/地区	总得分
航天大学；1310. 香港树仁大学；1313. 中南财经政法大学；1327. 杭州电子科技大学；1342. 华北水利水电大学；1365. 中国农业大学；1377. 内蒙古大学；1392. 中国计量大学；1430. 山东科技大学；1438. 福建农林大学；1440. 大连海事大学；1443. 新乡医学院；1482. 上海海洋大学；1522. 河南师范大学；1568. 中国农业大学；1582. 中国疾病预防控制中心；1590. 东北财经大学				

七十三、土木工程学科

表 2-97　土木工程学科（5 强与中国大学）

排名	英文名称	中文名称	国家/地区	总得分
1	CHINESE ACADEMY OF SCIENCES	中国科学院	中国	100.00
2	TONGJI UNIVERSITY	同济大学	中国	89.40
3	TSINGHUA UNIVERSITY	清华大学	中国	63.40
4	DELFT-UNIV-TECHNOL	代尔夫特大学	荷兰	47.20
5	HONG KONG POLYTECHNIC UNIVERSITY	香港理工大学	中国	45.00

其他中国机构：6. 大连理工大学；7. 哈尔滨工业大学；8. 东南大学；9. 浙江大学；11. 上海交通大学；12. 河海大学；18. 天津大学；19. 香港科技大学；21. 湖南大学；23. 武汉大学；24. 香港大学；29. 中南大学；34. 华中科技大学；37. 南京大学；38. 香港城市大学；41. 重庆大学；46. 北京交通大学；48. 中国矿业大学；52. 武汉理工大学；57. 华南理工大学；60. 中国科学院大学；70. 西南交通大学；72. 北京师范大学；81. 长安大学；82. 中国地质大学；92. 北京工业大学；99. 中山大学；105. 中国科学技术大学；111. 四川大学；114. 山东大学；130. 北京大学；131. 西安建筑科技大学；159. 南京工业大学；198. 合肥工业大学；202. 华北电力大学；211. 深圳大学；213. 北京航空航天大学；246. 哈尔滨工程大学；253. 西北农林科技大学；256. 广东工业大学；258. 西安交通大学；259. 福州大学；264. 浙江工业大学；268. 北京科技大学；279. 长沙理工大学；288. 南开大学；292. 中国石油大学；293. 复旦大学；299. 吉林大学；300. 中国海洋大学；310. 中国东北大学；327. 西北工业大学；334. 南京农业大学；340. 广州大学；341. 中国农业大学；347. 兰州大学；353. 厦门大学；361. 上海大学；366. 香港中文大学；392. 北京理工大学；400. 东华大学；401. 广西大学；414. 暨南大学；416. 郑州大学；418. 南京航空航天大学；421. 南京林业大学；425. 山东科技大学；427. 西安工业大学；430. 南京理工大学；431. 华东师范大学；438. 江苏大学；456. 北京林业大学；459. 北京建筑大学；472. 暨南大学；475. 大连海事大学；476. 国防科技大学；479. 成都理工大学；483. 太原理工大学；494. 华侨大学；498. 澳门大学；507. 河南理工大学；509. 华南师范大学；514. 上海理工大学；517. 苏州大学；521. 华中农业大学；536. 重庆交通大学；549. 江苏科技大学；550. 南昌大学；576. 西南石油大学；587. 沈阳建筑大学；590. 宁波大学；596. 上海海事大学；609. 山东建筑大学；619. 温州大学；621. 东北师范大学；622. 香港浸会大学；631. 昆明理工大学；634. 北京化工大学；637. 华东理工大学；657. 中国人民解放军陆军工程大学；662. 扬州大学；684. 南京信息工程大学；724. 三峡大学；725. 河北工业大学；743. 西南科技大学；747. 西南大学；748. 浙江工商大学；759. 长江大学

七十四、外国语言文学学科

表 2-98　外国语言文学学科（5 强与中国大学）

排名	英文名称	中文名称	国家/地区	总得分
1	TEXAS TECH UNIVERSITY	得克萨斯理工大学	美国	100.00
2	MICHIGAN STATE UNIVERSITY	密歇根州立大学	美国	92.00
3	UNIVERSITY OF GRANADA	格拉纳达大学	西班牙	80.30

排名	英文名称	中文名称	国家/地区	总得分
4	UNIVERSITY OF CADIZ	加迪斯大学	西班牙	61.90
5	INDIANA UNIVERSITY	印第安纳大学	美国	56.80
其他中国机构：无				

七十五、物理学学科

表2-99　物理学学科（5强与中国大学）

排名	英文名称	中文名称	国家/地区	总得分
1	CHINESE ACADEMY OF SCIENCES	中国科学院	中国	100.00
2	RUSSIAN ACADEMY OF SCIENCES	俄罗斯科学院	俄罗斯	39.20
3	MASSACHUSETTS INSTITUTE OF TECHNOLOGY	麻省理工学院	美国	32.20
4	UNIVERSITY OF TOKYO	东京大学	日本	29.70
5	UNIV-CALIF-BERKELEY	加利福尼亚大学伯克利分校	美国	28.90

其他中国机构：7. 清华大学；9. 中国科学技术大学；11. 北京大学；21. 中国科学院大学；24. 浙江大学；27. 上海交通大学；28. 南京大学；38. 华中科技大学；53. 西安交通大学；54. 复旦大学；56. 哈尔滨工业大学；63. 山东大学；80. 吉林大学；91. 北京航空航天大学；98. 天津大学；116. 中山大学；120. 电子科技大学；130. 苏州大学；139. 东南大学；165. 华南理工大学；172. 大连理工大学；176. 四川大学；181. 南开大学；194. 北京理工大学；197. 武汉大学；213. 兰州大学；220. 香港科技大学；226. 上海大学；227. 香港城市大学；234. 西北工业大学；240. 厦门大学；244. 重庆大学；277. 香港大学；278. 国防科技大学；286. 香港理工大学；288. 北京科技大学；293. 香港中文大学；294. 湖南大学；295. 同济大学；306. 武汉理工大学；318. 南京理工大学；319. 中南大学；328. 北京师范大学；330. 南京航空航天大学；340. 中国科学院；355. 华中师范大学；359. 北京邮电大学；363. 华东师范大学；376. 西安电子科技大学；391. 深圳大学；424. 北京交通大学；430. 华南师范大学；452. 北京化工大学；456. 江苏大学；463. 北京工业大学；473. 山西大学；493. 南京邮电大学；495. 郑州大学；498. 南京工业大学；506. 中国东北大学；516. 西南交通大学；546. 哈尔滨工程大学；556. 福州大学；579. 宁波大学；580. 中国矿业大学；597. 太原理工大学；600. 安徽大学；601. 上海理工大学；615. 河南师范大学；622. 华北电力大学；625. 华东理工大学；628. 合肥工业大学；634. 湘潭大学；641. 南京师范大学；643. 西南大学；644. 陕西师范大学；653. 西北大学；660. 中国地质大学；666. 东华大学；676. 燕山大学；686. 南昌大学；712. 中国计量大学；713. 浙江师范大学；720. 中国石油大学；739. 浙江工业大学；741. 长春理工大学；745. 东北师范大学；747. 广东工业大学；758. 暨南大学；760. 河北工业大学；764. 湖南师范大学；800. 青岛大学；803. 河南大学；804. 暨南大学；807. 江南大学；809. 中国人民大学；836. 杭州电子科技大学；844. 杭州师范大学；848. 广西大学；867. 首都师范大学；882. 昆明理工大学；883. 南京信息工程大学；901. 山东师范大学；915. 天津科技大学；932. 西北师范大学；934. 香港浸会大学；980. 西安工业大学；988. 浙江理工大学；995. 河北大学；997. 湖北大学；1007. 天津工业大学；1011. 扬州大学

七十六、戏剧与影视学学科

表2-100　戏剧与影视学学科（5强与中国大学）

排名	英文名称	中文名称	国家/地区	总得分
1	UNIVERSITY OF AMSTERDAM	阿姆斯特丹大学	荷兰	100.00
2	INDIANA UNIVERSITY	印第安纳大学	美国	77.50
3	PENNSYLVANIA STATE UNIVERSITY	宾夕法尼亚州立大学	美国	66.20

续表

排名	英文名称	中文名称	国家/地区	总得分
4	OHIO STATE UNIVERSITY	俄亥俄州立大学	美国	63.00
5	MICHIGAN STATE UNIVERSITY	密歇根州立大学	美国	62.40

其他中国机构：95. 香港中文大学；190. 香港浸会大学；221. 中国传媒大学；230. 南京大学；344. 澳门科技大学；362. 暨南大学；408. 中山大学；447. 长江大学；468. 上海交通大学；492. 南阳理工学院；502. 杭州电子科技大学

七十七、现代语言学学科

表2-101　现代语言学学科（5强与中国大学）

排名	英文名称	中文名称	国家/地区	总得分
1	UNIVERSITY OF ILLINOIS CHICAGO	伊利诺伊大学	美国	100.00
2	RADBOUD UNIVERSITY NIJMEGEN	内梅亨大学	荷兰	94.10
3	UNIVERSITY OF TORONTO	多伦多大学	加拿大	88.60
4	UNIVERSITY COLLEGE LONDON	伦敦大学学院	英国	85.20
5	UNIV-CALIF-SAN-DIEGO	加利福尼亚大学圣迭戈分校	美国	82.70

其他中国机构：14. 香港大学；57. 香港中文大学；88. 香港理工大学；130. 北京师范大学；132. 香港城市大学；147. 广东外语外贸大学；153. 浙江大学；214. 中国科学院；239. 北京大学；273. 香港浸会大学；278. 澳门大学；343. 中山大学；356. 上海外国语大学；366. 上海交通大学；388. 香港教育大学；402. 复旦大学；425. 华南师范大学；444. 北京外国语大学；489. 中国人民大学；515. 北京语言大学；523. 清华大学；524. 华中科技大学；533. 中山大学；590. 南京大学；593. 厦门大学；602. 西安外国语大学；621. 华中师范大学；627. 华东师范大学；633. 对外经济贸易大学；647. 西南大学；649. 杭州师范大学；654. 北京航空航天大学；659. 南开大学；696. 首都医科大学；716. 西安交通大学；723. 深圳大学；766. 东南大学；772. 首都师范大学；793. 南京师范大学；799. 上海财经大学；801. 东北师范大学；807. 西交利物浦大学；809. 暨南大学；813. 北京第二外国语学院；871. 中国科学院大学；873. 江苏师范大学；876. 天津师范大学；883. 辽宁师范大学；898. 汕头大学；924. 吉林大学；936. 浙江财经大学；966. 山东大学；1009. 哈尔滨工业大学；1045. 中国科学院；1074. 陕西师范大学；1112. 上海海事大学；1122. 中央民族大学；1165. 宁波大学；1197. 中国地质大学；1204. 湖南大学；1260. 宁波诺丁汉大学；1275. 同济大学；1306. 大连理工大学；1318. 福建师范大学；1320. 西南财经大学；1381. 重庆大学；1413. 华南理工大学；1426. 北京联合大学；1435. 四川大学；1444. 浙江工商大学；1453. 四川师范大学；1463. 江西师范大学；1523. 中国海洋大学；1528. 香港公开大学；1556. 贵州大学；1571. 曲阜师范大学；1600. 香港树仁大学；1613. 苏州大学；1616. 中国东北大学；1617. 大连海事大学；1623. 香港科技大学；1642. 山西大学；1646. 西北农林科技大学；1661. 华侨大学；1670. 中南大学；1686. 集美大学；1707. 东华大学；1733. 西华师范大学；1758. 天津大学；1762. 黑龙江大学；1768. 莆田学院；1792. 西北师范大学；1806. 西安工程大学；1906. 中央财经大学；1912. 湖南师范大学；1915. 恒生管理学院；2005. 郑州大学；2065. 江苏大学；2082. 宁夏大学；2117. 南京中医药大学；2128. 北京理工大学；2140. 湖南科技大学；2143. 电子科技大学；2155. 浙江师范大学；2157. 海军军医大学；2160. 中南财经政法大学；2176. 南通大学；2226. 上海纽约大学；2272. 浙江工业大学；2317. 西昌学院

七十八、心理学(可授教育学、理学学位)学科

表2-102　心理学（可授教育学、理学学位）学科（5强与中国大学）

排名	英文名称	中文名称	国家/地区	总得分
1	HARVARD UNIVERSITY	哈佛大学	美国	100.00

排名	英文名称	中文名称	国家/地区	总得分
2	UNIV-CALIF-LOS-ANGELES	加利福尼亚大学洛杉矶分校	美国	73.70
3	UNIVERSITY OF MICHIGAN	密歇根大学	美国	73.10
4	UNIVERSITY COLLEGE LONDON	伦敦大学学院	英国	72.50
5	UNIVERSITY OF TORONTO	多伦多大学	加拿大	71.90

其他中国机构：114. 香港大学；124. 中国科学院；129. 北京师范大学；132. 香港中文大学；189. 北京大学；330. 西南大学；354. 香港城市大学；364. 香港理工大学；390. 中山大学；423. 浙江大学；426. 澳门大学；434. 华南师范大学；468. 清华大学；469. 华东师范大学；480. 上海交通大学；519. 中国科学院大学；530. 复旦大学；531. 中国人民大学；652. 陕西师范大学；660. 首都医科大学；661. 四川大学；690. 南京大学；696. 香港科技大学；701. 中南大学；717. 深圳大学；729. 香港浸会大学；750. 华中科技大学；779. 香港教育大学；809. 首都师范大学；823. 华中师范大学；871. 武汉大学；880. 电子科技大学；895. 上海师范大学；909. 杭州师范大学；923. 西安交通大学；927. 山东大学；958. 浙江师范大学；998. 东南大学；1014. 空军军医大学；1037. 中山大学；1047. 山东师范大学；1053. 辽宁师范大学；1060. 苏州大学；1106. 中国科学技术大学；1125. 南京医科大学；1137. 同济大学；1179. 安徽医科大学；1195. 南京师范大学；1197. 重庆医科大学；1230. 暨南大学；1272. 天津师范大学；1287. 中国医科大学；1342. 陆军军医大学；1386. 广州大学；1417. 吉林大学；1431. 南开大学；1469. 中央财经大学；1484. 天津医科大学；1519. 厦门大学；1532. 香港树仁大学；1540. 广州医科大学；1549. 郑州大学；1571. 宁波大学；1577. 北京航空航天大学；1589. 中国医学科学院-中国协和医学院；1635. 上海体育学院；1660. 河南大学；1683. 天津大学；1686. 上海大学；1697. 广东外语外贸大学；1706. 温州医科大学；1714. 东北师范大学；1744. 海军军医大学；1755. 浙江理工大学；1768. 大连医科大学；1797. 江西师范大学；1859. 中国疾病预防控制中心；1994. 哈尔滨医科大学；2010. 河北医科大学；2024. 大连理工大学；2039. 哈尔滨工业大学；2066. 上海财经大学；2067. 兰州大学；2075. 湖南师范大学；2079. 山西医科大学；2102. 北京理工大学；2141. 南方医科大学；2242. 西北师范大学；2275. 西安电子科技大学；2362. 北京交通大学；2421. 新乡医学院；2422. 南京中医药大学；2425. 南昌大学；2459. 江苏师范大学；2487. 西南财经大学；2508. 昆明医科大学；2527. 湖北大学；2553. 海南师范大学；2557. 上海外国语大学；2585. 南通大学；2592. 中国药科大学；2649. 青岛大学；2676. 澳门科技大学；2688. 沈阳药科大学；2693. 江南大学；2697. 华南理工大学；2771. 宁波诺丁汉大学；2785. 扬州大学；2865. 北京语言大学

七十九、新闻传播学学科

表2-103 新闻传播学学科（5强与中国大学）

排名	英文名称	中文名称	国家/地区	总得分
1	UNIVERSITY OF AMSTERDAM	阿姆斯特丹大学	荷兰	100.00
2	UNIV-TEXAS-AUSTIN	得克萨斯大学奥斯汀分校	美国	84.40
3	MICHIGAN STATE UNIVERSITY	密歇根州立大学	美国	74.30
4	OHIO STATE UNIVERSITY	俄亥俄州立大学	美国	68.60
5	PENNSYLVANIA STATE UNIVERSITY	宾夕法尼亚州立大学	美国	56.50

其他中国机构：44. 香港中文大学；47. 香港城市大学；99. 香港浸会大学；174. 香港大学；267. 复旦大学；275. 浙江大学；278. 清华大学；281. 香港理工大学；290. 上海交通大学；304. 中山大学；392. 武汉大学；441. 中山大学；446. 澳门大学；467. 北京大学；470. 中国人民大学；488. 北京师范大学；497. 中国科学院；498. 宁波诺丁汉大学；508. 暨南大学；512. 澳门科技大学；529. 华中科技大学；533. 中国传媒大学；536. 北京邮电大学；541. 中国科学技术大学；654. 广东外语外贸大学；674. 南京大学；741. 江西财经大学；751. 四川大学；775. 厦门大学；786. 上海理工大学；791. 北京工业大学；833. 西南交通大学；856. 深圳大学；874. 浙江财经大学；910. 大连理工大学；965. 恒生管理学

排名	英文名称	中文名称	国家/地区	总得分
院；974. 对外经济贸易大学；989. 天津大学；1075. 西安交通大学；1077. 南京财经大学；1126. 中国科学院；1135. 北京航空航天大学；1178. 华南理工大学；1215. 重庆大学；1222. 华中师范大学；1296. 杭州电子科技大学；1320. 华南师范大学；1324. 中国科学院大学；1330. 东南大学；1335. 南京审计大学；1351. 华东师范大学；1431. 北京理工大学；1443. 西交利物浦大学；1455. 山东大学；1522. 新乡医学院；1533. 同济大学；1537. 电子科技大学；1543. 吉林大学；1599. 香港科技大学；1614. 西安外国语大学；1658. 湖南大学；1668. 南京航空航天大学；1727. 西南大学；1733. 华南农业大学；1761. 北京外国语大学；1771. 太原理工大学；1795. 中南大学；1810. 香港公开大学；1854. 南京师范大学；1949. 江苏师范大学；1954. 宁波诺丁汉大学；2019. 北京第二外国语学院；2020. 湖北经济学院；2080. 南开大学；2120. 西北工业大学；2132. 北京科技大学；2173. 兰州大学；2201. 武汉科技大学；2204. 成都理工大学；2207. 南昌航空大学；2218. 中国疾病预防控制中心；2251. 中国医学科学院-中国协和医学院；2290. 中央财经大学；2354. 北京语言大学；2382. 上海财经大学；2388. 哈尔滨工业大学；2425. 江南大学；2443. 河海大学；2488. 南京邮电大学；2526. 浙江大学；2548. 西南财经大学；2714. 上海立信会计金融学院；2794. 香港中文大学；2821. 山东师范大学；2873. 南京工业大学；3222. 苏州大学；3230. 武汉工商学院；3237. 广州大学；3389. 中国刑事警察学院			

八十、信息与通信工程学科

表 2-104　信息与通信工程学科（5强与中国大学）

排名	英文名称	中文名称	国家/地区	总得分
1	BEIJING UNIVERSITY OF POSTS & TELECOMMUNICATIONS	北京邮电大学	中国	100.00
2	TSINGHUA UNIVERSITY	清华大学	中国	93.80
3	XIDIAN UNIVERSITY	西安电子科技大学	中国	93.60
4	UNIVERSITY OF ELECTRONIC SCIENCE & TECHNOLOGY OF CHINA	电子科技大学	中国	86.10
5	SOUTHEAST UNIVERSITY-CHINA	东南大学	中国	77.30
其他中国机构：6. 中国科学院；8. 上海交通大学；10. 浙江大学；13. 华中科技大学；16. 香港城市大学；18. 北京交通大学；19. 南京邮电大学；20. 北京航空航天大学；22. 华南理工大学；23. 国防科技大学；24. 哈尔滨工业大学；27. 中国科学技术大学；28. 香港科技大学；30. 大连理工大学；32. 北京大学；34. 西安交通大学；35. 北京理工大学；37. 中国人民解放军陆军工程大学；41. 南京理工大学；42. 南京信息工程大学；43. 武汉大学；50. 香港中文大学；51. 南京航空航天大学；57. 深圳大学；65. 香港大学；66. 香港理工大学；70. 西北工业大学；71. 中山大学；87. 同济大学；95. 中南大学；98. 西南交通大学；99. 天津大学；100. 南京大学；101. 山东大学；107. 中国东北大学；116. 重庆大学；122. 哈尔滨工程大学；125. 重庆邮电大学；140. 北京科技大学；141. 厦门大学；142. 湖南大学；147. 中国科学院大学；156. 上海大学；157. 广东工业大学；172. 复旦大学；200. 桂林电子科技大学；201. 中国人民解放军空军工程大学；202. 河海大学；206. 吉林大学；217. 杭州电子科技大学；218. 合肥工业大学；221. 澳门大学；222. 广州大学；237. 苏州大学；247. 浙江工业大学；257. 四川大学；269. 西南大学；289. 华北电力大学；298. 中国矿业大学；305. 北京工业大学；324. 燕山大学；327. 暨南大学；331. 中国地质大学；337. 宁波大学；343. 武汉理工大学；377. 江苏大学；402. 南通大学；414. 广东石油化工学院；415. 华东师范大学；421. 浙江工商大学；423. 大连海事大学；428. 福州大学；432. 华侨大学；454. 郑州大学；458. 上海科技大学；461. 西安工业大学；471. 湖南科技大学；484. 南开大学；486. 南昌大学；494. 福建师范大学；498. 天津师范大学；507. 华南师范大学；512. 西安邮电大学；524. 北京化工大学；525. 澳门科技大学；530. 中国石油大学；548. 北京师范大学；550. 华中师范大学；577. 东华大学；586. 江南大学；589. 华东交通大学；590. 清华大学；591. 上海海事大学；597. 曲阜师范大学；603. 中国人民解放军陆军工程大学；629. 安徽大学；631. 山东师范大学；636. 陕西师范大学；637. 山东科技大学；641. 浙江理工大学；653. 中南财经政法大学；656. 南京师范大学；676. 扬州大学；687. 兰州大学；691. 中南民族大学；695. 西北大学			

八十一、药学(可授医学、理学学位)学科

表 2-105 药学（可授医学、 理学学位）学科（5 强与中国大学）

排名	英文名称	中文名称	国家/地区	总得分
1	CHINESE ACADEMY OF SCIENCES	中国科学院	中国	100.00
2	HARVARD UNIVERSITY	哈佛大学	美国	67.80
3	CHINA PHARMACEUTICAL UNIVERSITY	中国药科大学	中国	53.60
4	UNIVERSIDADE DE SAO PAULO	圣保罗大学	巴西	48.90
5	NORTH CAROLINA STATE UNIVERSITY	北卡罗来纳大学	美国	47.90

其他中国机构：7. 上海交通大学；11. 中山大学；12. 浙江大学；13. 北京大学；14. 复旦大学；15. 中国医学科学院-中国协和医学院；20. 山东大学；22. 沈阳药科大学；36. 四川大学；60. 南京医科大学；73. 海军军医大学；81. 苏州大学；84. 吉林大学；87. 华中科技大学；93. 中南大学；97. 香港中文大学；104. 南京大学；107. 首都医科大学；120. 暨南大学；123. 温州医科大学；134. 西安交通大学；136. 南京中医药大学；138. 中国科学院大学；139. 南方医科大学；159. 武汉大学；163. 郑州大学；172. 空军军医大学；175. 重庆医科大学；177. 上海中医药大学；207. 中国医科大学；216. 安徽医科大学；218. 香港大学；231. 哈尔滨医科大学；239. 同济大学；262. 大连医科大学；268. 兰州大学；277. 北京中医药大学；281. 陆军军医大学；284. 澳门大学；290. 东南大学；294. 天津医科大学；295. 南开大学；343. 中国海洋大学；352. 清华大学；375. 青岛大学；382. 西南大学；388. 广州中医药大学；393. 广州医科大学；406. 华东理工大学；408. 河北医科大学；412. 天津中医药大学；430. 厦门大学；433. 南通大学；438. 南昌大学；474. 香港浸会大学；476. 江苏大学；479. 西北农林科技大学；491. 广西医科大学；516. 浙江中医药大学；521. 天津大学；542. 广东药科大学；549. 中国农业大学；571. 香港理工大学；598. 中国农业大学；621. 成都中医药大学；624. 浙江工业大学；634. 华东师范大学；638. 福建医科大学；644. 河南大学；667. 延边大学；669. 中国科学技术大学；680. 烟台大学；683. 昆明医科大学；690. 徐州医科大学；699. 江西中医药大学；700. 西北大学；726. 北京师范大学；760. 华南农业大学；761. 宁夏医科大学；764. 华中农业大学；774. 云南大学；776. 大连理工大学；791. 南京农业大学；806. 香港科技大学；809. 黑龙江中医药大学；823. 新乡医学院；832. 扬州大学；835. 华南理工大学；846. 广西师范大学；851. 山西医科大学；853. 澳门科技大学；893. 新疆医科大学；896. 辽宁中医药大学；903. 福建中医药大学；907. 中国疾病预防控制中心；910. 江南大学；917. 重庆大学；920. 宁波大学；928. 河北大学；933. 深圳大学；954. 汕头大学；981. 南京师范大学；986. 锦州医科大学；1001. 电子科技大学；1022. 中国科学院；1027. 滨州医学院；1028. 南华大学；1038. 湖南中医药大学

八十二、冶金工程学科

表 2-106 冶金工程学科（5 强与中国大学）

排名	英文名称	中文名称	国家/地区	总得分
1	CHINESE ACADEMY OF SCIENCES	中国科学院	中国	100.00
2	UNIVERSITY OF SCIENCE & TECHNOLOGY BEIJING	北京科技大学	中国	63.70
3	CENTRAL SOUTH UNIVERSITY	中南大学	中国	60.10
4	NORTHEASTERN-UNIV	中国东北大学	中国	41.40
5	NORTHWESTERN POLYTECHNICAL UNIVERSITY	西北工业大学	中国	39.90

其他中国机构：6. 哈尔滨工业大学；8. 上海交通大学；10. 重庆大学；11. 清华大学；14. 北京航空航天大学；15. 西安交通大学；17. 华中科技大学；20. 浙江大学；21. 上海大学；24. 大连理工大学；27. 燕山大学；29. 天津大学；30. 华南理工大学；33. 昆明理工大学；34. 吉林大学；39. 山东大学；40. 太原理工大学；41. 四川大学；42. 中国科学院大学；45. 中国科学技术大学；52. 香港城市大学；55. 北京工业大学；60. 武汉理工大学；65. 南京航空航天大学；66. 江苏大学；71. 湖南大学；75. 北京理工大学；77. 武汉科技大学；79. 南京理工大学；82. 哈尔滨工程大学；88. 东南大

排名	英文名称	中文名称	国家/地区	总得分
学；94. 北京大学；97. 香港理工大学；102. 南京工业大学；103. 同济大学；108. 中国科学院；118. 西安工业大学；121. 安徽工业大学；123. 中国矿业大学；125. 兰州理工大学；142. 电子科技大学；154. 湘潭大学；160. 合肥工业大学；162. 厦门大学；166. 南昌航空大学；167. 南京大学；169. 西南交通大学；176. 中国石油大学；185. 江苏科技大学；188. 中国地质大学；190. 河北工业大学；194. 复旦大学；197. 武汉大学；200. 常州大学；202. 西安建筑科技大学；207. 国防科技大学；208. 杭州电子科技大学；211. 广西大学；212. 陕西科技大学；216. 河海大学；233. 沈阳工业大学；234. 郑州大学；236. 兰州大学；237. 苏州大学；238. 深圳大学；240. 哈尔滨理工大学；252. 内蒙古科技大学；258. 北京交通大学；259. 广东工业大学；261. 西南大学；265. 重庆理工大学；266. 南昌大学；268. 北京化工大学；269. 香港大学；272. 暨南大学；279. 安徽大学；282. 宁波大学；286. 福州大学；287. 中北大学；291. 河南科技大学；292. 山东科技大学；296. 浙江工业大学；297. 江西科技学院；300. 太原科技大学；310. 桂林电子科技大学；312. 西安理工大学；317. 中国计量大学；334. 沈阳航空航天大学；335. 华东师范大学；336. 中山大学；338. 华东理工大学；349. 河南理工大学；350. 陕西师范大学；367. 西北大学；372. 西南石油大学；374. 湖南科技大学；376. 上海理工大学；382. 长安大学；385. 武汉工程大学；391. 浙江师范大学；393. 长沙理工大学；398. 浙江理工大学；401. 西南科技大学；410. 河南师范大学；425. 沈阳理工大学；428. 湖北大学				

八十三、仪器科学与技术学科

表2-107　仪器科学与技术学科（5强与中国大学）

排名	英文名称	中文名称	国家/地区	总得分
1	CHINESE ACADEMY OF SCIENCES	中国科学院	中国	100.00
2	HARBIN INSTITUTE OF TECHNOLOGY	哈尔滨工业大学	中国	48.00
3	TSINGHUA UNIVERSITY	清华大学	中国	41.50
4	IST-NAZL-FIS-NUCL	国立原子物理学研究所	意大利	37.30
5	BEIHANG UNIVERSITY	北京航空航天大学	中国	37.00
其他中国机构：6. 浙江大学；9. 华中科技大学；12. 吉林大学；14. 上海交通大学；16. 东南大学；17. 西安交通大学；20. 天津大学；21. 大连理工大学；24. 中国科学院大学；25. 中国科学技术大学；29. 重庆大学；40. 武汉大学；42. 北京大学；43. 电子科技大学；44. 南京航空航天大学；53. 北京理工大学；58. 国防科技大学；63. 中国东北大学；69. 山东大学；78. 西北工业大学；89. 香港理工大学；92. 香港城市大学；98. 南京理工大学；114. 湖南大学；120. 华南理工大学；150. 中南大学；169. 同济大学；189. 暨南大学；190. 哈尔滨工程大学；196. 北京交通大学；210. 北京化工大学；211. 厦门大学；222. 南京大学；227. 四川大学；233. 合肥工业大学；235. 中山大学；240. 西安电子科技大学；245. 上海大学；249. 深圳大学；253. 南开大学；261. 西南交通大学；266. 中国科学院；267. 西南大学；271. 复旦大学；276. 山西大学；287. 香港大学；288. 兰州大学；293. 北京科技大学；294. 香港中文大学；301. 江南大学；304. 郑州大学；306. 江苏大学；307. 武汉理工大学；331. 中国矿业大学；338. 苏州大学；340. 杭州电子科技大学；342. 渤海大学；365. 燕山大学；372. 华东理工大学；379. 西北大学；386. 中北大学；388. 香港科技大学；406. 华北电力大学；409. 华中师范大学；414. 中国计量大学；440. 福州大学；441. 青岛科技大学；457. 华南师范大学；461. 浙江工业大学；462. 北京师范大学；467. 东华大学；476. 中国石油大学；497. 安徽大学；499. 北京邮电大学；506. 北京工业大学；507. 河海大学；521. 澳门大学；522. 天津工业大学；565. 陕西师范大学；566. 曲阜师范大学；569. 山东科技大学；591. 南昌大学；596. 广东工业大学；599. 华东师范大学；601. 中国地质大学；607. 南京工业大学；608. 大连海事大学；618. 南京师范大学；628. 南京邮电大学；630. 浙江师范大学；643. 宁波大学；646. 暨南大学；654. 上海理工大学；656. 扬州大学；661. 首都师范大学；694. 青岛大学；702. 太原理工大学；710. 山东师范大学；744. 东北师范大学；745. 安阳师范学院；746. 黑龙江大学；775. 湘潭大学；797. 云南大学；798. 天津科技大学；803. 湖北大学；805. 安徽师范大学；810. 桂林电子科技大学；821. 江西师范大学；831. 福建师范大学；837. 南京信息工程大学；838. 西北师范大学；849. 华东理工大学				

八十四、艺术理论学学科

表 2-108　艺术理论学学科（5 强与中国大学）

排名	英文名称	中文名称	国家/地区	总得分
1	UNIVERSITY OF BOLOGNA	博洛尼亚大学	意大利	100.00
2	CONSIGLIO NAZIONALE DELLE RICERCHE	意大利国家研究委员会	意大利	98.30
3	DELFT-UNIV-TECHNOL	代尔夫特大学	荷兰	83.50
4	UNIVERSITY OF FLORENCE	佛罗伦萨大学	意大利	62.30
5	UNIVERSITY COLLEGE LONDON	伦敦大学学院	英国	58.10

其他中国机构：26. 浙江大学；27. 中国科学院；112. 中国科学技术大学；140. 香港理工大学；192. 北京大学；200. 西北大学；237. 南京大学；241. 浙江工业大学；249. 中国科学院大学；263. 西安交通大学；275. 北京工商大学；284. 清华大学；319. 同济大学；322. 中国矿业大学；325. 复旦大学；334. 中国地质大学；355. 四川大学；407. 兰州大学；423. 北京化工大学；436. 重庆大学；444. 湖南大学；483. 华中科技大学；535. 北京建筑大学；586. 广东工业大学；606. 香港城市大学；652. 南京工业大学；685. 重庆科技学院；687. 武汉大学；736. 北京科技大学；862. 浙江理工大学；949. 云南师范大学；955. 中国科学院；971. 陕西师范大学；1069. 南京林业大学；1070. 中国人民大学；1071. 北京农学院；1110. 中国东北大学；1145. 北京工业大学；1198. 北京体育大学；1223. 河南理工大学；1239. 吉林大学；1240. 徐州广播电视大学；1256. 闽江学院；1262. 福州大学；1295. 河南大学；1448. 菏泽学院；1528. 南开大学

八十五、音乐与舞蹈学学科

表 2-109　音乐与舞蹈学学科（5 强与中国大学）

排名	英文名称	中文名称	国家/地区	总得分
1	UNIVERSITY OF JYVASKYLA	尤瓦斯吉拉大学	芬兰	100.00
2	UNIVERSITY OF LONDON	伦敦大学	英国	97.70
3	UNIVERSITY OF SYDNEY	悉尼大学	澳大利亚	72.40
4	MCGILL UNIVERSITY	麦吉尔大学	加拿大	70.90
5	UNIVERSITY OF MELBOURNE	墨尔本大学	澳大利亚	70.80

其他中国机构：195. 香港浸会大学；228. 香港大学；277. 上海师范大学；425. 华南师范大学；445. 中国科学院；537. 华东师范大学；540. 陕西师范大学；700. 香港中文大学；796. 中国人民大学；827. 上海交通大学；829. 香港理工大学；859. 河南理工大学；862. 首都医科大学；899. 徐州广播电视大学；900. 中国矿业大学；937. 北京体育大学；953. 苏州科技大学；978. 香港城市大学

八十六、应用经济学学科

表 2-110　应用经济学学科（5 强与中国大学）

排名	英文名称	中文名称	国家/地区	总得分
1	NATIONAL BUREAU OF ECONOMIC RESEARCH	全国经济研究所	美国	100.00
2	HARVARD UNIVERSITY	哈佛大学	美国	57.20
3	UNIV-CALIF-BERKELEY	加利福尼亚大学伯克利分校	美国	43.40
4	UNIVERSITY OF OXFORD	牛津大学	英国	39.60

续表

排名	英文名称	中文名称	国家/地区	总得分
5	STANFORD UNIVERSITY	斯坦福大学	美国	39.20

其他中国机构：45. 北京大学；49. 清华大学；66. 中国人民大学；72. 中国科学院；79. 香港大学；88. 厦门大学；97. 香港科技大学；98. 上海财经大学；103. 香港中文大学；106. 中央财经大学；139. 浙江大学；142. 上海交通大学；146. 西南财经大学；147. 香港理工大学；158. 香港城市大学；177. 对外经济贸易大学；178. 复旦大学；270. 北京师范大学；282. 中山大学；283. 南京大学；302. 暨南大学；313. 武汉大学；314. 湖南大学；329. 北京理工大学；355. 北京航空航天大学；376. 南开大学；378. 北京交通大学；414. 华中科技大学；422. 香港浸会大学；439. 同济大学；448. 山东大学；449. 中国科学院；474. 西安交通大学；482. 天津大学；488. 中国农业大学；511. 澳门大学；517. 南京航空航天大学；531. 中南财经政法大学；533. 东南大学；542. 华北电力大学；558. 江西财经大学；563. 华南理工大学；574. 首都经济贸易大学；583. 西南交通大学；586. 中山大学；618. 中国科学技术大学；625. 中国科学院大学；644. 南京农业大学；664. 华东师范大学；667. 大连理工大学；697. 上海大学；705. 哈尔滨工业大学；721. 中国海洋大学；728. 苏州大学；734. 闽江学院；748. 四川大学；774. 重庆大学；794. 西交利物浦大学；820. 中国矿业大学；826. 中南大学；830. 宁波诺丁汉大学；837. 中国石油大学；848. 大连海事大学；854. 河南大学；862. 深圳大学；874. 南京审计大学；944. 西北农林科技大学；986. 浙江财经大学；998. 陕西师范大学；1075. 电子科技大学；1081. 中国地质大学；1118. 南京财经大学；1128. 广东外语外贸大学；1142. 华中农业大学；1179. 华南师范大学；1206. 华南农业大学；1222. 西北大学；1228. 北京化工大学；1230. 兰州大学；1320. 安徽财经大学；1325. 东北财经大学；1335. 南京信息工程大学；1350. 浙江工商大学；1363. 上海海事大学；1419. 浙江理工大学；1437. 中国农业大学；1439. 北京科技大学；1468. 河海大学；1472. 吉林大学；1476. 北京林业大学；1513. 合肥工业大学；1530. 南京理工大学；1580. 北京工业大学；1603. 上海立信会计金融学院；1637. 湖南师范大学；1661. 北京工商大学；1668. 华东理工大学；1674. 云南财经大学；1735. 福州大学；1755. 山东财经大学；1778. 广东工业大学；1781. 上海对外经贸大学；1809. 中国东北大学；1843. 内蒙古大学；1852. 西安电子科技大学；1863. 上海立信会计金融学院；1868. 浙江工业大学；1875. 江南大学；1914. 南京师范大学；1961. 华东理工大学；1963. 东北师范大学；1974. 华侨大学

八十七、语言学学科

表2-111　语言学学科（5强与中国大学）

排名	英文名称	中文名称	国家/地区	总得分
1	UNIVERSITY OF ILLINOIS CHICAGO	伊利诺伊大学	美国	100.00
2	RADBOUD UNIVERSITY NIJMEGEN	内梅亨大学	荷兰	95.10
3	UNIVERSITY OF TORONTO	多伦多大学	加拿大	90.70
4	UNIVERSITY COLLEGE LONDON	伦敦大学学院	英国	85.30
5	UNIV-CALIF-SAN-DIEGO	加利福尼亚大学圣迭戈分校	美国	82.70

其他中国机构：14. 香港大学；57. 香港中文大学；87. 香港理工大学；127. 北京师范大学；134. 香港城市大学；151. 广东外语外贸大学；154. 浙江大学；196. 中国科学院；233. 北京大学；279. 香港浸会大学；287. 澳门大学；312. 上海交通大学；349. 中山大学；363. 上海外国语大学；401. 香港教育大学；420. 复旦大学；422. 华南师范大学；436. 清华大学；460. 北京外国语大学；497. 中国人民大学；519. 华中科技大学；538. 中山大学；540. 北京语言大学；579. 厦门大学；591. 南京大学；616. 西安外国语大学；617. 华东师范大学；631. 北京航空航天大学；639. 华中师范大学；644. 西南大学；661. 杭州师范大学；665. 对外经济贸易大学；668. 西安交通大学；671. 南开大学；687. 深圳大学；693. 首都医科大学；737. 东南大学；765. 江苏师范大学；799. 首都师范大学；800. 西交利物浦大学；806. 东北师范大学；816. 中国科学院大学；835. 南京师范大学；840. 暨南大学；844. 北京第二外国语学院；855. 上海财经大学；881. 汕头大学；891. 天津师范大学；901. 北京工业大学；927. 吉林大学；932. 辽宁师范大学；962. 中国科学技术大学；987. 浙江财经大学；995. 山东大学；1036. 哈尔滨工业大学；1079. 中国科学院；1108. 陕西师范大学；1115. 中央民族大学；1145. 湖南大学；1155. 上海海事大学；1167. 武汉大学；1212. 华南理工大学；1238. 中国地质大学；1242. 宁波大学；

续表

排名	英文名称	中文名称	国家/地区	总得分
	1263. 天津大学；1282. 北京理工大学；1306. 福建师范大学；1327. 大连理工大学；1350. 西南财经大学；1351. 同济大学；1380. 宁波诺丁汉大学；1411. 苏州大学；1438. 香港科技大学；1456. 重庆大学；1473. 四川师范大学；1514. 北京联合大学；1515. 南京航空航天大学；1519. 江西师范大学；1537. 香港公开大学；1544. 曲阜师范大学；1576. 上海大学；1603. 贵州大学；1611. 浙江工商大学；1612. 四川大学；1633. 香港树仁大学；1636. 中国东北大学；1665. 中国海洋大学；1699. 黑龙江大学；1706. 集美大学；1716. 西北师范大学；1744. 西北农林科技大学；1762. 大连海事大学；1783. 东华大学；1802. 莆田学院；1808. 中南大学；1809. 西华师范大学；1838. 华侨大学；1841. 太原理工大学；1870. 山西大学；1883. 西安工程大学；2006. 中央财经大学；2030. 江苏大学；2065. 湖南师范大学；2110. 恒生管理学院；2112. 郑州大学；2136. 北京科技大学；2170. 北京邮电大学；2183. 宁夏大学；2219. 南京中医药大学；2220. 湖南科技大学；2246. 浙江师范大学			

八十八、园艺学学科

表2-112　园艺学学科（5强与中国大学）

排名	英文名称	中文名称	国家/地区	总得分
1	AGRICULTURAL RESEARCH SERVICE	美国农业科学研究院	美国	100.00
2	UNITED STATES DEPARTMENT OF AGRICULTURE	美国农业部	美国	90.10
3	CHINESE ACADEMY OF SCIENCES	中国科学院	中国	88.80
4	CHINA AGRICULTURAL UNIVERSITY	中国农业大学	中国	86.30
5	UNIVERSITY OF FLORIDA	佛罗里达大学	美国	69.10
	其他中国机构：6. 南京农业大学；10. 华中农业大学；11. 中国农业大学；12. 西北农林科技大学；18. 浙江大学；28. 山东农业大学；34. 华南农业大学；53. 四川农业大学；54. 中国科学院大学；59. 北京林业大学；61. 武汉大学；62. 沈阳农业大学；71. 西南大学；90. 中国科学院；91. 河南农业大学；98. 扬州大学；129. 东北农业大学；130. 上海交通大学；136. 国防科技大学；145. 北京航空航天大学；151. 福建农林大学；182. 安徽农业大学；183. 中国科学院；192. 浙江农林大学；198. 南京林业大学；223. 甘肃农业大学；225. 青岛农业大学；270. 长江大学；272. 海南大学；304. 哈尔滨工业大学；305. 江西农业大学；307. 山东农业大学；317. 南京航空航天大学；320. 广西大学；327. 河北农业大学；350. 西北工业大学；364. 山西农业大学；366. 杭州师范大学；367. 清华大学；371. 湖南农业大学；377. 江苏大学；379. 兰州大学；407. 东北林业大学；412. 昆明理工大学；429. 吉林农业科技学院；431. 山东理工大学；446. 北京理工大学；449. 合肥工业大学；478. 河南科技大学；497. 宁波大学；505. 江南大学；512. 南京信息工程大学；527. 河北农业大学；532. 河南科技学院；539. 中南林业科技大学；557. 石河子大学；562. 南京大学；581. 贵州大学；599. 山东大学；601. 南京师范大学；605. 黑龙江八一农垦大学；615. 北京农学院；618. 云南大学；622. 中国地质大学；650. 中南大学；671. 河海大学；688. 天津大学；707. 电子科技大学；708. 云南农业大学；710. 浙江师范大学；740. 同济大学；741. 重庆大学；744. 上海理工大学；755. 西北大学；780. 仲恺农业工程学院；791. 中国矿业大学；801. 北京大学；836. 香港理工大学；842. 新疆农业大学；865. 复旦大学；866. 南昌大学；867. 吉林大学；882. 中国人民大学；905. 郑州大学；922. 山西大学；924. 长安大学；970. 华中科技大学；1012. 浙江工商大学			

八十九、哲学学科

表2-113　哲学学科（5强与中国大学）

排名	英文名称	中文名称	国家/地区	总得分
1	UNIVERSITY OF OXFORD	牛津大学	英国	100.00
2	HARVARD UNIVERSITY	哈佛大学	美国	86.20

续表

排名	英文名称	中文名称	国家/地区	总得分
3	UNIVERSITY OF PENNSYLVANIA	宾夕法尼亚大学	美国	57.20
4	UNIVERSITY OF TORONTO	多伦多大学	加拿大	54.90
5	COLUMBIA UNIV ERSITY	哥伦比亚大学	美国	54.20

其他中国机构：168. 上海交通大学；231. 厦门大学；242. 香港大学；247. 北京大学；253. 澳门大学；274. 香港城市大学；282. 香港浸会大学；293. 中国人民大学；325. 浙江大学；335. 香港中文大学；345. 西南财经大学；351. 复旦大学；377. 中山大学；388. 华中科技大学；422. 西安交通大学；464. 中山大学；470. 清华大学；519. 香港理工大学；544. 山东大学；554. 对外经济贸易大学；560. 同济大学；594. 武汉大学；658. 中国医学科学院-中国协和医学院；689. 中国科学院；700. 上海财经大学；730. 南京农业大学；774. 北京师范大学；777. 宁夏医科大学；783. 上海大学；879. 南开大学；895. 天津医科大学；911. 四川大学；925. 南京大学；969. 西北工业大学；1034. 华北理工大学；1063. 浙江中医药大学；1102. 北京科技大学；1103. 暨南大学；1146. 海军军医大学；1188. 中南大学；1390. 湖南大学；1464. 重庆大学；1484. 宁波诺丁汉大学；1543. 中央财经大学；1607. 福建农林大学；1620. 西交利物浦大学；1625. 汕头大学；1665. 恒生管理学院；1817. 石河子大学；1916. 华南师范大学；1934. 香港教育大学；2069. 南京医科大学；2114. 华南理工大学；2146. 苏州大学；2277. 广东技术师范学院；2291. 陆军军医大学；2364. 河海大学；2411. 四川师范大学；2428. 中南财经政法大学；2468. 国际食品政策研究所；2488. 华东师范大学；2494. 深圳大学；2543. 中国政法大学；2650. 天津大学；2703. 南昌大学；2744. 东北财经大学；2805. 澳门科技大学；2812. 新疆医科大学；2821. 西南交通大学；2884. 哈尔滨工业大学；2911. 中国东北大学；2960. 上海纽约大学；2973. 中国农业大学；3024. 南京审计大学；3058. 辽宁中医药大学；3178. 华东理工大学；3452. 中国科学院；3456. 北京工商大学；3562. 广西医科大学；3652. 北京航空航天大学；3795. 江南大学；3816. 上海师范大学；3957. 大连理工大学；4023. 湖南师范大学；4042. 大连海事大学；4050. 东南大学；4090. 华东理工大学；4243. 上海理工大学；4317. 湖南商学院；4338. 香港科技大学；4350. 华中师范大学；4382. 上海对外经贸大学；4550. 南方医科大学；4557. 温州医科大学；4563. 华侨大学；4621. 福建中医药大学；4664. 兰州大学；4665. 上海立信会计金融学院；4729. 广东工业大学；4776. 温州大学

九十、政治学学科

表2-114　政治学学科（5强与中国大学）

排名	英文名称	中文名称	国家/地区	总得分
1	HARVARD UNIVERSITY	哈佛大学	美国	100.00
2	UNIVERSITY OF OXFORD	牛津大学	英国	78.90
3	STANFORD UNIVERSITY	斯坦福大学	美国	71.60
4	PRINCETON UNIVERSITY	普林斯顿大学	美国	69.50
5	YALE UNIVERSITY	耶鲁大学	美国	65.20

其他中国机构：199. 中国人民大学；208. 香港城市大学；255. 北京大学；262. 香港大学；280. 清华大学；285. 复旦大学；333. 香港中文大学；335. 浙江大学；339. 厦门大学；402. 西南财经大学；423. 上海交通大学；472. 对外经济贸易大学；495. 湖南大学；516. 上海财经大学；519. 中山大学；555. 澳门大学；558. 武汉大学；640. 香港科技大学；660. 中央财经大学；664. 香港理工大学；685. 西安交通大学；701. 中国农业大学；714. 南京大学；757. 宁波诺丁汉大学；760. 中国科学院；780. 中国科学院；799. 暨南大学；809. 北京师范大学；842. 外交学院；911. 中国海洋大学；922. 华东师范大学；938. 天津师范大学；955. 四川大学；978. 中山大学；997. 山东大学；1007. 哈尔滨工业大学；1023. 南开大学；1071. 华中科技大学；1081. 中南财经政法大学；1226. 中国政法大学；1244. 香港浸会大学；1275. 西南交通大学；1304. 江西财经大学；1347. 北京外国语大学；1362. 上海对外经贸大学；1400. 中南大学；1418. 华北电力大学；1451. 同济大学；1548. 华南理工大学；1550. 西交利物浦大学；1556. 大连海事大学；1631. 吉林大学；1643. 北京航空航天大学；1666. 大连理工大学；1785. 香港教育大学；1795. 上海海事大学；1917. 上海外国语大学；2107. 陕西师范大学；2130. 深圳大学；2131. 广东外语外贸大学；2138. 河南大学；2166. 西南大学；2168. 浙江工商大学；2172. 北京

续表

排名	英文名称	中文名称	国家/地区	总得分
理工大学；2183. 华中农业大学；2335. 中国政法大学；2388. 首都经济贸易大学；2392. 上海立信会计金融学院；2404. 电子科技大学；2463. 温州大学；2540. 闽江学院；2662. 重庆大学；2712. 中国石油大学；2719. 上海海洋大学；2735. 东北财经大学；2770. 中国科学院；2783. 西南政法大学；2793. 华东政法大学；2799. 湖南师范大学；2806. 浙江理工大学；2923. 南京审计大学；2957. 海南大学；3090. 首都师范大学；3185. 西北大学；3216. 长沙理工大学；3565. 南京师范大学；3713. 华北水利水电大学；3715. 上海金融学院；3727. 江南大学；3789. 国际关系学院；3849. 天津大学；3862. 南京信息工程大学；3947. 北京工业大学；4044. 香港公开大学；4075. 北京科技大学；4079. 广东金融学院；4089. 华中师范大学				

九十一、植物保护学科

表2-115 植物保护学科（5强与中国大学）

排名	英文名称	中文名称	国家/地区	总得分
1	CHINESE ACADEMY OF SCIENCES	中国科学院	中国	100.00
2	UNITED STATES DEPARTMENT OF AGRICULTURE	美国农业部	美国	90.00
3	AGRICULTURAL RESEARCH SERVICE	美国农业科学研究院	美国	76.20
4	THE NATIONAL INSTITUTE FOR AGRICULTURAL RESEARCH	法国国家农业科学研究院	法国	63.80
5	CHINA AGRICULTURAL UNIVERSITY	中国农业大学	中国	58.70
其他中国机构：7. 中国农业大学；9. 南京农业大学；10. 西北农林科技大学；23. 华中农业大学；41. 中国科学院大学；42. 浙江大学；56. 山东农业大学；73. 四川农业大学；78. 华南农业大学；87. 北京林业大学；95. 兰州大学；102. 北京师范大学；114. 扬州大学；125. 西南大学；135. 沈阳农业大学；153. 河南农业大学；159. 广西大学；168. 东北农业大学；180. 福建农林大学；196. 山东农业大学；208. 华南理工大学；220. 甘肃农业大学；223. 北京大学；228. 东北林业大学；242. 中国科学院；265. 湖南农业大学；275. 浙江农林大学；287. 武汉大学；311. 河海大学；312. 南京林业大学；335. 内蒙古农业大学；363. 中山大学；367. 青岛农业大学；368. 清华大学；385. 石河子大学；408. 中国科学院；411. 长江大学；433. 南京信息工程大学；444. 上海交通大学；476. 河北农业大学；507. 安徽农业大学；513. 复旦大学；527. 山西农业大学；529. 杭州师范大学；555. 江西农业大学；559. 吉林农业科技学院；579. 江苏大学；580. 东北师范大学；597. 香港中文大学；611. 南京大学；623. 江南大学；637. 吉林农业大学；658. 河北农业大学；668. 南京师范大学；676. 云南农业大学；682. 吉林大学；712. 南开大学；714. 河南科技大学；729. 厦门大学；767. 福建师范大学；789. 海南大学；800. 云南大学；805. 中南林业科技大学；806. 四川大学；820. 天津大学；838. 华东师范大学；892. 山东大学；902. 贵州大学；910. 天津理工大学；936. 河南科技学院；983. 山西大学；987. 新疆农业大学；1025. 合肥工业大学；1037. 青海大学；1055. 西安工业大学；1096. 重庆大学；1121. 陕西师范大学；1127. 黑龙江八一农垦大学；1173. 东华大学；1176. 中南大学；1192. 浙江工业大学；1211. 电子科技大学；1223. 宁夏大学；1243. 山东理工大学；1253. 中国科学院；1259. 中国地质大学；1263. 暨南大学；1272. 昆明理工大学；1287. 香港浸会大学；1296. 湖南大学				

九十二、作物学学科

表2-116 作物学学科（5强与中国大学）

排名	英文名称	中文名称	国家/地区	总得分
1	CHINESE ACADEMY OF SCIENCES	中国科学院	中国	100.00
2	UNITED STATES DEPARTMENT OF AGRICULTURE	美国农业部	美国	90.00

续表

排名	英文名称	中文名称	国家/地区	总得分
3	AGRICULTURAL RESEARCH SERVICE	美国农业科学研究院	美国	76.20
4	THE NATIONAL INSTITUTE FOR AGRICULTURAL RESEARCH	法国国家农业科学研究院	法国	63.80
5	CHINA AGRICULTURAL UNIVERSITY	中国农业大学	中国	58.70

其他中国机构：9. 南京农业大学；10. 西北农林科技大学；23. 华中农业大学；41. 中国科学院大学；42. 浙江大学；56. 山东农业大学；73. 四川农业大学；77. 华南农业大学；87. 北京林业大学；95. 兰州大学；102. 北京师范大学；114. 扬州大学；125. 西南大学；134. 沈阳农业大学；153. 河南农业大学；159. 广西大学；166. 东北农业大学；181. 福建农林大学；194. 山东农业大学；210. 华南理工大学；220. 北京大学；221. 甘肃农业大学；230. 东北林业大学；243. 中国科学院；270. 湖南农业大学；274. 浙江农林大学；285. 武汉大学；306. 南京林业大学；309. 河海大学；338. 内蒙古农业大学；365. 青岛农业大学；366. 清华大学；368. 中山大学；378. 石河子大学；407. 中国科学院；411. 长江大学；436. 南京信息工程大学；444. 上海交通大学；480. 河北农业大学；505. 复旦大学；509. 安徽农业大学；516. 杭州师范大学；535. 山西农业大学；548. 江西农业大学；552. 吉林农业科技学院；575. 江苏大学；587. 东北师范大学；602. 香港中文大学；611. 南京大学；640. 江南大学；649. 吉林农业大学；658. 云南农业大学；660. 河北农业大学；668. 南京师范大学；693. 吉林大学；698. 南开大学；708. 河南科技大学；733. 厦门大学；762. 海南大学；775. 福建师范大学；797. 华东师范大学；802. 中南林业科技大学；810. 四川大学；840. 天津大学；841. 云南大学；858. 天津理工大学；887. 山东大学；893. 贵州大学；937. 河南科技学院；984. 合肥工业大学；988. 新疆农业大学；996. 山西大学；1039. 重庆大学；1051. 西安工业大学；1106. 青海大学；1112. 黑龙江八一农垦大学；1120. 中南大学；1127. 浙江工业大学；1160. 东华大学；1174. 陕西师范大学；1206. 电子科技大学；1210. 湖南大学；1225. 山东理工大学；1243. 昆明理工大学；1249. 中国地质大学；1252. 香港浸会大学；1283. 暨南大学；1285. 中国科学院；1289. 宁夏大学

九十三、系统科学学科

该学科没有 ESI 收录数据。

九十四、公安学学科

该学科没有 ESI 收录数据。

九十五、中药学学科

该学科没有 ESI 收录数据。

九十六、兵器科学与技术学科

该学科没有 ESI 收录数据。

九十七、中医学学科

该学科没有 ESI 收录数据。

九十八、中国语言文学学科

该学科没有 ESI 收录数据。

九十九、风景园林学学科

该学科没有 ESI 收录数据。

一〇〇、设计学学科

该学科没有 ESI 收录数据。

一○一、马克思主义理论学科

该学科没有 ESI 收录数据。

一○二、中西医结合学科

该学科没有 ESI 收录数据。

一○三、草学学科

该学科没有 ESI 收录数据。

一○四、中国史学科

该学科没有 ESI 收录数据。

一○五、集成电路科学与工程

该学科没有 ESI 收录数据。

第五节 世界一流大学一级指标排行榜（2022）（分 3 个指标）

一、教学水平排行榜

表 2-117 教学水平排行榜（10 强与中国大学）

排名	英文名称	中文名称	国家/地区	总得分
1	PRINCETON UNIVERSITY	普林斯顿大学	美国	100.00
2	HARVARD UNIVERSITY	哈佛大学	美国	98.75
3	MASSACHUSETTS INSTITUTE OF TECHNOLOGY	麻省理工学院	美国	93.41
4	STANFORD UNIVERSITY	斯坦福大学	美国	92.38
5	UNIVERSITY OF CALIFORNIA LOS ANGELES	加利福尼亚大学洛杉矶分校	美国	92.03
6	COLUMBIA UNIVERSITY	哥伦比亚大学	美国	91.83
7	UNIVERSITY COLLEGE LONDON	伦敦大学学院	英国	90.91
8	UNIVERSITY OF TORONTO	多伦多大学	加拿大	89.58
9	UNIVERSITY OF TOKYO	东京大学	日本	87.95
10	UNIVERSITY OF GLASGOW	格拉斯哥大学	英国	87.68

其他中国机构：20. 清华大学；38. 香港大学；45. 浙江大学；46. 北京大学；61. 北京理工大学；65. 复旦大学；71. 电子科技大学；75. 香港城市大学；79. 上海交通大学；85. 西北工业大学；90. 东南大学；94. 华中科技大学；95. 南京大学；97. 湖南大学；98. 华南理工大学；99. 台湾医药大学；105. 中山大学；107. 天津大学；111. 四川大学；113. 南开大学；120. 香港理工大学；122. 中国农业大学；123. 南方科技大学；128. 中南大学；130. 香港中文大学；133. 哈尔滨工业大学；141. 江苏大学；142. 北京化工大学；155. 吉林大学；156. 厦门大学；159. 深圳大学；161. 武汉理工大学；163. 中国地质大学；165. 福州大学；166. 南京工业大学；172. 武汉大学；176. 西安交通大学；179. 山东大学；184. 华东师范大学；186. 上海大学；188. 华东理工大学；199. 同济大学；202. 北京航空航天大学；206. 香港科技大学；212. 山东科技大学；213. 台湾大学；217. 辽宁工业大学；242. 中国石油大学；243. 广东工业大学；244. 华中农业大学；245. 南京农业大学；246. 澳门大学；247. 浙江师范大学；250. 澳门科技大学；267. 重庆大学；269. 大连理工大学；281. 兰州大学；282. 北京科技大学；289. 南京航空航天大学；290. 台湾成功大学；292. 南昌大学；299. 湖南工业大学；330. 南京理工大学；337. 南京医科大学；342. 曲阜师范大学；343. 中国海洋大学；349. 北京工业大学；355. 杭州电子科技大学；356. 安徽工业大学；361. 西华师范大学；362. 郑州大学；380. 青岛大学；382. 北京师范大学；396. 中国矿业大学；404. 南京信息工程大学；416. 长沙理工大学；419. 中国东北大学；422. 扬州大学；423. 浙江工业大学；426. 台湾"清华大学"；427. 华中师范大学；432. 江南大学；434. 亚洲大学(中国台湾)；435. 广州大学；442. 山东师范大学；443. 南京邮电大学；445. 北京交通大学；446. 华南农业大学；449. 北京邮电大学；457. 陕西师范大学；459. 华南师范大学；461. 哈尔滨工程大学；465. 温州大学；468. 台湾云林科技大学；471. 济南大学；474. 长安大学；477. 大连海事大学；484. 黑龙江大学；488. 南昌航空大学；548. 西北农林科技大学；552. 西安电子科技大学；562. 河海大学；563. 南京师范大学；573. 广州医科大学；575. 上海科技大学；577. 河南大学；578. 合肥工业大学；587. 海军军医大学；594. 香港浸会大学；598. 渤海大学；601. 安徽大学；603. 广西大学；607. 东北农业大学；611. 西南财经大学；616. 西南科技大学；624. 长庚大学；627. 台湾"中山大学"；634. 聊城大学；635. 山西大学；643. 西安理工大学；644. 湖南农业大学；655. 天津理工大学；656. 贵州大学；661. 福建师范大学；662. 湖南师范大学；671. 山东农业大学；672. 重庆邮电大学；676. 三峡大学；682. 烟台大学；685. 云南大学；699. 香港教育大学；706. 常州大学；711. 上海财经大学；713. 苏州科技大学；721. 西交利物浦大学；730. 中南民族大学；735. 大连工业大学；740. 山东财经大学；742. 武汉纺织大学；746. 中国科学院大学；748. 中国科学技术大学；755. 苏州大学；762. 中国医学科学院-中国协和医

排名	英文名称	中文名称	国家/地区	总得分
	学院；783. 北京协和医学院；786. 首都医科大学；805. 暨南大学；819. 华北电力大学；827. 东华大学；836. 西南大学；844. 南方医科大学；854. 西南交通大学；866. 青岛科技大学；867. 南京林业大学；871. 湖州学院；877. 上海理工大学；905. 天津医科大学；906. 西北大学；910. 宁波大学；914. 中国人民解放军陆军军医大学；921. 温州医科大学；926. 哈尔滨医科大学；936. 东北师范大学；948. 中国人民大学；949. 国防科学技术大学；953. 燕山大学；955. 河南理工大学；971. 中国医科大学；974. 福建农林大学；975. 北京林业大学；977. 杭州师范大学；979. 西安建筑科技大学；981. 台湾阳明交通大学；987. 江苏科技大学；988. 浙江农林大学；991. 昆明理工大学；997. 重庆医科大学；1002. 河南师范大学；1012. 台湾"中央"大学；1016. 武汉工程大学；1022. 武汉科技大学；1033. 山东第一医科大学；1038. 湘潭大学；1040. 太原理工大学；1042. 上海师范大学；1045. 安徽医科大学；1049. 西南石油大学；1054. 华侨大学；1057. 汕头大学；1059. 台湾科技大学；1061. 河南科技大学；1063. 四川师范大学；1074. 四川农业大学；1079. 海南大学；1089. 台北医学大学；1091. 福建医科大学；1092. 陕西科技大学；1099. 高雄医科大学；1100. 南通大学；1109. 江苏师范大学；1112. 浙江理工大学；1113. 兰州理工大学；1125. 齐鲁工业大学；1132. 河北工业大学；1134. 重庆工商大学；1139. 上海海事大学；1142. 中南林业科技大学；1151. 华北理工大学；1155. 北京工商大学；1167. 中国药科大学；1168. 湖南科技大学；1179. 中北大学；1193. 河南农业大学；1200. 南华大学；1203. 天津工业大学；1208. 东北林业大学；1210. 郑州轻工业大学；1220. 桂林电子科技大学；1228. 深圳香港大学；1235. 浙江工商大学；1236. 长江大学；1239. 江西科技学院；1248. 安徽农业大学；1251. 北京农林科学院；1263. 首都师范大学；1265. 安徽师范大学；1268. 广西医科大学；1270. 湖北大学；1278. 云南师范大学；1279. 江西师范大学；1282. 青岛农业大学；1289. 兰州交通大学；1293. 对外经济贸易大学；1294. 南京中医药大学；1297. 西北师范大学；1310. 东莞理工学院；1313. 成都理工大学；1322. 新疆大学；1323. 中国计量大学；1349. 西南医科大学；1366. 哈尔滨师范大学；1367. 宁波诺丁汉大学；1368. 湖北工业大学；1397. 北京中医药大学；1398. 天津科技大学；1399. 哈尔滨理工大学；1404. 上海电力大学；1410. 浙江中医药大学；1414. 广东医科大学；1415. 天津师范大学；1418. 河北医科大学；1421. 河北大学；1427. 上海中医药大学；1431. 内蒙古大学；1438. 广西师范大学；1445. 上海海洋大学；1446. 台湾中兴大学；1464. 广州中医药大学；1466. 台湾海洋大学；1467. 山东理工大学；1472. 台湾师范大学；1477. 南京财经大学；1479. 大连医科大学；1481. 沈阳药科大学；1484. 淡江大学；1485. 河南工业大学；1503. 西安工业大学；1517. 台湾中原大学；1518. 徐州医科大学；1520. 昆明医科大学；1521. 山西医科大学；1525. 江西财经大学；1529. 成都中医药大学；1539. 中国人民解放军陆军工程大学；1547. 台北科技大学；1550. 吉林师范大学；1552. 辅仁大学；1560. 闽江学院；1566. 盐城工学院；1574. 中山医学大学；1579. 河北科技大学；1587. 上海工程技术大学；1593. 宁夏医科大学；1594. 辽宁大学；1605. 河北农业大学；1606. 贵州医科大学；1607. 沈阳工业大学；1623. 集美大学；1628. 桂林工业大学；1636. 逢甲大学；1642. 江西农业大学；1644. 台湾"东华大学"；1649. 台湾医学院；1650. 长春科技大学；1653. 沈阳农业大学；1654. 中央财经大学；1656. 河北师范大学；1666. 滨州医学院；1675. 吉林农业大学；1680. 浙江海洋大学；1682. 石河子大学；1688. 东华理工大学；1695. 浙江财经大学；1698. 广东药科大学；1700. 宁夏大学；1712. 台湾中正大学；1720. 上海应用技术大学；1724. 山西农业大学；1733. 高雄科技大学；1743. 义守大学；1745. 元智大学；1747. 辽宁石油化工大学；1748. 重庆理工大学；1752. 湖南中医药大学；1760. 天津中医药大学；1767. 台湾嘉义大学；1772. 长春工业大学；1779. 长庚科技大学；1780. 明志科技大学；1781. 甘肃农业大学；1789. 内蒙古农业大学；1790. 岭南大学；1793. 台湾政治大学；1798. 锦州医科大学；1799. 彰化师范大学；1802. 延边大学；1803. 遵义医科大学；1806. 台湾屏东科技大学；1813. 河南科技学院；1820. 黑龙江中医药大学；1824. 台湾南开科技大学；1825. 南台科技大学			

二、科研能力排行榜

表2-118 科研能力排行榜（10强与中国大学）

排名	英文名称	中文名称	国家/地区	总得分
1	HARVARD UNIVERSITY	哈佛大学	美国	100.00
2	LEIDEN UNIVERSITY	莱顿大学	荷兰	91.16
3	STANFORD UNIVERSITY	斯坦福大学	美国	90.97
4	UNIVERSITY OF TORONTO	多伦多大学	加拿大	90.13

排名	英文名称	中文名称	国家/地区	总得分
5	UNIVERSITY COLLEGE LONDON	伦敦大学学院	英国	89.33
6	UNIVERSITY OF OXFORD	牛津大学	英国	89.01
7	MASSACHUSETTS INSTITUTE OF TECHNOLOGY	麻省理工学院	美国	88.91
8	JOHNS HOPKINSUNIVERSITY	约翰·霍普金斯大学	美国	88.85
9	UNIVERSITY OF WASHINGTON	华盛顿大学	美国	88.38
10	UNIVERSITY OF WASHINGTON SEATTLE	华盛顿大学(西雅图)	美国	88.22

其他中国机构：13. 中国科学院大学；18. 清华大学；21. 浙江大学；28. 上海交通大学；33. 北京大学；46. 华中科技大学；50. 中山大学；57. 复旦大学；69. 中南大学；73. 四川大学；76. 西安交通大学；78. 中国科学技术大学；88. 武汉大学；90. 哈尔滨工业大学；95. 山东大学；100. 南京大学；101. 吉林大学；121. 华南理工大学；122. 东南大学；125. 天津大学；130. 同济大学；146. 香港大学；150. 电子科技大学；163. 北京航空航天大学；164. 郑州大学；168. 台湾大学；170. 香港中文大学；178. 北京理工大学；187. 湖南大学；189. 大连理工大学；198. 西北工业大学；203. 西南大学；204. 中国医学科学院-中国协和医学院；205. 厦门大学；210. 苏州大学；217. 重庆大学；229. 香港理工大学；238. 南开大学；242. 首都医科大学；247. 台湾"清华大学"；256. 青岛大学；264. 香港城市大学；275. 武汉理工大学；280. 中国石油大学；290. 深圳大学；293. 江苏大学；303. 北京协和医学院；304. 南京医科大学；306. 南京航空航天大学；309. 北京科技大学；317. 中国地质大学；318. 中国矿业大学；324. 中国农业大学；330. 浙江工业大学；332. 兰州大学；337. 北京师范大学；340. 南京林业大学；343. 南京理工大学；346. 香港科技大学；354. 上海大学；362. 中国人民解放军陆军军医大学；367. 江南大学；374. 北京化工大学；376. 山东科技大学；378. 福州大学；382. 华东理工大学；384. 台湾阳明交通大学；385. 西安电子科技大学；397. 华东师范大学；410. 中国东北大学；414. 台湾医药大学；420. 广东工业大学；434. 北京工业大学；445. 南京信息工程大学；446. 暨南大学；448. 西北农林科技大学；452. 合肥工业大学；456. 台湾成功大学；461. 扬州大学；463. 广西大学；465. 河海大学；470. 华中农业大学；473. 国防科学技术大学；493. 西南交通大学；494. 南京农业大学；513. 西北大学；517. 南方科技大学；528. 昆明理工大学；534. 南京工业大学；538. 南京邮电大学；543. 南方医科大学；569. 华南农业大学；570. 哈尔滨工程大学；571. 南华大学；583. 北京交通大学；588. 杭州电子科技大学；589. 济南大学；604. 南昌大学；606. 澳门大学；616. 中国海洋大学；617. 天津医科大学；623. 广州医科大学；626. 长沙理工大学；629. 中国医科大学；630. 青岛科技大学；634. 重庆医科大学；635. 哈尔滨医科大学；636. 海军军医大学；639. 东华大学；640. 长庚大学；642. 华中师范大学；644. 浙江理工大学；655. 宁波大学；658. 西南石油大学；664. 广州大学；666. 华南师范大学；667. 燕山大学；668. 华北电力大学；670. 南京师范大学；674. 山西大学；682. 辽宁工业大学；687. 江苏师范大学；688. 太原理工大学；696. 西安工业大学；704. 长安大学；705. 浙江师范大学；707. 温州医科大学；721. 河南大学；731. 安徽医科大学；732. 南通大学；753. 台北医学大学；766. 山东师范大学；792. 北京邮电大学；794. 陕西科技大学；797. 陕西师范大学；807. 江苏科技大学；821. 香港浸会大学；822. 温州大学；826. 台湾"中央"大学；831. 北京林业大学；840. 东北师范大学；841. 上海理工大学；842. 安徽大学；843. 山东第一医科大学；852. 西安建筑科技大学；854. 湘潭大学；855. 曲阜师范大学；859. 上海科技大学；862. 东北林业大学；878. 武汉科技大学；879. 河北工业大学；880. 辽宁大学；904. 黑龙江大学；909. 哈尔滨理工大学；923. 高雄医科大学；931. 东北农业大学；932. 台湾科技大学；933. 河南理工大学；939. 河南科技大学；941. 武汉工程大学；949. 华侨大学；950. 桂林电子科技大学；951. 齐鲁工业大学；957. 安徽工业大学；961. 杭州师范大学；962. 福建农林大学；967. 常州大学；968. 广西医科大学；969. 台湾中兴大学；970. 四川农业大学；977. 贵州大学；978. 中国计量大学；979. 大连海事大学；982. 中国药科大学；998. 重庆工商大学；999. 海南大学；1002. 三峡大学；1006. 西安工业大学；1010. 河南师范大学；1015. 重庆邮电大学；1018. 渤海大学；1019. 天津工业大学；1033. 天津理工大学；1037. 湖北工业大学；1038. 中国人民大学；1055. 山东农业大学；1056. 浙江农林大学；1064. 中北大学；1065. 兰州理工大学；1069. 福建医科大学；1076. 湖南农业大学；1079. 天津科技大学；1080. 澳门科技大学；1083. 成都理工大学；1089. 台湾"中山大学"；1097. 湖北大学；1111. 亚洲大学(中国台湾)；1112. 南昌航空大学；1114. 西华师范大学；1129. 郑州轻工业大学；1130. 汕头大学；1131. 上海海事大学；1134. 云南大学；1136. 上海工程技术大学；1138. 聊城大学；1139. 湖南科技大学；1140. 江西师范大学；1141. 安徽师范大学；1148. 华北理工大学；1150. 湖州学院；1156. 上海师范大学；1168. 湖南师范大学；1173. 湖南工业大学；1174. 西南科技大学；1182. 大连医科大学；1191. 福建师范大学；1192. 青岛农业大学；1198. 南京中医药大学；1199. 安徽农业大学；1200. 东莞理工学院；1208. 烟台大学；1235. 首都师范大学；1238. 西北师范大学；1247. 江西科技学院；1253. 浙江工商大学；1256. 哈尔滨师范大

排名	英文名称	中文名称	国家/地区	总得分
学；1262. 新疆大学；1266. 山东理工大学；1271. 桂林工业大学；1277. 中南林业科技大学；1278. 兰州交通大学；1287. 中南民族大学；1299. 闽江学院；1300. 台北科技大学；1305. 河南农业大学；1308. 上海中医药大学；1312. 北京工商大学；1319. 河北医科大学；1323. 武汉纺织大学；1324. 长江大学；1335. 盐城工学院；1336. 中山医学大学；1340. 沈阳药科大学；1343. 河南工业大学；1348. 石河子大学；1349. 广西师范大学；1356. 上海电力大学；1358. 四川师范大学；1362. 西南财经大学；1368. 广州中医药大学；1377. 上海海洋大学；1390. 长春科技大学；1392. 东华理工大学；1395. 台湾中原大学；1397. 河北大学；1404. 天津师范大学；1405. 北京农林科学院；1417. 西南医科大学；1423. 徐州医科大学；1434. 台湾医学院；1441. 广东医科大学；1445. 长春工业大学；1454. 内蒙古大学；1455. 北京中医药大学；1475. 贵州医科大学；1479. 河北农业大学；1480. 苏州科技大学；1482. 宁夏医科大学；1521. 浙江中医药大学；1522. 河北科技大学；1526. 辅仁大学；1531. 深圳香港大学；1533. 台湾师范大学；1535. 云南师范大学；1546. 大连工业大学；1549. 吉林师范大学；1563. 香港教育大学；1574. 江西财经大学；1576. 广东药科大学；1580. 宁波诺丁汉大学；1582. 台湾海洋大学；1585. 沈阳工业大学；1595. 遵义医学院；1597. 上海财经大学；1604. 宁夏大学；1613. 山西医科大学；1618. 淡江大学；1619. 逢甲大学；1622. 江西农业大学；1627. 南京财经大学；1629. 重庆理工大学；1635. 甘肃农业大学；1640. 上海应用技术大学；1643. 西交利物浦大学；1644. 昆明医科大学；1645. 山西农业大学；1651. 沈阳农业大学；1654. 对外经济贸易大学；1657. 元智大学；1659. 锦州医科大学；1663. 河北师范大学；1668. 中国人民解放军陆军工程大学；1673. 台湾"东华大学"；1674. 山东财经大学；1678. 滨州医学院；1679. 高雄科技大学；1680. 吉林农业大学；1698. 义守大学；1709. 延边大学；1711. 台湾南开科技大学；1719. 长庚科技大学；1722. 浙江财经大学；1725. 天津中医药大学；1732. 内蒙古农业大学；1763. 台湾云林科技大学；1770. 中央财经大学；1773. 成都中医药大学；1782. 明志科技大学；1783. 浙江海洋大学；1785. 辽宁石油化工大学；1786. 台湾嘉义大学；1794. 集美大学；1797. 台湾中正大学；1799. 黑龙江中医药大学；1808. 岭南大学；1812. 台湾政治大学；1814. 湖南中医药大学；1818. 台湾屏东科技大学；1822. 彰化师范大学；1824. 河南科技学院；1825. 南台科技大学			

三、影响力排行榜

表2-119 影响力排行榜（10强与中国大学）

排名	英文名称	中文名称	国家/地区	总得分
1	HARVARD UNIVERSITY	哈佛大学	美国	100.00
2	UNIVERSITY COLLEGE LONDON	伦敦大学学院	英国	94.85
3	UNIVERSITY OF TORONTO	多伦多大学	加拿大	94.67
4	UNIVERSITY OF OXFORD	牛津大学	英国	93.18
5	IMPERIAL COLLEGE LONDON	伦敦帝国学院	英国	91.77
6	UNIVERSITY OF CAMBRIDGE	剑桥大学	英国	91.40
7	UNIVERSITY OF COPENHAGEN	哥本哈根大学	丹麦	90.45
8	JOHNS HOPKINS UNIVERSITY	约翰·霍普金斯大学	美国	90.31
9	UNIVERSITY OF BRITISH COLUMBIA	英属哥伦比亚大学	加拿大	90.17
10	UNIVERSITY OF SYDNEY	悉尼大学	澳大利亚	90.16
其他中国机构：28. 北京大学；32. 上海交通大学；38. 浙江大学；41. 清华大学；48. 中国科学院大学；69. 复旦大学；78. 中山大学；104. 香港大学；107. 华中科技大学；108. 香港中文大学；148. 台湾大学；149. 四川大学；153. 山东大学；176. 武汉大学；184. 南京大学；185. 厦门大学；197. 中南大学；210. 中国科学技术大学；212. 吉林大学；219. 西安交通大学；268. 同济大学；304. 北京师范大学；310. 台湾成功大学；312. 香港理工大学；325. 苏州大学；333. 南开大学；341. 东南大学；348. 天津大学；360. 电子科技大学；365. 郑州大学；369. 华东师范大学；370. 深圳大学；374. 中国农业大学；384. 兰州大学；387. 哈尔滨工业大学；413. 台湾医药大学；414. 西南大学；416. 暨南大学；421. 台			

续表

排名	英文名称	中文名称	国家/地区	总得分

湾阳明交通大学；422. 大连理工大学；424. 重庆大学；429. 香港科技大学；453. 香港浸会大学；455. 华南理工大学；474. 湖南大学；478. 北京航空航天大学；509. 华中农业大学；516. 首都医科大学；519. 江苏大学；524. 上海大学；525. 青岛大学；534. 台湾"清华大学"；535. 扬州大学；553. 中国海洋大学；560. 长庚大学；563. 南京师范大学；564. 北京理工大学；568. 澳门大学；570. 南昌大学；572. 华南农业大学；576. 中国医学科学院-中国协和医学院；581. 西北大学；585. 台湾"中山大学"；590. 河海大学；602. 台北医学大学；605. 江南大学；612. 台湾中兴大学；614. 华南师范大学；616. 南京农业大学；618. 中国地质大学；625. 南京医科大学；626. 西北工业大学；629. 台湾"中央"大学；637. 中国矿业大学；656. 华东理工大学；665. 合肥工业大学；669. 南方医科大学；671. 浙江工业大学；675. 北京协和医学院；686. 海军军医大学；689. 武汉理工大学；690. 南京航空航天大学；696. 华中师范大学；700. 中国石油大学；701. 南京信息工程大学；703. 陕西师范大学；719. 香港城市大学；720. 中国人民大学；723. 北京林业大学；724. 高雄医科大学；726. 山西大学；735. 南方科技大学；737. 北京科技大学；740. 西安电子科技大学；741. 东华大学；754. 广西大学；756. 南京林业大学；759. 中国东北大学；761. 南京理工大学；763. 西南交通大学；766. 宁波大学；770. 重庆医科大学；771. 河南大学；778. 杭州师范大学；783. 温州医科大学；786. 北京化工大学；793. 山东科技大学；799. 福州大学；812. 华北电力大学；831. 广州大学；836. 福建农林大学；839. 北京工业大学；842. 天津医科大学；847. 国防科学技术大学；849. 台湾科技大学；852. 中国医科大学；861. 东北师范大学；867. 南通大学；868. 澳门科技大学；881. 北京交通大学；882. 广东工业大学；886. 济南大学；887. 亚洲大学(中国台湾)；898. 中国药科大学；905. 台湾师范大学；906. 南京工业大学；915. 安徽医科大学；928. 南京邮电大学；932. 昆明理工大学；936. 哈尔滨医科大学；942. 北京邮电大学；943. 安徽大学；960. 云南大学；963. 山东师范大学；968. 上海科技大学；976. 东北林业大学；980. 浙江师范大学；989. 福建师范大学；1001. 哈尔滨工程大学；1004. 汕头大学；1011. 长沙理工大学；1019. 东北农业大学；1027. 长安大学；1028. 杭州电子科技大学；1030. 广州医科大学；1035. 深圳香港大学；1042. 上海师范大学；1059. 上海理工大学；1060. 湖南师范大学；1072. 燕山大学；1081. 浙江农林大学；1086. 曲阜师范大学；1090. 华侨大学；1093. 湘潭大学；1095. 湖南农业大学；1108. 首都师范大学；1109. 西南石油大学；1112. 武汉科技大学；1117. 浙江工商大学；1122. 河南科技大学；1131. 太原理工大学；1139. 贵州大学；1145. 海南大学；1151. 四川农业大学；1154. 河南理工大学；1162. 温州大学；1176. 山东农业大学；1178. 河北工业大学；1179. 台北科技大学；1186. 青岛科技大学；1201. 大连海事大学；1207. 台湾海洋大学；1211. 香港教育大学；1215. 浙江理工大学；1216. 福建医科大学；1220. 淡江大学；1221. 西南财经大学；1244. 西安理工大学；1247. 西交利物浦大学；1254. 三峡大学；1258. 成都理工大学；1268. 西南科技大学；1269. 上海海事大学；1284. 逢甲大学；1285. 湖北大学；1290. 陕西科技大学；1292. 台湾中原大学；1296. 天津科技大学；1301. 齐鲁工业大学；1306. 常州大学；1313. 西安建筑科技大学；1316. 江西师范大学；1323. 山东理工大学；1325. 中央财经大学；1327. 上海海洋大学；1333. 武汉工程大学；1338. 重庆邮电大学；1343. 元智大学；1344. 高雄科技大学；1352. 中国计量大学；1354. 天津工业大学；1360. 安徽农业大学；1361. 对外经济贸易大学；1365. 江苏师范大学；1369. 岭南大学；1374. 宁波诺丁汉大学；1377. 台湾政治大学；1390. 河北大学；1403. 台湾"东华大学"；1406. 桂林电子科技大学；1407. 内蒙古大学；1412. 辅仁大学；1427. 聊城大学；1430. 烟台大学；1438. 台湾中正大学；1440. 湖南科技大学；1450. 安徽工业大学；1463. 上海工程技术大学；1474. 河南师范大学；1477. 长江大学；1478. 河南农业大学；1484. 广西师范大学；1491. 上海财经大学；1492. 西北农林科技大学；1494. 河南工业大学；1499. 广西医科大学；1501. 郑州轻工业大学；1502. 北京工商大学；1503. 石河子大学；1505. 安徽师范大学；1509. 台湾云林科技大学；1510. 河北医科大学；1515. 沈阳药科大学；1516. 东莞理工学院；1526. 大连医科大学；1540. 四川师范大学；1543. 中北大学；1553. 新疆大学；1558. 黑龙江大学；1560. 天津工业大学；1561. 湖北工业大学；1564. 中山医学大学；1566. 西北师范大学；1577. 山东第一医科大学；1590. 南昌航空大学；1593. 兰州理工大学；1600. 义守大学；1602. 中南民族大学；1605. 哈尔滨理工大学；1606. 南京中医药大学；1608. 江西财经大学；1610. 上海中医药大学；1613. 天津师范大学；1614. 青岛农业大学；1618. 重庆工商大学；1620. 台湾屏东科技大学；1627. 中南林业科技大学；1631. 桂林工业大学；1637. 广东药科大学；1638. 南华大学；1641. 集美大学；1645. 河北农业大学；1646. 渤海大学；1649. 彰化师范大学；1650. 华北理工大学；1652. 北京中医药大学；1655. 上海应用技术大学；1658. 辽宁大学；1664. 广州中医药大学；1665. 苏州科技大学；1666. 河北师范大学；1668. 西华师范大学；1669. 重庆理工大学；1671. 中国人民解放军陆军军医大学；1675. 上海电力大学；1679. 武汉纺织大学；1689. 长春工业大学；1693. 大连工业大学；1696. 台湾嘉义大学；1699. 兰州交通大学；1702. 宁夏大学；1707. 浙江财经大学；1708. 湖州学院；1714. 云南师范大学；1715. 沈阳农业大学；1716. 南台科技大学；1718. 吉林农业大学；1719. 盐城工学院；1720. 江西农业大学；1722. 徐州医科大学；1723. 哈尔滨师范大学；1724. 成都中医药大学；1727. 明志科技大学；1729. 河北

续表

排名	英文名称	中文名称	国家/地区	总得分
科技大学；1732. 沈阳工业大学；1733. 天津中医药大学；1734. 延边大学；1735. 山西医科大学；1737. 山东财经大学；1740. 滨州医学院；1741. 吉林师范大学；1745. 闽江学院；1746. 甘肃农业大学；1747. 辽宁石油化工大学；1748. 浙江海洋大学；1749. 山西农业大学；1750. 昆明医科大学；1751. 湖南工业大学；1754. 浙江中医药大学；1755. 南京财经大学；1757. 内蒙古农业大学；1768. 西安工业大学；1771. 宁夏医科大学；1778. 河南科技学院；1782. 辽宁工业大学；1784. 东华理工大学；1786. 广东医科大学；1789. 黑龙江中医药大学；1791. 湖南中医药大学；1792. 锦州医科大学；1795. 遵义医科大学；1797. 长庚科技大学；1800. 江西科技学院；1803. 江苏科技大学；1806. 台湾南开科技大学；1812. 长春科技大学；1813. 台湾医学院；1821. 西南医科大学；1822. 贵州医科大学；1823. 北京农林科学院；1826. 中国人民解放军陆军工程大学				

第六节 世界一流大学基本指标排行榜（2022）（分9个指标）

一、高被引论文数排行榜

表 2-120　高被引论文数排行榜（10 强与中国大学）

排名	英文名称	中文名称	国家/地区	总得分
1	HARVARD UNIVERSITY	哈佛大学	美国	100.00
2	STANFORD UNIVERSITY	斯坦福大学	美国	82.02
3	MASSACHUSETTS INSTITUTE OF TECHNOLOGY	麻省理工学院	美国	78.20
4	UNIVERSITY OF TORONTO	多伦多大学	加拿大	78.08
5	UNIVERSITY OF OXFORD	牛津大学	英国	77.34
6	UNIVERSITY COLLEGELONDON	伦敦大学学院	英国	77.14
7	UNIVERSITY OF WASHINGTON	华盛顿大学	美国	76.33
8	UNIVERSITY OF WASHINGTON SEATTLE	华盛顿大学(西雅图)	美国	76.07
9	JOHNS HOPKINS UNIVERSITY	约翰·霍普金斯大学	美国	75.94
10	UNIVERSITY OF CAMBRIDGE	剑桥大学	英国	74.30

其他中国机构：26. 清华大学；30. 中国科学院大学；41. 北京大学；49. 浙江大学；58. 上海交通大学；76. 中国科学技术大学；82. 华中科技大学；86. 复旦大学；87. 中山大学；110. 南京大学；115. 武汉大学；123. 中南大学；127. 香港大学；134. 香港中文大学；150. 湖南大学；155. 哈尔滨工业大学；159. 西安交通大学；162. 华南理工大学；165. 郑州大学；167. 四川大学；170. 香港理工大学；174. 天津大学；177. 电子科技大学；181. 东南大学；182. 苏州大学；190. 香港城市大学；191. 台湾大学；199. 山东大学；200. 北京理工大学；207. 同济大学；209. 南开大学；226. 吉林大学；235. 厦门大学；238. 北京航空航天大学；242. 中国医学科学院-中国协和医学院；250. 西北工业大学；263. 深圳大学；267. 香港科技大学；271. 重庆大学；281. 大连理工大学；292. 武汉理工大学；304. 江苏大学；315. 青岛大学；317. 北京师范大学；319. 中国地质大学；320. 山东科技大学；341. 台湾医药大学；345. 北京化工大学；349. 华东师范大学；350. 中国农业大学；364. 兰州大学；370. 福州大学；372. 北京科技大学；377. 上海大学；381. 北京协和医学院；389. 华东理工大学；392. 首都医科大学；394. 南京理工大学；398. 中国矿业大学；405. 南方科技大学；420. 南京信息工程大学；446. 中国石油大学；451. 南京工业大学；453. 南京航空航天大学；459. 广东工业大学；463. 南京医科大学；466. 暨南大学；470. 华中农业大学；479. 南京农业大学；486. 长沙理工大学；492. 中国东北大学；498. 扬州大学；509. 浙江工业大学；511. 台湾阳明交通大学；512. 澳门大学；513. 西北农林科技大学；518. 华北电力大学；521. 台湾"清华大学"；522. 华中师范大学；527. 西安电子科技大学；530. 浙江师范大学；536. 江南大学；539. 台湾成功大学；541. 广州大学；545. 南昌大学；551. 东华大学；563. 曲阜师范大学；567. 西南大学；569. 中国海洋大学；575. 河海大学；578. 南方医科大学；579. 南京师范大学；597. 山东师范大学；598. 西南交通大学；601. 南京邮电大学；608. 北京交通大学；609. 华南农业大学；612. 广州医科大学；618. 上海科技大学；623. 河南大学；625. 合肥工业大学；628. 青岛科技大学；630. 南京林业大学；634. 北京邮电大学；639. 湖州学院；645. 北京工业大学；649. 上海理工大学；667. 海军军医大学；671. 陕西师范大学；688. 华南师范大学；690. 香港浸会大学；706. 哈尔滨工程大学；711. 天津医科大学；712. 西北大学；716. 宁波大学；720. 中国人民解放军陆军军医大学；725. 渤海大学；732. 温州医科大学；737. 安徽大学；740. 哈尔滨医科大学；751. 广西大学；752. 温州大学；755. 东北师范大学；759. 台湾"中央"大学；763. 东北农业大学；771. 济南大学；777. 西南财经大学；783. 中国人民大学；784. 国防科学技术大学；790. 燕山大学；792. 河南理工大学；797. 西南科技大学；816. 中国医科大学；819. 长安大学；822. 福建农林大学；823. 杭州电子科技大学；824. 北京林业大学；826. 杭州师范大学；828. 亚洲大学(中国台湾)；831. 澳门科技大学；832. 台湾科技大学；835. 西

排名	英文名称	中文名称	国家/地区	总得分

安建筑科技大学；838. 台北医学大学；847. 江苏科技大学；848. 浙江农林大学；852. 昆明理工大学；860. 大连海事大学；861. 重庆医科大学；863. 聊城大学；866. 山西大学；869. 河南师范大学；884. 长庚大学；889. 武汉工程大学；893. 西安理工大学；894. 湖南农业大学；895. 安徽工业大学；899. 武汉科技大学；916. 山东第一医科大学；925. 湘潭大学；928. 太原理工大学；931. 上海师范大学；932. 天津理工大学；935. 安徽医科大学；937. 贵州大学；940. 西南石油大学；946. 华侨大学；950. 辽宁工业大学；951. 汕头大学；953. 高雄医科大学；955. 河南科技大学；958. 四川师范大学；970. 四川农业大学；975. 海南大学；987. 台湾中兴大学；989. 福建医科大学；991. 陕西科技大学；993. 福建师范大学；994. 湖南师范大学；1001. 台湾"中山大学"；1002. 南通大学；1011. 江苏师范大学；1014. 浙江理工大学；1015. 兰州理工大学；1029. 齐鲁工业大学；1038. 河北工业大学；1041. 重庆工商大学；1048. 上海海事大学；1051. 中南林业科技大学；1060. 华北理工大学；1065. 北京工商大学；1077. 黑龙江大学；1080. 中国药科大学；1081. 山东农业大学；1082. 湖南科技大学；1083. 重庆邮电大学；1094. 中北大学；1111. 三峡大学；1112. 河南农业大学；1122. 南华大学；1128. 天津工业大学；1131. 烟台大学；1136. 东北林业大学；1138. 郑州轻工业大学；1148. 云南大学；1150. 桂林电子科技大学；1158. 深圳香港大学；1167. 浙江工商大学；1169. 长江大学；1170. 湖南工业大学；1175. 江西科技学院；1187. 安徽农业大学；1190. 北京农林科学院；1203. 首都师范大学；1206. 安徽师范大学；1210. 广西医科大学；1212. 湖北大学；1222. 云南师范大学；1225. 江西师范大学；1227. 香港教育大学；1229. 青岛农业大学；1240. 兰州交通大学；1244. 对外经济贸易大学；1245. 南京中医药大学；1248. 西北师范大学；1256. 南昌航空大学；1264. 东莞理工学院；1267. 常州大学；1268. 成都理工大学；1277. 新疆大学；1278. 中国计量大学；1294. 上海财经大学；1311. 西南医科大学；1316. 苏州科技大学；1337. 哈尔滨师范大学；1339. 西交利物浦大学；1340. 宁波诺丁汉大学；1341. 湖北工业大学；1373. 西华师范大学；1377. 北京中医药大学；1378. 天津科技大学；1379. 哈尔滨理工大学；1384. 上海电力大学；1392. 浙江中医药大学；1396. 广东医科大学；1397. 天津师范大学；1400. 河北医科大学；1403. 河北大学；1410. 上海中医药大学；1414. 中南民族大学；1415. 内蒙古大学；1423. 广西师范大学；1430. 上海海洋大学；1431. 台湾海洋大学；1449. 广州中医药大学；1451. 台湾师范大学；1452. 山东理工大学；1458. 淡江大学；1464. 南京财经大学；1466. 大连医科大学；1468. 沈阳药科大学；1471. 台湾中原大学；1472. 河南工业大学；1488. 大连工业大学；1492. 西安工业大学；1506. 台北科技大学；1507. 徐州医科大学；1509. 昆明医科大学；1510. 山西医科大学；1515. 江西财经大学；1519. 成都中医药大学；1529. 中国人民解放军陆军工程大学；1539. 辅仁大学；1542. 吉林师范大学；1544. 台湾云林科技大学；1552. 闽江学院；1558. 盐城工学院；1566. 中山医学大学；1571. 河北科技大学；1581. 上海工程技术大学；1587. 宁夏医科大学；1588. 辽宁大学；1595. 山东财经大学；1601. 河北农业大学；1603. 贵州医科大学；1604. 沈阳工业大学；1620. 集美大学；1625. 桂林工业大学；1633. 逢甲大学；1635. 武汉纺织大学；1640. 江西农业大学；1642. 台湾"东华大学"；1647. 台湾医学院；1648. 长春科技大学；1651. 沈阳农业大学；1652. 中央财经大学；1654. 河北师范大学；1664. 滨州医学院；1673. 吉林农业大学；1678. 浙江海洋大学；1680. 石河子大学；1686. 东华理工大学；1693. 浙江财经大学；1696. 广东药科大学；1698. 宁夏大学；1711. 台湾中正大学；1719. 上海应用技术大学；1723. 山西农业大学；1732. 高雄科技大学；1743. 义守大学；1745. 元智大学；1747. 辽宁石油化工大学；1748. 重庆理工大学；1752. 湖南中医药大学；1760. 天津中医药大学；1767. 台湾嘉义大学；1772. 长春工业大学；1779. 长庚科技大学；1780. 明志科技大学；1781. 甘肃农业大学；1789. 内蒙古农业大学；1790. 岭南大学；1793. 台湾政治大学；1798. 锦州医科大学；1799. 彰化师范大学；1802. 延边大学；1803. 遵义医科大学；1806. 台湾屏东科技大学；1813. 河南科技学院；1820. 黑龙江中医药大学；1824. 台湾南开科技大学；1825. 南台科技大学

二、高被引科学家数排行榜

表2-121　高被引科学家数排行榜（10强与中国大学）

排名	英文名称	中文名称	国家/地区	总得分
1	HARVARD UNIVERSITY	哈佛大学	美国	100.00
2	STANFORD UNIVERSITY	斯坦福大学	美国	87.51
3	MASSACHUSETTS INSTITUTE OF TECHNOLOGY	麻省理工学院	美国	74.48
4	UNIVERSITY OF CALIFORNIA BERKELEY	加利福尼亚大学伯克利分校	美国	73.59

续表

排名	英文名称	中文名称	国家/地区	总得分
5	TSINGHUA UNIVERSITY	清华大学	中国	72.67
6	UNIVERSITY OF CALIFORNIA SAN DIEGO	加利福尼亚大学圣迭戈分校	美国	72.03
7	UNIVERSITY OF OXFORD	牛津大学	英国	70.37
8	JOHNS HOPKINS UNIVERSITY	约翰·霍普金斯大学	美国	69.67
9	UNIVERSITY OF CALIFORNIA LOS ANGELES	加利福尼亚大学洛杉矶分校	美国	69.67
10	UNIVERSITY OF CALIFORNIA SAN FRANCISCO	加利福尼亚大学旧金山分校	美国	69.67

其他中国机构：26. 香港大学；33. 浙江大学；34. 北京大学；51. 北京理工大学；55. 复旦大学；61. 电子科技大学；65. 香港城市大学；69. 上海交通大学；75. 西北工业大学；80. 东南大学；84. 华中科技大学；85. 南京大学；87. 湖南大学；88. 华南理工大学；89. 台湾医药大学；96. 中山大学；98. 天津大学；102. 四川大学；104. 南开大学；112. 香港理工大学；114. 中国农业大学；115. 南方科技大学；122. 中南大学；124. 香港中文大学；127. 哈尔滨工业大学；135. 江苏大学；136. 北京化工大学；149. 吉林大学；150. 厦门大学；153. 深圳大学；155. 武汉理工大学；157. 中国地质大学；159. 福州大学；160. 南京工业大学；166. 武汉大学；170. 西安交通大学；173. 山东大学；178. 华东师范大学；180. 上海大学；182. 华东理工大学；192. 台湾大学；194. 同济大学；197. 北京航空航天大学；201. 香港科技大学；207. 山东科技大学；211. 辽宁工业大学；236. 中国石油大学；237. 广东工业大学；238. 华中农业大学；239. 南京农业大学；240. 澳门大学；241. 浙江师范大学；244. 澳门科技大学；262. 重庆大学；264. 大连理工大学；276. 兰州大学；277. 北京科技大学；284. 南京航空航天大学；286. 台湾成功大学；287. 南昌大学；294. 湖南工业大学；326. 南京理工大学；333. 南京医科大学；338. 曲阜师范大学；339. 中国海洋大学；345. 北京工业大学；351. 杭州电子科技大学；352. 安徽工业大学；357. 西华师范大学；360. 郑州大学；378. 青岛大学；380. 北京师范大学；395. 中国矿业大学；403. 南京信息工程大学；415. 长沙理工大学；418. 中国东北大学；421. 扬州大学；422. 浙江工业大学；425. 台湾"清华大学"；426. 华中师范大学；431. 江南大学；433. 广州大学；440. 山东师范大学；441. 南京邮电大学；443. 北京交通大学；444. 华南农业大学；447. 北京邮电大学；455. 陕西师范大学；457. 华南师范大学；459. 哈尔滨工程大学；463. 温州大学；468. 济南大学；471. 长安大学；472. 亚洲大学(中国台湾)；475. 大连海事大学；482. 黑龙江大学；486. 南昌航空大学；492. 台湾云林科技大学；547. 西北农林科技大学；551. 西安电子科技大学；561. 河海大学；562. 南京师范大学；572. 广州医科大学；574. 上海科技大学；576. 河南大学；577. 合肥工业大学；586. 海军军医大学；593. 香港浸会大学；597. 渤海大学；600. 安徽大学；602. 广西大学；606. 东北农业大学；610. 西南财经大学；615. 西南科技大学；631. 聊城大学；632. 山西大学；639. 长庚大学；641. 西安理工大学；642. 湖南农业大学；653. 天津理工大学；654. 贵州大学；659. 福建师范大学；660. 湖南师范大学；662. 台湾"中山大学"；670. 山东农业大学；671. 重庆邮电大学；675. 三峡大学；681. 烟台大学；684. 云南大学；698. 香港教育大学；705. 常州大学；710. 上海财经大学；712. 苏州科技大学；720. 西交利物浦大学；729. 中南民族大学；734. 大连工业大学；739. 山东财经大学；741. 武汉纺织大学；745. 中国科学院大学；747. 中国科学技术大学；754. 苏州大学；761. 中国医学科学院-中国协和医学院；782. 北京协和医学院；785. 首都医科大学；804. 暨南大学；817. 台湾阳明交通大学；819. 华北电力大学；827. 东华大学；836. 西南大学；844. 南方医科大学；854. 西南交通大学；866. 青岛科技大学；867. 南京林业大学；871. 湖州学院；877. 上海理工大学；906. 天津医科大学；907. 西北大学；911. 宁波大学；915. 中国人民解放军陆军军医大学；922. 温州医科大学；927. 哈尔滨医科大学；937. 东北师范大学；938. 台湾"中央"大学；950. 中国人民大学；951. 国防科学技术大学；955. 燕山大学；957. 河南理工大学；973. 中国医科大学；976. 福建农林大学；977. 北京林业大学；979. 杭州师范大学；981. 台湾科技大学；982. 西安建筑科技大学；984. 台北医学大学；990. 江苏科技大学；991. 浙江农林大学；994. 昆明理工大学；1000. 重庆医科大学；1005. 河南师范大学；1018. 武汉工程大学；1024. 武汉科技大学；1035. 山东第一医科大学；1040. 湘潭大学；1042. 太原理工大学；1044. 上海师范大学；1047. 安徽医科大学；1051. 西南石油大学；1056. 华侨大学；1059. 汕头大学；1061. 高雄医科大学；1063. 河南科技大学；1065. 四川师范大学；1076. 四川农业大学；1081. 海南大学；1091. 台湾中兴大学；1093. 福建医科大学；1094. 陕西科技大学；1101. 南通大学；1110. 江苏师范大学；1113. 浙江理工大学；1114. 兰州理工大学；1126. 齐鲁工业大学；1133. 河北工业大学；1135. 重庆工商大学；1140. 上海海事大学；1143. 中南林业科技大学；1152. 华北理工大学；1156. 北京工商大学；1168. 中国药科大学；1169. 湖南科技大学；1180. 中北大学；1194. 河南农业大学；1201. 南华大学；1204. 天津工业大学；

排名	英文名称	中文名称	国家/地区	总得分
1209. 东北林业大学；1211. 郑州轻工业大学；1221. 桂林电子科技大学；1229. 深圳香港大学；1236. 浙江工商大学；1237. 长江大学；1240. 江西科技学院；1249. 安徽农业大学；1252. 北京农林科学院；1264. 首都师范大学；1266. 安徽师范大学；1269. 广西医科大学；1271. 湖北大学；1279. 云南师范大学；1280. 江西师范大学；1283. 青岛农业大学；1290. 兰州交通大学；1294. 对外经济贸易大学；1295. 南京中医药大学；1298. 西北师范大学；1311. 东莞理工学院；1314. 成都理工大学；1323. 新疆大学；1324. 中国计量大学；1350. 西南医科大学；1367. 哈尔滨师范大学；1368. 宁波诺丁汉大学；1369. 湖北工业大学；1398. 北京中医药大学；1399. 天津科技大学；1400. 哈尔滨理工大学；1405. 上海电力大学；1411. 浙江中医药大学；1415. 广东医科大学；1416. 天津师范大学；1419. 河北医科大学；1422. 河北大学；1428. 上海中医药大学；1432. 内蒙古大学；1439. 广西师范大学；1446. 上海海洋大学；1447. 台湾海洋大学；1465. 广州中医药大学；1467. 台湾师范大学；1468. 山东理工大学；1473. 淡江大学；1478. 南京财经大学；1480. 大连医科大学；1482. 沈阳药科大学；1485. 台湾中原大学；1486. 河南工业大学；1504. 西安工业大学；1518. 台北科技大学；1519. 徐州医科大学；1521. 昆明医科大学；1522. 山西医科大学；1526. 江西财经大学；1530. 成都中医药大学；1540. 中国人民解放军陆军工程大学；1548. 辅仁大学；1551. 吉林师范大学；1560. 闽江学院；1566. 盐城工学院；1574. 中山医学大学；1579. 河北科技大学；1587. 上海工程技术大学；1593. 宁夏医科大学；1594. 辽宁大学；1605. 河北农业大学；1606. 贵州医科大学；1607. 沈阳工业大学；1623. 集美大学；1628. 桂林工业大学；1636. 逢甲大学；1642. 江西农业大学；1644. 台湾"东华大学"；1649. 台湾医学院；1650. 长春科技大学；1653. 沈阳农业大学；1654. 中央财经大学；1656. 河北师范大学；1666. 滨州医学院；1675. 吉林农业大学；1680. 浙江海洋大学；1682. 石河子大学；1688. 东华理工大学；1695. 浙江财经大学；1698. 广东药科大学；1700. 宁夏大学；1712. 台湾中正大学；1720. 上海应用技术大学；1724. 山西农业大学；1733. 高雄科技大学；1743. 义守大学；1745. 元智大学；1747. 辽宁石油化工大学；1748. 重庆理工大学；1752. 湖南中医药大学；1760. 天津中医药大学；1767. 台湾嘉义大学；1772. 长春工业大学；1779. 长庚科技大学；1780. 明志科技大学；1781. 甘肃农业大学；1789. 内蒙古农业大学；1790. 岭南大学；1793. 台湾政治大学；1798. 锦州医科大学；1799. 彰化师范大学；1802. 延边大学；1803. 遵义医科大学；1806. 台湾屏东科技大学；1813. 河南科技学院；1820. 黑龙江中医药大学；1824. 台湾南开科技大学；1825. 南台科技大学				

三、杰出校友数排行榜

表2-122　杰出校友数排行榜（13强与中国大学）

排名	英文名称	中文名称	国家/地区	总得分
1	PRINCETON UNIVERSITY	普林斯顿大学	美国	100.00
2	MASSACHUSETTS INSTITUTE OF TECHNOLOGY	麻省理工学院	美国	75.98
2	UNIVERSITY OF TORONTO	多伦多大学	加拿大	75.98
2	UNIVERSITY COLLEGE LONDON	伦敦大学学院	英国	75.98
2	COLUMBIA UNIVERSITY	哥伦比亚大学	美国	75.98
2	UNIVERSITY OF CALIFORNIA LOS ANGELES	加利福尼亚大学洛杉矶分校	美国	75.98
2	UNIVERSITY OF TOKYO	东京大学	日本	75.98
2	FREE UNIVERSITY OF BERLIN	柏林自由大学	德国	75.98
2	UNIVERSITY OF GLASGOW	格拉斯哥大学	英国	75.98
2	UNIVERSITY OF WESTERN AUSTRALIA	西澳大学	澳大利亚	75.98
2	SAPIENZA UNIVERSITY ROME	罗马大学	意大利	75.98
2	UNIVERSITY OF HAMBURG	汉堡大学	德国	75.98
2	UNIVERSITY OF BONN	德国波恩大学	德国	75.98

排名	英文名称	中文名称	国家/地区	总得分
2	BROWN UNIVERSITY	布朗大学	美国	75.98
2	UNIVERSITY OF TEHRAN	德黑兰大学	伊朗	75.98
2	SCUOLA NORMALE SUPERIORE DI PISA	比萨高等师范学校	意大利	75.98
其他中国机构：无				

四、进入 ESI 学科数排行榜

表 2-123　进入 ESI 学科数排行榜（28 强与中国大学）

排名	英文名称	中文名称	国家/地区	总得分
1	HARVARD UNIVERSITY	哈佛大学	美国	100.00
1	STANFORD UNIVERSITY	斯坦福大学	美国	100.00
1	UNIVERSITY OF TORONTO	多伦多大学	加拿大	100.00
1	UNIVERSITY OF OXFORD	牛津大学	英国	100.00
1	UNIVERSITY COLLEGE LONDON	伦敦大学学院	英国	100.00
1	UNIVERSITY OF WASHINGTON	华盛顿大学	美国	100.00
1	UNIVERSITY OF WASHINGTON SEATTLE	华盛顿大学(西雅图)	美国	100.00
1	JOHNS HOPKINS UNIVERSITY	约翰·霍普金斯大学	美国	100.00
1	UNIVERSITY OF CAMBRIDGE	剑桥大学	英国	100.00
1	COLUMBIA UNIVERSITY	哥伦比亚大学	美国	100.00
1	SWISS FEDERAL INSTITUTES OF TECHNOLOGY DOMAIN	瑞士联邦理工学院	瑞士	100.00
1	UNIVERSITY OF MICHIGAN	密歇根大学	美国	100.00
1	IMPERIAL COLLEGE LONDON	伦敦帝国学院	英国	100.00
1	UNIVERSITY OF CALIFORNIA BERKELEY	加利福尼亚大学伯克利分校	美国	100.00
1	UNIVERSITY OF CALIFORNIA LOS ANGELES	加利福尼亚大学洛杉矶分校	美国	100.00
1	UNIVERSITY OF CALIFORNIA SANDIEGO	加利福尼亚大学圣迭戈分校	美国	100.00
1	YALE UNIVERSITY	耶鲁大学	美国	100.00
1	UNIVERSITE PARIS SACLAY	巴黎萨克雷大学	法国	100.00
1	CORNELL UNIVERSITY	康奈尔大学	美国	100.00
1	UNIVERSITY OF CHICAGO	芝加哥大学	美国	100.00
1	UNIVERSITY OF COPENHAGEN	哥本哈根大学	丹麦	100.00
1	UNIVERSITY OFBRITISH COLUMBIA	英属哥伦比亚大学	加拿大	100.00
1	PEKING UNIVERSITY	北京大学	中国	100.00
1	UNIVERSITY OF EDINBURGH	爱丁堡大学	英国	100.00

排名	英文名称	中文名称	国家/地区	总得分
1	UNIVERSITY OF MINNESOTA TWIN CITIES	明尼苏达大学双城分校	美国	100.00
1	OHIO STATE UNIVERSITY	俄亥俄州立大学	美国	100.00
1	KU LEUVEN	鲁汶大学	比利时	100.00
1	ETH ZURICH	苏黎世联邦理工学院	瑞士	100.00
1	UNIVERSITY OF MANCHESTER	曼彻斯特大学	英国	100.00
1	UNIVERSITY OF MUNICH	慕尼黑大学	德国	100.00
1	UNIVERSITY OF FLORIDA	佛罗里达大学	美国	100.00
1	UNIVERSITY OF MARYLAND COLLEGE PARK	马里兰大学帕克分校帕克分校	美国	100.00
1	UNIVERSITY OF CALIFORNIADAVIS	加利福尼亚大学戴维斯分校	美国	100.00
1	PENNSYLVANIA STATE UNIVERSITY	宾夕法尼亚州立大学	美国	100.00
1	UNIVERSITY OF ILLINOIS URBANA-CHAMPAIGN	伊利诺伊大学厄巴纳-香槟分校	美国	100.00
1	PENNSYLVANIA STATE UNIVERSITY-UNIVERSITY PARK	宾夕法尼亚州立大学帕克分校	美国	100.00

其他中国机构：37. 清华大学；37. 浙江大学；37. 上海交通大学；37. 复旦大学；73. 华中科技大学；73. 中山大学；73. 香港大学；73. 香港中文大学；125. 中国科学院大学；125. 四川大学；125. 山东大学；125. 厦门大学；125. 台湾大学；170. 南京大学；170. 武汉大学；170. 吉林大学；224. 中南大学；258. 中国科学技术大学；258. 西安交通大学；258. 台湾成功大学；300. 苏州大学；300. 同济大学；300. 南开大学；300. 北京师范大学；347. 华东师范大学；347. 中国农业大学；347. 兰州大学；347. 西南大学；347. 台湾阳明交通大学；347. 香港理工大学；347. 香港城市大学；347. 香港科技大学；392. 郑州大学；392. 天津大学；392. 电子科技大学；392. 东南大学；392. 中国医学科学院-中国协和医学院；392. 深圳大学；392. 暨南大学；392. 台湾医药大学；392. 香港浸会大学；445. 哈尔滨工业大学；445. 重庆大学；445. 大连理工大学；445. 北京协和医学院；484. 湖南大学；484. 华南理工大学；484. 青岛大学；484. 首都医科大学；484. 华中农业大学；484. 扬州大学；484. 长庚大学；534. 北京航空航天大学；534. 江苏大学；534. 上海大学；534. 南京农业大学；534. 西北农林科技大学；534. 南昌大学；534. 中国海洋大学；534. 南京师范大学；534. 华南农业大学；534. 海军军医大学；534. 西北大学；534. 澳门大学；534. 台湾"清华大学"；534. 台北医学大学；534. 台湾中兴大学；534. 台湾"中山大学"；602. 南京医科大学；602. 江南大学；602. 河海大学；602. 南方医科大学；602. 华南师范大学；602. 台湾"中央"大学；666. 北京理工大学；666. 华东理工大学；666. 中国矿业大学；666. 浙江工业大学；666. 华中师范大学；666. 合肥工业大学；666. 陕西师范大学；666. 天津医科大学；666. 中国人民解放军陆军军医大学；666. 温州医科大学；666. 北京林业大学；666. 杭州师范大学；666. 重庆医科大学；666. 山西大学；666. 高雄医科大学；740. 西北工业大学；740. 武汉理工大学；740. 中国地质大学；740. 山东科技大学；740. 南京信息工程大学；740. 中国石油大学；740. 南京航空航天大学；740. 东华大学；740. 广州医科大学；740. 河南大学；740. 南京林业大学；740. 宁波大学；740. 广西大学；740. 中国人民大学；740. 中国医科大学；740. 福建农林大学；740. 山东第一医科大学；740. 安徽医科大学；740. 南通大学；740. 澳门科技大学；823. 北京化工大学；823. 福州大学；823. 北京科技大学；823. 南京理工大学；823. 南方科技大学；823. 华北电力大学；823. 西安电子科技大学；823. 广州大学；823. 西南交通大学；823. 北京交通大学；823. 北京工业大学；823. 哈尔滨医科大学；823. 东北师范大学；823. 东北农业大学；823. 济南大学；823. 国防科学技术大学；823. 昆明理工大学；823. 湖南农业大学；823. 河南科技大学；823. 中国药科大学；823. 东北林业大学；823. 亚洲大学(中国台湾)；823. 台湾科技大学；931. 南京工业大学；931. 广东工业大学；931. 长沙理工大学；931. 中国东北大学；931. 浙江师范大学；931. 曲阜师范大学；931. 山东师范大学；931. 南京邮电大学；931. 上海科技大学；931. 安徽大学；931. 浙江农林大学；931. 上海师范大学；931. 汕头大学；931. 四川农业大学；931. 海南大学；931. 福建师范大学；931. 云南大学；931. 浙江工商大学；931. 大连医科大学；931. 台湾师范大学；1046. 北京邮电大学；1046. 上海理工大学；1046. 哈尔滨工程大学；1046. 渤海大学；1046. 温州大学；1046. 燕山大学；1046. 河南理工大学；1046. 长安大学；1046. 杭州电子科技大学；1046. 聊城大学；1046. 河南师范大学；1046. 武汉科技大学；1046. 湘潭大学；1046. 贵州大学；1046. 西南石油大学；1046. 华侨大学；1046. 福建医科大学；1046. 湖南师范大学；1046. 齐鲁工业大学；1046. 华北理工大学；1046. 山东农业大学；1046. 三峡大学；1046. 天津工业大学；

续表

排名	英文名称	中文名称	国家/地区	总得分
1046. 烟台大学；1046. 首都师范大学；1046. 广西医科大学；1046. 江西师范大学；1046. 南京中医药大学；1046. 天津科技大学；1046. 河北医科大学；1046. 上海海洋大学；1046. 沈阳药科大学；1046. 徐州医科大学；1046. 石河子大学；1046. 广东药科大学；1046. 上海应用技术大学；1046. 台湾海洋大学；1046. 中山医学大学；1202. 青岛科技大学；1202. 湖州学院；1202. 西南财经大学；1202. 西南科技大学；1202. 西安建筑科技大学；1202. 江苏科技大学；1202. 大连海事大学；1202. 武汉工程大学；1202. 西安理工大学；1202. 安徽工业大学；1202. 太原理工大学；1202. 天津理工大学；1202. 陕西科技大学；1202. 江苏师范大学；1202. 浙江理工大学；1202. 兰州理工大学；1202. 河北工业大学；1202. 重庆工商大学；1202. 上海海事大学；1202. 中南林业科技大学；1202. 黑龙江大学；1202. 湖南科技大学；1202. 中北大学；1202. 河南农业大学；1202. 南华大学；1202. 郑州轻工业大学；1202. 桂林电子科技大学；1202. 长江大学；1202. 江西科技学院；1202. 安徽农业大学；1202. 湖北大学；1202. 青岛农业大学；1202. 对外经济贸易大学；1202. 西北师范大学；1202. 南昌航空大学；1202. 常州大学；1202. 成都理工大学；1202. 新疆大学；1202. 中国计量大学；1202. 上海财经大学；1202. 西交利物浦大学；1202. 西华师范大学；1202. 哈尔滨理工大学；1202. 河北大学；1202. 上海中医药大学；1202. 中南民族大学；1202. 内蒙古大学；1202. 山东理工大学；1202. 河南工业大学；1202. 大连工业大学；1202. 盐城工学院；1202. 上海工程技术大学；1202. 河北农业大学；1202. 武汉纺织大学；1202. 长春科技大学；1202. 中央财经大学；1202. 长春工业大学；1202. 淡江大学；1202. 台湾中原大学；1202. 台北科技大学；1202. 逢甲大学；1202. 台湾"东华大学"；1202. 台湾医学院；1202. 高雄科技大学；1202. 元智大学；1202. 香港教育大学；1466. 辽宁工业大学；1466. 四川师范大学；1466. 北京工商大学；1466. 重庆邮电大学；1466. 深圳香港大学；1466. 湖南工业大学；1466. 北京农林科学院；1466. 安徽师范大学；1466. 云南师范大学；1466. 兰州交通大学；1466. 东莞理工学院；1466. 西南医科大学；1466. 苏州科技大学；1466. 哈尔滨师范大学；1466. 宁波诺丁汉大学；1466. 湖北工业大学；1466. 北京中医药大学；1466. 上海电力大学；1466. 浙江中医药大学；1466. 广东医科大学；1466. 天津师范大学；1466. 广西师范大学；1466. 广州中医药大学；1466. 南京财经大学；1466. 西安工业大学；1466. 昆明医科大学；1466. 山西医科大学；1466. 江西财经大学；1466. 成都中医药大学；1466. 中国人民解放军陆军工程大学；1466. 吉林师范大学；1466. 闽江学院；1466. 河北科技大学；1466. 宁夏医科大学；1466. 辽宁大学；1466. 山东财经大学；1466. 贵州医科大学；1466. 沈阳工业大学；1466. 集美大学；1466. 桂林工业大学；1466. 江西农业大学；1466. 沈阳农业大学；1466. 河北师范大学；1466. 滨州医学院；1466. 吉林农业大学；1466. 浙江海洋大学；1466. 东华理工大学；1466. 浙江财经大学；1466. 宁夏大学；1466. 山西农业大学；1466. 辽宁石油化工大学；1466. 重庆理工大学；1466. 湖南中医药大学；1466. 天津中医药大学；1466. 甘肃农业大学；1466. 内蒙古农业大学；1466. 锦州医科大学；1466. 延边大学；1466. 遵义医科大学；1466. 河南科技学院；1466. 黑龙江中医药大学；1466. 辅仁大学；1466. 台湾云林科技大学；1466. 台湾中正大学；1466. 义守大学；1466. 台湾嘉义大学；1466. 长庚大学；1466. 明志科技大学；1466. 台湾政治大学；1466. 彰化师范大学；1466. 台湾屏东科技大学；1466. 台湾南开科技大学；1466. 南台科技大学；1466. 岭南大学				

五、ESI 收录论文数排行榜

表 2-124　ESI 收录论文数排行榜（10 强与中国大学）

排名	英文名称	中文名称	国家/地区	总得分
1	HARVARD UNIVERSITY	哈佛大学	美国	100.00
2	UNIVERSITY OF CHINESE ACADEMY OF SCIENCES，CAS	中国科学院大学	中国	86.75
3	UNIVERSITY OF TORONTO	多伦多大学	加拿大	85.82
4	UNIVERSITY OF NORTH CAROLINA	北卡罗来纳大学	美国	83.75
5	UNIVERSITY COLLEGE LONDON	伦敦大学学院	英国	82.63
6	SHANGHAI JIAO TONG UNIVERSITY	上海交通大学	中国	81.85
7	ZHEJIANG UNIVERSITY	浙江大学	中国	81.59
8	JOHNS HOPKINS UNIVERSITY	约翰·霍普金斯大学	美国	81.53

排名	英文名称	中文名称	国家/地区	总得分
9	UNIVERSITY OF MICHIGAN	密歇根大学	美国	80.97
10	SWISS FEDERAL INSTITUTES OF TECHNOLOGY DOMAIN	瑞士联邦理工学院	瑞士	80.82

其他中国机构：18. 清华大学；19. 北京大学；33. 中山大学；35. 复旦大学；45. 华中科技大学；47. 四川大学；59. 山东大学；61. 中南大学；66. 西安交通大学；69. 吉林大学；75. 中国科学技术大学；77. 哈尔滨工业大学；80. 南京大学；86. 武汉大学；89. 台湾大学；100. 同济大学；116. 天津大学；122. 东南大学；140. 香港大学；149. 华南理工大学；150. 大连理工大学；153. 中国医学科学院-中国协和医学院；157. 苏州大学；160. 香港中文大学；161. 郑州大学；165. 北京航空航天大学；169. 首都医科大学；183. 厦门大学；190. 台湾阳明交通大学；200. 电子科技大学；201. 重庆大学；208. 香港理工大学；215. 西北工业大学；227. 北京协和医学院；228. 南京医科大学；236. 北京理工大学；238. 南开大学；247. 北京师范大学；248. 中国地质大学；253. 香港城市大学；257. 兰州大学；263. 台湾成功大学；268. 湖南大学；271. 北京科技大学；275. 中国农业大学；285. 中国石油大学；306. 上海大学；307. 深圳大学；316. 中国矿业大学；323. 南京航空航天大学；331. 中国东北大学；332. 南方医科大学；336. 江苏大学；340. 华东师范大学；342. 华东理工大学；347. 西北农林科技大学；355. 暨南大学；359. 南京理工大学；361. 长庚大学；362. 台湾医药大学；372. 江南大学；375. 香港科技大学；378. 西安电子科技大学；384. 南京农业大学；396. 武汉理工大学；397. 西南大学；406. 国防科学技术大学；409. 中国医科大学；412. 青岛大学；419. 华中农业大学；424. 北京化工大学；427. 南昌大学；431. 中国海洋大学；434. 天津医科大学；437. 河海大学；441. 温州医科大学；457. 台湾"清华大学"；466. 南京工业大学；475. 海军军医大学；484. 重庆医科大学；493. 台北医学大学；494. 浙江工业大学；511. 山东第一医科大学；512. 西南交通大学；514. 扬州大学；522. 南京信息工程大学；527. 合肥工业大学；533. 北京邮电大学；534. 北京交通大学；545. 东华大学；546. 中国人民解放军陆军军医大学；549. 哈尔滨医科大学；552. 广州医科大学；560. 华南师范大学；564. 福州大学；568. 华南农业大学；569. 华北电力大学；570. 北京工业大学；583. 西北大学；589. 安徽医科大学；595. 山东科技大学；596. 高雄医科大学；600. 哈尔滨工程大学；606. 广东工业大学；615. 台湾"中央"大学；622. 南京师范大学；623. 中国药科大学；625. 南方科技大学；634. 南京邮电大学；638. 南京林业大学；642. 北京林业大学；645. 澳门大学；646. 台湾中兴大学；659. 广西大学；660. 山西大学；664. 太原理工大学；668. 台湾科技大学；671. 宁波大学；676. 济南大学；692. 台湾"中山大学"；698. 昆明理工大学；703. 南通大学；704. 华中师范大学；716. 燕山大学；717. 福建医科大学；719. 东北师范大学；720. 陕西师范大学；722. 香港浸会大学；724. 青岛科技大学；736. 长安大学；754. 西南石油大学；756. 河南大学；775. 河北医科大学；784. 安徽大学；786. 大连医科大学；790. 南京中医药大学；792. 广西医科大学；805. 福建农林大学；809. 天津工业大学；814. 四川农业大学；816. 湘潭大学；820. 河北工业大学；821. 上海理工大学；824. 东北林业大学；827. 杭州电子科技大学；838. 广州大学；839. 中国人民大学；853. 齐鲁工业大学；859. 台北科技大学；876. 东北农业大学；878. 浙江理工大学；880. 山东农业大学；881. 常州大学；889. 上海中医药大学；892. 浙江师范大学；894. 沈阳药科大学；908. 长沙理工大学；913. 曲阜师范大学；914. 武汉科技大学；917. 山东师范大学；933. 西安理工大学；937. 徐州医科大学；947. 河南理工大学；950. 亚洲大学（中国台湾）；955. 台湾医学院；960. 江苏科技大学；961. 河南科技大学；962. 中山医学大学；965. 杭州师范大学；967. 中北大学；976. 贵州大学；984. 陕西科技大学；986. 河南师范大学；988. 西安建筑科技大学；990. 兰州理工大学；997. 广州中医药大学；999. 西南科技大学；1013. 汕头大学；1015. 北京中医药大学；1015. 天津科技大学；1022. 上海师范大学；1025. 云南大学；1027. 上海科技大学；1038. 华侨大学；1039. 成都理工大学；1043. 海南大学；1045. 福建师范大学；1047. 湖南农业大学；1060. 湖北大学；1067. 聊城大学；1071. 天津理工大学；1080. 温州大学；1088. 台湾师范大学；1095. 武汉工程大学；1099. 安徽工业大学；1105. 大连海事大学；1106. 河北大学；1116. 湖南师范大学；1120. 西北师范大学；1124. 中国人民解放军陆军工程大学；1129. 桂林电子科技大学；1132. 哈尔滨理工大学；1133. 上海工程技术大学；1135. 新疆大学；1137. 台湾中原大学；1139. 山东理工大学；1140. 浙江中医药大学；1146. 江西师范大学；1149. 中国计量大学；1154. 黑龙江大学；1155. 浙江农林大学；1159. 长春科技大学；1171. 首都师范大学；1179. 昆明医科大学；1183. 逢甲大学；1184. 上海海洋大学；1184. 石河子大学；1191. 烟台大学；1193. 香港教育大学；1199. 三峡大学；1214. 上海应用技术大学；1216. 山西医科大学；1218. 浙江工商大学；1226. 台湾海洋大学；1231. 南昌航空大学；1233. 江苏师范大学；1237. 青岛农业大学；1240. 江西科技学院；1247. 广东药科大学；1248. 湖南科技大学；1249. 澳门科技大学；1255. 重庆邮电大学；1259. 北京工商大学；1261. 辅仁大学；1266. 南华大学；1280. 安徽农业大学；1286. 成都中医药大学；1291. 西南医科大学；1292. 上海海事大学；1295. 河南工业大学；1299. 郑州轻工业大学；1299. 高雄科技大学；1320. 桂林工业大学；1327. 河南农业大学；1332. 西南财经大学；1337. 华北理工大学；1351. 武汉纺织大学；1361. 安徽师范大学；1363. 沈阳农业大学；1367. 义守大学；1371. 渤海大学；1378. 河

排名	英文名称	中文名称	国家/地区	总得分
北农业大学；1388. 中南民族大学；1389. 长春工业大学；1390. 广东医科大学；1396. 盐城工学院；1398. 广西师范大学；1400. 长江大学；1403. 上海财经大学；1427. 天津中医药大学；1439. 兰州交通大学；1440. 大连工业大学；1442. 淡江大学；1460. 滨州医学院；1462. 遵义医科大学；1464. 贵州医科大学；1467. 内蒙古大学；1468. 沈阳工业大学；1471. 中央财经大学；1473. 吉林师范大学；1476. 对外经济贸易大学；1485. 元智大学；1489. 宁夏医科大学；1490. 天津师范大学；1494. 宁夏大学；1504. 长庚科技大学；1507. 湖州学院；1516. 吉林农业大学；1518. 台湾云林科技大学；1519. 辽宁石油化工大学；1529. 辽宁大学；1530. 上海电力大学；1532. 西安工业大学；1534. 山西农业大学；1537. 江西农业大学；1539. 台湾政治大学；1545. 重庆理工大学；1549. 东华理工大学；1550. 东莞理工学院；1553. 明志科技大学；1555. 北京农林科学院；1558. 苏州科技大学；1564. 哈尔滨师范大学；1573. 甘肃农业大学；1581. 河北师范大学；1585. 锦州医科大学；1590. 台湾中正大学；1591. 重庆工商大学；1603. 河北科技大学；1608. 西交利物浦大学；1613. 内蒙古农业大学；1614. 湖南工业大学；1614. 台湾"东华大学"；1629. 中南林业科技大学；1637. 宁波诺丁汉大学；1644. 湖北工业大学；1646. 四川师范大学；1655. 西华师范大学；1663. 云南师范大学；1676. 延边大学；1682. 湖南中医药大学；1708. 南台科技大学；1718. 台湾屏东科技大学；1721. 黑龙江中医药大学；1733. 岭南大学；1736. 集美大学；1737. 深圳香港大学；1743. 彰化师范大学；1744. 河南科技学院；1747. 山东财经大学；1748. 辽宁工业大学；1762. 南京财经大学；1771. 浙江财经大学；1775. 浙江海洋大学；1782. 江西财经大学；1791. 台湾嘉义大学；1811. 闽江学院；1814. 台湾南开科技大学				

六、篇均被引次数排行榜

表2-125　篇均被引次数排行榜（10强与中国大学）

排名	英文名称	中文名称	国家/地区	总得分
1	ST PETERSBURG ACADEMIC UNIVERSITY	圣彼得堡学术大学	俄罗斯	100.00
2	JACKSON STATE UNIVERSITY	杰克逊州立大学	美国	92.53
3	MEKELLE UNIVERSITY	默克莱大学	埃塞俄比亚	90.39
4	REYKJAVIK UNIVERSITY	雷克雅未克大学	冰岛	89.39
5	DANUBE UNIVERSITY KREMS	克雷姆斯多瑙河大学	奥地利	89.22
6	UNIVERSITY OF THE PHILIPPINES MANILA	菲律宾马尼拉大学	菲律宾	88.90
7	EDUARDO MONDLANE UNIVERSITY	爱德华多·蒙德兰大学	莫桑比克	88.43
8	HANOI MEDICAL UNIVERSITY	河内医科大学	越南	88.34
9	UNIVERSITY BALAMAND	巴拉曼大学	黎巴嫩	88.11
10	ROCKEFELLER UNIVERSITY	洛克菲勒大学	美国	87.40
其他中国机构：70. 辽宁工业大学；200. 西华师范大学；232. 香港科技大学；306. 重庆工商大学；347. 香港大学；432. 香港中文大学；512. 清华大学；526. 北京化工大学；531. 哈尔滨师范大学；534. 渤海大学；544. 南开大学；546. 福州大学；560. 华中师范大学；567. 安徽师范大学；586. 黑龙江大学；595. 香港城市大学；599. 台湾"清华大学"；601. 中国科学技术大学；612. 北京大学；617. 澳门科技大学；619. 武汉理工大学；625. 湖南大学；634. 南京大学；662. 闽江学院；677. 上海科技大学；695. 台湾大学；697. 华东理工大学；702. 华南理工大学；707. 苏州大学；709. 香港浸会大学；712. 香港理工大学；719. 海军军医大学；724. 复旦大学；734. 江西师范大学；747. 浙江师范大学；757. 中南民族大学；798. 湖北大学；802. 东华大学；812. 南京工业大学；817. 厦门大学；829. 东北师范大学；835. 温州大学；838. 武汉大学；840. 中国人民解放军陆军军医大学；848. 南方科技大学；852. 华中科技大学；865. 中山大学；878. 中国医学科学院-中国协和医学院；886. 杭州师范大学；897. 江苏师范大学；900. 华中农业大学；917. 上海交通大学；918. 浙江大学；918. 天津理工大学；924. 河南师范大学；927. 济南大学；928. 澳门大学；929. 北京农林科学院；932. 中国科学院大学；932. 兰州大学；935. 哈尔滨医科大学；947. 山东师范大学；956. 中国农业大学；965. 北京协和医学院；965. 南京农业大学；967. 天津师范大学；972. 江西财经大学；980. 广州医科大学；981. 湖南工业大				

续表

排名	英文名称	中文名称	国家/地区	总得分
学；987. 四川师范大学；992. 北京师范大学；997. 台湾"中央"大学；999. 华东师范大学；1004. 首都师范大学；1009. 陕西师范大学；1033. 武汉工程大学；1036. 天津大学；1037. 华北理工大学；1040. 大连理工大学；1042. 浙江农林大学；1048. 台北医学大学；1054. 华侨大学；1058. 天津医科大学；1061. 南京邮电大学；1069. 中国地质大学；1076. 曲阜师范大学；1080. 浙江理工大学；1082. 中山医学大学；1083. 北京理工大学；1083. 同济大学；1091. 湘潭大学；1092. 江苏大学；1092. 青岛科技大学；1092. 湖南农业大学；1092. 西北师范大学；1097. 西北大学；1097. 台湾中原大学；1100. 北京科技大学；1107. 南昌航空大学；1109. 中南大学；1115. 台湾阳明交通大学；1117. 河南大学；1118. 哈尔滨工业大学；1120. 安徽工业大学；1122. 吉林大学；1127. 中国药科大学；1131. 台湾医药大学；1137. 东南大学；1138. 福建师范大学；1158. 山东大学；1159. 南京师范大学；1160. 华北电力大学；1168. 南京医科大学；1173. 北京工业大学；1173. 湖南师范大学；1177. 西安交通大学；1177. 上海师范大学；1182. 广东医科大学；1184. 高雄医科大学；1186. 武汉科技大学；1187. 台湾成功大学；1189. 台湾南开科技大学；1193. 上海电力大学；1197. 云南师范大学；1202. 南京理工大学；1204. 西北农林科技大学；1217. 北京航空航天大学；1222. 广东工业大学；1223. 西南大学；1227. 上海大学；1227. 浙江工业大学；1227. 深圳香港大学；1227. 南京财经大学；1227. 台湾中兴大学；1232. 广西师范大学；1233. 深圳大学；1238. 首都医科大学；1240. 郑州轻工业大学；1245. 四川大学；1247. 台湾科技大学；1250. 暨南大学；1253. 辅仁大学；1258. 南京信息工程大学；1262. 南方医科大学；1262. 长庚大学；1266. 华南农业大学；1270. 汕头大学；1273. 山东财经大学；1275. 北京林业大学；1275. 宁波诺丁汉大学；1284. 江南大学；1289. 合肥工业大学；1292. 常州大学；1297. 中国海洋大学；1299. 重庆大学；1299. 青岛大学；1299. 中国人民大学；1303. 南华大学；1305. 中南林业科技大学；1306. 南昌大学；1307. 扬州大学；1307. 重庆医科大学；1311. 大连医科大学；1312. 三峡大学；1316. 沈阳药科大学；1317. 哈尔滨工程大学；1320. 长沙理工大学；1322. 山东科技大学；1322. 聊城大学；1327. 台湾"东华大学"；1331. 内蒙古大学；1331. 河北师范大学；1335. 广州大学；1337. 安徽大学；1337. 山东农业大学；1340. 东莞理工学院；1340. 武汉纺织大学；1344. 浙江工商大学；1358. 浙江财经大学；1360. 元智大学；1361. 温州医科大学；1362. 安徽医科大学；1364. 江苏科技大学；1366. 湖南科技大学；1366. 广西医科大学；1369. 电子科技大学；1373. 中国石油大学；1375. 辽宁大学；1378. 郑州大学；1378. 台北科技大学；1385. 山东第一医科大学；1394. 台湾医学院；1397. 西南科技大学；1398. 中国计量大学；1402. 天津科技大学；1406. 山西大学；1410. 陕西科技大学；1413. 西北工业大学；1418. 福建农林大学；1420. 延边大学；1430. 海南大学；1439. 太原理工大学；1444. 青岛农业大学；1450. 河北大学；1452. 云南大学；1453. 吉林师范大学；1456. 华南师范大学；1460. 中国医科大学；1460. 东北林业大学；1467. 锦州医科大学；1471. 河北科技大学；1472. 淡江大学；1473. 兰州交通大学；1474. 西交利物浦大学；1478. 南京中医药大学；1481. 东北农业大学；1485. 东华理工大学；1489. 上海理工大学；1492. 宁夏医科大学；1495. 烟台大学；1497. 燕山大学；1500. 宁波大学；1502. 台湾"中山大学"；1507. 盐城工学院；1509. 天津工业大学；1512. 四川农业大学；1521. 河南工业大学；1523. 徐州医科大学；1524. 西南交通大学；1526. 桂林工业大学；1529. 上海应用技术大学；1530. 新疆大学；1537. 南京航空航天大学；1544. 杭州电子科技大学；1546. 上海中医药大学；1547. 北京交通大学；1551. 湖北工业大学；1556. 大连海事大学；1556. 台湾嘉义大学；1561. 广东药科大学；1562. 中国矿业大学；1572. 南通大学；1574. 苏州科技大学；1575. 黑龙江中医药大学；1576. 中国东北大学；1581. 上海财经大学；1585. 安徽农业大学；1586. 义守大学；1589. 长春工业大学；1589. 亚洲大学(中国台湾)；1595. 广西大学；1599. 昆明理工大学；1601. 江西科技学院；1607. 台湾师范大学；1610. 长庚科技大学；1612. 南京林业大学；1612. 滨州医学院；1612. 台湾海洋大学；1615. 河南理工大学；1615. 浙江海洋大学；1617. 大连工业大学；1626. 北京工商大学；1628. 湖州学院；1640. 兰州理工大学；1645. 河南农业大学；1647. 河海大学；1649. 逢甲大学；1650. 西南石油大学；1656. 西安电子科技大学；1656. 广州中医药大学；1656. 石河子大学；1662. 齐鲁工业大学；1663. 河北工业大学；1665. 上海海事大学；1674. 西南财经大学；1674. 天津中医药大学；1677. 山东理工大学；1678. 西安建筑大学；1679. 岭南大学；1683. 贵州医科大学；1683. 香港教育大学；1686. 长春科技大学；1687. 对外经济贸易大学；1690. 明志科技大学；1692. 上海海洋大学；1693. 北京邮电大学；1695. 河北农业大学；1703. 贵州大学；1706. 高雄医科大学；1707. 北京中医药大学；1711. 河北医科大学；1713. 哈尔滨理工大学；1714. 西安工业大学；1715. 河南科技大学；1716. 昆明医科大学；1720. 辽宁石油化工大学；1721. 重庆理工大学；1722. 集美大学；1725. 桂林电子科技大学；1726. 宁夏大学；1727. 中北大学；1729. 福建医科大学；1732. 西安理工大学；1736. 山西医科大学；1741. 中央财经大学；1747. 国防科学技术大学；1748. 重庆邮电大学；1750. 湖南中医药大学；1755. 台湾中正大学；1756. 长安大学；1759. 台湾屏东科技大学；1762. 沈阳农业大学；1766. 成都理工大学；1772. 江西农业大学；1773. 甘肃农业大学；1775. 浙江中医药大学；1775. 台湾政治大学；1778. 中国人民解放军陆军工程大学；1780. 西南医科大学；1780. 上海工程技术大学；1782. 南台科技大学；1783. 长江大学；1786. 河南科技学院；1786. 台湾云林科技大学；1796. 彰化师范大学；1798. 山西农业大学；1800. 遵义医科大学；1801. 吉林农业大学；1807. 内蒙古农业大学；1818. 沈阳工业大学；1823. 成都中医药大学			

七、国际合作论文数排行榜

表 2-126　国际合作论文数排行榜（10 强与中国大学）

排名	英文名称	中文名称	国家/地区	总得分
1	HARVARD UNIVERSITY	哈佛大学	美国	100.00
2	UNIVERSITY COLLEGE LONDON	伦敦大学学院	英国	90.38
3	UNIVERSITY OF TORONTO	多伦多大学	加拿大	90.00
4	UNIVERSITY OF OXFORD	牛津大学	英国	86.56
5	IMPERIAL COLLEGE LONDON	伦敦帝国学院	英国	83.12
6	UNIVERSITY OF CAMBRIDGE	剑桥大学	英国	82.02
7	UNIVERSITY OF SYDNEY	悉尼大学	澳大利亚	80.89
8	UNIVERSITY OF MELBOURNE	墨尔本大学	澳大利亚	79.77
9	NATIONAL UNIVERSITY OF SINGAPORE	新加坡国立大学	新加坡	79.67
10	UNIVERSITY OF COPENHAGEN	哥本哈根大学	丹麦	79.60

其他中国机构：19. 中国科学院大学；29. 上海交通大学；32. 浙江大学；48. 清华大学；57. 北京大学；71. 中山大学；93. 复旦大学；121. 华中科技大学；126. 西安交通大学；129. 香港大学；133. 中国科学技术大学；139. 香港中文大学；141. 中南大学；151. 四川大学；173. 武汉大学；177. 台湾大学；178. 山东大学；183. 同济大学；185. 东南大学；193. 南京大学；207. 台湾医药大学；209. 天津大学；213. 郑州大学；216. 哈尔滨工业大学；221. 香港理工大学；224. 深圳大学；228. 电子科技大学；253. 中国地质大学；259. 香港城市大学；271. 厦门大学；273. 南方科技大学；275. 北京航空航天大学；283. 北京师范大学；296. 西北工业大学；297. 吉林大学；306. 北京理工大学；310. 华南理工大学；315. 中国医学科学院–中国协和医学院；319. 大连理工大学；320. 重庆大学；330. 首都医科大学；344. 苏州大学；348. 江苏大学；378. 台湾阳明交通大学；383. 湖南大学；392. 南京信息工程大学；393. 中国农业大学；399. 华东师范大学；412. 暨南大学；431. 上海大学；441. 中国石油大学；443. 兰州大学；444. 香港科技大学；445. 南开大学；466. 北京科技大学；468. 台湾成功大学；469. 亚洲大学(中国台湾)；485. 西北农林科技大学；486. 武汉理工大学；493. 北京协和医学院；494. 中国矿业大学；495. 河海大学；498. 南京航空航天大学；498. 华中农业大学；509. 中国东北大学；515. 西安电子科技大学；521. 江南大学；529. 中国海洋大学；541. 南京农业大学；542. 西南交通大学；549. 南京理工大学；557. 台湾"清华大学"；562. 南京医科大学；564. 南京林业大学；573. 南方医科大学；574. 青岛大学；575. 台北医学大学；590. 西南大学；599. 扬州大学；603. 长庚大学；618. 广东工业大学；630. 广州大学；635. 澳门大学；644. 华南师范大学；647. 华东理工大学；650. 广西大学；661. 北京交通大学；666. 南京师范大学；668. 广州医科大学；685. 南京工业大学；685. 浙江工业大学；688. 福州大学；703. 华南农业大学；703. 西北大学；718. 高雄医科大学；720. 宁波大学；726. 北京化工大学；728. 南昌大学；735. 华北电力大学；735. 中国人民大学；751. 东华大学；759. 合肥工业大学；785. 温州医科大学；788. 上海科技大学；788. 台湾"中央"大学；796. 云南大学；799. 北京邮电大学；804. 天津医科大学；820. 台湾"中山大学"；825. 河南大学；825. 香港浸会大学；830. 华中师范大学；836. 台湾科技大学；837. 福建农林大学；857. 长安大学；860. 北京林业大学；871. 湖州学院；874. 哈尔滨工程大学；874. 杭州电子科技大学；879. 陕西师范大学；890. 中国医科大学；899. 台湾中兴大学；901. 台湾云林科技大学；907. 重庆医科大学；907. 汕头大学；915. 山东科技大学；931. 深圳香港大学；933. 长沙理工大学；934. 山西大学；939. 南京邮电大学；940. 北京工业大学；943. 海南大学；943. 台北科技大学；968. 湖南师范大学；981. 上海理工大学；990. 河北工业大学；998. 齐鲁工业大学；1001. 杭州师范大学；1002. 太原理工大学；1003. 安徽大学；1006. 山东第一医科大学；1013. 南通大学；1017. 山东师范大学；1017. 台湾师范大学；1021. 济南大学；1024. 昆明理工大学；1029. 国防科学技术大学；1031. 东北师范大学；1036. 福建师范大学；1036. 澳门科技大学；1040. 贵州大学；1043. 浙江师范大学；1043. 四川农业大学；1048. 安徽医科大学；1055. 宁波诺丁汉大学；1057. 成都理工大学；1063. 西交利物浦大学；1068. 福建医科大学；1084. 西南财经大学；1090. 温州大学；1116. 燕山大学；1116. 大连海事大学；1121. 哈尔滨医科大学；1127. 西南石油大学；1149. 浙江理工大学；1160. 武汉科技大学；1164. 东北林业大学；1169. 青岛科技大学；1177. 浙江农林大学；1177. 陕西科技大学；1189. 曲阜师范大学；1192. 华侨大学；1193. 西安理工大学；1195. 河南师范

续表

排名	英文名称	中文名称	国家/地区	总得分

大学；1205. 天津工业大学；1219. 上海师范大学；1219. 重庆邮电大学；1228. 湖北大学；1231. 河南农业大学；1234. 浙江工商大学；1245. 江苏科技大学；1251. 高雄科技大学；1256. 西安建筑科技大学；1256. 台湾中原大学；1268. 中国药科大学；1272. 长江大学；1272. 香港教育大学；1277. 中国人民解放军陆军军医大学；1279. 河南理工大学；1286. 上海海事大学；1289. 桂林电子科技大学；1293. 西南科技大学；1299. 首都师范大学；1305. 台湾海洋大学；1311. 河南科技大学；1320. 海军军医大学；1320. 逢甲大学；1323. 辅仁大学；1327. 东莞理工学院；1334. 北京工商大学；1337. 大连医科大学；1342. 南京中医药大学；1342. 台湾医学院；1349. 广西师范大学；1360. 东北农业大学；1374. 湘潭大学；1381. 南华大学；1384. 山东农业大学；1391. 西安工业大学；1395. 广州中医药大学；1401. 淡江大学；1406. 上海财经大学；1407. 上海海洋大学；1413. 三峡大学；1417. 常州大学；1417. 中国计量大学；1417. 上海工程技术大学；1426. 湖南农业大学；1426. 安徽农业大学；1432. 河北大学；1435. 天津科技大学；1439. 聊城大学；1439. 上海中医药大学；1439. 山东理工大学；1444. 山西医科大学；1447. 江苏师范大学；1447. 北京中医药大学；1451. 广西医科大学；1451. 西南医科大学；1465. 对外经济贸易大学；1466. 青岛农业大学；1466. 天津师范大学；1487. 安徽师范大学；1487. 新疆大学；1491. 中南林业科技大学；1494. 烟台大学；1494. 闽江学院；1494. 桂林工业大学；1501. 天津理工大学；1511. 武汉工程大学；1526. 山西农业大学；1526. 明志科技大学；1531. 河北医科大学；1531. 昆明医科大学；1531. 义守大学；1539. 中央财经大学；1543. 沈阳农业大学；1543. 中山医学大学；1547. 台湾中正大学；1551. 四川师范大学；1551. 湖北工业大学；1562. 内蒙古大学；1562. 河北师范大学；1562. 元智大学；1566. 江西科技学院；1566. 徐州医科大学；1576. 湖南科技大学；1576. 集美大学；1582. 宁夏大学；1586. 安徽工业大学；1586. 吉林农业大学；1590. 苏州科技大学；1590. 辽宁大学；1592. 江西师范大学；1594. 江西农业大学；1594. 东华理工大学；1601. 河北农业大学；1603. 台湾"东华大学"；1609. 贵州医科大学；1611. 广东医科大学；1615. 中南民族大学；1618. 石河子大学；1618. 台湾政治大学；1632. 台湾屏东科技大学；1637. 中北大学；1642. 重庆工商大学；1642. 甘肃农业大学；1646. 浙江中医药大学；1649. 南京财经大学；1653. 延边大学；1656. 山东财经大学；1660. 兰州理工大学；1663. 成都中医药大学；1663. 武汉纺织大学；1671. 江西财经大学；1680. 北京农林科学院；1683. 遵义医科大学；1686. 长春科技大学；1691. 哈尔滨理工大学；1691. 河南工业大学；1694. 内蒙古农业大学；1696. 大连工业大学；1696. 浙江海洋大学；1704. 广东药科大学；1710. 岭南大学；1717. 郑州轻工业大学；1718. 浙江财经大学；1724. 南昌航空大学；1728. 盐城工学院；1731. 黑龙江大学；1731. 宁夏医科大学；1734. 华北理工大学；1734. 西华师范大学；1734. 上海应用技术大学；1742. 云南师范大学；1744. 重庆理工大学；1747. 天津中医药大学；1754. 西北师范大学；1754. 上海电力大学；1754. 沈阳药科大学；1760. 彰化师范大学；1762. 沈阳工业大学；1762. 台湾嘉义大学；1766. 河北科技大学；1766. 长庚科技大学；1776. 滨州医学院；1778. 河南科技学院；1781. 兰州交通大学；1789. 渤海大学；1792. 吉林师范大学；1793. 长春工业大学；1800. 湖南工业大学；1800. 湖南中医药大学；1802. 哈尔滨师范大学；1803. 辽宁石油化工大学；1805. 中国人民解放军陆军工程大学；1805. 南台科技大学；1810. 黑龙江中医药大学；1811. 锦州医科大学；1812. 辽宁工业大学；1816. 台湾南开科技大学

八、发明专利数排行榜

表2-127　发明专利数排行榜（10强与中国大学）

排名	英文名称	中文名称	国家/地区	总得分
1	LEIDEN UNIVERSITY	莱顿大学	荷兰	100.00
2	UNIVERSIDAD DE CHILE	智利大学	智利	91.47
3	NANYANG TECHNOLOGICAL UNIVERSITY	南洋理工大学	新加坡	89.51
4	NAGASAKI UNIVERSITY	长崎大学	日本	89.32
5	UNIVERSITY OF NAVARRA	纳瓦拉大学	西班牙	89.06
6	UNIVERSITY OF MANNHEIM	曼海姆大学	德国	86.66
7	UNIVERSITYOF HELSINKI	赫尔辛基大学	芬兰	86.27

排名	英文名称	中文名称	国家/地区	总得分
7	HEINRICH HEINE UNIVERSITY DUSSELDORF	杜塞尔多夫·海因里希·海涅大学	德国	86.27
9	PARTHENOPE UNIVERSITY NAPLES	那不勒斯帕斯诺普大学	意大利	85.65
9	NAGOYA CITY UNIVERSITY	名古屋市立大学	日本	85.65
9	NATIONAL UNIVERSITY OF ROSARIO	罗萨里奥国立大学	阿根廷	85.65

其他中国机构：18. 浙江大学；19. 西南大学；22. 华中科技大学；23. 台湾"清华大学"；24. 清华大学；25. 西安交通大学；32. 南京林业大学；33. 四川大学；41. 上海交通大学；42. 吉林大学；44. 中南大学；45. 华南理工大学；46. 哈尔滨工业大学；47. 青岛大学；49. 山东大学；51. 东南大学；52. 中国人民解放军陆军军医大学；54. 浙江工业大学；55. 电子科技大学；58. 北京航空航天大学；61. 天津大学；62. 中山大学；64. 同济大学；66. 中国石油大学；67. 广西大学；69. 北京理工大学；70. 武汉大学；77. 南华大学；79. 南京航空航天大学；81. 西北工业大学；83. 北京大学；87. 北京工业大学；88. 昆明理工大学；92. 武汉理工大学；93. 复旦大学；97. 广东工业大学；98. 江南大学；99. 重庆大学；100. 中国矿业大学；107. 西安电子科技大学；111. 首都医科大学；112. 大连理工大学；113. 合肥工业大学；114. 杭州电子科技大学；116. 山东科技大学；122. 国防科学技术大学；123. 江苏大学；125. 南京理工大学；126. 西安理工大学；128. 郑州大学；129. 浙江理工大学；130. 西北大学；133. 江苏师范大学；137. 福州大学；138. 西南石油大学；139. 南京医科大学；139. 辽宁大学；141. 西南交通大学；145. 河海大学；150. 厦门大学；151. 北京科技大学；155. 扬州大学；160. 哈尔滨理工大学；166. 西安工业大学；168. 南京信息工程大学；169. 南京邮电大学；170. 长安大学；172. 哈尔滨工程大学；174. 中国东北大学；174. 济南大学；179. 湖南大学；181. 深圳大学；182. 中国科学院大学；183. 南京大学；187. 中国科学技术大学；188. 陕西科技大学；195. 燕山大学；197. 上海大学；199. 湖北工业大学；201. 桂林电子科技大学；203. 南通大学；204. 中国医学科学院－中国协和医学院；204. 北京协和医学院；208. 太原理工大学；211. 山西大学；213. 宁波大学；214. 西安建筑科技大学；215. 中国农业大学；222. 重庆邮电大学；232. 江苏科技大学；232. 东北林业大学；235. 中国计量大学；236. 北京化工大学；238. 河北工业大学；239. 上海工程技术大学；240. 华南农业大学；242. 青岛科技大学；247. 河南科技大学；251. 长沙理工大学；252. 成都理工大学；255. 兰州大学；256. 辽宁工业大学；261. 北京交通大学；263. 广州大学；267. 三峡大学；269. 华东理工大学；273. 西北农林科技大学；278. 贵州大学；279. 齐鲁工业大学；284. 中国地质大学；285. 大连海事大学；285. 武汉科技大学；287. 南开大学；290. 暨南大学；291. 中北大学；294. 常州大学；296. 上海海事大学；299. 安徽医科大学；300. 河南理工大学；305. 温州大学；306. 天津科技大学；310. 海南大学；311. 南方科技大学；315. 湘潭大学；316. 重庆医科大学；318. 华中农业大学；321. 武汉工程大学；322. 黑龙江大学；328. 兰州理工大学；329. 安徽工业大学；339. 华侨大学；339. 东莞理工学院；343. 桂林工业大学；344. 华南师范大学；346. 河南大学；347. 安徽农业大学；348. 华东师范大学；349. 南昌航空大学；358. 广西医科大学；361. 郑州轻工业大学；362. 山东理工大学；364. 哈尔滨医科大学；367. 长江大学；368. 湖南科技大学；371. 四川农业大学；373. 青岛农业大学；374. 东华理工大学；377. 东北农业大学；379. 上海理工大学；380. 安徽大学；381. 石河子大学；385. 盐城工学院；386. 山东师范大学；392. 天津工业大学；393. 湖南工业大学；396. 香港大学；399. 兰州交通大学；400. 江西科技学院；401. 云南大学；407. 长春工业大学；408. 澳门大学；408. 台湾医药大学；410. 遵义医科大学；412. 山东农业大学；413. 烟台大学；414. 武汉纺织大学；415. 南京师范大学；418. 长春科技大学；421. 中国医科大学；421. 贵州医科大学；423. 河南工业大学；424. 沈阳工业大学；428. 广州医科大学；435. 河南农业大学；438. 新疆大学；438. 西南医科大学；440. 华北理工大学；445. 浙江师范大学；445. 上海海洋大学；447. 河北农业大学；452. 甘肃农业大学；464. 中南林业科技大学；469. 浙江农林大学；470. 天津理工大学；470. 山西农业大学；477. 北京林业大学；481. 福建农林大学；493. 湖北大学；494. 上海电力大学；496. 浙江工商大学；496. 宁夏医科大学；496. 江西农业大学；499. 宁夏大学；500. 重庆理工大学；504. 北京工商大学；504. 内蒙古农业大学；506. 广西师范大学；509. 重庆工商大学；510. 河北科技大学；516. 湖南农业大学；518. 杭州师范大学；519. 吉林农业大学；525. 南京农业大学；525. 闽江学院；534. 苏州科技大学；535. 陕西师范大学；535. 亚洲大学(中国台湾)；540. 湖州学院；541. 河南师范大学；541. 广州中医药大学；546. 天津医科大学；553. 北京师范大学；554. 汕头大学；555. 福建医科大学；559. 大连工业大学；570. 江西师范大学；575. 湖南师范大学；585. 聊城大学；585. 西北师范大学；597. 安徽师范大学；598. 内蒙古大学；602. 浙江中医药大学；607. 沈阳农业大学；608. 香港中文大学；613. 首都师范大学；614. 吉林师范大学；617. 上海科技大学；635. 曲阜师范大学；643. 锦州医科大学；644. 华中师范大学；658. 河北大学；659. 大连医科大学；664. 东北师范大学；664. 上海中医药大学；674. 中南民族大学；675. 广东药科大学；675. 台湾大学；679. 台湾成功大学；697. 上海师范大学；708. 北京中医药大学；713. 高雄科

排名	英文名称	中文名称	国家/地区	总得分

技大学；714. 中国人民大学；721. 福建师范大学；722. 南京中医药大学；723. 广东医科大学；724. 天津师范大学；732. 滨州医学院；741. 延边大学；742. 长庚科技大学；743. 山西医科大学；743. 台湾科技大学；751. 西华师范大学；751. 香港科技大学；766. 香港城市大学；777. 天津中医药大学；778. 台北科技大学；788. 台湾"中央"大学；798. 台湾南开科技大学；799. 哈尔滨师范大学；812. 台湾阳明交通大学；829. 香港理工大学；863. 台湾中原大学；864. 南京工业大学；865. 逢甲大学；888. 长庚大学；908. 台湾屏东科技大学；909. 台北医学大学；909. 台湾云林科技大学；911. 台湾中兴大学；912. 河北医科大学；936. 台湾师范大学；937. 义守大学；969. 台湾海洋大学；970. 明志科技大学；1006. 元智大学；1007. 澳门科技大学；1008. 台湾中正大学；1045. 中山医学大学；1046. 中国海洋大学；1079. 南昌大学；1079. 高雄医科大学；1079. 淡江大学；1082. 华北电力大学；1157. 香港浸会大学；1158. 东华大学；1158. 温州医科大学；1160. 上海财经大学；1161. 辅仁大学；1162. 台湾"中山大学"；1162. 彰化师范大学；1255. 北京邮电大学；1256. 台湾医学院；1257. 香港教育大学；1258. 苏州大学；1258. 南方医科大学；1258. 海军军医大学；1258. 渤海大学；1258. 西南财经大学；1258. 西南科技大学；1258. 山东第一医科大学；1258. 四川师范大学；1258. 中国药科大学；1258. 深圳香港大学；1258. 北京农林科学院；1258. 云南师范大学；1258. 对外经济贸易大学；1258. 西交利物浦大学；1258. 宁波诺丁汉大学；1258. 南京财经大学；1258. 沈阳药科大学；1258. 徐州医科大学；1258. 昆明医科大学；1258. 江西财经大学；1258. 成都中医药大学；1258. 中国人民解放军陆军工程大学；1258. 山东财经大学；1258. 集美大学；1258. 中央财经大学；1258. 河北师范大学；1258. 浙江海洋大学；1258. 浙江财经大学；1258. 上海应用技术大学；1258. 辽宁石油化工大学；1258. 湖南中医药大学；1258. 河南科技学院；1258. 黑龙江中医药大学；1258. 台湾"东华大学"；1258. 台湾嘉义大学；1258. 台湾政治大学；1258. 南台科技大学；1258. 岭南大学

九、网络影响力排行榜

表 2-128 网络影响力排行榜（10 强与中国大学）

排名	英文名称	中文名称	国家/地区	总得分
1	HARVARD UNIVERSITY	哈佛大学	美国	99.99
2	STANFORD UNIVERSITY	斯坦福大学	美国	99.98
3	MASSACHUSETTS INSTITUTE OF TECHNOLOGY	麻省理工学院	美国	99.97
4	UNIVERSITY OF CALIFORNIA BERKELEY	加利福尼亚大学伯克利分校	美国	99.97
5	UNIVERSITY OF OXFORD	牛津大学	英国	99.96
6	UNIVERSITY OF MICHIGAN	密歇根大学	美国	99.95
7	UNIVERSITY OF WASHINGTON	华盛顿大学	美国	99.94
8	UNIVERSITY OF WASHINGTON SEATTLE	华盛顿大学(西雅图)	美国	99.94
9	CORNELL UNIVERSITY	康奈尔大学	美国	99.93
10	JOHNS HOPKINS UNIVERSITY	约翰·霍普金斯大学	美国	99.92

其他中国机构：33. 清华大学；51. 北京大学；81. 上海交通大学；83. 浙江大学；91. 香港大学；92. 深圳香港大学；95. 香港中文大学；121. 中国科学技术大学；129. 复旦大学；155. 台湾大学；170. 华中科技大学；173. 南京大学；177. 武汉大学；184. 中国东北大学；190. 香港理工大学；198. 中山大学；209. 哈尔滨工业大学；222. 山东大学；224. 西安交通大学；248. 同济大学；252. 天津大学；256. 中南大学；265. 北京航空航天大学；271. 东南大学；277. 四川大学；288. 北京师范大学；298. 华南理工大学；304. 中国科学院大学；316. 厦门大学；319. 吉林大学；324. 南开大学；330. 北京理工大学；338. 电子科技大学；344. 大连理工大学；360. 重庆大学；386. 西北工业大学；387. 苏州大学；405. 华东师范大学；417. 湖南大学；426. 中国农业大学；432. 深圳大学；433. 郑州大学；437. 中国地质大学；441. 台湾"清华大学"；448. 台湾成功大学；464. 兰州大学；471. 西安电子科技大学；488. 暨南大学；489. 北京科技大学；501. 上海大学；510. 南京航空航天大学；515. 武汉理工大学；525. 中国矿业大学；537. 北京邮电大学；545. 南京理工大学；546. 香港浸会大学；555. 江苏大学；556. 中国人民大学；560. 华东理工大学；564. 北京化工大学；572. 西南交

排名	英文名称	中文名称	国家/地区	总得分

通大学；580. 合肥工业大学；616. 中国石油大学；619. 华中农业大学；626. 西南大学；631. 河海大学；634. 浙江工业大学；646. 福州大学；651. 台湾"中央"大学；658. 华南师范大学；668. 南京师范大学；670. 中国海洋大学；675. 台湾师范大学；678. 华北电力大学；686. 江南大学；687. 南昌大学；696. 东华大学；697. 华中师范大学；708. 北京工业大学；714. 广东工业大学；715. 国防科学技术大学；721. 华南农业大学；728. 澳门大学；734. 南京信息工程大学；756. 青岛大学；762. 陕西师范大学；768. 台湾"中山大学"；770. 哈尔滨工程大学；776. 南京医科大学；788. 东北师范大学；797. 西北大学；798. 扬州大学；802. 南方科技大学；804. 台湾科技大学；820. 广州大学；821. 南京工业大学；822. 南京邮电大学；842. 河南大学；843. 广西大学；848. 安徽大学；851. 长安大学；852. 杭州电子科技大学；856. 宁波大学；861. 太原理工大学；894. 山西大学；896. 山东科技大学；899. 北京林业大学；903. 台湾中兴大学；905. 台湾医药大学；909. 南京林业大学；938. 首都医科大学；939. 山东师范大学；941. 上海理工大学；942. 济南大学；946. 湖南师范大学；951. 中国药科大学；963. 燕山大学；969. 台湾阳明交通大学；974. 香港科技大学；975. 高雄医科大学；983. 浙江师范大学；1002. 青岛科技大学；1003. 云南大学；1005. 台北医学大学；1007. 湘潭大学；1025. 河北工业大学；1030. 华侨大学；1039. 上海科技大学；1041. 长庚大学；1043. 台北科技大学；1045. 福建师范大学；1049. 重庆邮电大学；1051. 淡江大学；1054. 北京交通大学；1059. 香港教育大学；1060. 大连海事大学；1064. 岭南大学；1076. 南方医科大学；1077. 首都师范大学；1090. 台湾政治大学；1092. 浙江理工大学；1101. 福建农林大学；1104. 南京农业大学；1107. 武汉科技大学；1110. 西南石油大学；1114. 西南财经大学；1117. 汕头大学；1134. 中国医科大学；1139. 哈尔滨医科大学；1141. 长沙理工大学；1147. 昆明理工大学；1150. 重庆医科大学；1160. 杭州师范大学；1169. 南通大学；1171. 宁波诺丁汉大学；1172. 上海师范大学；1181. 西安理工大学；1182. 澳门科技大学；1195. 贵州大学；1210. 河南理工大学；1214. 辅仁大学；1217. 西交利物浦大学；1222. 西南科技大学；1224. 亚洲大学(中国台湾)；1229. 上海海事大学；1232. 海军军医大学；1235. 温州医科大学；1238. 成都理工大学；1239. 台湾中正大学；1244. 逢甲大学；1254. 湖北大学；1255. 山东农业大学；1256. 东北林业大学；1257. 台湾中原大学；1261. 温州大学；1265. 常州大学；1268. 陕西科技大学；1286. 中央财经大学；1291. 山东理工大学；1295. 西安建筑科技大学；1296. 浙江农林大学；1298. 武汉工程大学；1307. 曲阜师范大学；1313. 元智大学；1325. 台湾海洋大学；1329. 中国计量大学；1338. 对外经济贸易大学；1340. 东北农业大学；1341. 高雄科技大学；1342. 安徽农业大学；1347. 广西师范大学；1350. 江苏师范大学；1358. 安徽医科大学；1371. 福建医科大学；1372. 安徽师范大学；1377. 浙江工商大学；1379. 天津医科大学；1380. 河北大学；1384. 北京工商大学；1390. 台湾"东华大学"；1402. 内蒙古大学；1403. 三峡大学；1407. 东莞理工学院；1421. 四川师范大学；1424. 桂林电子科技大学；1444. 湖北工业大学；1449. 四川农业大学；1454. 台湾云林科技大学；1456. 湖南科技大学；1457. 天津科技大学；1461. 海南大学；1467. 安徽工业大学；1468. 江西师范大学；1486. 上海海洋大学；1487. 湖南农业大学；1489. 上海工程技术大学；1495. 齐鲁工业大学；1508. 义守大学；1510. 河南工业大学；1512. 长江大学；1514. 河南农业大学；1516. 郑州轻工业大学；1518. 天津工业大学；1519. 上海财经大学；1526. 江西财经大学；1532. 河南科技大学；1533. 台湾屏东科技大学；1538. 天津师范大学；1555. 中北大学；1558. 黑龙江大学；1560. 桂林工业大学；1563. 西北师范大学；1564. 新疆大学；1566. 聊城大学；1568. 天津理工大学；1569. 烟台大学；1573. 集美大学；1574. 彰化师范大学；1586. 广州医科大学；1587. 北京中医药大学；1590. 南昌航空大学；1595. 辽宁大学；1597. 兰州理工大学；1598. 重庆理工大学；1600. 苏州科技大学；1601. 河北师范大学；1603. 上海电力大学；1604. 广州中医药大学；1613. 中南民族大学；1616. 哈尔滨理工大学；1617. 河南师范大学；1623. 石河子大学；1625. 沈阳药科大学；1628. 台湾嘉义大学；1632. 广西医科大学；1633. 重庆工商大学；1636. 河北医科大学；1639. 兰州交通大学；1640. 上海中医药大学；1641. 青岛农业大学；1644. 中国医学科学院-中国协和医学院；1645. 北京协和医学院；1650. 中南林业科技大学；1652. 宁夏大学；1656. 浙江财经大学；1661. 中山医学大学；1662. 南台科技大学；1664. 河北农业大学；1665. 南华大学；1668. 云南师范大学；1673. 沈阳农业大学；1675. 吉林农业大学；1677. 哈尔滨师范大学；1679. 西华师范大学；1681. 江西农业大学；1682. 成都中医药大学；1686. 河北科技大学；1688. 武汉纺织大学；1690. 明志科技大学；1691. 长春工业大学；1695. 沈阳工业大学；1696. 天津中医药大学；1699. 大连工业大学；1701. 延边大学；1702. 南京中医药大学；1704. 山东财经大学；1705. 山西医科大学；1707. 滨州医学院；1710. 吉林师范大学；1712. 大连医科大学；1714. 广东药科大学；1716. 渤海大学；1718. 辽宁石油化工大学；1719. 华北理工大学；1721. 浙江海洋大学；1722. 上海应用技术大学；1724. 甘肃农业大学；1725. 盐城工学院；1726. 湖南工业大学；1727. 闽江学院；1729. 山西农业大学；1732. 浙江中医药大学；1733. 昆明医科大学；1735. 南京财经大学；1737. 内蒙古农业大学；1741. 湖州学院；1748. 宁夏医科大学；1752. 西安工业大学；1761. 河南科技学院；1762. 辽宁工业大学；1763. 徐州医科大学；1769. 东华理工大学；1771. 广东医科大学；1775. 黑龙江中医药大学；

续表

排名	英文名称	中文名称	国家/地区	总得分
1777. 湖南中医药大学；1778. 山东第一医科大学；1779. 锦州医科大学；1780. 香港城市大学；1782. 遵义医科大学；1787. 长庚科技大学；1791. 中国人民解放军陆军军医大学；1794. 江西科技学院；1797. 西北农林科技大学；1802. 江苏科技大学；1805. 台湾南开科技大学；1808. 长春科技大学；1813. 北京农林科学院；1817. 西南医科大学；1820. 中国人民解放军陆军工程大学；1822. 贵州医科大学；1824. 台湾医学院				

第七节 世界一流大学各大洲排行榜 （2022）

一、亚洲一流大学排行榜（100 强）

表2-129 亚洲一流大学排行榜（100 强）

所在洲排名	英文名称	中文名称	国家/地区	世界排名	总得分
1	TSINGHUA UNIVERSITY	清华大学	中国	11	47.61
2	PEKING UNIVERSITY	北京大学	中国	12	42.35
3	UNIVERSITY OF TOKYO	东京大学	日本	15	46.76
4	ZHEJIANG UNIVERSITY	浙江大学	中国	20	44.23
5	NANYANG TECHNOLOGICAL UNIVERSITY	南洋理工大学	新加坡	26	43.66
6	NATIONAL UNIVERSITY OF SINGAPORE	新加坡国立大学	新加坡	30	42.65
7	SHANGHAI JIAO TONG UNIVERSITY	上海交通大学	中国	36	41.82
8	UNIVERSITY OF CHINESE ACADEMY OF SCIENCES, CAS	中国科学院大学	中国	39	41.47
9	FUDAN UNIVERSITY	复旦大学	中国	64	37.73
10	WUHAN UNIVERSITY	武汉大学	中国	71	32.51
11	HUAZHONG UNIVERSITY OF SCIENCE & TECHNOLOGY	华中科技大学	中国	72	37.13
12	SUN YAT SEN UNIVERSITY	中山大学	中国	74	37.03
13	KING ABDULAZIZ UNIVERSITY	阿卜杜勒阿齐兹国王大学	沙特阿拉伯	76	36.64
14	SEOUL NATIONAL UNIVERSITY	首尔大学	韩国	77	36.46
15	UNIVERSITY OF HONG KONG	香港大学	中国香港	88	35.18
16	KING SAUD UNIVERSITY	沙特国王大学	沙特阿拉伯	90	35.08
17	SICHUAN UNIVERSITY	四川大学	中国	97	34.35
18	KYOTO UNIVERSITY	京都大学	日本	107	33.45
19	CENTRAL SOUTH UNIVERSITY	中南大学	中国	111	33.19
20	NANJING UNIVERSITY	南京大学	中国	116	32.84
21	SHANDONG UNIVERSITY	山东大学	中国	117	32.81
22	XI'AN JIAOTONG UNIVERSITY	西安交通大学	中国	125	32.38
23	CHINESE UNIVERSITY OF HONG KONG	香港中文大学	中国香港	136	31.91
24	YONSEI UNIVERSITY	延世大学	韩国	138	31.78
25	UNIVERSITY OF TEHRAN	德黑兰大学	伊朗	139	31.74
26	TEL AVIV UNIVERSITY	特拉维夫大学	以色列	140	31.72
27	JILIN UNIVERSITY	吉林大学	中国	142	31.58

所在洲排名	英文名称	中文名称	国家/地区	世界排名	总得分
28	UNIVERSITY OF SCIENCE & TECHNOLOGY OF CHINA, CAS	中国科学技术大学	中国	145	31.53
29	SUNGKYUNKWAN UNIVERSITY	成均馆大学	韩国	155	30.90
30	TAIWAN UNIVERSITY	台湾大学	中国台湾	160	30.81
31	SOUTHEAST UNIVERSITY-CHINA	东南大学	中国	174	29.84
32	XIAMEN UNIVERSITY	厦门大学	中国	176	29.79
33	TONGJI UNIVERSITY	同济大学	中国	180	29.58
34	HARBIN INSTITUTE OF TECHNOLOGY	哈尔滨工业大学	中国	182	29.53
35	TIANJIN UNIVERSITY	天津大学	中国	183	29.48
36	HEBREW UNIVERSITY OF JERUSALEM	耶路撒冷希伯来大学	以色列	192	29.10
37	UNIVERSITY OF ELECTRONIC SCIENCE & TECHNOLOGY OF CHINA	电子科技大学	中国	194	29.09
38	TOHOKU UNIVERSITY	日本东北大学	日本	207	28.77
39	OSAKA UNIVERSITY	大阪大学	日本	211	28.67
40	KOREA UNIVERSITY	高丽大学	韩国	220	28.47
41	SOUTH CHINA UNIVERSITY OF TECHNOLOGY	华南理工大学	中国	224	28.26
42	TECHNION ISRAEL INSTITUTE OF TECHNOLOGY	以色列理工大学	以色列	229	27.94
43	NANYANG TECHNOLOGICAL UNIVERSITY & NATIONAL INSTITUTE OF EDUCATION SINGAPORE	新加坡国立教育学院	新加坡	231	27.90
44	HONG KONG POLYTECHNIC UNIVERSITY	香港理工大学	中国香港	233	27.79
45	NANKAI UNIVERSITY	南开大学	中国	245	27.50
46	KYUSHU UNIVERSITY	九州大学	日本	266	27.11
47	UNIVERSITI MALAYA	马来亚大学	马来西亚	271	26.97
48	ZHENGZHOU UNIVERSITY	郑州大学	中国	272	26.95
49	KING ABDULLAH UNIVERSITY OF SCIENCE & TECHNOLOGY	阿卜杜拉国王理工大学	沙特阿拉伯	278	26.84
50	HANYANG UNIVERSITY	汉阳大学	韩国	284	26.67
51	NAGOYA UNIVERSITY	名古屋大学	日本	286	26.67
52	SOOCHOW UNIVERSITY-CHINA	苏州大学	中国	287	26.62
53	HUNAN UNIVERSITY	湖南大学	中国	292	26.41
54	BEIJING INSTITUTE OF TECHNOLOGY	北京理工大学	中国	294	26.30
55	HOKKAIDO UNIVERSITY	北海道大学	日本	301	26.18
56	CHINA AGRICULTURAL UNIVERSITY	中国农业大学	中国	315	26.00
57	DALIAN UNIVERSITY OF TECHNOLOGY	大连理工大学	中国	317	25.96
58	SHENZHEN UNIVERSITY	深圳大学	中国	319	25.96
59	KYUNG HEE UNIVERSITY	庆熙大学	韩国	320	25.94
60	BEIHANG UNIVERSITY	北京航空航天大学	中国	321	25.90

所在洲排名	英文名称	中文名称	国家/地区	世界排名	总得分
61	BEIJING NORMAL UNIVERSITY	北京师范大学	中国	327	25.78
62	CHONGQING UNIVERSITY	重庆大学	中国	331	25.63
63	ISLAMIC AZAD UNIVERSITY	伊斯兰阿扎德大学	伊朗	332	25.63
64	CAIRO UNIVERSITY	开罗大学	埃及	333	25.53
65	SOUTHWEST UNIVERSITY-CHINA	西南大学	中国	334	25.50
66	CHINA MEDICAL UNIVERSITY TAIWAN	台湾医药大学	中国台湾	344	25.20
67	TAIWAN CHENG KUNG UNIVERSITY	台湾成功大学	中国台湾	348	25.18
68	EAST CHINA NORMAL UNIVERSITY	华东师范大学	中国	353	25.10
69	KOREA ADVANCED INSTITUTE OF SCIENCE & TECHNOLOGY	韩国科学技术院	韩国	354	25.05
70	LANZHOU UNIVERSITY	兰州大学	中国	355	25.04
71	NORTHWESTERN POLYTECHNICAL UNIVERSITY	西北工业大学	中国	369	24.72
72	BEN GURION UNIVERSITY	本古里安大学	以色列	378	24.50
73	HONG KONG UNIVERSITY OFSCIENCE & TECHNOLOGY	香港科技大学	中国香港	381	24.47
74	TEHRAN UNIVERSITY OF MEDICAL SCIENCES	德黑兰医科大学	伊朗	384	24.44
75	NAGASAKI UNIVERSITY	长崎大学	日本	396	24.19
76	HIROSHIMA UNIVERSITY	广岛大学	日本	398	24.15
77	KYUNGPOOK NATIONAL UNIVERSITY	庆北国立大学	韩国	404	24.08
78	UNIVERSITY OF TSUKUBA	筑波大学	日本	409	24.05
79	YANGZHOU UNIVERSITY	扬州大学	中国	410	21.88
80	JIANGSU UNIVERSITY	江苏大学	中国	411	24.00
81	TAIWAN YANG MING CHIAO TUNG UNIVERSITY	台湾阳明交通大学	中国台湾	422	23.71
82	CAPITAL MEDICAL UNIVERSITY	首都医科大学	中国	425	23.62
83	TAIWAN TSING HUA UNIVERSITY	台湾"清华大学"	中国台湾	427	23.56
84	QINGDAO UNIVERSITY	青岛大学	中国	429	23.54
85	JINAN UNIVERSITY	暨南大学	中国	435	23.38
86	PUSAN NATIONAL UNIVERSITY	釜山国立大学	韩国	437	23.33
87	CITY UNIVERSITY OF HONG KONG	香港城市大学	中国香港	440	23.29
88	CHINESE ACADEMY OF MEDICAL SCIENCES-PEKING UNION MEDICAL COLLEGE	中国医学科学院–中国协和医学院	中国	441	23.29
89	SHANGHAI UNIVERSITY	上海大学	中国	447	23.22
90	COMSATS UNIVERSITY ISLAMABAD	伊斯兰堡通信卫星大学	巴基斯坦	461	22.89
91	CHULALONGKORN UNIVERSITY	朱拉隆功大学	泰国	463	22.84
92	CHINA UNIVERSITY OF GEOSCIENCES	中国地质大学	中国	470	22.66
93	HANGZHOU DIANZI UNIVERSITY	杭州电子科技大学	中国	475	17.76
94	HUAZHONG AGRICULTURAL UNIVERSITY	华中农业大学	中国	478	22.51

所在洲排名	英文名称	中文名称	国家/地区	世界排名	总得分
95	KEIO UNIVERSITY	庆应义塾大学	日本	480	22.48
96	WUHAN UNIVERSITY OF TECHNOLOGY	武汉理工大学	中国	485	22.44
97	MAHIDOL UNIVERSITY	国立玛希隆大学	泰国	486	22.43
98	KONKUK UNIVERSITY	韩国康都大学	韩国	496	22.23
99	UNIVERSITI PUTRA MALAYSIA	马来西亚布特拉大学	马来西亚	497	22.20
100	NANJING MEDICAL UNIVERSITY	南京医科大学	中国	502	22.14

亚洲100强主要由中国、日本、韩国高校占据。中国高校占据了亚洲100强的半壁江山，共有60所高校进入，清华大学、北京大学分别位列亚洲第1名、第2名；前10名中共有7所中国高校，在亚洲的实力不容小觑。日本共有11所高校进入亚洲一流高校100强，其中东京大学位居亚洲第3，京都大学位列亚洲第18，较去年有下降。韩国共有10所高校进入亚洲100强，其中首尔大学位列亚洲第14名，实力也较强。而中国台湾、香港地区也均有5所高校进入100强，其中香港大学位列亚洲第15名，台湾大学位列亚洲第30名，仍有上升空间。亚洲一流高校前10名的中国大陆(内地)高校有清华大学、北京大学、浙江大学、上海交通大学、中国科学院大学、复旦大学、武汉大学。

二、北美洲一流大学排行榜(100强)

表2-130　北美洲一流大学排行榜（100强）

所在洲排名	英文名称	中文名称	国家/地区	世界排名	总得分
1	HARVARD UNIVERSITY	哈佛大学	美国	1	100.00
2	STANFORD UNIVERSITY	斯坦福大学	美国	2	61.94
3	MASSACHUSETTS INSTITUTE OF TECHNOLOGY	麻省理工学院	美国	3	58.39
4	PRINCETON UNIVERSITY	普林斯顿大学	美国	4	57.68
5	JOHNS HOPKINS UNIVERSITY	约翰·霍普金斯大学	美国	6	50.62
6	UNIVERSITY OF TORONTO	多伦多大学	加拿大	8	60.59
7	UNIVERSITY OF CALIFORNIA LOS ANGELES	加利福尼亚大学洛杉矶分校	美国	9	54.30
8	COLUMBIA UNIVERSITY	哥伦比亚大学	美国	10	49.21
9	UNIVERSITY OF CALIFORNIA BERKELEY	加利福尼亚大学伯克利分校	美国	14	48.49
10	UNIVERSITY OF PENNSYLVANIA	宾夕法尼亚大学	美国	16	46.61
11	UNIVERSITY OF WASHINGTON SEATTLE	华盛顿大学(西雅图)	美国	17	46.17
12	UNIVERSITY OF MICHIGAN	密歇根大学	美国	19	45.86
13	UNIVERSITY OF CALIFORNIA SAN DIEGO	加利福尼亚大学圣迭戈分校	美国	21	45.81
14	UNIVERSITY OF WASHINGTON	华盛顿大学	美国	22	45.35
15	YALE UNIVERSITY	耶鲁大学	美国	23	44.72
16	CORNELL UNIVERSITY	康奈尔大学	美国	25	43.90

续表

所在洲排名	英文名称	中文名称	国家/地区	世界排名	总得分
17	UNIVERSITY OF NORTH CAROLINA	北卡罗来纳大学	美国	28	42.98
18	UNIVERSITY OF BRITISH COLUMBIA	英属哥伦比亚大学	加拿大	32	42.23
19	DUKE UNIVERSITY	杜克大学	美国	33	42.14
20	UNIVERSITY OF CHICAGO	芝加哥大学	美国	42	41.26
21	UNIVERSITY OF CALIFORNIA SAN FRANCISCO	加利福尼亚大学旧金山分校	美国	44	40.72
22	NORTHWESTERN UNIVERSITY	美国西北大学	美国	47	40.23
23	WASHINGTON UNIVERSITY	圣路易斯华盛顿大学	美国	50	39.78
24	UNIVERSITY OF NORTH CAROLINA CHAPEL HILL	北卡罗来纳大学教堂山分校	美国	58	38.89
25	UNIVERSITY OF MINNESOTA TWIN CITIES	明尼苏达大学双城分校	美国	60	38.71
26	UNIVERSITY OF PITTSBURGH	匹兹堡大学	美国	63	38.06
27	UNIVERSITY OF FLORIDA	佛罗里达大学	美国	65	37.70
28	MCGILL UNIVERSITY	麦吉尔大学	加拿大	66	37.58
29	OHIO STATE UNIVERSITY	俄亥俄州立大学	美国	68	37.32
30	NEW YORK UNIVERSITY	纽约大学	美国	69	37.31
31	BROWN UNIVERSITY	布朗大学	美国	70	37.25
32	UNIVERSITY OF WISCONSIN MADISON	威斯康星大学麦迪逊分校	美国	75	36.79
33	UNIVERSITY OF TEXAS AUSTIN	得克萨斯大学奥斯汀分校	美国	78	36.34
34	UNIVERSITY OF CALIFORNIA DAVIS	加利福尼亚大学戴维斯分校	美国	79	36.10
35	UNIVERSITY OF MARYLAND COLLEGE PARK	马里兰大学帕克分校帕克分校	美国	80	35.95
36	UNIVERSITY OF SOUTHERN CALIFORNIA	南加利福尼亚大学	美国	84	35.33
37	PENNSYLVANIA STATE UNIVERSITY	宾夕法尼亚州立大学	美国	93	34.64
38	UNIVERSITY OF ALBERTA	阿尔伯塔大学	加拿大	95	34.44
39	CALIFORNIA INSTITUTE OF TECHNOLOGY	加州理工学院	美国	98	34.24
40	MCMASTER UNIVERSITY	麦克马斯特大学	加拿大	101	33.90
41	UNIVERSITY OF ILLINOIS URBANA-CHAMPAIGN	伊利诺伊大学厄巴纳－香槟分校	美国	102	33.72
42	UNIVERSITY OF ARIZONA	亚利桑那大学	美国	105	33.49
43	UNIVERSITY OF CALIFORNIA IRVINE	加利福尼亚大学尔湾分校	美国	106	33.49
44	TEXAS A&M UNIVERSITY COLLEGE STATION	德州农工大学	美国	108	33.43
45	VANDERBILT UNIVERSITY	范德比尔特大学	美国	113	33.00
46	BOSTON UNIVERSITY	波士顿大学	美国	114	32.95
47	UNIVERSITY OF COLORADO BOULDER	科罗拉多大学博尔德分校	美国	118	32.80
48	EMORY UNIVERSITY	埃默里大学	美国	123	32.42

所在洲排名	英文名称	中文名称	国家/地区	世界排名	总得分
49	PENNSYLVANIA STATE UNIVERSITY-UNIVERSITY PARK	宾夕法尼亚州立大学帕克分校	美国	127	32.31
50	PURDUE UNIVERSITY	普渡大学	美国	129	32.20
51	MICHIGAN STATE UNIVERSITY	密歇根州立大学	美国	130	32.18
52	RUTGERS STATE UNIVERSITY NEW BRUNSWICK	罗格斯大学新不斯维克分校	美国	131	32.11
53	UNIVERSITY OF CALGARY	卡尔加里大学	加拿大	135	31.94
54	UNIVERSITE DE MONTREAL	蒙特利尔大学	加拿大	137	31.82
55	UNIVERSITY OF UTAH	犹他大学	美国	143	31.57
56	UNIVERSITY OF OTTAWA	渥太华大学	加拿大	151	31.13
57	ICAHN SCHOOL OF MEDICINE AT MOUNT SINAI	西奈山伊坎医学院	美国	154	31.00
58	ARIZONA STATE UNIVERSITY	亚利桑那州立大学	美国	157	30.87
59	INDIANA UNIVERSITY BLOOMINGTON	第安纳大学伯明顿分校	美国	158	30.83
60	GEORGIA INSTITUTE OF TECHNOLOGY	佐治亚理工学院	美国	159	30.83
61	UNIVERSITY OFVIRGINIA	弗吉尼亚大学	美国	168	30.11
62	UNIVERSITY OF WATERLOO	滑铁卢大学	加拿大	191	29.14
63	UNIVERSITY OF IOWA	艾奥瓦大学	美国	195	29.06
64	WESTERN UNIVERSITY（UNIVERSITY OF WESTERN ONTARIO）	西安大略大学	加拿大	196	29.05
65	ARIZONA STATE UNIVERSITY-TEMPE	亚利桑那州立大学	美国	197	29.03
66	CASE WESTERN RESERVE UNIVERSITY	凯斯西储大学	美国	198	29.02
67	VIRGINIA POLYTECHNIC INSTITUTE & STATE UNIVERSITY	弗吉尼亚理工学院暨州立大学	美国	199	29.02
68	NORTHEASTERN UNIVERSITY	美国东北大学	美国	201	29.00
69	UNIVERSITY OF CALIFORNIA SANTA BARBARA	加利福尼亚大学圣塔芭芭拉分校	美国	203	28.96
70	UNIVERSITY OF MASSACHUSETTS AMHERST	马萨诸塞大学阿默斯特分校	美国	205	28.87
71	UNIVERSITY OF CONNECTICUT	康涅狄格大学	美国	212	28.61
72	NORTH CAROLINA STATE UNIVERSITY	北卡罗来纳州立大学	美国	214	28.59
73	UNIVERSIDAD NACIONAL AUTONOMADE MEXICO	墨西哥国立自治大学	墨西哥	216	28.57
74	UNIVERSITY OF ILLINOIS CHICAGO	伊利诺伊大学	美国	219	28.48
75	LAVAL UNIVERSITY	拉瓦尔大学	加拿大	228	28.02
76	UNIVERSITY OF CALIFORNIA SANTA CRUZ	加利福尼亚大学圣克鲁兹分校	美国	230	27.90
77	UNIVERSITY OF ROCHESTER	罗切斯特大学	美国	232	27.80
78	UNIVERSITY OF SOUTH FLORIDA	南佛罗里达大学	美国	235	27.78
79	UNIVERSITY OF GEORGIA	佐治亚大学	美国	236	27.76

所在洲排名	英文名称	中文名称	国家/地区	世界排名	总得分
80	UNIVERSITY OF CINCINNATI	辛辛那提大学	美国	239	27.71
81	RICE UNIVERSITY	莱斯大学	美国	240	27.71
82	UNIVERSITY OF MIAMI	迈阿密大学	美国	242	27.68
83	COLORADO STATE UNIVERSITY	科罗拉多州立大学	美国	246	27.49
84	UNIVERSITY OF MANITOBA	曼尼托巴大学	加拿大	253	27.40
85	IOWA STATE UNIVERSITY	艾奥瓦州立大学	美国	258	27.30
86	STATE UNIVERSITY OF NEW YORK BUFFALO	纽约州立大学布法罗分校	美国	261	27.21
87	BAYLOR COLLEGE OF MEDICINE	贝勒医学院	美国	262	27.18
88	WASHINGTON STATE UNIVERSITY	华盛顿州立大学	美国	263	27.15
89	TUFTS UNIVERSITY	塔夫茨大学	美国	264	27.14
90	UNIVERSITY OF KENTUCKY	肯塔基大学	美国	269	27.04
91	STATE UNIVERSITY OF NEW YORK STONY BROOK	纽约州立大学石溪分校	美国	276	26.87
92	UNIVERSITY OF KANSAS	勘萨斯大学	美国	277	26.86
93	UNIVERSITY OF CALIFORNIA RIVERSIDE	加利福尼亚大学河滨分校	美国	280	26.75
94	UNIVERSITY OF NEBRASKA LINCOLN	内布拉斯加大学林肯分校	美国	282	26.75
95	UNIVERSITY OF NEW MEXICO	新墨西哥大学	美国	283	26.70
96	CARNEGIE MELLON UNIVERSITY	卡内基梅隆大学	美国	285	26.67
97	UNIVERSITY OF TENNESSEE KNOXVILLE	田纳西大学诺克斯维尔分校	美国	290	26.48
98	OREGON STATE UNIVERSITY	俄勒冈州立大学	美国	297	26.25
99	UNIVERSITY OF SOUTH CAROLINA COLUMBIA	南卡罗来纳大学哥伦比亚分校	美国	300	26.20
100	DALHOUSIE UNIVERSITY	达尔豪西大学	加拿大	305	26.11

北美洲一流高校100强中只有美国、加拿大和墨西哥三国的高校进入。其中美国高校为86所，加拿大高校为13所，墨西哥高校为1所。结合全球高校30强排行榜来看，美国进入了16所，可见美国高校仍然占据绝对优势。加拿大高校排名最靠前的是多伦多大学，位列第8名，英属哥伦比亚大学位列第32名，今年排名稍有后退，麦吉尔大学位列第66名，阿尔伯塔大学位列第95名，而这4所高校也已进入全球一流高校排行榜的100强，表现值得关注。

三、南美洲一流大学排行榜(30强)

表2-131　南美洲一流大学排行榜（30强）

所在洲排名	英文名称	中文名称	国家/地区	世界排名	总得分
1	UNIVERSIDADE DE SAO PAULO	圣保罗大学	巴西	112	33.01
2	UNIVERSIDAD DE CHILE	智利大学	智利	128	32.21
3	UNIVERSIDADE ESTADUAL DE CAMPINAS	坎皮纳斯州立大学	巴西	273	26.93

续表

所在洲排名	英文名称	中文名称	国家/地区	世界排名	总得分
4	UNIVERSIDADE FEDERAL DO RIO DE JANEIRO	里约热内卢联邦大学	巴西	304	26.13
5	UNIVERSIDADE ESTADUAL PAULISTA	圣保罗州立大学	巴西	329	25.77
6	UNIVERSIDADE FEDERAL DE MINAS GERAIS	米纳斯吉拉斯联邦大学	巴西	360	24.98
7	UNIVERSITY OF BUENOS AIRES	布宜诺斯艾利斯大学	阿根廷	362	24.93
8	UNIVERSIDADE FEDERAL DO RIO GRANDE DO SUL	南大河联邦大学	巴西	386	24.39
9	PONTIFICIA UNIVERSIDAD CATOLICA DE CHILE	智利天主教大学	智利	395	24.20
10	NATIONAL UNIVERSITY OF LA PLATA	拉普拉塔国立大学	阿根廷	420	23.76
11	UNIVERSIDADE FEDERAL DE SAO PAULO	圣保罗联邦大学	巴西	515	21.89
12	UNIVERSIDADE FEDERAL DE SANTA CATARINA	圣卡塔琳娜联邦大学（UFSC）	巴西	552	21.28
13	UNIVERSIDADE FEDERAL DO PARANA	巴拉那联邦大学	巴西	624	20.39
14	UNIVERSIDADE FEDERAL DO CEARA	塞阿拉联邦大学	巴西	665	19.75
15	UNIVERSIDADE DE BRASILIA	巴西利亚大学	巴西	688	19.56
16	UNIVERSIDADE DO ESTADO DO RIO DE JANEIRO	里约热内卢天主教大学	巴西	698	19.49
17	UNIVERSIDADE FEDERAL DE SAO CARLOS	巴西圣保罗联邦大学	巴西	708	19.38
18	UNIVERSIDADE FEDERAL DE PERNAMBUCO	贝南博古联邦大学	巴西	713	19.31
19	UNIVERSIDAD DE CONCEPCION	康塞普森大学	智利	762	18.71
20	UNIVERSIDADE FEDERAL FLUMINENSE	弗鲁米嫩塞联邦大学	巴西	816	18.28
21	NATIONAL UNIVERSITY OF ROSARIO	罗萨里奥国立大学	阿根廷	824	18.19
22	UNIVERSIDADE FEDERAL DABAHIA	巴伊亚州联邦大学	巴西	839	18.08
23	UNIVERSIDADE FEDERAL DE GOIAS	戈亚斯联邦大学	巴西	843	18.04
24	UNIVERSIDADE FEDERAL DE SANTA MARIA	圣玛丽亚联邦大学	巴西	844	18.04
25	UNIVERSITY OF THE ANDES COLOMBIA	哥伦比亚安第斯大学	哥伦比亚	845	18.03
26	UNIVERSIDADE FEDERAL DO RIO GRANDE DONORTE	北里奥格兰德联邦大学	巴西	846	18.03
27	UNIVERSIDAD NACIONAL DE COLOMBIA	哥伦比亚国立大学	哥伦比亚	857	17.92
28	UNIVERSIDADE FEDERAL DA PARAIBA	帕拉伊巴联邦大学	巴西	891	17.70
29	NATIONAL UNIVERSITY OF CORDOBA	国立科尔多瓦大学	阿根廷	944	17.30
30	UNIVERSIDADE FEDERAL DE PELOTAS	佩洛塔斯联邦大学	巴西	969	17.08

　　南美洲一流高校30强中巴西占据了21席，表现不俗，其中圣保罗大学、坎皮纳斯州立大学里约热内卢联邦大学，分别位列南美洲一流高校第1、3、4名。阿根廷布宜诺斯艾利斯大学位列第7名。智利虽然只有3所大学进入30强，但是智利大学、智利天主教大学分别以第2名和第9名的身份进入10强，表现不错。

四、欧洲一流大学排行榜(30强)

表2-132　欧洲一流大学排行榜（30强）

所在洲排名	英文名称	中文名称	国家/地区	世界排名	总得分
1	UNIVERSITY OF OXFORD	牛津大学	英国	5	60.83
2	UNIVERSITY OF CAMBRIDGE	剑桥大学	英国	7	48.63
3	UNIVERSITY COLLEGE LONDON	伦敦大学学院	英国	13	47.90
4	IMPERIAL COLLEGE LONDON	伦敦帝国学院	英国	18	46.06
5	UNIVERSITE PARIS SACLAY	巴黎萨克雷大学	法国	24	44.22
6	UNIVERSITE DE PARIS	巴黎大学	法国	31	42.40
7	SORBONNE UNIVERSITE	索邦大学	法国	34	41.93
8	UNIVERSITY OF COPENHAGEN	哥本哈根大学	丹麦	37	41.81
9	UNIVERSITY OF HAMBURG	汉堡大学	德国	38	41.56
10	SAPIENZA UNIVERSITY ROME	罗马大学	意大利	40	41.34
11	FREE UNIVERSITY OF BERLIN	柏林自由大学	德国	41	41.27
12	LEIDEN UNIVERSITY	莱顿大学	荷兰	43	47.55
13	SWISS FEDERAL INSTITUTES OF TECHNOLOGY DOMAIN	瑞士联邦理工学院	瑞士	48	40.16
14	UNIVERSITY OF GLASGOW	格拉斯哥大学	英国	49	40.11
15	UNIVERSITY OF BONN	德国波恩大学	德国	51	39.64
16	UNIVERSITY OF EDINBURGH	爱丁堡大学	英国	52	39.58
17	KU LEUVEN	鲁汶大学	比利时	53	39.46
18	UTRECHT UNIVERSITY	乌得勒支大学	荷兰	54	39.26
19	KING'S COLLEGE LONDON	伦敦国王学院	英国	55	39.23
20	UNIVERSITY OF MANCHESTER	曼彻斯特大学	英国	57	39.12
21	UNIVERSITY OF AMSTERDAM	阿姆斯特丹大学	荷兰	59	38.77
22	ETH ZURICH	苏黎世联邦理工学院	瑞士	61	38.48
23	UNIVERSITY OF HELSINKI	赫尔辛基大学	芬兰	62	38.24
24	UNIVERSITY OF MUNICH	慕尼黑大学	德国	67	37.57
25	GHENT UNIVERSITY	根特大学	比利时	73	37.13
26	UNIVERSITY OF ZURICH	苏黎世大学	瑞士	81	35.79
27	UNIVERSITY OF GRONINGEN	格罗宁根大学	荷兰	82	35.71
28	UNIVERSITY OF PADUA	帕多瓦大学	意大利	83	35.64
29	VRIJE UNIVERSITEIT AMSTERDAM	阿姆斯特丹自由大学	荷兰	85	35.27
30	UNIVERSITY OF BARCELONA	巴塞罗那大学	西班牙	86	35.21

　　欧洲一流高校排行榜30强中各国大学表现较为均衡，英国、丹麦、法国、瑞士、德国、芬兰、荷兰、西班牙、比利时、意大利等国均有高校进入30强。其中英国共有8名高校进入，前10名中，有4所高校为英国高校，牛津大学、剑桥大学、伦敦大学学院、伦敦帝国学院位列前4名。

五、非洲一流大学排行榜（30 强）

表2-133 非洲一流大学排行榜（30 强）

所在洲排名	英文名称	中文名称	国家/地区	世界排名	总得分
1	UNIVERSITY OF CAPE TOWN	开普敦大学	南非	274	26.91
2	STELLENBOSCH UNIVERSITY	斯坦陵布什大学	南非	357	25.02
3	UNIVERSITY OF WITWATERSRAND	金山大学	南非	397	24.16
4	UNIVERSITY OF KWAZULU NATAL	夸祖鲁纳塔尔大学	南非	424	23.65
5	UNIVERSITY OF PRETORIA	比勒陀利亚大学	南非	457	22.95
6	UNIVERSITY OF JOHANNESBURG	约翰内斯堡大学	南非	621	20.41
7	UNIVERSITY OF NAIROBI	内罗毕大学	肯尼亚	660	19.83
8	NORTH WEST UNIVERSITY-SOUTH AFRICA	南非西北大学	南非	784	18.53
9	UNIVERSITE DE SFAX	斯法克斯大学	突尼斯	933	17.38
10	ADDIS ABABA UNIVERSITY	亚的斯亚贝巴大学	埃塞俄比亚	955	17.22
11	MAKERERE UNIVERSITY	麦克雷雷大学	乌干达	972	17.05
12	UNIVERSITY OF THE FREE STATE	自由州大学	南非	984	16.95
13	UNIVERSITY OF GHANA	加纳大学	加纳	1044	16.52
14	UNIVERSITY OF SOUTH AFRICA	南非大学	南非	1059	16.42
15	UNIVERSITE DE TUNIS-EL-MANAR	突尼斯玛纳尔大学	突尼斯	1071	16.35
16	UNIVERSITY OF IBADAN	伊巴丹大学	尼日利亚	1126	16.04
17	RHODES UNIVERSITY	罗得斯大学	南非	1160	15.83
18	UNIVERSITY OF THE WESTERN CAPE	南非西开普大学	南非	1168	15.76
19	KWAME NKRUMAH UNIVERSITY SCIENCE & TECHNOLOGY	夸梅恩克鲁玛科技大学	加纳	1203	15.59
20	CADI AYYAD UNIVERSITY OF MARRAKECH	卡迪阿亚德大学	摩洛哥	1241	15.40
21	MOHAMMED V UNIVERSITY IN RABAT	拉巴特穆罕默德五世大学	摩洛哥	1257	15.35
22	MEKELLE UNIVERSITY	默克莱大学	埃塞俄比亚	1326	15.05
23	HASSAN II UNIVERSITY OF CASABLANCA	哈桑二世卡萨布兰卡大学	摩洛哥	1363	14.88
24	UNIVERSITY OFZAMBIA	赞比亚大学	赞比亚	1440	14.55
25	EDUARDO MONDLANE UNIVERSITY	爱德华多·蒙德兰大学	莫桑比克	1465	14.46
26	TSHWANE UNIVERSITY OF TECHNOLOGY	茨瓦内科技大学	南非	1471	14.44
27	UNIVERSITY OF ZIMBABWE	津巴布韦大学	津巴布韦	1492	14.35
28	NELSON MANDELA UNIVERSITY	纳尔逊·曼德拉大学	南非	1504	14.31
29	OBAFEMI AWOLOWO UNIVERSITY	奥巴费米阿沃洛沃大学	尼日利亚	1508	14.30
30	JIMMA UNIVERSITY	季马大学	埃塞俄比亚	1511	14.30

非洲一流高校排行榜30强中，南非有13所高校进入，数量最多。南非开普敦大学、斯坦陵布什大学、金山大学位列前3名。

六、大洋洲一流大学排行榜(30 强)

表2-134 大洋洲一流大学排行榜（30 强）

所在洲排名	英文名称	中文名称	国家/地区	世界排名	总得分
1	UNIVERSITY OFSYDNEY	悉尼大学	澳大利亚	27	43.04
2	UNIVERSITY OF MELBOURNE	墨尔本大学	澳大利亚	29	42.85
3	UNIVERSITY OF QUEENSLAND	昆士兰大学	澳大利亚	35	41.87
4	UNIVERSITY OF WESTERN AUSTRALIA	西澳大学	澳大利亚	45	40.63
5	UNIVERSITY OF NEW SOUTH WALES SYDNEY	新南威尔斯大学悉尼分校	澳大利亚	46	40.26
6	MONASH UNIVERSITY	莫纳什大学	澳大利亚	56	39.21
7	UNIVERSITY OF ADELAIDE	阿德莱德大学	澳大利亚	120	32.51
8	AUSTRALIAN NATIONAL UNIVERSITY	澳大利亚国立大学	澳大利亚	134	32.06
9	UNIVERSITY OF AUCKLAND	奥克兰大学	新西兰	167	30.16
10	QUEENSLAND UNIVERSITY OF TECHNOLOGY	昆士兰科技大学	澳大利亚	234	27.78
11	UNIVERSITY OF TECHNOLOGY SYDNEY	悉尼科技大学	澳大利亚	241	27.68
12	CURTIN UNIVERSITY	科廷大学	澳大利亚	249	27.45
13	GRIFFITH UNIVERSITY	格里菲斯大学	澳大利亚	256	27.36
14	DEAKIN UNIVERSITY	迪肯大学	澳大利亚	288	26.53
15	UNIVERSITY OF NEWCASTLE	澳大利亚纽卡索大学	澳大利亚	291	26.46
16	MACQUARIE UNIVERSITY	麦考瑞大学	澳大利亚	298	26.21
17	UNIVERSITY OF WOLLONGONG	伍伦贡大学	澳大利亚	338	25.36
18	UNIVERSITY OF OTAGO	奥塔哥大学	新西兰	341	25.24
19	ROYAL MELBOURNE INSTITUTE OF TECHNOLOGY	皇家墨尔本理工大学	澳大利亚	376	24.53
20	UNIVERSITY OF TASMANIA	塔斯马尼亚大学	澳大利亚	379	24.48
21	UNIVERSITY OF SOUTH AUSTRALIA	南澳大利亚大学	澳大利亚	401	24.12
22	SWINBURNE UNIVERSITY OF TECHNOLOGY	斯文本科技大学	澳大利亚	407	24.05
23	FLINDERS UNIVERSITY SOUTH AUSTRALIA	南澳大利亚佛林德斯大学	澳大利亚	408	24.05
24	LA TROBE UNIVERSITY	拉特巴大学	澳大利亚	423	23.69
25	JAMES COOK UNIVERSITY	詹姆斯库克大学	澳大利亚	436	23.35
26	WESTERN SYDNEY UNIVERSITY	西悉尼大学	澳大利亚	460	22.89
27	MASSEY UNIVERSITY	梅西大学	新西兰	474	22.55
28	UNIVERSITY OF CANTERBURY	坎特伯雷大学	新西兰	534	21.61
29	VICTORIA UNIVERSITY WELLINGTON	惠灵顿瑞士维多利亚大学	新西兰	629	20.33
30	MURDOCH UNIVERSITY	莫道克大学	澳大利亚	678	19.63

大洋洲一流高校排行榜30强中，澳大利亚进入25所，新西兰进入5所。澳大利亚悉尼大学、墨尔本大学和昆士兰大学占据了前3名。10强中，只有奥克兰大学来自新西兰，其余9所均为澳大利亚的大学。

第三章

数据分析

第一节　我们离世界一流大学还有多远？

一、国家（地区）科研竞争力排名与分析

本次的国家（地区）科研竞争力评价以进入 ESI 学科数大于等于 2 个学科的所有大学作为统计样本，得出国家（地区）科研竞争力排行榜。在科研竞争力方面，美国牢牢占据了榜首位置，除专利和篇均被引次数外其他指标的得分都位居首位，显示了绝对领先的科研水平；紧随其后的是中国大陆（内地）、英国、法国、德国、加拿大、意大利、澳大利亚、日本、韩国、西班牙（表 3-1）。中国大陆（内地）位于第 2 位，中国台湾位于第 17 位，中国香港位于第 24 位。从各个具体指标来看，中国大学的 ESI 收录论文数和专利数继续保持较高水平，篇均被引次数、高被引论文数相对偏低。这说明中国大学的科研能力和影响力发展不均衡，虽然科研能力迅速提高，但影响力水平提高不是特别显著。因此，中国大学未来努力的重点和方向是在保持科研产出数量稳定的前提下适当偏重质量，以求得科研能力和影响力水平的同步发展。

表 3-1　国家（地区）科研竞争力 30 强（2022）

排名	国家/地区	发表论文得分	论文被引得分	专利得分	高被引论文得分	国际合作论文得分	总分
1	美国	100.00	76.72	71.97	100.00	100.00	100.00
2	中国大陆(内地)	90.51	67.32	100.00	79.69	87.58	94.03
3	英国	71.82	75.11	62.13	72.59	82.24	88.10
4	法国	69.81	75.39	44.87	64.93	72.96	83.70
5	德国	68.20	76.16	68.47	64.64	74.68	84.23
6	加拿大	62.78	72.79	39.66	59.41	68.90	80.25
7	意大利	62.34	75.54	58.56	58.35	68.23	81.16
8	澳大利亚	62.31	74.21	48.27	59.61	70.16	81.04
9	日本	60.05	70.34	63.80	49.75	57.95	76.77
10	韩国	58.86	68.62	64.73	48.20	55.95	76.12
11	西班牙	56.66	71.67	55.34	50.94	62.36	76.90
12	荷兰	54.94	77.97	60.57	54.15	61.03	78.71
13	巴西	54.06	65.19	44.02	41.36	55.69	71.69
14	瑞士	51.56	79.46	33.00	51.62	55.22	76.60
15	瑞典	49.30	74.30	33.98	47.05	55.81	73.95
16	伊朗	49.04	68.82	28.35	40.78	51.37	71.34
17	中国台湾	47.66	66.00	39.45	37.73	48.72	69.29
18	比利时	45.76	79.05	28.80	44.37	53.15	74.68
19	丹麦	44.33	75.24	22.11	42.62	50.06	72.02
20	印度	43.66	69.36	49.55	35.85	46.08	70.03
21	波兰	43.09	66.73	34.97	36.68	47.23	68.49
22	新加坡	42.54	77.54	46.84	43.24	48.47	73.74
23	土耳其	42.04	67.42	44.09	35.89	43.28	68.48

排名	国家/地区	发表论文得分	论文被引得分	专利得分	高被引论文得分	国际合作论文得分	总分
24	中国香港	41.91	73.21	24.11	40.53	43.88	70.85
25	葡萄牙	41.41	72.69	33.09	36.17	46.47	69.52
26	芬兰	40.31	75.35	43.59	37.59	46.28	71.11
27	以色列	39.60	72.38	37.32	35.17	41.87	69.31
28	挪威	39.53	70.75	42.75	37.45	45.96	69.55
29	奥地利	39.18	77.57	40.97	37.60	46.58	71.40
30	南非	38.73	69.97	26.22	36.05	46.24	69.02

从进入世界科研竞争力排行榜前600名的大学来看，国家或地区科研竞争力前10位为美国、中国大陆(内地)、英国、德国、法国、意大利、澳大利亚、加拿大、西班牙、韩国。如表3-2所示，从具体的科研竞争力前600名大学国家或地区分布来看，美国有130所，中国大陆(内地)有83所，英国有39所，德国有37所，法国有34所，意大利有31所，澳大利亚有25所，加拿大有20所，西班牙有16所，韩国14所。这10个国家或地区一共占前600名的71.5%。可见世界上优秀的大学和科研院所大多集中在这几个国家或地区，它们拥有其他国家或地区难以企及的科研实力。中国大陆(内地)有12所大学进入前100位，101名至200名中有15所，前300名中有40所，前400名中有51所；前500名中有66所；前600名中有83所。

表3-2　科研竞争力前600名大学国家（地区）分布与比例

国家/地区	前600名		前500名		前400名		前300名		前200名		前100位	
	数量/所	比例/%	数量/所	比例/%	数量/所	比例/%	数量/所	比例/%	数量/所	比例/%	数量/所	比例/%
美国	130	21.67	111	22.20	92	23.00	71	23.67	55	27.50	35	35.00
中国大陆（内地）	83	13.83	66	13.20	51	12.75	40	13.33	27	13.50	12	12.00
英国	39	6.50	36	7.20	31	7.75	23	7.67	19	9.50	11	11.00
德国	37	6.17	33	6.60	29	7.25	26	8.67	12	6.00	5	5.00
法国	34	5.67	29	5.80	23	5.75	15	5.00	10	5.00	4	4.00
意大利	31	5.17	26	5.20	18	4.50	12	4.00	6	3.00	1	1.00
澳大利亚	25	4.17	22	4.40	18	4.50	14	4.67	8	4.00	5	5.00
加拿大	20	3.33	18	3.60	15	3.75	11	3.67	9	4.50	3	3.00
西班牙	16	2.67	12	2.40	11	2.75	6	2.00	2	1.00	1	1.00
韩国	14	2.33	11	2.20	7	1.75	5	1.67	3	1.50	1	1.00
中国台湾	5	0.83	4	0.80	3	0.75	2	0.67	1	0.50	0	0.00
中国香港	5	0.83	5	1.00	5	1.25	4	1.33	3	1.50	0	0.00

从ESI收录论文数来看，2022年国家或地区科研竞争力排名前5位的国家或地区发文量均达到了1239367篇以上，其中排名第1位的美国发文量达到了惊人的5727434篇。中国大陆(内地)的发文量位居世界第2位，达3844042篇。从篇均被引次数来看，2022年国家或地区科研竞争力排名前5位的国家或地区只有美国、中国大陆(内地)和英国的得分超过70分，中国大陆(内地)居于第2位，具有一定的优势。从高被引论文数来看，国家或地区科研竞争力排名前5位的国家或地区高被引论文数均在29181篇以上，排名第1位的美国为167185篇。中国大陆(内地)的高被引论文数排名世界第2位，为67433篇，较去年

49783 篇有了较大幅度的提高。从绝对数量来看，占排名第 1 位的美国的 29.80%，而上一年为 33.70%。这反映出虽然中国大陆(内地)的科研影响力在不断提升，但与发达国家相比还存在较大的差距。从国际合作论文数来看，国家或地区科研竞争力排名前 5 位的国家或地区国际合作论文数均在 95730 篇以上，排名第 1 位的美国为 337775 篇，中国大陆(内地)排名第 2，为 198680 篇。排名与 2021 年相同，但与第 1 名的美国的差距仍然较大，在国际合作论文方面还有很大的进步空间。从发明专利来看，国家或地区科研竞争力前 5 位的国家或地区差异比较大。一个国家或地区的专利水平反映了它在世界上的科研创新力。中国大陆(内地)的专利数排名世界第 1 位，证明了中国大陆(内地)在专利方面生产能力比较强大，但同时也可以看到我们的专利核心竞争力不足、层次比较低。在今后一段时间内，我们在继续保持这种创新优势的同时，也要扩大专利成果的转化力度，将大学所具有的创新能力转化为实际的生产力，以此推动我国的经济发展和社会进步。

二、中国进入 ESI 排行的大学排名与分析

2022 年世界大学综合竞争力评价中，有 2 个及以上学科进入 ESI 排行的大学有 1825 所。其中，美国有 298 所，中国大陆(内地)有 284 所，英国有 98 所，法国有 87 所，德国有 71 所，意大利有 65 所，日本有 68 所，西班牙有 52 所，加拿大有 44 所，澳大利亚有 39 所。上述 10 个国家或地区 2 个及以上学科进入 ESI 排行的大学数目约占总数的 60.57%，说明世界上比较优秀的大学都集中分布在少数国家或地区，特别是美国、中国大陆(地区)、英国、法国、德国五国在进入 ESI 排行大学总数方面占据着绝对优势。通过以上数据可以看出，中国的整体科研实力是在稳步提升的，而且中国是唯一以发展中国家身份进入科研竞争力世界 10 强的国家，这一点是值得充分肯定的，但与美国相比，还存在不小的差距。

表 3-3 中显示的是世界顶尖大学，即进入此次排行的前 1% 的 18 所大学，以及中国进入此次排行的大学名单。可以看出，美国的大学依旧牢牢占据世界顶尖大学军团的阵容。

2022 年中国大学科学研究在世界大学中的表现不凡，国内名牌大学在本次评价中的排名普遍上升，这是中国大学加大加强科研力度的重要表现。另外，中国香港进入排行的共有 8 所学校，其中有 5 所进入了世界大学科研竞争力排行榜的前 600 强；中国台湾进入此次排行的大学有 36 所，其中有 5 所学校进入世界大学科研竞争力排行榜的前 600 强；中国澳门的澳门大学以 10 个 ESI 学科保持在此次排行之列。

以上大学的大学科研竞争力排行如表 3-3 所示。

表 3-3 世界顶尖大学与中国进入 ESI 排行的大学科研竞争力排名

综合竞争力排名	学校名称	国家/地区
1	哈佛大学	美国
2	多伦多大学	加拿大
3	伦敦大学学院	英国
4	牛津大学	英国
5	斯坦福大学	美国
6	华盛顿大学	美国
7	伦敦帝国学院	英国
8	华盛顿大学(西雅图)	美国
9	剑桥大学	英国
10	麻省理工学院	美国
11	约翰·霍普金斯大学	美国
12	密歇根大学	美国
13	清华大学	中国
14	哥伦比亚大学	美国

续表

综合竞争力排名	学校名称	国家/地区
15	巴黎萨克雷大学	法国
16	宾夕法尼亚大学	美国
17	巴黎大学	法国
18	索邦大学	法国
20	中国科学院大学	中国
36	浙江大学	中国
37	上海交通大学	中国
40	北京大学	中国
54	华中科技大学	中国
66	中山大学	中国
72	复旦大学	中国
76	中国科学技术大学	中国
93	武汉大学	中国
95	西安交通大学	中国
98	郑州大学	中国
106	中南大学	中国
108	香港大学	中国香港
118	香港中文大学	中国香港
119	四川大学	中国
122	南京大学	中国
136	哈尔滨工业大学	中国
140	山东大学	中国
146	电子科技大学	中国
151	天津大学	中国
161	华南理工大学	中国
165	东南大学	中国
170	同济大学	中国
172	吉林大学	中国
180	北京理工大学	中国
188	中国医学科学院–中国协和医学院	中国
192	深圳大学	中国
195	台湾大学	中国台湾
197	香港理工大学	中国香港
200	湖南大学	中国
208	苏州大学	中国
217	青岛大学	中国
221	北京航空航天大学	中国

综合竞争力排名	学校名称	国家/地区
222	大连理工大学	中国
224	香港城市大学	中国香港
226	西北工业大学	中国
230	重庆大学	中国
247	江苏大学	中国
252	南开大学	中国
258	首都医科大学	中国
260	厦门大学	中国
262	台湾医药大学	中国台湾
282	武汉理工大学	中国
288	北京师范大学	中国
298	北京协和医学院	中国
316	香港科技大学	中国香港
322	中国地质大学	中国
350	中国石油大学	中国
355	北京科技大学	中国
357	南方科技大学	中国
358	台湾"清华大学"	中国台湾
372	上海大学	中国
373	兰州大学	中国
374	西南大学	中国
381	中国农业大学	中国
382	福州大学	中国
384	南京林业大学	中国
398	中国矿业大学	中国
401	北京化工大学	中国
406	南京航空航天大学	中国
409	华东师范大学	中国
418	南京医科大学	中国
423	南京理工大学	中国
426	台湾阳明交通大学	中国台湾
438	山东科技大学	中国
445	南京信息工程大学	中国
447	暨南大学	中国
456	扬州大学	中国
457	浙江工业大学	中国
463	中国东北大学	中国

续表

综合竞争力排名	学校名称	国家/地区
475	澳门大学	中国澳门
477	南京农业大学	中国
480	广东工业大学	中国
490	华中农业大学	中国
499	西北农林科技大学	中国
507	华东理工大学	中国
512	江南大学	中国
522	西安电子科技大学	中国
533	西南交通大学	中国
534	台湾成功大学	中国台湾
535	南京工业大学	中国
536	广州医科大学	中国
540	中国人民解放军陆军军医大学	中国
541	广西大学	中国
543	北京邮电大学	中国
547	长沙理工大学	中国
557	河海大学	中国
568	浙江师范大学	中国
570	南方医科大学	中国
577	南昌大学	中国
579	华北电力大学	中国
582	温州大学	中国
585	北京工业大学	中国
602	华南农业大学	中国
603	广州大学	中国
607	西北大学	中国
612	温州医科大学	中国
615	合肥工业大学	中国
617	北京交通大学	中国
618	南京邮电大学	中国
620	河南大学	中国
629	南京师范大学	中国
638	国防科学技术大学	中国
639	东华大学	中国
640	华中师范大学	中国
644	杭州电子科技大学	中国
650	昆明理工大学	中国

续表

综合竞争力排名	学校名称	国家/地区
661	华南师范大学	中国
667	上海科技大学	中国
668	天津医科大学	中国
676	亚洲大学(中国台湾)	中国台湾
677	中国海洋大学	中国
688	西安建筑科技大学	中国
690	宁波大学	中国
691	西南石油大学	中国
696	青岛科技大学	中国
697	山东师范大学	中国
708	哈尔滨工程大学	中国
720	哈尔滨医科大学	中国
724	中国医科大学	中国
729	台北医学大学	中国台湾
737	南华大学	中国
738	重庆医科大学	中国
749	湖州学院	中国
758	安徽大学	中国
766	江苏科技大学	中国
770	陕西科技大学	中国
773	济南大学	中国
776	杭州师范大学	中国
778	长庚大学	中国台湾
788	曲阜师范大学	中国
790	山西大学	中国
806	陕西师范大学	中国
807	上海理工大学	中国
811	河南科技大学	中国
814	香港浸会大学	中国香港
818	东北师范大学	中国
821	安徽医科大学	中国
822	燕山大学	中国
829	北京林业大学	中国
835	长安大学	中国
844	山东第一医科大学	中国
845	武汉科技大学	中国
850	中国人民大学	中国

续表

综合竞争力排名	学校名称	国家/地区
864	河南理工大学	中国
867	太原理工大学	中国
870	海军军医大学	中国
874	大连海事大学	中国
876	浙江农林大学	中国
888	西安理工大学	中国
903	南通大学	中国
916	东北农业大学	中国
921	辽宁工业大学	中国
926	渤海大学	中国
939	聊城大学	中国
942	台湾"中央"大学	中国台湾
950	西安工业大学	中国
957	桂林电子科技大学	中国
960	浙江理工大学	中国
961	河北工业大学	中国
963	江苏师范大学	中国
976	贵州大学	中国
987	台湾科技大学	中国台湾
1009	高雄医科大学	中国台湾
1020	安徽工业大学	中国
1023	台湾中兴大学	中国台湾
1030	西南科技大学	中国
1035	河南师范大学	中国
1040	海南大学	中国
1051	对外经济贸易大学	中国
1052	云南大学	中国
1053	湘潭大学	中国
1055	汕头大学	中国
1060	东北林业大学	中国
1067	澳门科技大学	中国澳门
1073	齐鲁工业大学	中国
1075	郑州轻工业大学	中国
1077	福建农林大学	中国
1083	四川农业大学	中国
1092	华侨大学	中国
1093	湖南师范大学	中国

综合竞争力排名	学校名称	国家/地区
1098	兰州理工大学	中国
1099	广西医科大学	中国
1100	哈尔滨理工大学	中国
1102	湖南农业大学	中国
1104	三峡大学	中国
1111	重庆工商大学	中国
1113	黑龙江大学	中国
1119	武汉工程大学	中国
1122	重庆邮电大学	中国
1132	台湾"中山大学"	中国台湾
1133	河南农业大学	中国
1144	福建医科大学	中国
1147	成都理工大学	中国
1148	中北大学	中国
1157	湖北工业大学	中国
1160	江西科技学院	中国
1166	南京中医药大学	中国
1167	南昌航空大学	中国
1170	辽宁大学	中国
1171	四川师范大学	中国
1172	天津工业大学	中国
1173	天津科技大学	中国
1175	新疆大学	中国
1177	烟台大学	中国
1178	湖北大学	中国
1182	天津理工大学	中国
1191	西南财经大学	中国
1193	中国药科大学	中国
1198	山东农业大学	中国
1203	华北理工大学	中国
1205	深圳香港大学	中国
1208	上海师范大学	中国
1224	淡江大学	中国台湾
1228	上海海事大学	中国
1231	北京工商大学	中国
1253	福建师范大学	中国
1266	青岛农业大学	中国

综合竞争力排名	学校名称	国家/地区
1269	大连医科大学	中国
1278	常州大学	中国
1281	中南林业科技大学	中国
1284	中国计量大学	中国
1293	长江大学	中国
1294	江西师范大学	中国
1313	上海工程技术大学	中国
1316	广东医科大学	中国
1322	湖南科技大学	中国
1330	大连工业大学	中国
1335	西南医科大学	中国
1337	安徽师范大学	中国
1344	北京农林科学院	中国
1347	河南工业大学	中国
1354	广西师范大学	中国
1355	台北科技大学	中国台湾
1357	北京中医药大学	中国
1359	中南民族大学	中国
1361	东莞理工学院	中国
1362	浙江工商大学	中国
1365	台湾中原大学	中国台湾
1369	安徽农业大学	中国
1374	首都师范大学	中国
1385	西华师范大学	中国
1389	山东理工大学	中国
1392	宁波诺丁汉大学	中国
1409	上海中医药大学	中国
1415	西交利物浦大学	中国
1419	湖南工业大学	中国
1426	台湾师范大学	中国台湾
1429	广州中医药大学	中国
1431	哈尔滨师范大学	中国
1435	内蒙古大学	中国
1439	上海海洋大学	中国
1454	山西医科大学	中国
1464	香港教育大学	中国香港
1472	贵州医科大学	中国
1474	沈阳药科大学	中国

综合竞争力排名	学校名称	国家/地区
1480	闽江学院	中国
1482	河北医科大学	中国
1489	江西农业大学	中国
1496	徐州医科大学	中国
1497	苏州科技大学	中国
1499	山西农业大学	中国
1504	河北大学	中国
1511	中山医学大学	中国台湾
1514	西北师范大学	中国
1515	天津师范大学	中国
1518	河北科技大学	中国
1529	上海电力大学	中国
1532	桂林工业大学	中国
1535	兰州交通大学	中国
1536	盐城工学院	中国
1552	辅仁大学	中国台湾
1557	长春科技大学	中国
1561	台湾云林科技大学	中国台湾
1565	长春工业大学	中国
1570	上海财经大学	中国
1575	浙江中医药大学	中国
1577	武汉纺织大学	中国
1579	河北农业大学	中国
1580	云南师范大学	中国
1583	台湾医学院	中国台湾
1584	石河子大学	中国
1591	滨州医学院	中国
1602	沈阳农业大学	中国
1604	沈阳工业大学	中国
1609	东华理工大学	中国
1614	宁夏医科大学	中国
1627	台湾海洋大学	中国台湾
1630	甘肃农业大学	中国
1634	江西财经大学	中国
1637	义守大学	中国台湾
1645	上海应用技术大学	中国
1646	昆明医科大学	中国
1657	宁夏大学	中国

综合竞争力排名	学校名称	国家/地区
1675	逢甲大学	中国台湾
1677	河北师范大学	中国
1679	台湾嘉义大学	中国台湾
1687	吉林农业大学	中国
1688	山东财经大学	中国
1691	遵义医科大学	中国
1694	天津中医药大学	中国
1703	高雄科技大学	中国台湾
1709	南京财经大学	中国
1713	吉林师范大学	中国
1718	广东药科大学	中国
1728	台湾"东华大学"	中国台湾
1729	元智大学	中国台湾
1739	集美大学	中国
1740	辽宁石油化工大学	中国
1742	锦州医科大学	中国
1745	长庚科技大学	中国台湾
1751	重庆理工大学	中国
1763	浙江海洋大学	中国
1765	中国人民解放军陆军工程大学	中国
1770	中央财经大学	中国
1772	延边大学	中国
1775	浙江财经大学	中国
1778	成都中医药大学	中国
1782	内蒙古农业大学	中国
1791	明志科技大学	中国台湾
1795	台湾中正大学	中国台湾
1800	湖南中医药大学	中国
1806	台湾南开科技大学	中国台湾
1809	台湾政治大学	中国台湾
1815	岭南大学	中国香港
1816	台湾屏东科技大学	中国台湾
1819	黑龙江中医药大学	中国
1822	彰化师范大学	中国台湾
1823	河南科技学院	中国
1826	南台科技大学	中国台湾

　　为了更详细、更有针对性地分析排名结果，在这一部分，我们对中国进入世界一流大学综合竞争力排行榜前100名的11所大学进行单个指标的科研竞争力比较分析。

2022 年，中国进入世界一流大学综合竞争力排行榜前 100 名的大学有 11 所，分别是清华大学(第 11 位)、北京大学(第 12 位)、浙江大学(第 20 位)、上海交通大学(第 36 位)、中国科学院大学(第 39 位)、复旦大学(第 64 位)、武汉大学(第 71 位)、华中科技大学(第 72 位)、中山大学(第 74 位)、香港大学(第 88 位)、四川大学(第 97 位)。

我们按照各项评价指标，将其与它们同档次的大学进行比较，因清华大学与北京大学、上海交通大学与中国科学院大学、复旦大学、武汉大学、华中科技大学与中山大学名次相近，故我们放在一起进行比较，香港大学和四川大学放在一起比较，浙江大学单独进行分析，以更好地分析排名结果。

(一)清华大学与北京大学

清华大学在此次排行中处于第 11 位，北京大学位于第 12 位，在 1825 所大学中，相对来说比较靠前。我们选取与清华大学和北京大学排名处于同一阶段的其他 8 所大学进行比较分析，分别是剑桥大学(英国)、多伦多大学(加拿大)、加利福尼亚大学洛杉矶分校(美国)、哥伦比亚大学(美国)、伦敦大学学院(英国)、加利福尼亚大学伯克利分校(美国)、东京大学(日本)、宾夕法尼亚大学(美国)。

1. 综合竞争力排名分析

这 10 所大学的综合竞争力排名如表 3-4 所示。其中，只有清华大学和北京大学是在发展中国家，其余 8 所均分布在英国、加拿大、美国和日本四个发达国家。

表 3-4　清华大学、北京大学与同档次大学综合竞争力排名比较

排名	学校名称	国家/地区	排名	学校名称	国家/地区
7	剑桥大学	英国	12	北京大学	中国
8	多伦多大学	加拿大	13	伦敦大学学院	英国
9	加利福尼亚大学洛杉矶分校	美国	14	加利福尼亚大学伯克利分校	美国
10	哥伦比亚大学	美国	15	东京大学	日本
11	清华大学	中国	16	宾夕法尼亚大学	美国

注：阴影覆盖的表单元是本书所列举的中国大学范例的情况，下同。

2. 高被引科学家数排名分析

从表 3-5 中可以看出，紧随加利福尼亚大学伯克利分校，清华大学的高被引科学家数排名领先于其综合竞争力排名，而北京大学的高被引科学家数排名明显落后于其综合竞争力排名。这说明仍需要进一步加强高影响力科研队伍的建设。

表 3-5　清华大学、北京大学与同档次大学高被引科学家数排名比较

综合竞争力排名	学校名称	国家/地区	高被引科学家数排名
7	剑桥大学	英国	16
8	多伦多大学	加拿大	39
9	加利福尼亚大学洛杉矶分校	美国	8
10	哥伦比亚大学	美国	12
11	清华大学	中国	5
12	北京大学	中国	34
13	伦敦大学学院	英国	19
14	加利福尼亚大学伯克利分校	美国	4

综合竞争力排名	学校名称	国家/地区	高被引科学家数排名
15	东京大学	日本	91
16	宾夕法尼亚大学	美国	12

3. 进入 ESI 学科数排名分析

从学科数来看，如表 3-6 所示，北京大学进入 ESI 的学科数为 22 个。清华大学进入 ESI 的学科数为 21 个，仅一个学科未进入 ESI 排名，较 2021 年学科数量有所突破。

表 3-6　清华大学、北京大学与同档次大学进入 ESI 学科数比较

综合竞争力排名	学校名称	国家/地区	学科数
7	剑桥大学	英国	22
8	多伦多大学	加拿大	22
9	加利福尼亚大学洛杉矶分校	美国	22
10	哥伦比亚大学	美国	22
11	清华大学	中国	21
12	北京大学	中国	22
13	伦敦大学学院	英国	22
14	加利福尼亚大学伯克利分校	美国	22
15	东京大学	日本	21
16	宾夕法尼亚大学	美国	21

4. ESI 收录论文数排名分析

从 ESI 收录论文数来看，清华大学在 ESI 收录论文数的排名为 18，北京大学的排名为 19，从表 3-7 中可以看出，与同档次的大学相比，清华大学和北京大学排名相对靠前，表明其论文产出较多。然而，相较于 2021 年，两所高校的 ESI 收录论文数排名均下降 1 位。

表 3-7　清华大学、北京大学与同档次大学 ESI 收录论文数排名比较

综合竞争力排名	学校名称	国家/地区	ESI 收录论文数排名
7	剑桥大学	英国	21
8	多伦多大学	加拿大	3
9	加利福尼亚大学洛杉矶分校	美国	23
10	哥伦比亚大学	美国	27
11	清华大学	中国	18
12	北京大学	中国	19
13	伦敦大学学院	英国	5
14	加利福尼亚大学伯克利分校	美国	37
15	东京大学	日本	20
16	宾夕法尼亚大学	美国	22

5. 篇均被引次数排名分析

从篇均被引次数来看，在综合竞争力排名相近的 10 所大学中，加利福尼亚大学伯克利分校的篇均被引次数最多，高居榜首。如表 3-8 所示，在 10 所排名相近的大学中，清华大学与北京大学的篇均被引次数排名均靠后，清华大学、北京大学的篇均被引次数排名位次明显落后于其综合竞争力排名位次，两所学校需要提高论文质量与影响力。

表 3-8　清华大学、北京大学与同档次大学篇均被引次数排名比较

综合竞争力排名	学校名称	国家/地区	篇均被引次数排名
7	剑桥大学	英国	79
8	多伦多大学	加拿大	176
9	加利福尼亚大学洛杉矶分校	美国	94
10	哥伦比亚大学	美国	86
11	清华大学	中国	512
12	北京大学	中国	612
13	伦敦大学学院	英国	142
14	加利福尼亚大学伯克利分校	美国	44
15	东京大学	日本	546
16	宾夕法尼亚大学	美国	99

6. 高被引论文数排名分析

从高被引论文数来看，在综合竞争力排名相近的 10 所大学中，多伦多大学的高被引论文数是 4095 篇，排名第 4。清华大学高被引论文数是 2517 篇，北京大学高被引论文数是 1978 篇，和多伦多大学相比还是有很大差距。如表 3-9 所示，清华大学的高被引论文数排名在第 26 位，北京大学排名在第 41 位，和同档次的学校相比，清华大学排名位于中段，北京大学的高被引论文数排名处于相对落后的位置。

表 3-9　清华大学、北京大学与同档次大学高被引论文数排名比较

综合竞争力排名	学校名称	国家/地区	高被引论文数排名
7	剑桥大学	英国	10
8	多伦多大学	加拿大	4
9	加利福尼亚大学洛杉矶分校	美国	17
10	哥伦比亚大学	美国	11
11	清华大学	中国	26
12	北京大学	中国	41
13	伦敦大学学院	英国	6
14	加利福尼亚大学伯克利分校	美国	16
15	东京大学	日本	64
16	宾夕法尼亚大学	美国	12

7. 国际合作论文数排名分析

如表 3-10 所示,在这 10 所大学中,排名最靠前的是伦敦大学学院,清华大学与北京大学的国际合作论文数排名处于中间靠后的位置,仍有较大进步空间。

表 3-10　清华大学、北京大学与同档次大学国际合作论文数排名比较

综合竞争力排名	学校名称	国家/地区	国际合作论文数排名
7	剑桥大学	英国	6
8	多伦多大学	加拿大	3
9	加利福尼亚大学洛杉矶分校	美国	33
10	哥伦比亚大学	美国	39
11	清华大学	中国	48
12	北京大学	中国	57
13	伦敦大学学院	英国	2
14	加利福尼亚大学伯克利分校	美国	72
15	东京大学	日本	62
16	宾夕法尼亚大学	美国	40

8. 发明专利数排名分析

从发明专利数来看,清华大学排名为第 25 名,北京大学排名为第 84 名。如表 3-11 所示,与同档次的大学(除美国的加利福尼亚大学伯克利分校和日本的东京大学外)相比,两所大学发明专利数排名有显著优势。但是相较于 2021 年而言,两所学校的排名均有所下降。

表 3-11　清华大学、北京大学与同档次大学发明专利数排名比较

综合竞争力排名	学校名称	国家/地区	发明专利数排名
7	剑桥大学	英国	549
8	多伦多大学	加拿大	518
9	加利福尼亚大学洛杉矶分校	美国	1258
10	哥伦比亚大学	美国	313
11	清华大学	中国	25
12	北京大学	中国	84
13	伦敦大学学院	英国	294
14	加利福尼亚大学伯克利分校	美国	29
15	东京大学	日本	95
16	宾夕法尼亚大学	美国	352

9. 网络影响力排名分析

从表 3-12 中可以看出,相对于同档次的大学(除哥伦比亚大学外),清华大学与北京大学的网络影响力排名较靠后,落后于其他同档次的大学,表明清华大学、北京大学在国际上的影响力仍有待进一步提升。

表 3-12　清华大学、北京大学与同档次大学网络影响力排名比较

综合竞争力排名	学校名称	国家/地区	网络影响力排名
7	剑桥大学	英国	11
8	多伦多大学	加拿大	17
9	加利福尼亚大学洛杉矶分校	美国	13
10	哥伦比亚大学	美国	4596
11	清华大学	中国	30
12	北京大学	中国	47
13	伦敦大学学院	英国	15
14	加利福尼亚大学伯克利分校	美国	4
15	东京大学	日本	65
16	宾夕法尼亚大学	美国	12

(二)浙江大学

浙江大学在综合竞争力排名中处于第 20 名,我们选取与浙江大学排名处于同一阶段的其他 4 所大学进行比较分析。

1. 综合竞争力排名分析

这 5 所大学的综合竞争力排名如表 3-13 所示。与浙江大学排名处同一阶段的其他大学分别为英国的伦敦帝国学院和美国的密歇根大学、加利福尼亚大学圣迭戈分校、华盛顿大学。

表 3-13　浙江大学与同档次大学综合竞争力排名比较

排名	学校名称	国家/地区
18	伦敦帝国学院	英国
19	密歇根大学	美国
20	浙江大学	中国
21	加利福尼亚大学圣迭戈分校	美国
22	华盛顿大学	美国

2. 高被引科学家数排名分析

从表 3-14 中可以看出,除加利福尼亚大学圣迭戈分校表现突出以外,浙江大学和其他同档次大学的高被引科学家数排名较其综合竞争力排名均与各自的综合竞争力排名有一定差距,表明浙江大学需要引进和培育更高影响力的科研人才。

表 3-14　浙江大学与同档次大学高被引科学家数排名分析

综合竞争力排名	学校名称	国家/地区	高被引科学家数排名
18	伦敦帝国学院	英国	41
19	密歇根大学	美国	41
20	浙江大学	中国	33

综合竞争力排名	学校名称	国家/地区	高被引科学家数排名
21	加利福尼亚大学圣迭戈分校	美国	6
22	华盛顿大学	美国	76

3. 进入 ESI 学科数排名分析

从进入 ESI 学科数来看，如表 3-15 所示，浙江大学进入 ESI 的学科数为 21，仅一个科学未进入 ESI 排名表中。

表 3-15　浙江大学与同档次大学进入 ESI 学科数比较

综合竞争力排名	学校名称	国家/地区	学科数
18	伦敦帝国学院	英国	22
19	密歇根大学	美国	22
20	浙江大学	中国	21
21	加利福尼亚大学圣迭戈分校	美国	22
22	华盛顿大学	美国	22

4. ESI 收录论文数排名分析

从 ESI 收录论文数排名来看，如表 3-16 所示，浙江大学排行第 7 位，与同档次的大学相比其表现最佳，共 114559 篇。与 2021 年相比，浙江大学 ESI 收录数量排名进步显著。

表 3-16　浙江大学与同档次大学 ESI 收录论文数排名比较

综合竞争力排名	学校名称	国家/地区	ESI 收录论文数排名
18	伦敦帝国学院	英国	25
19	密歇根大学	美国	9
20	浙江大学	中国	7
21	加利福尼亚大学圣迭戈分校	美国	34
22	华盛顿大学	美国	15

5. 篇均被引次数排名分析

从篇均被引次数来看，浙江大学的篇均被引次数排名为第 918 名，说明浙江大学在科研影响力方面距离世界顶尖大学水平还有很大的差距。如表 3-17 所示，在科研竞争力排名相近的 5 所大学中，浙江大学的篇均被引次数排在最后，严重落后于其综合竞争力排名。

表 3-17　浙江大学与同档次大学篇均被引次数排名比较

综合竞争力排名	学校名称	国家/地区	篇均被引次数排名
18	伦敦帝国学院	英国	107
19	密歇根大学	美国	178

续表

综合竞争力排名	学校名称	国家/地区	篇均被引次数排名
20	浙江大学	中国	918
21	加利福尼亚大学圣迭戈分校	美国	75
22	华盛顿大学	美国	83

6. 高被引论文数排名分析

从高被引论文数来看，浙江大学的高被引论文数为 1758 篇。如表 3-18 所示，和同档次的学校相比，浙江大学的高被引论文数排在第 49 位，相对于其较高的 ESI 收录论文数，高被引论文数较低，表明其论文质量还有待提高。

表 3-18　浙江大学与同档次大学高被引论文数排名比较

综合竞争力排名	学校名称	国家/地区	高被引论文数排名
18	伦敦帝国学院	英国	15
19	密歇根大学	美国	14
20	浙江大学	中国	49
21	加利福尼亚大学圣迭戈分校	美国	20
22	华盛顿大学	美国	7

7. 国际合作论文数排名分析

如表 3-19 所示，浙江大学的国际合作论文数排名第 32 位，与同档次的大学比较排名处于居中位置，其国际合作程度表现较为良好。

表 3-19　浙江大学与同档次大学国际合作论文数排名比较

综合竞争力排名	学校名称	国家/地区	国际合作论文数排名
18	伦敦帝国学院	英国	5
19	密歇根大学	美国	34
20	浙江大学	中国	32
21	加利福尼亚大学圣迭戈分校	美国	58
22	华盛顿大学	美国	28

8. 发明专利数排名分析

从发明专利数来看，如表 3-20 所示，与同档次的大学相比，浙江大学排在第 19 位，位列同档次大学第 1 位。与其综合竞争力排名相比，浙江大学的发明专利数排名稍高于其综合竞争力排名，表明其科技创新能力比较强。

表3-20　浙江大学与同档次大学发明专利数排名比较

综合竞争力排名	学校名称	国家/地区	发明专利数排名
18	伦敦帝国学院	英国	294
19	密歇根大学	美国	155
20	浙江大学	中国	19
21	加利福尼亚大学圣迭戈分校	美国	1162
22	华盛顿大学	美国	324

9. 网络影响力排名分析

从表3-21中可以看出,浙江大学相对于同档次的大学,其网络影响力排名处于较为落后的位置,低于其综合竞争力排名,表明浙江大学需进一步提升国际知名度。

表3-21　浙江大学与同档次大学网络影响力排名比较

综合竞争力排名	学校名称	国家/地区	网络影响力排名
18	伦敦帝国学院	英国	34
19	密歇根大学	美国	6
20	浙江大学	中国	77
21	加利福尼亚大学圣迭戈分校	美国	16
22	华盛顿大学	美国	7

(三)上海交通大学与中国科学院大学

上海交通大学与中国科学院大学在综合竞争力排名排行中分别处于第36名、第39名,在1825所大学中比较靠前。我们选取与上海交通大学、中国科学院大学排名处于同一范围的其他8所大学进行比较分析。

1. 综合竞争力排名分析

这10所大学的综合竞争力排名如表3-22所示。除中国的两所大学外,其余8所大学均来自发达国家,它们分别是美国的杜克大学、法国的索邦大学、澳大利亚的昆士兰大学、丹麦的哥本哈根大学、德国的汉堡大学、意大利的罗马大学、德国的柏林自由大学和美国的芝加哥大学。

表3-22　上海交通大学、中国科学院大学与同档次大学综合竞争力排名比较

排名	学校名称	国家/地区	排名	学校名称	国家/地区
33	杜克大学	美国	38	汉堡大学	德国
34	索邦大学	法国	39	中国科学院大学	中国
35	昆士兰大学	澳大利亚	40	罗马大学	意大利
36	上海交通大学	中国	41	柏林自由大学	德国
37	哥本哈根大学	丹麦	42	芝加哥大学	美国

2. 高被引科学家数排名分析

从表3-23中可以看出,和其他同档次大学相比,上海交通大学的高被引科学家数排名居中,表明其

科研队伍还有待加强。中国科学院大学排名第744位，远低于其综合竞争力排名，表明在科研队伍建设方面中国科学院大学急需加快脚步。

表 3-23　上海交通大学、中国科学院大学与同档次大学高被引科学家数排名比较

综合竞争力排名	学校名称	国家/地区	高被引科学家数排名
33	杜克大学	美国	21
34	索邦大学	法国	162
35	昆士兰大学	澳大利亚	15
36	上海交通大学	中国	67
37	哥本哈根大学	丹麦	91
38	汉堡大学	德国	358
39	中国科学院大学	中国	744
40	罗马大学	意大利	358
41	柏林自由大学	德国	246
42	芝加哥大学	美国	27

3. 进入 ESI 学科数分析

从学科数来看，如表 3-24 所示，上海交通大学与中国科学院大学进入 ESI 学科数分别为 21 个、19 个。和同档次的大学相比，学科有待进一步发展，期待其建立更加完善、强大的学科体系。

表 3-24　上海交通大学、中国科学院大学与同档次大学进入 ESI 学科数比较

综合竞争力排名	学校名称	国家/地区	学科数
33	杜克大学	美国	21
34	索邦大学	法国	21
35	昆士兰大学	澳大利亚	20
36	上海交通大学	中国	21
37	哥本哈根大学	丹麦	22
38	汉堡大学	德国	18
39	中国科学院大学	中国	19
40	罗马大学	意大利	21
41	柏林自由大学	德国	18
42	芝加哥大学	美国	22

4. ESI 收录论文数排名分析

从 ESI 收录论文数来看，在 ESI 中收录上海交通大学与中国科学院大学的论文数排名分别是第 6 位和第 2 位，从表 3-25 中可以看出，与同档次的大学相比，中国科学院大学和上海交通大学依次位列第 1 名和第 2 名，表明其发表国际论文数多，科研产出率高。

表3-25　上海交通大学、中国科学院大学与同档次大学ESI收录论文数排名比较

综合竞争力排名	学校名称	国家/地区	ESI收录论文数排名
33	杜克大学	美国	46
34	索邦大学	法国	16
35	昆士兰大学	澳大利亚	42
36	上海交通大学	中国	6
37	哥本哈根大学	丹麦	29
38	汉堡大学	德国	146
39	中国科学院大学	中国	2
40	罗马大学	意大利	68
41	柏林自由大学	德国	81
42	芝加哥大学	美国	58

5. 篇均被引次数排名分析

从篇均被引次数来看，上海交通大学、中国科学院大学的篇均被引次数排名均远低于综合竞争力排名。如表3-26所示，在综合竞争力排名相近的10所大学中，上海交通大学、中国科学院大学的篇均被引次数排名落后，且与其他高校差距较大，这与上海交通大学、中国科学院大学发表国际论文数量多有一定的关系，同时也在一定程度上表明这两所大学需要进一步提高论文的质量与影响力。

表3-26　上海交通大学、中国科学院大学与同档次大学篇均被引次数排名比较

综合竞争力排名	学校名称	国家/地区	篇均被引次数排名
33	杜克大学	美国	104
34	索邦大学	法国	259
35	昆士兰大学	澳大利亚	303
36	上海交通大学	中国	917
37	哥本哈根大学	丹麦	173
38	汉堡大学	德国	395
39	中国科学院大学	中国	932
40	罗马大学	意大利	592
41	柏林自由大学	德国	321
42	芝加哥大学	美国	69

6. 高被引论文数排名分析

从高被引论文数来看，上海交通大学高被引论文数是1703篇，中国科学院大学高被引论文数是2396篇。如表3-27所示，上海交通大学、中国科学院大学的高被引论文数排名分别在第58位和第30位。和同档次的学校相比，上海交通大学、中国科学院大学的高被引论文数排名居中，但是中国科学院大学的高被引论文数排名比综合竞争力排名更靠前。

表 3-27　上海交通大学、 中国科学院大学与同档次大学高被引论文数排名比较

综合竞争力排名	学校名称	国家/地区	高被引论文数排名
33	杜克大学	美国	25
34	索邦大学	法国	28
35	昆士兰大学	澳大利亚	45
36	上海交通大学	中国	58
37	哥本哈根大学	丹麦	29
38	汉堡大学	德国	132
39	中国科学院大学	中国	30
40	罗马大学	意大利	117
41	柏林自由大学	德国	78
42	芝加哥大学	美国	27

7. 国际合作论文数排名分析

如表 3-28 所示，在这 10 所大学中，上海交通大学和中国科学院大学的国际合作论文数排名均靠前，可以看出这两所高校比较注重国际论文合作，且在国际合作方面的成效较为显著。

表 3-28　上海交通大学、 中国科学院大学与同档次大学国际合作论文数排名比较

综合竞争力排名	学校名称	国家/地区	国际合作论文数排名
33	杜克大学	美国	77
34	索邦大学	法国	11
35	昆士兰大学	澳大利亚	23
36	上海交通大学	中国	29
37	哥本哈根大学	丹麦	10
38	汉堡大学	德国	85
39	中国科学院大学	中国	19
40	罗马大学	意大利	75
41	柏林自由大学	德国	43
42	芝加哥大学	美国	100

8. 发明专利数排名分析

从发明专利数来看，上海交通大学排名第 42，中国科学院大学排名第 183。如表 3-29 所示，尽管与同档次的大学相比，上海交通大学和中国科学院大学发明专利数排名有一定的优势，但是相比 2021 年而言排名有所下降。

表 3-29　上海交通大学、 中国科学院大学与同档次大学发明专利数排名比较

综合竞争力排名	学校名称	国家/地区	发明专利数排名
33	杜克大学	美国	300
34	索邦大学	法国	121

续表

综合竞争力排名	学校名称	国家/地区	发明专利数排名
35	昆士兰大学	澳大利亚	752
36	上海交通大学	中国	42
37	哥本哈根大学	丹麦	685
38	汉堡大学	德国	17
39	中国科学院大学	中国	183
40	罗马大学	意大利	798
41	柏林自由大学	德国	1258
42	芝加哥大学	美国	343

9. 网络影响力排名分析

从表 3-30 中可以看出,上海交通大学和相对于同档次的大学,网络影响力排名居中,表明上海交通大学在国际上的网络影响力仍需进一步提升。中国科学院大学和相对于同档次的大学,网络影响力排名最后一位,相比其综合竞争力而言差距明显。

表 3-30　上海交通大学、 中国科学院大学与同档次大学网络影响力排名比较

综合竞争力排名	学校名称	国家/地区	网络影响力排名
33	杜克大学	美国	21
34	索邦大学	法国	263
35	昆士兰大学	澳大利亚	55
36	上海交通大学	中国	75
37	哥本哈根大学	丹麦	73
38	汉堡大学	德国	162
39	中国科学院大学	中国	297
40	罗马大学	意大利	127
41	柏林自由大学	德国	187
42	芝加哥大学	美国	26

(四)复旦大学、武汉大学、华中科技大学和中山大学

复旦大学、武汉大学、华中科技大学和中山大学在综合竞争力排名中分别位于第 64 名、第 71 名、第 72 名、第 74 名,我们选取与其排名处于同一范围的其他 7 所大学进行比较分析。

1. 综合竞争力排名分析

这 11 所大学的综合竞争力排名如表 3-31 所示。除中国的 4 所大学外,其余 7 所大学分别为美国的佛罗里达大学、加拿大的麦吉尔大学、德国的慕尼黑大学、美国的俄亥俄州立大学、美国的纽约大学、美国的布朗大学、比利时的根特大学。

表3-31 复旦大学、武汉大学、华中科技大学和中山大学与同档次大学综合竞争力排名比较

排名	学校名称	国家/地区	排名	学校名称	国家/地区
64	复旦大学	中国	70	布朗大学	美国
65	佛罗里达大学	美国	71	武汉大学	中国
66	麦吉尔大学	加拿大	72	华中科技大学	中国
67	慕尼黑大学	德国	73	根特大学	比利时
68	俄亥俄州立大学	美国	74	中山大学	中国
69	纽约大学	美国			

2. 高被引科学家数排名分析

从表3-32中可以看出，复旦大学的高被引科学家数量排名相对靠前，高于其综合竞争力排名，和其他同档次大学相比，科研队伍实力较强。华中科技大学和中山大学的高被引科学家数量排名居中，而武汉大学的高被引科学家数量排名较为落后，还需进一步加强科研队伍的建设，提高科研队伍影响力。

表3-32 复旦大学、武汉大学、华中科技大学和中山大学与同档次大学高被引科学家数排名比较

综合竞争力排名	学校名称	国家/地区	高被引科学家数排名
64	复旦大学	中国	54
65	佛罗里达大学	美国	91
66	麦吉尔大学	加拿大	91
67	慕尼黑大学	德国	76
68	俄亥俄州立大学	美国	184
69	纽约大学	美国	41
70	布朗大学	美国	295
71	武汉大学	中国	162
72	华中科技大学	中国	82
73	根特大学	比利时	34
74	中山大学	中国	91

3. 进入ESI学科数分析

从进入ESI学科数来看，如表3-33所示，复旦大学进入ESI的学科数为21，较去年有所进步，华中科技大学和中山大学进入ESI的学科数为20个，武汉大学进入ESI的学科数为18个。相较于同档次的佛罗里达大学、慕尼黑大学、俄亥俄州立大学，复旦大学、武汉大学、华中科技大学和中山大学的学科体系有待进一步完善。

表3-33 复旦大学、武汉大学、华中科技大学和中山大学同档次大学进入ESI学科数比较

综合竞争力排名	学校名称	国家/地区	学科数
64	复旦大学	中国	21
65	佛罗里达大学	美国	22
66	麦吉尔大学	加拿大	21

续表

综合竞争力排名	学校名称	国家/地区	学科数
67	慕尼黑大学	德国	22
68	俄亥俄州立大学	美国	22
69	纽约大学	美国	21
70	布朗大学	美国	19
71	武汉大学	中国	18
72	华中科技大学	中国	20
73	根特大学	比利时	19
74	中山大学	中国	20

4. ESI 收录论文数排名分析

从 ESI 收录论文数排名来看，如表 3-34 所示，中山大学和复旦大学 ESI 收录论文数分别排第 33 位和第 35 位，高于同档次其他大学，可见中山大学和复旦大学在论文发表方面表现较高的产出率。华中科技大学 ESI 收录论文数排在第 45 位，高于其综合竞争力排名。武汉大学 ESI 收录论文数排在第 86 位，相较于同档次大学，ESI 收录论文数排名较为靠后。

表3-34 复旦大学、武汉大学、华中科技大学和中山大学同档次大学 ESI 收录论文数排名比较

综合竞争力排名	学校名称	国家/地区	ESI 收录论文数排名
64	复旦大学	中国	35
65	佛罗里达大学	美国	49
66	麦吉尔大学	加拿大	53
67	慕尼黑大学	德国	70
68	俄亥俄州立大学	美国	39
69	纽约大学	美国	85
70	布朗大学	美国	204
71	武汉大学	中国	86
72	华中科技大学	中国	45
73	根特大学	比利时	72
74	中山大学	中国	33

5. 篇均被引次数排名分析

从篇均被引次数来看，如表 3-35 所示，在综合竞争力排名相近的 11 所大学中，复旦大学、武汉大学、华中科技大学和中山大学虽在 ESI 收录论文数指标上表现较为优异，但在篇均被引次数指标上表现较弱，可见需继续努力提高论文质量。

表3-35 复旦大学、武汉大学、华中科技大学和中山大学与同档次大学篇均被引次数排名比较

综合竞争力排名	学校名称	国家/地区	篇均被引次数排名
64	复旦大学	中国	724

综合竞争力排名	学校名称	国家/地区	篇均被引次数排名
65	佛罗里达大学	美国	530
66	麦吉尔大学	加拿大	232
67	慕尼黑大学	德国	211
68	俄亥俄州立大学	美国	327
69	纽约大学	美国	154
70	布朗大学	美国	188
71	武汉大学	中国	838
72	华中科技大学	中国	852
73	根特大学	比利时	394
74	中山大学	中国	865

6. 高被引论文数排名分析

从高被引论文数来看，2022 年复旦大学的高被引论文数为 1385 篇，武汉大学的高被引论文数为 1128 篇，华中科技大学的高被引论文数为 1408 篇，中山大学的高被引论文数为 1357 篇。如表 3-36 所示，和同档次的学校相比，复旦大学、武汉大学、华中科技大学和中山大学的高被引论文数排名靠后，表明这 4 所大学需要产出更多具有高影响力的论文。

表 3-36　复旦大学、武汉大学、华中科技大学和中山大学与同档次大学高被引论文数排名比较

综合竞争力排名	学校名称	国家/地区	高被引论文数排名
64	复旦大学	中国	86
65	佛罗里达大学	美国	72
66	麦吉尔大学	加拿大	58
67	慕尼黑大学	德国	62
68	俄亥俄州立大学	美国	46
69	纽约大学	美国	52
70	布朗大学	美国	166
71	武汉大学	中国	115
72	华中科技大学	中国	82
73	根特大学	比利时	79
74	中山大学	中国	87

7. 国际合作论文数排名分析

如表 3-37 所示，复旦大学、武汉大学、华中科技大学的国际合作论文数排名与同档次的大学比较排名处于较为靠后的位置，其国际合作程度还有待进一步提高，中山大学的国际合作论文数排名为第 71，与同档次的大学比较，国际合作论文数在 11 所大学中位于第 4 名，其国际合作程度较高。

表3-37　复旦大学、武汉大学、华中科技大学和中山大学与同档次大学国际合作论文数排名比较

综合竞争力排名	学校名称	国家/地区	国际合作论文数排名
64	复旦大学	中国	93
65	佛罗里达大学	美国	79
66	麦吉尔大学	加拿大	37
67	慕尼黑大学	德国	47
68	俄亥俄州立大学	美国	86
69	纽约大学	美国	112
70	布朗大学	美国	288
71	武汉大学	中国	173
72	华中科技大学	中国	121
73	根特大学	比利时	31
74	中山大学	中国	71

8. 发明专利数排名分析

从发明专利数来看,如表3-38所示,华中科技大学排名第23,中山大学排名第63,武汉大学排名第71,复旦大学排名第94。这4所大学的发明专利数与同档次大学相比位于前列,且与它们拉开了明显的差距,科技创新能力值得肯定。

表3-38　复旦大学、武汉大学、华中科技大学和中山大学与同档次大学发明专利数排名比较

综合竞争力排名	学校名称	国家/地区	发明专利数排名
64	复旦大学	中国	94
65	佛罗里达大学	美国	119
66	麦吉尔大学	加拿大	685
67	慕尼黑大学	德国	357
68	俄亥俄州立大学	美国	343
69	纽约大学	美国	501
70	布朗大学	美国	685
71	武汉大学	中国	71
72	华中科技大学	中国	23
73	根特大学	比利时	1162
74	中山大学	中国	63

9. 网络影响力排名分析

从表3-39中可以看出,复旦大学、武汉大学、华中科技大学和中山大学相对于同档次的大学,其网络影响力排名均处于较为靠后的位置,仍需要进一步提升国际知名度。

表 3-39　复旦大学、武汉大学、华中科技大学和中山大学与同档次大学网络影响力排名比较

综合竞争力排名	学校名称	国家/地区	网络影响力排名
64	复旦大学	中国	121
65	佛罗里达大学	美国	33
66	麦吉尔大学	加拿大	60
67	慕尼黑大学	德国	182
68	俄亥俄州立大学	美国	35
69	纽约大学	美国	23
70	布朗大学	美国	74
71	武汉大学	中国	172
72	华中科技大学	中国	164
73	根特大学	比利时	100
74	中山大学	中国	192

(五) 香港大学与四川大学

香港大学与四川大学在综合竞争力排名中分别处于第 88 名、第 97 名，我们选取与两所高校排名处于同一阶段的其他 8 所大学进行比较分析。

1. 综合竞争力排名分析

香港大学、四川大学与同档次大学综合竞争力排名比较如表 3-40 所示。其余 8 所大学分别为丹麦的奥尔胡斯大学、沙特阿拉伯的沙特国王大学、德国的慕尼黑理工大学和柏林洪堡大学、美国的宾夕法尼亚州立大学、德国的海德堡大学、加拿大的阿尔伯塔大学、挪威的奥斯陆大学。

表 3-40　香港大学、四川大学与同档次大学综合竞争力排名比较

综合竞争力排名	学校名称	国家/地区	综合竞争力排名	学校名称	国家/地区
88	香港大学	中国香港	93	宾夕法尼亚州立大学	美国
89	奥尔胡斯大学	丹麦	94	海德堡大学	德国
90	沙特国王大学	沙特阿拉伯	95	阿尔伯塔大学	加拿大
91	慕尼黑理工大学	德国	96	奥斯陆大学	挪威
92	柏林洪堡大学	德国	97	四川大学	中国

2. 高被引科学家数排名分析

从表 3-41 中可以看出，和其他同档次大学相比，香港大学和四川大学的高被引科学家数排名均处于靠前位置。其中，香港大学的高被引科学家数排名第 26，与其综合竞争力相比表现较为突出。

表 3-41　香港大学、四川大学与同档次大学高被引科学家数排名比较

综合竞争力排名	学校名称	国家/地区	高被引科学家数排名
88	香港大学	中国香港	26
89	奥尔胡斯大学	丹麦	99

续表

综合竞争力排名	学校名称	国家/地区	高被引科学家数排名
90	沙特国王大学	沙特阿拉伯	17
91	慕尼黑理工大学	德国	121
92	柏林洪堡大学	德国	246
93	宾夕法尼亚州立大学	美国	744
94	海德堡大学	德国	162
95	阿尔伯塔大学	加拿大	138
96	奥斯陆大学	挪威	184
97	四川大学	中国	99

3. 进入 ESI 学科数排名分析

从进入 ESI 学科数来看，如表 3-42 所示，2022 年香港大学、四川大学进入 ESI 的学科数分别为 20 个、19 个。和同档次的大学相比，香港大学、四川大学的学科体系有待进一步完善。

表 3-42　香港大学、四川大学与同档次大学进入 ESI 学科数比较

综合竞争力排名	学校名称	国家/地区	学科数
88	香港大学	中国香港	20
89	奥尔胡斯大学	丹麦	21
90	沙特国王大学	沙特阿拉伯	18
91	慕尼黑理工大学	德国	21
92	柏林洪堡大学	德国	20
93	宾夕法尼亚州立大学	美国	22
94	海德堡大学	德国	18
95	阿尔伯塔大学	加拿大	20
96	奥斯陆大学	挪威	21
97	四川大学	中国	19

4. ESI 收录论文数排名分析

从 ESI 收录论文数排名来看，如表 3-43 所示，四川大学 ESI 收录论文数排在第 47 位，与同档次的大学相比处于靠前位置，表现较为良好。而香港大学 ESI 收录论文数排在第 140 位，与同档次的大学相比处于靠后位置，论文产出量有待进一步增加。

表 3-43　香港大学、四川大学与同档次大学 ESI 收录论文数排名比较

综合竞争力排名	学校名称	国家/地区	ESI 收录论文数排名
88	香港大学	中国香港	140
89	奥尔胡斯大学	丹麦	87
90	沙特国王大学	沙特阿拉伯	143
91	慕尼黑理工大学	德国	94

续表

综合竞争力排名	学校名称	国家/地区	ESI 收录论文数排名
92	柏林洪堡大学	德国	84
93	宾夕法尼亚州立大学	美国	60
94	海德堡大学	德国	79
95	阿尔伯塔大学	加拿大	73
96	奥斯陆大学	挪威	109
97	四川大学	中国	47

5. 篇均被引次数排名分析

从篇均被引次数来看，如表 3-44 所示，香港大学、四川大学的篇均被引次数排名分别为第 347 名、第 1245 名，两所高校在科研影响力方面距离世界顶尖大学水平还有较大距离，说明论文的质量有待加强。

表 3-44　香港大学、四川大学与同档次大学篇均被引次数排名比较

综合竞争力排名	学校名称	国家/地区	篇均被引次数排名
88	香港大学	中国香港	347
89	奥尔胡斯大学	丹麦	371
90	沙特国王大学	沙特阿拉伯	1142
91	慕尼黑理工大学	德国	407
92	柏林洪堡大学	德国	287
93	宾夕法尼亚州立大学	美国	402
94	海德堡大学	德国	126
95	阿尔伯塔大学	加拿大	510
96	奥斯陆大学	挪威	289
97	四川大学	中国	1245

6. 高被引论文数排名分析

从高被引论文数来看，香港大学、四川大学的高被引论文数分别为 1070 篇、866 篇。如表 3-45 所示，和同档次的学校相比，两所高校的高被引论文数排名较为靠后，表明其被引论文数有待提升，需要产出更多有质量的论文。

表 3-45　香港大学、四川大学与同档次大学高被引论文数排名比较

综合竞争力排名	学校名称	国家/地区	高被引论文数排名
88	香港大学	中国香港	127
89	奥尔胡斯大学	丹麦	103
90	沙特国王大学	沙特阿拉伯	197
91	慕尼黑理工大学	德国	99
92	柏林洪堡大学	德国	67
93	宾夕法尼亚州立大学	美国	84

综合竞争力排名	学校名称	国家/地区	高被引论文数排名
94	海德堡大学	德国	56
95	阿尔伯塔大学	加拿大	94
96	奥斯陆大学	挪威	91
97	四川大学	中国	167

7. 国际合作论文数排名分析

如表 3-46 所示，香港大学、四川大学的国际合作论文数排名分别为第 129 位、第 151 位，与同档次的大学相比排名处于较为靠后的位置，两所大学的国际合作程度有待于进一步提高。

表 3-46　香港大学、四川大学与同档次大学国际合作论文数排名比较

综合竞争力排名	学校名称	国家/地区	国际合作论文数排名
88	香港大学	中国香港	129
89	奥尔胡斯大学	丹麦	49
90	沙特国王大学	沙特阿拉伯	27
91	慕尼黑理工大学	德国	64
92	柏林洪堡大学	德国	45
93	宾夕法尼亚州立大学	美国	106
94	海德堡大学	德国	55
95	阿尔伯塔大学	加拿大	59
96	奥斯陆大学	挪威	61
97	四川大学	中国	151

8. 发明专利数排名分析

从发明专利数来看，如表 3-47 所示，两所大学与同档次大学相比位于前列，科技创新能力值得肯定。其中，四川大学的发明专利数排名第 34 位，成为同档次大学中的佼佼者。

表 3-47　香港大学、四川大学与同档次大学发明专利数排名比较

综合竞争力排名	学校名称	国家/地区	发明专利数排名
88	香港大学	中国香港	397
89	奥尔胡斯大学	丹麦	766
90	沙特国王大学	沙特阿拉伯	516
91	慕尼黑理工大学	德国	357
92	柏林洪堡大学	德国	532
93	宾夕法尼亚州立大学	美国	448
94	海德堡大学	德国	707

续表

综合竞争力排名	学校名称	国家/地区	发明专利数排名
95	阿尔伯塔大学	加拿大	723
96	奥斯陆大学	挪威	707
97	四川大学	中国	34

9. 网络影响力排名分析

从表3-48中可以看出，香港大学、四川大学的网络影响力排名分别为第83位、第272位。相对于同档次的大学，四川大学的网络影响力排名处于较为靠后的位置，特别是相比美国的宾夕法尼亚州立大学，网络影响力较为落后，说明其国际知名度需要进一步提高。

表3-48　香港大学、四川大学与同档次大学网络影响力排名比较

综合竞争力排名	学校名称	国家/地区	网络影响力排名
88	香港大学	中国香港	83
89	奥尔胡斯大学	丹麦	108
90	沙特国王大学	沙特阿拉伯	371
91	慕尼黑理工大学	德国	82
92	柏林洪堡大学	德国	227
93	宾夕法尼亚州立大学	美国	20
94	海德堡大学	德国	105
95	阿尔伯塔大学	加拿大	69
96	奥斯陆大学	挪威	95
97	四川大学	中国	272

第二节　我们离世界一流学科还有多远？

一、中国大陆(内地)大学进入 ESI 学科排行的学科详细列表与分析

表3-49给出了中国大陆(内地)大学进入 ESI 学科排行的学科数量及学科排名情况，经过综合分析此表和"世界一流大学综合竞争力排行榜"(表2-2)，我们得出以下结论。

(1)从进入 ESI 学科排行的学科排名来看，中国大陆(内地)大学学科的总体实力不是很强，虽然我国很多大学在化学、工程学、材料科学、临床医学、计算机科学、农业科学、生物学与生物化学、环境学与生态学领域有不俗的表现，但是主要还是集中在中国农业大学、江南大学、浙江大学、清华大学、东南大学、华中科技大学、上海交通大学、中国科学院大学、北京大学、中国科学技术大学、哈尔滨工业大学、中国地质大学等少数大学，没有形成一个较大的一流学科建设群。由此可以表明，我国大学的世界一流学科建设任重而道远。

(2)从进入 ESI 学科排行的学科数排名来看，北京大学有22个学科进入 ESI 学科排行，清华大学、复旦大学、浙江大学、上海交通大学有21个学科进入 ESI 学科排行，华中科技大学、中山大学有20个学科

进入 ESI 学科排行。

(3)从进入 ESI 学科排行的覆盖面来看,中国大陆(内地)大学所有进入 ESI 学科排行学科共计 22 个,与 2021 年世界大学评价的结果相比较,进入 ESI 学科排行学科数量增加。

表 3-49　进入 ESI 学科排行的中国大陆(内地)大学及其学科排名表

学校名称	进入 ESI 学科排行的学科数	详细情况
北京大学	22	农业科学(155/707)、生物学与生物化学(62/790)、化学(15/1149)、临床医学(123/1456)、计算机科学(74/504)、经济学和商学(28/349)、工程学(69/1455)、环境科学与生态学(824/957)、地球科学(10/552)、免疫学(195/471)、材料科学(6/827)、数学(53/254)、微生物学(113/365)、分子生物学与遗传学(69/526)、综合交叉学(36/98)、神经科学与行为科学(116/596)、药理学与毒物学(46/712)、物理学(25/569)、植物学与动物学(120/933)、精神病学与行为科学(87/626)、社会科学(94/1198)、空间科学(82/116)
清华大学	21	农业科学(421/707)、生物学与生物化学(29/790)、化学(1/1149)、临床医学(288/1456)、计算机科学(4/504)、经济学和商学(65/349)、工程学(1/1455)、环境科学与生态学(824/957)、地球科学(8/552)、免疫学(164/471)、材料科学(1/827)、数学(94/254)、微生物学(120/365)、分子生物学与遗传学(84/526)、综合交叉学(12/98)、神经科学与行为科学(444/596)、药理学与毒物学(387/712)、物理学(7/569)、植物学与动物学(145/933)、精神病学与行为科学(519/626)、社会科学(107/1198)
复旦大学	21	农业科学(520/707)、生物学与生物化学(65/790)、化学(24/1149)、临床医学(103/1456)、计算机科学(199/504)、经济学和商学(39/349)、工程学(65/1455)、环境科学与生态学(824/957)、地球科学(224/552)、免疫学(98/471)、材料科学(11/827)、数学(50/254)、微生物学(55/365)、分子生物学与遗传学(64/526)、综合交叉学(48/98)、神经科学与行为科学(129/596)、药理学与毒物学(27/712)、物理学(111/569)、植物学与动物学(395/933)、精神病学与行为科学(313/626)、社会科学(218/1198)
上海交通大学	21	农业科学(185/707)、生物学与生物化学(30/790)、化学(28/1149)、临床医学(71/1456)、计算机科学(27/504)、经济学和商学(163/349)、工程学(10/1455)、环境科学与生态学(824/957)、地球科学(417/552)、免疫学(152/471)、材料科学(15/827)、数学(39/254)、微生物学(57/365)、分子生物学与遗传学(45/526)、综合交叉学(70/98)、神经科学与行为科学(161/596)、药理学与毒物学(32/712)、物理学(38/569)、植物学与动物学(65/933)、精神病学与行为科学(125/626)、社会科学(247/1198)
浙江大学	21	农业科学(9/707)、生物学与生物化学(40/790)、化学(7/1149)、临床医学(157/1456)、计算机科学(13/504)、经济学和商学(94/349)、工程学(5/1455)、环境科学与生态学(824/957)、地球科学(197/552)、免疫学(101/471)、材料科学(10/827)、数学(88/254)、微生物学(77/365)、分子生物学与遗传学(85/526)、综合交叉学(47/98)、神经科学与行为科学(109/596)、药理学与毒物学(17/712)、物理学(81/569)、植物学与动物学(41/933)、精神病学与行为科学(401/626)、社会科学(335/1198)
华中科技大学	20	农业科学(437/707)、生物学与生物化学(119/790)、化学(67/1149)、临床医学(83/1456)、计算机科学(11/504)、经济学和商学(90/349)、工程学(6/1455)、环境科学与生态学(824/957)、地球科学(473/552)、免疫学(65/471)、材料科学(26/827)、数学(108/254)、微生物学(136/365)、分子生物学与遗传学(132/526)、神经科学与行为科学(140/596)、药理学与毒物学(72/712)、物理学(73/569)、植物学与动物学(807/933)、精神病学与行为科学(269/626)、社会科学(188/1198)

续表

学校名称	进入 ESI 学科排行的学科数	详细情况
中山大学	20	农业科学(94/707)、生物学与生物化学(90/790)、化学(26/1149)、临床医学(107/1456)、计算机科学(64/504)、经济学和商学(121/349)、工程学(80/1455)、环境科学与生态学(824/957)、地球科学(52/552)、免疫学(160/471)、材料科学(40/827)、数学(87/254)、微生物学(74/365)、分子生物学与遗传学(73/526)、神经科学与行为科学(213/596)、药理学与毒物学(42/712)、物理学(156/569)、植物学与动物学(197/933)、精神病学与行为科学(272/626)、社会科学(95/1198)
厦门大学	19	农业科学(561/707)、生物学与生物化学(365/790)、化学(36/1149)、临床医学(670/1456)、计算机科学(140/504)、经济学和商学(159/349)、工程学(177/1455)、环境科学与生态学(824/957)、地球科学(284/552)、免疫学(197/471)、材料科学(87/827)、数学(60/254)、微生物学(218/365)、分子生物学与遗传学(335/526)、神经科学与行为科学(392/596)、药理学与毒物学(429/712)、物理学(471/569)、植物学与动物学(487/933)、社会科学(274/1198)
山东大学	19	农业科学(556/707)、生物学与生物化学(146/790)、化学(53/1149)、临床医学(272/1456)、计算机科学(143/504)、工程学(52/1455)、环境科学与生态学(824/957)、地球科学(301/552)、免疫学(249/471)、材料科学(45/827)、数学(49/254)、微生物学(167/365)、分子生物学与遗传学(182/526)、神经科学与行为科学(284/596)、药理学与毒物学(70/712)、物理学(113/569)、植物学与动物学(394/933)、精神病学与行为科学(334/626)、社会科学(654/1198)
四川大学	19	农业科学(323/707)、生物学与生物化学(129/790)、化学(39/1149)、临床医学(185/1456)、计算机科学(20/504)、工程学(73/1455)、环境科学与生态学(824/957)、地球科学(220/552)、免疫学(270/471)、材料科学(55/827)、数学(92/254)、微生物学(209/365)、分子生物学与遗传学(118/526)、神经科学与行为科学(311/596)、药理学与毒物学(57/712)、物理学(353/569)、植物学与动物学(550/933)、精神病学与行为科学(270/626)、社会科学(396/1198)
中国科学院大学	19	农业科学(34/707)、生物学与生物化学(34/790)、化学(2/1149)、临床医学(680/1456)、计算机科学(52/504)、工程学(31/1455)、环境科学与生态学(824/957)、地球科学(15/552)、免疫学(276/471)、材料科学(4/827)、微生物学(43/365)、分子生物学与遗传学(66/526)、综合交叉学(63/98)、神经科学与行为科学(401/596)、药理学与毒物学(80/712)、物理学(22/569)、植物学与动物学(8/933)、精神病学与行为科学(409/626)、社会科学(388/1198)
吉林大学	18	农业科学(257/707)、生物学与生物化学(215/790)、化学(37/1149)、临床医学(382/1456)、计算机科学(217/504)、工程学(112/1455)、环境科学与生态学(824/957)、地球科学(169/552)、免疫学(279/471)、材料科学(34/827)、数学(144/254)、微生物学(214/365)、分子生物学与遗传学(172/526)、神经科学与行为科学(224/596)、药理学与毒物学(77/712)、物理学(169/569)、植物学与动物学(629/933)、社会科学(915/1198)
南京大学	18	农业科学(220/707)、生物学与生物化学(217/790)、化学(20/1149)、临床医学(324/1456)、计算机科学(102/504)、经济学和商学(311/349)、工程学(155/1455)、环境科学与生态学(824/957)、地球科学(47/552)、免疫学(343/471)、材料科学(57/827)、数学(96/254)、分子生物学与遗传学(289/526)、神经科学与行为科学(292/596)、药理学与毒物学(141/712)、物理学(66/569)、植物学与动物学(419/933)、社会科学(205/1198)

续表

学校名称	进入 ESI 学科排行的学科数	详细情况
武汉大学	18	农业科学（350/707）、生物学与生物化学（237/790）、化学（54/1149）、临床医学（155/1456）、计算机科学（18/504）、工程学（59/1455）、环境科学与生态学（824/957）、地球科学（27/552）、免疫学（124/471）、材料科学（61/827）、数学（47/254）、微生物学（75/365）、分子生物学与遗传学（209/526）、神经科学与行为科学（147/596）、药理学与毒物学（142/712）、物理学（259/569）、植物学与动物学（499/933）、社会科学（202/1198）
中南大学	17	农业科学（438/707）、生物学与生物化学（210/790）、化学（68/1149）、临床医学（210/1456）、计算机科学（42/504）、工程学（37/1455）、环境科学与生态学（824/957）、地球科学（134/552）、免疫学（235/471）、材料科学（19/827）、数学（55/254）、分子生物学与遗传学（155/526）、神经科学与行为科学（319/596）、药理学与毒物学（147/712）、物理学（304/569）、精神病学与行为科学（365/626）、社会科学（573/1198）
西安交通大学	16	生物学与生物化学（206/790）、化学（71/1149）、临床医学（248/1456）、计算机科学（57/504）、经济学和商学（132/349）、工程学（2/1455）、环境科学与生态学（824/957）、地球科学（69/552）、免疫学（204/471）、材料科学（23/827）、数学（91/254）、分子生物学与遗传学（174/526）、神经科学与行为科学（202/596）、药理学与毒物学（116/712）、物理学（168/569）、社会科学（610/1198）
中国科学技术大学	16	生物学与生物化学（212/790）、化学（10/1149）、临床医学（838/1456）、计算机科学（72/504）、工程学（35/1455）、环境科学与生态学（824/957）、地球科学（145/552）、免疫学（339/471）、材料科学（14/827）、数学（102/254）、分子生物学与遗传学（230/526）、综合交叉学（92/98）、药理学与毒物学（301/712）、物理学（19/569）、植物学与动物学（761/933）、社会科学（677/1198）
北京师范大学	15	农业科学（252/707）、生物学与生物化学（615/790）、化学（180/1149）、临床医学（1049/1456）、计算机科学（394/504）、工程学（141/1455）、环境科学与生态学（824/957）、地球科学（51/552）、材料科学（184/827）、数学（64/254）、神经科学与行为科学（94/596）、物理学（335/569）、植物学与动物学（667/933）、精神病学与行为科学（164/626）、社会科学（157/1198）
南开大学	15	农业科学（533/707）、生物学与生物化学（159/790）、化学（18/1149）、临床医学（994/1456）、计算机科学（279/504）、工程学（154/1455）、环境科学与生态学（824/957）、材料科学（42/827）、数学（67/254）、微生物学（321/365）、分子生物学与遗传学（360/526）、药理学与毒物学（248/712）、物理学（215/569）、植物学与动物学（702/933）、社会科学（466/1198）
苏州大学	15	农业科学（527/707）、生物学与生物化学（298/790）、化学（40/1149）、临床医学（403/1456）、计算机科学（325/504）、工程学（161/1455）、环境科学与生态学（824/957）、免疫学（306/471）、材料科学（25/827）、数学（72/254）、分子生物学与遗传学（233/526）、神经科学与行为科学（308/596）、药理学与毒物学（166/712）、物理学（278/569）、社会科学（983/1198）
同济大学	15	生物学与生物化学（163/790）、化学（160/1149）、临床医学（363/1456）、计算机科学（76/504）、工程学（26/1455）、环境科学与生态学（824/957）、地球科学（153/552）、免疫学（338/471）、材料科学（47/827）、数学（175/254）、分子生物学与遗传学（198/526）、神经科学与行为科学（465/596）、药理学与毒物学（320/712）、物理学（418/569）、社会科学（252/1198）

续表

学校名称	进入 ESI 学科排行的学科数	详细情况
华东师范大学	14	生物学与生物化学(564/790)、化学(109/1149)、临床医学(1212/1456)、计算机科学(267/504)、工程学(98/1455)、环境科学与生态学(824/957)、地球科学(215/552)、材料科学(197/827)、数学(84/254)、神经科学与行为科学(536/596)、物理学(419/569)、植物学与动物学(461/933)、精神病学与行为科学(492/626)、社会科学(215/1198)
兰州大学	14	农业科学(296/707)、生物学与生物化学(510/790)、化学(79/1149)、临床医学(598/1456)、计算机科学(337/504)、工程学(393/1455)、环境科学与生态学(824/957)、地球科学(123/552)、材料科学(149/827)、数学(115/254)、药理学与毒物学(359/712)、物理学(301/569)、植物学与动物学(353/933)、社会科学(835/1198)
西南大学	14	农业科学(129/707)、生物学与生物化学(511/790)、化学(210/1149)、临床医学(1377/1456)、计算机科学(251/504)、工程学(495/1455)、环境科学与生态学(824/957)、材料科学(174/827)、数学(167/254)、神经科学与行为科学(477/596)、药理学与毒物学(471/712)、植物学与动物学(302/933)、精神病学与行为科学(289/626)、社会科学(920/1198)
中国农业大学	14	农业科学(3/707)、生物学与生物化学(179/790)、化学(468/1149)、临床医学(1359/1456)、计算机科学(484/504)、工程学(78/1455)、环境科学与生态学(824/957)、地球科学(444/552)、免疫学(411/471)、微生物学(116/365)、分子生物学与遗传学(262/526)、药理学与毒物学(477/712)、植物学与动物学(6/933)、社会科学(776/1198)
电子科技大学	13	生物学与生物化学(192/790)、化学(34/1149)、临床医学(924/1456)、计算机科学(3/504)、工程学(29/1455)、环境科学与生态学(824/957)、地球科学(347/552)、材料科学(60/827)、数学(27/254)、神经科学与行为科学(312/596)、物理学(187/569)、植物学与动物学(85/933)、精神病学与行为科学(581/626)
东南大学	13	生物学与生物化学(392/790)、化学(152/1149)、临床医学(487/1456)、计算机科学(5/504)、工程学(4/1455)、环境科学与生态学(824/957)、材料科学(74/827)、数学(26/254)、分子生物学与遗传学(345/526)、神经科学与行为科学(474/596)、药理学与毒物学(325/712)、物理学(167/569)、社会科学(398/1198)
暨南大学	13	农业科学(309/707)、生物学与生物化学(361/790)、化学(298/1149)、临床医学(551/1456)、计算机科学(292/504)、工程学(323/1455)、环境科学与生态学(824/957)、材料科学(144/827)、分子生物学与遗传学(329/526)、神经科学与行为科学(353/596)、药理学与毒物学(192/712)、植物学与动物学(831/933)、社会科学(758/1198)
深圳大学	13	农业科学(649/707)、生物学与生物化学(485/790)、化学(105/1149)、临床医学(663/1456)、计算机科学(24/504)、工程学(60/1455)、环境科学与生态学(824/957)、材料科学(44/827)、神经科学与行为科学(279/596)、药理学与毒物学(309/712)、物理学(201/569)、植物学与动物学(253/933)、社会科学(153/1198)
天津大学	13	农业科学(418/707)、生物学与生物化学(148/790)、化学(14/1149)、临床医学(1014/1456)、计算机科学(36/504)、工程学(21/1455)、环境科学与生态学(824/957)、地球科学(115/552)、材料科学(30/827)、数学(229/254)、药理学与毒物学(560/712)、物理学(232/569)、社会科学(806/1198)

续表

学校名称	进入ESI学科排行的学科数	详细情况
郑州大学	13	生物学与生物化学(295/790)、化学(12/1149)、临床医学(292/1456)、计算机科学(405/504)、工程学(41/1455)、环境科学与生态学(824/957)、免疫学(192/471)、材料科学(12/827)、分子生物学与遗传学(204/526)、神经科学与行为科学(171/596)、药理学与毒物学(185/712)、物理学(332/569)、社会科学(544/1198)
中国医学科学院-中国协和医学院	13	农业科学(503/707)、生物学与生物化学(77/790)、化学(312/1149)、临床医学(69/1456)、环境科学与生态学(824/957)、免疫学(142/471)、材料科学(584/827)、微生物学(50/365)、分子生物学与遗传学(80/526)、神经科学与行为科学(411/596)、药理学与毒物学(45/712)、植物学与动物学(631/933)、社会科学(781/1198)
北京协和医学院	12	农业科学(661/707)、生物学与生物化学(122/790)、化学(434/1149)、临床医学(127/1456)、免疫学(205/471)、材料科学(692/827)、微生物学(52/365)、分子生物学与遗传学(92/526)、神经科学与行为科学(467/596)、药理学与毒物学(68/712)、植物学与动物学(666/933)、社会科学(1093/1198)
大连理工大学	12	生物学与生物化学(470/790)、化学(57/1149)、临床医学(1397/1456)、计算机科学(31/504)、工程学(36/1455)、环境科学与生态学(824/957)、地球科学(507/552)、材料科学(77/827)、数学(106/254)、药理学与毒物学(679/712)、物理学(383/569)、社会科学(100/1198)
哈尔滨工业大学	12	农业科学(502/707)、生物学与生物化学(339/790)、化学(69/1149)、临床医学(1293/1456)、计算机科学(32/504)、工程学(3/1455)、环境科学与生态学(824/957)、地球科学(377/552)、材料科学(17/827)、数学(33/254)、物理学(148/569)、社会科学(691/1198)
重庆大学	12	生物学与生物化学(344/790)、化学(90/1149)、临床医学(993/1456)、计算机科学(117/504)、工程学(15/1455)、环境科学与生态学(824/957)、地球科学(260/552)、材料科学(65/827)、数学(178/254)、物理学(421/569)、植物学与动物学(835/933)、社会科学(514/1198)
湖南大学	11	生物学与生物化学(318/790)、化学(33/1149)、计算机科学(65/504)、经济学和商学(214/349)、工程学(40/1455)、环境科学与生态学(824/957)、地球科学(112/552)、材料科学(35/827)、数学(61/254)、物理学(230/569)、社会科学(868/1198)
华南理工大学	11	农业科学(2/707)、生物学与生物化学(349/790)、化学(22/1149)、临床医学(817/1456)、计算机科学(38/504)、工程学(11/1455)、环境科学与生态学(824/957)、材料科学(33/827)、药理学与毒物学(643/712)、物理学(350/569)、社会科学(814/1198)
华中农业大学	11	农业科学(17/707)、生物学与生物化学(362/790)、化学(467/1149)、工程学(200/1455)、环境科学与生态学(824/957)、免疫学(410/471)、材料科学(740/827)、微生物学(85/365)、分子生物学与遗传学(256/526)、药理学与毒物学(283/712)、植物学与动物学(10/933)
青岛大学	11	生物学与生物化学(445/790)、化学(149/1149)、临床医学(499/1456)、计算机科学(94/504)、工程学(123/1455)、环境科学与生态学(824/957)、材料科学(84/827)、分子生物学与遗传学(352/526)、神经科学与行为科学(175/596)、药理学与毒物学(326/712)、社会科学(63/1198)

学校名称	进入 ESI 学科排行的学科数	详细情况
首都医科大学	11	生物学与生物化学（278/790）、化学（695/1149）、临床医学（109/1456）、免疫学（173/471）、材料科学（823/827）、微生物学（268/365）、分子生物学与遗传学（161/526）、神经科学与行为科学（82/596）、药理学与毒物学（86/712）、精神病学与行为科学（297/626）、社会科学（541/1198）
扬州大学	11	农业科学（190/707）、生物学与生物化学（593/790）、化学（121/1149）、临床医学（889/1456）、计算机科学（232/504）、工程学（196/1455）、环境科学与生态学（824/957）、材料科学（234/827）、微生物学（252/365）、药理学与毒物学（579/712）、植物学与动物学（301/933）
北京航空航天大学	10	化学（111/1149）、临床医学（1182/1456）、计算机科学（43/504）、工程学（20/1455）、环境科学与生态学（824/957）、地球科学（340/552）、材料科学（54/827）、数学（141/254）、物理学（110/569）、社会科学（692/1198）
海军军医大学	10	生物学与生物化学（413/790）、化学（898/1149）、临床医学（372/1456）、免疫学（298/471）、材料科学（775/827）、分子生物学与遗传学（236/526）、神经科学与行为科学（481/596）、药理学与毒物学（191/712）、植物学与动物学（808/933）、社会科学（1190/1198）
华南农业大学	10	农业科学（110/707）、生物学与生物化学（512/790）、化学（328/1149）、工程学（712/1455）、环境科学与生态学（824/957）、免疫学（466/471）、材料科学（259/827）、微生物学（149/365）、药理学与毒物学（661/712）、植物学与动物学（92/933）
江苏大学	10	农业科学（33/707）、生物学与生物化学（479/790）、化学（63/1149）、临床医学（894/1456）、计算机科学（483/504）、工程学（32/1455）、环境科学与生态学（824/957）、材料科学（139/827）、分子生物学与遗传学（398/526）、药理学与毒物学（405/712）
南昌大学	10	农业科学（8/707）、生物学与生物化学（435/790）、化学（171/1149）、临床医学（433/1456）、计算机科学（471/504）、工程学（553/1455）、材料科学（334/827）、分子生物学与遗传学（477/526）、神经科学与行为科学（524/596）、药理学与毒物学（139/712）
南京农业大学	10	农业科学（5/707）、生物学与生物化学（221/790）、化学（767/1149）、工程学（463/1455）、环境科学与生态学（824/957）、微生物学（125/365）、分子生物学与遗传学（310/526）、药理学与毒物学（599/712）、植物学与动物学（11/933）、社会科学（1175/1198）
南京师范大学	10	农业科学（414/707）、化学（136/1149）、计算机科学（461/504）、工程学（691/1455）、环境科学与生态学（824/957）、地球科学（282/552）、材料科学（318/827）、数学（111/254）、植物学与动物学（655/933）、社会科学（530/1198）
上海大学	10	生物学与生物化学（637/790）、化学（124/1149）、临床医学（1047/1456）、计算机科学（158/504）、工程学（61/1455）、环境科学与生态学（824/957）、材料科学（86/827）、数学（68/254）、物理学（428/569）、社会科学（507/1198）
西北大学	10	农业科学（514/707）、生物学与生物化学（404/790）、化学（161/1149）、临床医学（1300/1456）、工程学（885/1455）、环境科学与生态学（824/957）、地球科学（191/552）、材料科学（216/827）、药理学与毒物学（553/712）、植物学与动物学（575/933）
西北农林科技大学	10	农业科学（11/707）、生物学与生物化学（364/790）、化学（618/1149）、工程学（723/1455）、环境科学与生态学（824/957）、地球科学（474/552）、微生物学（230/365）、分子生物学与遗传学（314/526）、药理学与毒物学（542/712）、植物学与动物学（50/933）

学校名称	进入ESI学科排行的学科数	详细情况
中国海洋大学	10	农业科学(274/707)、生物学与生物化学(467/790)、化学(486/1149)、工程学(292/1455)、环境科学与生态学(824/957)、地球科学(70/552)、材料科学(422/827)、微生物学(286/365)、药理学与毒物学(408/712)、植物学与动物学(252/933)
河海大学	9	农业科学(489/707)、化学(654/1149)、计算机科学(184/504)、工程学(124/1455)、环境科学与生态学(824/957)、地球科学(187/552)、材料科学(404/827)、数学(118/254)、社会科学(961/1198)
华南师范大学	9	化学(148/1149)、工程学(665/1455)、环境科学与生态学(824/957)、材料科学(241/827)、数学(153/254)、物理学(422/569)、植物学与动物学(568/933)、精神病学与行为科学(449/626)、社会科学(950/1198)
江南大学	9	农业科学(10/707)、生物学与生物化学(235/790)、化学(263/1149)、临床医学(1011/1456)、计算机科学(381/504)、工程学(380/1455)、环境科学与生态学(824/957)、材料科学(236/827)、药理学与毒物学(546/712)
南方医科大学	9	生物学与生物化学(205/790)、化学(910/1149)、临床医学(250/1456)、免疫学(290/471)、材料科学(629/827)、微生物学(275/365)、分子生物学与遗传学(165/526)、神经科学与行为科学(424/596)、药理学与毒物学(112/712)
南京医科大学	9	生物学与生物化学(147/790)、化学(835/1149)、临床医学(206/1456)、免疫学(262/471)、材料科学(700/827)、分子生物学与遗传学(124/526)、神经科学与行为科学(149/596)、药理学与毒物学(95/712)、社会科学(898/1198)
北京理工大学	8	化学(42/1149)、计算机科学(86/504)、工程学(13/1455)、环境科学与生态学(824/957)、材料科学(31/827)、数学(184/254)、物理学(243/569)、社会科学(39/1198)
北京林业大学	8	农业科学(279/707)、生物学与生物化学(606/790)、化学(381/1149)、工程学(695/1455)、环境科学与生态学(824/957)、材料科学(516/827)、植物学与动物学(101/933)、社会科学(1176/1198)
杭州师范大学	8	生物学与生物化学(766/790)、化学(630/1149)、临床医学(1236/1456)、工程学(1269/1455)、环境科学与生态学(824/957)、材料科学(475/827)、神经科学与行为科学(508/596)、植物学与动物学(468/933)
合肥工业大学	8	农业科学(287/707)、化学(475/1149)、计算机科学(181/504)、工程学(301/1455)、环境科学与生态学(824/957)、地球科学(428/552)、材料科学(198/827)、社会科学(987/1198)
华东理工大学	8	农业科学(638/707)、生物学与生物化学(381/790)、化学(32/1149)、计算机科学(275/504)、工程学(209/1455)、环境科学与生态学(824/957)、材料科学(111/827)、药理学与毒物学(504/712)
华中师范大学	8	化学(113/1149)、工程学(1108/1455)、环境科学与生态学(824/957)、材料科学(430/827)、数学(148/254)、物理学(295/569)、植物学与动物学(867/933)、社会科学(871/1198)
山西大学	8	农业科学(673/707)、化学(332/1149)、计算机科学(478/504)、工程学(912/1455)、环境科学与生态学(824/957)、材料科学(261/827)、物理学(413/569)、植物学与动物学(869/933)
陕西师范大学	8	农业科学(371/707)、化学(218/1149)、计算机科学(371/504)、工程学(405/1455)、环境科学与生态学(824/957)、材料科学(176/827)、植物学与动物学(860/933)、社会科学(910/1198)

学校名称	进入 ESI 学科排行的学科数	详细情况
天津医科大学	8	生物学与生物化学（401/790）、化学（1052/1149）、临床医学（285/1456）、免疫学（356/471）、材料科学（734/827）、分子生物学与遗传学（194/526）、神经科学与行为科学（283/596）、药理学与毒物学（349/712）
温州医科大学	8	生物学与生物化学（394/790）、化学（891/1149）、临床医学（267/1456）、免疫学（396/471）、材料科学（429/827）、分子生物学与遗传学（186/526）、神经科学与行为科学（457/596）、药理学与毒物学（172/712）
浙江工业大学	8	农业科学（397/707）、生物学与生物化学（558/790）、化学（168/1149）、计算机科学（277/504）、工程学（179/1455）、环境科学与生态学（824/957）、材料科学（148/827）、药理学与毒物学（607/712）
中国矿业大学	8	化学（361/1149）、计算机科学（192/504）、工程学（87/1455）、环境科学与生态学（824/957）、地球科学（32/552）、材料科学（252/827）、数学（85/254）、社会科学（524/1198）
中国人民解放军陆军军医大学	8	生物学与生物化学（424/790）、化学（985/1149）、临床医学（392/1456）、免疫学（296/471）、材料科学（754/827）、分子生物学与遗传学（275/526）、神经科学与行为科学（132/596）、药理学与毒物学（375/712）
重庆医科大学	8	生物学与生物化学（456/790）、化学（1089/1149）、临床医学（396/1456）、免疫学（315/471）、材料科学（813/827）、分子生物学与遗传学（167/526）、神经科学与行为科学（195/596）、药理学与毒物学（290/712）
安徽医科大学	7	生物学与生物化学（482/790）、临床医学（404/1456）、免疫学（291/471）、分子生物学与遗传学（472/526）、神经科学与行为科学（257/596）、药理学与毒物学（175/712）、社会科学（1124/1198）
东华大学	7	生物学与生物化学（738/790）、化学（215/1149）、计算机科学（347/504）、工程学（415/1455）、环境科学与生态学（824/957）、材料科学（73/827）、数学（227/254）
福建农林大学	7	农业科学（189/707）、生物学与生物化学（682/790）、化学（890/1149）、工程学（1131/1455）、环境科学与生态学（824/957）、微生物学（309/365）、植物学与动物学（193/933）
广西大学	7	农业科学（370/707）、生物学与生物化学（395/790）、化学（435/1149）、工程学（166/1455）、环境科学与生态学（824/957）、材料科学（231/827）、植物学与动物学（403/933）
广州医科大学	7	生物学与生物化学（441/790）、临床医学（237/1456）、免疫学（273/471）、微生物学（160/365）、分子生物学与遗传学（141/526）、神经科学与行为科学（363/596）、药理学与毒物学（195/712）
河南大学	7	化学（311/1149）、临床医学（950/1456）、工程学（399/1455）、环境科学与生态学（824/957）、材料科学（263/827）、药理学与毒物学（523/712）、植物学与动物学（143/933）
空军军医大学	7	生物学与生物化学（398/790）、临床医学（422/1456）、免疫学（426/471）、材料科学（419/827）、分子生物学与遗传学（202/526）、神经科学与行为科学（405/596）、药理学与毒物学（302/712）
南京航空航天大学	7	化学（557/1149）、计算机科学（126/504）、工程学（46/1455）、材料科学（99/827）、数学（190/254）、物理学（402/569）、社会科学（853/1198）
南京林业大学	7	农业科学（348/707）、生物学与生物化学（225/790）、化学（108/1149）、工程学（157/1455）、环境科学与生态学（824/957）、材料科学（192/827）、植物学与动物学（399/933）

续表

学校名称	进入 ESI 学科排行的学科数	详细情况
南京信息工程大学	7	农业科学(653/707)、化学(825/1149)、计算机科学(22/504)、工程学(457/1455)、环境科学与生态学(824/957)、地球科学(41/552)、材料科学(435/827)
南通大学	7	生物学与生物化学(589/790)、化学(980/1149)、临床医学(766/1456)、工程学(524/1455)、材料科学(710/827)、神经科学与行为科学(315/596)、药理学与毒物学(423/712)
宁波大学	7	农业科学(401/707)、化学(526/1149)、临床医学(877/1456)、工程学(437/1455)、环境科学与生态学(824/957)、材料科学(249/827)、植物学与动物学(648/933)
山东第一医科大学	7	生物学与生物化学(265/790)、化学(1105/1149)、临床医学(338/1456)、免疫学(428/471)、分子生物学与遗传学(342/526)、神经科学与行为科学(259/596)、药理学与毒物学(293/712)
山东科技大学	7	化学(194/1149)、计算机科学(253/504)、工程学(47/1455)、环境科学与生态学(824/957)、地球科学(161/552)、材料科学(219/827)、数学(5/254)
武汉理工大学	7	化学(38/1149)、计算机科学(254/504)、工程学(50/1455)、环境科学与生态学(824/957)、材料科学(28/827)、物理学(555/569)、社会科学(1067/1198)
西北工业大学	7	化学(206/1149)、计算机科学(56/504)、工程学(30/1455)、地球科学(53/552)、材料科学(18/827)、数学(149/254)、物理学(276/569)
中国地质大学	7	化学(122/1149)、计算机科学(141/504)、工程学(96/1455)、环境科学与生态学(824/957)、地球科学(4/552)、材料科学(124/827)、社会科学(487/1198)
中国人民大学	7	化学(749/1149)、经济学和商学(191/349)、工程学(1003/1455)、环境科学与生态学(824/957)、材料科学(450/827)、精神病学与行为科学(311/626)、社会科学(370/1198)
中国石油大学	7	化学(112/1149)、计算机科学(344/504)、工程学(92/1455)、环境科学与生态学(824/957)、地球科学(73/552)、材料科学(152/827)、社会科学(392/1198)
中国医科大学	7	生物学与生物化学(386/790)、临床医学(323/1456)、免疫学(368/471)、分子生物学与遗传学(346/526)、神经科学与行为科学(295/596)、药理学与毒物学(157/712)、社会科学(1171/1198)
北京工业大学	6	生物学与生物化学(718/790)、化学(173/1149)、计算机科学(210/504)、工程学(222/1455)、环境科学与生态学(824/957)、材料科学(207/827)
北京化工大学	6	农业科学(705/707)、生物学与生物化学(547/790)、化学(30/1149)、工程学(231/1455)、环境科学与生态学(824/957)、材料科学(49/827)
北京交通大学	6	化学(620/1149)、计算机科学(75/504)、工程学(149/1455)、环境科学与生态学(824/957)、材料科学(135/827)、社会科学(911/1198)
北京科技大学	6	化学(132/1149)、计算机科学(89/504)、工程学(44/1455)、环境科学与生态学(824/957)、材料科学(36/827)、物理学(457/569)
东北林业大学	6	农业科学(357/707)、化学(640/1149)、工程学(1037/1455)、环境科学与生态学(824/957)、材料科学(493/827)、植物学与动物学(407/933)
东北农业大学	6	农业科学(51/707)、生物学与生物化学(520/790)、工程学(1085/1455)、环境科学与生态学(824/957)、药理学与毒物学(694/712)、植物学与动物学(235/933)
东北师范大学	6	化学(200/1149)、工程学(741/1455)、环境科学与生态学(824/957)、材料科学(400/827)、数学(134/254)、植物学与动物学(680/933)
福州大学	6	农业科学(451/707)、化学(27/1149)、计算机科学(214/504)、工程学(79/1455)、环境科学与生态学(824/957)、材料科学(177/827)

学校名称	进入 ESI 学科排行的学科数	详细情况
广州大学	6	化学（488/1149）、计算机科学（48/504）、工程学（423/1455）、环境科学与生态学（824/957）、材料科学（364/827）、社会科学（945/1198）
国防科学技术大学	6	化学（1037/1149）、计算机科学（79/504）、工程学（150/1455）、地球科学（387/552）、材料科学（417/827）、物理学（430/569）
哈尔滨医科大学	6	生物学与生物化学（218/790）、临床医学（353/1456）、免疫学（444/471）、分子生物学与遗传学（227/526）、神经科学与行为科学（368/596）、药理学与毒物学（292/712）
河南科技大学	6	农业科学（198/707）、化学（697/1149）、临床医学（1040/1456）、工程学（560/1455）、材料科学（154/827）、植物学与动物学（654/933）
湖南农业大学	6	农业科学（298/707）、生物学与生物化学（760/790）、化学（868/1149）、工程学（763/1455）、环境科学与生态学（824/957）、植物学与动物学（321/933）
华北电力大学	6	化学（364/1149）、计算机科学（363/504）、工程学（88/1455）、环境科学与生态学（824/957）、材料科学（307/827）、社会科学（1021/1198）
济南大学	6	生物学与生物化学（750/790）、化学（291/1149）、临床医学（1001/1456）、工程学（616/1455）、环境科学与生态学（824/957）、材料科学（211/827）
昆明理工大学	6	农业科学（667/707）、化学（448/1149）、工程学（479/1455）、环境科学与生态学（824/957）、材料科学（270/827）、植物学与动物学（300/933）
南方科技大学	6	化学（89/1149）、临床医学（591/1456）、工程学（158/1455）、环境科学与生态学（824/957）、材料科学（105/827）、物理学（344/569）
南京理工大学	6	化学（163/1149）、计算机科学（92/504）、工程学（90/1455）、环境科学与生态学（824/957）、材料科学（71/827）、物理学（527/569）
西安电子科技大学	6	临床医学（1324/1456）、计算机科学（10/504）、工程学（128/1455）、地球科学（336/552）、材料科学（352/827）、物理学（530/569）
西南交通大学	6	化学（785/1149）、计算机科学（151/504）、工程学（95/1455）、地球科学（450/552）、材料科学（168/827）、社会科学（561/1198）
中国药科大学	6	农业科学（701/707）、生物学与生物化学（493/790）、化学（376/1149）、临床医学（1053/1456）、材料科学（608/827）、药理学与毒物学（41/712）
安徽大学	5	化学（196/1149）、计算机科学（189/504）、工程学（577/1455）、材料科学（392/827）、数学（239/254）
大连医科大学	5	生物学与生物化学（565/790）、临床医学（555/1456）、分子生物学与遗传学（366/526）、神经科学与行为科学（548/596）、药理学与毒物学（316/712）
福建师范大学	5	化学（323/1149）、计算机科学（299/504）、工程学（934/1455）、环境科学与生态学（824/957）、材料科学（600/827）
广东工业大学	5	化学（303/1149）、计算机科学（78/504）、工程学（67/1455）、环境科学与生态学（824/957）、材料科学（153/827）
海南大学	5	农业科学（407/707）、化学（735/1149）、工程学（1158/1455）、材料科学（555/827）、植物学与动物学（374/933）
南京工业大学	5	生物学与生物化学（557/790）、化学（59/1149）、工程学（233/1455）、环境科学与生态学（824/957）、材料科学（58/827）
南京邮电大学	5	化学（437/1149）、计算机科学（81/504）、工程学（345/1455）、材料科学（213/827）、物理学（363/569）

续表

学校名称	进入 ESI 学科排行的学科数	详细情况
曲阜师范大学	5	化学(401/1149)、计算机科学(99/504)、工程学(195/1455)、材料科学(653/827)、数学(29/254)
山东师范大学	5	化学(310/1149)、计算机科学(308/504)、工程学(639/1455)、材料科学(386/827)、植物学与动物学(296/933)
汕头大学	5	生物学与生物化学(690/790)、化学(675/1149)、临床医学(750/1456)、工程学(968/1455)、环境科学与生态学(824/957)
上海科技大学	5	生物学与生物化学(326/790)、化学(397/1149)、工程学(1217/1455)、材料科学(195/827)、分子生物学与遗传学(270/526)
上海师范大学	5	化学(514/1149)、工程学(1213/1455)、材料科学(533/827)、数学(198/254)、植物学与动物学(450/933)
四川农业大学	5	农业科学(194/707)、生物学与生物化学(542/790)、化学(1116/1149)、环境科学与生态学(824/957)、植物学与动物学(198/933)
云南大学	5	化学(507/1149)、工程学(617/1455)、环境科学与生态学(824/957)、材料科学(702/827)、植物学与动物学(233/933)
长沙理工大学	5	化学(209/1149)、计算机科学(252/504)、工程学(180/1455)、材料科学(230/827)、数学(12/254)
浙江工商大学	5	农业科学(321/707)、化学(728/1149)、计算机科学(414/504)、工程学(991/1455)、环境科学与生态学(824/957)
浙江农林大学	5	农业科学(332/707)、化学(664/1149)、工程学(432/1455)、环境科学与生态学(824/957)、植物学与动物学(356/933)
浙江师范大学	5	化学(128/1149)、工程学(384/1455)、环境科学与生态学(824/957)、材料科学(321/827)、数学(34/254)
中国东北大学	5	化学(422/1149)、计算机科学(69/504)、工程学(56/1455)、地球科学(442/552)、材料科学(75/827)
北京邮电大学	4	计算机科学(14/504)、工程学(225/1455)、材料科学(645/827)、物理学(142/569)
渤海大学	4	农业科学(237/707)、化学(1011/1149)、计算机科学(177/504)、工程学(182/1455)
福建医科大学	4	化学(1066/1149)、临床医学(492/1456)、神经科学与行为科学(391/596)、药理学与毒物学(473/712)
广东药科大学	4	农业科学(612/707)、化学(983/1149)、临床医学(1207/1456)、药理学与毒物学(472/712)
广西医科大学	4	生物学与生物化学(599/790)、临床医学(473/1456)、分子生物学与遗传学(381/526)、药理学与毒物学(475/712)
贵州大学	4	农业科学(472/707)、化学(636/1149)、工程学(551/1455)、植物学与动物学(160/933)
哈尔滨工程大学	4	化学(408/1149)、计算机科学(274/504)、工程学(238/1455)、材料科学(212/827)
杭州电子科技大学	4	化学(344/1149)、计算机科学(127/504)、工程学(186/1455)、材料科学(310/827)
河北医科大学	4	生物学与生物化学(604/790)、临床医学(549/1456)、神经科学与行为科学(503/596)、药理学与毒物学(447/712)

续表

学校名称	进入 ESI 学科排行的学科数	详细情况
河南理工大学	4	化学(789/1149)、工程学(535/1455)、材料科学(513/827)、数学(62/254)
河南师范大学	4	化学(430/1149)、工程学(969/1455)、环境科学与生态学(824/957)、材料科学(233/827)
湖南师范大学	4	化学(649/1149)、临床医学(1213/1456)、工程学(424/1455)、材料科学(709/827)
华北理工大学	4	生物学与生物化学(666/790)、化学(580/1149)、临床医学(1229/1456)、工程学(637/1455)
华侨大学	4	化学(684/1149)、计算机科学(293/504)、工程学(428/1455)、材料科学(561/827)
江西师范大学	4	农业科学(666/707)、化学(453/1149)、工程学(662/1455)、材料科学(636/827)
聊城大学	4	化学(271/1149)、计算机科学(467/504)、工程学(242/1455)、材料科学(291/827)
南京中医药大学	4	生物学与生物化学(348/790)、化学(909/1149)、临床医学(576/1456)、药理学与毒物学(170/712)
齐鲁工业大学	4	农业科学(518/707)、化学(551/1149)、工程学(683/1455)、材料科学(434/827)
三峡大学	4	化学(788/1149)、临床医学(1277/1456)、工程学(513/1455)、材料科学(465/827)
山东农业大学	4	农业科学(131/707)、化学(928/1149)、环境科学与生态学(824/957)、植物学与动物学(171/933)
上海海洋大学	4	农业科学(417/707)、工程学(654/1455)、环境科学与生态学(824/957)、植物学与动物学(423/933)
上海理工大学	4	化学(359/1149)、计算机科学(402/504)、工程学(325/1455)、材料科学(276/827)
上海应用技术大学	4	农业科学(692/707)、化学(790/1149)、工程学(860/1455)、材料科学(454/827)
沈阳药科大学	4	化学(689/1149)、临床医学(1384/1456)、材料科学(802/827)、药理学与毒物学(58/712)
石河子大学	4	农业科学(465/707)、化学(821/1149)、临床医学(1281/1456)、植物学与动物学(789/933)
首都师范大学	4	化学(740/1149)、地球科学(457/552)、材料科学(680/827)、植物学与动物学(445/933)
天津工业大学	4	化学(542/1149)、工程学(487/1455)、材料科学(391/827)、数学(203/254)
天津科技大学	4	农业科学(132/707)、生物学与生物化学(555/790)、化学(385/1149)、工程学(832/1455)
温州大学	4	化学(233/1149)、计算机科学(35/504)、工程学(297/1455)、材料科学(483/827)
武汉科技大学	4	化学(838/1149)、临床医学(622/1456)、工程学(632/1455)、材料科学(232/827)
西南石油大学	4	化学(340/1149)、工程学(224/1455)、地球科学(390/552)、材料科学(214/827)
湘潭大学	4	化学(451/1149)、工程学(659/1455)、材料科学(324/827)、数学(140/254)
徐州医科大学	4	临床医学(815/1456)、分子生物学与遗传学(401/526)、神经科学与行为科学(390/596)、药理学与毒物学(427/712)
烟台大学	4	化学(324/1149)、工程学(572/1455)、材料科学(446/827)、药理学与毒物学(573/712)
燕山大学	4	化学(409/1149)、计算机科学(421/504)、工程学(586/1455)、材料科学(173/827)

续表

学校名称	进入 ESI 学科排行的学科数	详细情况
长安大学	4	工程学(198/1455)、环境科学与生态学(824/957)、地球科学(314/552)、材料科学(322/827)
安徽工业大学	3	化学(858/1149)、工程学(159/1455)、材料科学(408/827)
安徽农业大学	3	农业科学(268/707)、环境科学与生态学(824/957)、植物学与动物学(304/933)
常州大学	3	化学(444/1149)、工程学(915/1455)、材料科学(412/827)
成都理工大学	3	工程学(1014/1455)、环境科学与生态学(824/957)、地球科学(184/552)
大连工业大学	3	农业科学(343/707)、化学(1053/1149)、工程学(497/1455)
大连海事大学	3	计算机科学(83/504)、工程学(331/1455)、社会科学(1129/1198)
对外经济贸易大学	3	经济学和商学(282/349)、工程学(856/1455)、社会科学(196/1198)
桂林电子科技大学	3	计算机科学(341/504)、工程学(664/1455)、材料科学(166/827)
哈尔滨理工大学	3	化学(958/1149)、工程学(521/1455)、材料科学(280/827)
河北大学	3	化学(496/1149)、工程学(1377/1455)、材料科学(509/827)
河北工业大学	3	化学(470/1149)、工程学(426/1455)、材料科学(341/827)
河北农业大学	3	农业科学(450/707)、化学(1134/1149)、植物学与动物学(635/933)
河南工业大学	3	农业科学(380/707)、化学(916/1149)、工程学(748/1455)
河南农业大学	3	农业科学(403/707)、工程学(592/1455)、植物学与动物学(314/933)
黑龙江大学	3	化学(283/1149)、工程学(1113/1455)、材料科学(337/827)
湖北大学	3	化学(335/1149)、工程学(1173/1455)、材料科学(247/827)
湖南科技大学	3	化学(653/1149)、计算机科学(462/504)、工程学(682/1455)
湖州学院	3	临床医学(1295/1456)、工程学(773/1455)、数学(18/254)
江苏科技大学	3	化学(244/1149)、工程学(286/1455)、材料科学(182/827)
江苏师范大学	3	化学(431/1149)、工程学(978/1455)、材料科学(733/827)
兰州理工大学	3	化学(845/1149)、工程学(865/1455)、材料科学(157/827)
南昌航空大学	3	化学(587/1149)、工程学(706/1455)、材料科学(353/827)
南华大学	3	化学(333/1149)、临床医学(1031/1456)、工程学(806/1455)
内蒙古大学	3	化学(490/1149)、工程学(1339/1455)、环境科学与生态学(824/957)
青岛科技大学	3	化学(169/1149)、工程学(305/1455)、材料科学(172/827)
青岛农业大学	3	农业科学(315/707)、化学(822/1149)、植物学与动物学(500/933)
山东理工大学	3	化学(787/1149)、工程学(729/1455)、材料科学(654/827)
陕西科技大学	3	化学(591/1149)、工程学(289/1455)、材料科学(125/827)
上海财经大学	3	经济学和商学(243/349)、工程学(1076/1455)、社会科学(785/1198)
上海工程技术大学	3	化学(1074/1149)、工程学(687/1455)、材料科学(409/827)
上海海事大学	3	计算机科学(441/504)、工程学(516/1455)、社会科学(1147/1198)
上海中医药大学	3	生物学与生物化学(579/790)、临床医学(788/1456)、药理学与毒物学(102/712)

学校名称	进入ESI学科排行的学科数	详细情况
太原理工大学	3	化学(251/1149)、工程学(455/1455)、材料科学(199/827)
天津理工大学	3	化学(186/1149)、工程学(953/1455)、材料科学(420/827)
武汉纺织大学	3	化学(993/1149)、工程学(1211/1455)、材料科学(565/827)
武汉工程大学	3	化学(597/1149)、工程学(905/1455)、材料科学(427/827)
西安建筑科技大学	3	工程学(378/1455)、环境科学与生态学(824/957)、材料科学(239/827)
西安理工大学	3	工程学(655/1455)、环境科学与生态学(824/957)、材料科学(253/827)
西北师范大学	3	化学(525/1149)、工程学(1204/1455)、材料科学(624/827)
西华师范大学	3	化学(834/1149)、工程学(1314/1455)、材料科学(815/827)
西交利物浦大学	3	计算机科学(450/504)、工程学(1104/1455)、社会科学(1013/1198)
西南财经大学	3	经济学和商学(101/349)、工程学(909/1455)、社会科学(679/1198)
西南科技大学	3	化学(347/1149)、工程学(669/1455)、材料科学(159/827)
新疆大学	3	化学(753/1149)、工程学(272/1455)、材料科学(647/827)
盐城工学院	3	化学(996/1149)、工程学(823/1455)、材料科学(699/827)
长春工业大学	3	化学(673/1149)、工程学(1335/1455)、材料科学(750/827)
长春科技大学	3	化学(809/1149)、工程学(822/1455)、材料科学(564/827)
长江大学	3	农业科学(469/707)、工程学(765/1455)、植物学与动物学(457/933)
浙江理工大学	3	化学(433/1149)、工程学(863/1455)、材料科学(344/827)
郑州轻工业大学	3	化学(476/1149)、工程学(750/1455)、材料科学(758/827)
中北大学	3	化学(522/1149)、工程学(880/1455)、材料科学(229/827)
中国计量大学	3	化学(867/1149)、工程学(875/1455)、材料科学(497/827)
中南林业科技大学	3	农业科学(485/707)、工程学(596/1455)、环境科学与生态学(824/957)
中南民族大学	3	化学(392/1149)、工程学(1182/1455)、材料科学(772/827)
中央财经大学	3	经济学和商学(275/349)、工程学(1406/1455)、社会科学(1088/1198)
重庆工商大学	3	化学(429/1149)、工程学(708/1455)、材料科学(792/827)
安徽师范大学	2	化学(513/1149)、材料科学(697/827)
北京工商大学	2	农业科学(70/707)、化学(615/1149)
北京建筑大学	2	工程学(921/1455)、环境科学与生态学(824/957)
北京中医药大学	2	临床医学(562/1456)、药理学与毒物学(136/712)
滨州医学院	2	临床医学(770/1456)、药理学与毒物学(674/712)
成都中医药大学	2	临床医学(1115/1456)、药理学与毒物学(330/712)
东莞理工学院	2	工程学(961/1455)、材料科学(401/827)
东华理工大学	2	化学(918/1149)、工程学(1293/1455)
甘肃农业大学	2	农业科学(404/707)、植物学与动物学(526/933)
广东医科大学	2	临床医学(935/1456)、药理学与毒物学(563/712)
广西师范大学	2	化学(390/1149)、工程学(1137/1455)

学校名称	进入 ESI 学科排行的学科数	详细情况
广州中医药大学	2	临床医学(664/1456)、药理学与毒物学(251/712)
贵州医科大学	2	临床医学(927/1456)、药理学与毒物学(544/712)
桂林工业大学	2	化学(889/1149)、材料科学(552/827)
哈尔滨师范大学	2	化学(425/1149)、材料科学(618/827)
河北科技大学	2	化学(1017/1149)、工程学(640/1455)
河北师范大学	2	化学(936/1149)、植物学与动物学(868/933)
河南科技学院	2	农业科学(663/707)、植物学与动物学(859/933)
黑龙江中医药大学	2	临床医学(1357/1456)、药理学与毒物学(637/712)
湖北工业大学	2	农业科学(542/707)、工程学(709/1455)
湖南工业大学	2	工程学(590/1455)、材料科学(597/827)
湖南中医药大学	2	临床医学(1327/1456)、药理学与毒物学(649/712)
吉林农业大学	2	农业科学(466/707)、植物学与动物学(427/933)
吉林师范大学	2	化学(872/1149)、材料科学(683/827)
集美大学	2	工程学(1367/1455)、植物学与动物学(762/933)
江西财经大学	2	工程学(1035/1455)、社会科学(1078/1198)
江西科技学院	2	化学(455/1149)、工程学(1077/1455)
江西农业大学	2	农业科学(199/707)、植物学与动物学(464/933)
锦州医科大学	2	临床医学(1158/1456)、药理学与毒物学(662/712)
昆明医科大学	2	临床医学(831/1456)、药理学与毒物学(603/712)
兰州交通大学	2	化学(661/1149)、工程学(1114/1455)
辽宁大学	2	化学(601/1149)、工程学(1384/1455)
辽宁工业大学	2	计算机科学(33/504)、工程学(133/1455)
辽宁石油化工大学	2	化学(679/1149)、工程学(821/1455)
闽江学院	2	工程学(1071/1455)、社会科学(1105/1198)
南京财经大学	2	农业科学(405/707)、工程学(1220/1455)
内蒙古农业大学	2	农业科学(501/707)、植物学与动物学(798/933)
宁波诺丁汉大学	2	工程学(674/1455)、社会科学(378/1198)
宁夏大学	2	化学(624/1149)、工程学(1294/1455)
宁夏医科大学	2	临床医学(911/1456)、药理学与毒物学(582/712)
山东财经大学	2	计算机科学(455/504)、工程学(798/1455)
山西农业大学	2	农业科学(427/707)、植物学与动物学(344/933)
山西医科大学	2	临床医学(762/1456)、药理学与毒物学(593/712)
上海电力大学	2	工程学(714/1455)、材料科学(684/827)
沈阳工业大学	2	工程学(1125/1455)、材料科学(656/827)
沈阳农业大学	2	农业科学(291/707)、植物学与动物学(425/933)
四川师范大学	2	化学(848/1149)、工程学(366/1455)

续表

学校名称	进入 ESI 学科排行的学科数	详细情况
苏州科技大学	2	化学（663/1149）、工程学（992/1455）
天津师范大学	2	化学（776/1149）、材料科学（460/827）
天津中医药大学	2	临床医学（1165/1456）、药理学与毒物学（212/712）
西安工业大学	2	工程学（644/1455）、材料科学（563/827）
西南医科大学	2	临床医学（953/1456）、药理学与毒物学（520/712）
延边大学	2	临床医学（1247/1456）、药理学与毒物学（673/712）
云南师范大学	2	化学（1075/1149）、工程学（1283/1455）
浙江财经大学	2	工程学（1121/1455）、社会科学（1003/1198）
浙江海洋大学	2	农业科学（621/707）、植物学与动物学（855/933）
浙江中医药大学	2	临床医学（923/1456）、药理学与毒物学（201/712）
中国人民解放军陆军工程大学	2	计算机科学（220/504）、工程学（724/1455）
重庆理工大学	2	工程学（1099/1455）、材料科学（749/827）
重庆邮电大学	2	计算机科学（93/504）、工程学（619/1455）
遵义医科大学	2	临床医学（1133/1456）、药理学与毒物学（634/712）
安徽工程大学	1	工程学（820/1455）
安徽理工大学	1	工程学（766/1455）
安徽中医药大学	1	药理学与毒物学（319/712）
安阳师范学院	1	化学（1030/1149）
北方工业大学	1	工程学（1064/1455）
北京农学院	1	植物学与动物学（825/933）
北京信息科技大学	1	工程学（1236/1455）
成都大学	1	工程学（282/1455）
川北医学院	1	临床医学（1149/1456）
大理大学	1	植物学与动物学（409/933）
大连大学	1	临床医学（1309/1456）
大连海洋大学	1	植物学与动物学（778/933）
大连交通大学	1	工程学（834/1455）
东北财经大学	1	工程学（698/1455）
东北电力大学	1	工程学（253/1455）
东北石油大学	1	工程学（527/1455）

学校名称	进入 ESI 学科排行的学科数	详细情况
佛山大学	1	工程学（434/1455）
福建工程学院	1	工程学（1346/1455）
福建中医药大学	1	临床医学（1210/1456）
赣南师范大学	1	化学（696/1149）
广东海洋大学	1	植物学与动物学（448/933）
广东石油化工大学	1	工程学（1169/1455）
广东外语外贸大学	1	社会科学（861/1198）
桂林医学院	1	临床医学（1205/1456）
海南医学院	1	临床医学（1153/1456）
河北工程大学	1	工程学（808/1455）
河南中医学院	1	临床医学（1360/1456）
湖北理工学院	1	临床医学（879/1456）
湖北文理大学	1	临床医学（1087/1456）
湖北医药学院	1	临床医学（511/1456）
湖北中医药大学	1	临床医学（1375/1456）
华北水利电力大学	1	工程学（1081/1455）
华东交通大学	1	工程学（506/1455）
淮北师范大学	1	化学（336/1149）
淮阴工学院	1	工程学（1222/1455）
济宁医学院	1	临床医学（1201/1456）
嘉兴学院	1	化学（595/1149）
江西科技师范学院	1	化学（922/1149）
江西理工大学	1	材料科学（158/827）
江西中医药大学	1	药理学与毒物学（495/712）
解放军信息工程大学	1	工程学（816/1455）
昆山杜克大学	1	临床医学（669/1456）
辽宁师范大学	1	化学（1000/1149）
临沂大学	1	化学（694/1149）
鲁东学院	1	工程学（1107/1455）

学校名称	进入 ESI 学科排行的学科数	详细情况
洛阳师范学院	1	化学（683/1149）
南京工程学院	1	工程学（1117/1455）
内蒙古工业大学	1	工程学（1360/1455）
内蒙古医科大学	1	临床医学（945/1456）
青岛理工大学	1	工程学（212/1455）
厦门理工学院	1	工程学（1124/1455）
山东建筑大学	1	工程学（984/1455）
山东中医药大学	1	临床医学（1137/1456）
山西师范大学	1	化学（988/1149）
上海体育大学	1	临床医学（1342/1456）
绍兴文理学院	1	工程学（1053/1455）
沈阳航空航天大学	1	工程学（932/1455）
沈阳化工大学	1	化学（1064/1149）
沈阳建筑大学	1	工程学（1180/1455）
石家庄铁道学院	1	工程学（1251/1455）
台州学院	1	化学（642/1149）
太原科技大学	1	工程学（787/1455）
天津城建学院	1	工程学（1280/1455）
潍坊医学院	1	临床医学（1160/1456）
武汉轻工大学	1	农业科学（422/707）
西安科技大学	1	工程学（657/1455）
西安石油大学	1	工程学（1317/1455）
西安医科大学	1	临床医学（901/1456）
西安邮电大学	1	工程学（1235/1455）
西华大学	1	工程学（1122/1455）
新疆医科大学	1	临床医学（643/1456）
新乡医学院	1	临床医学（1089/1456）
信阳师范学院	1	化学（971/1149）
云南农业大学	1	植物学与动物学（446/933）
浙江科技学院	1	工程学（1299/1455）

学校名称	进入 ESI 学科排行的学科数	详细情况
中国民航大学	1	工程学(357/1455)
中国人民解放军海军工程大学	1	工程学(1008/1455)
中国人民解放军空军工程大学	1	工程学(883/1455)
中南财经大学	1	工程学(1230/1455)
重庆交通大学	1	工程学(918/1455)
重庆师范大学	1	工程学(803/1455)

二、22 个学科的评价分析

本书对 ESI 收录的 22 个学科通过学科竞争力的综合排名、科研能力排名、影响力排名、师资力量排名四个方面进行评价,选取具有代表性的指标进行分析。学科竞争力的综合排名评价是对学科的整体情况进行分析;学科科研能力评价是通过选取 ESI 收录论文数、总被引次数或发明专利数进行分析;学科的影响力评价是通过选取高被引论文指标进行分析;师资力量评价是通过选取高被引科学家进行分析。对 ESI 收录的 22 个学科的具体评价分析结果如下。

(一)农业科学

进入 ESI 农业科学学科排名的大学共有 707 所。从国家或地区分布来看,这些大学隶属于美国、中国、意大利、西班牙、巴西、英国、法国等 55 个国家或地区。这些大学的国家或地区分布如图 3-1 所示。

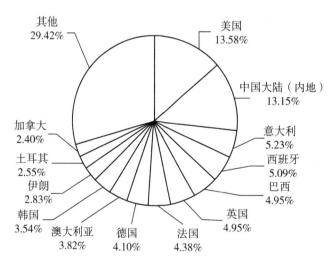

图 3-1　进入 ESI 农业科学学科排名的大学国家或地区分布

注:图中所列数据之和应为 100%,如不等于 100%,则是由四舍五入造成的,余同

从图 3-1 可以看出,美国高校的数量位居世界第 1 位,有 96 所大学,占比高达 13.58%,远高于其他国家或地区。接下来依次是中国大陆(内地)(93 所)、意大利(37 所)、西班牙(36 所)、巴西(35 所)、英国(35 所)、法国(31 所),中国香港有 3 所大学。

1. 农业科学学科竞争力综合排名分析

进入前100位的中国大学有13所，中国其他大学进入ESI农业科学排名的名次如表3-50所示。

表3-50 农业科学学科综合排名（前10位与中国大学）

综合排名	机构名称	星级	档次	国家/地区	综合排名	机构名称	星级	档次	国家/地区
1	瓦格宁根大学	5★+	一流学科	荷兰	6	马萨诸塞大学阿默斯特分校	5★+	一流学科	美国
2	华南理工大学	5★+	一流学科	中国	7	康奈尔大学	5★+	一流学科	美国
3	中国农业大学	5★+	一流学科	中国	8	南昌大学	5★	一流学科	中国
4	沙特国王大学	5★+	一流学科	沙特阿拉伯	9	浙江大学	5★	一流学科	中国
5	南京农业大学	5★+	一流学科	中国	10	江南大学	5★	一流学科	中国

其他中国机构：11. 西北农林科技大学；17. 华中农业大学；33. 江苏大学；34. 中国科学院大学；51. 东北农业大学；70. 北京工商大学；94. 中山大学；110. 华南农业大学；124. 香港中文大学；127. 香港大学；129. 西南大学；131. 山东农业大学；132. 天津科技大学；155. 北京大学；185. 上海交通大学；189. 福建农林大学；190. 扬州大学；194. 四川农业大学；198. 河南科技大学；199. 江西农业大学；220. 南京大学；237. 渤海大学；251. 台湾大学；252. 北京师范大学；257. 吉林大学；268. 安徽农业大学；274. 中国海洋大学；279. 北京林业大学；287. 合肥工业大学；291. 沈阳农业大学；296. 兰州大学；298. 湖南农业大学；309. 暨南大学；315. 青岛农业大学；321. 浙江工商大学；323. 四川大学；325. 台湾医药大学；332. 浙江农林大学；343. 大连工业大学；348. 南京林业大学；350. 武汉大学；357. 东北林业大学；370. 广西大学；371. 陕西师范大学；372. 台湾中兴大学；380. 河南工业大学；397. 浙江工业大学；401. 宁波大学；403. 河南农业大学；404. 甘肃农业大学；405. 南京财经大学；407. 海南大学；414. 南京师范大学；417. 上海海洋大学；418. 天津大学；421. 清华大学；422. 武汉轻工大学；427. 山西农业大学；437. 华中科技大学；438. 中南大学；450. 河北农业大学；451. 福州大学；465. 石河子大学；466. 吉林农业大学；469. 长江大学；472. 贵州大学；477. 澳门大学；485. 中南林业科技大学；489. 河海大学；501. 内蒙古农业大学；502. 哈尔滨工业大学；503. 中国医学科学院-中国协和医学院；514. 西北大学；518. 齐鲁工业大学；520. 复旦大学；527. 苏州大学；533. 南开大学；534. 台北医学大学；538. 亚洲大学(中国台湾)；542. 湖北工业大学；551. 中山医学大学；556. 山东大学；561. 厦门大学；578. 香港浸会大学；612. 广东药科大学；621. 浙江海洋大学；638. 华东理工大学；649. 深圳大学；653. 南京信息工程大学；657. 高雄医科大学；661. 北京协和医学院；663. 河南科技学院；666. 江西师范大学；667. 昆明理工大学；673. 山西大学；692. 上海应用技术大学；701. 中国药科大学；705. 北京化工大学；707. 高雄科技大学

2. 农业科学学科的科研能力排名分析

从发文量来看，中国农业大学以6621篇位居发文量榜首，发文量超过3000篇的有17所，它们分别是中国农业大学、圣保罗大学、瓦格宁根大学、圣保罗州立大学、西北农林科技大学、江南大学、南京农业大学、维索萨联邦大学、佛罗里达大学、中国科学院大学、加利福尼亚大学戴维斯分校、浙江大学、北卡罗来纳大学、康奈尔大学、坎皮纳斯州立大学、拉夫拉斯联邦大学、费萨拉巴德农业大学。超过及2000篇但少于3000篇的有29所；超过及1000篇但少于2000篇的有122所；超过及500篇但少于1000篇的有201所；超过及100篇但少于500篇的有335所，100篇及以下的有3所。中国大陆(内地)在发文量进入前100名的大学共有16所，中国其他进入ESI农业科学排名的大学发文量排名如表3-51所示。

表3-51 农业科学学科发文量排名（前10位与中国大学）

发文量排名	机构名称	国家/地区	发文量排名	机构名称	国家/地区
1	中国农业大学	中国	2	圣保罗大学	巴西

世界一流大学和一流学科评价研究报告(2022—2023)

续表

发文量排名	机构名称	国家/地区	发文量排名	机构名称	国家/地区
3	瓦格宁根大学	荷兰	7	南京农业大学	中国
4	圣保罗州立大学	巴西	8	维索萨联邦大学	巴西
5	西北农林科技大学	中国	9	佛罗里达大学	美国
6	江南大学	中国	10	中国科学院大学	中国

其他中国机构：12. 浙江大学；19. 华中农业大学；27. 华南理工大学；50. 华南农业大学；54. 东北农业大学；56. 江苏大学；81. 西南大学；82. 北京工商大学；84. 南昌大学；93. 山东农业大学；99. 四川农业大学；102. 扬州大学；107. 上海交通大学；118. 福建农林大学；123. 天津科技大学；126. 沈阳农业大学；132. 台湾大学；164. 北京林业大学；173. 吉林大学；186. 中国海洋大学；190. 湖南农业大学；192. 兰州大学；205. 安徽农业大学；220. 暨南大学；221. 青岛农业大学；223. 南京林业大学；226. 大连工业大学；229. 中山大学；231. 北京大学；246. 北京师范大学；247. 广西大学；249. 四川大学；256. 河南工业大学；264. 河南农业大学；266. 浙江工商大学；272. 台湾中兴大学；272. 河北农业大学；276. 台湾医药大学；283. 陕西师范大学；293. 浙江农林大学；301. 山西农业大学；307. 合肥工业大学；310. 甘肃农业大学；314. 石河子大学；321. 江西农业大学；324. 海南大学；327. 吉林农业大学；331. 上海海洋大学；334. 内蒙古农业大学；336. 河南科技大学；344. 东北林业大学；351. 南京师范大学；354. 宁波大学；362. 贵州大学；370. 武汉大学；384. 天津大学；392. 长江大学；393. 浙江工业大学；410. 河海大学；413. 台北医学大学；421. 南京大学；423. 南开大学；426. 清华大学；430. 香港大学；432. 香港中文大学；435. 华中科技大学；441. 齐鲁工业大学；446. 南京财经大学；469. 苏州大学；486. 中国医学科学院−中国协和医学院；487. 复旦大学；494. 湖北工业大学；498. 武汉轻工大学；498. 西北大学；498. 中山医学大学；502. 哈尔滨工业大学；504. 河南科技学院；506. 渤海大学；506. 中南林业科技大学；521. 福州大学；525. 华东理工大学；527. 深圳大学；531. 山东大学；531. 昆明理工大学；544. 亚洲大学(中国台湾)；546. 南京信息工程大学；551. 厦门大学；553. 中南大学；578. 山西大学；589. 北京协和医学院；593. 江西师范大学；607. 上海应用技术大学；628. 香港浸会大学；637. 中国药科大学；656. 浙江海洋大学；659. 广东药科大学；660. 高雄医科大学；667. 北京化工大学；669. 澳门大学；690. 高雄科技大学

3. 农业科学学科科研影响力排名分析

从总被引次数来看，瓦格宁根大学和中国农业大学总被引次数超过 100000 次，总被引次数超过 30000 次的大学共有 50 所；总被引次数在 20000 次以上 30000 次以下的有 47 所；总被引次数在 10000 次以上 20000 次以下的有 151 所；总被引次数在 5000 次以上 10000 次以下的有 240 所；总被引次数在 2000 次以上 5000 次以下的有 219 所；所有大学的总被引次数均在 2000 次以上。中国在总被引次数方面进入前 100 名的大学共有 11 所，进入 ESI 农业科学排名的高校总被引次数排名如表 3-52 所示。

表 3-52　农业科学学科总被引次数排名（前 10 位与中国大学）

总被引次数排名	机构名称	国家/地区	总被引次数排名	机构名称	国家/地区
1	瓦格宁根大学	荷兰	6	南京农业大学	中国
2	中国农业大学	中国	7	加利福尼亚大学戴维斯分校	美国
3	圣保罗大学	巴西	8	浙江大学	中国
4	西北农林科技大学	中国	9	中国科学院大学	中国
5	江南大学	中国	10	康奈尔大学	美国

其他中国机构：12. 华南理工大学；22. 华中农业大学；58. 南昌大学；90. 江苏大学；96. 华南农业大学；103. 东北农业大学；108. 上海交通大学；112. 山东农业大学；127. 西南大学；131. 天津科技大学；133. 北京工商大学；136. 台湾大学；145. 扬州大学；150. 福建农林大学；151. 四川农业大学；152. 北京师范大学；162. 中山大学；167. 北京大学；169. 北京林业大学；180. 中国海洋大学；195. 兰州大学；202. 吉林大学；207. 台湾医药大学；213. 暨南大学；234. 沈

总被引次数排名	机构名称	国家/地区	总被引次数排名	机构名称	国家/地区
阳农业大学；247. 湖南农业大学；250. 安徽农业大学；258. 浙江工商大学；266. 四川大学；267. 合肥工业大学；278. 台湾中兴大学；289. 青岛农业大学；292. 陕西师范大学；301. 浙江农林大学；303. 武汉大学；305. 香港大学；306. 香港中文大学；313. 南京师范大学；322. 东北林业大学；323. 广西大学；331. 河南工业大学；347. 大连工业大学；352. 南京林业大学；363. 中山医学大学；375. 河南农业大学；382. 南京大学；385. 上海海洋大学；390. 天津大学；400. 台北医学大学；401. 甘肃农业大学；414. 华中科技大学；416. 南京财经大学；418. 中南大学；420. 江西农业大学；422. 南开大学；424. 宁波大学；426. 清华大学；435. 浙江工业大学；436. 海南大学；445. 复旦大学；456. 石河子大学；462. 河南科技大学；466. 厦门大学；469. 内蒙古农业大学；470. 哈尔滨工业大学；476. 吉林农业大学；477. 武汉轻工大学；483. 山西农业大学；486. 亚洲大学(中国台湾)；493. 苏州大学；494. 河北农业大学；501. 湖北工业大学；511. 渤海大学；512. 香港浸会大学；517. 长江大学；525. 中国医学科学院－中国协和医学院；535. 福州大学；536. 河海大学；542. 西北大学；551. 中南林业科技大学；552. 澳门大学；555. 华东理工大学；560. 山东大学；584. 齐鲁工业大学；589. 贵州大学；601. 北京协和医学院；612. 南京信息工程大学；628. 昆明理工大学；630. 广东药科大学；633. 上海应用技术大学；655. 深圳大学；658. 山西大学；660. 浙江海洋大学；673. 河南科技学院；687. 高雄医科大学；692. 高雄科技大学；696. 北京化工大学；698. 中国药科大学；704. 江西师范大学					

4. 农业科学学科的影响力排名分析

从高被引论文数来看，高被引论文数最高的是瓦格宁根大学，高被引论文数为156篇，其次是华南理工大学、中国农业大学，高被引论文数分别为102篇、89篇。高被引论文数在30篇及以上的大学共有56所；20篇及以上30篇以下的大学有57所；10篇及以上20篇以下的大学有149所；1及篇以上10篇以下的大学有431所。中国大陆(内地)有15所大学进入高被引论文数排名前100位，其他大学高被引论文数排名如表3-53所示。

表3-53　农业科学学科高被引论文数排名（前10位与中国大学）

高被引论文数排名	机构名称	国家/地区	高被引论文数排名	机构名称	国家/地区
1	瓦格宁根大学	荷兰	6	江南大学	中国
2	华南理工大学	中国	7	浙江大学	中国
3	中国农业大学	中国	8	康奈尔大学	美国
4	马萨诸塞大学阿默斯特分校	美国	9	西北农林科技大学	中国
5	都柏林大学学院	爱尔兰	10	佛罗里达大学	美国
其他中国机构：13. 南京农业大学；15. 中国科学院大学；16. 江苏大学；24. 东北农业大学；27. 南昌大学；54. 华中农业大学；54. 北京工商大学；72. 福建农林大学；86. 中山大学；100. 合肥工业大学；109. 上海交通大学；109. 扬州大学；120. 四川农业大学；120. 北京师范大学；120. 安徽农业大学；139. 天津科技大学；139. 北京大学；152. 香港大学；166. 吉林大学；184. 浙江农林大学；184. 武汉大学；184. 香港中文大学；184. 澳门大学；199. 华南农业大学；199. 东北林业大学；199. 武汉轻工大学；218. 西南大学；218. 中国海洋大学；218. 湖南农业大学；218. 浙江工商大学；218. 青岛农业大学；218. 南京财经大学；218. 浙江工业大学；218. 福州大学；241. 四川大学；241. 中南大学；241. 河南科技大学；263. 大连工业大学；263. 宁波大学；263. 清华大学；263. 中南林业科技大学；294. 山东农业大学；294. 兰州大学；294. 台湾医药大学；294. 暨南大学；294. 南京林业大学；294. 江西农业大学；333. 台湾大学；333. 北京林业大学；333. 天津大学；333. 华中科技大学；333. 海南大学；333. 中国医学科学院－中国协和医学院；333. 西北大学；381. 沈阳农业大学；381. 陕西师范大学；381. 甘肃农业大学；381. 哈尔滨工业大学；381. 渤海大学；381. 长江大学；381. 河海大学；381. 齐鲁工业大学；381. 贵州大学；381. 广东药科大学；381. 浙江海洋大学；447. 广西大学；447. 河南工业大学；447. 上海海洋大学；447. 山西农业大学；447. 亚洲大学(中国台湾)；447. 香港浸会大学					

续表

高被引论文数排名	机构名称	国家/地区	高被引论文数排名	机构名称	国家/地区
447. 山东大学；447. 高雄医科大学；505. 台湾中兴大学；505. 南京师范大学；505. 南京大学；505. 复旦大学；505. 苏州大学；505. 湖北工业大学；557. 河南农业大学；557. 厦门大学；557. 吉林农业大学；557. 江西师范大学；610. 石河子大学；610. 河北农业大学；610. 北京协和医学院；610. 南京信息工程大学；610. 深圳大学；610. 山西大学；661. 南开大学；661. 内蒙古农业大学；661. 华东理工大学；661. 昆明理工大学；661. 上海应用技术大学；661. 河南科技学院；661. 北京化工大学；661. 中国药科大学；694. 中山医学大学；694. 台北医学大学；694. 高雄科技大学					

5. 农业科学学科的师资力量排名分析

从高被引科学家数来看，数量最多的是华南理工大学(中国)、南昌大学(中国)和沙特国王大学(沙特阿拉伯)，其高被引科学家数为4位。拥有3位高被引科学家的大学有4所，分别是瓦格宁根大学(荷兰)、马萨诸塞大学阿默斯特分校(美国)、康奈尔大学(美国)和悉尼大学(澳大利亚)。拥有2位高被引科学家的大学有14所，拥有1位高被引科学家的大学有45所，其余641所大学的高被引科学家数均为0位。其中华南理工大学、南昌大学高被引科学家均为4位，中国农业大学、浙江大学、南京农业大学高被引科学家均为2位，江南大学、江苏大学、华中农业大学、中山大学、香港大学高被引科学家均为1位。中国其他高校高被引科学家数排名如表3-54所示。

表3-54　农业科学学科高被引科学家数排名（前4位与中国大学）

高被引科学家数排名	机构名称	国家/地区	高被引科学家数排名	机构名称	国家/地区
1	华南理工大学	中国	4	马萨诸塞大学阿默斯特分校	美国
2	南昌大学	中国	4	康奈尔大学	美国
2	沙特国王大学	沙特阿拉伯	4	悉尼大学	澳大利亚
4	瓦格宁根大学	荷兰			
其他中国机构：8. 中国农业大学；8. 浙江大学；8. 南京农业大学；22. 江南大学；22. 江苏大学；22. 华中农业大学；22. 中山大学；22. 香港大学					

综合分析上述指标，可以看出美国在各指标中都占据要位，可见其在农业科学领域有着较强的科研实力。中国进入ESI排行的大学共有105所。华南理工大学(第2位)、中国农业大学(第3位)、南京农业大学(第5位)进入ESI农业科学排行前1%，南昌大学(第8位)、浙江大学(第9位)、江南大学(第10位)、西北农林科技大学(第11位)、华中农业大学(第17位)、江苏大学(第33位)、中国科学院大学(第34位)7所院校进入ESI农业科学排行前5%。由此可见，中国在农业科学领域有着一定的研究实力，但实力突出的大学仍然较少，仍需进一步提升科研实力，争取早日跻身世界一流学科行列。

(二)生物学与生物化学

进入ESI生物学与生物化学学科排名的大学共有790所。从国家或地区分布来看，这些高校隶属于美国、中国、德国、英国、日本、意大利、法国、韩国等56个国家或地区。从图3-2可以很直观地看出这些高校的国家或地区分布情况。

从图3-2可以看出，美国的大学数量最多，位居首位，远远多于其他国家或地区。而中国大陆(内地)只有90所，中国台湾有11所，中国香港有6所。

1. 生物学与生物化学学科竞争力综合排名分析

从综合排名来看，进入前100位的中国的大学只有9所。中国其他进入ESI生物学与生物化学排名的

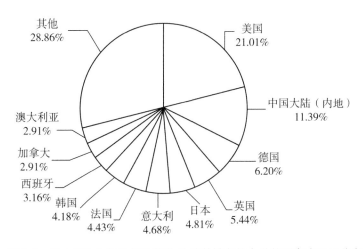

图 3-2 进入 ESI 生物学与生物化学学科排名的大学的国家或地区分布

大学如表 3-55 所示。

表 3-55 生物学与生物化学学科综合排名（前 10 位与中国大学）

综合排名	机构名称	星级	档次	国家/地区	综合排名	机构名称	星级	档次	国家/地区
1	哈佛大学	5★+	一流学科	美国	6	加利福尼亚大学旧金山分校	5★+	一流学科	美国
2	麻省理工学院	5★+	一流学科	美国	7	加利福尼亚大学伯克利分校	5★+	一流学科	美国
3	斯坦福大学	5★+	一流学科	美国	8	牛津大学	5★+	一流学科	英国
4	加利福尼亚大学圣迭戈分校	5★+	一流学科	美国	9	多伦多大学	5★	一流学科	加拿大
5	剑桥大学	5★+	一流学科	英国	10	伦敦大学学院	5★	一流学科	英国

其他中国机构：29. 清华大学；30. 上海交通大学；34. 中国科学院大学；40. 浙江大学；62. 北京大学；65. 复旦大学；77. 中国医学科学院-中国协和医学院；90. 中山大学；92. 香港大学；119. 华中科技大学；122. 北京协和医学院；129. 四川大学；146. 山东大学；147. 南京医科大学；148. 天津大学；159. 南开大学；163. 同济大学；179. 中国农业大学；183. 台湾大学；192. 电子科技大学；205. 南方医科大学；206. 西安交通大学；210. 中南大学；212. 中国科学技术大学；215. 吉林大学；217. 南京大学；218. 哈尔滨医科大学；221. 南京农业大学；225. 南京林业大学；234. 澳门大学；235. 江南大学；236. 香港中文大学；237. 武汉大学；242. 台湾阳明交通大学；253. 台湾成功大学；265. 山东第一医科大学；278. 首都医科大学；295. 郑州大学；298. 苏州大学；318. 湖南大学；326. 上海科技大学；339. 哈尔滨工业大学；344. 重庆大学；348. 南京中医药大学；349. 华南理工大学；361. 暨南大学；362. 华中农业大学；364. 西北农林科技大学；365. 厦门大学；381. 华东理工大学；382. 香港浸会大学；386. 中国医科大学；392. 东南大学；394. 温州医科大学；395. 广西大学；398. 空军军医大学；401. 天津医科大学；404. 西北大学；413. 海军军医大学；420. 澳门科技大学；424. 中国人民解放军陆军军医大学；435. 南昌大学；441. 广州医科大学；445. 青岛大学；449. 长庚大学；456. 重庆医科大学；467. 中国海洋大学；470. 大连理工大学；476. 台湾医药大学；479. 江苏大学；482. 安徽医科大学；485. 深圳大学；493. 中国药科大学；499. 台北医学大学；510. 兰州大学；511. 西南大学；512. 华南农业大学；520. 东北农业大学；542. 四川农业大学；547. 北京化工大学；553. 台湾中兴大学；555. 天津科技大学；557. 南京工业大学；558. 浙江工业大学；564. 华东师范大学；565. 大连医科大学；575. 台湾"清华大学"；579. 上海中医药大学；587. 高雄医科大学；589. 南通大学；593. 扬州大学；599. 广西医科大学；604. 河北医科大学；605. 香港科技大学；606. 北京林业大学；607. 香港理工大学；615. 北京师范大学；637. 上海大学；653. 香港城市大学；666. 华北理工大学；682. 福建农林大学；690. 汕头大学；718. 北京工业大学；738. 东华大学；750. 济南大学；760. 湖南农业大学；762. 台湾科技大学；763. 中山医学大学；766. 杭州师范大学

2. 生物学与生物化学学科的科研能力排名分析

生物学与生物化学学科发文量最多的是哈佛大学,共发文 14835 篇。发文量超过 5000 篇的大学有 19 所,分别是哈佛大学(14835 篇)、上海交通大学(7155 篇)、圣保罗大学(6728 篇)、牛津大学(6580 篇)、中国科学院大学(6399 篇)、东京大学(6149 篇)、多伦多大学(6043 篇)、哥本哈根大学(5999 篇)、北卡罗来纳大学(5889 篇)、剑桥大学(5867 篇)、加利福尼亚大学圣迭戈分校(5853 篇)、浙江大学(5851 篇)、约翰·霍普金斯大学(5769 篇)、斯坦福大学(5671 篇)、瑞士联邦理工学院(5488 篇)、密歇根大学(5479 篇)、伦敦大学学院(5382 篇)、巴黎萨克雷大学(5380 篇)、复旦大学(5001 篇)。超过 4000 篇但少于 5000 篇的有 19 所,超过 3000 篇但少于 4000 篇的有 40 所,超过 2000 篇但少于 3000 篇的有 74 所,超过 1000 篇但少于 2000 篇的有 231 所,超过及 100 篇但少于 1000 篇的有 406 所,中国在发文量进入前 100 名的大学有 18 所。中国其他进入 ESI 生物学与生物化学学科排名的高校发文量排名如表 3-56 所示。

表 3-56　生物学与生物化学学科发文量排名(前 10 位与中国大学)

发文量排名	机构名称	国家/地区	发文量排名	机构名称	国家/地区
1	哈佛大学	美国	6	东京大学	日本
2	上海交通大学	中国	7	多伦多大学	加拿大
3	圣保罗大学	巴西	8	哥本哈根大学	丹麦
4	牛津大学	英国	9	北卡罗来纳大学	美国
5	中国科学院大学	中国	10	剑桥大学	英国

其他中国机构:12. 浙江大学;19. 复旦大学;26. 北京大学;31. 中山大学;35. 山东大学;52. 四川大学;53. 华中科技大学;62. 中国医学科学院–中国协和医学院;63. 吉林大学;65. 南京医科大学;66. 清华大学;76. 中南大学;79. 江南大学;90. 武汉大学;93. 首都医科大学;99. 同济大学;103. 郑州大学;109. 北京协和医学院;122. 苏州大学;123. 南方医科大学;130. 西安交通大学;138. 台湾大学;149. 中国农业大学;170. 南京大学;171. 中国医科大学;179. 温州医科大学;181. 哈尔滨医科大学;188. 南京农业大学;189. 华中农业大学;192. 中国科学技术大学;205. 华东理工大学;207. 山东第一医科大学;210. 暨南大学;212. 天津医科大学;223. 厦门大学;224. 香港大学;225. 华南理工大学;226. 西北农林科技大学;232. 天津大学;233. 海军军医大学;235. 南开大学;243. 中国人民解放军陆军军医大学;248. 空军军医大学;252. 台湾阳明交通大学;253. 哈尔滨工业大学;255. 重庆医科大学;262. 青岛大学;263. 南昌大学;265. 香港中文大学;279. 广州医科大学;282. 东南大学;286. 长庚大学;302. 安徽医科大学;317. 中国海洋大学;323. 台湾成功大学;330. 江苏大学;335. 台湾医药大学;344. 中国药科大学;347. 台北医学大学;356. 深圳大学;360. 兰州大学;374. 大连理工大学;385. 西南大学;390. 华南农业大学;404. 四川农业大学;407. 大连医科大学;408. 广西医科大学;409. 河北医科大学;410. 南京中医药大学;413. 天津科技大学;426. 浙江工业大学;427. 扬州大学;431. 南通大学;454. 南京工业大学;459. 上海中医药大学;462. 东北农业大学;478. 重庆大学;491. 台湾中兴大学;494. 北京化工大学;496. 高雄医科大学;530. 华东师范大学;537. 南京林业大学;537. 台湾"清华大学";568. 上海科技大学;577. 香港科技大学;581. 上海大学;587. 福建农林大学;597. 电子科技大学;608. 西北大学;613. 北京林业大学;613. 北京师范大学;627. 汕头大学;640. 湖南大学;641. 广西大学;645. 香港理工大学;657. 香港城市大学;673. 香港浸会大学;676. 澳门大学;695. 中山医科大学;700. 北京工业大学;707. 杭州师范大学;710. 济南大学;733. 湖南农业大学;737. 东华大学;756. 台湾科技大学;781. 华北理工大学;787. 澳门科技大学

3. 生物学与生物化学学科科研影响力排名分析

从生物学与生物化学学科总被引次数来看,被引次数最高的高校是哈佛大学,达 724509 次;麻省理工学院以 347950 次在被引次数排名中位于第 2 位。总被引次数在 200000 次以上 300000 次以下的有 8 所;总被引次数在 100000 次以上 200000 次以下的有 36 所;总被引次数在 50000 次以上 100000 次以下的有 108 所;总被引次数在 10000 次以上 50000 次以下的有 492 所;总被引在 6000 次以上 10000 次以下的有 144 所。所有大学的总被引次数均在 6000 次以上。中国进入 ESI 生物学与生物化学学科总被引次数排名的大学如表 3-57 所示。

表 3-57　生物学与生物化学学科总被引次数排名（前 10 位与中国大学）

总被引次数排名	机构名称	国家/地区	总被引次数排名	机构名称	国家/地区
1	哈佛大学	美国	6	加利福尼亚大学圣迭戈分校	美国
2	麻省理工学院	美国	7	牛津大学	英国
3	斯坦福大学	美国	8	加利福尼亚大学旧金山分校	美国
4	加利福尼亚大学伯克利分校	美国	9	哥本哈根大学	丹麦
5	约翰·霍普金斯大学	美国	10	剑桥大学	英国

其他中国机构：38. 上海交通大学；40. 中国科学院大学；53. 浙江大学；60. 北京大学；74. 清华大学；85. 复旦大学；92. 中山大学；109. 山东大学；127. 华中科技大学；159. 四川大学；171. 中国医学科学院–中国协和医学院；176. 香港大学；190. 中南大学；191. 江南大学；193. 吉林大学；194. 同济大学；195. 台湾大学；196. 中国农业大学；200. 武汉大学；210. 南京医科大学；226. 北京协和医学院；234. 哈尔滨工业大学；248. 华南理工大学；255. 中国科学技术大学；263. 苏州大学；269. 南京农业大学；272. 南京大学；278. 华中农业大学；279. 西北农林科技大学；280. 暨南大学；285. 西安交通大学；287. 香港中文大学；288. 南开大学；292. 天津大学；295. 厦门大学；301. 南方医科大学；305. 华东理工大学；307. 哈尔滨医科大学；314. 台湾阳明交通大学；316. 台湾成功大学；317. 东南大学；323. 空军军医大学；325. 首都医科大学；328. 郑州大学；350. 海军军医大学；367. 天津医科大学；381. 中国人民解放军陆军军医大学；386. 中国医科大学；395. 温州医科大学；407. 大连理工大学；419. 湖南大学；427. 电子科技大学；429. 南昌大学；430. 中国海洋大学；435. 广州医科大学；440. 长庚大学；466. 台湾医药大学；480. 深圳大学；481. 山东第一医科大学；491. 北京化工大学；495. 重庆医科大学；497. 青岛大学；501. 江苏大学；508. 西南大学；511. 华南农业大学；513. 台湾"清华大学"；518. 上海科技大学；520. 台湾中兴大学；522. 中国药科大学；526. 台北医学大学；531. 安徽医科大学；531. 南京工业大学；539. 东北农业大学；542. 重庆大学；547. 四川农业大学；548. 兰州大学；551. 北京林业大学；552. 天津科技大学；553. 香港科技大学；564. 华东师范大学；586. 浙江工业大学；589. 北京师范大学；606. 大连医科大学；609. 香港理工大学；613. 上海大学；614. 香港城市大学；617. 高雄医学大学；623. 香港浸会大学；625. 华北理工大学；633. 上海中医药大学；647. 澳门大学；651. 南京中医药大学；652. 南京林业大学；663. 扬州大学；682. 北京工业大学；699. 台湾科技大学；704. 东华大学；705. 南通大学；706. 福建农林大学；721. 广西医科大学；725. 广西大学；747. 澳门科技大学；753. 汕头大学；762. 济南大学；763. 河北医科大学；779. 湖南农业大学；784. 西北大学；786. 中山医学大学；787. 杭州师范大学

4. 生物学与生物化学学科影响力排名分析

从高被引论文数来看，数量最多的大学是哈佛大学，达 805 篇。拥有 100 篇及以上高被引论文数的大学共 27 所；拥有 50 篇及以上 100 篇以下高被引论文数的大学共 67 所；拥有 10 篇以上 50 篇以下高被引论文数的大学共 367 所；拥有 1 篇及以上 10 篇以下高被引论文数的大学有 326 所；剩下的 3 所大学的高被引论文数为 0 篇。中国大陆(内地)、中国香港、中国台湾有 6 所大学进入 ESI 生物学与生物化学学科排名前 100 位。除此之外，中国其他进入 ESI 生物学与生物化学学科高被引论文数排名的大学如表 3-58 所示。

表 3-58　生物学与生物化学学科高被引论文数排名（前 10 位与中国大学）

高被引论文数排名	机构名称	国家/地区	高被引论文数排名	机构名称	国家/地区
1	哈佛大学	美国	3	斯坦福大学	美国
2	麻省理工学院	美国	4	加利福尼亚大学圣迭戈分校	美国

高被引论文数排名	机构名称	国家/地区	高被引论文数排名	机构名称	国家/地区
5	加利福尼亚大学伯克利分校	美国	8	华盛顿大学	美国
6	剑桥大学	英国	9	华盛顿大学(西雅图)	美国
7	加利福尼亚大学旧金山分校	美国	10	多伦从大学	加拿大

其他中国机构：31. 中国科学院大学；47. 清华大学；55. 上海交通大学；55. 北京大学；82. 复旦大学；95. 浙江大学；103. 电子科技大学；112. 中山大学；123. 华中科技大学；151. 香港大学；161. 中国医学科学院－中国协和医学院；170. 四川大学；170. 中南大学；170. 中国农业大学；181. 天津大学；198. 上海科技大学；206. 湖南大学；221. 北京协和医学院；229. 哈尔滨医科大学；243. 哈尔滨工业大学；243. 东南大学；243. 华北理工大学；257. 同济大学；257. 台湾成功大学；271. 台湾大学；271. 武汉大学；271. 南京医科大学；271. 香港中文大学；296. 吉林大学；296. 中国科学技术大学；296. 西安交通大学；296. 南开大学；296. 南方医科大学；312. 厦门大学；312. 台湾阳明交通大学；329. 首都医科大学；329. 香港理工大学；329. 澳门大学；348. 山东大学；348. 暨南大学；348. 郑州大学；348. 东北农业大学；367. 华南理工大学；367. 西北农林科技大学；386. 空军军医大学；386. 华东师范大学；386. 南京林业大学；408. 南京农业大学；408. 南京大学；408. 广州医科大学；408. 青岛大学；408. 澳门科技大学；434. 天津医科大学；434. 南昌大学；434. 长庚大学；462. 大连理工大学；483. 苏州大学；483. 华中农业大学；483. 温州医科大学；483. 台湾医药大学；483. 江苏大学；483. 北京林业大学；483. 北京师范大学；483. 香港城市大学；483. 香港浸会大学；520. 江南大学；520. 中国人民解放军陆军军医大学；520. 中国医科大学；520. 深圳大学；520. 北京化工大学；520. 华南农业大学；520. 台湾中兴大学；520. 重庆大学；520. 高雄医科大学；564. 华东理工大学；564. 山东第一医科大学；564. 西南大学；564. 台湾"清华大学"；564. 中国药科大学；564. 香港科技大学；564. 上海中医药大学；564. 南京中医药大学；564. 台湾科技大学；564. 东华大学；564. 汕头大学；564. 湖南农业大学；611. 海军军医大学；611. 台北医学大学；611. 四川农业大学；611. 兰州大学；611. 浙江工业大学；611. 上海大学；611. 北京工业大学；611. 南通大学；611. 广西大学；657. 中国海洋大学；657. 重庆医科大学；657. 安徽医科大学；657. 南京工业大学；657. 济南大学；710. 大连医科大学；710. 中山医学大学；710. 杭州师范大学；743. 天津科技大学；743. 扬州大学；743. 福建农林大学；743. 河北医科大学；771. 广西医科大学；771. 西北大学

5. 生物学与生物化学师资力量排名分析

从高被引科学家数来看，数量最多的大学是美国的哈佛大学，其高被引科学家数为 16 位。其次是加利福尼亚大学圣克鲁兹分校、斯坦福大学、南加利福尼亚大学、麻省理工学院、加利福尼亚大学圣迭戈分校，其高被引科学家数分别为 14 位、10 位、7 位、6 位和 4 位。拥有 3 位高被引科学家的大学有 3 所，即加利福尼亚大学伯克利分校、剑桥大学、华盛顿大学(西雅图)。拥有 2 位高被引科学家的大学有 15 所，是加利福尼亚大学旧金山分校、哥本哈根大学、宾夕法尼亚大学、哥伦比亚大学、圣路易斯华盛顿大学、加利福尼亚大学洛杉矶分校、耶鲁大学、杜克大学、芝加哥大学、苏黎世大学、西奈山伊坎医学院、阿尔伯塔大学、明尼苏达大学双城分校、莫纳什大学、悉尼科技大学。拥有 1 位高被引科学家的大学有 34 所，其余 732 所大学的高被引科学家数均为 0。中国的大学中，高被引科学家数为 1 的是清华大学、北京大学、电子科技大学、台湾成功大学和澳门科技大学。中国其他进入 ESI 生物学与生物化学学科的大学如表 3-59 所示。

表 3-59　生物学与生物化学学科高被引科学家数排名（前 10 位与中国大学）

高被引科学家数排名	机构名称	国家/地区	高被引科学家数排名	机构名称	国家/地区
1	哈佛大学	美国	3	斯坦福大学	美国
2	加利福尼亚大学圣克鲁兹分校	美国	4	南加利福尼亚大学	美国

续表

高被引科学家数排名	机构名称	国家/地区	高被引科学家数排名	机构名称	国家/地区
5	麻省理工学院	美国	7	剑桥大学	英国
6	加利福尼亚大学圣迭戈分校	美国	7	华盛顿大学(西雅图)	美国
7	加利福尼亚大学伯克利分校	美国	10	加利福尼亚大学旧金山分校	美国
其他中国机构:35. 清华大学;37. 北京大学;46. 电子科技大学;53. 台湾成功大学;56. 澳门科技大学					

从以上几个指标的分析可以看出:每个指标最强的大学基本上都分布在美国,各个指标排名前10位的大学也大多属于美国,这说明美国在生物学与生物化学方面具有突出的研究实力。中国的所有大学中按照综合排名来看,仅有清华大学、上海交通大学、中国科学院大学、浙江大学、北京大学、复旦大学、中国医学科学院–中国协和医学院7所处于一流学科档次,中山大学、香港大学、华中科技大学、北京协和医学院、四川大学、山东大学、南京医科大学和天津大学处于一流培育学科档次,其他中国大学未区分级别;在发文量前100名中,中国大学有18所;总被引次数前100名的中国大学只有7所。由此可见中国的大学在生物学与生物化学学科上的研究实力较薄弱,应该重点加强该领域的科学研究,在强调发文数量的同时,提高论文的质量,以增强我国在该领域的科研竞争力和影响力。

(三)化学

进入ESI化学学科排名的大学共有1149所。从国家或地区分布来看,这些大学主要隶属于中国、美国、德国、法国、印度、日本、英国、韩国、意大利、西班牙等63个国家或地区,如图3-3所示。

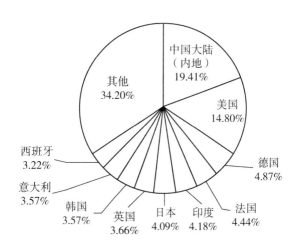

图3-3 进入ESI化学学科排名的大学国家或地区分布

从图3-3可以看出,中国大陆(内地)化学学科的大学数量位居第1位,遥遥领先于其他国家或地区。排行榜中大学数量排名前10名的国家或地区分别是:中国大陆(内地)有223所,美国有170所,德国有56所,法国有51所,印度有48所,日本有47所,英国有42所,韩国有41所,意大利有41所,西班牙有37所,中国台湾有17所大学,中国香港有6所大学,中国澳门有1所大学。

1. 化学学科竞争力综合排名分析

从化学学科竞争力综合排名来看,进入前100位的研究机构,中国大陆(内地)有36所,中国香港有2所。中国其他进入ESI化学学科排名的大学如表3-60所示。

表 3-60　化学学科综合排名（前 10 位与中国大学）

综合排名	机构名称	星级	档次	国家/地区	综合排名	机构名称	星级	档次	国家/地区
1	清华大学	5★+	一流学科	中国	6	哈佛大学	5★+	一流学科	美国
2	中国科学院大学	5★+	一流学科	中国	7	浙江大学	5★+	一流学科	中国
3	斯坦福大学	5★+	一流学科	美国	8	加利福尼亚大学伯克利分校	5★+	一流学科	美国
4	麻省理工学院	5★+	一流学科	美国	9	瑞士联邦理工学院	5★+	一流学科	瑞士
5	芝加哥大学	5★+	一流学科	美国	10	中国科学技术大学	5★+	一流学科	中国

其他中国机构：12. 郑州大学；14. 天津大学；15. 北京大学；18. 南开大学；20. 南京大学；22. 华南理工大学；24. 复旦大学；26. 中山大学；27. 福州大学；28. 上海交通大学；30. 北京化工大学；32. 华东理工大学；33. 湖南大学；34. 电子科技大学；36. 厦门大学；37. 吉林大学；38. 武汉理工大学；39. 四川大学；40. 苏州大学；42. 北京理工大学；53. 山东大学；54. 武汉大学；57. 大连理工大学；59. 南京工业大学；61. 香港城市大学；63. 江苏大学；64. 香港科技大学；67. 华中科技大学；68. 中南大学；69. 哈尔滨工业大学；71. 西安交通大学；79. 兰州大学；89. 南方科技大学；90. 重庆大学；104. 台湾大学；105. 深圳大学；108. 南京林业大学；109. 华东师范大学；111. 北京航空航天大学；112. 中国石油大学；113. 华中师范大学；121. 扬州大学；122. 中国地质大学；124. 上海大学；128. 浙江师范大学；132. 北京科技大学；136. 南京师范大学；148. 华南师范大学；149. 青岛大学；152. 东南大学；160. 同济大学；161. 西北大学；163. 南京理工大学；168. 浙江工业大学；169. 青岛科技大学；171. 南昌大学；173. 北京工业大学；179. 香港中文大学；180. 北京师范大学；181. 香港理工大学；186. 天津理工大学；194. 山东科技大学；196. 安徽大学；200. 东北师范大学；206. 西北工业大学；209. 长沙理工大学；210. 西南大学；215. 东华大学；218. 陕西师范大学；233. 温州大学；234. 香港大学；237. 台湾"清华大学"；244. 江苏科技大学；251. 太原理工大学；263. 江南大学；271. 聊城大学；283. 黑龙江大学；291. 济南大学；298. 暨南大学；303. 广东工业大学；310. 山东师范大学；311. 河南大学；312. 中国医学科学院-中国协和医学院；323. 福建师范大学；324. 烟台大学；328. 华南农业大学；332. 山西大学；333. 南华大学；335. 湖北大学；336. 淮北师范大学；340. 西南石油大学；342. 台湾阳明交通大学；344. 杭州电子科技大学；347. 西南科技大学；359. 上海理工大学；361. 中国矿业大学；364. 华北电力大学；376. 中国药科大学；378. 淡江大学；381. 北京林业大学；385. 天津科技大学；390. 广西师范大学；392. 中南民族大学；397. 上海大学；401. 曲阜师范大学；406. 台湾科技大学；408. 哈尔滨工程大学；409. 燕山大学；422. 中国东北大学；425. 哈尔滨师范大学；429. 重庆工商大学；430. 河南师范大学；431. 江苏师范大学；433. 浙江理工大学；434. 北京协和医学院；435. 广西大学；437. 南京邮电大学；444. 常州大学；448. 昆明理工大学；451. 湘潭大学；453. 江西师范大学；455. 江西科技学院；467. 华中农业大学；468. 中国农业大学；470. 河北工业大学；475. 合肥工业大学；476. 郑州轻工业大学；486. 中国海洋大学；488. 广州大学；489. 台湾中原大学；490. 内蒙古大学；496. 河北大学；507. 云南大学；510. 台湾成功大学；513. 安徽师范大学；514. 上海师范大学；522. 中北大学；525. 西北师范大学；526. 宁波大学；542. 天津工业大学；548. 台湾医药大学；551. 齐鲁工业大学；557. 南京航空航天大学；577. 香港浸会大学；580. 华北理工大学；582. 台湾中兴大学；587. 南昌航空大学；588. 台北科技大学；591. 陕西科技大学；595. 嘉兴学院；597. 武汉工程大学；601. 辽宁大学；615. 北京工商大学；618. 西北农林科技大学；620. 北京交通大学；624. 宁夏大学；630. 杭州师范大学；636. 贵州大学；640. 东北林业大学；642. 台州学院；649. 湖南师范大学；653. 湖南科技大学；654. 河海大学；661. 兰州交通大学；663. 苏州科技大学；664. 浙江农林大学；670. 高雄医学大学；673. 长春工业大学；674. 台湾"中央"大学；675. 汕头大学；679. 辽宁石油化工大学；683. 洛阳师范学院；684. 华侨大学；689. 沈阳药科大学；694. 临沂大学；695. 首都医科大学；696. 赣南师范大学；697. 河南科技大学；725. 台湾"中山大学"；728. 浙江工商大学；735. 海南大学；740. 首都师范大学；749. 中国人民大学；753. 新疆大学；766. 长庚大学；767. 南京农业大学；770. 澳门大学；776. 天津师范大学；785. 西南交通大学；787. 山东理工大学；788. 三峡大学；789. 河南理工大学；790. 上海应用技术大学；809. 长春科技大学；821. 石河子大学；822. 青岛农业大学；825. 南京信息工程大学；834. 西华师范大学；835. 南京医科大学；838. 武汉科技大学；845. 兰州理工大学；848. 四川师范大学；858. 安徽工业大学；867. 中国计量大学；868. 湖南农业大学；872. 吉林师范大学；889. 桂林工业大学；890. 福建农林大学；891. 温州医科大学；898. 海军军医大学；901. 台湾师范大学；909. 南京中医药大学；910. 南方医科大学；916. 河南工业大学；918. 东华理工大学；922. 江西科技师范学院；928. 山东农业大学；936. 河北师范大学；958. 哈尔滨理工大学；971. 信阳师范学院；980. 南通大学；983. 广东药科大学；985. 中国人民解放军陆军军医大学；988. 山西师范大学；993. 武汉纺织大学；996. 盐城工学院；1000. 辽宁师范大学；1011. 渤海大学；1017. 河北科技大学；1028. 台北医学大学；1030. 安阳师范学院；1037. 国防科学技术大学；1052. 天津医科大学；1053. 大连工业大学；1064. 沈阳化工大学；1066. 福建医科大学；1074. 上海工程技术大学；1075. 云南师范大学；1089. 重庆医科大学；1105. 山东第一医科大学；1116. 四川农业大学；1134. 河北农业大学；1148. 台湾"东华大学"

2. 化学学科科研能力排名分析

从化学学科发文量来看，超过 10000 篇的有 17 所，不少于 5000 篇但少于 10000 篇的有 71 所，不少于 4000 篇但少于 5000 篇的有 51 所，不少于 3000 篇但少于 4000 篇的有 77 所，不少于 2000 篇但少于 3000 篇的有 200 所，不少于 1000 篇但少于 2000 篇的有 401 所，发文量在 1000 篇以下的有 332 所。中国在发文量进入前 100 名的大学共有 39 所，进入 ESI 化学学科发文量排名的大学如表 3-61 所示。

表 3-61　化学学科发文量排名（前 10 位与中国大学）

发文量排名	机构名称	国家/地区	发文量排名	机构名称	国家/地区
1	中国科学院大学	中国	6	四川大学	中国
2	浙江大学	中国	7	伊斯兰阿扎德大学	伊朗
3	吉林大学	中国	8	中国科学技术大学	中国
4	瑞士联邦理工学院	瑞士	9	天津大学	中国
5	清华大学	中国	10	华东理工大学	中国

其他中国机构：11. 南京大学；14. 北京大学；16. 华南理工大学；18. 山东大学；19. 南开大学；20. 北京化工大学；21. 大连理工大学；22. 上海交通大学；23. 复旦大学；27. 苏州大学；30. 厦门大学；31. 中山大学；32. 哈尔滨工业大学；33. 郑州大学；41. 南京工业大学；43. 武汉大学；46. 中南大学；48. 西安交通大学；49. 华中科技大学；52. 兰州大学；57. 中国石油大学；58. 北京理工大学；59. 湖南大学；61. 台湾大学；62. 东南大学；66. 浙江工业大学；70. 福州大学；77. 江苏大学；90. 重庆大学；95. 华东师范大学；97. 青岛科技大学；101. 江南大学；109. 上海大学；111. 南京理工大学；118. 西北大学；118. 西南大学；124. 北京科技大学；130. 同济大学；140. 东北师范大学；150. 中国药科大学；151. 东华大学；156. 西北工业大学；161. 武汉理工大学；163. 台湾阳明交通大学；164. 济南大学；172. 台湾"清华大学"；177. 北京航空航天大学；183. 深圳大学；187. 北京师范大学；190. 中国东北大学；195. 陕西师范大学；204. 太原理工大学；206. 中国矿业大学；210. 扬州大学；217. 南昌大学；220. 香港科技大学；221. 暨南大学；223. 中国地质大学；234. 中国医学科学院-中国协和医学院；242. 香港城市大学；243. 常州大学；247. 中国农业大学；259. 山西大学；261. 河南大学；267. 电子科技大学；273. 华南师范大学；282. 湘潭大学；284. 合肥工业大学；285. 台湾成功大学；289. 河南师范大学；291. 南方科技大学；293. 北京协和医学院；297. 齐鲁工业大学；298. 中国海洋大学；301. 青岛大学；306. 昆明理工大学；318. 香港理工大学；320. 浙江理工大学；322. 南京林业大学；322. 宁波大学；329. 安徽大学；335. 香港中文大学；336. 西北师范大学；337. 香港大学；343. 天津工业大学；349. 华中师范大学；358. 山东师范大学；367. 南京师范大学；369. 广东工业大学；381. 沈阳药科大学；387. 江西师范大学；389. 西南石油大学；390. 贵州大学；391. 河北工业大学；398. 河北大学；399. 聊城大学；412. 广西大学；423. 浙江师范大学；424. 台湾科技大学；430. 山东科技大学；431. 西北农林科技大学；433. 台北科技大学；437. 高雄医科大学；453. 台湾中兴大学；455. 北京工业大学；470. 哈尔滨工程大学；473. 黑龙江大学；476. 中北大学；480. 天津科技大学；481. 西南科技大学；482. 湖北大学；493. 安徽师范大学；494. 陕西科技大学；498. 曲阜师范大学；499. 武汉工程大学；501. 南京航空航天大学；515. 华南农业大学；519. 台湾"中山大学"；522. 广西师范大学；532. 南京邮电大学；541. 燕山大学；541. 台湾医药大学；548. 华中农业大学；549. 杭州师范大学；552. 天津理工大学；552. 江苏师范大学；562. 湖南师范大学；562. 新疆大学；564. 温州大学；568. 福建师范大学；573. 台湾中原大学；577. 香港浸会大学；584. 长庚大学；585. 云南大学；586. 上海应用技术大学；589. 上海理工大学；593. 北京林业大学；603. 上海科技大学；604. 华北电力大学；606. 东北林业大学；607. 长春科技大学；609. 台湾"中央"大学；618. 首都师范大学；621. 江苏科技大学；625. 山东理工大学；637. 烟台大学；640. 洛阳师范学院；645. 南京农业大学；658. 南京中医药大学；660. 中南民族大学；662. 西南交通大学；671. 华侨大学；673. 石河子大学；683. 湖南科技大学；687. 桂林工业大学；694. 天津师范大学；700. 北京工商大学；712. 辽宁大学；727. 广州大学；728. 南京医科大学；730. 上海师范大学；734. 海南大学；741. 河南理工大学；744. 安徽工业大学；752. 河南工业大学；754. 兰州理工大学；767. 广东药科大学；770. 宁夏大学；771. 东华理工大学；777. 兰州交通大学；780. 郑州轻工业大学；783. 江西科技师范学院；786. 澳门大学；787. 中国计量大学；788. 福建农林大学；789. 国防科学技术大学；796. 武汉科技大学；803. 海军军医大学；805. 南方医科大学；

发文量排名	机构名称	国家/地区	发文量排名	机构名称	国家/地区
810. 杭州电子科技大学；813. 中国人民大学；818. 辽宁师范大学；825. 长春工业大学；826. 吉林师范大学；833. 南京信息工程大学；838. 温州医科大学；843. 山西师范大学；846. 台北医学大学；847. 山东农业大学；849. 长沙理工大学；854. 河北师范大学；854. 上海工程技术大学；858. 辽宁石油化工大学；860. 嘉兴学院；863. 江西科技学院；868. 渤海大学；874. 南通大学；878. 沈阳化工大学；888. 武汉纺织大学；896. 盐城工学院；900. 三峡大学；907. 北京交通大学；910. 青岛农业大学；915. 南华大学；918. 台湾师范大学；920. 内蒙古大学；923. 华北理工大学；924. 河海大学；932. 台州学院；933. 河南科技大学；938. 南昌航空大学；942. 重庆医科大学；952. 哈尔滨师范大学；953. 首都医科大学；953. 哈尔滨理工大学；957. 大连工业大学；972. 河北科技大学；980. 山东第一医科大学；981. 淮北师范大学；998. 淡江大学；1002. 临沂大学；1002. 天津医科大学；1005. 苏州科技大学；1023. 湖南农业大学；1030. 浙江农林大学；1030. 浙江工商大学；1030. 四川农业大学；1033. 福建医科大学；1039. 信阳师范学院；1041. 四川师范大学；1045. 河北农业大学；1057. 汕头大学；1057. 云南师范大学；1076. 台湾"东华大学"；1078. 西华师范大学；1080. 中国人民解放军陆军军医大学；1096. 安阳师范学院；1106. 赣南师范大学；1109. 重庆工商大学					

3. 化学学科科研影响力排名分析

从化学学科总被引次数来看，总被引次数超过 100000 次的大学共有 115 所；总被引次数在 50000 次以上 100000 次以下的有 175 所；总被引次数在 10000 次以上 50000 次以下的有 784 所；总被引次数在 5000 次以上 10000 次以下的有 75 所；所有大学的总被引次数均在 8500 次以上。中国大陆（内地）、中国台湾在总被引次数进入前 100 名的大学共有 34 所。中国其他进入 ESI 化学学科总被引次数指标排名的大学如表 3-62 所示。

表 3-62　化学学科总被引次数排名（前 10 位与中国大学）

总被引次数排名	机构名称	国家/地区	总被引次数排名	机构名称	国家/地区
1	中国科学院大学	中国	6	南洋理工大学	新加坡
2	瑞士联邦理工学院	瑞士	7	新加坡国立教育学院	新加坡
3	清华大学	中国	8	加利福尼亚大学伯克利分校	美国
4	中国科学技术大学	中国	9	吉林大学	中国
5	浙江大学	中国	10	南京大学	中国
其他中国机构：13. 北京大学；15. 南开大学；17. 华东理工大学；19. 华南理工大学；20. 天津大学；23. 四川大学；24. 复旦大学；30. 大连理工大学；33. 厦门大学；34. 苏州大学；36. 中山大学；37. 北京化工大学；39. 上海交通大学；41. 武汉大学；42. 山东大学；43. 湖南大学；48. 兰州大学；49. 福州大学；62. 哈尔滨工业大学；64. 华中科技大学；71. 南京工业大学；75. 郑州大学；77. 台湾大学；81. 武汉理工大学；84. 西安交通大学；85. 华东师范大学；91. 中南大学；99. 北京理工大学；105. 香港科技大学；112. 东南大学；118. 江苏大学；121. 中国石油大学；138. 北京科技大学；141. 上海大学；147. 西南大学；151. 东北师范大学；153. 浙江工业大学；154. 同济大学；155. 重庆大学；174. 北京航空航天大学；175. 南京理工大学；178. 东华大学；186. 香港城市大学；188. 江南大学；190. 台湾"清华大学"；199. 青岛科技大学；202. 华中师范大学；208. 济南大学；213. 西北大学；234. 香港理工大学；237. 台湾阳明交通大学；238. 北京师范大学；239. 香港中文大学；242. 香港大学；247. 西北工业大学；265. 陕西师范大学；267. 扬州大学；278. 中国地质大学；280. 中国药科大学；289. 深圳大学；293. 南昌大学；303. 南京师范大学；314. 南方科技大学；318. 浙江师范大学；319. 青岛大学；322. 电子科技大学；338. 湘潭大学；342. 浙江理工大学；346. 北京工业大学；347. 暨南大学；353. 河南大学；356. 山东师范大学；359. 山西大学；363. 常州大学；366. 江西师范大学；368. 太原理工大学；377. 华南师范大学；381. 合肥工业大学；387. 河南师范大学；388. 黑龙江大学；390. 南京邮电大学；391. 中国农业大学；394. 中国东北大学；399. 山东科技大学；404. 香港浸会大学；412. 台湾成功大学；413. 中国海洋大学；426. 安徽大学；432. 安徽师范大学；436. 中国矿业大学；439. 中国医学科学院–中国协和医学院；463. 西北师					

续表

总被引次数排名	机构名称	国家/地区	总被引次数排名	机构名称	国家/地区
范大学；464. 台湾中兴大学；466. 天津工业大学；467. 哈尔滨工程大学；473. 台湾科技大学；476. 曲阜师范大学；479. 台北科技大学；483. 天津理工大学；485. 宁波大学；488. 北京协和医学院；498. 广东工业大学；503. 南京林业大学；513. 湖北大学；514. 南京航空航天大学；522. 江苏师范大学；527. 西北农林科技大学；530. 齐鲁工业大学；531. 温州大学；544. 杭州师范大学；549. 台湾中原大学；550. 上海科技大学；556. 湖南师范大学；557. 华南农业大学；561. 西南石油大学；569. 东北林业大学；573. 昆明理工大学；576. 华中农业大学；579. 北京林业大学；581. 上海师范大学；587. 聊城大学；589. 华侨大学；593. 武汉工程大学；596. 燕山大学；599. 广西师范大学；603. 河北工业大学；607. 中南民族大学；608. 广西大学；614. 华北电力大学；615. 贵州大学；616. 高雄医学大学；616. 云南大学；625. 福建师范大学；627. 台湾"中央"大学；632. 河北大学；633. 西南科技大学；639. 陕西科技大学；643. 沈阳药科大学；647. 天津科技大学；648. 首都师范大学；654. 中国人民大学；658. 台湾"中山大学"；673. 湖南科技大学；680. 上海理工大学；686. 澳门大学；687. 长庚大学；704. 南京农业大学；706. 江苏科技大学；707. 郑州轻工业大学；715. 淮北师范大学；717. 新疆大学；719. 广州大学；724. 洛阳师范学院；728. 台湾医药大学；734. 天津师范大学；736. 中北大学；756. 上海应用技术大学；757. 山东理工大学；760. 烟台大学；770. 石河子大学；775. 海南大学；781. 兰州交通大学；784. 南京医科大学；788. 西南交通大学；791. 三峡大学；797. 台湾师范大学；802. 西华师范大学；807. 青岛农业大学；808. 南华大学；811. 南昌航空大学；814. 重庆工商大学；815. 长沙理工大学；816. 海军军医大学；817. 辽宁大学；819. 哈尔滨师范大学；821. 安徽工业大学；822. 长春科技大学；827. 武汉科技大学；831. 中国计量大学；839. 福建农林大学；844. 山东农业大学；846. 河南理工大学；856. 河南工业大学；857. 温州医科大学；859. 南方医科大学；863. 桂林工业大学；865. 江西科技师范学院；869. 杭州电子科技大学；871. 华北理工大学；882. 信阳师范学院；885. 东华理工大学；890. 南京中医药大学；899. 兰州理工大学；901. 安阳师范学院；914. 湖南农业大学；922. 河北师范大学；925. 南京信息工程大学；926. 广东药科大学；931. 武汉纺织大学；932. 中国人民解放军陆军军医大学；936. 北京工商大学；937. 江西科技学院；957. 北京交通大学；960. 渤海大学；963. 汕头大学；967. 嘉兴学院；968. 内蒙古大学；982. 宁夏大学；986. 吉林师范大学；999. 河海大学；1003. 淡江大学；1015. 台北医学大学；1019. 哈尔滨理工大学；1020. 四川师范大学；1021. 长春工业大学；1023. 福建医科大学；1025. 山西师范大学；1029. 台州学院；1042. 辽宁师范大学；1046. 南通大学；1047. 浙江农林大学；1049. 山东第一医科大学；1056. 天津医科大学；1062. 盐城工学院；1066. 辽宁石油化工大学；1072. 重庆医科大学；1073. 云南师范大学；1079. 台湾"东华大学"；1088. 赣南师范大学；1102. 临沂大学；1108. 四川农业大学；1109. 国防科学技术大学；1111. 首都医科大学；1116. 河北科技大学；1119. 浙江工商大学；1125. 上海工程技术大学；1130. 沈阳化工大学；1133. 大连工业大学；1138. 河北农业大学；1140. 河南科技大学；1145. 苏州科技大学					

4. 化学学科影响力排名分析

从化学学科高被引论文数来看，400 篇及以上的大学有 3 所；300 篇及以上 400 篇以下的大学有 6 所；200 篇及以上 300 篇以下的大学有 15 所；100 篇及以上 200 篇以下的大学有 52 所；50 篇及以上 100 篇以下的大学有 129 所；10 篇及以上 50 篇以下的大学有 535 所；1 篇以上 10 篇以下的大学有 398 所；剩下的 11 所大学的高被引论文数为 0 篇。中国大陆(内地)、中国香港有 43 所大学进入 ESI 化学学科高被引论文数排名前 100 位。在这 43 所大学中，中国科学院大学的高被引论文篇数在 500 篇以上，中国科学技术大学、清华大学的高被引论义数在 400 篇以上。中国进入 ESI 化学学科高被引论文数排名的大学如表 3-63 所示。

表 3-63　化学学科高被引论文数排名（前 10 位与中国大学）

高被引论文数排名	机构名称	国家/地区	高被引论文数排名	机构名称	国家/地区
1	中国科学院大学	中国	3	清华大学	中国
2	中国科学技术大学	中国	4	南洋理工大学	新加坡

高被引论文数排名	机构名称	国家/地区	高被引论文数排名	机构名称	国家/地区
5	新加坡国立教育学院	新加坡	8	加利福尼亚大学伯克利分校	美国
6	瑞士联邦理工学院	瑞士	9	美国西北大学	美国
7	斯坦福大学	美国	10	浙江大学	中国

其他中国机构：14. 北京大学；15. 天津大学；17. 南开大学；18. 郑州大学；19. 湖南大学；20. 南京大学；21. 苏州大学；22. 华南理工大学；23. 福州大学；24. 吉林大学；26. 复旦大学；27. 厦门大学；29. 武汉理工大学；30. 中山大学；35. 北京化工大学；36. 武汉大学；37. 上海交通大学；40. 华东理工大学；45. 南京工业大学；47. 四川大学；51. 北京理工大学；54. 华中科技大学；54. 香港科技大学；58. 大连理工大学；59. 西安交通大学；65. 哈尔滨工业大学；70. 电子科技大学；71. 山东大学；77. 华东师范大学；82. 江苏大学；82. 西北工业大学；86. 东南大学；88. 中南大学；88. 北京航空航天大学；88. 山东科技大学；93. 青岛大学；96. 香港城市大学；98. 深圳大学；98. 南方科技大学；105. 台湾大学；111. 兰州大学；113. 华中师范大学；124. 重庆大学；130. 上海大学；132. 香港中文大学；136. 浙江师范大学；142. 中国石油大学；142. 北京科技大学；149. 浙江工业大学；152. 香港理工大学；161. 同济大学；161. 南京理工大学；161. 青岛科技大学；172. 扬州大学；172. 南京师范大学；188. 中国地质大学；192. 山东师范大学；195. 东华大学；195. 天津理工大学；202. 北京师范大学；208. 东北师范大学；208. 南京林业大学；211. 南京邮电大学；219. 陕西师范大学；219. 北京工业大学；219. 上海科技大学；230. 长沙理工大学；235. 暨南大学；242. 河南大学；248. 西北大学；248. 南昌大学；248. 燕山大学；259. 香港大学；259. 安徽大学；259. 郑州轻工业大学；266. 兰州交通大学；269. 济南大学；269. 黑龙江大学；279. 广州大学；290. 广东工业大学；290. 上海理工大学；302. 台湾"清华大学"；309. 太原理工大学；320. 河南师范大学；320. 曲阜师范大学；320. 华南农业大学；333. 安徽师范大学；333. 西南科技大学；333. 陕西科技大学；333. 湖南科技大学；333. 江苏科技大学；354. 西南大学；354. 江西师范大学；364. 华南师范大学；364. 南京航空航天大学；364. 洛阳师范学院；364. 重庆工商大学；380. 浙江理工大学；380. 山西大学；380. 江苏师范大学；391. 江南大学；391. 武汉工程大学；391. 广西大学；391. 华北电力大学；400. 聊城大学；400. 四川师范大学；413. 哈尔滨工程大学；413. 湖北大学；413. 温州大学；413. 哈尔滨师范大学；431. 中国东北大学；431. 台湾科技大学；431. 宁波大学；431. 海南大学；431. 南华大学；431. 华北理工大学；448. 西北师范大学；448. 华中农业大学；465. 中国海洋大学；465. 嘉兴学院；475. 西南石油大学；475. 东北林业大学；475. 三峡大学；486. 台湾阳明交通大学；486. 常州大学；486. 台湾"中央"大学；486. 淮北师范大学；486. 西华师范大学；486. 杭州电子科技大学；486. 南京信息工程大学；515. 齐鲁工业大学；515. 上海师范大学；515. 福建师范大学；515. 南昌航空大学；515. 湖南农业大学；533. 合肥工业大学；533. 中国农业大学；533. 天津工业大学；533. 华侨大学；533. 云南大学；533. 中北大学；533. 河南理工大学；533. 江西科技学院；568. 湘潭大学；568. 中国矿业大学；568. 杭州师范大学；568. 中南民族大学；568. 青岛农业大学；568. 北京交通大学；587. 北京林业大学；587. 吉林师范大学；587. 台州学院；587. 苏州科技大学；612. 台湾中原大学；612. 湖南师范大学；612. 河北工业大学；612. 天津科技大学；612. 中国人民大学；612. 烟台大学；650. 中国药科大学；650. 台湾成功大学；650. 贵州大学；650. 澳门大学；650. 天津师范大学；650. 西南交通大学；650. 兰州理工大学；650. 浙江农林大学；684. 香港浸会大学；684. 台湾中兴大学；684. 台湾医药大学；684. 武汉科技大学；684. 宁夏大学；684. 河海大学；684. 淡江大学；684. 哈尔滨理工大学；684. 赣南师范大学；710. 台北科技大学；710. 内蒙古大学；741. 西北农林科技大学；741. 昆明理工大学；741. 河北大学；741. 南京农业大学；741. 中国人民解放军陆军军医大学；741. 北京工商大学；741. 汕头大学；741. 河北科技大学；782. 广西师范大学；782. 高雄医科大学；782. 新疆大学；782. 山东理工大学；782. 辽宁大学；782. 临沂大学；823. 首都师范大学；823. 台湾"中山大学"；823. 南京医科大学；823. 长春科技大学；823. 中国计量大学；823. 温州医科大学；823. 信阳师范学院；823. 河北师范大学；823. 南通大学；823. 盐城工学院；823. 首都医科大学；823. 大连工业大学；823. 河南科技大学；876. 中国医学科学院-中国协和医学院；876. 石河子大学；876. 台湾师范大学；876. 安徽工业大学；876. 天津医科大学；876. 辽宁石油化工大学；876. 云南师范大学；929. 长庚大学；929. 上海应用技术大学；929. 福建农林大学；929. 南方医科大学；929. 东华理工大学；929. 安阳师范学院；929. 长春工业大学；929. 福建医科大学；929. 山西师范大学；983. 海军军医大学；983. 山东农业大学；983. 江西科技师范学院；983. 辽宁师范大学；983. 沈阳化工大学；1043. 北京协和医学院；1043. 沈阳药科大学；1043. 河南工业大学；1043. 桂林工业大学；1043. 武汉纺织大学；1043. 四川农业大学；1043. 浙江工商大学；1043. 河北农业大学；1074. 南京中医药大学；1074. 渤海大学；1074. 台北医学大学；1074. 重庆医科大学；1074. 国防科学技术大学；1074. 上海工程技术大学；1115. 山东第一医科大学；1139. 广东药科大学；1139. 台湾"东华大学"

5. 化学学科师资力量排名分析

从化学学科高被引科学家数来看，高被引科学家数最多的是清华大学，为 10 人，加利福尼亚大学伯克利分校高被引科学家是 8 人；美国西北大学高被引科学家是 6 人，有 5 位高被引科学家的高校有 3 所，分别是斯坦福大学、浙江大学和洛桑联邦理工学院；有 4 位高被引科学家的大学有 5 所，分别是得克萨斯大学奥斯汀分校、阿卜杜拉国王理工大学、威斯康星大学麦迪逊分校、阿德莱德大学、沙特国王大学；有 3 位高被引科学家的大学有 8 所，分别是南洋理工大学、麻省理工学院、华南理工大学、福州大学、复旦大学、中山大学、佐治亚理工大学、电子科技大学；有 2 位高被引科学家的科研机构有 16 所，有 1 位高被引科学家的大学有 68 所；其他 1046 所大学均没有高被引科学家。中国大陆(内地)、中国香港有 33 所高校有高被引科学家，中国高被引科学家最多的大学是清华大学，有 10 名高被引科学家；浙江大学有 5 名高被引科学家；华南理工大学、福州大学、复旦大学、中山大学、电子科技大学有 3 名高被引科学家；北京大学、天津大学、南开大学、厦门大学、上海交通大学、华东理工大学、北京理工大学、南方科技大学、中国地质大学有 2 名高被引科学家；湖南大学、南京大学、武汉理工大学、北京化工大学、武汉大学、南京工业大学、香港科技大学、江苏大学、北京航空航天大学、香港城市大学、华中师范大学、上海大学、南京师范大学、天津理工大学、北京工业大学、华南师范大学、福建师范大学有 1 名高被引科学家，如表 3-64 所示。

表 3-64　化学学科高被引科学家数排名（前 7 位与中国大学）

高被引科学家数排名	机构名称	国家/地区	高被引科学家数排名	机构名称	国家/地区
1	清华大学	中国	7	得克萨斯大学奥斯汀分校	美国
2	加利福尼亚大学伯克利分校	美国	7	阿卜杜拉国王理工大学	沙特阿拉伯
3	美国西北大学	美国	7	威斯康星大学麦迪逊分校	美国
4	斯坦福大学	美国	7	阿德莱德大学	澳大利亚
4	浙江大学	中国	7	沙特国王大学	沙特阿拉伯
4	洛桑联邦理工学院	瑞士			

其他中国机构：12. 华南理工大学；12. 福州大学；12. 复旦大学；12. 中山大学；12. 电子科技大学；20. 北京大学；20. 天津大学；20. 南开大学；20. 厦门大学；20. 上海交通大学；20. 华东理工大学；20. 北京理工大学；20. 南方科技大学；20. 中国地质大学；36. 湖南大学；36. 南京大学；36. 武汉理工大学；36. 北京化工大学；36. 武汉大学；36. 南京工业大学；36. 香港科技大学；36. 江苏大学；36. 北京航空航天大学；36. 香港城市大学；36. 华中师范大学；36. 上海大学；36. 南京师范大学；36. 天津理工大学；36. 北京工业大学；36. 华南师范大学；36. 福建师范大学

从以上几个指标的分析可以看出：与往年相比，化学学科的每个指标中最强的大学基本上都分布在美国。从综合排名、发文数量和高被引论文数等指标看，中国高校，特别是中国科学院大学在多项指标上表现优异。在高被引科学家数这一指标上，美国的大学仍处于领先位置，说明美国在化学学科方面具有优秀的科研团队和突出的研究实力，我国的清华大学、浙江大学也进入了前 10 位。在发文量前 100 名中，中国大学有 39 所；总被引次数前 100 名的中国大学有 34 所；高被引论文前 100 名的中国大学有 43 所。由此可见，中国在化学学科上的研究实力有了很大提升，在该领域的科研实践、科研竞争力和影响力有了很大的提升。

(四)临床医学

进入 ESI 临床医学学科排名的大学共有 1456 所。从国家或地区分布来看，这些大学隶属于美国、中国、英国、日本、土耳其、法国、意大利、德国、西班牙等 100 个国家或地区，如图 3-4 所示。

从图 3-4 可以看出，美国的大学数量位居第 1 位，达 247 所，遥遥领先于其他国家或地区，中国大陆(内地)、英国、日本、土耳其的大学占比也比较大。中国大陆(内地)有 122 所，中国台湾有 23 所，中国

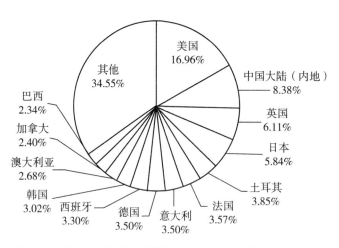

图 3-4　进入 ESI 临床医学学科排名的大学的国家或地区分布

香港有 6 所，中国澳门有 2 所。

1. 临床医学学科竞争力综合排名分析

从临床医学学科竞争力综合排名来看，前 10 名中美国占了 6 席，占据绝对优势。中国在临床医学学科排名前 100 位的大学仅有 4 所，进入前 200 位的大学有 14 所，进入前 400 位的大学为 37 所。中国进入 ESI 临床医学学科综合排名的大学如表 3-65 所示。

表 3-65　临床医学学科综合排名（前 10 位与中国大学）

综合排名	机构名称	名次所居比例/%	档次	国家/地区	综合排名	机构名称	名次所居比例/%	档次	国家/地区
1	哈佛大学	5★+	一流学科	美国	6	伦敦帝国学院	5★+	一流学科	英国
2	约翰·霍普金斯大学	5★+	一流学科	美国	7	宾夕法尼亚大学	5★+	一流学科	美国
3	多伦多大学	5★+	一流学科	加拿大	8	牛津大学	5★+	一流学科	英国
4	波士顿大学	5★+	一流学科	美国	9	华盛顿大学	5★+	一流学科	美国
5	伦敦大学学院	5★+	一流学科	英国	10	华盛顿大学（西雅图）	5★+	一流学科	美国

其他中国机构：69. 中国医学科学院-中国协和医学院；71. 上海交通大学；72. 香港中文大学；83. 华中科技大学；103. 复旦大学；107. 中山大学；109. 首都医科大学；116. 香港大学；123. 北京大学；127. 北京协和医学院；129. 台湾大学；155. 武汉大学；157. 浙江大学；185. 四川大学；206. 南京医科大学；210. 中南大学；237. 广州医科大学；248. 西安交通大学；250. 南方医科大学；254. 台湾阳明交通大学；267. 温州医科大学；272. 山东大学；285. 天津医科大学；288. 清华大学；292. 郑州大学；299. 台湾医药大学；318. 长庚大学；323. 中国医科大学；324. 南京大学；325. 台北医学大学；338. 山东第一医科大学；353. 哈尔滨医科大学；363. 同济大学；372. 海军军医大学；382. 吉林大学；392. 中国人民解放军陆军军医大学；396. 重庆医科大学；403. 苏州大学；404. 安徽医科大学；422. 空军军医大学；433. 南昌大学；471. 高雄医科大学；473. 广西医科大学；487. 东南大学；492. 福建医科大学；499. 青岛大学；508. 台湾成功大学；511. 湖北医药学院；543. 香港理工大学；549. 河北医科大学；551. 暨南大学；555. 大连医科大学；562. 北京中医药大学；576. 南京中医药大学；591. 南方科技大学；598. 兰州大学；622. 武汉科技大学；625. 澳门大学；643. 新疆医科大学；648. 中山医学大学；663. 深圳大学；664. 广州中医药大学；669. 昆山杜克大学；670. 厦门大学；680. 中国科学院大学；702. 辅仁大学；750. 汕头大学；762. 山西医科大学；766. 南通大学；770. 滨州医学院；788. 上海中医药大学；815. 徐州医科大学；817. 华南理工大学；819. 义守大学；831. 昆明医科大学；838. 中国科学技术大学；839. 亚洲大学(中国台湾)；857. 慈济大学；874. 香港科技大学；877. 宁波大学；879. 湖北理工学院；889. 扬州

综合排名	机构名称	名次所居比例/%	档次	国家/地区	综合排名	机构名称	名次所居比例/%	档次	国家/地区
大学；894. 江苏大学；901. 西安医科大学；911. 宁夏医科大学；923. 浙江中医药大学；924. 电子科技大学；927. 贵州医科大学；935. 广东医科大学；945. 内蒙古医科大学；950. 河南大学；953. 西南医科大学；983. 香港浸会大学；993. 重庆大学；994. 南开大学；1001. 济南大学；1011. 江南大学；1014. 天津大学；1024. 台湾中兴大学；1031. 南华大学；1040. 河南科技大学；1047. 上海大学；1049. 北京师范大学；1053. 中国药科大学；1087. 湖北文理大学；1089. 新乡医学院；1111. 长庚科技大学；1115. 成都中医药大学；1116. 台湾"中山大学"；1133. 遵义医学院；1137. 山东中医药大学；1149. 川北医学院；1153. 海南医学院；1158. 锦州医科大学；1160. 潍坊医学院；1165. 天津中医药大学；1174. 台湾"清华大学"；1182. 北京航空航天大学；1199. 台北护理健康大学；1201. 济宁医学院；1205. 桂林医学院；1207. 广东药科大学；1210. 福建中医药大学；1212. 华东师范大学；1213. 湖南师范大学；1220. 弘光科技大学；1224. 嘉南药理科技大学；1229. 华北理工大学；1236. 杭州师范大学；1247. 延边大学；1277. 三峡大学；1281. 石河子大学；1293. 哈尔滨工业大学；1295. 湖州学院；1300. 西北大学；1304. 中台科技大学；1309. 大连大学；1324. 西安电子科技大学；1326. 深圳香港大学；1327. 湖南中医药大学；1329. 香港城市大学；1342. 上海体育大学；1357. 黑龙江中医药大学；1359. 中国农业大学；1360. 河南中医学院；1367. 澳门科技大学；1375. 湖北中医药大学；1377. 西南大学；1381. 台湾师范大学；1384. 沈阳药科大学；1395. 南台科技大学；1397. 大连理工大学；1408. 台湾"中央"大学									

2. 临床医学学科科研能力排名分析

从临床医学学科竞争力发文量来看，哈佛大学发文量高达 105884 篇，多伦多大学发文超过了 50000 篇，另外约翰·霍普金斯大学、宾夕法尼亚大学、伦敦大学学院、加利福尼亚大学旧金山分校、密歇根大学、华盛顿大学、华盛顿大学(西雅图)、巴黎大学、斯坦福大学都超过了 30000 篇。不少于 20000 篇但少于 30000 篇的有 31 所，不少于 10000 篇但少于 20000 篇的有 107 所，不少于 5000 篇但少于 10000 篇的有 170 所，不少于 3000 篇但少于 5000 篇的有 153 所，不少于 1000 篇但少于 3000 篇的有 410 所，不少于 500 篇但少于 1000 篇的有 267 所，500 篇以下的有 307 所。中国发文量进入前 100 名的大学共有 11 所，位于 100 名以后 200 名以前的大学共有 16 所，进入临床医学学科发文量排名的大学如表 3-66 所示。

表 3-66 临床医学学科发文量排名（前 10 位与中国大学）

发文量排名	机构名称	国家/地区	发文量排名	机构名称	国家/地区
1	哈佛大学	美国	6	加利福尼亚大学旧金山分校	美国
2	多伦多大学	加拿大	7	密歇根大学	美国
3	约翰·霍普金斯大学	美国	8	华盛顿大学	美国
4	宾夕法尼亚大学	美国	9	华盛顿大学(西雅图)	美国
5	伦敦大学学院	英国	10	巴黎大学	法国
其他中国机构：16. 上海交通大学；28. 中山大学；30. 复旦大学；40. 首都医科大学；42. 中国医学科学院−中国协和医学院；52. 北京大学；61. 四川大学；65. 浙江大学；77. 南京医科大学；82. 北京协和医学院；93. 华中科技大学；106. 山东大学；108. 中南大学；111. 台湾大学；127. 台湾阳明交通大学；128. 南方医科大学；131. 长庚大学；149. 香港大学；151. 香港中文大学；154. 中国医科大学；156. 郑州大学；166. 天津医科大学；180. 吉林大学；187. 台湾医药大学；188. 武汉大学；193. 苏州大学；195. 同济大学；204. 西安交通大学；206. 台北医学大学；207. 山东第一医科大学；209. 海军军医大学；211. 温州医科大学；216. 重庆医科大学；246. 南京大学；247. 哈尔滨医科大学；248. 广州医科大学；254. 空军军医大学；255. 福建医科大学；266. 中国人民解放军陆军军医大学；284. 安徽医科大学；286. 高雄医科大学；296. 青岛大学；339. 河北医科大学；347. 台湾成功大学；359. 广西医科大学；360. 南昌大学；373. 暨南大学；420. 东南大学；425. 中山医科大学；428. 大连医科大学；430. 厦门大学；455. 南通大学；468. 广州中医药大学；479. 中国科学院大学；491. 上海中医药大学；496. 清华大学；499. 南京中医药大学；502. 兰州大学；508. 北京中医					

发文量排名	机构名称	国家/地区	发文量排名	机构名称	国家/地区

药大学；518. 徐州医科大学；519. 昆明医科大学；528. 香港理工大学；543. 亚洲大学(中国台湾)；545. 慈济大学；548. 浙江中医药大学；551. 山西医科大学；558. 辅仁大学；565. 新疆医科大学；606. 深圳大学；615. 江苏大学；627. 西南医科大学；629. 汕头大学；664. 义守大学；680. 广东医科大学；701. 南开大学；711. 中国科学技术大学；719. 成都中医药大学；721. 济南大学；728. 电子科技大学；734. 扬州大学；745. 江南大学；748. 华南理工大学；749. 南华大学；762. 滨州医学院；763. 湖北医药学院；772. 台湾中兴大学；774. 遵义医科大学；784. 宁波大学；796. 长庚科技大学；800. 宁夏医科大学；803. 贵州医科大学；812. 西安医科大学；824. 台湾"中山大学"；827. 川北医学院；833. 新乡医学院；860. 山东中医药大学；862. 中国药科大学；866. 天津中医药大学；876. 潍坊医学院；878. 河南大学；882. 内蒙古医科大学；897. 济宁医学院；909. 海南医学院；913. 锦州医科大学；914. 台北护理健康大学；947. 北京航空航天大学；953. 福建中医药大学；956. 湖南师范大学；967. 嘉南药理科技大学；972. 华北理工大学；984. 重庆大学；988. 台湾"清华大学"；992. 桂林医学院；996. 弘光科技大学；1002. 广东药科大学；1009. 杭州师范大学；1016. 石河子大学；1027. 天津大学；1032. 香港浸会大学；1043. 河南科技大学；1063. 澳门大学；1067. 中台科技大学；1077. 延边大学；1088. 三峡大学；1094. 大连大学；1097. 华东师范大学；1111. 湖南中医药大学；1113. 南方科技大学；1125. 湖州学院；1125. 上海体育大学；1133. 河南中医学院；1135. 哈尔滨工业大学；1138. 西北大学；1154. 香港科技大学；1171. 上海大学；1175. 香港城市大学；1177. 黑龙江中医药大学；1191. 北京师范大学；1195. 台湾师范大学；1199. 南台科技大学；1202. 湖北中医药大学；1218. 武汉科技大学；1236. 大连理工大学；1247. 中国农业大学；1252. 台湾"中央"大学；1260. 澳门科技大学；1265. 西安电子科技大学；1277. 沈阳药科大学；1294. 西南大学；1304. 深圳香港大学；1325. 湖北文理大学；1378. 昆山杜克大学；1388. 湖北理工学院

3. 临床医学学科科研影响力排名分析

从临床医学学科总被引次数来看，总被引次数超过 100 万次的大学共有 8 所，哈佛大学的被引次数超过 360 万次。总被引次数在 50 万次以上 100 万次以下的有 46 所；总被引次数在 40 万次以上 50 万次以下的有 29 所；总被引次数在 10 万次以上 40 万次以下的有 260 所；总被引次数在 5 万次以上 10 万次以下的有 188 所；总被引次数在 1 万次以上 5 万次以下的有 572 所；总被引在 5000 次及以上 1 万次以下的有 266 所；少于 5000 次的有 87 所。所有大学的总被引次数均在 4000 次以上。中国有 4 所大学论文总被引次数进入前 100 名，有 15 所大学进入前 200 名，如表 3-67 所示。

表 3-67 临床医学学科总被引次数排名（前 10 位与中国大学）

总被引次数排名	机构名称	国家/地区	总被引次数排名	机构名称	国家/地区
1	哈佛大学	美国	6	伦敦大学学院	英国
2	多伦多大学	加拿大	7	华盛顿大学	美国
3	约翰·霍普金斯大学	美国	8	华盛顿大学(西雅图)	美国
4	加利福尼亚大学旧金山分校	美国	9	密歇根大学	美国
5	宾夕法尼亚大学	美国	10	牛津大学	英国

其他中国机构：57. 上海交通大学；86. 复旦大学；88. 中山大学；92. 中国医学科学院-中国协和医学院；115. 香港大学；116. 香港中文大学；117. 北京大学；118. 首都医科大学；121. 台湾大学；149. 华中科技大学；161. 北京协和医学院；162. 浙江大学；184. 南京医科大学；185. 四川大学；190. 中南大学；214. 武汉大学；220. 台湾阳明交通大学；229. 山东大学；237. 南方医科大学；258. 长庚大学；269. 南京大学；271. 海军军医大学；278. 台湾医药大学；279. 天津医科大学；285. 台北医学大学；304. 同济大学；308. 中国医科大学；326. 山东第一医科大学；327. 空军军医大学；328. 哈尔滨医科大学；336. 郑州大学；337. 广州医科大学；342. 西安交通大学；350. 重庆医科大学；353. 苏州大学；358. 温州医科大学；360. 中国人民解放军陆军军医大学；366. 吉林大学；391. 高雄医学大学；401. 台湾成功大学；408. 清华大学；441. 安徽医科大学；479. 广西医科大学；493. 东南大学；505. 福建医科大学；527. 香港理工大学

续表

总被引次数排名	机构名称	国家/地区	总被引次数排名	机构名称	国家/地区
528. 中山医学大学；534. 青岛大学；566. 暨南大学；577. 南昌大学；588. 河北医科大学；594. 中国科学院大学；595. 厦门大学；619. 大连医科大学；647. 南京中医药大学；674. 辅仁大学；690. 南通大学；708. 广州中医药大学；712. 上海中医药大学；725. 兰州大学；736. 湖北医药学院；738. 昆山杜克大学；746. 新疆医科大学；750. 亚洲大学(中国台湾)；751. 汕头大学；763. 北京中医药大学；766. 徐州医科大学；771. 昆明医科大学；773. 慈济大学；774. 南方科技大学；778. 江苏大学；788. 广东医科大学；819. 华南理工大学；823. 深圳大学；825. 山西医科大学；856. 义守大学；871. 南开大学；881. 济南大学；882. 武汉科技大学；884. 台湾中兴大学；885. 浙江中医药大学；891. 澳门大学；914. 中国药科大学；916. 中国科学技术大学；918. 宁波大学；919. 南华大学；934. 西南医科大学；936. 江南大学；948. 西安医科大学；972. 滨州医学院；974. 扬州大学；981. 宁夏医科大学；993. 湖北理工学院；994. 新乡医学院；1003. 内蒙古医科大学；1009. 台湾"中山大学"；1041. 贵州医科大学；1049. 长庚科技大学；1052. 香港浸会大学；1054. 台湾"清华大学"；1055. 山东中医药大学；1063. 河南大学；1067. 锦州医科大学；1106. 海南医学院；1114. 华东师范大学；1119. 遵义医科大学；1126. 天津中医药大学；1132. 潍坊医学院；1136. 电子科技大学；1150. 福建中医药大学；1155. 香港科技大学；1164. 广东药科大学；1166. 弘光科技大学；1175. 延边大学；1178. 桂林医学院；1182. 嘉南药理科技大学；1185. 川北医学院；1196. 台北护理健康大学；1199. 北京航空航天大学；1203. 重庆大学；1222. 成都中医药大学；1231. 华北理工大学；1240. 杭州师范大学；1247. 湖南师范大学；1249. 济宁医学院；1257. 天津大学；1263. 哈尔滨工业大学；1269. 深圳香港大学；1281. 北京师范大学；1284. 湖北文理大学；1285. 河南科技大学；1286. 上海大学；1291. 西北大学；1296. 石河子大学；1300. 中台科技大学；1303. 三峡大学；1304. 西安电子科技大学；1316. 西南大学；1330. 大连大学；1338. 湖州学院；1353. 沈阳药科大学；1359. 黑龙江中医药大学；1364. 香港城市大学；1371. 中国农业大学；1372. 澳门科技大学；1398. 上海体育大学；1407. 湖南中医药大学；1422. 台湾师范大学；1423. 台湾"中央"大学；1434. 南台科技大学；1446. 湖北中医药大学；1447. 大连理工大学；1455. 河南中医学院					

4. 临床医学学科影响力排名分析

从高被引论文数来看，排在前 10 位的大学有 1 所是加拿大的高校，2 所是英国的高校，其他 7 所均隶属于美国。其中，哈佛大学高被引论文数超过 4800 篇，多伦多大学、约翰·霍普金斯大学高被引论文数均大于等于 1900 篇，高被引论文数在 1900 篇以下 1000 篇以上的大学有 15 所；1000 篇以下 500 篇以上的大学有 57 所。高被引论文数为 500 篇以下 100 篇及以上的大学有 259 所；50 篇及以上 100 篇以下的大学有 180 所；20 篇及以上 50 篇以下的大学有 301 所；20 篇以下 10 篇及以上的大学有 250 所；10 篇以下 1 篇及以上的大学有 375 所；剩下的 16 所大学的高被引论文数为 0 篇。高被引论文数排名在前 100 名的中国高校为 0 所，进入前 200 名的为 11 所，这 11 所大学的高被引论文数均超过了 200 篇，如表 3-68 所示。

表 3-68 临床医学学科高被引论文数排名（前 10 位与中国大学）

高被引论文数排名	机构名称	国家/地区	高被引论文数排名	机构名称	国家/地区
1	哈佛大学	美国	6	宾夕法尼亚大学	美国
2	多伦多大学	加拿大	7	华盛顿大学	美国
2	约翰·霍普金斯大学	美国	8	华盛顿大学(西雅图)	美国
4	伦敦大学学院	英国	9	伦敦帝国学院	英国
5	加利福尼亚大学旧金山分校	美国	10	斯坦福大学	美国
其他中国机构：104. 香港中文大学；107. 中国医学科学院-中国协和医学院；113. 复旦大学；115. 上海交通大学；136. 中山大学；136. 香港大学；139. 华中科技大学；146. 北京大学；164. 台湾大学；196. 北京协和医学院；198. 首都医科大学；217. 浙江大学；233. 南京医科大学；233. 武汉大学；238. 中南大学；256. 四川大学；313. 南方医科大学；					

续表

高被引论文数排名	机构名称	国家/地区	高被引论文数排名	机构名称	国家/地区
315. 台湾阳明交通大学；324. 南京大学；326. 郑州大学；350. 同济大学；353. 天津医科大学；353. 广州医科大学；370. 海军军医大学；383. 哈尔滨医科大学；389. 山东大学；389. 中国人民解放军陆军军医大学；396. 台湾医药大学；396. 西安交通大学；412. 台北医学大学；412. 苏州大学；417. 中国医科大学；417. 温州医科大学；428. 山东第一医科大学；428. 吉林大学；450. 东南大学；450. 福建医科大学；464. 台湾成功大学；467. 清华大学；477. 空军军医大学；477. 安徽医科大学；482. 重庆医科大学；485. 中国科学院大学；537. 长庚大学；537. 香港理工大学；566. 高雄医科大学；596. 青岛大学；617. 厦门大学；635. 暨南大学；635. 南昌大学；669. 广西医科大学；693. 南京中医药大学；703. 兰州大学；703. 昆山杜克大学；703. 深圳大学；718. 河北医科大学；760. 中山医学大学；766. 汕头大学；766. 南方科技大学；780. 华南理工大学；780. 中国科学技术大学；797. 广州中医药大学；816. 徐州医科大学；816. 武汉科技大学；835. 辅仁大学；835. 新疆医科大学；835. 广东医科大学；870. 江苏大学；870. 西南医科大学；870. 江南大学；899. 大连医科大学；899. 湖北医药学院；899. 中国药科大学；919. 上海中医药大学；919. 昆明医科大学；950. 亚洲大学(中国台湾)；950. 宁波大学；974. 山西医科大学；974. 西安医科大学；974. 电子科技大学；1008. 北京中医药大学；1008. 济南大学；1008. 宁夏医科大学；1008. 贵州医科大学；1008. 北京航空航天大学；1035. 义守大学；1035. 南开大学；1035. 滨州医学院；1035. 重庆大学；1066. 慈济大学；1066. 台湾中兴大学；1066. 扬州大学；1066. 香港浸会大学；1066. 深圳香港大学；1066. 西安电子科技大学；1107. 浙江中医药大学；1107. 澳门大学；1107. 南华大学；1107. 新乡医学院；1107. 河南大学；1107. 海南医学院；1107. 华东师范大学；1141. 南通大学；1141. 内蒙古医科大学；1141. 桂林医学院；1141. 天津大学；1141. 上海大学；1187. 台湾"清华大学"；1187. 香港科技大学；1187. 广东药科大学；1187. 北京师范大学；1187. 三峡大学；1187. 湖州学院；1240. 湖北理工学院；1240. 山东中医药大学；1240. 潍坊医学院；1240. 延边大学；1240. 杭州师范大学；1240. 西北大学；1240. 香港城市大学；1240. 中国农业大学；1240. 澳门科技大学；1291. 锦州医科大学；1291. 川北医学院；1291. 湖南师范大学；1291. 哈尔滨工业大学；1291. 西南大学；1291. 沈阳药科大学；1346. 长庚科技大学；1346. 天津中医药大学；1346. 弘光科技大学；1346. 成都中医药大学；1346. 湖北文理大学；1346. 湖北中医药大学；1382. 台北护理健康大学；1382. 华北理工大学；1382. 济宁医学院；1382. 大连大学；1382. 湖南中医药大学；1382. 台湾"中央"大学；1382. 大连理工大学；1413. 台湾"中山大学"；1413. 遵义医科大学；1413. 河南科技大学；1413. 上海体育大学；1413. 台湾师范大学；1441. 福建中医药大学；1441. 嘉南药理科技大学；1441. 石河子大学；1441. 中台科技大学；1441. 黑龙江中医药大学；1441. 南台科技大学；1441. 河南中医学院					

5. 临床医学学科师资力量排名分析

从高被引科学家数来看，高被引科学家数最多的是21人，为美国的哈佛大学；其次是约翰·霍普金斯大学(美国)、巴黎萨克雷大学(法国)，高被引科学家数为8人；再次是麦克马斯特大学(加拿大)，其高被引科学家为7人；加利福尼亚大学洛杉矶分校(美国)、西奈山伊坎医学院(美国)、阿姆斯特丹大学(荷兰)有6位高被引科学家；有5位高被引科学家的科研机构有5所，分别是杜克大学(美国)、哥伦比亚大学(美国)、耶鲁大学(美国)、鲁汶大学(比利时)、格拉斯哥大学(英国)。有4位高被引科学家的科研机构有10所，分别是宾夕法尼亚大学(美国)、伦敦帝国学院(英国)、斯坦福大学(美国)、牛津大学(英国)、巴黎大学(法国)、加利福尼亚大学圣迭戈分校(美国)、墨尔本大学(澳大利亚)、米兰比可卡大学(意大利)、格罗宁根大学(荷兰)、新南威尔士大学悉尼分校(澳大利亚)。有3位高被引科学家数的科研机构有11所，分别是多伦多大学(加拿大)、加利福尼亚大学旧金山分校(美国)、悉尼大学(澳大利亚)、埃默里大学(美国)、美国西北大学(美国)、范德比尔特大学(美国)、爱丁堡大学(英国)、俄勒冈健康与科学大学(美国)、首尔大学(韩国)、香港中文大学(中国香港)、乌普萨拉大学(瑞典)；有2位高被引科学家的科研机构有23所；有1位高被引科学家的科研机构有72所；其他1328所科研机构的高产作者数为0人。中国只有香港中文大学有3位高被引科学家和华中科技大学、台湾大学有1位高被引科学家，这说明我国在临床医学领域的高水平研究人员还相当欠缺，如表3-69所示。

表 3-69　临床医学学科高被引科学家数排名（前 8 位与中国大学）

高被引科学家数排名	机构名称	国家/地区	高被引科学家数排名	机构名称	国家/地区
1	哈佛大学	美国	5	阿姆斯特丹大学	荷兰
2	约翰·霍普金斯大学	美国	8	杜克大学	美国
2	巴黎萨克雷大学	法国	8	哥伦比亚大学	美国
4	麦克马斯特大学	加拿大	8	耶鲁大学	美国
5	加利福尼亚大学洛杉矶分校	美国	8	鲁汶大学	比利时
5	西奈山伊坎医学院	美国	8	格拉斯哥大学	英国
其他中国机构：23. 香港中文大学；57. 华中科技大学；57. 台湾大学					

　　综合以上各项指标可以看出，美国在临床医学领域处于绝对领先地位，特别是哈佛大学，在综合排名、发文量、引文数、高被引论文数和高被引科学家这五大指标的排名中，均排名第 1 位，处于世界顶尖领域。中国的临床医学科研能力比较薄弱，整体层次低，需要进一步加强研究，尤其是在高被引科学家数量方面相当薄弱，需要加强这方面人才的培养和引进。

（五）计算机科学

　　进入 ESI 计算机科学学科排名的大学共有 504 所。从国家或地区分布来看，这些大学分别隶属于美国、中国、英国、加拿大、澳大利亚、法国、德国、意大利、瑞士、西班牙、印度、韩国等 45 个国家或地区，如图 3-5 所示。

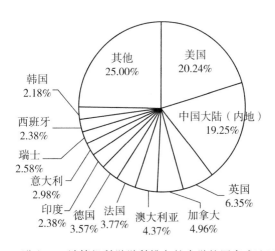

图 3-5　进入 ESI 计算机科学学科排名的大学的国家或地区分布

　　美国进入 ESI 计算机科学学科排名的大学数量仍以绝对优势排在首位（102 所，占比 20.24%），其数量超过了分别排在第 2 位与第 3 位的中国大陆（内地）（97 所，占比 19.25%）与英国（32 所，占比 6.35%）。中国大陆（内地）进入 ESI 计算机科学学科的大学数量排在第 2 位，中国台湾有 9 所（占比 1.79%），中国香港有 6 所（占比 1.19%），中国澳门有 2 所。

　　总体来看，中国共有 114 所大学进入 ESI 计算机科学学科排名之列。

1. 计算机科学学科竞争力综合排名分析

　　从计算机科学学科的综合排名进入前 10 位的国家或地区来看，中国有 4 所，新加坡有 3 所，沙特阿拉伯 1 所，澳大利亚有 1 所，加拿大 1 所，中国的大学在计算机学科领域的发展速度不可小觑。中国（包含港澳台）进入 ESI 计算机科学学科科研竞争力前 50 名的还有 20 所，进入 ESI 计算机科学学科排名的中国(包含港澳台)大学如表3-70所示。

表3-70 计算机科学学科综合排名（前10位与中国大学）

综合排名	机构名称	名次所居比例/%	档次	国家/地区	综合排名	机构名称	名次所居比例/%	档次	国家/地区
1	南洋理工大学	5★+	一流学科	新加坡	6	新加坡国立教育学院	5★	一流学科	新加坡
2	新加坡国立大学	5★+	一流学科	新加坡	7	阿卜杜勒阿齐兹国王大学	5★	一流学科	沙特阿拉伯
3	电子科技大学	5★+	一流学科	中国	8	斯文本科技大学	5★	一流学科	澳大利亚
4	清华大学	5★+	一流学科	中国	9	多伦多大学	5★	一流学科	加拿大
5	东南大学	5★+	一流学科	中国	10	西安电子科技大学	5★	一流学科	中国

其他中国机构：11. 华中科技大学；13. 浙江大学；14. 北京邮电大学；18. 武汉大学；20. 四川大学；22. 南京信息工程大学；24. 深圳大学；25. 香港理工大学；27. 上海交通大学；29. 香港城市大学；31. 大连理工大学；32. 哈尔滨工业大学；33. 辽宁工业大学；35. 温州大学；36. 天津大学；38. 华南理工大学；42. 中南大学；43. 北京航空航天大学；48. 广州大学；50. 香港中文大学；52. 中国科学院大学；54. 澳门大学；56. 西北工业大学；57. 西安交通大学；61. 香港大学；64. 中山大学；65. 湖南大学；69. 中国东北大学；71. 香港科技大学；72. 中国科学技术大学；74. 北京大学；75. 北京交通大学；76. 同济大学；78. 广东工业大学；79. 国防科学技术大学；81. 南京邮电大学；83. 大连海事大学；86. 北京理工大学；89. 北京科技大学；92. 南京理工大学；93. 重庆邮电大学；94. 青岛大学；99. 曲阜师范大学；102. 南京大学；117. 重庆大学；126. 南京航空航天大学；127. 杭州电子科技大学；140. 厦门大学；141. 中国地质大学；143. 山东大学；145. 亚洲大学(中国台湾)；151. 西南交通大学；154. 台湾大学；158. 上海大学；177. 渤海大学；180. 台湾科技大学；181. 合肥工业大学；184. 河海大学；189. 安徽大学；192. 中国矿业大学；198. 台湾阳明交通大学；199. 复旦大学；210. 北京工业大学；214. 福州大学；217. 吉林大学；220. 中国人民解放军陆军工程大学；223. 台湾成功大学；232. 扬州大学；251. 西南大学；252. 长沙理工大学；253. 山东科技大学；254. 武汉理工大学；255. 台湾"清华大学"；267. 华东师范大学；274. 哈尔滨工程大学；275. 华东理工大学；277. 浙江工业大学；279. 南开大学；292. 暨南大学；293. 华侨大学；299. 福建师范大学；308. 山东师范大学；325. 苏州大学；336. 台湾"中山大学"；337. 兰州大学；341. 桂林电子科技大学；344. 中国石油大学；347. 东华大学；359. 澳门科技大学；363. 华北电力大学；365. 台湾"中央"大学；371. 陕西师范大学；373. 香港浸会大学；381. 江南大学；394. 北京师范大学；402. 上海理工大学；405. 郑州大学；414. 浙江工商大学；421. 燕山大学；441. 上海海事大学；450. 西交利物浦大学；455. 山东财经大学；460. 逢甲大学；461. 南京师范大学；462. 湖南科技大学；467. 聊城大学；471. 南昌大学；478. 山西大学；483. 江苏大学；484. 中国农业大学

2. 计算机科学学科的科研能力排名分析

从发文量来看，计算机科学学科发文量大于2000篇的高校有50所，不少于1500篇但少于2000篇的有33所，不少于1000篇但少于1500篇的有94所，不少于500篇但少于1000篇的有218所，少于500篇的有109所。只有177所大学的发文量在1000篇以上，其他327所大学的发文量均在1000篇以下。中国大学中计算机科学学科领域的发文量在1000篇及以上的共有62所，超过全世界范围内该学科发文量在1000篇及以上大学数量(177所)的1/3，说明中国在计算机科学学科领域有一大批具有高科研生产力的大学。中国在发文量进入前100名的大学共有44所，进入ESI计算机科学学科发文量排名的大学如表3-71所示。

表3-71 计算机科学学科发文量排名（前10位与中国大学）

发文量排名	机构名称	国家/地区	发文量排名	机构名称	国家/地区
1	清华大学	中国	3	北京邮电大学	中国
2	西安电子科技大学	中国	4	浙江大学	中国

续表

发文量排名	机构名称	国家/地区	发文量排名	机构名称	国家/地区
5	布列塔尼-卢瓦尔大学	瑞士	8	南洋理工大学	新加坡
6	电子科技大学	中国	9	新加坡国立教育学院	新加坡
7	上海交通大学	中国	10	东南大学	中国

其他中国机构：11. 华中科技大学；12. 北京航空航天大学；13. 哈尔滨工业大学；16. 中国科学院大学；17. 国防科学技术大学；18. 香港城市大学；19. 大连理工大学；21. 武汉大学；23. 中国科学技术大学；24. 西安交通大学；25. 北京理工大学；27. 北京大学；28. 北京交通大学；29. 中山大学；32. 香港理工大学；33. 中国东北大学；34. 中南大学；35. 天津大学；36. 西北工业大学；37. 华南理工大学；44. 同济大学；45. 南京邮电大学；47. 南京航空航天大学；48. 香港中文大学；49. 深圳大学；52. 南京大学；53. 山东大学；54. 湖南大学；56. 南京理工大学；59. 四川大学；63. 台湾阳明交通大学；64. 香港科技大学；65. 南京信息工程大学；68. 重庆大学；90. 西南交通大学；94. 上海大学；97. 复旦大学；107. 台湾成功大学；112. 台湾大学；113. 厦门大学；116. 香港大学；119. 北京科技大学；120. 杭州电子科技大学；122. 合肥工业大学；131. 台湾科技大学；134. 吉林大学；137. 澳门大学；143. 中国矿业大学；144. 中国地质大学；146. 重庆邮电大学；153. 河海大学；157. 中国人民解放军陆军工程大学；158. 北京工业大学；162. 广东工业大学；175. 广州大学；181. 哈尔滨工程大学；185. 华东师范大学；195. 苏州大学；197. 台湾"清华大学"；203. 安徽大学；212. 武汉理工大学；216. 桂林电子科技大学；217. 浙江工业大学；225. 福州大学；249. 西南大学；258. 大连海事大学；261. 台湾"中央"大学；263. 中国石油大学；264. 山东科技大学；282. 暨南大学；285. 燕山大学；292. 南开大学；294. 江南大学；304. 郑州大学；312. 华东理工大学；315. 亚洲大学(中国台湾)；319. 台湾"中山大学"；320. 陕西师范大学；322. 逢甲大学；326. 北京师范大学；339. 福建师范大学；340. 江苏大学；345. 山东师范大学；353. 东华大学；367. 青岛大学；382. 华北电力大学；387. 扬州大学；394. 华侨大学；394. 澳门科技大学；400. 中国农业大学；402. 上海理工大学；405. 上海海事大学；419. 长沙理工大学；427. 浙江工商大学；429. 曲阜师范大学；436. 香港浸会大学；440. 南京师范大学；442. 南昌大学；452. 山东财经大学；462. 山西大学；466. 兰州大学；467. 湖南科技大学；470. 西交利物浦大学；482. 温州大学；492. 聊城大学；494. 辽宁工业大学；494. 渤海大学

3. 计算机科学学科科研影响力排名分析

从总被引次数来看，进入前 10 位的大学中，美国有 1 所、新加坡有 3 所、中国大陆(内地)有 4 所、瑞士有 2 所。中国的大学中总被引次数最高的是清华大学(80100 次，第 1 位)，除此之外，进入计算机科学学科总被引次数排名前 100 位的中国大学还有 41 所，其他进入计算机科学学科总被引次数排名的中国大学如表 3-72 所示。从总被引次数的情况来看，中国进入计算机科学学科总被引次数排名的 114 所大学中，总被引次数大于等于 10000 次的有 64 所，不少于 5000 次但少于 10000 次的有 45 所，不少于 3000 次但少于 5000 次的有 5 所。总被引次数表明我国大学在计算机学科领域的科研影响力取得了很大的进步，但是与美国、法国等国家相比还有较大差距。

表 3-72 计算机科学学科总被引次数排名（前 10 位与中国大学）

总被引次数排名	机构名称	国家/地区	总被引次数排名	机构名称	国家/地区
1	清华大学	中国	6	华中科技大学	中国
2	南洋理工大学	新加坡	7	西安电子科技大学	中国
3	新加坡国立教育学院	新加坡	8	新加坡国立大学	新加坡
4	瑞士联邦理工学院	瑞士	9	威斯康星大学麦迪逊分校	美国
5	东南大学	中国	10	苏黎世联邦理工学院	瑞士

其他中国机构：11. 电子科技大学；13. 香港城市大学；14. 浙江大学；15. 上海交通大学；17. 北京邮电大学；20. 大连理工大学；21. 哈尔滨工业大学；23. 北京航空航天大学；25. 武汉大学；28. 香港理工大学；29. 中南大学；33. 南京信息工程大学；40. 中国科学技术大学；41. 西安交通大学；42. 香港中文大学；44. 香港科技大学；46. 中国东北大学；

总被引次数排名	机构名称	国家/地区	总被引次数排名	机构名称	国家/地区
47. 同济大学；49. 华南理工大学；50. 北京大学；52. 中山大学；56. 北京理工大学；58. 深圳大学；60. 四川大学；62. 湖南大学；63. 台湾大学；64. 天津大学；68. 中国科学院大学；69. 西北工业大学；70. 国防科学技术大学；71. 北京交通大学；76. 澳门大学；79. 南京大学；81. 南京理工大学；85. 南京邮电大学；93. 香港大学；99. 西南交通大学；102. 南京航空航天大学；104. 山东大学；111. 中国地质大学；114. 重庆大学；117. 广东工业大学；119. 厦门大学；125. 北京科技大学；134. 台湾科技大学；135. 合肥工业大学；139. 上海大学；146. 台湾阳明交通大学；152. 广州大学；154. 杭州电子科技大学；156. 河海大学；168. 台湾成功大学；175. 复旦大学；177. 中国矿业大学；188. 中国人民解放军陆军工程大学；189. 西南大学；197. 重庆邮电大学；212. 安徽大学；215. 大连海事大学；223. 扬州大学；232. 福州大学；239. 青岛大学；240. 华东师范大学；245. 北京工业大学；249. 哈尔滨工程大学；251. 浙江工业大学；268. 渤海大学；269. 辽宁工业大学；272. 吉林大学；277. 华东理工大学；283. 长沙理工大学；287. 山东科技大学；288. 台湾"清华大学"；289. 南开大学；294. 台湾"中央"大学；299. 中国石油大学；305. 温州大学；307. 苏州大学；313. 东华大学；319. 香港浸会大学；320. 福建师范大学；323. 台湾"中山大学"；333. 山东师范大学；342. 武汉理工大学；354. 曲阜师范大学；364. 桂林电子科技大学；365. 华侨大学；367. 华北电力大学；372. 陕西师范大学；373. 澳门科技大学；383. 北京师范大学；386. 燕山大学；400. 江南大学；423. 上海理工大学；426. 暨南大学；433. 西交利物浦大学；440. 湖南科技大学；446. 逢甲大学；450. 浙江工商大学；454. 亚洲大学(中国台湾)；461. 山西大学；464. 郑州大学；466. 上海海事大学；467. 中国农业大学；474. 南京师范大学；479. 山东财经大学；494. 聊城大学；495. 南昌大学；496. 江苏大学；504. 兰州大学					

4. 计算机科学学科影响力排名分析

从高被引论文数来看，高被引论文数大于等于50篇的大学仅有31所，不少于10篇但少于50篇的有254所，其他的219所大学均为小于10篇，其中有2所大学的高被引论文数为0篇。中国有51所大学进入高被引论文指标排名的前100位，其中电子科技大学(第1位)、东南大学(第2位)、清华大学(第5位)、西安电子科技大学(第8位)、中南大学(第9位)、哈尔滨工业大学(第10位)的高被引论文数分别为125篇、124篇、103篇、92篇、81篇、79篇，进入了该学科高被引论文数排名前10强。其他进入计算机科学学科高被引论文数排名的中国大学如表3-73所示。

表3-73　计算机科学学科高被引论文数排名（前10位与中国大学）

高被引论文数排名	机构名称	国家/地区	高被引论文数排名	机构名称	国家/地区
1	电子科技大学	中国	6	清华大学	中国
2	东南大学	中国	6	阿卜杜勒阿齐兹国王大学	沙特阿拉伯
3	南洋理工大学	新加坡	8	西安电子科技大学	中国
3	新加坡国立教育学院	新加坡	9	中南大学	中国
5	新加坡国立大学	新加坡	10	哈尔滨工业大学	中国
其他中国机构：11. 大连理工大学；13. 南京信息工程大学；14. 华中科技大学；15. 香港城市大学；16. 武汉大学；17. 上海交通大学；19. 北京邮电大学；21. 澳门大学；22. 四川大学；24. 天津大学；26. 广东工业大学；27. 浙江大学；32. 华南理工大学；33. 中国东北大学；33. 广州大学；33. 渤海大学；37. 香港理工大学；40. 西北工业大学；42. 大连海事大学；46. 青岛大学；49. 湖南大学；49. 辽宁工业大学；52. 香港中文大学；52. 中山大学；56. 北京理工大学；56. 南京邮电大学；59. 中国科学技术大学；59. 同济大学；63. 北京大学；63. 深圳大学；63. 杭州电子科技大学；66. 厦门大学；70. 北京航空航天大学；70. 西安交通大学；70. 南京大学；70. 温州大学；78. 香港科技大学；78. 北京科技大学；78. 长沙理工大学；84. 北京交通大学；84. 南京理工大学；88. 中国科学院大学；88. 扬州大学；95. 上海大学；95. 曲阜师范大学；102. 河海大学；107. 山东科技大学；110. 国防科学技术大学；110. 重庆邮电大学；110. 华侨大学；					

高被引论文数排名	机构名称	国家/地区	高被引论文数排名	机构名称	国家/地区
119. 中国矿业大学；123. 南京航空航天大学；128. 西南交通大学；128. 安徽大学；133. 香港大学；133. 华东理工大学；133. 南开大学；141. 重庆大学；141. 台湾科技大学；151. 中国地质大学；151. 合肥工业大学；151. 福建师范大学；161. 山东大学；161. 山东师范大学；178. 亚洲大学（中国台湾）；186. 中国人民解放军陆军工程大学；186. 西南大学；186. 澳门科技大学；197. 复旦大学；197. 浙江工业大学；197. 华北电力大学；212. 福州大学；212. 华东师范大学；229. 哈尔滨工程大学；229. 东华大学；229. 台湾"中山大学"；229. 浙江工商大学；229. 聊城大学；240. 香港浸会大学；240. 陕西师范大学；240. 上海理工大学；261. 北京工业大学；261. 武汉理工大学；261. 桂林电子科技大学；261. 江南大学；286. 西交利物浦大学；286. 郑州大学；286. 山东财经大学；286. 兰州大学；310. 吉林大学；310. 中国石油大学；310. 北京师范大学；310. 暨南大学；310. 湖南科技大学；310. 上海海事大学；310. 南京师范大学；339. 南昌大学；368. 苏州大学；368. 山西大学；397. 台湾成功大学；397. 台湾"清华大学"；397. 台湾"中央"大学；457. 台湾大学；457. 燕山大学；457. 逢甲大学；457. 中国农业大学；479. 台湾阳明交通大学；479. 江苏大学					

5. 计算机科学学科师资力量排名分析

阿卜杜勒阿齐兹国王大学（沙特阿拉伯）、斯文本科技大学（澳大利亚）有 5 名高被引科学家，拥有 4 位高被引科学家的大学有 2 所，分别是南洋理工大学（新加坡）、格拉纳达大学（西班牙）；有 3 位高被引科学家的科研院所有 2 所，分别是四川大学（中国）、辽宁工业大学（中国）。其中有高被引科学家的大学中美国有 8 所，中国有 24 所，英国有 5 所。其他进入计算机科学学科师资力量排名的中国大学如表 3-74 所示。

表 3-74　计算机科学学科高被引科学家数排名（前 7 位与中国大学）

高被引科学家数排名	机构名称	国家/地区	高被引科学家数排名	机构名称	国家/地区
1	阿卜杜勒阿齐兹国王大学	沙特阿拉伯	7	南京信息工程大学	中国
1	斯文本科技大学	澳大利亚	7	悉尼科技大学	澳大利亚
3	南洋理工大学	新加坡	7	浙江大学	中国
3	格拉纳达大学	西班牙	7	弗吉尼亚理工学院暨州立大学	美国
4	四川大学	中国	7	深圳大学	中国
5	辽宁工业大学	中国	7	日本东北大学	日本
5	电子科技大学	中国	7	林雪平大学	瑞典
7	东南大学	中国	7	约旦大学	约旦
7	新加坡国立大学	新加坡			
其他中国机构：18. 清华大学；18. 西安电子科技大学；18. 华中科技大学；18. 武汉大学；18. 北京邮电大学；18. 澳门大学；18. 广东工业大学；18. 华南理工大学；18. 广州大学；18. 香港理工大学；18. 西北工业大学；18. 青岛大学；18. 湖南大学；18. 北京科技大学；18. 曲阜师范大学；18. 重庆邮电大学；18. 香港大学					

(六) 经济学与商学

进入 ESI 经济学与商学学科排名的大学共有 349 所。从国家或地区分布来看，这些大学分别隶属于美国、英国、加拿大、澳大利亚、中国、德国、荷兰、西班牙、意大利、法国等 30 个国家或地区。

从图 3-6 可以很直观地看出各个国家进入排名的大学数量的比例。其中美国（127 所）占 36.39%，英国(42 所)占 12.03%，加拿大(19 所)占 5.44%，澳大利亚(17 所)占 4.87%，中国大陆(内地)(16 所)占 4.58%，德国(16 所)占 4.58%等。从进入 ESI 经济学与商学学科排名的大学数量来看，美国属于经济学与商学学科领域的绝对"霸主"。此外，英国的 42 所和加拿大的 19 所大学也属于该学科领域不可低估的重要科研主力军。中国目前只有 26 所大学进入该排名，其中中国内地(大陆)16 所、中国香港 7 所、中国台湾 3 所。

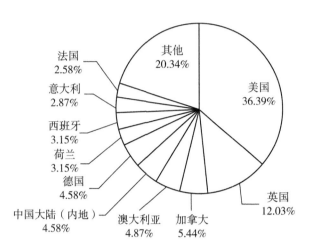

图 3-6　进入 ESI 经济学与商学学科排名的大学的国家或地区分布

1. 经济学与商学学科竞争力综合排名分析

如表 3-75 所示，ESI 经济学与商学学科的科研竞争力综合排名位居前 10 位的大学有 8 所来自美国，更值得注意的是，该学科的综合排名居前 20 位的有 13 所来自美国，居该学科前 40 位的有 21 所来自美国，居前 100 位的有 43 所来自美国。可见美国在经济学与商学学科领域的科研竞争综合实力是目前世界上任何一个国家或地区都无法超越的。中国进入该学科综合排名前 100 位的大学有 9 所。

表 3-75　经济学与商学学科综合排名（前 10 位与中国大学）

综合排名	机构名称	星级	档次	国家/地区	综合排名	机构名称	星级	档次	国家/地区
1	哈佛大学	5★+	一流学科	美国	6	美国西北大学	5★	一流学科	美国
2	麻省理工学院	5★+	一流学科	美国	7	明尼苏达大学双城分校	5★	一流学科	美国
3	加利福尼亚大学伯克利分校	5★+	一流学科	美国	8	剑桥大学	5★	一流学科	英国
4	芝加哥大学	5★	一流学科	美国	9	宾夕法尼亚大学	5★	一流学科	美国
5	斯坦福大学	5★	一流学科	美国	10	伦敦政治经济学院	5★	一流学科	英国

其他中国机构：28. 北京大学；30. 香港城市大学；36. 香港理工大学；39. 复旦大学；61. 香港中文大学；65. 清华大学；73. 香港大学；90. 华中科技大学；94. 浙江大学；101. 西南财经大学；121. 中山大学；128. 台湾大学；132. 西安交通大学；146. 香港科技大学；159. 厦门大学；163. 上海交通大学；191. 中国人民大学；214. 湖南大学；243. 上海财经大学；265. 香港浸会大学；267. 台湾"中山大学"；275. 中央财经大学；282. 对外经济贸易大学；301. 台湾政治大学；311. 南京大学；343. 岭南大学

2. 经济学与商学学科的科研能力排名分析

从发文量来看，如表 3-76 所示，位居前 10 位的大学中有 6 所来自美国，而发文量居前 20 位、前 30

位、前 40 位、前 100 位中分别有 11 所、13 所、17 所、38 所大学来自美国,可见美国是该学科领域绝对的超级科研生产大国。发文量居前 100 位中英国大学占据 13 所,其中除伦敦政治经济学院(第 3 名)和牛津大学(第 6 位)进入前 10 位外,曼彻斯特大学(第 19 位)、华威大学(第 20 位)、剑桥大学(第 23 位)、诺丁汉大学(第 30 位)等英国学校在该学科领域的科研生产力也是不容忽视的。中国有 26 所大学进入排名。

从发文数量来看,该学科发文量大于等于 2000 篇的大学有 18 所,不少于 1500 篇但少于 2000 篇的有 31 所,不少于 1000 篇但少于 1500 篇的有 65 所,不少于 500 篇但少于 1000 篇的有 187 所,少于 500 篇的有 48 所(发文量最少的为 72 篇)。由此可见,发文量在 1000 篇以上的大学(114 所)占到入选 ESI 经济学与商学学科排名大学数(349 所)的 32.66%,发文总量(175692 篇)占到入选 ESI 经济学与商学学科排名的 349 所大学发文总量(332427 篇)的 52.85%。其中,发文量在 1000 篇以上的大学有 39 所来自美国,占到入选 ESI 经济学与商学学科排名大学数(349 所)的 11.17%,总发文量(67049 篇)占到了入选 ESI 经济学与商学学科的 349 所大学发文总量(332427 篇)的 20.17%,占到了发文数量在 1000 篇以上的大学发文总量(175692 篇)的 38.16%,该学科领域发文量排名前 1/4 的大学承担了该学科近 4/9 的科研生产力,其中美国的前 31 所大学承担了近 1/4 的科研生产力。中国的 26 所大学发文量如下:中国人民大学(1675 篇)、北京大学(1669 篇)、清华大学(1353 篇)、香港城市大学(1291 篇)、西南财经大学(1285 篇)、香港中文大学(1278 篇)、香港理工大学(1241 篇)、浙江大学(1220 篇)、上海财经大学(1155 篇)、中央财经大学(1146 篇)、厦门大学(1037 篇)、上海交通大学(1033 篇)、对外经济贸易大学(1015 篇)、香港大学(1006 篇)、台湾大学(986 篇)、复旦大学(982 篇)、西安交通大学(924 篇)、香港科技大学(903 篇)、中山大学(894 篇)、台湾政治大学(834 篇)、湖南大学(701 篇)、南京大学(697 篇)、华中科技大学(651 篇)、台湾"中山大学"(565 篇)、香港浸会大学(525 篇)、岭南大学(356 篇),除前 14 所大学外,发文量均在 1000 篇以下,与美国排名靠前的大学的科研生产力有着十分巨大的差距。可见,中国想要在该学科领域建设世界高水平知名、著名乃至顶尖水准的学科,在增强学科科研生产力方面还有很长的路要走。

表 3-76 经济学与商学学科发文量排名(前 10 位与中国大学)

发文量排名	机构名称	国家/地区	发文量排名	机构名称	国家/地区
1	哈佛大学	美国	6	牛津大学	英国
2	北卡罗来纳大学	美国	7	斯坦福大学	美国
3	伦敦政治经济学院	英国	8	宾夕法尼亚大学	美国
4	莫纳什大学	澳大利亚	9	哥伦比亚大学	美国
5	鹿特丹大学	荷兰	10	麻省理工学院	美国
其他中国机构:36. 中国人民大学;37. 北京大学;59. 清华大学;65. 香港城市大学;66. 西南财经大学;67. 香港中文大学;72. 香港理工大学;76. 浙江大学;86. 上海财经大学;88. 中央财经大学;104. 厦门大学;106. 上海交通大学;108. 对外经济贸易大学;112. 香港大学;116. 台湾大学;120. 复旦大学;134. 西安交通大学;143. 香港科技大学;148. 中山大学;167. 台湾政治大学;219. 湖南大学;221. 南京大学;242. 华中科技大学;278. 台湾"中山大学";294. 香港浸会大学;334. 岭南大学					

3. 经济学与商学学科科研影响力排名分析

从总被引次数来看,位居前 10 位的大学中美国占据 9 所。居前 20 位的美国的大学有 16 所,居前 30 位的美国的大学有 22 所,居前 60 位的美国的大学有 34 所,可见,美国有一大批大学在经济学与商学学科领域有着巨大的科研影响力。除了美国外,在总被引次数方面,荷兰、英国、加拿大等国家的一些大学也值得关注,例如,荷兰的鹿特丹大学、蒂尔堡大学排在第 11 位、19 位,英国的伦敦政治经济学院、牛津大学、华威大学分别排在第 9 位、第 14 位、第 25 位,加拿大的多伦多大学排在第 22 位,这些大学在该领域也具有较大的科研影响力。中国的 26 所大学进入总排名,其中有 7 所进入前 100 位之列,在该学科领域具有一定的科研影响力,如表 3-77 所示。

从总被引次数的统计数据看，总被引次数大于等于 50000 次的大学共有 11 所，分别是哈佛大学(美国)、麻省理工学院(美国)、宾夕法尼亚大学(美国)、斯坦福大学(美国)、加利福尼亚大学伯克利分校(美国)、芝加哥大学(美国)、哥伦比亚大学(美国)、纽约大学(美国)、伦敦政治经济学院(英国)、北卡罗来纳大学(美国)、鹿特丹大学(荷兰)，其中有 9 所来自美国；不少于 30000 次但少于 50000 次的有 23 所，其中 16 所来自美国；不少于 20000 次但少于 30000 次的有 48 所，其中 18 所来自美国；不少于 10000 次但少于 20000 次的有 131 所；不少于 5000 次但少于 10000 次的有 136 所。中国的 26 所大学总被引次数如下：香港城市大学(23094 次)、香港中文大学(21479 次)、北京大学(20927 次)、香港理工大学(20273 次)、香港科技大学(18890 次)、清华大学(17169 次)、香港大学(17044 次)、中国人民大学(15920 次)、上海交通大学(14423 次)、上海财经大学(12028 次)、浙江大学(11918 次)、西南财经大学(11560 次)、厦门大学(11316 次)、中山大学(10607 次)、复旦大学(10430 次)、中央财经大学(9622 次)、西安交通大学(9239 次)、台湾大学(9238 次)、对外经济贸易大学(8686 次)、台湾政治大学(7749 次)、华中科技大学(6869 次)、香港浸会大学(6847 次)、湖南大学(6432 次)、南京大学(6268 次)、岭南大学(5745 次)、台湾"中山大学"(5717 次)。中国在该学科领域有一定的科研影响力，但与美国、英国、加拿大、荷兰等国家相比，还存在不小的差距。

表 3-77　经济学与商学学科总被引次数排名（前 10 位与中国大学）

总被引次数排名	机构名称	国家/地区	总被引次数排名	机构名称	国家/地区
1	哈佛大学	美国	6	芝加哥大学	美国
2	麻省理工学院	美国	7	哥伦比亚大学	美国
3	宾夕法尼亚大学	美国	8	纽约大学	美国
4	斯坦福大学	美国	9	伦敦政治经济学院	英国
5	加利福尼亚大学伯克利分校	美国	10	北卡罗来纳大学	美国
其他中国机构：59. 香港城市大学；71. 香港中文大学；76. 北京大学；79. 香港理工大学；87. 香港科技大学；92. 清华大学；93. 香港大学；107. 中国人民大学；117. 上海交通大学；160. 上海财经大学；163. 浙江大学；171. 西南财经大学；177. 厦门大学；199. 中山大学；202. 复旦大学；219. 中央财经大学；230. 西安交通大学；231. 台湾大学；244. 对外经济贸易大学；279. 台湾政治大学；303. 华中科技大学；304. 香港浸会大学；316. 湖南大学；323. 南京大学；347. 岭南大学；349. 台湾"中山大学"					

4. 经济学与商学学科影响力排名分析

高被引论文数排名前 10 位的大学均来自美国，可见美国有一批数量众多的大学始终走在经济学与商科学科的前面。

表 3-78　经济学与商学学科高被引论文数排名（前 10 位与中国大学）

高被引论文数排名	机构名称	国家/地区	高被引论文数排名	机构名称	国家/地区
1	哈佛大学	美国	6	宾夕法尼亚大学	美国
2	麻省理工学院	美国	7	纽约大学	美国
3	加利福尼亚大学伯克利分校	美国	8	哥伦比亚大学	美国
3	芝加哥大学	美国	9	第安纳大学伯明顿分校	美国
5	斯坦福大学	美国	10	耶鲁大学	美国

续表

高被引论文数排名	机构名称	国家/地区	高被引论文数排名	机构名称	国家/地区
其他中国机构：23. 西南财经大学；58. 香港城市大学；58. 香港大学；61. 北京大学；67. 香港中文大学；67. 厦门大学；77. 香港理工大学；77. 香港科技大学；77. 清华大学；105. 上海交通大学；136. 湖南大学；152. 上海财经大学；164. 浙江大学；181. 对外经济贸易大学；196. 中国人民大学；196. 中山大学；196. 华中科技大学；232. 复旦大学；232. 南京大学；255. 中央财经大学；255. 西安交通大学；255. 岭南大学；294. 台湾大学；320. 台湾政治大学；338. 香港浸会大学；338. 台湾"中山大学"					

5. 经济学与商学学科师资力量排名分析

从高被引科学家数来看，美国的明尼苏达大学双城分校拥有 8 名高被引科学家，数量最多；美国的加利福尼亚大学伯克利分校、美国西北大学和加拿大的渥太华大学的高被引科学家有 5 人；哈佛大学（美国）、瓦格宁根大学（荷兰）和复旦大学（中国）的高被引科学家有 4 人；有 3 位高被引科学家数的大学有 15 所，分别是麻省理工学院（美国）、芝加哥大学（美国）、斯坦福大学（美国）、剑桥大学（英国）、香港城市大学（中国香港）、香港理工大学（中国香港）、杜伦大学（英国）、英属哥伦比亚大学（加拿大）、苏黎世联邦理工学院（瑞士）、埃克塞特大学（英国）、华中科技大学（中国）、因斯布鲁克大学（奥地利）、柏林洪堡大学（德国）、首尔大学（韩国）、安特卫普大学（比利时）；有 2 位高被引科学家的大学有 41 所；有 1 位高被引科学家的大学有 177 所；其他 109 所大学均没有高被引科学家。中国拥有经济学与商学学科高被引科学家的大学有 18 所，如表 3-79 所示。中国的经济学与商学学科师资力量亟待加强。

表 3-79 经济学与商学学科高被引科学家数排名（前 6 位与中国大学）

高被引科学家数排名	机构名称	国家/地区	高被引科学家数排名	机构名称	国家/地区
1	明尼苏达大学双城分校	美国	8	香港城市大学	中国香港
2	加利福尼亚大学伯克利分校	美国	8	香港理工大学	中国香港
2	美国西北大学	美国	8	杜伦大学	英国
2	渥太华大学	加拿大	8	英属哥伦比亚大学	加拿大
5	哈佛大学	美国	8	苏黎世联邦理工学院	瑞士
5	瓦格宁根大学	荷兰	8	埃克塞特大学	英国
5	复旦大学	中国	8	华中科技大学	中国
8	麻省理工学院	美国	8	因斯布鲁克大学	奥地利
8	芝加哥大学	美国	8	柏林洪堡大学	德国
8	斯坦福大学	美国	8	首尔大学	韩国
8	剑桥大学	英国	8	安特卫普大学	比利时
其他中国机构：23. 北京大学；23. 清华大学；23. 浙江大学；23. 西安交通大学；64. 香港大学；64. 香港中文大学；64. 厦门大学；64. 香港科技大学；64. 上海交通大学；64. 湖南大学；64. 中山大学；64. 台湾大学；64. 香港浸会大学；64. 台湾"中山大学"					

（七）工程学

进入 ESI 工程学学科排名的大学共有 1455 所。从国家或地区分布来看，这些大学分别隶属于中国、美国、英国、法国、印度、韩国、德国、意大利、土耳其、西班牙、伊朗等 71 个国家或地区。这些大学的国家或地区分布情况如图 3-7 所示。

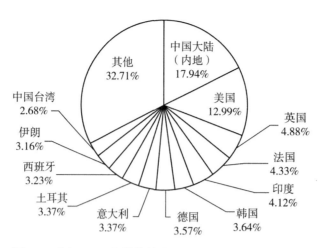

图 3-7　进入 ESI 工程学学科排名的大学的国家或地区分布

从图 3-7 可以看出，中国大陆(内地)的大学数量位居第 1 位，美国的大学数量位居第 2 位，中国大陆(内地)有 261 所大学，中国台湾有 39 所，中国香港有 6 所，中国澳门地区有 2 所。

1. 工程学学科竞争力综合排名分析

从综合排名来看，进入前 100 位的中国的大学有 49 所，包括 4 个中国香港的大学。中国其他进入 ESI 工程学学科排名的大学如表 3-80 所示。

表 3-80　工程学学科综合排名（前 10 位与中国大学）

综合排名	机构名称	名次所居比例/%	档次	国家/地区	综合排名	机构名称	名次所居比例/%	档次	国家/地区
1	清华大学	5★+	一流学科	中国	6	华中科技大学	5★+	一流学科	中国
2	西安交通大学	5★+	一流学科	中国	7	伊斯兰阿扎德大学	5★+	一流学科	伊朗
3	哈尔滨工业大学	5★+	一流学科	中国	8	苏黎世联邦理工学院	5★+	一流学科	瑞士
4	东南大学	5★+	一流学科	中国	9	阿卜杜勒阿齐兹国王大学	5★+	一流学科	沙特阿拉伯
5	浙江大学	5★+	一流学科	中国	10	上海交通大学	5★+	一流学科	中国

其他中国机构：11. 华南理工大学；12. 香港理工大学；13. 北京理工大学；15. 重庆大学；17. 香港城市大学；20. 北京航空航天大学；21. 天津大学；26. 同济大学；29. 电子科技大学；30. 西北工业大学；31. 中国科学院大学；32. 江苏大学；35. 中国科学技术大学；36. 大连理工大学；37. 中南大学；40. 湖南大学；41. 郑州大学；44. 北京科技大学；46. 南京航空航天大学；47. 山东科技大学；50. 武汉理工大学；52. 山东大学；56. 中国东北大学；59. 武汉大学；60. 深圳大学；61. 上海大学；65. 复旦大学；67. 广东工业大学；68. 香港大学；69. 北京大学；73. 四川大学；78. 中国农业大学；79. 福州大学；80. 中山大学；82. 香港科技大学；87. 中国矿业大学；88. 华北电力大学；90. 南京理工大学；92. 中国石油大学；95. 西南交通大学；96. 中国地质大学；98. 华东师范大学；112. 吉林大学；117. 澳门大学；120. 香港中文大学；123. 青岛大学；124. 河海大学；128. 西安电子科技大学；133. 辽宁工业大学；141. 北京师范大学；145. 台湾成功大学；149. 北京交通大学；150. 国防科学技术大学；154. 南开大学；155. 南京大学；157. 南京林业大学；158. 南方科技大学；159. 安徽工业大学；161. 苏州大学；166. 广西大学；167. 台湾医药大学；177. 厦门大学；179. 浙江工业大学；180. 长沙理工大学；182. 渤海大学；186. 杭州电子科技大学；195. 曲阜师范大学；196. 扬州大学；198. 长安大学；200. 华中农业大学；209. 华东理工大学；212. 青岛理工大学；221. 台湾大学；222. 北京工业大学；224. 西南石油大学；225. 北京邮电大学；231. 北京化工大学；233. 南京工业大学；238. 哈尔滨工程大学；242. 聊城大学；252. 亚洲大学(中国台湾)；253. 东北电力大学；272. 新疆大学；282. 成都大学；286. 江苏科技大学；289. 陕西科技大学；292. 中国海洋大学；297. 温州大学；301. 合肥工业大学；305. 青岛科技大学；323. 暨南大学；325. 上海理工大学；

综合排名	机构名称	名次所居比例/%	档次	国家/地区	综合排名	机构名称	名次所居比例/%	档次	国家/地区
328. 香港浸会大学；331. 大连海事大学；344. 台湾阳明交通大学；345. 南京邮电大学；352. 台湾"清华大学"；357. 中国民航大学；366. 四川师范大学；378. 西安建筑科技大学；380. 江南大学；384. 浙江师范大学；393. 兰州大学；399. 河南大学；405. 陕西师范大学；415. 东华大学；418. 台湾"中山大学"；423. 广州大学；424. 湖南师范大学；426. 河北工业大学；428. 华侨大学；432. 浙江农林大学；434. 佛山大学；437. 宁波大学；455. 太原理工大学；457. 南京信息工程大学；462. 台湾科技大学；463. 南京农业大学；479. 昆明理工大学；485. 台湾云林科技大学；487. 天津工业大学；489. 澳门科技大学；495. 西南大学；497. 大连工业大学；506. 华东交通大学；513. 三峡大学；516. 上海海事大学；521. 哈尔滨理工大学；524. 南通大学；527. 东北石油大学；535. 河南理工大学；546. 长庚大学；551. 贵州大学；553. 南昌大学；560. 河南科技大学；572. 烟台大学；577. 安徽大学；586. 燕山大学；590. 湖南工业大学；592. 河南农业大学；596. 中南林业科技大学；601. 淡江大学；616. 济南大学；617. 云南大学；619. 重庆邮电大学；632. 武汉科技大学；637. 华北理工大学；639. 山东师范大学；640. 河北科技大学；644. 西安工业大学；654. 上海海洋大学；655. 西安理工大学；657. 西安科技大学；658. 台湾中兴大学；659. 湘潭大学；661. 台北科技大学；662. 江西师范大学；664. 桂林电子科技大学；665. 华南师范大学；669. 西南科技大学；674. 宁波诺丁汉大学；682. 湖南科技大学；683. 齐鲁工业大学；687. 上海工程技术大学；691. 南京师范大学；695. 北京林业大学；698. 东北财经大学；706. 南昌航空大学；708. 重庆工商大学；709. 湖北工业大学；712. 华南农业大学；714. 上海电力大学；723. 西北农林科技大学；724. 中国人民解放军陆军工程大学；729. 山东理工大学；741. 东北师范大学；748. 河南工业大学；750. 郑州轻工业大学；755. 勤益科技大学；763. 湖南农业大学；765. 长江大学；766. 安徽理工大学；773. 湖州学院；774. 高雄科技大学；782. 台湾"中央"大学；787. 太原科技大学；798. 山东财经大学；803. 重庆师范大学；806. 南华大学；808. 河北工程大学；816. 解放军信息工程大学；820. 安徽工程大学；821. 辽宁石油化工大学；822. 长春科技大学；823. 盐城工学院；827. 东海大学；828. 逢甲大学；832. 天津科技大学；834. 大连交通大学；856. 对外经济贸易大学；860. 上海应用技术大学；863. 浙江理工大学；865. 兰州理工大学；875. 中国计量大学；880. 中北大学；883. 中国人民解放军空军工程大学；885. 西北大学；903. 台湾中原大学；905. 武汉工程大学；909. 西南财经大学；912. 山西大学；915. 常州大学；918. 重庆交通大学；921. 北京建筑大学；932. 沈阳航空航天大学；934. 福建师范大学；939. 元智大学；953. 天津理工大学；961. 东莞理工学院；968. 汕头大学；969. 河南师范大学；971. 台湾海洋大学；978. 江苏师范大学；981. 台湾中正大学；984. 山东建筑大学；991. 浙江工商大学；992. 苏州科技大学；1003. 中国人民大学；1008. 中国人民解放军海军工程大学；1014. 成都理工大学；1035. 江西财经大学；1037. 东北林业大学；1053. 绍兴文理学院；1064. 北方工业大学；1071. 闽江学院；1076. 上海财经大学；1077. 江西科技学院；1081. 华北水利电力大学；1085. 东北农业大学；1099. 重庆理工大学；1104. 西交利物浦大学；1107. 鲁东学院；1108. 华中师范大学；1113. 黑龙江大学；1114. 兰州交通大学；1117. 南京工程学院；1121. 浙江财经大学；1122. 西华大学；1124. 厦门理工学院；1125. 沈阳工业大学；1128. 深圳香港大学；1131. 福建农林大学；1137. 广西师范大学；1158. 海南大学；1169. 广东石油化工大学；1173. 湖北大学；1174. 台湾虎尾科技大学；1180. 沈阳建筑大学；1182. 中南民族大学；1192. 台南大学；1204. 西北师范大学；1211. 武汉纺织大学；1213. 上海师范大学；1217. 上海科技大学；1220. 南京财经大学；1222. 淮阴工学院；1230. 中南财经大学；1235. 西安邮电大学；1236. 北京信息科技大学；1244. 明志科技大学；1245. 宜兰大学；1251. 石家庄铁道学院；1254. 台湾师范大学；1269. 杭州师范大学；1280. 天津城建学院；1283. 云南师范大学；1285. 朝阳科技大学；1293. 东华理工大学；1294. 宁夏大学；1299. 浙江科技学院；1314. 西华师范大学；1317. 西安石油大学；1335. 长春工业大学；1339. 内蒙古大学；1346. 福建工程学院；1360. 内蒙古工业大学；1367. 集美大学；1369. 义守大学；1377. 河北大学；1383. 屏东科技大学；1384. 辽宁大学；1393. 彰化师范大学；1395. 台湾"东华大学"；1406. 中央财经大学；1411. 台湾联合大学；1421. 南台科技大学；1424. 高雄大学；1432. 正修科技大学；1434. 台湾昆山科技大学；1440. 中华大学；1452. 台湾南开科技大学									

2. 工程学学科科研能力排名分析

工程学学科发文量超过 6000 篇的大学有 61 所，它们分别是：清华大学（中国）、哈尔滨工业大学（中国）、上海交通大学（中国）、西安交通大学（中国）、浙江大学（中国）、东南大学（中国）、伊斯兰阿扎德大学（伊朗）、北京航空航天大学（中国）、华中科技大学（中国）、天津大学（中国）、同济大学（中国）、中国科学院大学（中国）、大连理工大学（中国）、瑞士联邦理工学院（瑞士）、重庆大学（中国）、电子科技大学(中国)、新加坡国立教育学院(新加坡)、南洋理工大学(新加坡)、南京航空航天大学(中国)、西北工业大学(中国)、北京理工大学(中国)、香港理工大学(中国香港)、华南理工大学(中国)、新加坡国立大学(新加坡)、西安电子科技大学(中国)、代尔夫特理工大学(荷兰)、佐治亚理工学院(美国)、中国矿业大学(中国)、中国科学技术大学(中国)、中南大学(中国)、德黑兰大学(伊朗)、中国石油大学(中国)、伦敦帝国学院(英国)、布列塔尼-卢瓦尔大学(法国)、山东大学(中国)、湖南大学(中国)、北京交通大学(中国)、中国东北大学(中国)、麻省理工学院(美国)、华北电力大学(中国)、巴黎萨克雷大学(法国)、德州农工大学(美国)、首尔大学(韩国)、普渡大学(美国)、韩国科学技术院(韩国)、香港城市大学(中国香港)、南京理工大学(中国)、密歇根大学(美国)、西南交通大学(中国)、米兰大学理工学院(意大利)、阿米尔卡比尔理工大学(伊朗)、国防科学技术大学(中国)、新南威尔斯大学悉尼分校(澳大利亚)、武汉大学(中国)、丹麦科技大学(丹麦)、伊朗科技大学(伊朗)、伊利诺伊大学厄巴纳-香槟分校(美国)、谢里夫理工大学(伊朗)、瑞典皇家理工学院(瑞典)、里斯本大学(葡萄牙)、四川大学(中国)。发文量超过5000篇但少于6000篇的有27所,超过4000篇但少于5000篇的有45所,超过3000篇但少于4000篇的有59所,超过2000篇但少于3000篇的有138所,超过1000篇但少于2000篇的有309所,发文量在100篇(包括100篇)以上但少于1000篇的有814所,100篇以下的有2所。中国在ESI工程学学科发文量排名进入前100名的大学共有48所。其他进入ESI工程学学科发文量排名的中国大学如表3-81所示。

表3-81 工程学学科发文量排名(前10位与中国大学)

发文量排名	机构名称	国家/地区	发文量排名	机构名称	国家/地区
1	清华大学	中国	6	东南大学	中国
2	哈尔滨工业大学	中国	7	伊斯兰阿扎德大学	伊朗
3	上海交通大学	中国	8	北京航空航天大学	中国
4	西安交通大学	中国	9	华中科技大学	中国
5	浙江大学	中国	10	天津大学	中国

其他中国机构:11. 同济大学;12. 中国科学院大学;13. 大连理工大学;15. 重庆大学;16. 电子科技大学;19. 南京航空航天大学;20. 西北工业大学;21. 北京理工大学;22. 香港理工大学;23. 华南理工大学;25. 西安电子科技大学;28. 中国矿业大学;29. 中国科学技术大学;30. 中南大学;32. 中国石油大学;35. 山东大学;36. 湖南大学;37. 北京交通大学;38. 中国东北大学;40. 华北电力大学;46. 香港城市大学;47. 南京理工大学;49. 西南交通大学;52. 国防科学技术大学;54. 武汉大学;61. 四川大学;63. 哈尔滨工程大学;67. 北京大学;68. 河海大学;73. 台湾成功大学;77. 吉林大学;86. 台湾大学;88. 中山大学;89. 上海大学;91. 江苏大学;94. 北京科技大学;95. 北京工业大学;96. 合肥工业大学;97. 武汉理工大学;104. 北京邮电大学;105. 香港大学;106. 香港科技大学;111. 深圳大学;116. 台湾阳明交通大学;117. 中国地质大学;140. 广东工业大学;148. 厦门大学;158. 山东科技大学;165. 台湾科技大学;170. 复旦大学;171. 南京大学;177. 华东理工大学;182. 长安大学;185. 浙江工业大学;186. 香港中文大学;192. 燕山大学;197. 台湾"清华大学";205. 上海理工大学;216. 西南石油大学;217. 南京邮电大学;222. 郑州大学;223. 杭州电子科技大学;230. 福州大学;245. 太原理工大学;246. 大连海事大学;247. 江南大学;248. 南京工业大学;252. 澳门大学;264. 台北科技大学;267. 西安理工大学;278. 苏州大学;287. 中国人民解放军陆军工程大学;301. 西安建筑科技大学;306. 南开大学;307. 长沙理工大学;315. 南京信息工程大学;318. 北京化工大学;321. 广州大学;322. 北京师范大学;323. 河北工业大学;330. 广西大学;331. 高雄科技大学;337. 东华大学;346. 河南理工大学;346. 台湾"中央"大学;349. 宁波大学;352. 昆明理工大学;365. 台湾"中山大学";371. 上海海事大学;372. 中国海洋大学;377. 南方科技大学;385. 中国人民解放军空军工程大学;393. 暨南大学;398. 中国农业大学;409. 兰州大学;415. 江苏科技大学;425. 重庆邮电大学;429. 南京师范大学;431. 青岛大学;434. 西南大学;443. 逢甲大学;449. 华东师范大学;452. 扬州大学;452. 天津工业大学;455. 南昌大学;457. 华侨大学;463. 南京林业大学;476. 台湾中兴大学;478. 安徽大学;479. 兰州理工大学;482. 青岛科技大学;484. 武汉科技大学;497. 浙江理工大学;501. 桂林电子科技大学;504. 台湾云林科技大学;506. 哈尔滨理工大学;524. 中北大学;529. 青岛理工大学;529. 台湾海洋大学;545. 重庆交通大学;551. 山东师范大学;552. 上海工程技术大学;557. 西安科技大学;561. 中国计量大学;

续表

发文量排名	机构名称	国家/地区	发文量排名	机构名称	国家/地区
567. 湖南科技大学；571. 湘潭大学；572. 台湾中原大学；575. 济南大学；577. 山东理工大学；579. 齐鲁工业大学；584. 曲阜师范大学；585. 西北农林科技大学；588. 华东交通大学；595. 东北电力大学；605. 南通大学；609. 华南师范大学；614. 温州大学；632. 西北大学；641. 长庚大学；645. 西南科技大学；645. 元智大学；654. 三峡大学；655. 上海电力大学；658. 北京建筑大学；664. 河南科技大学；665. 中国人民解放军海军工程大学；678. 成都理工大学；680. 天津理工大学；686. 新疆大学；688. 安徽工业大学；690. 台湾医药大学；695. 勤益科技大学；701. 台湾中正大学；708. 山西大学；713. 常州大学；719. 安徽理工大学；729. 山东建筑大学；730. 贵州大学；732. 南京工程学院；748. 沈阳航空航天大学；765. 澳门科技大学；767. 浙江师范大学；774. 长江大学；777. 西华大学；780. 宁波诺丁汉大学；782. 淡江大学；788. 郑州轻工业大学；796. 兰州交通大学；811. 北京林业大学；813. 东莞理工学院；816. 东北石油大学；818. 陕西师范大学；820. 沈阳工业大学；832. 南昌航空大学；835. 亚洲大学(中国台湾)；837. 汕头大学；838. 石家庄铁道学院；849. 重庆理工大学；850. 华南农业大学；853. 台湾虎尾科技大学；855. 东北林业大学；857. 湖北工业大学；858. 解放军信息工程大学；867. 武汉工程大学；882. 长春科技大学；882. 北京信息科技大学；888. 渤海大学；890. 太原科技大学；890. 北方工业大学；893. 南京农业大学；896. 中国民航大学；905. 聊城大学；909. 苏州科技大学；918. 沈阳建筑大学；931. 华北水利电力大学；935. 台湾师范大学；939. 西安邮电大学；947. 江苏师范大学；953. 西南财经大学；953. 浙江工商大学；958. 河南工业大学；966. 河南大学；968. 湖南师范大学；971. 河南师范大学；977. 西安工业大学；988. 陕西科技大学；993. 中国人民大学；1000. 辽宁石油化工大学；1001. 华中农业大学；1001. 海南大学；1005. 香港浸会大学；1005. 黑龙江大学；1008. 福建师范大学；1008. 西安石油大学；1025. 西交利物浦大学；1042. 烟台大学；1042. 朝阳科技大学；1046. 江西科技学院；1049. 辽宁工业大学；1052. 东北师范大学；1053. 内蒙古工业大学；1055. 宁夏大学；1056. 重庆工商大学；1061. 云南大学；1064. 明志科技大学；1069. 淮阴工学院；1083. 河北工程大学；1084. 天津城建学院；1093. 彰化师范大学；1097. 厦门理工学院；1099. 深圳香港大学；1115. 佛山大学；1124. 湖州学院；1132. 上海科技大学；1137. 鲁东学院；1140. 长春工业大学；1148. 江西财经大学；1150. 上海师范大学；1152. 华中师范大学；1155. 湖北大学；1162. 浙江财经大学；1162. 宜兰大学；1166. 台湾联合大学；1172. 义守大学；1174. 成都大学；1174. 盐城工学院；1176. 南台科技大学；1181. 安徽工程大学；1181. 绍兴文理学院；1184. 集美大学；1201. 福建工程学院；1205. 天津科技大学；1208. 东北财经大学；1209. 南华大学；1209. 内蒙古大学；1211. 华北理工大学；1219. 中南林业科技大学；1219. 河北科技大学；1223. 上海财经大学；1223. 河北大学；1231. 屏东科技大学；1232. 湖南工业大学；1232. 福建农林大学；1234. 大连交通大学；1242. 浙江科技学院；1249. 高雄大学；1250. 上海应用技术大学；1250. 西北师范大学；1256. 重庆师范大学；1270. 闽江学院；1272. 台湾昆山科技大学；1273. 广西师范大学；1275. 东北农业大学；1283. 中南民族大学；1284. 山东财经大学；1288. 东海大学；1289. 四川师范大学；1309. 台南大学；1310. 河南农业大学；1315. 中华大学；1327. 云南师范大学；1336. 东华理工大学；1347. 南京财经大学；1349. 上海海洋大学；1349. 正修科技大学；1356. 中南财经大学大学；1359. 浙江农林大学；1361. 武汉纺织大学；1362. 台湾"东华大学"；1367. 辽宁大学；1378. 江西师范大学；1384. 对外经济贸易大学；1384. 杭州师范大学；1391. 广东石油化工大学；1391. 台湾南开科技大学；1401. 中央财经大学；1411. 湖南农业大学；1421. 大连工业大学；1449. 西华师范大学					

3. 工程学学科科研影响力排名分析

从总被引次数来看，总被引次数超过50000次的大学共有152所，分别是清华大学(中国)、哈尔滨工业大学(中国)、上海交通大学(中国)、西安交通大学(中国)、瑞士联邦理工学院(瑞士)、浙江大学(中国)、华中科技大学(中国)、新加坡国立教育学院(新加坡)、南洋理工大学(新加坡)、东南大学(中国)、伊斯兰阿扎德大学(伊朗)、香港理工大学(中国香港)、新加坡国立大学(新加坡)、天津大学(中国)、北京航空航天大学(中国)、同济大学(中国)、麻省理工学院(美国)、大连理工大学(中国)、香港城市大学(中国香港)、中国科学院大学(中国)、华南理工大学(中国)、重庆大学(中国)、伦敦帝国学院(英国)、佐治亚理工学院(美国)、代尔夫特理工大学(荷兰)、北京理工大学(中国)、中国科学技术大学(中国)、马来亚大学(马来西亚)、德黑兰大学(伊朗)、加利福尼亚大学伯克利分校(美国)、密歇根大学(美国)、电子科技大学(中国)、湖南大学(中国)、奥尔堡大学(丹麦)、丹麦科技大学(丹麦)、新南威尔斯大学悉尼分校(澳大利亚)、中南大学(中国)、西北工业大学(中国)、苏黎世联邦理工学院(瑞士)、米兰大学理工学院(意大利)、斯坦福大学(美国)、阿卜杜勒阿齐兹国王大学(沙特阿拉伯)、华北电力大学

(中国)、伊利诺伊大学厄巴纳-香槟分校(美国)、普渡大学(美国)、中国石油大学(中国)、布列塔尼-卢瓦尔大学(法国)、南京航空航天大学(中国)、巴黎萨克雷大学(法国)、洛桑联邦理工学院(瑞士)、德州农工大学(美国)、瑞典皇家理工学院(瑞典)、中国矿业大学(中国)、滑铁卢大学(加拿大)、山东大学(中国)、北卡罗来纳大学(美国)、多伦多大学(加拿大)、马来西亚理工大学(马来西亚)、得克萨斯大学奥斯汀分校(美国)、北京大学(中国)、鲁汶大学(比利时)、里斯本大学(葡萄牙)、剑桥大学(英国)、中国东北大学(中国)、香港科技大学(中国香港)、西安电子科技大学(中国)、香港大学(中国香港)、挪威科技大学(挪威)、北京交通大学(中国)、武汉大学(中国)、阿尔伯塔大学(加拿大)、韩国科学技术院(韩国)、阿米尔卡比尔理工大学(伊朗)、南京理工大学(中国)、伊朗科技大学(伊朗)、加泰罗尼亚理工大学(西班牙)、首尔大学(韩国)、宾夕法尼亚州立大学(美国)、西南交通大学(中国)、蒙特利尔大学(加拿大)、谢里夫理工大学(伊朗)、弗吉尼亚理工学院暨州立大学(美国)、莫纳什大学(澳大利亚)、加利福尼亚大学圣迭戈分校(美国)、诺丁汉大学(英国)、都灵大学理工学院(意大利)、悉尼科技大学(澳大利亚)、马里兰大学帕克分校(美国)、荷兰埃因霍温科技大学(荷兰)、曼彻斯特大学(英国)、悉尼大学(澳大利亚)、台湾成功大学(中国台湾)、四川大学(中国)、佛罗里达大学(美国)、江苏大学(中国)、昆士兰大学(澳大利亚)、英属哥伦比亚大学(加拿大)、卡尔斯鲁厄理工学院(德国)、南安普敦大学(英国)、北京科技大学(中国)、宾夕法尼亚州立大学帕克分校(美国)、科廷大学(澳大利亚)、阿德莱德大学(澳大利亚)、那不勒斯费里克二世大学(意大利)、法赫德国王石油矿产大学(沙特阿拉伯)、中山大学(中国)、亚琛工业大学(德国)、高丽大学(韩国)、查尔姆斯理工大学(瑞典)、牛津大学(英国)、波尔图大学(葡萄牙)、德里印度理工学院孟买校区(印度)、南京大学(中国)、国防科学技术大学(中国)皇家墨尔本理工大学(澳大利亚)、汉阳大学(韩国)、台湾大学(中国台湾)、沙特国王大学(沙特阿拉伯)、阿尔托大学(芬兰)、亚利桑那州立大学(美国)、罗马大学(意大利)、俄亥俄州立大学(美国)、帕多瓦大学(意大利)、中国地质大学(中国)、格勒诺布尔阿尔卑斯公社大学(法国)、伦敦大学学院(英国)、上海大学(中国)、河海大学(中国)、雅典国家技术大学(希腊)、马德里理工大学(西班牙)、香港中文大学(中国香港)、亚利桑那州立大学(美国)、慕尼黑理工大学(德国)、东京大学(日本)、北卡罗来纳州立大学(美国)、马来西亚国民大学(马来西亚)、格勒诺布尔-阿尔卑斯大学(法国)、合肥工业大学(中国)、根特大学(比利时)、明尼苏达大学双城分校(美国)、卡内基梅隆大学(美国)、图卢兹大学(法国)、哈佛大学(美国)、武汉理工大学(中国)、威斯康星大学麦迪逊分校(美国)、芝加哥大学(美国)、广东工业大学(中国)、加利福尼亚大学洛杉矶分校(美国)、谢菲尔德大学(英国)、哈尔滨工程大学(中国)、北京工业大学(中国)、厦门大学(中国);总被引次数在30000次以上40000次以下的有116所;总被引次数在20000次以上30000次以下的有144所;总被引次数在10000次以上20000次以下的有294所;总被引次数在5000次以上10000次以下的有443所;总被引次数在5000次以下的有306所;所有大学的总被引次数均在3200次以上。中国进入ESI工程学学科总被引次数排名前100名的大学共有40所。其他进入ESI工程学学科总被引次数排名的中国大学如表3-82所示。

表3-82 工程学学科总被引次数排名（前10位与中国大学）

总被引次数排名	机构名称	国家/地区	总被引次数排名	机构名称	国家/地区
1	清华大学	中国	6	浙江大学	中国
2	哈尔滨工业大学	中国	7	华中科技大学	中国
3	上海交通大学	中国	8	新加坡国立教育学院	新加坡
4	西安交通大学	中国	9	南洋理工大学	新加坡
5	瑞士联邦理工学院	瑞士	10	东南大学	中国

其他中国机构：12. 香港理工大学；14. 天津大学；15. 北京航空航天大学；16. 同济大学；18. 大连理工大学；19. 香港城市大学；20. 中国科学院大学；21. 华南理工大学；22. 重庆大学；26. 北京理工大学；27. 中国科学技术大学；32. 电子科技大学；33. 湖南大学；37. 中南大学；38. 西北工业大学；43. 华北电力大学；46. 中国石油大学；48. 南京航空航

总被引次数排名	机构名称	国家/地区	总被引次数排名	机构名称	国家/地区

天大学；53. 中国矿业大学；55. 山东大学；60. 北京大学；64. 中国东北大学；65. 香港科技大学；66. 西安电子科技大学；67. 香港大学；69. 北京交通大学；70. 武汉大学；74. 南京理工大学；79. 西南交通大学；92. 台湾成功大学；93. 四川大学；95. 江苏大学；100. 北京科技大学；106. 中山大学；113. 南京大学；114. 国防科学技术大学；117. 台湾大学；124. 中国地质大学；127. 上海大学；128. 河海大学；131. 香港中文大学；138. 合肥工业大学；144. 武汉理工大学；147. 广东工业大学；150. 哈尔滨工程大学；151. 北京工业大学；152. 厦门大学；163. 吉林大学；168. 深圳大学；170. 华东理工大学；185. 台湾阳明交通大学；206. 北京邮电大学；207. 澳门大学；214. 复旦大学；228. 山东科技大学；229. 台湾科技大学；235. 北京化工大学；237. 浙江工业大学；246. 北京师范大学；252. 南开大学；254. 苏州大学；256. 江南大学；259. 台湾"清华大学"；288. 南京工业大学；289. 郑州大学；293. 大连海事大学；298. 东华大学；305. 上海理工大学；310. 福州大学；311. 燕山大学；312. 西南石油大学；314. 太原理工大学；318. 台北科技大学；322. 南京邮电大学；332. 南京信息工程大学；349. 长安大学；352. 兰州大学；359. 杭州电子科技大学；375. 昆明理工大学；386. 渤海大学；389. 广州大学；394. 西南大学；407. 青岛大学；408. 中国农业大学；409. 西安建筑科技大学；410. 长沙理工大学；417. 华东师范大学；422. 暨南大学；426. 南京师范大学；427. 广西大学；429. 台湾"中山大学"；434. 台湾"中央"大学；435. 中国海洋大学；457. 上海海事大学；460. 西安理工大学；461. 高雄科技大学；462. 青岛科技大学；463. 西北农林科技大学；467. 河南理工大学；472. 中国人民解放军陆军工程大学；475. 南昌大学；479. 扬州大学；481. 宁波大学；484. 辽宁工业大学；490. 曲阜师范大学；497. 南京林业大学；502. 河北工业大学；507. 逢甲大学；511. 南方科技大学；518. 华侨大学；526. 济南大学；527. 天津工业大学；538. 江苏科技大学；546. 台湾中兴大学；555. 安徽大学；569. 山东师范大学；578. 武汉科技大学；589. 重庆邮电大学；598. 青岛理工大学；602. 安徽工业大学；603. 华南师范大学；609. 西北大学；614. 南京农业大学；618. 湘潭大学；622. 宁波诺丁汉大学；631. 浙江理工大学；638. 浙江师范大学；641. 台湾中原大学；642. 中国人民解放军空军工程大学；645. 温州大学；648. 香港浸会大学；658. 元智大学；666. 兰州理工大学；672. 北京林业大学；676. 中国计量大学；680. 西南科技大学；683. 桂林电子科技大学；689. 台湾云林科技大学；693. 南通大学；696. 澳门科技大学；708. 齐鲁工业大学；714. 武汉工程大学；719. 湖南科技大学；723. 常州大学；727. 山西大学；728. 上海电力大学；737. 天津理工大学；750. 三峡大学；780. 聊城大学；783. 北京建筑大学；792. 东北财经大学；795. 东北电力大学；802. 西安科技大学；807. 中北大学；809. 南昌航空大学；813. 中国人民解放军海军工程大学；815. 长庚大学；822. 华中农业大学；823. 上海工程技术大学；824. 台湾中正大学；829. 江苏师范大学；830. 河南大学；831. 沈阳航空航天大学；832. 陕西师范大学；835. 华东交通大学；838. 台湾海洋大学；841. 中国人民大学；844. 华南农业大学；847. 台湾医药大学；848. 东北师范大学；851. 江西财经大学；857. 哈尔滨理工大学；858. 新疆大学；863. 福建师范大学；868. 淡江大学；876. 东北石油大学；883. 重庆交通大学；890. 浙江工商大学；904. 重庆工商大学；909. 浙江农林大学；912. 东莞理工学院；922. 河南科技大学；926. 河南师范大学；928. 成都理工大学；929. 湖北工业大学；933. 北方工业大学；937. 绍兴文理学院；939. 西南财经大学；944. 山东理工大学；954. 浙江财经大学；958. 河南工业大学；959. 汕头大学；967. 山东建筑大学；978. 鲁东学院；986. 苏州科技大学；991. 闽江学院；994. 东北林业大学；997. 郑州轻工业大学；1012. 亚洲大学(中国台湾)；1013. 台湾虎尾科技大学；1018. 勤益科技大学；1021. 西华大学；1025. 西交利物浦大学；1026. 陕西科技大学；1027. 兰州交通大学；1028. 长江大学；1043. 贵州大学；1049. 台南大学；1052. 黑龙江大学；1056. 四川师范大学；1064. 湖北大学；1076. 湖南师范大学；1078. 台湾师范大学；1082. 中国民航大学；1085. 重庆理工大学；1088. 上海财经大学；1089. 中南林业科技大学；1090. 山东财经大学；1099. 湖南工业大学；1104. 中南民族大学；1110. 华中师范大学；1111. 烟台大学；1115. 南京工程学院；1117. 安徽理工大学；1124. 太原科技大学；1132. 沈阳建筑大学；1135. 华北水利电力大学；1147. 上海师范大学；1151. 江西科技学院；1156. 福建农林大学；1167. 武汉纺织大学；1172. 湖南农业大学；1177. 河北科技大学；1181. 杭州师范大学；1182. 宜兰大学；1185. 深圳香港大学；1201. 重庆师范大学；1203. 内蒙古大学；1207. 厦门理工学院；1209. 石家庄铁道学院；1213. 天津城建学院；1222. 天津科技大学；1228. 西北师范大学；1230. 辽宁石油化工大学；1233. 上海科技大学；1233. 盐城工学院；1240. 明志科技大学；1246. 云南大学；1256. 朝阳科技大学；1257. 北京信息科技大学；1258. 华北理工大学；1262. 东北农业大学；1263. 义守大学；1265. 南京财经大学；1278. 广西师范大学；1279. 成都大学；1282. 辽宁大学；1285. 高雄大学；1286. 云南师范大学；1288. 河北工程大学；1289. 广东石油化工大学；1300. 佛山大学；1308. 淮阴工学院；1313. 河南农业大学；1317. 西华师范大学；1321. 屏东科技大学；1325. 海南大学；1340. 内蒙古工业大学；1342. 解放军信息工程大学；1346. 台湾南开科技大学；1347. 宁夏大学；1348. 台湾联合大学；1351. 对外经济贸易大学；1352. 沈阳工业大学；1354. 彰化师范大学；

续表

总被引次数排名	机构名称	国家/地区	总被引次数排名	机构名称	国家/地区
1357. 南华大学；1367. 长春科技大学；1369. 安徽工程大学；1378. 江西师范大学；1382. 湖州学院；1384. 上海应用技术大学；1386. 中南财经大学大学；1399. 东华理工大学；1401. 河北大学；1405. 中央财经大学；1410. 西安石油大学；1412. 福建工程学院；1413. 大连工业大学；1415. 集美大学；1416. 正修科技大学；1422. 台湾昆山科技大学；1423. 西安工业大学；1424. 西安邮电大学；1426. 中华大学；1427. 上海海洋大学；1430. 长春工业大学；1431. 台湾"东华大学"；1435. 浙江科技学院；1436. 大连交通大学；1447. 东海大学；1454. 南台科技大学					

4. 工程学学科影响力排名分析

从高被引论文数来看，排在前 10 位的大学中，中国有 6 所，伊朗有 1 所，沙特阿拉伯有 1 所，新加坡有 2 所。高被引论文数最高的是中国的清华大学。有 100 篇以上高被引论文的大学有 65 所，它们分别是清华大学(中国)、哈尔滨工业大学(中国)、伊斯兰阿扎德大学(伊朗)、阿卜杜勒阿齐兹国王大学(沙特阿拉伯)、华中科技大学(中国)、湖南大学(中国)、上海交通大学(中国)、香港理工大学(中国香港)、新加坡国立教育学院(新加坡)、南洋理工大学(新加坡)、浙江大学(中国)、东南大学(中国)、新加坡国立大学(新加坡)、西安交通大学(中国)、马来亚大学(马来西亚)、瑞士联邦理工学院(瑞士)、重庆大学(中国)、中南大学(中国)、北京理工大学(中国)、香港城市大学(中国香港)、华南理工大学(中国)、北京航空航天大学(中国)、奥尔堡大学(丹麦)、同济大学(中国)、电子科技大学(中国)、麻省理工学院(美国)、中国科学院大学(中国)、德黑兰大学(伊朗)、大连理工大学(中国)、天津大学(中国)、中国科学技术大学(中国)、西北工业大学(中国)、斯坦福大学(美国)、新南威尔士大学悉尼分校(澳大利亚)、加利福尼亚大学伯克利分校(美国)、悉尼科技大学(澳大利亚)、江苏大学(中国)、伦敦帝国学院(英国)、马来西亚理工大学(马来西亚)、中国东北大学(中国)、孙德盛大学(越南)、广东工业大学(中国)、佐治亚理工学院(美国)、武汉大学(中国)、沙特国王大学(沙特阿拉伯)、四川大学(中国)、滑铁卢大学(加拿大)、法赫德国王石油矿产大学(沙特阿拉伯)、华北电力大学(中国)、南京航空航天大学(中国)、南京理工大学(中国)、苏黎世联邦理工学院(瑞士)、米兰大学理工学院(中国)、中国矿业大学(中国)、阿德莱德大学(澳大利亚)、中国石油大学(中国)、悉尼大学(澳大利亚)、北京科技大学(中国)、山东大学(中国)、北京大学(中国)、香港大学(中国)、代尔夫特理工大学(荷兰)、皇家墨尔本理工大学(澳大利亚)、高丽大学(韩国)；有 50 篇以上 100 篇以下的大学有 108 所；有 10 篇以上 50 篇以下的大学有 610 所；有 1 篇以上 10 篇以下的大学有 640 所；有 32 所大学的高被引论文数为 0 篇。中国进入 ESI 工程学学科排名的所有大学中有 50 所进入排名前 100 位，这 50 所大学的高被引论文数均在 70 篇以上。其他进入 ESI 工程学学科高被引论文数排名的中国大学如表 3-83 所示。

表 3-83　工程学学科高被引论文数排名（前 9 位与中国大学）

高被引论文数排名	机构名称	国家/地区	高被引论文数排名	机构名称	国家/地区
1	清华大学	中国	5	湖南大学	中国
2	哈尔滨工业大学	中国	7	上海交通大学	中国
3	伊斯兰阿扎德大学	伊朗	8	香港理工大学	中国香港
4	阿卜杜勒阿齐兹国王大学	沙特阿拉伯	9	新加坡国立教育学院	新加坡
5	华中科技大学	中国	9	南洋理工大学	新加坡
其他中国机构：11. 浙江大学；12. 东南大学；14. 西安交通大学；17. 重庆大学；18. 中南大学；19. 北京理工大学；20. 香港城市大学；21. 华南理工大学；22. 北京航空航天大学；24. 同济大学；24. 电子科技大学；27. 中国科学院大学；					

续表

高被引论文数排名	机构名称	国家/地区	高被引论文数排名	机构名称	国家/地区

29. 大连理工大学；30. 天津大学；31. 中国科学技术大学；31. 西北工业大学；35. 江苏大学；40. 中国东北大学；42. 广东工业大学；45. 武汉大学；47. 四川大学；50. 华北电力大学；50. 南京航空航天大学；52. 南京理工大学；53. 中国矿业大学；57. 中国石油大学；57. 北京科技大学；60. 山东大学；61. 北京大学；61. 香港大学；66. 南京大学；66. 郑州大学；69. 山东科技大学；72. 中山大学；72. 上海大学；74. 西安电子科技大学；75. 青岛大学；82. 中国地质大学；83. 渤海大学；86. 深圳大学；86. 华东理工大学；92. 武汉理工大学；94. 西南交通大学；95. 北京交通大学；104. 香港中文大学；105. 香港科技大学；107. 苏州大学；116. 北京化工大学；118. 合肥工业大学；118. 浙江工业大学；121. 南开大学；121. 扬州大学；121. 青岛理工大学；125. 复旦大学；129. 江南大学；129. 广州大学；132. 河海大学；132. 青岛科技大学；132. 曲阜师范大学；139. 哈尔滨工程大学；141. 辽宁工业大学；147. 厦门大学；152. 华东师范大学；155. 吉林大学；155. 大连海事大学；155. 东华大学；160. 澳门大学；164. 上海理工大学；168. 台湾成功大学；168. 北京工业大学；177. 福州大学；177. 中国海洋大学；189. 国防科学技术大学；189. 西南石油大学；189. 西安建筑科技大学；200. 南京邮电大学；209. 长安大学；209. 西南大学；209. 长沙理工大学；209. 安徽工业大学；219. 暨南大学；226. 南京林业大学；226. 浙江师范大学；231. 北京师范大学；231. 昆明理工大学；231. 广西大学；231. 温州大学；243. 北京邮电大学；243. 兰州大学；251. 南京信息工程大学；251. 华侨大学；251. 聊城大学；251. 台湾医药大学；261. 上海海事大学；270. 西安理工大学；270. 南昌大学；270. 安徽大学；277. 台湾科技大学；277. 杭州电子科技大学；277. 西北农林科技大学；284. 南京师范大学；299. 河南理工大学；302. 江苏科技大学；314. 西安科技大学；324. 河北工业大学；324. 南京农业大学；324. 亚洲大学(中国台湾)；346. 南京工业大学；346. 太原理工大学；346. 济南大学；346. 东北财经大学；346. 东北电力大学；346. 西南财经大学；346. 成都大学；362. 燕山大学；362. 河南大学；362. 华东交通大学；372. 南方科技大学；372. 重庆工商大学；372. 浙江农林大学；372. 河南农业大学；383. 台湾阳明交通大学；383. 中国农业大学；383. 山东师范大学；383. 西南科技大学；383. 三峡大学；383. 四川师范大学；400. 宁波大学；400. 武汉科技大学；400. 重庆邮电大学；400. 澳门科技大学；400. 湖北工业大学；417. 福建师范大学；417. 湖南农业大学；429. 湘潭大学；429. 宁波诺丁汉大学；429. 武汉工程大学；451. 桂林电子科技大学；451. 南昌航空大学；451. 华南农业大学；467. 台湾大学；467. 华南师范大学；467. 香港浸会大学；467. 上海工程技术大学；467. 陕西师范大学；467. 哈尔滨理工大学；467. 河南师范大学；467. 中南林业科技大学；467. 东北农业大学；467. 湖州学院；494. 北京林业大学；494. 齐鲁工业大学；494. 湖南科技大学；494. 中北大学；494. 河南科技大学；494. 汕头大学；494. 陕西科技大学；494. 佛山大学；526. 中国计量大学；526. 南通大学；526. 沈阳航空航天大学；526. 东莞理工学院；526. 苏州科技大学；526. 湖南师范大学；549. 台湾云林科技大学；549. 山西大学；549. 新疆大学；549. 东北石油大学；549. 上海财经大学；587. 台北科技大学；587. 台湾"中山大学"；587. 兰州理工大学；587. 常州大学；587. 北京建筑大学；587. 东北师范大学；587. 浙江工商大学；587. 河南工业大学；587. 闽江学院；587. 江西科技学院；587. 广西师范大学；587. 广东石油化工大学；622. 台湾"清华大学"；622. 中国人民解放军陆军工程大学；622. 天津工业大学；622. 浙江理工大学；622. 华中农业大学；622. 江苏师范大学；622. 重庆交通大学；622. 绍兴文理学院；622. 中国民航大学；669. 台湾中兴大学；669. 西北大学；669. 中国人民大学；669. 山东建筑大学；669. 郑州轻工业大学；669. 贵州大学；669. 华中师范大学；669. 华北水利电力大学；669. 福建农林大学；669. 厦门理工学院；669. 南华大学；710. 江西财经大学；710. 东北林业大学；710. 烟台大学；710. 深圳香港大学；710. 重庆师范大学；710. 华北理工大学；710. 中南财经大学大学；752. 逢甲大学；752. 上海电力大学；752. 山东财经大学；752. 南京财经大学；752. 海南大学；752. 沈阳工业大学；752. 大连工业大学；752. 上海海洋大学；752. 东海大学；784. 台湾中原大学；784. 天津理工大学；784. 山东理工大学；784. 鲁东学院；784. 勤益科技大学；784. 西交利物浦大学；784. 长江大学；784. 黑龙江大学；784. 湖南工业大学；784. 中南民族大学；784. 安徽理工大学；784. 太原科技大学；784. 武汉纺织大学；784. 河北科技大学；784. 西北师范大学；784. 河北工程大学；784. 西华师范大学；784. 安徽工程大学；784. 西安工业大学；860. 台湾中正大学；860. 成都理工大学；860. 北方工业大学；860. 浙江财经大学；860. 重庆理工大学；860. 东华理工大学；860. 大连交通大学；922. 高雄科技大学；922. 台南大学；922. 湖北大学；922. 杭州师范大学；922. 上海科技大学；922. 盐城工学院；922. 云南师范大学；922. 淮阴工学院；922. 浙江科技学院；997. 元智大学；997. 长庚大学；997. 上海师范大学；997. 江西师范大学；997. 西安邮电大学；1059. 台湾"中央"大学；1059. 中国人民解放军海军工程大学；1059. 淡江大学；1059. 兰州交通大学；1059. 南京工程学院；1059. 沈阳建筑大学；1059. 宜兰大学；1059. 天津科技大学；1059. 辽宁石油化工大学；1059. 明志科技大学；1059. 解放军信息工程大学；1059. 对外经济贸易大学；1059. 长春科技大学；1147. 台湾海洋大学；1147. 西华大学；1147. 宁夏大学；1147. 中央财经大学；1147. 福建工程学

259

高被引论文数排名	机构名称	国家/地区	高被引论文数排名	机构名称	国家/地区
院；1147. 长春工业大学；1147. 台湾"东华大学"；1244. 天津城建学院；1244. 朝阳科技大学；1244. 北京信息科技大学；1244. 辽宁大学；1244. 河北大学；1244. 西安石油大学；1244. 集美大学；1323. 中国人民解放军空军工程大学；1323. 台湾虎尾科技大学；1323. 内蒙古大学；1323. 云南大学；1323. 屏东科技大学；1323. 上海应用技术大学；1323. 正修科技大学；1386. 石家庄铁道学院；1386. 义守大学；1386. 内蒙古工业大学；1386. 台湾昆山科技大学；1386. 中华大学；1386. 南台科技大学；1424. 台湾师范大学；1424. 高雄大学；1424. 台湾南开科技大学；1424. 台湾联合大学；1424. 彰化师范大学					

5. 工程学学科师资力量排名分析

从高被引科学家数来看，明尼苏达大学双城分校（美国）有 8 位高被引科学家；哈尔滨工业大学（中国）、奥尔堡大学（丹麦）有 6 位高被引科学家；东南大学（中国）、北京理工大学（中国）、美国西北大学（美国）、渥太华大学（加拿大）、中国农业大学（中国）、曼尼托巴大学（加拿大）有 5 位高被引科学家；有 4 位高被引科学家的大学有 9 所；有 3 位高被引科学家的大学有 23 所；有 2 位高被引科学家的大学有 72 所；有 1 位高被引科学家的大学有 320 所；其他 1022 所大学高被引科学家数均为 0。中国进入 ESI 工程学学科高被引科学家数排名的大学中有 31 所在 2 人及以上，它们是哈尔滨工业大学、东南大学、北京理工大学、中国农业大学、山东科技大学、复旦大学、华东师范大学、华中科技大学、香港理工大学、香港城市大学、辽宁工业大学、华中农业大学、清华大学、浙江大学、西安交通大学、重庆大学、华南理工大学、北京航空航天大学、西北工业大学、江苏大学、中国东北大学、广东工业大学、四川大学、北京大学、中国地质大学、深圳大学、武汉理工大学、南开大学、长安大学、长沙理工大学、北京师范大学；有 1 位高被引科学家的大学有 51 所，如表 3-84 所示。

表 3-84　工程学学科高被引科学家数排名（前 10 位与中国大学）

高被引科学家数排名	机构名称	国家/地区	高被引科学家数排名	机构名称	国家/地区
1	明尼苏达大学双城分校	美国	10	麻省理工学院	美国
2	哈尔滨工业大学	中国	10	沙特国王大学	沙特阿拉伯
2	奥尔堡大学	丹麦	10	山东科技大学	中国
4	东南大学	中国	10	昆士兰大学	澳大利亚
4	北京理工大学	中国	10	复旦大学	中国
4	美国西北大学	美国	10	华东师范大学	中国
4	渥太华大学	加拿大	10	圣保罗大学	巴西
4	中国农业大学	中国	10	瓦格宁根大学	荷兰
4	曼尼托巴大学	加拿大	10	巴黎大学	法国
其他中国机构：19. 华中科技大学；19. 香港理工大学；19. 香港城市大学；19. 辽宁工业大学；19. 华中农业大学；42. 清华大学；42. 浙江大学；42. 西安交通大学；42. 重庆大学；42. 华南理工大学；42. 北京航空航天大学；42. 西北工业大学；42. 江苏大学；42. 中国东北大学；42. 广东工业大学；42. 四川大学；42. 北京大学；42. 中国地质大学；42. 深圳大学；42. 武汉理工大学；42. 南开大学；42. 长安大学；42. 长沙理工大学；42. 北京师范大学；114. 湖南大学；114. 上海交通大学；114. 中南大学；114. 同济大学；114. 电子科技大学；114. 天津大学；114. 武汉大学；114. 南京航空航天大学；114. 南京理工大学；114. 中国矿业大学；114. 北京科技大学；114. 香港大学；114. 中山大学；114. 上海大学；114. 华东理工大学；114. 香港中文大学；114. 香港科技大学；114. 北京化工大学；114. 河海大学；114. 曲阜师					

续表

高被引科学 家数排名	机构名称	国家/地区	高被引科学 家数排名	机构名称	国家/地区
范大学；114. 厦门大学；114. 吉林大学；114. 澳门大学；114. 台湾成功大学；114. 中国海洋大学；114. 安徽工业大学；114. 广西大学；114. 聊城大学；114. 台湾医药大学；114. 杭州电子科技大学；114. 南京农业大学；114. 亚洲大学（中国台湾）；114. 南京工业大学；114. 河南大学；114. 南方科技大学；114. 澳门科技大学；114. 台湾大学；114. 香港浸会大学；114. 陕西师范大学；114. 佛山大学；114. 湖南师范大学；114. 台湾云林科技大学；114. 东北石油大学；114. 台湾"中山大学"；114. 台湾"清华大学"；114. 中国民航大学；114. 贵州大学；114. 烟台大学；114. 湖南工业大学；114. 长庚大学；114. 云南大学					

(八) 环境科学与生态学

进入 ESI 环境科学与生态学学科排名高校共有 957 所。这些高校分别隶属于美国、中国、英国、法国、德国、意大利、西班牙、加拿大、澳大利亚、巴西、韩国、印度等 65 个国家或地区。这些高校的国家或地区分布情况如图 3-8 所示。

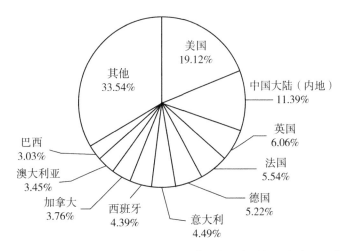

图 3-8 进入 ESI 环境科学与生态学领域排名的大学的国家或地区分布

从图 3-8 可以看出，美国进入 ESI 环境科学与生态学学科排名的高校数量位居第 1 位，遥遥领先于其他国家或地区。中国内地(大陆)有 109 所高校；中国香港有 7 所；中国台湾有 8 所。由此可见，中国在环境科学与生态学领域仍存在很大的发展空间。

1. 环境科学与生态学学科竞争力综合排名分析

从综合排名来看，位居环境科学与生态学学科综合排名前 10 位的高校分布在荷兰、美国、瑞士、澳大利亚、中国、加拿大 6 个国家，其中美国占了 3 所。排名前 100 位的高校中的中国大陆(内地)大学共有 17 所，其他进入 ESI 环境科学与生态学学科综合排名的中国高校如表 3-85 所示。

表 3-85 环境科学与生态学学科综合排名（前 10 位与中国大学）

综合 排名	机构名称	星级	档次	国家/地区	综合 排名	机构名称	星级	档次	国家/地区
1	清华大学	5★+	一流学科	中国	3	明尼苏达大学双城 分校	5★+	一流学科	美国
2	瑞士联邦理工学院	5★+	一流学科	瑞士	4	昆士兰大学	5★+	一流学科	澳大利亚

续表

综合排名	机构名称	星级	档次	国家/地区	综合排名	机构名称	星级	档次	国家/地区
5	瓦格宁根大学	5★+	一流学科	荷兰	8	斯坦福大学	5★+	一流学科	美国
6	加利福尼亚大学戴维斯分校	5★+	一流学科	美国	9	苏黎世联邦理工学院	5★+	一流学科	瑞士
7	中国科学院大学	5★+	一流学科	中国	10	英属哥伦比亚大学	5★+	一流学科	加拿大

其他中国机构：18. 北京大学；22. 浙江大学；47. 华东师范大学；50. 北京师范大学；51. 青岛大学；52. 香港理工大学；60. 中南大学；62. 南京大学；69. 华北电力大学；77. 哈尔滨工业大学；82. 江苏大学；87. 香港大学；94. 西北农林科技大学；97. 湖南大学；99. 上海交通大学；119. 复旦大学；125. 同济大学；127. 中国农业大学；134. 大连理工大学；138. 华南理工大学；146. 浙江师范大学；151. 中国科学技术大学；152. 南开大学；153. 中山大学；154. 北京理工大学；161. 长安大学；177. 南京信息工程大学；189. 武汉大学；191. 中国石油大学；200. 郑州大学；209. 重庆大学；212. 山东大学；213. 天津大学；222. 香港中文大学；228. 中国地质大学；229. 南京农业大学；235. 中国海洋大学；249. 东北农业大学；254. 厦门大学；261. 深圳大学；262. 暨南大学；263. 湖南农业大学；264. 河海大学；269. 中国矿业大学；285. 华中农业大学；287. 四川大学；303. 台湾大学；322. 华中科技大学；334. 香港科技大学；335. 兰州大学；354. 苏州大学；355. 上海大学；360. 南方科技大学；366. 台湾成功大学；374. 东北师范大学；390. 北京林业大学；391. 香港城市大学；396. 台湾医药大学；397. 广州大学；403. 北京工业大学；411. 南京林业大学；418. 香港教育大学；419. 四川农业大学；433. 北京航空航天大学；445. 东华大学；452. 华中师范大学；463. 山西大学；471. 西安交通大学；472. 汕头大学；473. 南京理工大学；485. 电子科技大学；488. 广东工业大学；489. 浙江工业大学；535. 东南大学；540. 南京师范大学；544. 吉林大学；558. 华南农业大学；560. 浙江农林大学；571. 西南大学；573. 香港浸会大学；579. 武汉理工大学；580. 北京科技大学；584. 华东理工大学；605. 北京化工大学；624. 西安建筑科技大学；653. 陕西师范大学；655. 华南师范大学；679. 福建农林大学；684. 河南大学；702. 昆明理工大学；704. 云南大学；706. 广西大学；719. 福州大学；723. 山东科技大学；737. 台湾中兴大学；738. 合肥工业大学；739. 台湾"清华大学"；742. 中国人民大学；752. 福建师范大学；758. 台湾阳明交通大学；769. 上海海洋大学；778. 河南师范大学；780. 中南林业科技大学；782. 台湾"中山大学"；789. 扬州大学；790. 西安理工大学；795. 南京工业大学；796. 山东农业大学；802. 成都理工大学；809. 北京交通大学；831. 东北林业大学；833. 宁波大学；835. 江南大学；836. 西北大学；843. 内蒙古大学；844. 台湾"中央"大学；856. 济南大学；872. 浙江工商大学；878. 杭州师范大学；922. 中国医学科学院–中国协和医学院；923. 安徽农业大学；937. 北京建筑大学

2. 环境科学与生态学学科科研能力排名分析

从发文量来看，超过3000篇的有51所，分别是中国科学院大学(中国)、瑞士联邦理工学院(瑞士)、北卡罗来纳大学(美国)、瓦格宁根大学(荷兰)、昆士兰大学(澳大利亚)、清华大学(中国)、北京师范大学(中国)、圣保罗大学(巴西)、佛罗里达大学(美国)、加利福尼亚大学戴维斯分校(美国)、浙江大学(中国)、加利福尼亚大学伯克利分校(美国)、北京大学(中国)、布列塔尼–卢瓦尔大学(法国)、墨西哥国立自治大学(墨西哥)、蒙彼利埃大学(法国)、瑞典农业科学大学(瑞典)、英属哥伦比亚大学(加拿大)、苏黎世联邦理工学院(瑞士)、奥尔胡斯大学(丹麦)、南京大学(中国)、华盛顿大学(美国)、华盛顿大学(西雅图)(美国)、哈佛大学(美国)、牛津大学(英国)、哥本哈根大学(丹麦)、索邦大学(法国)、俄勒冈州立大学(美国)、明尼苏达大学双城分校(美国)、科罗拉多州立大学(美国)、赫尔辛基大学(芬兰)、乌得勒支大学(荷兰)、河海大学(中国)、墨尔本大学(澳大利亚)、同济大学(中国)、里斯本大学(葡萄牙)、多伦多大学(加拿大)、中山大学(中国)、德州农工大学(美国)、根特大学(比利时)、新南威尔斯大学悉尼分校(澳大利亚)、中国地质大学(中国)、阿尔伯塔大学(加拿大)、康奈尔大学(美国)、威斯康星大学麦迪逊分校(美国)、密歇根州立大学(美国)、魁北克大学(加拿大)、斯坦福大学(美国)、斯德哥尔摩大学(瑞典)、巴黎萨克雷大学(法国)、埃克塞特大学(英国)；其中中国科学院大学的发文量位居第1位，远远高于位居第2位的瑞士联邦理工学院(瑞士)。超过2000篇但少于3000篇的有62所，超过1500篇但少于2000篇的有67所，超过1000篇但少于1500篇的有155所，超过500篇但少于1000篇的有340所，不到500篇的有282所。中国居前100位的高校有19所，发文量在2100篇以上；其他机构发文量都在 2100 篇以下。其他进入 ESI 环境科学与生态学学科发文量排名的中国高校如表 3-86 所示。

表 3-86 环境科学与生态学学科发文量排名（前 10 位与中国大学）

发文量排名	机构名称	国家/地区	发文量排名	机构名称	国家/地区
1	中国科学院大学	中国	6	清华大学	中国
2	瑞士联邦理工学院	瑞士	7	北京师范大学	中国
3	北卡罗来纳大学	美国	8	圣保罗大学	巴西
4	瓦格宁根大学	荷兰	9	佛罗里达大学	美国
5	昆士兰大学	澳大利亚	10	加利福尼亚大学戴维斯分校	美国

其他中国机构：11. 浙江大学；13. 北京大学；20. 南京大学；33. 河海大学；35. 同济大学；38. 中山大学；42. 中国地质大学；58. 西北农林科技大学；67. 武汉大学；69. 哈尔滨工业大学；70. 中国农业大学；89. 中国海洋大学；91. 台湾大学；96. 上海交通大学；97. 山东大学；98. 复旦大学；106. 中国矿业大学；115. 香港大学；115. 北京林业大学；129. 天津大学；131. 南京信息工程大学；133. 兰州大学；135. 华东师范大学；137. 四川大学；140. 南京农业大学；149. 暨南大学；150. 华中科技大学；151. 厦门大学；161. 南开大学；172. 华中农业大学；186. 重庆大学；192. 香港理工大学；194. 大连理工大学；197. 中南大学；199. 东南大学；206. 吉林大学；207. 华南理工大学；215. 华北电力大学；242. 香港城市大学；249. 南京师范大学；278. 台湾成功大学；282. 中国科学技术大学；286. 湖南大学；290. 华南农业大学；291. 西安交通大学；307. 长安大学；308. 香港科技大学；309. 浙江工业大学；327. 香港中文大学；329. 西南大学；334. 南京林业大学；384. 东北师范大学；396. 广东工业大学；397. 江苏大学；398. 郑州大学；412. 中国石油大学；414. 台湾医药大学；422. 上海大学；423. 四川农业大学；423. 北京科技大学；435. 深圳大学；443. 华南师范大学；446. 西安建筑科技大学；449. 广州大学；450. 东北农业大学；458. 南方科技大学；474. 云南大学；476. 北京工业大学；482. 广西大学；491. 北京理工大学；493. 福建农林大学；496. 香港浸会大学；499. 华东理工大学；514. 武汉理工大学；518. 西安理工大学；537. 东北林业大学；544. 陕西师范大学；544. 合肥工业大学；557. 浙江农林大学；560. 山西大学；562. 成都理工大学；568. 河南大学；568. 上海海洋大学；578. 湖南农业大学；579. 台湾中兴大学；593. 台湾阳明交通大学；600. 昆明理工大学；608. 台湾"中山大学"；608. 西北大学；632. 江南大学；633. 北京航空航天大学；636. 扬州大学；641. 山东科技大学；641. 福建师范大学；645. 中国人民大学；653. 山东农业大学；662. 北京交通大学；678. 东华大学；681. 宁波大学；684. 北京化工大学；702. 苏州大学；726. 河南师范大学；730. 福州大学；739. 青岛大学；745. 香港教育大学；750. 汕头大学；751. 南京理工大学；759. 台湾"中央"大学；767. 南京工业大学；773. 内蒙古大学；777. 浙江工商大学；798. 中国医学科学院-中国协和医学院；800. 华中师范大学；813. 济南大学；819. 安徽农业大学；831. 杭州师范大学；842. 中南林业科技大学；861. 北京建筑大学；877. 电子科技大学；884. 浙江师范大学；934. 台湾"清华大学"

3. 环境科学与生态学学科科研影响力排名分析

总被引次数最高的是瑞士联邦理工学院，达到 300220 次；总被引次数在 50000 次以上的有 118 所，它们是：瑞士联邦理工学院（瑞士）、中国科学院大学（中国）、加利福尼亚大学伯克利分校（美国）、瓦格宁根大学（荷兰）、昆士兰大学（澳大利亚）、苏黎世联邦理工学院（瑞士）、加利福尼亚大学戴维斯分校（美国）、北卡罗来纳大学（美国）、斯坦福大学（美国）、牛津大学（英国）、英属哥伦比亚大学（加拿大）、明尼苏达大学双城分校（美国）、佛罗里达大学（美国）、华盛顿大学（美国）、哈佛大学（美国）、华盛顿大学（西雅图）（美国）、瑞典农业科学大学（瑞典）、清华大学（中国）、伦敦帝国学院（英国）、威斯康星大学麦迪逊分校（美国）、北京大学（中国）、斯德哥尔摩大学（瑞典）、蒙彼利埃大学（法国）、哥本哈根大学（丹麦）、詹姆斯库克大学（澳大利亚）、杜克大学（美国）、奥尔胡斯大学（丹麦）、埃克塞特大学（英国）、俄勒冈州立大学（美国）、乌得勒支大学（荷兰）、科罗拉多大学博尔德分校（美国）、马里兰大学帕克分校（美国）、布列塔尼-卢瓦尔大学（法国）、巴黎萨克雷大学（法国）、耶鲁大学（美国）、密歇根州立大学（美国）、加利福尼亚大学圣塔芭芭拉分校（美国）、剑桥大学（英国）、新南威尔斯大学悉尼分校（澳大利亚）、科罗拉多州立大学（美国）、墨尔本大学（澳大利亚）、康奈尔大学（美国）、北京师范大学（中国）、索邦大学（法国）、麦吉尔大学（加拿大）、南京大学（中国）、加利福尼亚大学洛杉矶分校（美国）、浙江大学（中国)、密歇根大学(美国)、圣保罗大学(巴西)、西澳大学(澳大利亚)、赫尔辛基大学(芬兰)、亚利桑那大学(美国)、哥伦比亚大学(美国)、多伦多大学(加拿大)、亚利桑那州立大学(美国)、澳大利亚国立大学(澳大利亚)、亚利桑那州立大学(美国)、利兹大学(英国)、阿尔伯塔大学(加拿大)、根特大学(比利时)、魁北克大学(加拿大)、图卢兹大学(法国)、隆德大学(瑞典)、阿姆斯特丹自由大学(荷兰)、德国哥廷根大学(德国)、新加坡国立大学(新加坡)、北卡罗来纳州立大学(美国)、伊利诺伊大学厄巴纳-香槟分校(美国)、得克萨斯大学奥斯汀分校(美国)、格勒诺布尔阿尔卑斯公社大学(法国)、伦敦大学学院(英国)、格勒诺布尔-阿尔卑斯大学(法国)、普林斯顿大学(美国)、宾夕法尼亚州立大学(美国)、加利福尼亚大学尔湾分校(美国)、苏黎世大学(瑞士)、爱丁堡大学(英国)、墨西哥国立自治大学(墨西哥)、丹麦科技大学(丹麦)、伯尔尼大学(瑞士)、莫纳什大学(澳大利亚)、里斯本大学(葡萄牙)、图卢兹第三大学(法国)、加利福尼亚大学圣克鲁兹分校(美国)、佐治亚大学(美国)、兰卡斯特大学(英国)、洛桑联邦理工学院(瑞士)、悉尼大学(澳大利亚)、加利福尼亚大学圣迭戈分校(美国)、北卡罗来纳大学教堂山分校(美国)、中山大学(中国)、同济大学(中国)、麻省理工学院(美国)、巴黎文理研究大学(法国)、慕尼黑理工大学(德国)、德州农工大学(美国)、宾夕法尼亚州立大学帕克分校(美国)、巴塞罗那大学(西班牙)、东安格利亚大学(英国)、巴黎高科环境与生命科学工程学院(法国)、俄亥俄州立大学(美国)、南洋理工大学(新加坡)、新加坡国立教育学院(新加坡)、塔斯马尼亚大学(澳大利亚)、谢菲尔德大学(英国)、蒙大拿大学(美国)、波尔图大学(葡萄牙)、哈尔滨工业大学(中国)、阿德莱德大学(澳大利亚)、阿伯丁大学(英国)、马萨诸塞大学阿默斯特分校(美国)、哥德堡大学(瑞典)、麦考瑞大学(澳大利亚)、格里菲斯大学(澳大利亚)、佐治亚理工学院(美国)、乌普萨拉大学(瑞典)、安特卫普大学(比利时);总被引次数超过40000次少于50000次的有42所;总被引次数超过30000次少于40000次的有70所;总被引次数超过20000次少于30000次的有121所;总被引次数超过10000次少于20000次的有250所;总被引次数在10000次以下的有356所;进入排名的所有高校的总被引次数均在4695次以上。进入ESI环境科学与生态学学科总被引次数排名的中国高校共有124所,具体总被引次数排名如表3-87所示。

表3-87 环境科学与生态学学科总被引次数排名(前10位与中国大学)

总被引次数排名	机构名称	国家/地区	总被引次数排名	机构名称	国家/地区
1	瑞士联邦理工学院	瑞士	6	苏黎世联邦理工学院	瑞士
2	中国科学院大学	中国	7	加利福尼亚大学戴维斯分校	美国
3	加利福尼亚大学伯克利分校	美国	8	北卡罗来纳大学	美国
4	瓦格宁根大学	荷兰	9	斯坦福大学	美国
5	昆士兰大学	澳大利亚	10	牛津大学	英国

其他中国机构:18.清华大学;21.北京大学;43.北京师范大学;46.南京大学;48.浙江大学;92.中山大学;93.同济大学;109.哈尔滨工业大学;129.香港大学;132.复旦大学;142.上海交通大学;148.中国农业大学;151.西北农林科技大学;160.中国地质大学;169.南开大学;179.台湾大学;189.香港理工大学;191.湖南大学;193.武汉大学;194.河海大学;203.南京农业大学;211.华东师范大学;214.中国科学技术大学;218.香港科技大学;229.中国海洋大学;231.山东大学;235.天津大学;238.华中科技大学;244.厦门大学;246.中南大学;254.大连理工大学;256.兰州大学;258.香港城市大学;271.华南理工大学;279.暨南大学;282.南京信息工程大学;292.北京林业大学;306.华中农业大学;327.华北电力大学;337.中国矿业大学;378.重庆大学;381.香港中文大学;391.四川大学;403.广东工业大学;411.浙江工业大学;426.西安交通大学;440.香港浸会大学;441.台湾成功大学;454.南京师范大学;456.上海大学;457.东南大学;468.北京理工大学;475.长安大学;477.苏州大学;484.吉林大学;494.浙江农林大学;501.东北师范大学;502.北京科技大学;512.东北农业大学;514.华东理工大学;519.南方科技大学;521.西南大学;533.北京工业大学;534.华南农业大学;573.湖南农业大学;574.香港教育大学;581.西安建筑科技大学;583.台湾"清华大学";585.武汉理工大学;603.华南师范大学;611.江苏大学;621.深圳大学;622.北京

总被引次数排名	机构名称	国家/地区	总被引次数排名	机构名称	国家/地区
化工大学；631. 广州大学；634. 中国石油大学；638. 四川农业大学；649. 台湾医药大学；651. 北京航空航天大学；653. 陕西师范大学；656. 南京林业大学；680. 东华大学；694. 山西大学；699. 福建农林大学；711. 浙江师范大学；721. 昆明理工大学；723. 华中师范大学；726. 福建师范大学；728. 中国人民大学；732. 合肥工业大学；741. 郑州大学；742. 台湾中兴大学；754. 台湾阳明交通大学；761. 台湾"中山大学"；763. 广西大学；778. 云南大学；781. 福州大学；783. 河南大学；789. 山东农业大学；805. 上海海洋大学；806. 南京理工大学；808. 河南师范大学；823. 内蒙古大学；826. 青岛大学；836. 扬州大学；841. 台湾"中央"大学；846. 江南大学；848. 汕头大学；861. 南京工业大学；865. 浙江工商大学；878. 济南大学；884. 杭州师范大学；892. 中国医学科学院-中国协和医学院；894. 东北林业大学；899. 北京交通大学；903. 电子科技大学；909. 中南林业科技大学；911. 西北大学；913. 宁波大学；920. 西安理工大学；933. 山东科技大学；940. 成都理工大学；944. 北京建筑大学；956. 安徽农业大学					

4. 环境科学与生态学学科影响力排名分析

从高被引论文数来看，排在前10位的高校中有3个隶属于美国。高被引论文数最多的是瑞士的瑞士联邦理工学院，达到323篇；其次是瓦格宁根大学（荷兰）、加利福尼亚大学伯克利分校（美国）、牛津大学（英国）、斯坦福大学（美国）、清华大学（中国）、苏黎世联邦理工学院（瑞士）、昆士兰大学（澳大利亚）、明尼苏达大学双城分校（美国）、中国科学院大学（中国）、伦敦帝国学院（英国）、华盛顿大学（美国）、英属哥伦比亚大学（加拿大）、华盛顿大学（西雅图）（美国）、埃克塞特大学（英国）、剑桥大学（英国）、佛罗里达大学（美国）、蒙彼利埃大学（法国）、哈佛大学（美国）、北京大学（中国）、乌得勒支大学（荷兰）、耶鲁大学（美国）、马里兰大学帕克分校（美国）、瑞典农业科学大学（瑞典）、加利福尼亚大学圣塔芭芭拉分校（美国）、哥本哈根大学（丹麦）、斯德哥尔摩大学（瑞典）、北卡罗来纳大学（美国）、加利福尼亚大学戴维斯分校（美国）、巴黎萨克雷大学（法国）、威斯康星大学麦迪逊分校（美国）、杜克大学（美国）、詹姆斯库克大学（澳大利亚），高被引论文数均在100篇以上；高被引论文数高篇数段集中在70~100篇，共有35所高校；在50篇以上70篇以下的高校有52所；高被引论文数在30篇以上50篇以下的高校有104所；高被引论文数在20篇以上30篇以下的高校有107所；高被引论文数在10篇以上20篇以下的高校有253所；高被引论文数在10篇以下的高校有355所，其中高被引论文数为0篇的高校有4所，相较2020年的3所，0篇大学个数有所上升。在中国的高校中，清华大学的高被引论文数为168篇，位居中国第1位，其次是中国科学院大学、北京大学，分别为149篇和118篇。其他进入ESI环境科学与生态学学科高被引论文数排名的中国高校如表3-88所示。

表3-88　环境科学与生态学学科高被引论文数排名（前10位与中国大学）

高被引论文数排名	机构名称	国家/地区	高被引论文数排名	机构名称	国家/地区
1	瑞士联邦理工学院	瑞士	6	清华大学	中国
2	瓦格宁根大学	荷兰	7	苏黎世联邦理工学院	瑞士
3	加利福尼亚大学伯克利分校	美国	8	昆士兰大学	澳大利亚
4	牛津大学	英国	9	明尼苏达大学双城分校	美国
5	斯坦福大学	美国	10	中国科学院大学	中国
其他中国机构：20. 北京大学；39. 浙江大学；50. 南京大学；53. 湖南大学；73. 香港理工大学；85. 北京师范大学；85. 上海交通大学；91. 华东师范大学；101. 中山大学；107. 中国科学技术大学；111. 中南大学；127. 复旦大学；131. 香港大学；134. 北京理工大学；142. 哈尔滨工业大学；153. 华北电力大学；164. 同济大学；164. 香港科技大学；169. 天津大学；174. 华中科技大学；196. 长安大学；200. 武汉大学；200. 山东大学；207. 中国农业大学；211. 中国地质大学；211. 兰州大学；220. 大连理工大学；220. 苏州大学；235. 江苏大学；240. 西北农林科技大学；240. 南开大学；					

高被引论文数排名	机构名称	国家/地区	高被引论文数排名	机构名称	国家/地区
240. 华南理工大学；240. 南京信息工程大学；240. 西安交通大学；250. 青岛大学；258. 香港城市大学；258. 广东工业大学；258. 南方科技大学；266. 东北农业大学；266. 浙江师范大学；277. 香港中文大学；277. 湖南农业大学；283. 南京农业大学；283. 重庆大学；283. 浙江工业大学；283. 浙江农林大学；283. 深圳大学；299. 台湾大学；299. 厦门大学；299. 暨南大学；299. 四川大学；299. 武汉理工大学；299. 北京化工大学；319. 上海大学；350. 中国矿业大学；374. 广州大学；390. 中国海洋大学；390. 华中农业大学；390. 台湾医药大学；419. 河海大学；419. 北京林业大学；419. 东北师范大学；419. 华东理工大学；419. 山东科技大学；448. 华南农业大学；448. 香港教育大学；448. 中国石油大学；468. 南京师范大学；468. 福州大学；468. 河南大学；468. 中南林业科技大学；489. 北京科技大学；489. 北京工业大学；489. 陕西师范大学；489. 华中师范大学；489. 郑州大学；489. 电子科技大学；530. 香港浸会大学；530. 西南大学；557. 北京航空航天大学；557. 昆明理工大学；557. 汕头大学；586. 东南大学；586. 西安建筑科技大学；586. 台湾"清华大学"；586. 南京林业大学；586. 东华大学；586. 南京理工大学；586. 南京工业大学；626. 台湾成功大学；626. 吉林大学；626. 福建农林大学；626. 中国人民大学；626. 云南大学；626. 河南师范大学；677. 四川农业大学；677. 台湾中兴大学；677. 广西大学；677. 北京交通大学；735. 华南师范大学；735. 福建师范大学；735. 合肥工业大学；735. 扬州大学；735. 济南大学；735. 宁波大学；735. 成都理工大学；775. 台湾阳明交通大学；775. 山东农业大学；775. 上海海洋大学；775. 内蒙古大学；775. 台湾"中央"大学；775. 杭州师范大学；775. 西安理工大学；823. 台湾"中山大学"；823. 浙江工商大学；823. 西北大学；881. 山西大学；881. 江南大学；881. 北京建筑大学；881. 安徽农业大学；917. 东北林业大学；942. 中国医学科学院-中国协和医学院					

5. 环境科学与生态学学科师资力量排名分析

从高被引科学家数来看，排在前 10 位的高校中有 3 个隶属于美国，2 个隶属于澳大利亚，2 个隶属于中国，6 个分别隶属于荷兰、瑞士、加拿大、英国、比利时和沙特阿拉伯。高被引科学家数最多的是美国的明尼苏达大学双城分校，为 8 人；其次是清华大学（中国），高被引科学家数为 6 人；瓦格宁根大学（荷兰）、昆士兰大学（澳大利亚）、华东师范大学（中国）高被引科学家数均为 4 人；高被引科学家数为 3 人的高校有 7 所，分别是斯坦福大学（美国）、苏黎世联邦理工学院（瑞士）、英属哥伦比亚大学（加拿大）、埃克塞特大学（英国）、詹姆斯库克大学（澳大利亚）、安特卫普大学（比利时）、沙特国王大学（沙特阿拉伯）、圣路易斯华盛顿大学（美国）；高被引科学家数为 2 人的高校有 14 所；高被引科学家数为 1 人的高校有 75 所；高被引科学家数为 0 人的高校有 855 所。在中国的高校中，清华大学的高被引科学家数为 6 人，位居中国第 1 位；华东师范大学的高被引科学家数为 4 人，北京大学、长安大学的高被引科学家数为 2 人，浙江大学、香港理工大学、上海交通大学、香港大学、哈尔滨工业大学的高被引科学家数为 1 人，其他高校的高被引科学家数均为 0 人，如表 3-89 所示。

表 3-89　环境科学与生态学学科高被引科学家排名（前 10 位与中国大学）

高被引科学家数排名	机构名称	国家/地区	高被引科学家数排名	机构名称	国家/地区
1	明尼苏达大学双城分校	美国	6	英属哥伦比亚大学	加拿大
2	清华大学	中国	6	埃克塞特大学	英国
3	瓦格宁根大学	荷兰	6	詹姆斯库克大学	澳大利亚
3	昆士兰大学	澳大利亚	6	安特卫普大学	比利时
3	华东师范大学	中国	6	沙特国王大学	沙特阿拉伯
6	斯坦福大学	美国	6	圣路易斯华盛顿大学	美国
6	苏黎世联邦理工学院	瑞士			
其他中国机构：14. 北京大学；14. 长安大学；28. 浙江大学；28. 香港理工大学；28. 上海交通大学；28. 香港大学；28. 哈尔滨工业大学					

从高被引科学家数这项指标可以看出，位居前 10 名的大学所在国家分布较为分散，但相对来说还是美国的高校较多。中国高校在各指标中的排名均靠后，仅有清华大学、华东师范大学、北京大学、长安师范大学 4 所大学跻身前 50 名，表明中国的高校在环境科学与生态学学科领域力量较弱，应以美国等国际先进的高校为标杆，吸取经验，加快发展。

(九) 地球科学

进入 ESI 地球科学学科排名的高校共有 552 所。从图 3-9 的国家或地区分布来看，这些高校分布在美国、中国、法国、英国、德国、意大利、加拿大、澳大利亚、西班牙、瑞士、日本等 46 个国家或地区。其中，美国拥有全球数量最多的从事地球科学研究的高校，共计 136 所，约占全球高校总数的 24.64%。中国内地(大陆)有 49 所进入排名，中国香港有 5 所，中国台湾有 3 所。

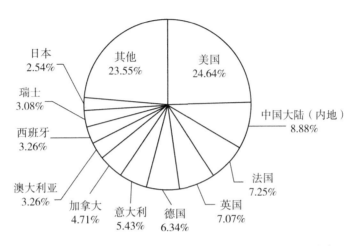

图 3-9 进入 ESI 地球科学领域排名的大学的国家或地区分布

1. 地球科学学科竞争力综合排名分析

位居前 10 位的高校有 3 所分布在美国，3 所在中国，2 所在瑞士，1 所在法国，1 所在荷兰。表 3-90 列出了 ESI 地球科学学科综合排名前 10 位的高校和该排名中的中国高校。

表 3-90 地球科学学科综合排名（前 10 位与中国大学）

综合排名	机构名称	星级	档次	国家/地区	综合排名	机构名称	星级	档次	国家/地区
1	苏黎世联邦理工学院	5★+	一流学科	瑞士	6	科罗拉多大学博尔德分校	5★+	一流学科	美国
2	加利福尼亚理工学院	5★+	一流学科	美国	7	乌得勒支大学	5★	一流学科	荷兰
3	瑞士联邦理工学院	5★+	一流学科	瑞士	8	清华大学	5★	一流学科	中国
4	中国地质大学	5★+	一流学科	中国	9	马里兰大学帕克分校帕克分校	5★	一流学科	美国
5	索邦大学	5★+	一流学科	法国	10	北京大学	5★	一流学科	中国

其他中国机构：15. 中国科学院大学；27. 武汉大学；32. 中国矿业大学；33. 香港大学；41. 南京信息工程大学；47. 南京大学；51. 北京师范大学；52. 中山大学；53. 西北工业大学；69. 西安交通大学；70. 中国海洋大学；73. 中国石油大学；112. 湖南大学；115. 天津大学；123. 兰州大学；134. 中南大学；145. 中国科学技术大学；153. 同济大学；161. 山

综合排名	机构名称	星级	档次	国家/地区	综合排名	机构名称	星级	档次	国家/地区
东科技大学；169. 吉林大学；180. 台湾大学；184. 成都理工大学；187. 河海大学；191. 西北大学；197. 浙江大学；215. 华东师范大学；220. 四川大学；224. 复旦大学；239. 香港理工大学；260. 重庆大学；282. 南京师范大学；284. 厦门大学；301. 山东大学；314. 长安大学；325. 香港中文大学；336. 西安电子科技大学；340. 北京航空航天大学；347. 电子科技大学；349. 香港城市大学；370. 台湾"中央"大学；377. 哈尔滨工业大学；387. 国防科学技术大学；390. 西南石油大学；407. 香港科技大学；417. 上海交通大学；428. 合肥工业大学；442. 中国东北大学；444. 中国农业大学；450. 西南交通大学；457. 首都师范大学；458. 台湾成功大学；473. 华中科技大学；474. 西北农林科技大学；507. 大连理工大学									

2. 地球科学学科的科研能力排名分析

从发文量排名来看，位居前10位的依次是中国科学院大学(中国)、中国地质大学(中国)、瑞士联邦理工学院(瑞士)、索邦大学(法国)、科罗拉多大学博尔德分校(美国)、加利福尼亚理工学院(美国)、苏黎世联邦理工学院(瑞士)、中国石油大学(中国)、南京信息工程大学(中国)、东京大学(日本)，其中4所来自中国，2所来自美国，2所来自瑞士，1所来自法国，1所来自日本。发文量最多的是中国科学院大学，为15768篇，中国地质大学的发文量是14679篇，瑞士的瑞士联邦理工学院发文量是9550篇。表3-91列出了ESI地球科学学科发文量排名前10位的高校和该排名中的中国高校。

表3-91　地球科学学科发文量排名（前10位与中国大学）

发文量排名	机构名称	国家/地区	发文量排名	机构名称	国家/地区
1	中国科学院大学	中国	6	加利福尼亚理工学院	美国
2	中国地质大学	中国	7	苏黎世联邦理工学院	瑞士
3	瑞士联邦理工学院	瑞士	8	中国石油大学	中国
4	索邦大学	法国	9	南京信息工程大学	中国
5	科罗拉多大学博尔德分校	美国	10	东京大学	日本
其他中国机构：11. 武汉大学；12. 北京大学；13. 南京大学；25. 中国矿业大学；26. 北京师范大学；31. 中国海洋大学；37. 中山大学；50. 吉林大学；62. 清华大学；69. 同济大学；71. 浙江大学；72. 中国科学技术大学；81. 兰州大学；83. 成都理工大学；85. 中南大学；94. 台湾大学；99. 河海大学；115. 西北大学；123. 山东科技大学；139. 长安大学；142. 香港大学；185. 西南石油大学；188. 台湾"中央"大学；198. 西安交通大学；205. 西安电子科技大学；208. 华东师范大学；212. 复旦大学；215. 香港理工大学；231. 国防科学技术大学；255. 天津大学；260. 厦门大学；284. 重庆大学；296. 香港中文大学；300. 山东大学；301. 南京师范大学；314. 合肥工业大学；315. 上海交通大学；318. 中国东北大学；323. 哈尔滨工业大学；328. 西南交通大学；330. 四川大学；337. 台湾成功大学；339. 电子科技大学；347. 北京航空航天大学；363. 首都师范大学；384. 香港科技大学；394. 大连理工大学；424. 华中科技大学；433. 香港城市大学；460. 西北农林科技大学；463. 中国农业大学；474. 西北工业大学；543. 湖南大学					

3. 地球科学学科科研影响力排名分析

从总被引次数来看，居前10位的4所是美国的高校，2所是法国的高校，2所是瑞士的高校，2所是中国的高校。其中瑞士的瑞士联邦理工学院的总被引次数最高，高达290886次，排在第2位的是中国地质大学，总被引次数为229714次。中国科学院大学排在第6位，总被引次数为190705次。表3-92列出了ESI地球科学学科总被引次数排名前10位的高校和该排名中的中国高校。

表 3-92　地球科学学科总被引次数排名（前 10 位与中国大学）

总被引次数排名	机构名称	国家/地区	总被引次数排名	机构名称	国家/地区
1	瑞士联邦理工学院	瑞士	6	中国科学院大学	中国
2	中国地质大学	中国	7	索邦大学	法国
3	科罗拉多大学博尔德分校	美国	8	巴黎萨克雷大学	法国
4	加利福尼亚理工学院	美国	9	华盛顿大学	美国
5	苏黎世联邦理工学院	瑞士	10	华盛顿大学（西雅图）	美国

其他中国机构：17. 北京大学；28. 南京大学；36. 武汉大学；43. 北京师范大学；46. 南京信息工程大学；59. 清华大学；65. 中国石油大学；79. 中国矿业大学；93. 香港大学；99. 兰州大学；104. 中国海洋大学；108. 台湾大学；109. 中山大学；124. 中国科学技术大学；136. 西北大学；145. 西安交通大学；150. 同济大学；160. 吉林大学；166. 中南大学；185. 浙江大学；218. 河海大学；225. 成都理工大学；247. 香港理工大学；256. 华东师范大学；265. 香港中文大学；269. 山东科技大学；283. 复旦大学；311. 厦门大学；318. 台湾"中央"大学；321. 长安大学；323. 西安电子科技大学；350. 香港科技大学；352. 南京师范大学；370. 山东大学；391. 哈尔滨工业大学；394. 重庆大学；395. 合肥工业大学；402. 香港城市大学；417. 四川大学；419. 西南石油大学；426. 西北工业大学；435. 台湾成功大学；437. 国防科学技术大学；438. 天津大学；447. 中国东北大学；459. 北京航空航天大学；460. 上海交通大学；478. 西北农林科技大学；481. 中国农业大学；488. 首都师范大学；506. 西南交通大学；511. 电子科技大学；524. 湖南大学；529. 华中科技大学；540. 大连理工大学

4. 地球科学学科影响力排名分析

从高被引论文数来看，排名第 1 位的是瑞士联邦理工学院，有 340 篇高被引论文。位居前 10 位的高校有 6 所来自美国，2 所来自瑞士，2 所来自法国，表 3-93 为进入 ESI 地球科学学科高被引论文数排名前 10 位高校与中国高校。

表 3-93　地球科学学科高被引论文数排名（前 10 位与中国大学）

高被引论文数排名	机构名称	国家/地区	高被引论文数排名	机构名称	国家/地区
1	瑞士联邦理工学院	瑞士	6	哥伦比亚大学	美国
2	加利福尼亚理工学院	美国	7	华盛顿大学	美国
3	科罗拉多大学博尔德分校	美国	8	华盛顿大学（西雅图）	美国
3	苏黎世联邦理工学院	瑞士	9	马里兰大学帕克分校帕克分校	美国
5	巴黎萨克雷大学	法国	10	凡尔赛大学	法国

其他中国机构：12. 中国地质大学；16. 武汉大学；17. 北京大学；18. 中国科学院大学；23. 南京信息工程大学；23. 清华大学；40. 北京师范大学；43. 南京大学；49. 中国矿业大学；71. 中山大学；93. 香港大学；103. 中南大学；111. 兰州大学；115. 中国石油大学；115. 西安交通大学；120. 山东科技大学；130. 中国海洋大学；130. 西北工业大学；148. 中国科学技术大学；157. 西北大学；157. 同济大学；157. 重庆大学；168. 复旦大学；171. 华东师范大学；203. 台湾大学；203. 河海大学；208. 浙江大学；208. 湖南大学；221. 成都理工大学；235. 南京师范大学；235. 天津大学；246. 哈尔滨工业大学；267. 香港理工大学；289. 香港中文大学；304. 西安电子科技大学；304. 山东大学；304. 中国农业大学；331. 吉林大学；331. 上海交通大学；344. 厦门大学；344. 香港科技大学；344. 国防科学技术大学；344. 电子科技大学；357. 长安大学；357. 香港城市大学；357. 北京航空航天大学；379. 华中科技大学；395. 四川大学；395. 西北农林科技大学；432. 合肥工业大学；432. 首都师范大学；432. 西南交通大学；455. 中国东北大学；493. 西南石油大学；506. 台湾成功大学；506. 大连理工大学；523. 台湾"中央"大学

5. 地球科学学科师资力量排名分析

从高被引科学家数来看，高被引科学家数最多的是 4 人，有 2 所大学，即苏黎世联邦理工学院(瑞士)、清华大学(中国)；其次 3 所高校的高被引科学家数为 3 人，13 所高校的高被引科学家数为 2 人，40 所高校的高被引科学家数是 1 人，其他 494 所高校均没有高被引科学家。表 3-94 为进入 ESI 地球科学学科的高被引科学家排名前 5 位的高校与高被引科学家数大于 0 人的中国高校。

表 3-94　地球科学学科高被引科学家数排名（前 5 位与中国大学）

高被引科学家数排名	机构名称	国家/地区	高被引科学家数排名	机构名称	国家/地区
1	苏黎世联邦理工学院	瑞士	6	加利福尼亚大学尔湾分校	美国
1	清华大学	中国	6	普林斯顿大学	美国
3	加利福尼亚理工学院	美国	6	埃克塞特大学	英国
3	乌得勒支大学	荷兰	6	格勒诺布尔-阿尔卑斯大学	法国
3	北京大学	中国	6	赫尔辛基大学	芬兰
6	科罗拉多大学博尔德分校	美国	6	东安格利亚大学	英国
6	马里兰大学帕克分校帕克分校	美国	6	香港大学	中国香港
6	索邦大学	法国	6	波士顿大学	美国
6	中国地质大学	中国	6	西北工业大学	中国
其他中国机构：19. 武汉大学；19. 中国矿业大学；19. 中山大学；19. 西安交通大学；19. 中国海洋大学；19. 湖南大学；19. 天津大学					

(十) 免疫学

进入 ESI 免疫学学科排名的高校共有 471 所。从图 3-10 的国家或地区分布来看，这些高校分布在美国、中国、德国、英国、意大利、法国、日本、加拿大、澳大利亚、瑞士等 57 个国家或地区。其中，美国拥有全球数量最多的从事免疫学研究的高校，共计 108 所，约占全球高校总数的 22.92%。中国大陆(内地)有 39 所进入排名。

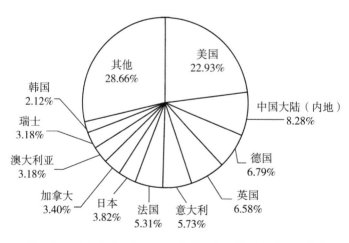

图 3-10　进入 ESI 免疫学学科排名的大学的国家或地区分布

1. 免疫学学科竞争力综合排名分析

通过对多个指标进行综合统计排名，位居前 10 位的高校有 6 所分布在美国，1 所在英国，1 所在法国，1 所在比利时，1 所在澳大利亚。表 3-95 列出了 ESI 免疫学学科综合排名前 10 位的高校和该排名中的中国高校。

表 3-95　免疫学学科综合排名（前 10 位与中国大学）

综合排名	机构名称	名次所居比例/%	档次	国家/地区	综合排名	机构名称	名次所居比例/%	档次	国家/地区
1	哈佛大学	5★+	一流学科	美国	6	西奈山伊坎医学院	5★	一流学科	美国
2	加利福尼亚大学旧金山分校	5★+	一流学科	美国	7	约翰·霍普金斯大学	5★	一流学科	美国
3	墨尔本大学	5★+	一流学科	澳大利亚	8	根特大学	5★	一流学科	比利时
4	巴黎大学	5★+	一流学科	法国	9	伦敦大学学院	5★	一流学科	英国
5	圣路易斯华盛顿大学	5★+	一流学科	美国	10	康奈尔大学	5★	一流学科	美国

其他中国机构：16. 香港大学；65. 华中科技大学；98. 复旦大学；101. 浙江大学；124. 武汉大学；125. 长庚大学；142. 中国医学科学院-中国协和医学院；152. 上海交通大学；160. 中山大学；164. 清华大学；173. 首都医科大学；192. 郑州大学；195. 北京大学；197. 厦门大学；204. 西安交通大学；205. 北京协和医学院；220. 台湾大学；235. 中南大学；249. 山东大学；251. 香港中文大学；262. 南京医科大学；270. 四川大学；273. 广州医科大学；276. 中国科学院大学；279. 吉林大学；290. 南方医科大学；291. 安徽医科大学；296. 中国人民解放军陆军军医大学；297. 台湾阳明交通大学；298. 海军军医大学；306. 苏州大学；315. 重庆医科大学；338. 同济大学；339. 中国科学技术大学；343. 南京大学；353. 台北医学大学；356. 天津医科大学；363. 台湾医药大学；368. 中国医科大学；396. 温州医科大学；409. 台湾成功大学；410. 华中农业大学；411. 中国农业大学；426. 空军军医大学；428. 山东第一医科大学；444. 哈尔滨医科大学；466. 华南农业大学

2. 免疫学学科的科研能力排名分析

从发文量排名来看，位居前 10 位的依次是哈佛大学（美国）、约翰·霍普金斯大学（美国）、巴黎大学（法国）、华盛顿大学（美国）、伦敦帝国学院（英国）、华盛顿大学（西雅图）（美国）、加利福尼亚大学旧金山分校（美国）、牛津大学（英国）、伦敦卫生与热带医学学院（英国）、伦敦大学学院（英国），其中美国的高校有 5 所，4 所来自英国，1 所来自法国。发文量最多的是哈佛大学，为 10254 篇，排名第 10 位的伦敦卫生与热带医学学院发文量为 4000 篇。表 3-96 列出了 ESI 免疫学学科发文量排名前 10 位的高校和该排名中的中国高校。

表 3-96　免疫学学科发文量排名（前 10 位与中国大学）

发文量排名	机构名称	国家/地区	发文量排名	机构名称	国家/地区
1	哈佛大学	美国	6	华盛顿大学（西雅图）	美国
2	约翰·霍普金斯大学	美国	7	加利福尼亚大学旧金山分校	美国
3	巴黎大学	法国	8	牛津大学	英国
4	华盛顿大学	美国	9	伦敦卫生与热带医学学院	英国
5	伦敦帝国学院	英国	10	伦敦大学学院	英国

其他中国机构：48. 复旦大学；61. 中山大学；64. 中国医学科学院-中国协和医学院；69. 上海交通大学；70. 首都医科

续表

发文量排名	机构名称	国家/地区	发文量排名	机构名称	国家/地区
大学；72. 浙江大学；101. 北京大学；102. 北京协和医学院；104. 华中科技大学；114. 台湾大学；125. 香港大学；129. 山东大学；133. 中南大学；142. 南京医科大学；153. 南方医科大学；165. 吉林大学；170. 长庚大学；176. 武汉大学；178. 四川大学；184. 中国科学院大学；193. 广州医科大学；194. 台湾阳明交通大学；207. 安徽医科大学；207. 重庆医科大学；215. 苏州大学；228. 香港中文大学；229. 郑州大学；240. 中国医科大学；244. 中国人民解放军陆军军医大学；259. 同济大学；264. 温州医科大学；281. 西安交通大学；284. 南京大学；288. 海军军医大学；290. 清华大学；290. 天津医科大学；290. 台湾医药大学；312. 台湾成功大学；321. 山东第一医科大学；326. 厦门大学；333. 台北医学大学；344. 华中农业大学；352. 空军军医大学；383. 哈尔滨医科大学；384. 中国科学技术大学；403. 中国农业大学；451. 华南农业大学						

3. 免疫学学科科研影响力排名分析

从总被引次数来看，位居前10位的6所是美国的高校，2所是英国的高校，1所是法国的高校，1所是澳大利亚的高校，其中哈佛大学的总被引次数最高，高达391045次，排名第10位的墨尔本大学的总被引次数为122326次。表3-97列出了ESI免疫学学科总被引次数排名前10位的高校和该排名中的中国高校。

表3-97 免疫学学科总被引次数排名（前10位与中国大学）

总被引次数排名	机构名称	国家/地区	总被引次数排名	机构名称	国家/地区
1	哈佛大学	美国	6	宾夕法尼亚大学	美国
2	约翰·霍普金斯大学	美国	7	牛津大学	英国
3	加利福尼亚大学旧金山分校	美国	8	华盛顿大学(西雅图)	美国
4	巴黎大学	法国	9	伦敦帝国学院	英国
5	华盛顿大学	美国	10	墨尔本大学	澳大利亚
其他中国机构：108. 香港大学；116. 浙江大学；117. 复旦大学；118. 中山大学；121. 中国医学科学院-中国协和医学院；126. 上海交通大学；146. 华中科技大学；147. 北京大学；148. 首都医科大学；166. 台湾大学；170. 北京协和医学院；192. 武汉大学；218. 中南大学；220. 清华大学；225. 山东大学；240. 香港中文大学；259. 海军军医大学；263. 长庚大学；267. 中国人民解放军陆军军医大学；271. 南京医科大学；274. 四川大学；285. 中国科学院大学；286. 吉林大学；301. 台湾阳明交通大学；308. 广州医科大学；309. 安徽医科大学；314. 南京大学；315. 中国科学技术大学；317. 厦门大学；318. 苏州大学；332. 南方医科大学；347. 同济大学；359. 重庆医科大学；371. 天津医科大学；392. 中国农业大学；396. 台湾医药大学；405. 郑州大学；408. 中国医科大学；409. 台北医学大学；412. 西安交通大学；425. 空军军医大学；427. 台湾成功大学；439. 温州医科大学；450. 山东第一医科大学；454. 华南农业大学；460. 华中农业大学；469. 哈尔滨医科大学						

4. 免疫学学科影响力排名分析

从高被引论文数来看，排在第1位的是哈佛大学，有311篇高被引论文。位居前10位的高校有8所来自美国，1所来自英国，1所来自法国。表3-98为进入ESI免疫学学科高被引论文数排名前10位的高校和该排名中的中国高校。

表3-98　免疫学学科高被引论文数排名（前9位与中国大学）

高被引论文数排名	机构名称	国家/地区	高被引论文数排名	机构名称	国家/地区
1	哈佛大学	美国	6	牛津大学	英国
2	宾夕法尼亚大学	美国	7	巴黎大学	法国
3	约翰·霍普金斯大学	美国	8	华盛顿大学	美国
4	圣路易斯华盛顿大学	美国	9	华盛顿大学(西雅图)	美国
4	加利福尼亚大学旧金山分校	美国	9	斯坦福大学	美国

其他中国机构：68. 武汉大学；76. 香港大学；83. 中国医学科学院-中国协和医学院；112. 浙江大学；112. 华中科技大学；121. 上海交通大学；132. 复旦大学；132. 北京大学；132. 首都医科大学；140. 香港中文大学；149. 中山大学；149. 北京协和医学院；157. 清华大学；207. 台湾大学；226. 中国科学技术大学；240. 中南大学；240. 海军军医大学；240. 广州医科大学；240. 台北医学大学；284. 中国人民解放军陆军军医大学；284. 四川大学；284. 安徽医科大学；317. 郑州大学；345. 南京医科大学；345. 中国科学院大学；345. 厦门大学；345. 苏州大学；345. 同济大学；345. 天津医科大学；345. 中国农业大学；345. 台湾医药大学；384. 山东大学；384. 台湾阳明交通大学；384. 南京大学；384. 重庆医科大学；384. 华中农业大学；423. 长庚大学；423. 吉林大学；423. 西安交通大学；423. 华南农业大学；423. 哈尔滨医科大学；445. 南方医科大学；445. 空军军医大学；445. 台湾成功大学；459. 中国医科大学；459. 温州医科大学；459. 山东第一医科大学

5. 免疫学学科师资力量排名分析

从高被引科学家数来看，高被引科学家数最多的是7人，有2所大学，为哈佛大学(美国)、墨尔本大学(澳大利亚)；其次是圣路易斯华盛顿大学(美国)、加利福尼亚大学旧金山分校(美国)、根特大学(比利时)，有6人；3所高校的高被引科学家数是4人，1所高校的高被引科学家数是3人，10所高校的高被引科学家数是2人，39所高校的高被引科学家数是1人，其他413所高校均没有高被引科学家。表3-99为进入ESI免疫学学科高被引科学家数排名前10的高校和该排名的中国高校。

表3-99　免疫学学科高被引科学家数排名（前10位与中国大学）

高被引科学家数排名	机构名称	国家/地区	高被引科学家数排名	机构名称	国家/地区
1	哈佛大学	美国	10	约翰·霍普金斯大学	美国
1	墨尔本大学	澳大利亚	10	莫纳什大学	澳大利亚
3	圣路易斯华盛顿大学	美国	10	苏黎世大学	瑞士
3	加利福尼亚大学旧金山分校	美国	10	慕尼黑大学	德国
3	根特大学	比利时	10	艾克斯-马赛大学	法国
6	巴黎大学	法国	10	都柏林大学圣三一学院	爱尔兰
6	西奈山伊坎医学院	美国	10	大阪大学	日本
6	康奈尔大学	美国	10	庆应义塾大学	日本
9	香港大学	中国香港	10	人文大学	意大利
10	宾夕法尼亚大学	美国			

其他中国机构：20. 长庚大学

（十一）材料科学

材料科学学科领域一共有827所高校进入了ESI材料科学学科排名。从国家或地区分布来看，这些高校隶属于中国、美国、德国、法国、韩国、英国、印度、意大利、澳大利亚、加拿大、日本、西班牙等49个国家或地区，进入ESI材料科学学科排名的高校所属国家或地区分布如图3-11所示。

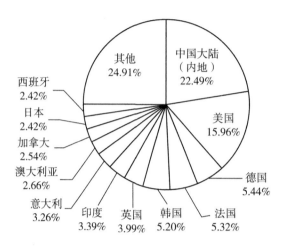

图3-11 进入ESI材料科学学科排名的大学的国家或地区分布

从图3-11中可以看出，中国大陆（内地）和美国进入ESI材料科学学科排名的高校数量相近，分别占22.49%和15.96%。中国进入排名的共有209所。

1. 材料科学学科竞争力综合排名分析

从综合排名来看，位居全世界材料科学前10位的高校分别清华大学（中国）、麻省理工学院（美国）、南洋理工大学（新加坡）、中国科学院大学（中国）、新加坡国立教育学院（新加坡）、北京大学（中国）、瑞士联邦理工学院（瑞士）、香港城市大学（中国香港）、佐治亚理工学院（美国）、浙江大学（中国）。进入前100位的中国的高校有45所，其他进入ESI材料科学学科综合排名的中国（包含港澳台）高校如表3-100所示。

表3-100 材料科学学科综合排名（前10位与中国大学）

综合排名	机构名称	名次所居比例/%	档次	国家/地区	综合排名	机构名称	名次所居比例/%	档次	国家/地区
1	清华大学	5★+	一流学科	中国	6	北京大学	5★+	一流学科	中国
2	麻省理工学院	5★+	一流学科	美国	7	瑞士联邦理工学院	5★+	一流学科	瑞士
3	南洋理工大学	5★+	一流学科	新加坡	8	香港城市大学	5★+	一流学科	中国香港
4	中国科学院大学	5★+	一流学科	中国	9	佐治亚理工学院	5★	一流学科	美国
5	新加坡国立教育学院	5★+	一流学科	新加坡	10	浙江大学	5★	一流学科	中国

其他中国机构：11. 复旦大学；12. 郑州大学；14. 中国科学技术大学；15. 上海交通大学；17. 哈尔滨工业大学；18. 西北工业大学；19. 中南大学；23. 西安交通大学；25. 苏州大学；26. 华中科技大学；28. 武汉理工大学；30. 天津大学；31. 北京理工大学；33. 华南理工大学；34. 吉林大学；35. 湖南大学；36. 北京科技大学；40. 中山大学；42. 南开大学；44. 深圳大学；45. 山东大学；47. 同济大学；49. 北京化工大学；54. 北京航空航天大学；55. 四川大学；57. 南京大学；58. 南京工业大学；60. 电子科技大学；61. 武汉大学；65. 重庆大学；66. 香港科技大学；71. 南京理工大学；73. 东华大学；74. 东南大学；75. 中国东北大学；77. 大连理工大学；84. 青岛大学；86. 上海大学；87. 厦门大学；

续表

综合排名	机构名称	名次所居比例/%	档次	国家/地区	综合排名	机构名称	名次所居比例/%	档次	国家/地区
99. 南京航空航天大学；104. 香港理工大学；105. 南方科技大学；107. 台湾大学；111. 华东理工大学；124. 中国地质大学；125. 陕西科技大学；128. 香港大学；131. 台湾"清华大学"；135. 北京交通大学；139. 江苏大学；143. 香港中文大学；144. 暨南大学；148. 浙江工业大学；149. 兰州大学；152. 中国石油大学；153. 广东工业大学；154. 河南科技大学；157. 兰州理工大学；158. 江西理工大学；159. 西南科技大学；166. 桂林电子科技大学；168. 西南交通大学；172. 青岛科技大学；173. 燕山大学；174. 西南大学；176. 陕西师范大学；177. 福州大学；182. 江苏科技大学；184. 北京师范大学；192. 南京林业大学；195. 上海科技大学；197. 华东师范大学；198. 合肥工业大学；199. 太原理工大学；201. 台湾阳明交通大学；207. 北京工业大学；211. 济南大学；212. 哈尔滨工程大学；213. 南京邮电大学；214. 西南石油大学；216. 西北大学；219. 山东科技大学；229. 中北大学；230. 长沙理工大学；231. 广西大学；232. 武汉科技大学；233. 河南师范大学；234. 扬州大学；236. 江南大学；238. 台湾成功大学；239. 西安建筑科技大学；241. 华南师范大学；247. 湖北大学；249. 宁波大学；252. 中国矿业大学；253. 西安理工大学；259. 华南农业大学；261. 山西大学；263. 河南大学；270. 昆明理工大学；276. 上海理工大学；280. 哈尔滨理工大学；291. 聊城大学；307. 华北电力大学；310. 杭州电子科技大学；318. 南京师范大学；321. 浙江师范大学；322. 长安大学；324. 湘潭大学；334. 南昌大学；337. 黑龙江大学；341. 河北工业大学；344. 浙江理工大学；352. 西安电子科技大学；353. 南昌航空大学；364. 广州大学；374. 澳门大学；376. 台湾科技大学；386. 山东师范大学；391. 天津工业大学；392. 安徽大学；400. 东北师范大学；401. 东莞理工学院；404. 河海大学；408. 安徽工业大学；409. 上海工程技术大学；412. 常州大学；417. 国防科学技术大学；419. 空军军医大学；420. 天津理工大学；422. 中国海洋大学；427. 武汉工程大学；429. 温州医科大学；430. 华中师范大学；434. 齐鲁工业大学；435. 南京信息工程大学；446. 烟台大学；450. 中国人民大学；454. 上海应用技术大学；460. 天津师范大学；465. 三峡大学；475. 杭州师范大学；483. 温州大学；485. 台北科技大学；493. 东北林业大学；497. 中国计量大学；509. 河北大学；513. 河南理工大学；516. 北京林业大学；517. 台湾"中央"大学；529. 台湾中兴大学；533. 上海师范大学；548. 长庚大学；552. 桂林工业大学；553. 香港浸会大学；555. 海南大学；561. 华侨大学；563. 西安工业大学；564. 长春科技大学；565. 武汉纺织大学；571. 台湾"中山大学"；584. 中国医学科学院–中国协和医学院；597. 湖南工业大学；600. 福建师范大学；608. 中国药科大学；618. 哈尔滨师范大学；624. 西北师范大学；629. 南方医科大学；636. 江西师范大学；638. 逢甲大学；645. 北京邮电大学；647. 新疆大学；653. 曲阜师范大学；654. 山东理工大学；656. 沈阳工业大学；680. 首都师范大学；682. 台湾医药大学；683. 吉林师范大学；684. 上海电力大学；691. 明志科技大学；692. 北京协和医学院；697. 安徽师范大学；699. 盐城工学院；700. 南京医科大学；702. 云南大学；706. 台湾中原大学；709. 湖南师范大学；710. 南通大学；733. 江苏师范大学；734. 天津医科大学；740. 华中农业大学；749. 重庆理工大学；750. 长春工业大学；754. 中国人民解放军陆军军医大学；758. 郑州轻工业大学；772. 中南民族大学；775. 海军军医大学；777. 台湾海洋大学；792. 重庆工商大学；798. 元智大学；802. 沈阳药科大学；813. 重庆医科大学；815. 西华师范大学；823. 首都医科大学									

2. 材料科学学科科研能力排名分析

从发文量来分析，发文量位居前 10 位的高校全部是中国大陆(内地)的高校，故在发文量一项上颇具优势。中国科学院大学以发文量 17370 居第一位，远高于居第二位的哈尔滨工业大学。在 10000 篇以上 15000 篇以下的高校有 6 所，在 5000 篇以上 10000 篇以下的高校有 37 所，发文量在 2000 篇以上 5000 篇以下的高校有 165 所，发文量在 1000 篇以上 2000 篇以下的高校有 226 所，发文量在 500 篇以上 1000 篇以下的高校有 292 所，发文量在 100 篇以上 500 篇以下的高校有 100 所。中国发文量进入前 100 名的高校共有 48 所，分别是：中国科学院大学、哈尔滨工业大学、清华大学、北京科技大学、中南大学、上海交通大学、西北工业大学、浙江大学、西安交通大学、中国科学技术大学、华南理工大学、天津大学、中国东北大学、华中科技大学、四川大学、吉林大学、重庆大学、北京航空航天大学、北京大学、大连理工大学、武汉理工大学、山东大学、苏州大学、东南大学、复旦大学、上海大学、同济大学、南京大学、东华大学、郑州大学、北京理工大学、南京工业大学、武汉大学、香港城市大学、深圳大学、湖南大学、中山大学、南京航空航天大学、电子科技大学、北京化工大学、香港理工大学、台湾大学、南京理工大学、厦门大学、江苏大学、太原理工大学、南开大学、华东理工大学。其他进入 ESI 材料科学学科发文量排名的中国高校如表 3-101 所示。

表3-101　材料科学学科发文量排名（前10位与中国大学）

发文量排名	机构名称	国家/地区	发文量排名	机构名称	国家/地区
1	中国科学院大学	中国	6	上海交通大学	中国
2	哈尔滨工业大学	中国	7	西北工业大学	中国
3	清华大学	中国	8	浙江大学	中国
4	北京科技大学	中国	9	西安交通大学	中国
5	中南大学	中国	10	中国科学技术大学	中国

其他中国机构：11. 华南理工大学；13. 天津大学；14. 中国东北大学；15. 华中科技大学；16. 四川大学；17. 吉林大学；20. 重庆大学；21. 北京航空航天大学；22. 北京大学；23. 大连理工大学；24. 武汉理工大学；25. 山东大学；26. 苏州大学；30. 东南大学；33. 复旦大学；35. 上海大学；36. 同济大学；37. 南京大学；40. 东华大学；41. 郑州大学；42. 北京理工大学；43. 南京工业大学；45. 武汉大学；46. 香港城市大学；51. 深圳大学；53. 湖南大学；54. 中山大学；55. 南京航空航天大学；59. 电子科技大学；60. 北京化工大学；63. 香港理工大学；69. 台湾大学；70. 南京理工大学；70. 厦门大学；76. 江苏大学；81. 太原理工大学；85. 南开大学；96. 华东理工大学；101. 昆明理工大学；106. 燕山大学；111. 西南交通大学；112. 北京工业大学；114. 台湾"清华大学"；118. 台湾成功大学；122. 中国石油大学；123. 中国矿业大学；125. 广东工业大学；128. 香港科技大学；129. 台湾阳明交通大学；132. 南方科技大学；135. 兰州大学；142. 中国地质大学；144. 江南大学；145. 福州大学；147. 武汉科技大学；148. 合肥工业大学；157. 广西大学；165. 哈尔滨工程大学；171. 河北工业大学；172. 陕西科技大学；173. 济南大学；174. 青岛大学；179. 暨南大学；181. 浙江工业大学；184. 西南大学；195. 青岛科技大学；196. 兰州理工大学；198. 南京林业大学；207. 西安理工大学；209. 香港大学；210. 天津工业大学；217. 湘潭大学；220. 南昌大学；222. 华东师范大学；230. 宁波大学；231. 江苏科技大学；233. 河海大学；234. 浙江理工大学；235. 常州大学；236. 长安大学；245. 台湾科技大学；246. 齐鲁工业大学；251. 国防科学技术大学；253. 陕西师范大学；254. 香港中文大学；256. 中北大学；259. 西南科技大学；260. 华南师范大学；265. 湖北大学；271. 北京交通大学；272. 安徽大学；276. 西安建筑科技大学；287. 扬州大学；289. 上海理工大学；291. 安徽工业大学；293. 南京邮电大学；294. 河南大学；304. 山东科技大学；307. 台北科技大学；328. 天津理工大学；338. 西北大学；340. 江西理工大学；347. 哈尔滨理工大学；349. 南昌航空大学；353. 东北林业大学；357. 杭州电子科技大学；359. 桂林电子科技大学；362. 河南科技大学；362. 上海工程技术大学；364. 西安电子科技大学；365. 长沙理工大学；372. 东北师范大学；375. 武汉工程大学；385. 华北电力大学；386. 桂林工业大学；391. 台湾"中央"大学；396. 长春科技大学；399. 西南石油大学；404. 台湾中兴大学；406. 北京师范大学；410. 北京林业大学；413. 中国计量大学；415. 武汉纺织大学；419. 台湾"中山大学"；422. 中国海洋大学；426. 河南理工大学；436. 河北大学；436. 逢甲大学；460. 河南师范大学；462. 沈阳工业大学；471. 长庚大学；473. 浙江师范大学；481. 山西大学；485. 上海科技大学；487. 西安工业大学；497. 南京师范大学；503. 聊城大学；507. 明志科技大学；509. 黑龙江大学；514. 澳门大学；516. 华侨大学；521. 新疆大学；527. 温州大学；530. 山东理工大学；536. 广州大学；542. 福建师范大学；551. 上海应用技术大学；567. 上海师范大学；572. 湖南工业大学；573. 烟台大学；573. 西北师范大学；583. 重庆理工大学；588. 海南大学；589. 南方医科大学；600. 盐城工学院；605. 吉林师范大学；606. 台湾中原大学；608. 南通大学；616. 中国医学科学院-中国协和医学院；623. 山东师范大学；624. 云南大学；626. 台湾医药大学；629. 华南农业大学；632. 东莞理工学院；643. 南京医科大学；663. 江西师范大学；663. 长春工业大学；674. 江苏师范大学；676. 郑州轻工业大学；681. 南京信息工程大学；685. 台湾海洋大学；690. 哈尔滨师范大学；693. 空军军医大学；693. 三峡大学；696. 中国药科大学；700. 北京邮电大学；701. 温州医科大学；714. 北京协和医学院；716. 上海电力大学；733. 湖南师范大学；734. 华中师范大学；734. 元智大学；742. 天津医科大学；747. 安徽师范大学；753. 香港浸会大学；756. 曲阜师范大学；759. 首都师范大学；774. 中南民族大学；779. 天津师范大学；783. 杭州师范大学；783. 首都医科大学；785. 华中农业大学；786. 中国人民解放军陆军军医大学；794. 中国人民大学；794. 海军军医大学；805. 重庆医科大学；819. 沈阳药科大学；822. 西华师范大学；827. 重庆工商大学

3. 材料科学学科科研影响力排名分析

从总被引次数来看，总被引次数高于100000次的高校有79所，总被引次数在50000次以上100000次以下的高校有80所；总被引次数在20000次以上50000次以下的高校有253所；总被引次数在10000次以上20000次以下的高校有290所；总被引次数在10000次以下的高校有125所。这827所高校的总被引次数均在 7900 次以上。中国进入 ESI 材料科学学科总被引次数排名前 100 名的高校共有 46 所，其他进入 ESI 材料科学学科总被引次数排名的中国高校如表 3-102 所示。

表 3-102　材料科学学科总被引次数排名（前 10 位与中国大学）

总被引次数排名	机构名称	国家/地区	总被引次数排名	机构名称	国家/地区
1	中国科学院大学	中国	6	麻省理工学院	美国
2	清华大学	中国	7	中国科学技术大学	中国
3	新加坡国立教育学院	新加坡	8	佐治亚理工学院	美国
4	南洋理工大学	新加坡	9	斯坦福大学	美国
5	瑞士联邦理工学院	瑞士	10	浙江大学	中国

其他中国机构：11. 北京大学；12. 上海交通大学；14. 哈尔滨工业大学；15. 华中科技大学；16. 苏州大学；17. 复旦大学；19. 华南理工大学；21. 中南大学；22. 吉林大学；23. 天津大学；24. 北京科技大学；25. 西安交通大学；31. 西北工业大学；32. 香港城市大学；33. 南京大学；34. 四川大学；35. 武汉理工大学；38. 北京航空航天大学；43. 武汉大学；46. 大连理工大学；47. 山东大学；48. 重庆大学；49. 中山大学；51. 北京理工大学；52. 南开大学；55. 北京化工大学；58. 同济大学；60. 厦门大学；65. 香港科技大学；67. 香港理工大学；68. 东南大学；69. 湖南大学；72. 南京工业大学；76. 东华大学；79. 台湾大学；80. 郑州大学；92. 深圳大学；93. 上海大学；94. 中国东北大学；96. 南京理工大学；98. 台湾“清华大学”；100. 南京航空航天大学；106. 电子科技大学；110. 华东理工大学；123. 江苏大学；125. 兰州大学；128. 香港中文大学；132. 福州大学；135. 台湾阳明交通大学；136. 香港大学；144. 哈尔滨工程大学；146. 南方科技大学；147. 中国石油大学；156. 北京工业大学；160. 太原理工大学；169. 华东师范大学；173. 西南交通大学；179. 暨南大学；180. 中国地质大学；185. 青岛大学；186. 合肥工业大学；187. 燕山大学；191. 台湾成功大学；192. 南京邮电大学；213. 浙江工业大学；217. 济南大学；219. 陕西师范大学；222. 西南大学；234. 青岛科技大学；240. 广东工业大学；241. 湖北大学；249. 中国矿业大学；255. 湘潭大学；265. 昆明理工大学；267. 扬州大学；273. 华南师范大学；276. 东北师范大学；279. 南昌大学；281. 广西大学；284. 江苏科技大学；285. 台湾科技大学；288. 江南大学；291. 陕西科技大学；300. 武汉科技大学；308. 浙江理工大学；310. 北京交通大学；315. 安徽大学；317. 北京师范大学；318. 河南大学；330. 华中师范大学；336. 宁波大学；337. 西北大学；342. 河北工业大学；350. 西安理工大学；352. 浙江师范大学；353. 安徽工业大学；355. 天津工业大学；359. 南京师范大学；362. 上海理工大学；363. 西南科技大学；364. 南京林业大学；365. 常州大学；369. 兰州理工大学；370. 中国海洋大学；374. 山东大学；376. 河海大学；381. 国防科学技术大学；386. 河南师范大学；387. 天津理工大学；390. 华北电力大学；392. 黑龙江大学；398. 武汉工程大学；405. 杭州电子科技大学；433. 长沙理工大学；438. 香港浸会大学；439. 中北大学；443. 华南农业大学；448. 上海科技大学；450. 山西大学；451. 台北科技大学；453. 温州大学；457. 长安大学；459. 南昌航空大学；460. 澳门大学；461. 台湾“中央”大学；466. 上海师范大学；467. 齐鲁工业大学；471. 长庚大学；477. 北京林业大学；478. 东北林业大学；481. 河北大学；485. 台湾中兴大学；492. 中国计量大学；498. 中国医学科学院–中国协和医学院；501. 西安电子科技大学；505. 华侨大学；509. 空军军医大学；516. 中国药科大学；523. 河南理工大学；525. 广州大学；532. 桂林电子科技大学；533. 海南大学；534. 西安建筑科技大学；538. 西南石油大学；542. 西北师范大学；547. 台湾“中山大学”；551. 哈尔滨师范大学；564. 江西师范大学；565. 桂林工业大学；570. 哈尔滨理工大学；571. 长春科技大学；583. 山东师范大学；585. 湖南工业大学；592. 河南科技大学；594. 武汉纺织大学；599. 北京协和医学院；600. 福建师范大学；601. 江西理工大学；603. 聊城大学；609. 温州医科大学；620. 新疆大学；632. 首都师范大学；634. 南京医科大学；640. 上海电力大学；645. 天津医科大学；646. 东莞理工学院；649. 北京邮电大学；651. 逢甲大学；660. 西安工业大学；661. 中国人民大学；664. 上海工程技术大学；665. 南方医科大学；666. 台湾中原大学；670. 安徽师范大学；671. 湖南师范大学；674. 南京信息工程大学；679. 海军军医大学；682. 中国人民解放军陆军军医大学；691. 华中农业大学；694. 曲阜师范大学；699. 云南大学；708. 江苏师范大学；717. 台湾医药大学；719. 杭州师范大学；722. 台湾海洋大学；726. 明志科技大学；734. 盐城工学院；735. 上海应用技术大学；737. 中南民族大学；745. 吉林师范大学；747. 山东理工大学；755. 三峡大学；771. 沈阳药科大学；773. 郑州轻工业大学；777. 长春工业大学；782. 重庆医科大学；788. 元智大学；789. 重庆工商大学；792. 南通大学；793. 沈阳工业大学；798. 天津师范大学；814. 西华师范大学；815. 首都医科大学；818. 重庆理工大学；823. 烟台大学

4. 材料科学学科影响力排名分析

从高被引论文数排名来看，高被引论文数在 100 篇以上的高校有 61 所；高被引论文数在 50 篇以上 100 篇以下的高校有 53 所；高被引论文数在 10 篇以上 50 篇以下的高校有 325 所；高被引论文数在 1 篇以上 10 篇以下的高校有 374 所；有 14 所高校的高被引论文数为 0 篇。中国大陆（内地）、中国香港、中国台湾进入 ESI 材料科学学科排名的所有高校中有 46 所进入前 100 位，其他进入 ESI 材料科学学科高被引论文数排名的中国高校如表 3-103 所示。

表 3-103　材料科学学科高被引论文数排名（前 10 位与中国大学）

高被引论文数排名	机构名称	国家/地区	高被引论文数排名	机构名称	国家/地区
1	新加坡国立教育学院	新加坡	6	佐治亚理工学院	美国
1	南洋理工大学	新加坡	7	麻省理工学院	美国
3	中国科学院大学	中国	8	中国科学技术大学	中国
4	清华大学	中国	9	北京大学	中国
5	斯坦福大学	美国	10	浙江大学	中国

其他中国机构：11. 郑州大学；13. 苏州大学；15. 上海交通大学；15. 华中科技大学；17. 复旦大学；20. 香港城市大学；21. 天津大学；23. 西安交通大学；23. 武汉理工大学；25. 华南理工大学；26. 南京大学；27. 西北工业大学；30. 南开大学；31. 中南大学；33. 北京理工大学；37. 吉林大学；37. 中山大学；37. 湖南大学；40. 深圳大学；44. 武汉大学；45. 北京航空航天大学；46. 香港科技大学；47. 北京科技大学；49. 哈尔滨工业大学；53. 四川大学；53. 北京化工大学；58. 同济大学；60. 重庆大学；62. 山东大学；66. 厦门大学；67. 香港理工大学；67. 南京工业大学；69. 电子科技大学；77. 南京理工大学；80. 南京航空航天大学；81. 青岛大学；86. 南方科技大学；92. 东华大学；95. 香港中文大学；97. 大连理工大学；97. 上海大学；102. 台湾大学；104. 东南大学；104. 福州大学；108. 江苏大学；112. 浙江工业大学；115. 台湾"清华大学"；117. 香港大学；120. 华东理工大学；126. 暨南大学；131. 江苏科技大学；138. 扬州大学；141. 南京林业大学；145. 中国石油大学；152. 哈尔滨工程大学；160. 中国东北大学；160. 南京邮电大学；160. 西南科技大学；163. 华东师范大学；163. 西南交通大学；163. 青岛科技大学；171. 兰州大学；171. 燕山大学；171. 广东工业大学；171. 长沙理工大学；177. 中国地质大学；179. 北京工业大学；179. 陕西师范大学；179. 上海科技大学；186. 北京交通大学；186. 华中师范大学；186. 河南师范大学；186. 河南科技大学；193. 华南师范大学；193. 上海理工大学；193. 山东科技大学；201. 台湾阳明交通大学；201. 河南大学；210. 陕西科技大学；210. 西北大学；210. 兰州理工大学；210. 广州大学；217. 济南大学；217. 西南大学；217. 山东师范大学；222. 中国矿业大学；222. 浙江理工大学；222. 宁波大学；222. 中国海洋大学；234. 合肥工业大学；234. 广西大学；234. 北京师范大学；234. 华南农业大学；234. 江西理工大学；243. 太原理工大学；243. 南京师范大学；243. 杭州电子科技大学；250. 西安理工大学；250. 华北电力大学；250. 武汉工程大学；250. 中北大学；250. 温州大学；250. 东莞理工学院；261. 武汉科技大学；261. 黑龙江大学；261. 西安建筑科技大学；276. 南昌大学；276. 河北工业大学；276. 浙江师范大学；276. 天津理工大学；291. 西安电子科技大学；307. 湘潭大学；307. 山西大学；307. 曲阜师范大学；318. 湖北大学；318. 西安工业大学；338. 台湾成功大学；338. 安徽工业大学；338. 澳门大学；338. 河南理工大学；347. 香港浸会大学；347. 中国计量大学；347. 海南大学；347. 北京邮电大学；347. 天津师范大学；362. 东北师范大学；362. 安徽大学；362. 南昌航空大学；362. 上海师范大学；362. 河北大学；362. 桂林电子科技大学；362. 聊城大学；362. 中国人民大学；362. 重庆工商大学；392. 哈尔滨师范大学；392. 湖南工业大学；392. 南方医科大学；392. 南京信息工程大学；414. 江南大学；414. 齐鲁工业大学；414. 中国药科大学；414. 福建师范大学；414. 温州医科大学；414. 首都师范大学；414. 安徽师范大学；440. 昆明理工大学；440. 台湾科技大学；440. 烟台大学；456. 天津工业大学；456. 河海大学；456. 北京林业大学；456. 东北林业大学；456. 中国医学科学院-中国协和医学院；456. 西南石油大学；456. 江西师范大学；456. 哈尔滨理工大学；456. 上海电力大学；456. 湖南师范大学；456. 华中农业大学；456. 台湾医药大学；456. 吉林师范大学；456. 山东理工大学；495. 华侨大学；495. 空军军医大学；495. 武汉纺织大学；495. 沈阳药科大学；495. 南通大学；495. 西华师范大学；540. 国防科学技术大学；540. 长安大学；540. 中国人民解放军陆军军医大学；540. 杭州师范大学；540. 盐城工学院；540. 中南民族大学；540. 三峡大学；540. 沈阳工业大学；593. 台湾"中央"大学；593. 台湾中兴

高被引论文数排名	机构名称	国家/地区	高被引论文数排名	机构名称	国家/地区
大学；593. 西北师范大学；593. 北京协和医学院；593. 海军军医大学；593. 云南大学；639. 常州大学；639. 台北科技大学；639. 长庚大学；639. 桂林工业大学；639. 长春科技大学；639. 天津医科大学；639. 江苏师范大学；639. 郑州轻工业大学；639. 长春工业大学；639. 重庆医科大学；684. 台湾"中山大学"；684. 新疆大学；684. 南京医科大学；684. 上海工程技术大学；684. 台湾中原大学；684. 上海应用技术大学；684. 元智大学；737. 逢甲大学；737. 明志科技大学；737. 首都医科大学；737. 重庆理工大学；779. 台湾海洋大学					

5. 材料科学学科师资力量排名分析

从高被引科学家数来看，清华大学(中国)拥有 10 名高被引科学家，人数最多；其次是南洋理工大学(新加坡)，有 8 位高被引科学家；有 3 所高校的高被引科学家数为 6 位，分别是北京大学(中国)、香港城市大学(中国香港)和莱斯大学(美国)；有 3 所高校的高被引科学家数为 5 位，为佐治亚理工学院(美国)、加利福尼亚大学洛杉矶分校(美国)和美国西北大学(美国)；其次是麻省理工学院(美国)、新加坡国立大学(新加坡)、复旦大学(中国)、马里兰大学帕克分校(美国)，高被引科学家数为 4 人；有 3 位高被引科学家的高校有 7 所，分别是斯坦福大学(美国)、浙江大学(中国)、加利福尼亚大学伯克利分校(美国)、剑桥大学(英国)、洛桑联邦理工学院(瑞士)、首尔大学(韩国)、北京理工大学(中国)；有 2 位高被引科学家的高校有 14 所，分别是武汉理工大学(中国)、得克萨斯大学奥斯汀分校(美国)、南开大学(中国)、中山大学(中国)、湖南大学(中国)、深圳大学(中国)、伍伦贡大学(澳大利亚)、德雷塞尔大学(美国)、昆士兰大学(澳大利亚)、蔚山科学技术大学(韩国)、多伦多大学(加拿大)、哥伦比亚大学(美国)、科罗拉多大学博尔德分校(美国)、沙特国王大学(沙特阿拉伯)；有 1 位高被引科学家的高校有 41 所，其他高校均没有高被引科学家。中国进入 ESI 材料科学学科高被引科学家排名的高校有 29 所，材料科学学科高被引科学家数排名前 9 位与中国大学如表 3-104 所示。

表 3-104　材料科学学科高被引科学家数排名（前 8 位与中国大学）

高被引科学家数排名	机构名称	国家/地区	高被引科学家数排名	机构名称	国家/地区
1	清华大学	中国	6	加利福尼亚大学洛杉矶分校	美国
2	南洋理工大学	新加坡	6	美国西北大学	美国
3	北京大学	中国	9	麻省理工学院	美国
3	香港城市大学	中国香港	9	新加坡国立大学	新加坡
3	莱斯大学	美国	9	复旦大学	中国
6	佐治亚理工学院	美国	9	马里兰大学帕克分校帕克分校	美国
其他中国机构：13. 浙江大学；13. 北京理工大学；20. 武汉理工大学；20. 南开大学；20. 中山大学；20. 湖南大学；20. 深圳大学；34. 上海交通大学；34. 华中科技大学；34. 天津大学；34. 西安交通大学；34. 华南理工大学；34. 西北工业大学；34. 中南大学；34. 北京航空航天大学；34. 香港科技大学；34. 北京化工大学；34. 同济大学；34. 南京工业大学；34. 电子科技大学；34. 南京理工大学；34. 南京航空航天大学；34. 香港大学；34. 中国地质大学；34. 陕西师范大学					

综合分析上述指标可见，中国在材料科学领域有着较强的科研实力，进入 ESI 排行的大学共有 209 所。清华大学、中国科学院大学、北京大学、香港城市大学这 4 所学校进入 ESI 材料科学排行前 1%，其中，清华大学所有的排名均位居前 4 位，在材料科学学科的影响力很高；清华大学、中国科学院大学、北京大学、香港城市大学、浙江大学、复旦大学、郑州大学、中国科学技术大学、上海交通大学、哈尔滨

工业大学、西北工业大学、中南大学、西安交通大学、苏州大学、华中科技大学、武汉理工大学、天津大学、北京理工大学、华南理工大学、吉林大学、湖南大学、北京科技大学、中山大学这 23 所大学进入 ESI 材料科学排行前 5%；南开大学、深圳大学、山东大学、同济大学、北京化工大学、北京航空航天大学、四川大学、南京大学、南京工业大学、电子科技大学、武汉大学、重庆大学、香港科技大学、南京理工大学、东华大学、东南大学、中国东北大学、大连理工大学这 18 所大学进入 ESI 材料科学排行前 10%。总体说来，中国在材料科学领域有着一定的研究实力，但在高被引论文和高被引科学家这两个方面还有上升空间。

(十二) 数学

进入 ESI 数学学科排名的高校共有 254 所。从国家或地区分布来看，如图 3-12 所示，这些高校隶属于美国、中国、法国、意大利、英国、德国、意大利、瑞士等 39 个国家或地区。拥有这些研究机构 10 所及以上的国家或地区分别是美国、德国、中国、法国、瑞士、意大利；5 所以上 10 所以下的国家或地区是英国、澳大利亚、加拿大、西班牙。

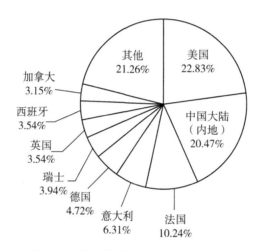

图 3-12　进入 ESI 数学学科排名的大学的国家或地区分布

从图 3-12 可以看出，美国进入 ESI 数学学科排名的高校数量遥遥领先，为 58 所。中国大陆(内地)共有 57 所高校进入 ESI 数学学科排名。

1. 数学学科竞争力综合排名分析

从综合排名来看，进入前 100 位的中国高校共有 31 所，其他进入 ESI 数学学科综合排名的中国高校如表 3-105 所示。

表3-105　数学学科综合排名（前 10 位与中国大学）

综合排名	机构名称	星级	档次	国家/地区	综合排名	机构名称	星级	档次	国家/地区
1	台湾医药大学	5★+	一流学科	中国台湾	6	巴黎大学	5★	一流学科	法国
2	阿卜杜勒阿齐兹国王大学	5★+	一流学科	沙特阿拉伯	7	索邦大学	5★	一流学科	法国
3	斯坦福大学	5★+	一流学科	美国	8	莱斯大学	5★	一流学科	美国
4	德国波恩大学	5★	一流学科	德国	9	瑞士联邦理工学院	5★	一流学科	瑞士
5	山东科技大学	5★	一流学科	中国	10	麻省理工学院	5★	一流学科	美国

综合排名	机构名称	星级	档次	国家/地区	综合排名	机构名称	星级	档次	国家/地区
其他中国机构：12. 长沙理工大学；18. 湖州学院；26. 东南大学；27. 电子科技大学；29. 曲阜师范大学；33. 哈尔滨工业大学；34. 浙江师范大学；39. 上海交通大学；47. 武汉大学；49. 山东大学；50. 复旦大学；53. 北京大学；55. 中南大学；60. 厦门大学；61. 湖南大学；62. 河南理工大学；64. 北京师范大学；67. 南开大学；68. 上海大学；69. 香港中文大学；72. 苏州大学；84. 华东师范大学；85. 中国矿业大学；87. 中山大学；88. 浙江大学；91. 西安交通大学；92. 四川大学；94. 清华大学；96. 南京大学；102. 中国科学技术大学；106. 大连理工大学；107. 香港理工大学；108. 华中科技大学；111. 南京师范大学；115. 兰州大学；118. 河海大学；131. 香港城市大学；134. 东北师范大学；140. 湘潭大学；141. 北京航空航天大学；143. 香港浸会大学；144. 吉林大学；148. 华中师范大学；149. 西北工业大学；153. 华南师范大学；167. 西南大学；175. 同济大学；178. 重庆大学；184. 北京理工大学；190. 南京航空航天大学；198. 上海师范大学；203. 天津工业大学；227. 东华大学；229. 天津大学；239. 安徽大学										

2. 数学学科的科研能力排名分析

从发文量来看，发文量超过 2000 篇的有 28 所。中国大陆(内地)数学学科发文量进入前 100 名的高校共有 26 所，其他进入 ESI 数学学科发文量排名的中国高校如表 3-106 所示。

表 3-106　数学学科发文量排名（前 10 位与中国大学）

发文量排名	机构名称	国家/地区	发文量排名	机构名称	国家/地区
1	巴黎大学	法国	6	阿卜杜勒阿齐兹国王大学	沙特阿拉伯
2	布列塔尼-卢瓦尔大学	瑞士	7	北卡罗来纳大学	美国
3	索邦大学	法国	8	瑞士联邦理工学院	瑞士
4	巴黎萨克雷大学	法国	9	牛津大学	英国
5	洛蒙诺索夫莫斯科大学	俄罗斯	10	圣保罗大学	巴西
其他中国机构：16. 北京大学；17. 山东大学；19. 复旦大学；25. 北京师范大学；31. 南开大学；33. 上海交通大学；36. 华东师范大学；37. 哈尔滨工业大学；38. 中山大学；44. 浙江大学；45. 中国科学技术大学；47. 清华大学；53. 中南大学；54. 台湾医药大学；60. 厦门大学；65. 武汉大学；72. 四川大学；74. 东南大学；78. 曲阜师范大学；83. 南京大学；86. 西安交通大学；90. 浙江师范大学；91. 大连理工大学；92. 吉林大学；94. 上海大学；96. 南京师范大学；102. 华南师范大学；107. 兰州大学；109. 香港中文大学；114. 电子科技大学；115. 华中科技大学；124. 北京理工大学；128. 中国矿业大学；129. 华中师范大学；132. 天津大学；133. 重庆大学；136. 南京航空航天大学；140. 同济大学；151. 上海师范大学；152. 西南大学；158. 苏州大学；159. 东北师范大学；163. 北京航空航天大学；164. 山东科技大学；168. 香港城市大学；172. 西北工业大学；179. 湖南大学；196. 河南理工大学；202. 香港理工大学；210. 天津工业大学；218. 安徽大学；224. 湘潭大学；227. 河海大学；234. 香港浸会大学；242. 长沙理工大学；244. 东华大学；248. 湖州学院					

3. 数学学科科研影响力排名分析

从总被引次数来看，总被引次数超过 10000 次的高校共有 80 所；总被引次数在 5000 次以上 10000 次以下的有 174 所；总被引次数在 4000 次以上 5000 次以下的有 0 所；所有高校的总被引次数均在 5000 次以上。中国数学学科总被引次数排在前 100 名的高校共有 28 所，其他进入 ESI 数学学科总被引次数排名的中国高校如表 3-107 所示。

表3-107　数学学科总被引次数排名（前10位与中国大学）

总被引次数排名	机构名称	国家/地区	总被引次数排名	机构名称	国家/地区
1	阿卜杜勒阿齐兹国王大学	沙特阿拉伯	6	巴黎萨克雷大学	法国
2	巴黎大学	法国	7	麻省理工学院	美国
3	索邦大学	法国	8	北卡罗来纳大学	美国
4	瑞士联邦理工学院	瑞士	9	布列塔尼-卢瓦尔大学	瑞士
5	斯坦福大学	美国	10	普林斯顿大学	美国

其他中国机构：19. 山东科技大学；34. 哈尔滨工业大学；35. 曲阜师范大学；36. 复旦大学；37. 东南大学；43. 台湾医药大学；44. 北京大学；48. 中南大学；49. 上海交通大学；52. 北京师范大学；53. 山东大学；61. 香港中文大学；63. 南开大学；67. 厦门大学；69. 电子科技大学；70. 浙江师范大学；73. 南京大学；75. 浙江大学；77. 清华大学；78. 中山大学；82. 中国矿业大学；85. 香港理工大学；86. 兰州大学；89. 华东师范大学；91. 香港浸会大学；94. 中国科学技术大学；95. 华中科技大学；99. 武汉大学；107. 西安交通大学；109. 香港城市大学；116. 上海大学；122. 长沙理工大学；133. 华南师范大学；138. 华中师范大学；140. 吉林大学；149. 四川大学；152. 湖州学院；155. 湘潭大学；161. 大连理工大学；164. 重庆大学；168. 西南大学；169. 湖南大学；173. 苏州大学；178. 东北师范大学；179. 同济大学；180. 南京师范大学；195. 上海师范大学；202. 南京航空航天大学；210. 东华大学；211. 天津工业大学；216. 北京理工大学；224. 河南理工大学；233. 西北工业大学；240. 安徽大学；242. 天津大学；244. 北京航空航天大学；246. 河海大学

4. 数学学科影响力排名分析

从高被引论文数来看，拥有100篇以上高被引论文的大学有6所，即台湾医药大学、阿卜杜勒阿齐兹国王大学、山东科技大学、詹卡亚大学、湖州学院和长沙理工大学；拥有50篇以上100篇以下高被引论文的大学有14所；拥有20篇以上50篇以下的高被引论文大学有84所；拥有10篇以上20篇以下高被引论文的大学有88所；拥有2篇以上10篇以下高被引论文的大学有61所，所有大学的高被引论文数均超过了1篇。

中国进入ESI数学学科高被引论文数排名的大学中有6所进入高被引论文指标排名的前10位，在这6所大学中，除山东科技大学、长沙理工大学、湖州学院、台湾医药大学高被引论文数大于100篇以外，电子科技大学、曲阜师范大学均在100篇以下。其他进入ESI数学学科高被引论文数排名的中国大学如表3-108所示。

表3-108　数学学科高被引论文数排名（前9位与中国大学）

高被引论文数排名	机构名称	国家/地区	高被引论文数排名	机构名称	国家/地区
1	台湾医药大学	中国台湾	6	长沙理工大学	中国
2	阿卜杜勒阿齐兹国王大学	沙特阿拉伯	7	斯坦福大学	美国
3	山东科技大学	中国	8	电子科技大学	中国
4	詹卡亚大学	土耳其	9	曲阜师范大学	中国
5	湖州学院	中国	10	普林斯顿大学	美国

其他中国机构：11. 东南大学；14. 浙江师范大学；15. 哈尔滨工业大学；17. 中国矿业大学；26. 湖南大学；29. 中南大学；37. 香港理工大学；43. 河南理工大学；44. 河海大学；50. 上海交通大学；51. 复旦大学；57. 苏州大学；59. 华东师范大学；60. 上海大学；62. 香港城市大学；65. 华中科技大学；67. 湘潭大学；68. 香港浸会大学；69. 西北工业大学；

高被引论文数排名	机构名称	国家/地区	高被引论文数排名	机构名称	国家/地区
71. 天津工业大学；73. 山东大学；77. 厦门大学；78. 南京师范大学；80. 北京大学；81. 南开大学；82. 西安交通大学；83. 南京大学；85. 西南大学；87. 中山大学；88. 大连理工大学；91. 香港中文大学；92. 浙江大学；93. 东北师范大学；95. 北京理工大学；97. 东华大学；104. 同济大学；112. 华中师范大学；115. 兰州大学；118. 北京师范大学；127. 武汉大学；128. 清华大学；131. 南京航空航天大学；136. 中国科学技术大学；142. 重庆大学；147. 吉林大学；151. 上海师范大学；165. 安徽大学；195. 北京航空航天大学；196. 华南师范大学；202. 四川大学；242. 天津大学					

5. 数学学科师资力量排名分析

从高被引科学家数来看，高被引科学家数最多的是 8 人，有 1 所，即中国台湾的台湾医药大学；其次是阿卜杜勒阿齐兹国王大学(沙特阿拉伯)的高被引科学家数为 6 人；中国山东的山东科技大学的高被引科学家数为 4 人；沙特国王大学(沙特阿拉伯)为 3 人；斯坦福大学(美国)、长沙理工大学(中国)、加利福尼亚大学洛杉矶分校(美国)、的高被引科学家数为 2 人；有 1 位高被引科学家的高校有 8 所，分别是麻省理工学院(美国)、普林斯顿大学(美国)、电子科技大学(中国)、东南大学(中国)、曲阜师范大学(中国)、威斯康星大学麦迪逊分校(美国)、宾夕法尼亚大学(美国)、上海交通大学(中国)。如表 3-109 所示，中国在数学学科的师资力量仍需加强。

表 3-109 数学学科高被引科学家数排名（前 5 位与中国大学）

高被引科学家数排名	机构名称	国家/地区	高被引科学家数排名	机构名称	国家/地区
1	台湾医药大学	中国台湾	5	长沙理工大学	中国
2	阿卜杜勒阿齐兹国王大学	沙特阿拉伯	5	加利福尼亚大学洛杉矶分校	美国
3	山东科技大学	中国	5	阿米尔卡比尔理工大学	伊朗
4	沙特国王大学	沙特阿拉伯	5	米兰-比科卡大学	意大利
5	斯坦福大学	美国	5	昆士兰科技大学	澳大利亚
其他中国机构：11. 东南大学；11. 电子科技大学；11. 曲阜师范大学；11. 上海交通大学；11. 上海大学；11. 四川大学；11. 河海大学					

(十三) 微生物学

进入 ESI 微生物学学科排名的高校共有 365 所。从国家或地区分布来看，这些高校隶属于美国、英国、德国、中国大陆(内地)、法国、加拿大、荷兰、澳大利亚等 42 个国家或地区。具体高校的国家或地区分布情况如图 3-13 所示。

从图 3-13 可以看出，美国的高校数量遥遥领先于其他国家或地区。美国入围 107 所高校，占据相对优势，然后依次为德国、英国、中国大陆(内地)、法国。由此可见，欧美国家在微生物学学科领域拥有无法撼动的地位，遥遥领先。中国大陆(内地)有 27 所，中国香港有 2 所进入排名。

1. 微生物学学科竞争力综合排名分析

从综合排名来看，中国的高校中只有香港大学进入前 10 位。其他进入 ESI 微生物学学科综合排名的中国高校如表 3-110 所示。

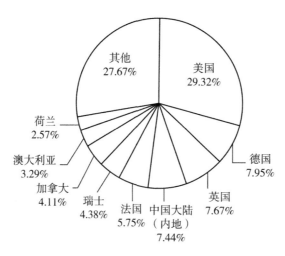

图 3-13 进入 ESI 微生物学学科排名的大学的国家或地区分布

表 3-110 微生物学学科综合排名（前 10 位与中国大学）

综合排名	机构名称	星级	档次	国家/地区	综合排名	机构名称	星级	档次	国家/地区
1	哈佛大学	5★+	一流学科	美国	6	华盛顿大学（西雅图）	5★	一流学科	美国
2	圣路易斯华盛顿大学	5★+	一流学科	美国	7	洛克菲勒大学	5★	一流学科	美国
3	牛津大学	5★+	一流学科	英国	8	华盛顿大学	5★	一流学科	美国
4	加利福尼亚大学圣迭戈分校	5★+	一流学科	美国	9	密歇根大学	5★	一流学科	美国
5	香港大学	5★	一流学科	中国香港	10	剑桥大学	5★	一流学科	英国

其他中国高校：43. 中国科学院大学；50. 中国医学科学院-中国协和医学院；52. 北京协和医学院；55. 复旦大学；57. 上海交通大学；74. 中山大学；75. 武汉大学；77. 浙江大学；85. 华中农业大学；113. 北京大学；116. 中国农业大学；120. 清华大学；125. 南京农业大学；136. 华中科技大学；143. 台湾大学；149. 华南农业大学；160. 广州医科大学；167. 山东大学；209. 四川大学；214. 吉林大学；218. 厦门大学；230. 西北农林科技大学；252. 扬州大学；268. 首都医科大学；275. 南方医科大学；286. 中国海洋大学；309. 福建农林大学；321. 南开大学；350. 香港中文大学

2. 微生物学学科科研能力排名分析

从发文量来看，发文量超过 2000 篇的仅有哈佛大学(美国)、北卡罗来纳大学(美国)、中国科学院大学(中国)及圣保罗大学(巴西)，发文量超过 1000 篇但少于 2000 篇的高校有 73 所。中国在发文量方面进入前 100 名的高校有 13 所，其他进入 ESI 微生物学学科发文量排名的中国高校如表 3-111 所示。

表 3-111 微生物学学科发文量排名（前 10 位与中国大学）

发文量排名	机构名称	国家/地区	发文量排名	机构名称	国家/地区
1	哈佛大学	美国	6	巴黎萨克雷大学	法国
2	圣保罗大学	巴西	7	艾克斯-马赛大学	法国
3	北卡罗来纳大学	美国	8	华盛顿大学	美国
4	中国科学院大学	中国	9	华盛顿大学（西雅图）	美国
5	牛津大学	英国	10	伦敦帝国学院	英国

发文量排名	机构名称	国家/地区	发文量排名	机构名称	国家/地区
其他中国机构：13. 浙江大学；23. 中山大学；29. 中国农业大学；34. 华中农业大学；45. 中国医学科学院-中国协和医学院；46. 南京农业大学；63. 复旦大学；66. 上海交通大学；67. 华南农业大学；76. 山东大学；77. 北京协和医学院；92. 香港大学；104. 西北农林科技大学；111. 吉林大学；113. 扬州大学；125. 北京大学；130. 武汉大学；135. 四川大学；144. 厦门大学；174. 台湾大学；175. 中国海洋大学；198. 首都医科大学；213. 清华大学；224. 南方医科大学；226. 福建农林大学；265. 南开大学；278. 华中科技大学；284. 广州医科大学；347. 香港中文大学					

3. 微生物学学科科研影响力排名分析

从总被引次数来看，只有哈佛大学（美国）总被引次数超过 120000 次；排在第 2 位、第 3 位、第 4 位的分别是北卡罗来纳大学（美国）、麻省理工学院（美国）、华盛顿大学（美国），总被引次数在 70000 次以上 80000 次以下；总被引次数在 60000 次以上 70000 次以下的高校有 2 所，分别是牛津大学（美国）、华盛顿大学（西雅图）（美国）；总被引次数在 40000 次以上 60000 次以下的有 21 所；总被引次数在 20000 次以上 40000 次以下的有 79 所；总被引次数在 20000 次以下的有 259 所。进入排名的所有学校总被引次数均超过 5000 次。中国进入 ESI 微生物学学科总被引次数排名前 100 名的高校有 7 所，其他进入 ESI 微生物学学科总被引次数排名的中国高校如表 3-112 所示。

表 3-112 微生物学学科总被引次数排名（前 10 位与中国大学）

总被引次数排名	机构名称	国家/地区	总被引次数排名	机构名称	国家/地区
1	哈佛大学	美国	6	牛津大学	英国
2	北卡罗来纳大学	美国	7	加利福尼亚大学伯克利分校	美国
3	麻省理工学院	美国	8	康奈尔大学	美国
4	华盛顿大学	美国	9	北卡罗来纳大学教堂山分校	美国
5	华盛顿大学（西雅图）	美国	10	巴黎萨克雷大学	法国
其他中国机构：37. 香港大学；42. 中国科学院大学；63. 浙江大学；79. 复旦大学；88. 中国医学科学院-中国协和医学院；93. 中国农业大学；103. 中山大学；107. 北京协和医学院；113. 华中农业大学；114. 南京农业大学；135. 上海交通大学；137. 清华大学；142. 北京大学；151. 武汉大学；162. 华南农业大学；201. 华中科技大学；221. 山东大学；238. 台湾大学；241. 吉林大学；247. 厦门大学；258. 四川大学；262. 西北农林科技大学；301. 南方医科大学；303. 首都医科大学；306. 南开大学；320. 广州医科大学；331. 中国海洋大学；339. 扬州大学；357. 福建农林大学；362. 香港中文大学					

4. 微生物学学科影响力排名分析

从高被引论文数来看，有 100 篇以上高被引论文的高校仅有 1 所，即哈佛大学；50 篇以上 100 篇以下的有 8 所；30 篇以上 50 篇以下的高校有 34 所；10 篇以上 30 篇以下的高校有 141 所；1 篇以上 10 篇以下的高校有 178 所；剩下的高校的高被引论文数为 0 篇。中国进入 ESI 微生物学学科高被引论文数排名的高校前 100 位的有 9 所，其他进入 ESI 微生物学学科高被引论文数排名的中国高校如表 3-113 所示。

表3-113　微生物学学科高被引论文数排名（前10位与中国大学）

高被引论文数排名	机构名称	国家/地区	高被引论文数排名	机构名称	国家/地区
1	哈佛大学	美国	6	康奈尔大学	美国
2	麻省理工学院	美国	7	牛津大学	英国
3	华盛顿大学	美国	8	北卡罗来纳大学教堂山分校	美国
4	华盛顿大学(西雅图)	美国	8	圣路易斯华盛顿大学	美国
5	北卡罗来纳大学	美国	10	瑞士联邦理工学院	瑞士

其他中国机构：17. 香港大学；54. 复旦大学；58. 中国医学科学院-中国协和医学院；63. 中国科学院大学；77. 北京协和医学院；79. 武汉大学；80. 浙江大学；87. 清华大学；93. 北京大学；102. 华中科技大学；115. 中山大学；118. 上海交通大学；145. 南京农业大学；158. 广州医科大学；172. 华南农业大学；182. 四川大学；186. 华中农业大学；205. 中国农业大学；217. 台湾大学；219. 厦门大学；233. 山东大学；265. 南方医科大学；276. 香港中文大学；291. 首都医科大学；327. 吉林大学；336. 福建农林大学；344. 南开大学；359. 中国海洋大学；361. 扬州大学；364. 西北农林科技大学

5. 微生物学学科师资力量排名分析

从高被引科学家数来看，如表3-114所示，高被引科学家数最多的是4人，有2所高校，即美国的洛克菲勒大学、加利福尼亚大学圣迭戈分校；美国的哈佛大学、圣路易斯华盛顿大学、密歇根大学宾和中国香港的香港大学以及英国的阿伯丁大学高被引科学家有3人，美国的明尼苏达大学双城分校、康奈尔大学、加利福尼亚大学戴维斯分校、西奈山伊坎医学院、澳大利亚的昆士兰大学、荷兰的鹿特丹大学、韩国的首尔大学、爱尔兰的科克大学学院、奥地利的维也纳大学高被引科学家有2人；有1位高被引科学家的高校有38所，分别是牛津大学(英国)、华盛顿大学(西雅图)(美国)、剑桥大学(英国)、北卡罗来纳大学教堂山分校(美国)、爱丁堡大学(英国)、宾夕法尼亚大学(美国)、得克萨斯大学医学院加尔维斯顿分校(美国)、赫尔辛基大学(芬兰)、杜克大学(美国)、艾克斯-马赛大学(法国)、悉尼大学(澳大利亚)、加利福尼亚大学伯克利分校(美国)、约翰·霍普金斯大学(美国)、墨尔本大学(澳大利亚)、瓦格宁根大学(荷兰)、鲁汶大学(比利时)、斯坦福大学(美国)、巴黎大学(法国)、俄亥俄州立大学(美国)、得克萨斯大学奥斯汀分校(美国)、莱顿大学(荷兰)、英属哥伦比亚大学(加拿大)、南加利福尼亚大学(美国)、上海交通大学(中国)、亚利桑那州立大学(美国)、乌普萨拉大学(瑞典)、哥德堡大学(瑞典)、维尔茨堡大学(德国)、拉瓦尔大学(加拿大)、北卡罗来纳州立大学(美国)、科隆大学(德国)、格勒诺布尔-阿尔卑斯大学(法国)、北亚利桑那大学(美国)、马萨诸塞大学阿默斯特分校(美国)、阿卜杜勒阿齐兹国王大学(沙特阿拉伯)、代尔夫特理工大学(荷兰)、美国东北大学(美国)、第戎大学(法国)。中国进入微生物学学科高被引科学家排名的高校仅有香港大学、上海交通大学，该学科的发展任重道远。

表3-114　微生物学学科高被引科学家数排名（前8位与中国大学）

高被引科学家数排名	机构名称	国家/地区	高被引科学家数排名	机构名称	国家/地区
1	加利福尼亚大学圣迭戈分校	美国	3	密歇根大学	美国
1	洛克菲勒大学	美国	3	阿伯丁大学	英国
3	哈佛大学	美国	8	明尼苏达大学双城分校	美国
3	圣路易斯华盛顿大学	美国	8	康奈尔大学	美国
3	香港大学	中国香港	8	昆士兰大学	澳大利亚

其他中国机构：17. 上海交通大学

从以上指标可以看出，在微生物学学科领域，美国的研究力量更为强大，中国机构在微生物学学科总被引次数及高被引论文数中排名都比较靠后，距离欧美发达国家的水平还比较远，要达到一流学科水平还有很长的路要走。

(十四) 分子生物学与遗传学

进入 ESI 分子生物学与遗传学学科排名的大学有 526 所。从国家或地区分布来看，这些大学隶属于美国、中国、德国、英国、意大利、日本、法国、加拿大、澳大利亚、西班牙、荷兰等 49 个国家或地区，如图 3-14 所示。

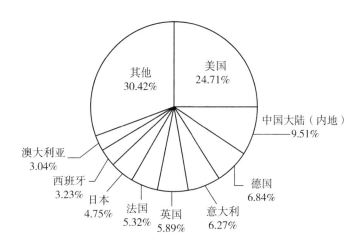

图 3-14　进入 ESI 分子生物学与遗传学学科排名的大学的国家或地区分布

其中，美国的高校数量位居第 1 位，以 130 所遥遥领先于其他国家或地区。中国大陆(内地)以 50 所居于第 2 位，德国以 36 所居于第 3 位。中国共有 61 所进入排行。

1. 分子生物学与遗传学学科竞争力综合排名分析

从综合排名来看，中国大陆(内地)有 10 所高校进入前 100 名。其他进入 ESI 分子生物学与遗传学学科综合排名的中国高校如表 3-115 所示。

表 3-115　分子生物学与遗传学学科综合排名（前 10 位与中国大学）

综合排名	机构名称	星级	档次	国家/地区	综合排名	机构名称	星级	档次	国家/地区
1	哈佛大学	5★+	一流学科	美国	6	加利福尼亚大学旧金山分校	5★	一流学科	美国
2	麻省理工学院	5★+	一流学科	美国	7	剑桥大学	5★	一流学科	英国
3	斯坦福大学	5★+	一流学科	美国	8	牛津大学	5★	一流学科	英国
4	加利福尼亚大学圣迭戈分校	5★+	一流学科	美国	9	华盛顿大学	5★	一流学科	美国
5	华盛顿大学（西雅图）	5★+	一流学科	美国	10	康奈尔大学	5★	一流学科	美国

其他中国机构：45. 上海交通大学；64. 复旦大学；66. 中国科学院大学；69. 北京大学；73. 中山大学；80. 中国医学科学院−中国协和医学院；84. 清华大学；85. 浙江大学；92. 北京协和医学院；93. 香港大学；118. 四川大学；124. 南京医科大学；132. 华中科技大学；141. 广州医科大学；153. 香港中文大学；155. 中南大学；161. 首都医科大学；165. 南方医科大学；167. 重庆医科大学；172. 吉林大学；174. 西安交通大学；182. 山东大学；186. 温州医科大学；194. 天津

续表

综合排名	机构名称	星级	档次	国家/地区	综合排名	机构名称	星级	档次	国家/地区
医科大学；198. 同济大学；202. 空军军医大学；204. 郑州大学；209. 武汉大学；227. 哈尔滨医科大学；230. 中国科学技术大学；233. 苏州大学；236. 海军军医大学；241. 澳门科技大学；256. 华中农业大学；262. 中国农业大学；270. 上海科技大学；275. 中国人民解放军陆军军医大学；289. 南京大学；310. 南京农业大学；314. 西北农林科技大学；329. 暨南大学；332. 台湾阳明交通大学；335. 厦门大学；342. 山东第一医科大学；345. 东南大学；346. 中国医科大学；351. 长庚大学；352. 青岛大学；360. 南开大学；362. 台湾大学；366. 大连医科大学；378. 台湾成功大学；379. 台北医学大学；381. 广西医科大学；398. 江苏大学；401. 徐州医科大学；416. 高雄医科大学；436. 香港科技大学；452. 台湾医药大学；472. 安徽医科大学；477. 南昌大学									

2. 分子生物学与遗传学学科科研能力排名分析

从发文量来看，只有哈佛大学(美国)的发文量超过10000篇，发文量超过5000篇但少于10000篇的高校有19所，超过4000篇但少于5000篇的高校有16所，超过3000篇但少于4000篇的高校有29所，超过2000篇但少于3000篇的高校有55所，少于2000篇的高校有406所。进入 ESI 分子生物学与遗传学学科发文量排名的中国高校如表3-116所示。

表3-116　分子生物学与遗传学学科发文量排名（前10位与中国大学）

发文量排名	机构名称	国家/地区	发文量排名	机构名称	国家/地区
1	哈佛大学	美国	6	宾夕法尼亚大学	英国
2	上海交通大学	中国	7	剑桥大学	中国大陆
3	斯坦福大学	美国	8	加利福尼亚大学旧金山分校	美国
4	多伦多大学	加拿大	9	约翰·霍普金斯大学	美国
5	麻省理工学院	美国	10	伦敦大学学院	英国
其他中国机构：11. 复旦大学；14. 浙江大学；16. 中山大学；22. 中国科学院大学；25. 南京医科大学；34. 北京大学；39. 中国医学科学院-中国协和医学院；45. 中南大学；48. 四川大学；53. 华中科技大学；60. 山东大学；65. 北京协和医学院；73. 郑州大学；75. 首都医科大学；79. 南方医科大学；83. 同济大学；85. 吉林大学；93. 武汉大学；99. 哈尔滨医科大学；100. 中国医科大学；105. 西安交通大学；107. 苏州大学；114. 温州医科大学；115. 清华大学；126. 广州医科大学；137. 天津医科大学；138. 台湾大学；143. 中国人民解放军陆军军医大学；145. 中国农业大学；146. 重庆医科大学；148. 海军军医大学；149. 西北农林科技大学；154. 香港大学；158. 华中农业大学；161. 南京大学；162. 南京农业大学；165. 空军军医大学；174. 香港中文大学；181. 山东第一医科大学；186. 暨南大学；198. 台湾阳明交通大学；205. 安徽医科大学；206. 厦门大学；216. 台湾医药大学；227. 南昌大学；232. 东南大学；235. 青岛大学；260. 中国科学技术大学；273. 大连医科大学；277. 长庚大学；289. 台北医学大学；290. 广西医科大学；295. 南开大学；304. 徐州医科大学；306. 台湾成功大学；323. 江苏大学；367. 上海科技大学；378. 高雄医科大学；444. 香港科技大学；522. 澳门科技大学					

3. 分子生物学与遗传学学科科研影响力排名分析

从总被引次数来看，总被引次数在100万次以上的学校仅有1所，即排名第1位的哈佛大学，总被引次数为1485392；总被引次数在50万次以上100万次以下的学校仅有1所，即排名第2位的麻省理工学院，总被引次数为808290次；总被引次数在20万次以上50万次以下的有36所，总被引次数在10万次以上20万次以下的有70所，总被引次数在10万次以下的有418所。中国进入 ESI 分子生物学与遗传学学科总被引次数排名最靠前的机构即上海交通大学，位于第49位，总被引次数为165586次。其他进入 ESI 分子生物学与遗传学学科总被引次数排名的中国高校如表3-117所示。

表3-117　分子生物学与遗传学学科总被引次数排名（前10位与中国大学）

总被引次数排名	机构名称	国家/地区	总被引次数排名	机构名称	国家/地区
1	哈佛大学	美国	6	宾夕法尼亚大学	美国
2	麻省理工学院	美国	7	约翰·霍普金斯大学	美国
3	加利福尼亚大学旧金山分校	美国	8	牛津大学	英国
4	斯坦福大学	美国	9	多伦多大学	加拿大
5	剑桥大学	英国	10	加利福尼亚大学圣迭戈分校	美国

其他中国机构：49. 上海交通大学；59. 复旦大学；71. 北京大学；86. 中山大学；90. 浙江大学；98. 中国科学院大学；106. 中国医学科学院–中国协和医学院；112. 南京医科大学；118. 清华大学；129. 北京协和医学院；141. 四川大学；150. 香港大学；163. 中南大学；164. 华中科技大学；193. 山东大学；194. 同济大学；205. 香港中文大学；208. 海军军医大学；226. 武汉大学；229. 首都医科大学；234. 南方医科大学；236. 台湾大学；243. 哈尔滨医科大学；245. 苏州大学；249. 华中农业大学；254. 西安交通大学；262. 广州医科大学；264. 空军军医大学；265. 中国人民解放军陆军军医大学；267. 中国农业大学；275. 郑州大学；276. 天津医科大学；280. 南京大学；283. 吉林大学；285. 台湾医药大学；291. 温州医科大学；295. 中国医科大学；307. 台湾阳明交通大学；323. 厦门大学；325. 南京农业大学；328. 中国科学技术大学；347. 安徽医科大学；351. 重庆医科大学；355. 南开大学；363. 暨南大学；364. 长庚大学；376. 西北农林科技大学；394. 东南大学；408. 台湾成功大学；409. 台北医学大学；426. 大连医科大学；433. 山东第一医科大学；443. 青岛大学；446. 香港科技大学；449. 南昌大学；464. 高雄医科大学；474. 江苏大学；480. 澳门科技大学；487. 上海科技大学；508. 广西医科大学；514. 徐州医科大学

4. 分子生物学与遗传学学科影响力排名分析

从高被引论文数来看，高被引论文数排名第1位的是哈佛大学，高被引论文数高达1064篇；高被引论文数在500篇以上900篇以下的只有1所，是麻省理工学院；高被引论文数在200篇以上500篇以下的有15所；高被引论文数在100篇以上200篇以下的有32所；高被引论文数在50篇以上100篇以下的有78所；高被引论文数在50篇以下的有399所。中国大陆(内地)进入ESI分子生物学与遗传学学科高被引论文数排名前100位的高校有7所，其他进入ESI分子生物学与遗传学学科高被引论文数排名的中国高校如表3-118所示。

表3-118　分子生物学与遗传学学科高被引论文数排名（前10位与中国大学）

高被引论文数排名	机构名称	国家/地区	高被引论文数排名	机构名称	国家/地区
1	哈佛大学	美国	6	宾夕法尼亚大学	美国
2	麻省理工学院	美国	7	加利福尼亚大学圣迭戈分校	美国
3	加利福尼亚大学旧金山分校	美国	8	牛津大学	英国
4	斯坦福大学	美国	9	约翰·霍普金斯大学	美国
5	剑桥大学	英国	10	华盛顿大学	美国

其他中国机构：65. 上海交通大学；71. 中国科学院大学；80. 复旦大学；83. 北京大学；90. 中山大学；99. 清华大学；100. 浙江大学；122. 中国医学科学院–中国协和医学院；129. 四川大学；137. 中南大学；160. 北京协和医学院；162. 广州医科大学；169. 香港大学；190. 南京医科大学；199. 华中科技大学；212. 海军军医大学；216. 香港中文大学；224. 首都医科大学；226. 武汉大学；233. 华中农业大学；255. 同济大学；257. 上海科技大学；264. 郑州大学；266. 中国农业大学；272. 南方医科大学；291. 西安交通大学；305. 台湾医药大学；308. 山东大学；315. 中国医科大学；333. 澳门科技大学；342. 台湾大学；351. 重庆医科大学；354. 苏州大学；355. 中国人民解放军陆军军医大学；356. 南京大学；374. 中国科学技术大学；380. 厦门大学；381. 东南大学；395. 天津医科大学；401. 暨南大学；402. 长庚大学；

高被引论文数排名	机构名称	国家/地区	高被引论文数排名	机构名称	国家/地区
417. 吉林大学；418. 温州医科大学；420. 空军军医大学；431. 广西医科大学；445. 哈尔滨医科大学；460. 南京农业大学；463. 台湾成功大学；474. 西北农林科技大学；475. 台湾阳明交通大学；477. 青岛大学；478. 南开大学；480. 江苏大学；484. 香港科技大学；491. 高雄医科大学；502. 山东第一医科大学；504. 大连医科大学；513. 安徽医科大学；520. 台北医学大学；521. 徐州医科大学；526. 南昌大学					

5. 分子生物学与遗传学学科师资力量排名分析

哈佛大学(美国)拥有 16 名高被引科学家，是人数最多的高校；麻省理工学院(美国)有 9 名高被引科学家；加利福尼亚大学圣迭戈分校(美国)有 6 名高被引科学家；斯坦福大学(美国)、芝加哥大学(美国)有 5 名高被引科学家；华盛顿大学(西雅图)(美国)有 4 名高被引科学家；有 3 位高被引科学家的高校有 5 所；有 2 位高被引科学家的高校有 5 所；有 1 位高被引科学家的高校有 21 所；其他 489 所高校均没有高被引科学家。中国的澳门科技大学在分子生物学与遗传学学科有高被引科学家，进入 ESI 分子生物学和遗传学学科高被引科学家排名的高校如表 3-119 所示。

表 3-119　分子生物学与遗传学学科高被引科学家数排名（前 7 位与中国大学）

高被引科学家数排名	机构名称	国家/地区	高被引科学家数排名	机构名称	国家/地区
1	哈佛大学	美国	4	华盛顿大学(西雅图)	美国
2	麻省理工学院	美国	7	加利福尼亚大学旧金山分校	美国
3	加利福尼亚大学圣迭戈分校	美国	7	康奈尔大学	美国
4	斯坦福大学	美国	7	加利福尼亚大学洛杉矶分校	美国
4	芝加哥大学	美国	7	密歇根大学	美国
其他中国机构：17. 澳门科技大学					

从以上指标可以看出，在分子生物学与遗传学学科领域，美国的研究力量非常强大。中国在分子生物学与遗传学学科各项指标上进入 ESI 排名前 100 名的高校很少，尤其是在高被引论文以及高被引科学家方面与欧美发达国家的差距较大。这说明我国分子生物学与遗传学学科的实力距离世界一流的水平还比较远，中国高校需要在这一学科上努力。

(十五) 综合交叉学科

进入 ESI 综合交叉学科排名的高校共有 98 所。从国家或地区分布来看，这些大学隶属于美国、英国、中国、瑞士、瑞典、德国、澳大利亚、荷兰、新加坡等 21 国家或地区。从图 3-15 中可以很直观地看出这些高校的国家或地区分布情况。

美国的高校数目位居第 1 位，并且处于绝对领先的地位，一共有 42 所高校进入排名。排名第 2 位的是英国，有 9 所。相比之下，中国大陆(内地)只有 7 所高校，即清华大学、浙江大学、复旦大学、中国科学院大学、上海交通大学、中国科学技术大学和北京大学。中国香港只有 1 所大学，即香港大学。

1. 综合交叉学科竞争力综合排名分析

从综合排名来看，中国只有清华大学、北京大学、复旦大学、浙江大学、中国科学院大学、上海交通大学、中国科学技术大学和香港大学进入 ESI 综合交叉学科综合排名，如表 3-120 所示。

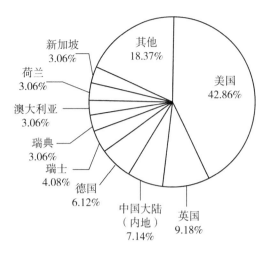

图 3-15 进入 ESI 综合交叉学科排名的大学的国家或地区分布

表 3-120 综合交叉学科综合排名（前 10 位与中国大学）

综合排名	机构名称	星级	档次	国家/地区	综合排名	机构名称	星级	档次	国家/地区
1	哈佛大学	5★+	一流学科	美国	6	伦敦帝国学院	5★-	一流学科	英国
2	麻省理工学院	5★	一流学科	美国	7	耶鲁大学	5★-	一流学科	美国
3	牛津大学	5★	一流学科	英国	8	剑桥大学	5★-	一流学科	英国
4	斯坦福大学	5★	一流学科	美国	9	加利福尼亚大学圣迭戈分校	5★-	一流学科	美国
5	哥伦比亚大学	5★	一流学科	美国	10	香港大学	5★-	一流学科	中国香港
其他中国机构：12. 清华大学；36. 北京大学；47. 浙江大学；48. 复旦大学；63. 中国科学院大学；70. 上海交通大学；92. 中国科学技术大学									

2. 综合交叉学科的科研能力排名分析

从发文量来看，发文量最高的哈佛大学共有 722 篇文章。发文量在 200 篇以上 500 篇以下的高校有 14 所，发文量超过 100 篇但少于 200 篇的高校有 48 所，发文量超过 50 篇但少于 100 篇的高校共有 29 所，发文量在 50 篇以下的高校有 6 所，进入排名学校发文量最低的为 3 篇。综合交叉学科发文量排名前 10 位与中国大学如表 3-121 所示。

表 3-121 综合交叉学科发文量排名（前 10 位与中国大学）

发文量排名	机构名称	国家/地区	发文量排名	机构名称	国家/地区
1	哈佛大学	美国	5	加利福尼亚大学圣迭戈分校	美国
2	牛津大学	英国	7	伦敦大学学院	英国
3	麻省理工学院	美国	8	东京大学	日本
4	剑桥大学	英国	9	约翰·霍普金斯大学	美国
5	斯坦福大学	美国	10	北卡罗来纳大学	美国
其他中国机构：26. 浙江大学；28. 北京大学；31. 中国科学院大学；35. 上海交通大学；52. 清华大学；54. 复旦大学；68. 香港大学；89. 中国科学技术大学					

3. 综合交叉学科科研影响力排名分析

从总被引次数来看，中国进入排名的高校有清华大学、香港大学、北京大学、中国科学院大学、复旦大学、中国科学技术大学、浙江大学和上海交通大学，分别排在第 7 位、第 27 位、第 35 位、第 55 位、第 61 位、第 66 位、第 71 位和第 87 位，总被引次数分别为 12821 次、6873 次、4419 次、4136 次、3917 次、3777 次和 3382 次。总被引次数位居第 1 位的高校是哈佛大学，总被引次数共计 48597 次，总被引次数超过 20000 次的高校共有 2 所，分别是牛津大学（英国）和麻省理工学院（美国）；哥伦比亚大学（美国）、加利福尼亚大学圣迭戈分校（美国）的总被引次数超过 15000 次；总被引次数在 10000 次以上 15000 次以下的有 9 所；总被引次数在 5000 次以上 10000 次以下的有 30 所；总被引次数在 5000 次以下的有 54 所。进入排名的高校总被引次数最少的为 3148 次，如表 3-122 所示。

表 3-122 综合交叉学科总被引次数排名（前 10 位与中国大学）

总被引次数排名	机构名称	国家/地区	总被引次数排名	机构名称	国家/地区
1	哈佛大学	美国	6	斯坦福大学	美国
2	牛津大学	英国	7	清华大学	中国
3	麻省理工学院	美国	8	加利福尼亚大学伯克利分校	美国
4	哥伦比亚大学	美国	9	耶鲁大学	美国
5	加利福尼亚大学圣迭戈分校	美国	10	剑桥大学	英国
其他中国机构：27. 香港大学；35. 北京大学；55. 中国科学院大学；61. 复旦大学；66. 中国科学技术大学；71. 浙江大学；87. 上海交通大学					

4. 综合交叉学科影响力排名分析

从高被引论文数来看，高被引论文数最多的是哈佛大学，共 45 篇，也是唯一一所超过 30 篇的大学；排在第 2 位的是麻省理工学院（美国），高被引论文数为 26 篇；高被引论文在 10 篇以上 20 篇以下的有 8 所；1 篇以上 10 篇以下的有 88 所。清华大学位于第 32 位，篇数为 6 篇；北京大学位于第 33 位，篇数为 6 篇；香港大学位于第 40 位，篇数为 5 篇，如表 3-123 所示。

表 3-123 综合交叉学科高被引论文数排名（前 9 位与中国大学）

高被引论文数排名	机构名称	国家/地区	高被引论文数排名	机构名称	国家/地区
1	哈佛大学	美国	5	哥伦比亚大学	美国
2	麻省理工学院	美国	5	伦敦帝国学院	英国
3	加利福尼亚大学圣迭戈分校	美国	7	加利福尼亚大学旧金山分校	美国
4	牛津大学	英国	9	耶鲁大学	美国
5	斯坦福大学	美国	9	剑桥大学	英国
其他中国机构：32. 清华大学；33. 北京大学；37. 中国科学院大学；40. 香港大学；50. 复旦大学；76. 中国科学技术大学；78. 浙江大学；82. 上海交通大学					

5. 综合交叉学科师资力量排名分析

综合交叉学科的高被引科学家人数排名前 10 的高校是哈佛大学（美国）、斯坦福大学（美国）、宾夕法尼亚大学(美国)、约翰·霍普金斯大学(美国)、麻省理工学院(美国)、牛津大学(英国)、加利福尼亚大学圣迭戈分校(美国)、加利福尼亚大学旧金山分校(美国)、剑桥大学(美国)、加利福尼亚大学伯克利分校(美国)。其中高被引科学家最多的高校是哈佛大学,有100位,也是唯一一个高被引科学家超过60人的高校;高被引科学家人数在30人以上60人以下的有1所;20人以上30人以下的有7所,10人以上20人以下的有30所;10人以下的有47所;其他12所高校没有高被引科学家。中国大陆(内地)5所高校清华大学、浙江大学、复旦大学、北京大学和上海交通大学分别以18人、13人、13人、11人和5人位列第14位、第25位、第25位、第34位和第59位;中国香港的香港大学以16人位列第19位,如表3-124所示。

表3-124 综合交叉学科高被引科学家数排名(前10位与中国大学)

高被引科学家数排名	机构名称	国家/地区	高被引科学家数排名	机构名称	国家/地区
1	哈佛大学	美国	6	牛津大学	英国
2	斯坦福大学	美国	6	加利福尼亚大学圣迭戈分校	美国
3	宾夕法尼亚大学	美国	6	加利福尼亚大学旧金山分校	美国
3	约翰·霍普金斯大学	美国	9	剑桥大学	英国
5	麻省理工学院	美国	10	加利福尼亚大学伯克利分校	美国
其他中国机构:14. 清华大学;19. 香港大学;25. 浙江大学;25. 复旦大学;34. 北京大学;59. 上海交通大学					

从以上各项指标的分析可以看出,综合交叉学科在世界范围内的发展还比较薄弱,相对于其他学科,该学科进入排名的学校少,发文量少,被引次数和高被引论文数值都偏低,该学科的发展任重道远。另外,各项指标均反映出英、美两国在综合交叉学科占有主要优势。虽然中国有6所大学进入排名,但离排名靠前的大学还有一定差距,我国要进一步加强综合交叉学科的建设。

(十六)神经科学与行为科学

进入 ESI 神经科学与行为科学学科排名的大学共有596所。从国家或地区分布来看,这些大学隶属美国、中国、德国、意大利、英国、法国、加拿大、日本、澳大利亚等46个国家或地区。从图3-16中可以很直观地看出这些大学的国家或地区分布情况。

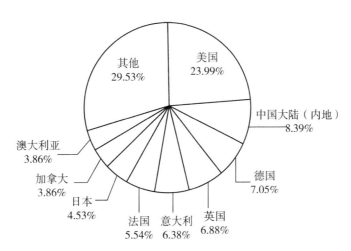

图3-16 进入 ESI 神经科学与行为科学学科的大学的国家或地区分布

从图3-16可以看出,美国有143所大学,位居第1位,遥遥领先于其他国家或地区。中国大陆(内地)有50所,德国有42所,英国有41所,意大利有38所,法国有33所,日本有27所,加拿大有23

所，中国台湾有 6 所，中国香港有 3 所。

1. 神经科学与行为科学学科竞争力综合排名分析

进入 ESI 神经科学与行为科学学科综合排名的中国大学如表 3-125 所示。

表 3-125　神经科学与行为科学学科综合排名（前 10 位与中国大学）

综合排名	机构名称	星级	档次	国家/地区	综合排名	机构名称	星级	档次	国家/地区
1	哈佛大学	5★+	一流学科	美国	6	约翰·霍普金斯大学	5★+	一流学科	美国
2	伦敦大学学院	5★+	一流学科	英国	7	宾夕法尼亚大学	5★	一流学科	美国
3	牛津大学	5★+	一流学科	英国	8	多伦多大学	5★	一流学科	加拿大
4	加利福尼亚大学旧金山分校	5★+	一流学科	美国	9	斯坦福大学	5★	一流学科	美国
5	圣路易斯华盛顿大学	5★+	一流学科	美国	10	麦吉尔大学	5★	一流学科	加拿大

其他中国机构：82. 首都医科大学；94. 北京师范大学；109. 浙江大学；111. 香港中文大学；116. 北京大学；129. 复旦大学；132. 中国人民解放军陆军军医大学；140. 华中科技大学；147. 武汉大学；149. 南京医科大学；161. 上海交通大学；171. 郑州大学；175. 青岛大学；195. 重庆医科大学；202. 西安交通大学；213. 中山大学；224. 吉林大学；239. 台北医学大学；257. 安徽医科大学；259. 山东第一医科大学；260. 香港大学；276. 台湾阳明交通大学；279. 深圳大学；283. 天津医科大学；284. 山东大学；292. 南京大学；295. 中国医科大学；308. 苏州大学；311. 四川大学；312. 电子科技大学；315. 南通大学；319. 中南大学；353. 暨南大学；356. 台湾医药大学；363. 广州医科大学；368. 哈尔滨医科大学；390. 徐州医科大学；391. 福建医科大学；392. 厦门大学；401. 中国科学院大学；405. 空军军医大学；407. 台湾大学；411. 中国医学科学院-中国协和医学院；424. 南方医科大学；431. 长庚大学；444. 清华大学；457. 温州医科大学；465. 同济大学；467. 北京协和医学院；474. 东南大学；477. 西南大学；481. 海军军医大学；503. 河北医科大学；507. 台湾成功大学；508. 杭州师范大学；524. 南昌大学；536. 华东师范大学；548. 大连医科大学；581. 香港科技大学

2. 神经科学与行为科学学科科研能力排名分析

从发文量来看，发文量超过 10000 篇的有 3 所，即哈佛大学、伦敦大学学院和多伦多大学；超过 5000 篇但少于 10000 篇的有 28 所；超过 3000 篇但少于 5000 篇的有 46 所；超过 2000 篇但少于 3000 篇的有 72 所；超过 1000 篇但少于 2000 篇的有 154 所；超过 500 篇但少于 1000 篇的有 195 所；超过 200 篇但少于 500 篇的有 97 所；发文量最低的高校发文量为 185 篇。进入 ESI 神经科学与行为科学学科排名前 100 位的大学中，中国大陆(内地)有 4 所，其他进入 ESI 神经科学与行为科学学科排名的中国大学如表 3-126 所示。

表 3-126　神经科学与行为科学学科发文量排名（前 10 位与中国大学）

发文量排名	机构名称	国家/地区	发文量排名	机构名称	国家/地区
1	哈佛大学	美国	6	宾夕法尼亚大学	美国
2	伦敦大学学院	英国	7	哥伦比亚大学	美国
3	多伦多大学	加拿大	8	加利福尼亚大学洛杉矶分校	美国
4	约翰·霍普金斯大学	美国	9	麦吉尔大学	加拿大
5	加利福尼亚大学旧金山分校	美国	10	加利福尼亚大学圣迭戈分校	美国

其他中国机构：35. 首都医科大学；63. 上海交通大学；69. 复旦大学；84. 北京大学；107. 浙江大学；126. 中山大学；130. 四川大学；138. 中南大学；151. 南京医科大学；167. 华中科技大学；185. 台湾阳明交通大学；197. 山东大学；

发文量排名	机构名称	国家/地区	发文量排名	机构名称	国家/地区
199. 北京师范大学；201. 中国科学院大学；210. 南方医科大学；213. 中国医科大学；214. 空军军医大学；219. 香港大学；220. 西安交通大学；221. 中国医学科学院-中国协和医学院；222. 台湾大学；224. 重庆医科大学；234. 长庚大学；237. 天津医科大学；238. 苏州大学；244. 南京大学；247. 郑州大学；249. 中国人民解放军陆军军医大学；258. 香港中文大学；265. 南通大学；272. 吉林大学；288. 电子科技大学；289. 温州医科大学；297. 青岛大学；311. 台北医学大学；316. 同济大学；319. 北京协和医学院；330. 武汉大学；333. 西南大学；335. 东南大学；340. 清华大学；341. 广州医科大学；353. 海军军医大学；367. 台湾成功大学；368. 安徽医科大学；373. 暨南大学；374. 台湾医药大学；383. 河北医科大学；392. 山东第一医科大学；396. 徐州医科大学；399. 哈尔滨医科大学；400. 南昌大学；410. 深圳大学；432. 福建医科大学；465. 华东师范大学；493. 大连医科大学；498. 杭州师范大学；547. 厦门大学；591. 香港科技大学						

3. 神经科学与行为科学学科科研影响力排名分析

从总被引次数来看，总被引次数超过 500000 次的大学是哈佛大学；总被引次数在 300000 次以上 500000 次以下分别为伦敦大学学院、加利福尼亚大学旧金山分校、约翰·霍普金斯大学、多伦多大学；总被引次数在 200000 次以上 300000 次以下的有 11 所；总被引次数在 100000 次以上 200000 次以下的有 41 所；总被引次数在 50000 次以上 100000 次以下的有 88 所；总被引次数在 10000 次以上 50000 次以下的有 353 所；总被引次数在 10000 次以下的有 98 所；所有大学的总被引次数均在 7000 次以上。进入 ESI 神经科学与行为科学学科总被引次数排名的中国大学如表 3-127 所示。

表3-127 神经科学与行为科学学科总被引次数排名（前10位与中国大学）

总被引次数排名	机构名称	国家/地区	总被引次数排名	机构名称	国家/地区
1	哈佛大学	美国	6	宾夕法尼亚大学	美国
2	伦敦大学学院	英国	7	哥伦比亚大学	美国
3	加利福尼亚大学旧金山分校	美国	8	牛津大学	英国
4	斯坦福大学	美国	9	多伦多大学	加拿大
5	约翰·霍普金斯大学	美国	10	圣路易斯华盛顿大学	美国
其他中国机构：104. 首都医科大学；133. 复旦大学；142. 上海交通大学；149. 北京大学；195. 北京师范大学；199. 华中科技大学；201. 浙江大学；214. 中南大学；218. 中山大学；220. 南京医科大学；222. 四川大学；242. 台湾阳明交通大学；245. 香港中文大学；246. 香港大学；263. 空军军医大学；275. 中国人民解放军陆军军医大学；282. 天津医科大学；286. 南京大学；288. 台湾大学；300. 山东大学；304. 重庆医科大学；310. 中国医科大学；317. 中国医学科学院-中国协和医学院；321. 中国科学院大学；322. 电子科技大学；326. 苏州大学；328. 南方医科大学；335. 长庚大学；339. 西安交通大学；348. 南通大学；366. 清华大学；372. 青岛大学；393. 武汉大学；404. 台北医学大学；405. 郑州大学；413. 海军军医大学；415. 吉林大学；422. 北京协和医学院；427. 温州医科大学；428. 东南大学；433. 杭州师范大学；434. 台湾医药大学；437. 同济大学；440. 西南大学；450. 哈尔滨医科大学；466. 河北医科大学；469. 暨南大学；482. 台湾成功大学；490. 安徽医科大学；496. 广州医科大学；499. 厦门大学；516. 徐州医科大学；531. 山东第一医科大学；550. 大连医科大学；552. 香港科技大学；557. 华东师范大学；572. 福建医科大学；573. 南昌大学；592. 深圳大学						

4. 神经科学与行为科学学科影响力排名分析

从高被引论文数来看，高被引论文数最高的依然是美国的哈佛大学，有 687 篇；其次是伦敦大学学院，有 444 篇。有 100 篇以上 400 篇以下高被引论文的大学有 42 所；有 50 篇以上 100 篇以下高被引论文的大学有 65 所；有 10 篇以上 50 篇以下高被引论文的大学有 286 所；有 1 篇以上 10 篇以下高被引论文的大学有 196 所；剩下的 5 所大学的高被引论文数为 0 篇。中国没有一所大学入选高被引论文数排名前 100

名，进入 ESI 神经科学与行为科学学科高被引论文数排名的中国大学如表 3-128 所示。

表 3-128　神经科学与行为科学学科高被引论文数排名（前 10 位与中国大学）

高被引论文数排名	机构名称	国家/地区	高被引论文数排名	机构名称	国家/地区
1	哈佛大学	美国	6	宾夕法尼亚大学	美国
2	伦敦大学学院	英国	7	哥伦比亚大学	美国
3	加利福尼亚大学旧金山分校	美国	8	牛津大学	英国
4	斯坦福大学	美国	9	多伦多大学	加拿大
5	约翰·霍普金斯大学	美国	10	圣路易斯华盛顿大学	美国

其他中国机构：130. 首都医科大学；134. 复旦大学；141. 北京大学；155. 华中科技大学；167. 上海交通大学；191. 浙江大学；229. 北京师范大学；238. 清华大学；238. 武汉大学；248. 四川大学；248. 中国人民解放军陆军军医大学；260. 南京医科大学；260. 香港中文大学；260. 香港大学；273. 重庆医科大学；281. 中山大学；289. 中南大学；289. 天津医科大学；289. 中国医学科学院–中国协和医学院；289. 中国科学院大学；289. 电子科技大学；332. 南京大学；346. 台湾大学；364. 青岛大学；364. 郑州大学；364. 吉林大学；364. 厦门大学；396. 山东大学；396. 南方医科大学；396. 西安交通大学；396. 南通大学；396. 暨南大学；423. 中国医科大学；423. 杭州师范大学；423. 山东第一医科大学；423. 香港科技大学；442. 空军军医大学；442. 苏州大学；442. 长庚大学；442. 温州医科大学；442. 同济大学；471. 台北医学大学；471. 北京协和医学院；471. 东南大学；471. 西南大学；502. 台湾阳明交通大学；502. 海军军医大学；502. 台湾医药大学；502. 安徽医科大学；502. 大连医科大学；502. 福建医科大学；536. 华东师范大学；536. 南昌大学；536. 深圳大学；553. 哈尔滨医科大学；553. 河北医科大学；553. 广州医科大学；584. 台湾成功大学；584. 徐州医科大学

5. 神经科学与行为科学学科师资力量排名分析

从高被引科学家数来看，高被引科学家数最多的是牛津大学，均为 9 人。其次是伦敦大学和圣路易斯华盛顿大学，均为 8 人；加利福尼亚大学旧金山分校的高被引科学家为 7 人；哈佛大学和斯坦福大学的高被引科学家数量均为 6 人；宾夕法尼亚大学有 5 位高被引科学家；有 3 位高被引科学家数的高校有 6 所；有 2 位高被引科学家数的高校有 14 所；有 1 位高被引科学家数的高校有 41 所，其余 528 高校没有高被引科学家。中国有北京师范大学的高被引科学家数大于 0，进入 ESI 神经科学与行为科学学科高被引科学家数排名的高校如表 3-129 所示。

表 3-129　神经科学与行为科学学科高被引科学家数排名（前 8 位与中国大学）

高被引科学家数排名	机构名称	国家/地区	高被引科学家数排名	机构名称	国家/地区
1	牛津大学	英国	8	麦吉尔大学	加拿大
2	伦敦大学学院	英国	8	剑桥大学	英国
2	圣路易斯华盛顿大学	美国	8	墨尔本大学	澳大利亚
4	加利福尼亚大学旧金山分校	美国	8	西奈山伊坎医学院	美国
5	哈佛大学	美国	8	内梅亨大学	荷兰
5	斯坦福大学	美国	8	科克大学学院	爱尔兰
7	宾夕法尼亚大学	美国			

其他中国机构：14. 北京师范大学

(十七) 药理学与毒物学

在药理学与毒物学方面,进入 ESI 排行的大学共有 712 所。从国家或地区分布来看,这些大学隶属于美国、中国、意大利、英国、德国、法国、韩国、日本、澳大利亚等 56 个国家或地区。从图 3-17 中可以很直观地看出这些大学的国家或地区分布情况。

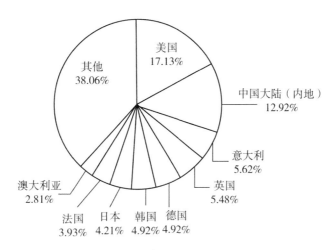

图 3-17 进入 ESI 药理学与毒物学学科的大学的国家或地区分布

从图 3-17 可以看出,美国有 122 所大学,位居第 1 位,遥遥领先于其他国家或地区。中国大陆(内地)有 92 所,意大利有 40 所,英国 39 所,德国、韩国有 35 所,日本 30 所,法国有 28 所,澳大利亚 20 所,西班牙有 16 所,中国台湾有 13 所,中国香港有 5 所,中国澳门有 2 所。

1. 药理学与毒物学学科竞争力综合排名分析

从综合排名来看,进入前 100 位的中国大陆(内地)大学有 16 所,中国香港进入前 100 的有 1 所高校,中国台湾进入前 100 的有 1 所高校,其他进入 ESI 药理学与毒物学学科综合排名的中国大学如表 3-130 所示。

表 3-130　药理学与毒物学学科综合排名(前 10 位与中国大学)

综合排名	机构名称	星级	档次	国家/地区	综合排名	机构名称	星级	档次	国家/地区
1	哈佛大学	5★+	一流学科	美国	6	莫纳什大学	5★	一流学科	澳大利亚
2	爱丁堡大学	5★+	一流学科	英国	7	哥本哈根大学	5★	一流学科	丹麦
3	麻省理工学院	5★+	一流学科	美国	8	昆士兰大学	5★	一流学科	澳大利亚
4	伦敦大学学院	5★	一流学科	英国	9	诺丁汉大学	5★	一流学科	英国
5	乌得勒支大学	5★	一流学科	荷兰	10	加利福尼亚大学洛杉矶分校	5★	一流学科	美国

其他中国机构:17. 浙江大学;27. 复旦大学;32. 上海交通大学;41. 中国药科大学;42. 中山大学;45. 中国医学科学院-中国协和医学院;46. 北京大学;57. 四川大学;58. 沈阳药科大学;68. 北京协和医学院;70. 山东大学;72. 华中科技大学;73. 台湾大学;77. 吉林大学;80. 中国科学院大学;86. 首都医科大学;95. 南京医科大学;100. 香港大学;102. 上海中医药大学;112. 南方医科大学;116. 西安交通大学;136. 北京中医药大学;139. 南昌大学;141. 南京大学;142. 武汉大学;147. 中南大学;157. 中国医科大学;160. 台湾医药大学;164. 台湾成功大学;166. 苏州大学;170. 南京中医药大学;172. 温州医科大学;175. 安徽医科大学;185. 郑州大学;186. 香港中文大学;189. 澳门大学;191. 海军军医大学;192. 暨南大学;195. 广州医科大学;201. 浙江中医药大学;203. 香港科技大学;212. 天津中医药大学;248. 南开大学;251. 广州中医药大学;279. 台北医学大学;283. 华中农业大学;287. 长庚大学;290. 重庆医

续表

综合排名	机构名称	星级	档次	国家/地区	综合排名	机构名称	星级	档次	国家/地区

科大学；292. 哈尔滨医科大学；293. 山东第一医科大学；301. 中国科学技术大学；302. 空军军医大学；308. 高雄医科大学；309. 深圳大学；313. 香港理工大学；316. 大连医科大学；319. 安徽中医药大学；320. 同济大学；325. 东南大学；326. 青岛大学；330. 成都中医药大学；337. 台湾阳明交通大学；349. 天津医科大学；359. 兰州大学；375. 中国人民解放军陆军军医大学；387. 清华大学；405. 江苏大学；408. 中国海洋大学；423. 南通大学；427. 徐州医科大学；429. 厦门大学；447. 河北医科大学；471. 西南大学；472. 广东药科大学；473. 福建医科大学；474. 香港浸会大学；475. 广西医科大学；477. 中国农业大学；495. 江西中医药大学；502. 中山医学大学；504. 华东理工大学；507. 亚洲大学(中国台湾)；512. 澳门科技大学；514. 台湾中兴大学；520. 西南医科大学；523. 河南大学；542. 西北农林科技大学；544. 贵州医科大学；546. 江南大学；552. 台湾"中山大学"；553. 西北大学；560. 天津大学；563. 广东医科大学；573. 烟台大学；579. 扬州大学；582. 宁夏医科大学；593. 山西医科大学；599. 南京农业大学；603. 昆明医科大学；605. 长庚科技大学；607. 浙江工业大学；634. 遵义医科大学；637. 黑龙江中医药大学；643. 华南理工大学；649. 湖南中医药大学；661. 华南农业大学；662. 锦州医科大学；673. 延边大学；674. 滨州医学院；679. 大连理工大学；694. 东北农业大学；700. 台湾"清华大学"

2. 药理学与毒物学学科科研能力排名分析

从发文量来看，发文量超过2000篇的有39所，超过1000篇但少于2000篇的有136所，超过800篇但少于1000篇的有72所，超过600篇但少于800篇的有114所，在100篇(包括100篇)以上600篇以下的有349所，100篇以下的有2所。中国进入ESI药理学与毒物学学科发文量排名前100名的大学共有33所，进入ESI药理学与毒物学学科发文量排名的中国大学如表3-131所示。

表3-131 药理学与毒物学学科发文量排名（前10位与中国大学）

发文量排名	机构名称	国家/地区	发文量排名	机构名称	国家/地区
1	哈佛大学	美国	6	德黑兰医科大学	伊朗
2	圣保罗大学	巴西	7	北卡罗来纳大学	美国
3	中国医学科学院–中国协和医学院	中国	8	浙江大学	中国
4	中国药科大学	中国	9	复旦大学	中国
5	上海交通大学	中国	10	北京协和医学院	中国

其他中国机构：11. 中山大学；14. 山东大学；15. 沈阳药科大学；16. 北京大学；20. 四川大学；21. 南京医科大学；28. 首都医科大学；30. 华中科技大学；33. 中南大学；35. 吉林大学；37. 中国科学院大学；42. 郑州大学；43. 南京中医药大学；44. 温州医科大学；51. 暨南大学；53. 南方医科大学；54. 上海中医药大学；56. 台湾医药大学；68. 西安交通大学；71. 北京中医药大学；73. 苏州大学；78. 海军军医大学；79. 台湾大学；90. 广州中医药大学；91. 武汉大学；92. 中国医科大学；96. 香港中文大学；106. 安徽医科大学；115. 南京大学；116. 山东第一医科大学；130. 哈尔滨医科大学；135. 台北医学大学；141. 重庆医科大学；145. 青岛大学；146. 高雄医科大学；153. 同济大学；162. 空军军医大学；163. 广州医科大学；164. 大连医科大学；166. 成都中医药大学；169. 天津医科大学；176. 长庚大学；191. 浙江中医药大学；192. 南昌大学；195. 台湾阳明交通大学；201. 东南大学；203. 香港大学；204. 澳门大学；205. 天津中医药大学；221. 兰州大学；247. 河北医科大学；250. 徐州医科大学；256. 中国人民解放军陆军军医大学；281. 江苏大学；282. 福建医科大学；286. 广东药科大学；297. 厦门大学；311. 南通大学；345. 南开大学；354. 台湾成功大学；360. 中国海洋大学；364. 江西中医药大学；369. 广西医科大学；390. 清华大学；415. 中国农业大学；416. 西南大学；421. 香港浸会大学；427. 安徽中医药大学；428. 河南大学；429. 西南医科大学；431. 贵州医科大学；439. 山西医科大学；440. 华东理工大学；446. 台湾"中山大学"；448. 深圳大学；454. 台湾中兴大学；455. 昆明医科大学；461. 亚洲大学(中国台湾)；473. 中山医学大学；482. 扬州大学；486. 江南大学；487. 澳门科技大学；490. 浙江工业大学；492. 遵义

发文量排名	机构名称	国家/地区	发文量排名	机构名称	国家/地区
医科大学；505. 西北农林科技大学；510. 天津大学；511. 广东医科大学；514. 宁夏医科大学；515. 烟台大学；518. 华中农业大学；524. 中国科学技术大学；525. 华南理工大学；534. 黑龙江中医药大学；536. 湖南中医药大学；538. 滨州医学院；554. 南京农业大学；566. 延边大学；572. 香港理工大学；574. 锦州医科大学；578. 长庚科技大学；595. 华南农业大学；606. 西北大学；629. 香港科技大学；636. 东北农业大学；650. 大连理工大学；692. 台湾"清华大学"					

3. 药理学与毒物学学科科研影响力排名分析

从总被引次数来看，总被引次数超过 20000 次的大学共有 129 所；总被引次数在 10000 次以上 20000 次以下的有 227 所；总被引次数在 5000 次以上 10000 次以下的有 246 所；总被引在 3000 次以上 5000 次以下的有 110 所，最低次数为 3938 次。中国进入 ESI 药理学与毒物学学科总被引次数排名前 100 名的大学共有 22 所，进入 ESI 药理学与毒物学学科总被引次数排名的中国大学如表 3-132 所示。

表 3-132　药理学与毒物学学科总被引次数排名（前 10 位与中国大学）

总被引次数排名	机构名称	国家/地区	总被引次数排名	机构名称	国家/地区
1	哈佛大学	美国	6	北卡罗来纳大学教堂山分校	美国
2	北卡罗来纳大学	美国	7	莫纳什大学	澳大利亚
3	伦敦大学学院	英国	8	多伦多大学	加拿大
4	哥本哈根大学	丹麦	9	中国药科大学	中国
5	乌得勒支大学	荷兰	10	巴黎大学	法国
其他中国机构：11. 上海交通大学；18. 浙江大学；20. 中国医学科学院-中国协和医学院；22. 复旦大学；26. 北京大学；27. 中山大学；32. 北京协和医学院；34. 沈阳药科大学；39. 山东大学；43. 四川大学；55. 南京医科大学；60. 华中科技大学；67. 吉林大学；71. 台湾医药大学；79. 中国科学院大学；84. 香港中文大学；91. 苏州大学；95. 台湾大学；97. 南京中医药大学；99. 海军军医大学；100. 首都医科大学；104. 中南大学；113. 上海中医药大学；117. 温州医科大学；119. 南方医科大学；121. 西安交通大学；126. 南京大学；127. 暨南大学；141. 郑州大学；151. 香港大学；153. 武汉大学；174. 澳门大学；179. 北京中医药大学；181. 空军军医大学；193. 安徽医科大学；198. 长庚大学；201. 中国医科大学；210. 台北医学大学；216. 广州中医药大学；221. 大连医科大学；223. 高雄医科大学；225. 重庆医科大学；226. 哈尔滨医科大学；233. 东南大学；239. 台湾阳明交通大学；246. 同济大学；260. 中国人民解放军陆军军医大学；269. 天津医科大学；276. 山东第一医科大学；280. 广州医科大学；281. 台湾成功大学；333. 清华大学；334. 南昌大学；335. 青岛大学；339. 浙江中医药大学；345. 中国海洋大学；346. 天津中医药大学；364. 成都中医药大学；366. 江苏大学；369. 兰州大学；375. 南开大学；384. 香港浸会大学；387. 南通大学；408. 中山医学大学；415. 中国农业大学；423. 徐州医科大学；425. 厦门大学；433. 河北医科大学；440. 西南大学；453. 台湾中兴大学；458. 华东理工大学；464. 广西医科大学；470. 亚洲大学(中国台湾)；472. 华中农业大学；489. 西北农林科技大学；492. 河南大学；508. 广东药科大学；517. 香港理工大学；519. 西北大学；523. 福建医科大学；532. 江西中医药大学；536. 中国科学技术大学；537. 烟台大学；538. 天津大学；541. 台湾"中山大学"；550. 广东医科大学；563. 澳门科技大学；578. 南京农业大学；581. 宁夏医科大学；584. 江南大学；586. 长庚科技大学；587. 贵州医科大学；601. 浙江工业大学；603. 西南医科大学；611. 扬州大学；626. 香港科技大学；629. 深圳大学；635. 山西医科大学；647. 华南农业大学；649. 昆明医科大学；650. 安徽中医药大学；657. 黑龙江中医药大学；665. 遵义医科大学；673. 台湾"清华大学"；680. 华南理工大学；683. 锦州医科大学；690. 湖南中医药大学；693. 大连理工大学；698. 滨州医学院；700. 东北农业大学；705. 延边大学					

4. 药理学与毒物学学科影响力排名分析

从高被引论文数来看，高被引论文数最高的大学是美国的哈佛大学，为 159 篇；高被引论文数在 40

篇以上的大学有 27 所；在 30 篇以上 40 篇以下的大学有 25 所；在 10 篇以上 30 篇以下的大学有 224 所；在 1 篇以上 10 篇以下的大学有 417 所；高被引论文数为 0 篇的大学有 19 所。中国大陆(内地)进入 ESI 药理学与毒物学学科高被引论文数排名前 100 名的大学有 9 所，其他进入 ESI 药理学与毒物学学科高被引论文数排名的中国大学如表 3-133 所示。

表 3-133　药理学与毒物学学科高被引论文数排名（前 10 位与中国大学）

高被引论文数排名	机构名称	国家/地区	高被引论文数排名	机构名称	国家/地区
1	哈佛大学	美国	5	乌得勒支大学	荷兰
2	伦敦大学学院	英国	7	昆士兰大学	澳大利亚
3	北卡罗来纳大学	美国	8	加利福尼亚大学旧金山分校	美国
4	斯坦福大学	美国	9	莫纳什大学	澳大利亚
5	麻省理工学院	美国	10	华盛顿大学	美国

其他中国机构：39. 浙江大学；40. 四川大学；54. 中国医学科学院-中国协和医学院；60. 上海交通大学；63. 北京大学；72. 复旦大学；93. 中山大学；96. 北京协和医学院；97. 中国科学院大学；103. 山东大学；104. 苏州大学；113. 中国药科大学；128. 吉林大学；130. 上海中医药大学；133. 北京中医药大学；135. 南京医科大学；137. 澳门大学；142. 台湾大学；151. 香港大学；154. 华中科技大学；157. 南京大学；161. 中南大学；165. 沈阳药科大学；166. 首都医科大学；174. 浙江中医药大学；181. 西安交通大学；199. 清华大学；201. 成都中医药大学；202. 兰州大学；208. 南方医科大学；209. 武汉大学；213. 香港中文大学；254. 南昌大学；255. 中国医科大学；256. 广州医科大学；257. 台湾成功大学；261. 温州医科大学；262. 郑州大学；285. 海军军医大学；326. 长庚大学；327. 广州中医药大学；332. 青岛大学；339. 澳门科技大学；348. 华中农业大学；350. 中国科学技术大学；351. 台湾医药大学；352. 暨南大学；355. 重庆医科大学；357. 东南大学；362. 山东第一医科大学；366. 中国海洋大学；368. 江苏大学；382. 天津中医药大学；383. 南开大学；393. 台北医学大学；396. 哈尔滨医科大学；413. 西南大学；421. 西北大学；429. 西南医科大学；440. 安徽医科大学；443. 香港理工大学；445. 深圳大学；447. 南京中医药大学；448. 台湾阳明交通大学；461. 厦门大学；464. 广西医科大学；480. 江南大学；494. 香港科技大学；498. 大连医科大学；506. 南通大学；525. 江西中医药大学；534. 长庚科技大学；552. 安徽中医药大学；554. 高雄医科大学；555. 同济大学；556. 中国人民解放军陆军军医大学；562. 中国农业大学；569. 亚洲大学(中国台湾)；573. 广东药科大学；574. 福建医科大学；576. 天津大学；581. 广东医科大学；586. 南京农业大学；587. 宁夏医科大学；589. 贵州医科大学；592. 扬州大学；600. 台湾"清华大学"；604. 大连理工大学；609. 空军军医大学；611. 天津医科大学；612. 香港浸会大学；617. 徐州医科大学；621. 华东理工大学；625. 西北农林科技大学；631. 烟台大学；646. 华南农业大学；648. 黑龙江中医药大学；653. 华南理工大学；654. 锦州医科大学；656. 湖南中医药大学；663. 中山医学大学；665. 台湾中兴大学；668. 河南大学；670. 台湾"中山大学"；674. 浙江工业大学；678. 山西医科大学；681. 昆明医科大学；683. 遵义医科大学；687. 东北农业大学；692. 延边大学；696. 河北医科大学；712. 滨州医学院

5. 药理学与毒物学学科师资力量排名分析

从高被引科学家数来看，高被引科学家数最多的大学为 9 人，是英国的爱丁堡大学；其次是英国的曼尼托巴大学大学，有 5 人。伦敦大学学院(英国)、乌得勒支大学(荷兰)有 4 人，澳大利亚的昆士兰大学、英国的诺丁汉大学、美国的北卡罗来纳大学教堂山分校、斯坦福大学、法国的艾克斯-马赛大学有 3 人。有 2 位高被引科学家数的大学有 14 所，分别是哈佛大学(美国)、麻省理工学院(美国)、莫纳什大学(澳大利亚)、加利福尼亚大学旧金山分校(美国)、布里斯托尔大学(英国)、约翰·霍普金斯大学(美国)、加利福尼亚大学圣选戈分校(美国)、美国东北大学(美国)、普渡大学(美国)、苏黎世联邦理工学院(瑞士)、鲁汶大学(比利时)、里昂第一大学(法国)、俄勒冈健康与科学大学(美国)、亚琛工业大学(德国)；有 1 位高被引科学家数的大学有 46 所，其他大学均没有高被引科学家，中国在该学科领域有 3 所高校有高被引科学家，为台湾大学、台湾成功大学、澳门大学，如表 3-134 所示。

表 3-134　药理学与毒物学学科高被引科学家数排名（前 5 位与中国大学）

高被引科学家数排名	机构名称	国家/地区	高被引科学家数排名	机构名称	国家/地区
1	爱丁堡大学	英国	5	诺丁汉大学	英国
2	曼尼托巴大学	加拿大	5	北卡罗来纳大学教堂山分校	美国
3	伦敦大学学院	英国	5	斯坦福大学	美国
3	乌得勒支大学	荷兰	5	艾克斯–马赛大学	法国
5	昆士兰大学	澳大利亚			
其他中国机构：24. 台湾大学；24. 台湾成功大学；24. 澳门大学					

(十八) 物理学

进入 ESI 物理学学科排名的大学共有 569 所。从国家或地区分布来看，这些大学隶属于美国、中国、法国、意大利、德国、英国、土耳其、日本等 58 个国家或地区。

从图 3-18 可以看出，进入排名的美国大学数量位居第 1 位，共 130 所高校，遥遥领先于其他国家或地区，中国大陆(内地)有 49 所，中国台湾有 5 所，中国香港有 5 所。

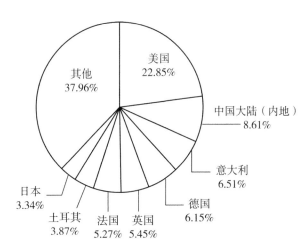

图 3-18　进入 ESI 物理学学科排名的大学的国家或地区的分布

1. 物理学学科竞争力综合排名分析

从综合排名来看，进入 ESI 排名前 100 位的中国高校有 8 所。其他进入 ESI 物理学学科综合排名的中国高校的如表 3-135 所示。

表 3-135　物理学学科综合排名（前 10 位与中国大学）

综合排名	机构名称	星级	档次	国家/地区	综合排名	机构名称	星级	档次	国家/地区
1	东京大学	5★+	一流学科	日本	6	加州大学伯克利分校	5★+	一流学科	美国
2	麻省理工学院	5★+	一流学科	美国	7	清华大学	5★	一流学科	中国
3	巴黎萨克雷大学	5★+	一流学科	法国	8	罗马大学	5★	一流学科	意大利
4	芝加哥大学	5★+	一流学科	美国	9	瑞士联邦理工学院	5★	一流学科	瑞士
5	斯坦福大学	5★+	一流学科	美国	10	普林斯顿大学	5★	一流学科	美国

续表

综合排名	机构名称	星级	档次	国家/地区	综合排名	机构名称	星级	档次	国家/地区
其他中国机构：19. 中国科学技术大学；22. 中国科学院大学；25. 北京大学；38. 上海交通大学；66. 南京大学；73. 华中科技大学；81. 浙江大学；110. 北京航空航天大学；111. 复旦大学；112. 台湾"清华大学"；113. 山东大学；133. 香港大学；142. 北京邮电大学；146. 香港中文大学；148. 哈尔滨工业大学；156. 中山大学；167. 东南大学；168. 西安交通大学；169. 吉林大学；170. 台湾大学；187. 电子科技大学；201. 深圳大学；215. 南开大学；230. 湖南大学；232. 天津大学；234. 香港科技大学；243. 北京理工大学；259. 武汉大学；276. 西北工业大学；278. 苏州大学；295. 华中师范大学；301. 兰州大学；304. 中南大学；332. 郑州大学；335. 北京师范大学；344. 南方科技大学；350. 华南理工大学；353. 四川大学；363. 南京邮电大学；372. 台湾成功大学；379. 台湾"中央"大学；382. 香港城市大学；383. 大连理工大学；387. 台湾阳明交通大学；402. 南京航空航天大学；413. 山西大学；418. 同济大学；419. 华东师范大学；421. 重庆大学；422. 华南师范大学；428. 上海大学；430. 国防科学技术大学；457. 北京科技大学；471. 厦门大学；521. 香港理工大学；527. 南京理工大学；530. 西安电子科技大学；555. 武汉理工大学										

2. 物理学学科的科研能力排名分析

从发文量来看，发文量超过 10000 篇的有 13 所，超过 5000 篇但少于 10000 篇的有 73 所，超过 4000 篇但少于 5000 篇的有 46 所，超过 3000 篇但少于 4000 篇的有 90 所，超过 1000 篇但少于 3000 篇的有 293 所，发文量在 1000 篇以下的有 54 所。中国进入 ESI 物理学学科发文量排名前 100 名的大学共有 20 所。其他进入 ESI 物理学学科发文量排名的中国大学如表 3-136 所示。

表 3-136　物理学学科发文量排名（前 10 位与中国大学）

发文量排名	机构名称	国家/地区	发文量排名	机构名称	国家/地区
1	巴黎萨克雷大学	法国	6	清华大学	中国
2	中国科学院大学	中国	7	索邦大学	法国
3	东京大学	日本	8	麻省理工学院	美国
4	瑞士联邦理工学院	瑞士	9	洛蒙诺索夫莫斯科大学	俄罗斯
5	中国科学技术大学	中国	10	北京大学	中国
其他中国机构：17. 南京大学；22. 上海交通大学；24. 浙江大学；25. 华中科技大学；32. 哈尔滨工业大学；36. 西安交通大学；47. 北京航空航天大学；48. 复旦大学；50. 山东大学；53. 电子科技大学；69. 台湾大学；73. 中山大学；85. 吉林大学；89. 天津大学；93. 东南大学；97. 四川大学；122. 北京理工大学；124. 兰州大学；126. 国防科学技术大学；135. 西北工业大学；140. 南开大学；143. 大连理工大学；156. 苏州大学；161. 北京邮电大学；162. 上海大学；171. 台湾"清华大学"；177. 台湾阳明交通大学；178. 武汉大学；183. 山西大学；186. 北京师范大学；201. 深圳大学；203. 西安电子科技大学；212. 华南师范大学；220. 中南大学；232. 湖南大学；233. 华东师范大学；239. 华中师范大学；247. 重庆大学；251. 同济大学；254. 厦门大学；258. 南京理工大学；260. 香港科技大学；269. 香港大学；271. 台湾成功大学；273. 华南理工大学；281. 台湾"中央"大学；282. 南京航空航天大学；294. 北京科技大学；303. 香港中文大学；304. 香港城市大学；333. 郑州大学；339. 香港理工大学；348. 南京邮电大学；375. 南方科技大学；449. 武汉理工大学					

3. 物理学学科的科研影响力排名分析

从总被引次数来看，总被引次数超过 200000 次的大学共有 31 所；总被引次数在 100000 次以上 200000 次以下的有 132 所；总被引次数在 50000 次以上 100000 次以下的有 206 所；所有大学的总被引次数均在 20000 次以上。中国大陆(内地)进入 ESI 物理学学科总被引次数排名前 100 名的大学共有 7 所，其他进入 ESI 物理学学科总被引次数排名的中国大学如表 3-137 所示。

表 3-137　物理学学科总被引次数排名（前 10 位与中国大学）

总被引次数排名	机构名称	国家/地区	总被引次数排名	机构名称	国家/地区
1	巴黎萨克雷大学	法国	6	斯坦福大学	美国
2	瑞士联邦理工学院	瑞士	7	加州大学伯克利分校	美国
3	麻省理工学院	美国	8	索邦大学	法国
4	东京大学	日本	9	剑桥大学	英国
5	芝加哥大学	美国	10	哈佛大学	美国

其他中国机构：13. 清华大学；18. 中国科学技术大学；19. 北京大学；40. 中国科学院大学；43. 南京大学；74. 上海交通大学；98. 浙江大学；110. 台湾大学；122. 山东大学；135. 华中科技大学；157. 中山大学；162. 复旦大学；199. 台湾"清华大学"；203. 北京航空航天大学；235. 西安交通大学；245. 哈尔滨工业大学；257. 香港中文大学；259. 香港大学；261. 东南大学；266. 电子科技大学；267. 吉林大学；272. 南开大学；276. 台湾"中央"大学；281. 香港科技大学；304. 苏州大学；319. 华中师范大学；351. 兰州大学；355. 天津大学；363. 深圳大学；371. 武汉大学；374. 北京理工大学；398. 湖南大学；412. 香港城市大学；419. 台湾阳明交通大学；422. 上海大学；425. 北京师范大学；431. 四川大学；438. 西北工业大学；439. 大连理工大学；441. 华南理工大学；445. 国防科学技术大学；459. 厦门大学；461. 中南大学；470. 北京邮电大学；472. 香港理工大学；477. 同济大学；486. 重庆大学；488. 华东师范大学；510. 山西大学；514. 台湾成功大学；517. 华南师范大学；526. 北京科技大学；536. 郑州大学；542. 南京航空航天大学；545. 南京理工大学；559. 南京邮电大学；560. 西安电子科技大学；565. 武汉理工大学；567. 南方科技大学

4. 物理学学科影响力排名分析

从高被引论文数来看，高被引次数超过 500 次的大学共有 6 所；高被引次数在 300 次以上 500 次以下的有 12 所；总被引次数在 100 次以上 300 次以下的有 174 所；高被引次数在 1 次以上 100 次以下的有 377 所。中国大陆(内地)进入 ESI 物理学学科高被引论文数排名前 100 名的大学共有 7 所，其他进入 ESI 物理学学科高被引论文数排名的中国大学如表 3-138 所示。

表 3-138　物理学学科高被引论文数排名（前 10 位与中国大学）

高被引论文数排名	机构名称	国家/地区	高被引论文数排名	机构名称	国家/地区
1	麻省理工学院	美国	6	哈佛大学	美国
2	瑞士联邦理工学院	瑞士	7	芝加哥大学	美国
3	斯坦福大学	美国	8	东京大学	日本
4	巴黎萨克雷大学	法国	9	加州理工学院	美国
5	加州大学伯克利分校	美国	10	普林斯顿大学	美国

其他中国机构：11. 清华大学；17. 中国科学技术大学；21. 中国科学院大学；22. 北京大学；45. 南京大学；65. 上海交通大学；88. 中山大学；104. 山东大学；113. 浙江大学；116. 复旦大学；134. 台湾大学；161. 北京航空航天大学；165. 华中科技大学；189. 台湾"清华大学"；190. 香港中文大学；200. 深圳大学；204. 香港大学；211. 南开大学；227. 华中师范大学；234. 香港科技大学；241. 东南大学；262. 武汉大学；264. 吉林大学；265. 苏州大学；275. 湖南大学；283. 西安交通大学；298. 电子科技大学；301. 台湾"中央"大学；305. 郑州大学；320. 哈尔滨工业大学；338. 北京理工大学；341. 香港城市大学；355. 西北工业大学；356. 中南大学；360. 天津大学；397. 南方科技大学；398. 华南理工大学；417. 北京邮电大学；426. 北京师范大学；433. 兰州大学；451. 四川大学；465. 厦门大学；481. 上海大学；503. 重庆大学；507. 南京邮电大学；508. 同济大学；509. 华东师范大学；510. 华南师范大学；522. 武汉理工大学；525. 山西大学；530. 台湾成功大学；535. 国防科学技术大学；536. 香港理工大学；538. 大连理工大学；539. 北京科技大学；541. 台湾阳明交通大学；550. 南京理工大学；560. 南京航空航天大学；568. 西安电子科技大学

5. 物理学学科师资力量排名分析

高被引科学家数最多的是普林斯顿大学(美国)，共 10 人。其次是加利福尼亚大学伯克利分校和哈佛大学，都是 7 人。麻省理工学院(美国)、斯坦福大学(美国)、哥伦比亚大学(美国)、康奈尔大学(美国)、耶鲁大学(美国)有 6 人，清华大学(中国)有 5 人，芝加哥大学(美国)有 4 人；有 3 位高被引科学家数的高校有 7 所；有 2 位高被引科学家数的高校有 11 所；有 1 位高被引科学家数的高校有 45 所；496 所高校没有高被引科学家。进入 ESI 物理学学科高被引科学家数排名的高校如表 3-139 所示。

表 3-139　物理学学科高被引科学家数排名（前 10 位与中国大学）

高被引科学家数排名	机构名称	国家/地区	高被引科学家数排名	机构名称	国家/地区
1	普林斯顿大学	美国	4	哥伦比亚大学	美国
2	加州大学伯克利分校	美国	4	康奈尔大学	美国
2	哈佛大学	美国	4	耶鲁大学	美国
4	麻省理工学院	美国	9	清华大学	中国
4	斯坦福大学	美国	10	芝加哥大学	美国
其他中国机构：11. 香港大学；18. 上海交通大学；29. 北京大学；29. 台湾"清华大学"；29. 东南大学；29. 吉林大学；29. 深圳大学；29. 湖南大学；29. 天津大学；29. 香港科技大学；29. 北京理工大学；29. 南方科技大学；29. 台湾成功大学					

从以上几个指标的分析可以看出，各项指标排名的前 10 位主要分布于美国、日本、英国、法国等国。我国处于著名档次的有清华大学、中国科学技术大学、北京大学、中国科学院大学；处于知名档次的有南京大学。在物理学领域，我们的高校还有很长的道路要走。

(十九) 植物学与动物学

进入 ESI 植物学与动物学学科排名的大学共有 933 所。从国家或地区分布来看，这些大学主要分布在美国、中国、法国、英国、日本、德国、巴西、西班牙、意大利、加拿大、澳大利亚、韩国等 66 个国家或地区。这些大学的国家或地区分布情况如图 3-19 所示。

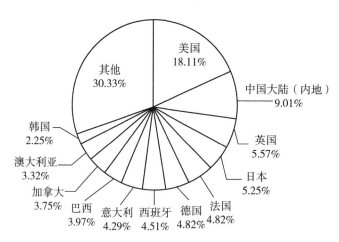

图 3-19　进入 ESI 植物学与动物学学科排名的大学的国家或地区分布

从国家或地区分布来看，美国进入 ESI 排行的大学最多，有 169 所；中国大陆(内地)有 84 所，英国、日本、法国、德国、西班牙分别有 52、49、45、45、42 所大学进入排名；意大利、巴西、加拿大、澳大利亚、韩国进入的大学数依次为 40 所、37 所、35 所、31 所、31 所；中国香港有 4 所大学进入排名；中国台湾有 7 所大学进入排名。

1. 植物学与动物学学科竞争力综合排名分析

从综合排名来看，中国大陆(内地)有84所大学进入排名，中国香港有4所大学进入排名，中国台湾有7所大学进入排名。中国大学在植物与动物学学科的具体排名如表3-140所示。

表3-140 植物学与动物学学科综合排名（前10位与中国大学）

综合排名	机构名称	星级	档次	国家/地区	综合排名	机构名称	星级	档次	国家/地区
1	瓦格宁根大学	5★+	一流学科	荷兰	6	中国农业大学	5★+	一流学科	中国
2	根特大学	5★+	一流学科	比利时	7	康奈尔大学	5★+	一流学科	美国
3	加利福尼亚大学戴维斯分校	5★+	一流学科	美国	8	中国科学院大学	5★+	一流学科	中国
4	沙特国王大学	5★+	一流学科	沙特阿拉伯	9	加利福尼亚大学伯克利分校	5★+	一流学科	美国
5	佛罗里达大学	5★+	一流学科	美国	10	华中农业大学	5★	一流学科	中国

其他中国机构：11. 南京农业大学；41. 浙江大学；50. 西北农林科技大学；65. 上海交通大学；85. 电子科技大学；92. 华南农业大学；101. 北京林业大学；120. 北京大学；143. 河南大学；145. 清华大学；160. 贵州大学；171. 山东农业大学；186. 台湾大学；193. 福建农林大学；197. 中山大学；198. 四川农业大学；233. 云南大学；235. 东北农业大学；252. 中国海洋大学；253. 深圳大学；277. 台湾中兴大学；296. 山东师范大学；300. 昆明理工大学；301. 扬州大学；302. 西南大学；304. 安徽农业大学；314. 河南农业大学；321. 湖南农业大学；323. 嘉义大学；332. 香港浸会大学；344. 山西农业大学；353. 兰州大学；356. 浙江农林大学；374. 海南大学；394. 山东大学；395. 复旦大学；399. 南京林业大学；403. 广西大学；407. 东北林业大学；409. 大理大学；419. 南京大学；423. 上海海洋大学；425. 沈阳农业大学；427. 吉林农业大学；445. 首都师范大学；446. 云南农业大学；448. 广东海洋大学；450. 上海师范大学；457. 长江大学；461. 华东师范大学；464. 江西农业大学；468. 杭州师范大学；487. 厦门大学；489. 香港中文大学；499. 武汉大学；500. 青岛农业大学；526. 甘肃农业大学；546. 香港大学；548. 台湾海洋大学；550. 四川大学；568. 华南师范大学；575. 西北大学；629. 吉林大学；631. 中国医学科学院-中国协和医学院；635. 河北农业大学；648. 宁波大学；654. 河南科技大学；655. 南京师范大学；666. 北京协和医学院；667. 北京师范大学；680. 东北师范大学；702. 南开大学；761. 中国科学技术大学；762. 集美大学；778. 大连海洋大学；788. 台湾"中山大学"；789. 石河子大学；798. 内蒙古农业大学；807. 华中科技大学；808. 海军军医大学；825. 北京农学院；831. 暨南大学；835. 重庆大学；855. 浙江海洋大学；859. 河南科技学院；860. 陕西师范大学；863. 台湾成功大学；867. 华中师范大学；868. 河北师范大学；869. 山西大学；878. 台湾屏东科技大学；893. 香港城市大学

2. 植物学与动物学学科科研生产力排名分析

从发文量排名来看，共有19所学校的发文量在5000篇以上。发文量在4000篇以上5000篇以下的科研机构有16所，发文量在3000篇以上4000篇以下的有27所，发文量在1000篇以上3000篇以下的有284所，发文量在1000篇以下的有587所。中国的高校发文量在1000篇以上的有33所；发文量在500篇以上1000篇以下的有37所；其余25所发文量在500篇以下，如表3-141所示。由此可见，中国高校在该学科的发文量总体比较低。

表3-141 植物学与动物学学科发文量指标排名（前10位与中国大学）

发文量排名	机构名称	国家/地区	发文量排名	机构名称	国家/地区
1	圣保罗大学	巴西	4	圣保罗州立大学	巴西
2	加利福尼亚大学戴维斯分校	美国	5	中国科学院大学	中国
3	佛罗里达大学	美国	6	北卡罗来纳大学	美国

发文量排名	机构名称	国家/地区	发文量排名	机构名称	国家/地区
7	康奈尔大学	美国	9	墨西哥国立自治大学	墨西哥
8	根特大学	比利时	10	瓦格宁根大学	荷兰

其他中国机构：11. 南京农业大学；16. 中国农业大学；18. 西北农林科技大学；25. 华中农业大学；41. 浙江大学；51. 华南农业大学；65. 北京林业大学；85. 山东农业大学；91. 四川农业大学；113. 中国海洋大学；121. 福建农林大学；133. 台湾大学；134. 中山大学；141. 西南大学；149. 扬州大学；164. 东北林业大学；180. 南京林业大学；185. 上海海洋大学；196. 台湾中兴大学；211. 东北农业大学；250. 安徽农业大学；252. 河南农业大学；254. 兰州大学；276. 贵州大学；301. 湖南农业大学；307. 广西大学；310. 华东师范大学；314. 青岛农业大学；322. 沈阳农业大学；326. 北京大学；329. 上海交通大学；336. 厦门大学；351. 浙江农林大学；356. 海南大学；365. 吉林农业大学；391. 四川大学；397. 江西农业大学；402. 山西农业大学；405. 武汉大学；413. 宁波大学；423. 山东大学；433. 广东海洋大学；440. 吉林大学；441. 河北农业大学；444. 台湾海洋大学；456. 复旦大学；458. 云南大学；479. 南京师范大学；483. 长江大学；492. 甘肃农业大学；500. 香港大学；502. 上海师范大学；507. 南开大学；508. 云南农业大学；514. 北京师范大学；517. 华南师范大学；549. 东北师范大学；563. 河南科技大学；572. 首都师范大学；577. 内蒙古农业大学；583. 南京大学；589. 山东师范大学；592. 清华大学；598. 香港中文大学；602. 中国医学科学院–中国协和医学院；604. 河南大学；618. 石河子大学；625. 大连海洋大学；634. 杭州师范大学；644. 西北大学；651. 北京协和医学院；658. 浙江海洋大学；669. 台湾屏东科技大学；690. 台湾"中山大学"；691. 河南科技学院；697. 陕西师范大学；711. 暨南大学；762. 华中师范大学；764. 集美大学；769. 北京农学院；772. 香港城市大学；777. 重庆大学；780. 河北师范大学；802. 台湾成功大学；804. 山西大学；816. 华中科技大学；822. 嘉义大学；825. 昆明理工大学；830. 深圳大学；874. 中国科学技术大学；885. 香港浸会大学；897. 大理大学；901. 电子科技大学；909. 海军军医大学

3. 植物学与动物学学科的科研影响力排名分析

从总被引次数来看，位居前10位的大学的总被引次数均在90000次以上，其中，加利福尼亚大学戴维斯分校总被引次数超过150000次。总被引次数在50000次以上100000次以下的有56所；总被引次数在30000次以上50000次以下的有65所；总被引次数在10000次以上30000次以下的有321所。所有进入ESI植物学与动物学学科总被引次数排名的最低总被引次数为3239次。中国科学院大学的总被引次数为111933次，位居第7位，其余84所中国大陆（内地）大学、4所中国香港大学以及7所中国台湾大学的总被引次数有72所在5000次以上，其余23所大学的总被引次数均在3000次以上5000次以下，具体情况如表3-142所示。

表3-142　植物学与动物学学科总被引次数排名（前10位与中国大学）

总被引次数排名	机构名称	国家/地区	总被引次数排名	机构名称	国家/地区
1	加利福尼亚大学戴维斯分校	美国	6	根特大学	比利时
2	瓦格宁根大学	荷兰	7	中国科学院大学	中国
3	康奈尔大学	美国	8	圣保罗大学	巴西
4	佛罗里达大学	美国	9	瑞典农业科学大学	瑞典
5	北卡罗来纳大学	美国	10	巴黎萨克雷大学	法国

其他中国机构：13. 南京农业大学；19. 中国农业大学；22. 华中农业大学；31. 浙江大学；40. 西北农林科技大学；84. 华南农业大学；101. 山东农业大学；120. 北京林业大学；131. 四川农业大学；143. 台湾大学；144. 中山大学；160. 福建农林大学；167. 中国海洋大学；176. 北京大学；230. 西南大学；252. 复旦大学；267. 扬州大学；272. 上海交通大学；277. 台湾中兴大学；305. 兰州大学；323. 清华大学；328. 东北农业大学；336. 上海海洋大学；339. 湖南农业大学；347. 东北林业大学；348. 河南农业大学；356. 华东师范大学；360. 安徽农业大学；369. 厦门大学；374. 贵州大学；384. 武汉大学；393. 南京林业大学；399. 香港中文大学；402. 山东大学；423. 香港大学；432. 浙江农林大学；

总被引次数排名	机构名称	国家/地区	总被引次数排名	机构名称	国家/地区
438. 台湾海洋大学；454. 华南师范大学；459. 青岛农业大学；460. 南京大学；469. 山东师范大学；481. 四川大学；482. 沈阳农业大学；494. 海南大学；513. 广西大学；522. 中国医学科学院-中国协和医学院；529. 首都师范大学；544. 北京师范大学；551. 宁波大学；555. 河南大学；571. 云南农业大学；572. 北京协和医学院；574. 南京师范大学；589. 吉林农业大学；596. 杭州师范大学；599. 山西农业大学；606. 河北农业大学；611. 东北师范大学；613. 云南大学；619. 吉林大学；621. 江西农业大学；626. 上海师范大学；649. 广东海洋大学；652. 长江大学；674. 台湾"中山大学"；679. 河南科技大学；693. 南开大学；694. 中国科学技术大学；720. 甘肃农业大学；730. 华中科技大学；742. 重庆大学；743. 昆明理工大学；768. 海军军医大学；778. 台湾成功大学；783. 河北师范大学；788. 大连海洋大学；789. 暨南大学；812. 集美大学；818. 北京农学院；821. 香港浸会大学；843. 电子科技大学；844. 浙江海洋大学；845. 华中师范大学；851. 台湾屏东科技大学；863. 西北大学；868. 深圳大学；874. 内蒙古农业大学；881. 石河子大学；892. 山西大学；893. 大理大学；903. 陕西师范大学；907. 嘉义大学；911. 河南科技学院；923. 香港城市大学					

4. 植物学与动物学学科影响力排名分析

从高被引论文数排名来看，前 10 位的大学中，美国占了 5 所，荷兰、比利时、澳大利亚、中国大陆（内地）、法国各占 1 所。瓦格宁根大学和加利福尼亚大学戴维斯分校的高被引论文数超过 200 篇，高被引论文数在 100 篇以上 200 篇以下的高校有 34 所，在 50 篇以上 100 篇以下的高校有 75 所，在 10 篇以上 50 篇以下的高校有 438 所，在 10 篇以下的高校有 384 所，其中 6 所大学的高被引论文数为 0 篇。我国有 53 所中国大陆（内地）大学、2 所中国香港大学、4 所中国台湾大学的高被引论文数在 10 篇以上。具体排名如表 3-143 所示。

表3-143　植物学与动物学学科高被引论文数排名（前10位与中国大学）

高被引论文数排名	机构名称	国家/地区	高被引论文数排名	机构名称	国家/地区
1	瓦格宁根大学	荷兰	5	中国科学院大学	中国
2	加利福尼亚大学戴维斯分校	美国	7	西澳大学	澳大利亚
3	根特大学	比利时	8	密歇根州立大学	美国
4	康奈尔大学	美国	8	巴黎萨克雷大学	法国
5	佛罗里达大学	美国	10	北卡罗来纳大学	美国
其他中国机构：12. 中国农业大学；19. 华中农业大学；25. 南京农业大学；26. 浙江大学；50. 西北农林科技大学；96. 福建农林大学；99. 华南农业大学；106. 北京大学；123. 北京林业大学；128. 山东农业大学；159. 清华大学；163. 贵州大学；170. 四川农业大学；175. 上海交通大学；178. 台湾大学；196. 电子科技大学；205. 河南大学；208. 中山大学；248. 山东师范大学；249. 扬州大学；252. 兰州大学；264. 复旦大学；275. 香港中文大学；276. 东北农业大学；279. 安徽农业大学；293. 台湾中兴大学；319. 中国海洋大学；324. 海南大学；328. 南京林业大学；338. 西南大学；339. 河南农业大学；344. 浙江农林大学；358. 湖南农业大学；387. 昆明理工大学；392. 南京大学；405. 大理大学；420. 深圳大学；426. 山东大学；429. 首都师范大学；433. 武汉大学；434. 青岛农业大学；451. 云南农业大学；452. 广东海洋大学；453. 上海师范大学；455. 杭州师范大学；459. 香港大学；466. 河南科技大学；477. 广西大学；480. 吉林农业大学；482. 长江大学；483. 华东师范大学；488. 台湾海洋大学；489. 四川大学；491. 华南师范大学；509. 厦门大学；526. 嘉义大学；541. 中国医学科学院-中国协和医学院；543. 北京协和医学院；559. 吉林大学；573. 中国科学技术大学；574. 集美大学；583. 东北林业大学；584. 上海海洋大学；607. 河北农业大学；623. 海军军医大学；627. 云南大学；630. 山西农业大学；677. 香港浸会大学；680. 沈阳农业大学；681. 江西农业大学；691. 南京师范大学；694. 东北师范大学；695. 南开大学；729. 西北大学；749. 华中科技大学；752. 北京农学院；757. 山西大学；772 宁波大学					

高被引论文数排名	机构名称	国家/地区	高被引论文数排名	机构名称	国家/地区
774. 北京师范大学;788. 石河子大学;812. 甘肃农业大学;828. 大连海洋大学;834. 暨南大学;835. 重庆大学;837. 河南科技学院;838. 陕西师范大学;839. 台湾成功大学;841. 华中师范大学;846. 香港城市大学;874. 内蒙古农业大学;886. 河北师范大学;914. 台湾"中山大学";920. 浙江海洋大学;932. 台湾屏东科技大学					

5. 植物学与动物学学科师资力量排名分析

高被引科学家数最多的高校拥有 7 名高被引科学家,即根特大学(比利时)与沙特国王大学(沙特阿拉伯);有 5 位高被引科学家的大学为中国农业大学,有 3 位高被引科学家的大学有 6 所,分别是加利福尼亚大学戴维斯分校(美国)、加利福尼亚大学伯克利分校(美国)、华中农业大学(中国)、杜克大学(美国)、塔斯马尼亚大学(澳大利亚)、加利福尼亚大学圣迭戈分校(美国);有 2 位高被引科学家数的大学有 18 所,有 1 位高被引科学家数的大学有 72 所,其余大学均没有高被引科学家。在该学科中中国有 1 所学校拥有 5 位高被引科学家,1 所学校拥有 3 位高被引科学家,有 2 所学校拥有 2 位高被引科学家,有 7 所学校拥有 1 位高被引科学家。具体如表 3-144 所示。

表 3-144　植物学与动物学学科高被引科学家数排名(前 10 位与中国大学)

高被引科学家数排名	机构名称	国家/地区	高被引科学家数排名	机构名称	国家/地区
1	根特大学	比利时	4	华中农业大学	中国
1	沙特国王大学	沙特阿拉伯	4	杜克大学	美国
3	中国农业大学	中国	4	塔斯马尼亚大学	澳大利亚
4	加利福尼亚大学戴维斯分校	美国	4	加利福尼亚大学圣迭戈分校	美国
4	加利福尼亚大学伯克利分校	美国	10	瓦格宁根大学	荷兰
其他中国机构:10. 上海交通大学;10. 电子科技大学;28. 南京农业大学;28. 浙江大学;28. 北京大学;28. 河南大学;28. 清华大学;28. 云南大学;28. 香港浸会大学					

从以上几个指标可以看出,在植物学与动物学学科研究领域,综合实力最强的依旧是美国,它的发文量、论文总被引次数等指标都名列前茅。中国进入该学科排名的高校共有 95 所,其中,中国农业大学、中国科学院大学、华中农业大学、南京农业大学、浙江大学、西北农林科技大学、上海交通大学、电子科技大学、华南农业大学归属一流学科大学。总之,在植物学与动物学研究领域,中国的整体研究实力还较弱,和美国还有很大的差距。在本学科研究建设方面,中国还需要做出更多的努力。

(二十)精神病学与行为科学学科

进入 ESI 精神病学与行为科学学科排名的高校共有 626 所。从图 3-20 所示的国家或地区分布来看,这些高校分布在美国、英国、德国、加拿大、澳大利亚、法国、意大利、荷兰、西班牙、瑞士、中国等 46 个国家或地区。中国大陆(内地)有 18 所大学进入排名,中国香港有 5 所大学进入排名,中国台湾有 7 所大学进入排名。

1. 精神病学与行为科学学科竞争力综合排名分析

位居前 10 位的高校有 5 所在美国,3 所在英国,1 所在加拿大,1 所在荷兰。表 3-145 列出了 ESI 精神病学与行为科学学科综合排名前 10 位的高校和该排名中的中国高校。

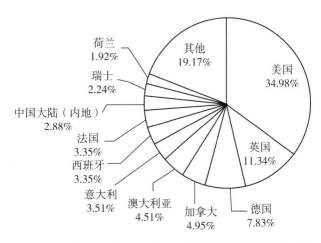

图 3-20 进入 ESI 精神病学与行为科学学科排名的大学的国家或地区分布

表 3-145 精神病学与行为科学学科综合排名（前 10 位与中国大学）

综合排名	机构名称	星级	档次	国家/地区	综合排名	机构名称	星级	档次	国家/地区
1	伦敦国王学院	5★+	一流学科	英国	6	多伦多大学	5★+	一流学科	加拿大
2	哈佛大学	5★+	一流学科	美国	7	牛津大学	5★	一流学科	英国
3	伦敦大学学院	5★+	一流学科	英国	8	斯坦福大学	5★	一流学科	美国
4	耶鲁大学	5★+	一流学科	美国	9	加利福尼亚大学洛杉矶分校	5★	一流学科	美国
5	哥伦比亚大学	5★+	一流学科	美国	10	阿姆斯特丹大学	5★	一流学科	荷兰

其他中国机构：87. 北京大学；125. 上海交通大学；127. 香港大学；164. 北京师范大学；167. 香港理工大学；168. 澳门大学；172. 香港中文大学；269. 华中科技大学；270. 四川大学；272. 中山大学；289. 西南大学；297. 首都医科大学；311. 中国人民大学；313. 复旦大学；334. 山东大学；344. 台湾大学；365. 中南大学；401. 浙江大学；409. 中国科学院大学；430. 台湾阳明交通大学；440. 香港城市大学；447. 香港教育大学；449. 华南师范大学；492. 华东师范大学；497. 台湾成功大学；519. 清华大学；541. 长庚大学；545. 台湾师范大学；581. 电子科技大学；612. 高雄医科大学；617. 台北医学大学

2. 精神病学与行为科学学科科研能力排名分析

从发文量排名来看，居前 10 位的大学中，6 所高校来自美国、2 所来自英国、1 所来自加拿大、1 所来自澳大利亚。发文量最多的是哈佛大学，为 13641 篇，第 10 位的密歇根大学发文量是 5617 篇。发文量超过 4000 篇的大学有 33 所，超过 2000 篇但少于 4000 篇的有 82 所，超过 1000 篇但少于 2000 篇的有 152 所，超过 500 篇但少于 1000 篇的有 206 所，超过 100 篇但少于 500 篇的有 151 所，除了巴拉曼大学(黎巴嫩)和尤凯利商学院(美国)的发文量是 82 篇与 81 篇，其他所有高校发文量均超过 100 篇。表 3-146 列出了 ESI 精神病学与行为科学学科发文量排名前 10 位的高校和该排名中的中国高校。

表 3-146 精神病学与行为科学学科发文量排名（前 10 位与中国大学）

发文量排名	机构名称	国家/地区	发文量排名	机构名称	国家/地区
1	哈佛大学	美国	6	哥伦比亚大学	美国
2	伦敦国王学院	英国	7	耶鲁大学	美国
3	多伦多大学	加拿大	8	加利福尼亚大学洛杉矶分校	美国
4	北卡罗来纳大学	美国	9	墨尔本大学	澳大利亚
5	伦敦大学学院	英国	10	密歇根大学	美国

发文量排名	机构名称	国家/地区	发文量排名	机构名称	国家/地区
其他中国高校：91. 香港大学；109. 北京师范大学；115. 香港中文大学；135. 北京大学；235. 上海交通大学；244. 中南大学；260. 台湾大学；263. 浙江大学；273. 澳门大学；278. 中国科学院大学；289. 西南大学；298. 香港理工大学；313. 香港教育大学；332. 中山大学；335. 台湾阳明交通大学；351. 华东师范大学；365. 华南师范大学；375. 首都医科大学；378. 四川大学；404. 中国人民大学；417. 香港城市大学；421. 清华大学；430. 复旦大学；449. 台湾成功大学；450. 华中科技大学；463. 长庚大学；467. 台湾师范大学；535. 山东大学；546. 台北医学大学；553. 高雄医科大学；579. 电子科技大学					

从总被引次数来看，居前 10 位的大学中，7 所是美国的高校，2 所是英国的高校，1 所是加拿大的高校，其中哈佛大学的总被引次数最高，高达 323873 次。美国高校中总被引频次相对最少的是密歇根大学，总被引次数为 125910 次。表 3-147 列出了 ESI 精神病学与行为科学学科总被引次数排名前 10 位的高校和该排名中的中国高校。

表 3-147　精神病学与行为科学学科总被引次数排名（前 10 位与中国大学）

总被引次数排名	机构名称	国家/地区	总被引次数排名	机构名称	国家/地区
1	哈佛大学	美国	6	耶鲁大学	美国
2	伦敦国王学院	英国	7	北卡罗来纳大学	美国
3	伦敦大学学院	英国	8	加利福尼亚大学洛杉矶分校	美国
4	哥伦比亚大学	美国	9	斯坦福大学	美国
5	多伦多大学	加拿大	10	密歇根大学	美国
其他中国机构：109. 香港大学；131. 香港中文大学；184. 北京大学；198. 北京师范大学；294. 台湾大学；295. 上海交通大学；312. 中南大学；324. 香港理工大学；352. 台湾阳明交通大学；361. 香港城市大学；374. 澳门大学；389. 四川大学；414. 中山大学；433. 中国科学院大学；444. 香港教育大学；457. 西南大学；463. 浙江大学；466. 首都医科大学；467. 华南师范大学；470. 华中科技大学；511. 中国人民大学；518. 长庚大学；524. 台湾成功大学；537. 华东师范大学；564. 复旦大学；579. 山东大学；588. 清华大学；591. 台湾师范大学；597. 高雄医科大学；613. 台北医学大学；620. 电子科技大学					

3. 精神病学与行为科学学科影响力排名分析

从高被引论文数来看，排名第 1 位的是哈佛大学，有 365 篇高被引论文。位居前 10 位的高校有 4 所来自美国，3 所来自英国，1 所来自加拿大，1 所来自澳大利亚，1 所来自荷兰。表 3-148 为进入 ESI 精神病学与行为科学学科高被引论文数排名前 10 位的高校和高被引论文数大于 0 的中国高校。

表 3-148　精神病学与行为科学学科高被引论文数排名（前 10 位与中国大学）

高被引论文数排名	机构名称	国家/地区	高被引论文数排名	机构名称	国家/地区
1	哈佛大学	美国	6	多伦多大学	加拿大
2	伦敦国王学院	英国	7	耶鲁大学	美国
3	伦敦大学学院	英国	8	牛津大学	英国
4	哥伦比亚大学	美国	9	阿姆斯特丹大学	荷兰
5	斯坦福大学	美国	10	墨尔本大学	澳大利亚

续表

高被引论文数排名	机构名称	国家/地区	高被引论文数排名	机构名称	国家/地区
其他国家机构：139. 香港大学；142. 上海交通大学；155. 香港中文大学；165. 北京大学；208. 香港理工大学；209. 澳门大学；218. 华中科技大学；306. 北京师范大学；317. 台湾大学；325. 四川大学；382. 中山大学；384. 首都医科大学；387. 复旦大学；416. 中南大学；420. 浙江大学；441. 中国人民大学；442. 山东大学；450. 华南师范大学；459. 台湾成功大学；471. 电子科技大学；484. 中国科学院大学；488. 香港城市大学；532. 清华大学；537. 台湾师范大学；561. 西南大学；592. 台湾阳明交通大学；593. 香港教育大学；596. 华东师范大学；601. 长庚大学；619. 高雄医科大学；623. 台北医学大学					

4. 精神病学与行为科学学科师资力量排名分析

从高被引科学家数来看，高被引科学家数最多的是 18 人，是英国的伦敦国王学院；其次，美国的哈佛大学高被引科学家数是 7 人，耶鲁大学高被引科学家数是 6 人。2 所高校的高被引科学家数是 5 人，5 所高校的高被引科学家数是 4 人，4 所高校的高被引科学家数是 3 人，12 所高校的高被引科学家数是 2 人，55 所高校的高被引科学家数是 1 人，其他高校均没有高被引科学家。中国没有高被引科学家。表 3-149 为进入 ESI 精神病学与行为科学学科的高被引科学家排名前 6 位的高校与高被引科学家数大于 0 人的中国高校。

表 3-149　精神病学与行为科学学科高被引科学家数排名（前 6 位与中国大学）

高被引科学家数排名	机构名称	国家/地区	高被引科学家数排名	机构名称	国家/地区
1	伦敦国王学院	英国	6	哥伦比亚大学	美国
2	哈佛大学	美国	6	斯坦福大学	美国
3	耶鲁大学	美国	6	加利福尼亚大学洛杉矶分校	美国
4	新南威尔斯大学悉尼分校	澳大利亚	6	阿姆斯特丹大学	荷兰
4	杜克大学	美国	6	阿姆斯特丹自由大学	荷兰
其他中国机构：无					

总体来看，精神病学与行为科学学科在中国的发展相对较弱，还没有形成规模，与国外发达国家相比还具有很大的差距。为了尽快形成综合性学科竞争能力，我国大学还需要继续努力，缩小与国际大学的差距，最终跻身于世界一流学科。

(二十一)社会科学

进入 ESI 社会科学学科排名的高校共有 1198 所。从国家或地区分布来看，这些高校隶属于美国、英国、中国、意大利、德国、法国、西班牙、加拿大、澳大利亚等 85 个国家或地区。中国大陆(内地)有 115 所高校进入 ESI 社会科学领域。这些高校的所在国家或地区分布如图 3-21 所示。

1. 社会科学学科的科研竞争力综合排名分析

通过对多个指标进行综合统计排名，位居前 10 位的高校有 5 所分布在美国，4 所在英国，1 所在加拿大。表 3-150 列出了 ESI 社会科学学科综合排名前 10 位的高校和该排名中的中国高校。

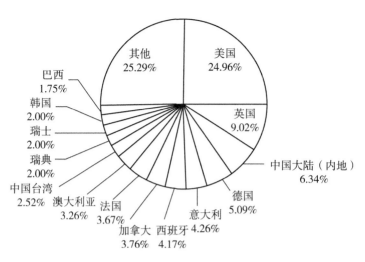

图 3-21　进入 ESI 社会科学学科排名的大学的国家或地区分布

表 3-150　社会科学学科综合排名（前 10 位与中国大学）

综合排名	机构名称	星级	档次	国家/地区	综合排名	机构名称	星级	档次	国家/地区
1	哈佛大学	5★+	一流学科	美国	6	牛津大学	5★+	一流学科	英国
2	伦敦大学学院	5★+	一流学科	英国	7	宾夕法尼亚大学	5★+	一流学科	美国
3	约翰·霍普金斯大学	5★+	一流学科	美国	8	耶鲁大学	5★+	一流学科	美国
4	剑桥大学	5★+	一流学科	英国	9	多伦多大学	5★+	一流学科	加拿大
5	北卡罗来纳大学	5★+	一流学科	美国	10	伦敦卫生与热带医学学院	5★+	一流学科	英国

其他中国机构：39. 北京理工大学；53. 香港理工大学；63. 青岛大学；86. 香港大学；94. 北京大学；95. 中山大学；100. 大连理工大学；105. 香港中文大学；107. 清华大学；153. 深圳大学；157. 北京师范大学；169. 澳门大学；188. 华中科技大学；196. 对外经济贸易大学；202. 武汉大学；205. 南京大学；215. 华东师范大学；218. 复旦大学；230. 香港城市大学；247. 上海交通大学；252. 同济大学；270. 亚洲大学(中国台湾)；271. 台湾医药大学；274. 厦门大学；278. 台湾成功大学；311. 台湾大学；335. 浙江大学；370. 中国人民大学；378. 宁波诺丁汉大学；388. 中国科学院大学；392. 中国石油大学；396. 四川大学；398. 东南大学；466. 南开大学；486. 香港教育大学；487. 中国地质大学；507. 上海大学；514. 重庆大学；524. 中国矿业大学；530. 南京师范大学；541. 首都医科大学；544. 郑州大学；545. 香港浸会大学；561. 西南交通大学；573. 中南大学；581. 澳门科技大学；596. 台湾阳明交通大学；610. 西安交通大学；618. 台湾师范大学；654. 山东大学；668. 台湾科技大学；677. 中国科学技术大学；679. 西南财经大学；691. 哈尔滨工业大学；692. 北京航空航天大学；734. 香港科技大学；758. 暨南大学；771. 台湾"中山大学"；776. 中国农业大学；777. 台湾政治大学；781. 中国医学科学院–中国协和医学院；785. 上海财经大学；806. 天津大学；812. 台湾"中央"大学；814. 华南理工大学；823. 台北医学大学；835. 兰州大学；853. 南京航空航天大学；861. 广东外语外贸大学；868. 湖南大学；871. 华中师范大学；898. 南京医科大学；910. 陕西师范大学；911. 北京交通大学；913. 岭南大学；915. 吉林大学；920. 西南大学；945. 广州大学；948. 高雄医科大学；950. 华南师范大学；961. 河海大学；973. 台湾"清华大学"；983. 苏州大学；987. 合肥工业大学；992. 铭传大学；1000. 台湾中正大学；1003. 浙江财经大学；1004. 彰化师范大学；1013. 西交利物浦大学；1016. 台湾中兴大学；1021. 华北电力大学；1026. 长庚大学；1032. 淡江大学；1034. 台湾嘉义大学；1045. 台湾云林科技大学；1052. 高雄科技大学；1054. 台北大学；1061. 辅仁大学；1067. 武汉理工大学；1078. 江西财经大学；1088. 中央财经大学；1093. 北京协和医学院；1105. 闽江学院；1124. 安徽医科大学；1129. 大连海事大学；1147. 上海海事大学；1148. 台湾海洋大学；1171. 中国医科大学；1175. 南京农业大学；1176. 北京林业大学；1177. 台湾"东华大学"；1190. 海军军医大学；1193. 台湾南开科技大学；1194. 元智大学；1196. 东吴大学

2. 社会科学学科的科研能力排名分析

从发文量排名来看，位居前 10 位的高校中有 6 所来自美国。发文量最多的是哈佛大学，发文量高达 19013 篇，其次是北卡罗来纳大学（美国），发文量有 16621 篇。排名第 10 位的悉尼大学发文量为 9227 篇。表 3-151 列出了发文量排名前 10 位的高校和该排名中的中国高校。

表 3-151　社会科学学科发文量排名（前 10 位与中国大学）

发文量排名	机构名称	国家/地区	发文量排名	机构名称	国家/地区
1	哈佛大学	美国	6	密歇根大学	美国
2	北卡罗来纳大学	美国	7	约翰·霍普金斯大学	美国
3	多伦多大学	加拿大	8	华盛顿大学	美国
4	伦敦大学学院	英国	9	哥伦比亚大学	美国
5	牛津大学	英国	10	悉尼大学	澳大利亚

其他中国机构：56. 香港大学；104. 香港理工大学；121. 香港中文大学；160. 北京大学；180. 香港城市大学；205. 中山大学；223. 浙江大学；249. 武汉大学；250. 北京师范大学；252. 复旦大学；260. 香港教育大学；266. 台湾大学；277. 清华大学；332. 上海交通大学；365. 中国人民大学；383. 香港浸会大学；384. 台湾师范大学；389. 澳门大学；397. 华东师范大学；412. 南京大学；420. 台湾成功大学；426. 华中科技大学；433. 台湾阳明交通大学；445. 四川大学；454. 中国科学院大学；478. 同济大学；526. 山东大学；536. 西安交通大学；550. 东南大学；556. 厦门大学；578. 中南大学；626. 台湾政治大学；631. 台湾科技大学；659. 暨南大学；680. 台湾"中山大学"；703. 深圳大学；707. 台北医学大学；711. 华中师范大学；720. 哈尔滨工业大学；730. 台湾"中央"大学；749. 中国地质大学；753. 岭南大学；778. 南京师范大学；780. 香港科技大学；784. 中国医学科学院-中国协和医学院；785. 上海财经大学；789. 大连理工大学；790. 西南财经大学；805. 南开大学；809. 吉林大学；811. 中国科学技术大学；814. 华南师范大学；815. 北京航空航天大学；823. 北京理工大学；832. 台湾医药大学；836. 广东外语外贸大学；849. 台湾"清华大学"；864. 北京交通大学；865. 高雄医科大学；869. 天津大学；875. 亚洲大学（中国台湾）；878. 对外经济贸易大学；887. 长庚大学；897. 西南大学；898. 台湾中正大学；901. 上海大学；914. 辅仁大学；942. 重庆大学；952. 首都医科大学；955. 陕西师范大学；967. 郑州大学；969. 台北大学；979. 湖南大学；983. 华南理工大学；993. 北京协和医学院；994. 南京医科大学；998. 台湾嘉义大学；1003. 中国农业大学；1006. 高雄科技大学；1008. 淡江大学；1013. 苏州大学；1014. 彰化师范大学；1017. 宁波诺丁汉大学；1029. 西南交通大学；1041. 中央财经大学；1044. 铭传大学；1047. 中国矿业大学；1049. 广州大学；1056. 青岛大学；1062. 西交利物浦大学；1077. 澳门科技大学；1085. 兰州大学；1086. 台湾云林科技大学；1088. 大连海事大学；1097. 浙江财经大学；1107. 台湾中兴大学；1117. 台湾"东华大学"；1121. 上海海事大学；1123. 台湾海洋大学；1126. 中国医科大学；1143. 河海大学；1144. 武汉理工大学；1146. 南京航空航天大学；1150. 南京农业大学；1151. 合肥工业大学；1156. 安徽医科大学；1162. 元智大学；1166. 东吴大学；1167. 江西财经大学；1174. 华北电力大学；1179. 北京林业大学；1180. 台湾南开科技大学；1190. 中国石油大学；1194. 海军军医大学；1197. 闽江学院

从总被引次数来看，居前 10 位的 7 所高校来自美国，2 所高校来自英国，1 所高校来自加拿大，其中美国高校中哈佛大学的总被引次数最高，高达 335006 次，相对最少的是斯坦福大学，总被引次数为 136012 次。中国高校总被引次数最高的是香港大学，排名居 74 位，总被引次数为 51371 次；总被引次数最少的是东吴大学，为 1812 次。表 3-152 列出了总被引次数排名前 10 位的高校和该排名中的中国高校。

表 3-152　社会科学学科总被引次数排名（前 10 位与中国大学）

总被引次数排名	机构名称	国家/地区	总被引次数排名	机构名称	国家/地区
1	哈佛大学	美国	2	北卡罗来纳大学	美国

总被引次数排名	机构名称	国家/地区	总被引次数排名	机构名称	国家/地区
3	伦敦大学学院	英国	7	牛津大学	英国
4	多伦多大学	加拿大	8	华盛顿大学	美国
5	密歇根大学	美国	9	华盛顿大学（西雅图）	美国
6	约翰·霍普金斯大学	美国	10	北卡罗来纳大学教堂山分校	美国

其他中国机构：74. 香港大学；80. 香港理工大学；138. 北京大学；159. 香港中文大学；202. 香港城市大学；214. 中山大学；230. 清华大学；248. 北京师范大学；254. 浙江大学；259. 复旦大学；260. 武汉大学；277. 台湾大学；291. 中国科学院大学；357. 上海交通大学；369. 台湾成功大学；371. 华中科技大学；376. 南京大学；387. 香港教育大学；396. 中国人民大学；410. 同济大学；419. 台湾阳明交通大学；422. 香港浸会大学；440. 厦门大学；459. 华东师范大学；471. 中南大学；492. 东南大学；498. 台湾师范大学；500. 台湾科技大学；505. 澳门大学；510. 四川大学；516. 山东大学；522. 北京理工大学；524. 香港科技大学；532. 西安交通大学；554. 哈尔滨工业大学；581. 中国科学技术大学；599. 中国医学科学院-中国协和医学院；649. 台湾"中央"大学；650. 大连理工大学；656. 北京航空航天大学；662. 中国农业大学；669. 台湾"中山大学"；691. 西南财经大学；703. 台湾政治大学；705. 中国地质大学；712. 上海财经大学；755. 对外经济贸易大学；760. 北京交通大学；762. 台北医学大学；767. 天津大学；770. 暨南大学；774. 深圳大学；776. 台湾医药大学；788. 南开大学；796. 上海大学；812. 首都医科大学；815. 亚洲大学（中国台湾）；828. 高雄医科大学；833. 华南理工大学；849. 长庚大学；851. 重庆大学；858. 台湾嘉义大学；868. 南京航空航天大学；874. 陕西师范大学；894. 台北大学；900. 高雄科技大学；904. 兰州大学；909. 南京医科大学；916. 华南师范大学；918. 淡江大学；919. 湖南大学；920. 辅仁大学；922. 彰化师范大学；923. 台湾中正大学；925. 中国矿业大学；926. 台湾"清华大学"；932. 铭传大学；945. 华北电力大学；971. 南京师范大学；973. 吉林大学；974. 台湾中兴大学；975. 宁波诺丁汉大学；1006. 西南大学；1009. 岭南大学；1013. 广州大学；1015. 台湾云林科技大学；1021. 中央财经大学；1028. 北京协和医学院；1047. 苏州大学；1054. 青岛大学；1056. 华中师范大学；1064. 安徽医科大学；1066. 西交利物浦大学；1068. 西南交通大学；1069. 澳门科技大学；1072. 浙江财经大学；1075. 郑州大学；1079. 闽江学院；1085. 中国医科大学；1094. 河海大学；1106. 广东外语外贸大学；1109. 中国石油大学；1111. 台湾南开科技大学；1119. 武汉理工大学；1133. 海军军医大学；1150. 江西财经大学；1154. 南京农业大学；1155. 台湾"东华大学"；1172. 台湾海洋大学；1177. 上海海事大学；1179. 合肥工业大学；1180. 大连海事大学；1192. 北京林业大学；1193. 元智大学；1194. 东吴大学

3. 社会科学学科影响力排名分析

从高被引论文数来看，排名第1位的是哈佛大学，有579篇高被引论文。位居前10位的高校有7所来自美国，3所来自英国。高被引论文数为0篇的有31所。表3-153列出了高被引论文数排名前10位的高校和该排名中的中国高校。

表3-153　社会科学学科高被引论文数排名（前10位与中国大学）

高被引论文数排名	机构名称	国家/地区	高被引论文数排名	机构名称	国家/地区
1	哈佛大学	美国	6	北卡罗来纳大学	美国
2	伦敦大学学院	英国	7	斯坦福大学	美国
3	约翰·霍普金斯大学	美国	8	华盛顿大学	美国
4	牛津大学	英国	9	剑桥大学	英国
4	密歇根大学	美国	10	华盛顿大学（西雅图）	美国

其他中国机构：40. 香港理工大学；68. 香港大学；92. 北京大学；112. 中国科学院大学；114. 清华大学；118. 中山大学；151. 北京理工大学；158. 北京师范大学；165. 华中科技大学；167. 浙江大学；171. 武汉大学；178. 香港中文大学；189. 同济大学；192. 香港城市大学；236. 厦门大学；239. 中南大学；259. 南京大学；267. 青岛大学；269. 复旦大

高被引论文数排名	机构名称	国家/地区	高被引论文数排名	机构名称	国家/地区
学；280. 上海交通大学；293. 西南财经大学；308. 东南大学；310. 对外经济贸易大学；327. 西安交通大学；328. 中国科学技术大学；329. 深圳大学；330. 澳门大学；347. 北京航空航天大学；348. 大连理工大学；354. 南开大学；359. 华东师范大学；378. 四川大学；409. 中国人民大学；438. 哈尔滨工业大学；440. 兰州大学；441. 南京航空航天大学；443. 台湾成功大学；454. 香港浸会大学；465. 中国农业大学；466. 华南理工大学；470. 台湾大学；489. 台湾科技大学；508. 中国矿业大学；518. 山东大学；532. 中国地质大学；534. 上海大学；535. 重庆大学；558. 天津大学；561. 湖南大学；562. 河海大学；563. 合肥工业大学；566. 亚洲大学（中国台湾）；570. 宁波诺丁汉大学；573. 中国石油大学；583. 台湾阳明交通大学；595. 暨南大学；599. 上海财经大学；602. 广东外语外贸大学；625. 香港科技大学；637. 南京医科大学；640. 广州大学；642. 华北电力大学；643. 闽江学院；648. 香港教育大学；655. 郑州大学；695. 浙江财经大学；698. 江西财经大学；712. 西南交通大学；736. 台湾"中山大学"；737. 中国医学科学院－中国协和医学院；744. 陕西师范大学；747. 西南大学；755. 苏州大学；758. 西交利物浦大学；759. 台湾中兴大学；760. 武汉理工大学；764. 台湾医药大学；778. 南京师范大学；780. 首都医科大学；785. 台湾师范大学；811. 华中师范大学；822. 铭传大学；830. 台湾云林科技大学；853. 澳门科技大学；869. 台湾政治大学；877. 台北医学大学；891. 吉林大学；903. 彰化师范大学；921. 安徽医科大学；928. 北京林业大学；930. 海军军医大学；949. 台湾"中央"大学；966. 岭南大学；982. 淡江大学；998. 大连海事大学；1004. 上海海事大学；1005. 台湾海洋大学；1036. 北京交通大学；1044. 高雄医科大学；1046. 华南师范大学；1051. 台湾"清华大学"；1061. 台湾中正大学；1069. 台湾嘉义大学；1077. 高雄科技大学；1087. 中央财经大学；1101. 南京农业大学；1106. 台湾南开科技大学；1130. 台北大学；1136. 北京协和医学院；1157. 中国医科大学；1159. 台湾"东华大学"；1165. 元智大学；1166. 东吴大学；1175. 长庚大学；1177. 辅仁大学					

4. 社会科学学科师资力量排名分析

从高被引科学家数来看，高被引科学家数最多的是 11 人，只有 1 所，即美国的哈佛大学；其次，英国的伦敦卫生与热带医学学院高被引科学家数是 6 人；有 5 位高被引科学家的高校有 2 所，分别是渥太华大学（加拿大）、麦克马斯特大学（加拿大）；有 4 位高被引科学家的高校有 10 所，分别是伦敦大学学院（英国）、剑桥大学（英国）、宾夕法尼亚大学（美国）、耶鲁大学（美国）、昆士兰大学（澳大利亚）、根特大学（比利时）、布里斯托尔大学（英国）、埃克塞特大学（英国）、瑟赛克斯大学（英国）、圣保罗大学（巴西）；有 3 位高被引科学家的高校有 10 所；有 2 位高被引科学家的高校有 18 所，有 1 位高被引科学家的高校有 83 所；其他 1073 所高校高被引科学家数均为 0 人，中国在社会科学学科领域有 8 位高被引科学家，来自北京理工大学、北京大学、中山大学、香港中文大学、澳门大学、武汉大学、华东师范大学、厦门大学。具体如表 3-154 所示。

表 3-154 社会科学学科高被引科学家数排名（前 5 位与中国大学）

高被引科学家数排名	机构名称	国家/地区	高被引科学家数排名	机构名称	国家/地区
1	哈佛大学	美国	5	耶鲁大学	美国
2	伦敦卫生与热带医学学院	英国	5	昆士兰大学	澳大利亚
3	渥太华大学	加拿大	5	根特大学	比利时
3	麦克马斯特大学	加拿大	5	布里斯托尔大学	英国
5	伦敦大学学院	英国	5	埃克塞特大学	英国
5	剑桥大学	英国	5	瑟赛克斯大学	英国
5	宾夕法尼亚大学	美国	5	圣保罗大学	巴西
其他中国机构：43. 北京理工大学；43. 北京大学；43. 中山大学；43. 香港中文大学；43. 澳门大学；43. 武汉大学；43. 华东师范大学；43. 厦门大学					

(二十二) 空间科学

空间科学是以地球系统、太阳系、银河系、局部宇宙、生命物质起源和演化空间客体为对象,用新的手段和方法研究传统的科学前沿难题的一门新兴学科。进入 ESI 空间科学学科排名的高校共有 116 所。从国家或地区分布来看,这些高校分别隶属于美国、英国、法国、意大利、澳大利亚、荷兰、加拿大等 21 个国家或地区。中国只有北京大学一所高校进入排名。图 3-22 所示是这些高校的所在国家或地区分布情况。

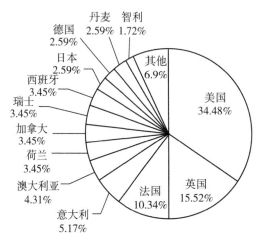

图 3-22　进入 ESI 空间科学学科排名的大学的国家或地区分布

1. 空间科学学科竞争力综合排名分析

通过对多个指标进行综合统计排名,位居前 10 位的高校有 3 所,均分布在美国,4 所在法国,1 所在英国,1 所在荷兰、1 所在日本。表 3-155 列出了 ESI 空间科学学科综合排名前 10 位的高校。

表 3-155　空间科学学科综合排名（前 10 位与中国大学）

综合排名	机构名称	星级	档次	国家/地区	综合排名	机构名称	星级	档次	国家/地区
1	加利福尼亚大学伯克利分校	5★+	一流学科	美国	6	巴黎萨克雷大学	5★	一流学科	法国
2	加利福尼亚理工学院	5★	一流学科	美国	7	巴黎大学	5★-	一流学科	法国
3	哈佛大学	5★	一流学科	美国	8	莱顿大学	5★-	一流学科	荷兰
4	索邦大学	5★	一流学科	法国	9	东京大学	5★-	一流学科	日本
5	巴黎文理研究大学	5★	一流学科	法国	10	剑桥大学	5★-	一流学科	英国
其他中国机构：82. 北京大学									

2. 空间科学学科的科研能力排名分析

从发文量排名来看,位居前 10 位的高校中有 4 所来自美国。发文量最多的是加利福尼亚理工学院,为 10551 篇,其次是哈佛大学,发文量为 9104 篇,排名第 10 位的约翰·霍普金斯大学(美国)发文量为 5255 篇。表 3-156 列出了 ESI 空间科学学科发文量排名前 10 位的高校。

表3-156　空间科学学科发文量排名（前10位与中国大学）

发文量排名	机构名称	国家/地区	发文量排名	机构名称	国家/地区
1	加利福尼亚理工学院	美国	6	加利福尼亚大学伯克利分校	美国
2	哈佛大学	美国	7	巴黎萨克雷大学	法国
3	索邦大学	法国	8	剑桥大学	英国
4	巴黎大学	法国	9	东京大学	日本
5	巴黎文理研究大学	法国	10	约翰·霍普金斯大学	美国
其他中国机构：41. 北京大学					

从总被引次数来看，居前10位的4所是美国的高校，4所是法国的高校，1所是英国的高校，1所是荷兰的高校，其中美国的加利福尼亚理工学院的总被引次数最高，高达432415次，相对最少的是荷兰的莱顿大学，总被引次数为198735次。表3-157列出了ESI空间科学学科总被引次数排名前10位的高校。

表3-157　空间科学学科总被引次数排名（前10位与中国大学）

总被引次数排名	机构名称	国家/地区	总被引次数排名	机构名称	国家/地区
1	加利福尼亚理工学院	美国	6	巴黎萨克雷大学	法国
2	哈佛大学	美国	7	剑桥大学	英国
3	索邦大学	法国	8	巴黎文理研究大学	法国
4	加利福尼亚大学伯克利分校	美国	9	莱顿大学	荷兰
5	巴黎大学	法国	10	约翰·霍普金斯大学	美国
其他中国机构：88. 北京大学					

3. 空间科学学科影响力排名分析

从高被引论文数来看，排名第1位的是美国的加利福尼亚理工学院，有386篇高被引论文。位居前10位的高校有4所来自美国，4所来自法国，1所来自英国，1所来自荷兰。表3-158为进入ESI空间科学学科高被引论文数排名前10位的高校。

表3-158　空间科学学科高被引论文数排名（前10位与中国大学）

高被引论文数排名	机构名称	国家/地区	高被引论文数排名	机构名称	国家/地区
1	加利福尼亚理工学院	美国	6	巴黎萨克雷大学	法国
2	加利福尼亚大学伯克利分校	美国	7	巴黎文理研究大学	法国
3	哈佛大学	美国	8	剑桥大学	英国
4	索邦大学	法国	9	普林斯顿大学	美国
4	巴黎大学	法国	10	莱顿大学	荷兰
其他中国机构：91. 北京大学					

4. 空间科学学科师资力量排名分析

从高被引科学家数来看，高被引科学家数最多的是6人，只有1所，即美国的加利福尼亚大学伯克利分校；其次，6 所高校的高被引科学家数为 3 人，6 所高校的高被引科学家数是 2 人，25 所高校的高被引科学家数是 1 人，其他 78 所高校均没有高被引科学家数。表 3-159 为进入 ESI 空间科学学科的高被引科学家排名前 8 位的高校。

表 3-159　空间科学学科高被引科学家数排名（前 8 位与中国大学）

高被引科学家数排名	机构名称	国家/地区	高被引科学家数排名	机构名称	国家/地区
1	加利福尼亚大学伯克利分校	美国	2	哈佛大学	美国
2	莱顿大学	美国	2	东京大学	日本
2	约翰·霍普金斯大学	荷兰	8	英属哥伦比亚大学	加拿大
2	麻省理工学院	美国	8	哥伦比亚大学	美国
2	加利福尼亚大学圣克鲁兹分校	美国	8	斯文本科技大学	澳大利亚
2	牛津大学	英国	8	格罗宁根大学	荷兰
2	杜伦大学	英国			
其他中国机构：无					

第 四 章

评价引发的思考与建议

2022 年世界大学与大学学科竞争力评价结果最终得到 150 个排行榜，包括"世界各国或地区科研竞争力排行榜（2022）""世界一流大学综合竞争力排行榜（2022）""世界一流大学分学科排行榜（2022）（分 22 个学科）""世界一流大学一级指标排行榜（2022）（分 3 个指标）""世界一流大学基本指标排行榜（2022）（分 9 个指标）""世界一流学科排行榜（2022）（分 105 个学科）""世界一流大学各大洲排行榜（2022）（6 大洲）"，具体排行情况参考本书第二章。我们以位居 2022 年世界大学科研竞争力排行榜中的前 600 名大学为统计样本，得到 5 个相关表格，其中表 4-1 是"2022 年世界一流大学的国家或地区分布情况"；表 4-2 是"2022 年世界一流大学前 10 强和部分中国大学分指标排名情况"；表 4-3 是"2022 年与 2021 年中国各地区科研实力具体指标对比分析"；表 4-4 是"2022 年世界大学学科分布表（前 10 位与部分中国大学）"；表 4-5 是"2022 年中国大学进入世界一流学科排名情况"。

第一节 评价引发的思考

一、我国世界一流大学建设成效明显

中国大学进入 ESI 排行的大学有 331 所，其中中国大陆（内地）有 285 所，中国台湾地区有 36 所，中国香港地区有 8 所，中国澳门地区有 2 所。从表 4-1 可以看出，美国大学进入前 100 名、前 200 名、前 300 名、前 400 名、前 500 名和前 600 名的大学数量依然遥遥领先。中国大陆（内地）大学进入前 100 名的有 12 所；进入前 200 名的有 27 所；进入前 300 名的有 40 所；进入前 400 名的有 51 所；进入前 500 名的有 66 所；进入前 600 名的有 83 所。中国香港地区和中国台湾地区未所大学进入前 100 名，中国香港地区进入前 200 名的大学为 1 所，中国台湾地区 3 所前 200 名的大学。从世界大学科研竞争力排名上来看，我国高水平大学的数量位列世界前列，我国在建设世界一流大学的道路上任重道远。

表 4-1　2022 年世界一流大学的国家或地区分布情况

国家/地区	前 600 名		前 500 名		前 400 名		前 300 名		前 200 名		前 100 位	
	数量/所	比例/%	数量/所	比例/%	数量/所	比例/%	数量/所	比例/%	数量/所	比例/%	数量/所	比例/%
美国	130	21.67%	111	22.20%	92	23.00%	71	23.67%	55	27.50%	35	35.00%
中国	83	13.83%	66	13.20%	51	12.75%	40	13.33%	27	13.50%	12	12.00%
英国	39	6.50%	36	7.20%	31	7.75%	23	7.67%	19	9.50%	11	11.00%
德国	37	6.17%	33	6.60%	29	7.25%	26	8.67%	12	6.00%	5	5.00%
法国	34	5.67%	29	5.80%	23	5.75%	15	5.00%	10	5.00%	4	4.00%
意大利	31	5.17%	26	5.20%	18	4.50%	12	4.00%	6	3.00%	1	1.00%
澳大利亚	25	4.17%	22	4.40%	18	4.50%	14	4.67%	8	4.00%	5	5.00%
加拿大	20	3.33%	18	3.60%	15	3.75%	11	3.67%	9	4.50%	3	3.00%
西班牙	16	2.67%	12	2.40%	11	2.75%	6	2.00%	2	1.00%	1	1.00%
韩国	14	2.33%	11	2.20%	7	1.75%	5	1.67%	3	1.50%	1	1.00%
中国香港	5	0.83%	4	0.80%	3	0.75%	2	0.67%	1	0.50%	0	0.00%
中国台湾	5	0.83%	5	1.00%	5	1.25%	4	1.33%	3	1.50%	0	0.00%

二、我国需加大世界一流大学建设力度

虽然中国进入 ESI 全球前 1%学科的高校数量增长取得了令人欣喜的进步，但是我们还要意识到我国大学离世界一流大学仍然有较大的差距。从表 4-1 可以看出，美国囊括了排名前 100 名的世界顶尖大学的35%，以及 27.5%的排名前 200 名的大学，拥有全世界绝大多数的高水平大学，也有着雄厚的科研实力和强大的科研影响力。

通过与 2021 年的数据对比我们发现，2022 年中国大陆(内地)大学进入前 300 名的共有 40 所，比去年增加 12 所；而进入前 600 名的中国大陆(内地)大学共有 83 所，占前 600 名的 13.83%。与 2021 年相比，进入前 600 名的大学数量增加了 23 所。另外，我们又对世界一流大学行列中的前 10 强和前 200 名的中国大学的分指标排名情况做了进一步的统计分析，如表 4-2 所示，中国的一流大学和世界顶尖大学之间在整体上还存在着相当大的差距，尤其是高被引论文数、高被引科学家数、国际合作论文数和篇均被引次数这些表征质量的指标还有非常大的提升空间。不过，与同档次的世界大学相比，中国科学院大学、上海交通大学、浙江大学、清华大学、北京大学的 ESI 收录论文数是值得肯定的；清华大学、浙江大学、北京大学的高被引科学家数排名也比较靠前；浙江大学、清华大学、华中科技大学的专利数排名比较靠前。但是，总体来看，这些优势还很微弱，而且不够稳定，在能够真正充分体现科研竞争力的主体指标实力方面仍有很大的提升空间。

表 4-2　2022 年世界一流大学前 10 强和部分中国大学分指标排名情况

总排名	中文全称	国家/地区	高被引科学家数排名	学科数排名	ESI 收录论文数排名	篇均被引次数排名	高被引论文数排名	国际合作论文数排名	专利数排名	网络影响力排名	杰出校友数排名
1	哈佛大学	1	1	1	1	50	1	1	245	1	17
2	斯坦福大学	2	2	1	14	48	2	17	128	2	17
3	麻省理工学院	3	3	37	44	16	3	46	97	3	2
4	普林斯顿大学	4	49	73	187	67	70	201	484	22	1
5	牛津大学	1	7	1	11	81	5	4	387	5	17
6	约翰·霍普金斯大学	5	8	1	8	92	9	13	242	10	17
7	剑桥大学	2	16	1	21	79	10	6	549	11	17
8	多伦多大学	1	39	1	3	176	4	3	518	17	2
9	加利福尼亚大学洛杉矶分校	6	8	1	23	94	17	33	1258	13	2
10	哥伦比亚大学	7	12	1	27	86	11	39	313	4596	2
11	清华大学	1	5	37	18	512	26	48	25	30	17
12	北京大学	2	34	1	19	612	41	57	84	47	17
20	浙江大学	3	33	37	7	918	49	32	19	77	17
36	上海交通大学	4	67	37	6	917	58	29	42	75	17
39	中国科学院大学	5	744	125	2	932	30	19	183	297	17
64	复旦大学	6	54	37	35	724	86	93	94	121	17
71	武汉大学	7	162	170	86	838	115	173	71	172	17
72	华中科技大学	8	82	73	45	852	82	121	23	164	17
74	中山大学	9	91	73	33	865	87	71	63	192	17
88	香港大学	1	26	73	140	347	127	129	397	83	17

总排名	中文全称	国家/地区	高被引科学家数排名	学科数排名	ESI收录论文数排名	篇均被引次数排名	高被引论文数排名	国际合作论文数排名	专利数排名	网络影响力排名	杰出校友数排名
97	四川大学	10	99	125	47	1245	167	151	34	272	17
111	中南大学	11	121	224	61	1109	123	141	45	251	17
116	南京大学	12	82	170	80	634	110	193	184	168	17
117	山东大学	13	162	125	59	1158	199	178	50	215	17
125	西安交通大学	14	162	258	66	1177	159	126	26	217	17
136	香港中文大学	2	121	73	160	432	134	139	607	86	17
142	吉林大学	15	138	170	69	1122	226	297	43	315	17
145	中国科学技术大学	16	744	258	75	601	76	133	188	113	17
160	台湾大学	1	184	125	89	695	191	177	674	150	17
174	东南大学	17	76	392	122	1137	181	185	52	266	17
176	厦门大学	18	138	125	183	817	235	271	151	312	17
180	同济大学	19	184	300	100	1083	207	183	65	243	17
182	哈尔滨工业大学	20	121	445	77	1118	155	216	47	202	17
183	天津大学	21	91	392	116	1036	174	209	62	247	17
194	电子科技大学	22	60	392	200	1369	177	228	56	334	17

三、我国高质量的论文数量与世界科研强国相比差距依然较大

从表4-3可以看出，中国ESI收录论文数位居第3位，高被引论文数位居第3位，专利数排名位居第2位，三个指标均比2021年的名次下降1名，这反映了我国大学科研实力具有相对的稳定性。但是我们依然要意识到，我国大学与世界科研强国美国的差距仍然比较大，尤其是高被引论文的相对差距最为明显。例如，排在世界前20名的大学高被引论文均数为3906.74篇，其中第一名大学（哈佛大学）的高被引论文数11018篇，在中国排名第1位的清华大学的高被引论文数为2517篇。尽管中国的ESI收录论文数和高被引论文数的数量和位次继续保持国际领先地位，但是从具体的大学来看，中国要建设世界一流大学，其论文的质量急需大幅度提升。高质量论文数少，从侧面反映了我国大学缺少在国际上影响力较大的科学家，生产具有全球影响力的创新知识的人才较为稀缺。这对于我国高等教育的长期发展是非常不利的，中国要出一流的科学家和诺贝尔奖获得者，如果缺乏具备国际影响力的高质量论文和世界一流成果的保障是难以实现的。因此，我国要不断完善科研行为管理制度和服务保障机制，激发科研人员的创新创造活力，在政策、机制、资金、环境等方面给各大学以保障，以改变中国现在科研的被动局面。

第二节　评价引发的建议

一、我国需要提升具有世界影响力的科研成果的产量

一个国家的专利水平和热门论文数都反映该国在世界上的科研创新能力。从表4-3可以看出，我国在专利总量上的排名连续两年保持在第1名和第2名的水平。但是我国篇均被引次数指标排名从第3位下降到了第83位，在取得一定成绩的同时，我们也同样看到我国与世界科研强国之间仍存在巨大的差距。因

此，从我国的科研产出总量和创新型科研成果可以看出，创新型科研成果所占比例相对较小，这与我国建设创新型国家和世界一流大学还相距甚远，是一个需要长期努力和加强建设的方向。

表4-3　2022年与2021年中国各地区科研实力具体指标对比分析

地区	ESI 收录论文数排名			高被引论文数排名			专利数排名			篇均被引次数排名		
	2022年	2021年	变化	2022年	2021年	变化	2022年	2021年	变化	2022年	2021年	变化
中国	2	2	→	2	2	→	1	1	→	83	3	↓80
中国香港	18	14	↓4	20	19	↓1	47	21	↓26	49	18	↓31
中国台湾	24	28	↑4	21	24	↑3	25	3	↓22	90	27	↓63

注：表中的"↑"表示上升，"→"表示无变化，"↓"表示下降。

二、世界一流学科的建设仍需大力加强

如表4-4所示，在此次评价中，中国进入ESI排行的学科数有22个，北京大学在空间科学实现零的突破。在各学科排名中也不乏我国大学进入学科前10名，例如，中国农业大学、江南大学、华南理工大学、南京农业大学、南昌大学的农业科学；中国科学院大学、中国科学技术大学、清华大学的化学专业；清华大学、东南大学、电子科技大学、西安电子科技大学、华中科技大学、浙江大学的计算机科学专业；清华大学、哈尔滨工业大学、东南大学、西安交通大学、北京理工大学、上海交通大学的工程学专业等。

同时，表4-5也显示，中国的农业科学、化学、计算机科学、工程学、环境科学与生态学、地球科学、材料科学、植物学与动物学、药理学与毒物学、物理学等10个学科都进入了世界一流学科的行列，农业科学、计算机科学、材料科学、药理学与毒物学、物理学、化学、工程学、环境科学与生态学、地球科学、植物学与动物学、微生物学、综合交叉学科这12个学科有我国大学位居学科排名前10名。

但是，从表4-4、表4-5和表2-3到表2-24的世界一流大学学科竞争力的排名结果还可以看出，中国的大学在学科建设上仍然表现较弱，每所大学或科研院所进入ESI学科排行的学科数量还是偏少，绝大多数的中国大学进入ESI排行的只有10个以内的学科，而且能够进入学科前10名的大学不多，除了农业科学、计算机科学、材料科学、物理学、化学、工程学、环境科学与生态学、地球科学、植物学与动物学、微生物学、综合交叉学科这11个学科有我国大学位居学科排名前10名外，其他学科都没有能够进入前10名的大学。

同时，总排名前10位的世界一流大学其学科都很齐全，并且每个学科影响力都很大，如哈佛大学有13个学科位于世界前10强，斯坦福大学有10个学科位于全球前10强，麻省理工学院有9个学科位于世界前10强等。这都在一定程度上说明中国的大学在一流学科上需加强建设力度。

表4-4　2022年世界大学学科分布表（前10位与部分中国大学）

排名	学校名称	国家/地区	进入ESI排行的学科		前10名的学科	
			数量/个	占22个学科的比例/%	数量/个	占进入排行学科的比例/%
1	哈佛大学	美国	22	100.00%	13	59.09%
2	斯坦福大学	美国	22	100.00%	10	45.45%
3	麻省理工学院	美国	21	95.45%	9	42.86%
4	普林斯顿大学	美国	20	90.91%	1	5.00%
5	牛津大学	英国	22	100.00%	8	36.36%
6	约翰·霍普金斯大学	美国	21	95.45%	3	14.29%
7	剑桥大学	英国	22	100.00%	7	31.82%

续表

排名	学校名称	国家/地区	进入 ESI 排行的学科		前 10 名的学科	
			数量/个	占 22 个学科的比例/%	数量/个	占进入排行学科的比例/%
8	多伦多大学	加拿大	22	100.00%	6	27.27%
9	加利福尼亚大学洛杉矶分校	美国	21	95.45%	2	9.52%
10	哥伦比亚大学	美国	22	100.00%	2	9.09%
11	清华大学	中国	21	95.45%	7	33.33%
12	北京大学	中国	22	100.00%	2	9.09%
20	浙江大学	中国	21	95.45%	4	19.05%
36	上海交通大学	中国	21	95.45%	1	4.76%
39	中国科学院大学	中国	19	86.36%	4	21.05%
64	复旦大学	中国	21	95.45%	0	0.00%
71	武汉大学	中国	18	81.82%	0	0.00%
72	华中科技大学	中国	20	90.91%	1	5.00%
74	中山大学	中国	20	90.91%	0	0.00%
88	香港大学	中国香港	20	90.91%	2	10.00%
97	四川大学	中国	19	86.36%	0	0.00%
111	中南大学	中国	17	77.27%	0	0.00%
116	南京大学	中国	18	81.82%	0	0.00%
117	山东大学	中国	19	86.36%	0	0.00%
125	西安交通大学	中国	16	72.73%	1	6.25%
136	香港中文大学	中国香港	20	90.91%	0	0.00%
142	吉林大学	中国	18	81.82%	0	0.00%
145	中国科学技术大学	中国	16	72.73%	1	6.25%
160	台湾大学	中国台湾	19	86.36%	0	0.00%
174	东南大学	中国	13	59.09%	2	15.38%
176	厦门大学	中国	19	86.36%	0	0.00%
180	同济大学	中国	15	68.18%	0	0.00%
182	哈尔滨工业大学	中国	12	54.55%	1	8.33%
183	天津大学	中国	13	59.09%	0	0.00%
194	电子科技大学	中国	13	59.09%	1	7.69%
224	华南理工大学	中国	11	50.00%	1	9.09%
233	香港理工大学	中国香港	14	63.64%	0	0.00%
245	南开大学	中国	15	68.18%	0	0.00%
272	郑州大学	中国	13	59.09%	0	0.00%
287	苏州大学	中国	15	68.18%	0	0.00%
292	湖南大学	中国	11	50.00%	0	0.00%
294	北京理工大学	中国	8	36.36%	0	0.00%

排名	学校名称	国家/地区	进入 ESI 排行的学科		前 10 名的学科	
			数量/个	占 22 个学科的比例/%	数量/个	占进入排行学科的比例/%
315	中国农业大学	中国	14	63.64%	2	14.29%
317	大连理工大学	中国	12	54.55%	0	0.00%
319	深圳大学	中国	13	59.09%	0	0.00%
321	北京航空航天大学	中国	10	45.45%	0	0.00%
327	北京师范大学	中国	15	68.18%	0	0.00%
331	重庆大学	中国	12	54.55%	0	0.00%
334	西南大学	中国	14	63.64%	0	0.00%
344	台湾医药大学	中国台湾	2	9.09%	0	0.00%
348	台湾成功大学	中国台湾	16	72.73%	0	0.00%
353	华东师范大学	中国	14	63.64%	0	0.00%
355	兰州大学	中国	14	63.64%	0	0.00%
369	西北工业大学	中国	7	31.82%	0	0.00%
381	香港科技大学	中国香港	14	63.64%	0	0.00%
410	扬州大学	中国	11	50.00%	0	0.00%
411	江苏大学	中国	10	45.45%	0	0.00%
422	台湾阳明交通大学	中国台湾	14	63.64%	0	0.00%
425	首都医科大学	中国	11	50.00%	0	0.00%
427	台湾"清华大学"	中国台湾	10	45.45%	0	0.00%
429	青岛大学	中国	11	50.00%	0	0.00%
435	暨南大学	中国	13	59.09%	0	0.00%
440	香港城市大学	中国香港	14	63.64%	1	7.14%
441	中国医学科学院-中国协和医学院	中国	13	59.09%	0	0.00%
447	上海大学	中国	10	45.45%	0	0.00%
470	中国地质大学	中国	7	31.82%	1	14.29%
475	杭州电子科技大学	中国	4	18.18%	0	0.00%
478	华中农业大学	中国	11	50.00%	1	9.09%
485	武汉理工大学	中国	7	31.82%	0	0.00%
502	南京医科大学	中国	9	40.91%	0	0.00%
511	中国石油大学	中国	7	31.82%	0	0.00%
517	香港浸会大学	中国香港	13	59.09%	0	0.00%
519	中国矿业大学	中国	8	36.36%	0	0.00%
523	华东理工大学	中国	8	36.36%	0	0.00%
526	江南大学	中国	9	40.91%	1	11.11%
531	南京航空航天大学	中国	7	31.82%	0	0.00%
546	浙江工业大学	中国	8	36.36%	0	0.00%

排名	学校名称	国家/地区	进入 ESI 排行的学科		前 10 名的学科	
			数量/个	占 22 个学科的比例/%	数量/个	占进入排行学科的比例/%
548	北京协和医学院	中国	12	54.55%	0	0.00%
554	北京科技大学	中国	6	27.27%	0	0.00%
559	南京农业大学	中国	10	45.45%	1	10.00%
560	澳门大学	中国澳门	10	45.45%	0	0.00%
562	燕山大学	中国	4	18.18%	0	0.00%
566	河海大学	中国	9	40.91%	0	0.00%
567	中国海洋大学	中国	10	45.45%	0	0.00%
573	南昌大学	中国	10	45.45%	1	10.00%
579	北京化工大学	中国	6	27.27%	0	0.00%
582	华南农业大学	中国	10	45.45%	0	0.00%
584	西北大学	中国	10	45.45%	0	0.00%
589	南方科技大学	中国	6	27.27%	0	0.00%
591	长庚大学	中国台湾	11	50.00%	0	0.00%
592	福州大学	中国	6	27.27%	0	0.00%
597	南京理工大学	中国	6	27.27%	0	0.00%
598	宁波大学	中国	7	31.82%	0	0.00%

表 4-5 2022 年中国大学进入世界一流学科排名情况

排名	学校名称	名次所居比例/%	档次	国家/地区	学科
2	华南理工大学	1	一流学科	中国	农业科学
3	中国农业大学	1	一流学科	中国	农业科学
5	南京农业大学	1	一流学科	中国	农业科学
8	南昌大学	5	一流学科	中国	农业科学
9	浙江大学	5	一流学科	中国	农业科学
10	江南大学	5	一流学科	中国	农业科学
11	西北农林科技大学	5	一流学科	中国	农业科学
17	华中农业大学	5	一流学科	中国	农业科学
33	江苏大学	5	一流学科	中国	农业科学
34	中国科学院大学	5	一流学科	中国	农业科学
51	东北农业大学	10	一流学科	中国	农业科学
70	北京工商大学	10	一流学科	中国	农业科学
29	清华大学	5	一流学科	中国	生物学与生物化学
30	上海交通大学	5	一流学科	中国	生物学与生物化学
34	中国科学院大学	5	一流学科	中国	生物学与生物化学
40	浙江大学	5	一流学科	中国	生物学与生物化学

续表

排名	学校名称	名次所居比例/%	档次	国家/地区	学科
62	北京大学	10	一流学科	中国	生物学与生物化学
65	复旦大学	10	一流学科	中国	生物学与生物化学
77	中国医学科学院-中国协和医学院	10	一流学科	中国	生物学与生物化学
1	清华大学	1	一流学科	中国	化学
2	中国科学院大学	1	一流学科	中国	化学
7	浙江大学	1	一流学科	中国	化学
10	中国科学技术大学	1	一流学科	中国	化学
12	郑州大学	5	一流学科	中国	化学
14	天津大学	5	一流学科	中国	化学
15	北京大学	5	一流学科	中国	化学
18	南开大学	5	一流学科	中国	化学
20	南京大学	5	一流学科	中国	化学
22	华南理工大学	5	一流学科	中国	化学
24	复旦大学	5	一流学科	中国	化学
26	中山大学	5	一流学科	中国	化学
27	福州大学	5	一流学科	中国	化学
28	上海交通大学	5	一流学科	中国	化学
30	北京化工大学	5	一流学科	中国	化学
32	华东理工大学	5	一流学科	中国	化学
33	湖南大学	5	一流学科	中国	化学
34	电子科技大学	5	一流学科	中国	化学
36	厦门大学	5	一流学科	中国	化学
37	吉林大学	5	一流学科	中国	化学
38	武汉理工大学	5	一流学科	中国	化学
39	四川大学	5	一流学科	中国	化学
40	苏州大学	5	一流学科	中国	化学
42	北京理工大学	5	一流学科	中国	化学
53	山东大学	5	一流学科	中国	化学
54	武汉大学	5	一流学科	中国	化学
57	大连理工大学	5	一流学科	中国	化学
59	南京工业大学	10	一流学科	中国	化学
61	香港城市大学	10	一流学科	中国香港	化学
63	江苏大学	10	一流学科	中国	化学
64	香港科技大学	10	一流学科	中国香港	化学
67	华中科技大学	10	一流学科	中国	化学
68	中南大学	10	一流学科	中国	化学
69	哈尔滨工业大学	10	一流学科	中国	化学

排名	学校名称	名次所居比例/%	档次	国家/地区	学科
71	西安交通大学	10	一流学科	中国	化学
79	兰州大学	10	一流学科	中国	化学
89	南方科技大学	10	一流学科	中国	化学
90	重庆大学	10	一流学科	中国	化学
104	台湾大学	10	一流学科	中国台湾	化学
105	深圳大学	10	一流学科	中国	化学
108	南京林业大学	10	一流学科	中国	化学
109	华东师范大学	10	一流学科	中国	化学
111	北京航空航天大学	10	一流学科	中国	化学
112	中国石油大学	10	一流学科	中国	化学
113	华中师范大学	10	一流学科	中国	化学
69	中国医学科学院-中国协和医学院	5	一流学科	中国	临床医学
71	上海交通大学	5	一流学科	中国	临床医学
72	香港中文大学	5	一流学科	中国香港	临床医学
83	华中科技大学	10	一流学科	中国	临床医学
103	复旦大学	10	一流学科	中国	临床医学
107	中山大学	10	一流学科	中国	临床医学
109	首都医科大学	10	一流学科	中国	临床医学
116	香港大学	10	一流学科	中国香港	临床医学
123	北京大学	10	一流学科	中国	临床医学
127	北京协和医学院	10	一流学科	中国	临床医学
129	台湾大学	10	一流学科	中国台湾	临床医学
3	电子科技大学	1	一流学科	中国	计算机科学
4	清华大学	1	一流学科	中国	计算机科学
5	东南大学	1	一流学科	中国	计算机科学
10	西安电子科技大学	5	一流学科	中国	计算机科学
11	华中科技大学	5	一流学科	中国	计算机科学
13	浙江大学	5	一流学科	中国	计算机科学
14	北京邮电大学	5	一流学科	中国	计算机科学
18	武汉大学	5	一流学科	中国	计算机科学
20	四川大学	5	一流学科	中国	计算机科学
22	南京信息工程大学	5	一流学科	中国	计算机科学
24	深圳大学	5	一流学科	中国	计算机科学
25	香港理工大学	5	一流学科	中国香港	计算机科学
27	上海交通大学	10	一流学科	中国	计算机科学
29	香港城市大学	10	一流学科	中国香港	计算机科学
31	大连理工大学	10	一流学科	中国	计算机科学

排名	学校名称	名次所居比例/%	档次	国家/地区	学科
32	哈尔滨工业大学	10	一流学科	中国	计算机科学
33	辽宁工业大学	10	一流学科	中国	计算机科学
35	温州大学	10	一流学科	中国	计算机科学
36	天津大学	10	一流学科	中国	计算机科学
38	华南理工大学	10	一流学科	中国	计算机科学
42	中南大学	10	一流学科	中国	计算机科学
43	北京航空航天大学	10	一流学科	中国	计算机科学
48	广州大学	10	一流学科	中国	计算机科学
50	香港中文大学	10	一流学科	中国香港	计算机科学
28	北京大学	10	一流学科	中国	经济学与商学
30	香港城市大学	10	一流学科	中国香港	经济学与商学
1	清华大学	1	一流学科	中国	工程学
2	西安交通大学	1	一流学科	中国	工程学
3	哈尔滨工业大学	1	一流学科	中国	工程学
4	东南大学	1	一流学科	中国	工程学
5	浙江大学	1	一流学科	中国	工程学
6	华中科技大学	1	一流学科	中国	工程学
10	上海交通大学	1	一流学科	中国	工程学
11	华南理工大学	1	一流学科	中国	工程学
13	北京理工大学	1	一流学科	中国	工程学
15	重庆大学	1	一流学科	中国	工程学
20	北京航空航天大学	5	一流学科	中国	工程学
21	天津大学	5	一流学科	中国	工程学
26	同济大学	5	一流学科	中国	工程学
29	电子科技大学	5	一流学科	中国	工程学
30	西北工业大学	5	一流学科	中国	工程学
31	中国科学院大学	5	一流学科	中国	工程学
32	江苏大学	5	一流学科	中国	工程学
35	中国科学技术大学	5	一流学科	中国	工程学
36	大连理工大学	5	一流学科	中国	工程学
37	中南大学	5	一流学科	中国	工程学
40	湖南大学	5	一流学科	中国	工程学
41	郑州大学	5	一流学科	中国	工程学
44	北京科技大学	5	一流学科	中国	工程学
46	南京航空航天大学	5	一流学科	中国	工程学
47	山东科技大学	5	一流学科	中国	工程学
50	武汉理工大学	5	一流学科	中国	工程学

排名	学校名称	名次所居比例/%	档次	国家/地区	学科
52	山东大学	5	一流学科	中国	工程学
56	中国东北大学	5	一流学科	中国	工程学
59	武汉大学	5	一流学科	中国	工程学
60	深圳大学	5	一流学科	中国	工程学
61	上海大学	5	一流学科	中国	工程学
65	复旦大学	5	一流学科	中国	工程学
67	广东工业大学	5	一流学科	中国	工程学
69	北京大学	5	一流学科	中国	工程学
73	四川大学	5	一流学科	中国	工程学
78	中国农业大学	10	一流学科	中国	工程学
79	福州大学	10	一流学科	中国	工程学
80	中山大学	10	一流学科	中国	工程学
87	中国矿业大学	10	一流学科	中国	工程学
88	华北电力大学	10	一流学科	中国	工程学
90	南京理工大学	10	一流学科	中国	工程学
92	中国石油大学	10	一流学科	中国	工程学
95	西南交通大学	10	一流学科	中国	工程学
96	中国地质大学	10	一流学科	中国	工程学
98	华东师范大学	10	一流学科	中国	工程学
112	吉林大学	10	一流学科	中国	工程学
123	青岛大学	10	一流学科	中国	工程学
124	河海大学	10	一流学科	中国	工程学
128	西安电子科技大学	10	一流学科	中国	工程学
133	辽宁工业大学	10	一流学科	中国	工程学
141	北京师范大学	10	一流学科	中国	工程学
1	清华大学	1	一流学科	中国	环境科学与生态学
7	中国科学院大学	1	一流学科	中国	环境科学与生态学
18	北京大学	5	一流学科	中国	环境科学与生态学
22	浙江大学	5	一流学科	中国	环境科学与生态学
47	华东师范大学	5	一流学科	中国	环境科学与生态学
50	北京师范大学	10	一流学科	中国	环境科学与生态学
51	青岛大学	10	一流学科	中国	环境科学与生态学
52	香港理工大学	10	一流学科	中国香港	环境科学与生态学
60	中南大学	10	一流学科	中国	环境科学与生态学
62	南京大学	10	一流学科	中国	环境科学与生态学
69	华北电力大学	10	一流学科	中国	环境科学与生态学
77	哈尔滨工业大学	10	一流学科	中国	环境科学与生态学

排名	学校名称	名次所居比例/%	档次	国家/地区	学科
82	江苏大学	10	一流学科	中国	环境科学与生态学
87	香港大学	10	一流学科	中国香港	环境科学与生态学
94	西北农林科技大学	10	一流学科	中国	环境科学与生态学
4	中国地质大学	1	一流学科	中国	地球科学
8	清华大学	5	一流学科	中国	地球科学
10	北京大学	5	一流学科	中国	地球科学
15	中国科学院大学	5	一流学科	中国	地球科学
27	武汉大学	5	一流学科	中国	地球科学
32	中国矿业大学	10	一流学科	中国	地球科学
33	香港大学	10	一流学科	中国香港	地球科学
41	南京信息工程大学	10	一流学科	中国	地球科学
47	南京大学	10	一流学科	中国	地球科学
51	北京师范大学	10	一流学科	中国	地球科学
52	中山大学	10	一流学科	中国	地球科学
53	西北工业大学	10	一流学科	中国	地球科学
16	香港大学	5	一流学科	中国香港	免疫学
1	清华大学	1	一流学科	中国	材料科学
4	中国科学院大学	1	一流学科	中国	材料科学
6	北京大学	1	一流学科	中国	材料科学
8	香港城市大学	1	一流学科	中国香港	材料科学
10	浙江大学	5	一流学科	中国	材料科学
11	复旦大学	5	一流学科	中国	材料科学
12	郑州大学	5	一流学科	中国	材料科学
14	中国科学技术大学	5	一流学科	中国	材料科学
15	上海交通大学	5	一流学科	中国	材料科学
17	哈尔滨工业大学	5	一流学科	中国	材料科学
18	西北工业大学	5	一流学科	中国	材料科学
19	中南大学	5	一流学科	中国	材料科学
23	西安交通大学	5	一流学科	中国	材料科学
25	苏州大学	5	一流学科	中国	材料科学
26	华中科技大学	5	一流学科	中国	材料科学
28	武汉理工大学	5	一流学科	中国	材料科学
30	天津大学	5	一流学科	中国	材料科学
31	北京理工大学	5	一流学科	中国	材料科学
33	华南理工大学	5	一流学科	中国	材料科学
34	吉林大学	5	一流学科	中国	材料科学
35	湖南大学	5	一流学科	中国	材料科学

排名	学校名称	名次所居比例/%	档次	国家/地区	学科
36	北京科技大学	5	一流学科	中国	材料科学
40	中山大学	5	一流学科	中国	材料科学
42	南开大学	10	一流学科	中国	材料科学
44	深圳大学	10	一流学科	中国	材料科学
45	山东大学	10	一流学科	中国	材料科学
47	同济大学	10	一流学科	中国	材料科学
49	北京化工大学	10	一流学科	中国	材料科学
54	北京航空航天大学	10	一流学科	中国	材料科学
55	四川大学	10	一流学科	中国	材料科学
57	南京大学	10	一流学科	中国	材料科学
58	南京工业大学	10	一流学科	中国	材料科学
60	电子科技大学	10	一流学科	中国	材料科学
61	武汉大学	10	一流学科	中国	材料科学
65	重庆大学	10	一流学科	中国	材料科学
66	香港科技大学	10	一流学科	中国香港	材料科学
71	南京理工大学	10	一流学科	中国	材料科学
73	东华大学	10	一流学科	中国	材料科学
74	东南大学	10	一流学科	中国	材料科学
75	中国东北大学	10	一流学科	中国	材料科学
77	大连理工大学	10	一流学科	中国	材料科学
1	台湾医药大学	1	一流学科	中国台湾	数学
5	山东科技大学	5	一流学科	中国	数学
12	长沙理工大学	5	一流学科	中国	数学
18	湖州学院	10	一流学科	中国	数学
5	香港大学	5	一流学科	中国香港	微生物学
45	上海交通大学	10	一流学科	中国	分子生物学与遗传学
10	香港大学	10	一流学科	中国香港	综合交叉学科
17	浙江大学	5	一流学科	中国	药理学与毒物学
27	复旦大学	5	一流学科	中国	药理学与毒物学
32	上海交通大学	5	一流学科	中国	药理学与毒物学
41	中国药科大学	10	一流学科	中国	药理学与毒物学
42	中山大学	10	一流学科	中国	药理学与毒物学
45	中国医学科学院-中国协和医学院	10	一流学科	中国	药理学与毒物学
46	北京大学	10	一流学科	中国	药理学与毒物学
57	四川大学	10	一流学科	中国	药理学与毒物学
58	沈阳药科大学	10	一流学科	中国	药理学与毒物学
68	北京协和医学院	10	一流学科	中国	药理学与毒物学

续表

排名	学校名称	名次所居比例/%	档次	国家/地区	学科
70	山东大学	10	一流学科	中国	药理学与毒物学
7	清华大学	5	一流学科	中国	物理学
19	中国科学技术大学	5	一流学科	中国	物理学
22	中国科学院大学	5	一流学科	中国	物理学
25	北京大学	5	一流学科	中国	物理学
38	上海交通大学	10	一流学科	中国	物理学
6	中国农业大学	1	一流学科	中国	植物学与动物学
8	中国科学院大学	1	一流学科	中国	植物学与动物学
10	华中农业大学	5	一流学科	中国	植物学与动物学
11	南京农业大学	5	一流学科	中国	植物学与动物学
41	浙江大学	5	一流学科	中国	植物学与动物学
50	西北农林科技大学	10	一流学科	中国	植物学与动物学
65	上海交通大学	10	一流学科	中国	植物学与动物学
85	电子科技大学	10	一流学科	中国	植物学与动物学
92	华南农业大学	10	一流学科	中国	植物学与动物学
39	北京理工大学	5	一流学科	中国	社会科学
53	香港理工大学	5	一流学科	中国香港	社会科学
63	青岛大学	10	一流学科	中国	社会科学
86	香港大学	10	一流学科	中国香港	社会科学
94	北京大学	10	一流学科	中国	社会科学
95	中山大学	10	一流学科	中国	社会科学
100	大连理工大学	10	一流学科	中国	社会科学
105	香港中文大学	10	一流学科	中国香港	社会科学
107	清华大学	10	一流学科	中国	社会科学

三、世界一流大学与一流学科建设的内在逻辑与发展之策

与以往"985工程"建设和"211工程"建设不同的是,"双一流"建设采用了退出机制,目的是引导和支持具备一定实力的高水平大学和高水平学科瞄准世界一流,汇聚优质资源,培养一流人才,产出一流成果,加快走向世界一流。在资金分配上,"双一流"建设更多考虑办学质量特别是学科水平、办学特色等因素,重点向办学水平高、特色鲜明的学校倾斜,在公平竞争中体现扶优扶强扶特。学科建设水平和能力的提高已成为中国高等教育历史性变化的最重要的标识。突出学科建设的基础作用,高度契合"双一流"建设目标和指向。突出学科建设的基础作用,加强一流学科建设,也是世界高等教育办学的成功理念、有益经验和基本理念。事实上,世界一流大学就是以若干一流学科为支撑的,就是以若干个学科的优势和特色为标识的。从表4-4和表4-5来看,排名前10位的大学的学科都很齐全,并且每个学科的影响力都很大。这在一定程度上反映了我国建设"双一流"的科学性和合理性,将一流大学与一流学科联系在一起统筹推进,是我国世界一流大学建设进程的深化。当前,我国高校学科建设交叉重复、低层次循环的现象还多有存在,迫切需要创新发展理念、加强资源整合、提升建设水平,适应我国高等教育将由大众化阶段向普及化阶段发展的需要,适应国家发展对高等教育的要求。